Montmartre

Quartier
de l'Opéra

Quartier
des Tuileries

Beaubourg
et Les Halles

Le Marais

Saint-Germain-
des-Prés

Île de la
Cité

Île
Saint-Louis

Quartier
latin

Quartier du
Luxembourg

Quartier du Jardin
des Plantes

atparnasse

PAGES 220-229
Plans
2, 6, 7

PAGES 212-219
Plans
5-6

PAGES 104-115
Plan 13

PAGES 90-103
Plans
13-14

PAGES 168-173
Plans
12, 16

PAGES 148-159
Plans
12, 13, 17

PAGES 160-167
Plans
17-18

PAGES 76-89
Plans
12-13

D1498441

GUIDES ◉ VOIR

PARIS

GUIDES ⟨◉⟩ VOIR

PARIS

Libre Expression

Une compagnie de Quebecor Media

Une compagnie de Quebecor Media

DIRECTION
Nathalie Pujo

DIRECTION ÉDITORIALE
Cécile Petiau

RESPONSABLE DE COLLECTION
Catherine Laussucq

ÉDITION
Émilie Lézénès et Adam Stambul

TRADUIT ET ADAPTÉ DE L'ANGLAIS PAR
Dominique Brotot et Christian-Martin Diebold

MISE EN PAGES (PAO)
Maogani

CRÉATION GRAPHIQUE COUVERTURE
Laurent Muller

CE GUIDE VOIR A ÉTÉ ÉTABLI PAR
Alan Tillier

Publié pour la première fois en Grande-Bretagne en 1993,
sous le titre : *Eyewitness Travel Guides : Paris*
© Dorling Kindersley Ltd, Londres 2010
© Hachette Livre (Hachette Tourisme) 2010
pour la traduction et l'édition française.
Cartographie © Dorling Kindersley 2010.

© Éditions Libre Expression, 2010
pour l'édition française au Canada

IMPRIMÉ ET RELIÉ EN CHINE PAR
SOUTH CHINA PRINTING COMPANY

Les Éditions Libre Expression
Groupe Librex inc.
Une compagnie de Quebecor Media
La Tourelle
1055, boul. René-Lévesque Est, Bureau 800
Montréal (Québec) H2L 4S5
www.edlibreexpression.com

DÉPÔT LÉGAL: Bibliothèque et Archives nationales du Québec
et Bibliothèque et Archives Canada, 2010

ISBN 978-2-7648-0491-9

SOMMAIRE

Henri II (1519-1559)

PRÉSENTATION
DE PARIS

Le pont Alexandre-III

◁ Le Sacré-Cœur et la butte Montmartre

Le Panthéon

COMMENT UTILISER CE GUIDE

Ce guide a pour but de vous aider à profiter au mieux de votre séjour à Paris. L'introduction, *Présentation de Paris*, situe la ville dans son contexte géographique et historique, et explique comment la vie y évolue au fil des saisons. *Paris d'un coup d'œil* offre un condensé de ses merveilles. *Paris quartier par quartier* est la partie la plus importante de ce livre. Elle présente en détail tous les principaux sites et monuments. Enfin, le chapitre proposant *Huit promenades à pied* vous permet de découvrir d'autres aspects de la capitale.

Les bonnes adresses vous fourniront des informations sur les hôtels, les boutiques, les marchés, les restaurants, les bars et les théâtres, et les *Renseignements pratiques* vous donneront des conseils utiles pour l'organisation de vos activités et vos besoins quotidiens.

PARIS QUARTIER PAR QUARTIER

Nous avons divisé la cité en 14 quartiers. Chaque chapitre débute par un portrait du quartier, de sa personnalité et de son histoire. Sur le *Plan du quartier*, des numéros situent clairement les sites et monuments à découvrir. Un plan « pas à pas » développe ensuite la zone la plus intéressante. Le système de numérotation des monuments, constant tout au long de cette section, permet de se repérer facilement de page en page. Il correspond à l'ordre dans lequel les sites sont décrits en détail.

1 Plan général du quartier
Un numéro signale les monuments de chaque quartier. Ce plan indique aussi les stations de métro et de RER, et les parcs de stationnement.

2 Plan du quartier pas à pas
Il offre une vue aérienne du cœur de chaque quartier. Pour vous aider à les identifier en vous promenant, les bâtiments les plus intéressants ont une couleur plus vive.

La Conciergerie ❽ est aussi représentée sur ce plan.

Une carte de situation indique où se trouve le quartier dans la ville.

Des repères colorés aident à trouver le quartier dans le guide.

Des photos, d'ensemble ou de détail, permettent de reconnaître les monuments.

Le quartier d'un coup d'œil classe par catégories les centres d'intérêt du quartier : rues et bâtiments historiques, églises, musées, parcs et jardins.

La zone détaillée dans le *Plan pas à pas* est ombrée de rouge.

Vous savez comment atteindre le quartier rapidement.

Des numéros situent les monuments sur le plan. La Conciergerie, par exemple, est en ❽

Un itinéraire de promenade emprunte les rues les plus intéressantes.

Des étoiles indiquent les sites à ne pas manquer.

Les plus beaux édifices religieux

PARIS D'UN COUP D'ŒIL
Chaque plan de cette partie
du guide est consacré à un
thème : *Hôtes célèbres,
Églises, Parcs et jardins,
Musées*. Les lieux les plus
intéressants sont indiqués
sur le plan ; d'autres sont
décrits dans les deux
pages suivantes.

Chaque quartier a sa couleur.

Le thème est développé
dans les pages suivantes.

3 Renseignements détaillés
*Cette rubrique donne des informations
détaillées et des renseignements pratiques
sur tous les monuments intéressants.
Leur numérotation est celle du* Plan du
quartier.

INFORMATIONS PRATIQUES
Chaque rubrique donne les
informations nécessaires à
l'organisation d'une visite. Une table
des symboles se trouve sur le rabat de
la dernière page.

Métro | Numéro de | Numéro du site
le plus | téléphone | Jours et heures
proche | | d'ouverture

Conciergerie ⑧

1, quai de l'Horloge 75001.
Plan 13 A3. **Tél.** 01 53 73 78 50.
M Cité. ◯ avr.-sept. : t.l.j.
9h30-18h ; oct.-mars : t.l.j. 10h-
17h (dern. entrée : 30 min av. la
ferm.).

Report au plan de
l'atlas des rues
Adresse

Services
et équipements
disponibles

4 Les principaux monuments de Paris
*Deux pleines pages, ou plus, leur sont
réservées. La représentation des bâtiments
historiques en dévoile l'intérieur.
Les plans des musées, par étage,
vous aident à y localiser les plus belles
expositions.*

Le mode d'emploi vous
aide à organiser votre visite.

Une photo de la façade de
chaque monument important
vous aide à le repérer.

Des étoiles signalent les
détails architecturaux les plus
intéressants et les œuvres
d'art les plus remarquables.

Une chronologie
résume l'histoire
de l'édifice.

PRÉSENTATION
DE PARIS

QUATRE JOURS À PARIS

Il y a mille choses à voir et à faire à Paris. Peut-être aurez-vous envie de vous attarder dans les cafés pour vous sentir parisiens, mais il serait dommage de ne pas découvrir les trésors de la capitale. Vous trouverez ici ce qu'il y a de mieux à faire à Paris. Les plus courageux sui-

*Le Penseur
de Rodin*

vront les itinéraires indiqués, les autres pour-ront y prendre des idées de promenade. Tous les endroits mentionnés sont accessibles par les transports publics. Les prix indiqués sont pour deux adultes ou une famille avec deux enfants, sans les repas.

La pyramide du Louvre, de Pei, devant les bassins à fontaines

TRÉSORS ARTISTIQUES

- Collections du Louvre
- Déjeuner au café Marly
- Jardin du musée Rodin ou Centre Pompidou
- Dîner au Tokyo Eat

2 ADULTES, prévoir au moins 60 €

Le matin
Commencez par le **Louvre** *(p. 122-129)*, un des plus riches musées du monde. Évitez la queue en empruntant l'entrée située dans le carrousel du Louvre (99, rue de Rivoli) que peu de gens connaissent. Vous gagnerez du temps en vous procurant le plan du musée et en vous y référant pour aller dans les salles que vous voulez voir.

Le déjeuner
Il existe des endroits bon marché pour manger alentour mais, si vous voulez passer un moment agréable, allez au café Marly *(p. 304)*. Installez-vous dans la salle décorée de velours rouge et de dorures ou à la terrasse sous la galerie s'il fait beau.

L'après-midi
Vous avez le choix entre trois musées. Si vous êtes fatigués, allez au musée Rodin *(p. 187)* pour vous promener au milieu des sculptures du jardin et méditer devant le grand *Penseur*. Si vous préférez l'art moderne, optez pour la visite du Centre Pompidou *(p. 110-113)*, une intrigante structure « extravertie » abritant une immense collection d'œuvres de 1905 à nos jours. Les amateurs d'art contemporain feront le tour des galeries avant-gardistes de la « Scène est » réparties entre trois rues du 13e arrondissement, la **rue Louise-Weiss** *(plan 18 E4)* étant la plus réputée et la galerie « Air de Paris » la plus en vogue.

La soirée
Avec ses expositions multimédia ouvertes jusqu'à minuit, le **palais de Tokyo** *(p. 303)* est aujourd'hui le site de création contemporaine le plus branché de Paris. Après un tour rapide des différents espaces, arrêtez-vous au restaurant Tokyo Eat.

TOURNÉE DES GRANDS MAGASINS

- **Panier gourmand au Bon Marché**
- **Déjeuner au restaurant du Printemps**
- **Apéritif et dîner au Kong**

2 ADULTES, prévoir au moins 40 €

Le matin
Dans les magasins pour gourmets et gourmands comme **Fauchon, Hédiard** et la **Grande Épicerie** du **Bon Marché** *(p. 320-321)*, vous trouverez tous les délices pour le palais. Parmi les magasins spécialisés figurent **Poilâne** pour le pain, **Richart** pour le chocolat, **Legrand** pour le vin et **Pierre Hermé** pour les pâtisseries. La rue Mouffetard est l'une des meilleures rues commerçantes avec son marché.

Le déjeuner
Les inconditionnels du shopping peuvent déjeuner

L'élégant Café Marly, à côté du Louvre

dans un des grands magasins. Le World Bar du **Printemps**, créé par le designer Paul Smith, est vraiment un endroit agréable *(p. 320-321)*. Mais tout le quartier alentour regorge de boutiques et de restaurants pour tous les goûts.

L'après-midi
Vous aurez le choix entre faire du shopping jusqu'à épuisement ou visiter le **musée des Arts décoratifs** *(p. 130)*, près du Louvre, et sa boutique de cadeaux. Si vous préférez la mode, allez chez **Claudie Pierlot, Agnès B, Isabelle Marant** et **Vanessa Bruno** *(p. 324-327)*.

Reflets sur la Géode du parc de la Villette

EN FAMILLE

- **Parc de la Villette**
- **Zoo du Jardin des plantes**
- **Pause-déjeuner**
- **Tour Eiffel**

FAMILLE DE 4, prévoir au moins 130 €

Le matin
Les enfants apprécieront certainement le **parc de la Villette** qui leur propose un programme impressionnant. La **Cité des sciences et de l'industrie** présente des expositions interactives intéressantes pour les Einstein en herbe *(p. 236-239)*. Vous pourrez aussi vous amuser en famille à la **ménagerie du Jardin des Plantes** *(p. 164)*. Aux animaux vivants certains

préféreront les squelettes et les animaux empaillés de la **Grande Galerie** du **Muséum national d'histoire naturelle** *(p. 167)*.

Le déjeuner
Il y a beaucoup de cafés dans le secteur du Jardin des plantes, mais pour un repas formel, vous pouvez aller au grand restaurant **Mavromatis** *(p. 307)*.

L'après-midi
Les enfants adorent monter sur la **tour Eiffel** : emmenez-les l'après-midi pour leur montrer la vue sur Paris, ou bien à la tombée de la nuit lorsque la grande dame scintille pendant les dix premières minutes de chaque heure *(p. 194-195)*. Si vous avez le temps, allez au **musée Grévin** *(p. 218)* voir les personnages de cire parmi lesquels vous reconnaîtrez des célébrités françaises et des vedettes internationales du monde artistique et sportif.

AU GRAND AIR

- **Au fil de l'eau avec le batobus**
- **Déjeuner rue de Rivoli**
- **Jardin du Luxembourg**
- **Promenade en ballon**

2 ADULTES, prévoir au moins 65 €

Le matin
Aujourd'hui, oubliez le métro et prenez la navette-batobus qui longe la Seine. Le premier point d'arrêt se trouvant près de la **tour Eiffel**, vous aurez un aperçu du **Champ-de-Mars**

Fontaines et serre en verre du parc André-Citroën

situé à ses pieds *(p. 191)*. Descendez à l'arrêt **Louvre** et allez vous promener dans le **jardin des Tuileries** *(p. 130)*.

Le déjeuner
Le salon de thé **Angélina** *(p. 318)* est supérieur aux autres cafés des arcades de la rue de Rivoli. Gardez une petite place pour le Mont-Blanc (gâteau à la crème et purée de marrons).

L'après-midi
Reprenez le batobus jusqu'à l'arrêt **Notre-Dame** *(p. 82-85)*, d'où vous remonterez le boulevard Saint-Michel jusqu'au **jardin du Luxembourg** *(p. 172)*. Là, vous serez surpris de voir des tables occupées par des joueurs d'échecs, des poneys et des ruches. Le **musée du Luxembourg**, qui dépend du Sénat, organise des expositions d'artistes connus. Pour une dernière bouffée d'air frais, allez faire un tour en ballon au **parc André-Citroën** *(p. 247)*.

Aménagement floral au Jardin des Plantes

Paris dans son environnement

Un peu plus de deux millions de Parisiens vivent
dans la capitale de la France, sur une superficie de
105 km². Mais si l'on tient compte de la banlieue,
l'agglomération parisienne couvre 1 200 km² et regroupe
près de 11,5 millions d'habitants. Au centre de l'Europe,
Paris en est un des principaux pôles
économiques, artistiques et culturels.

ROYAUME-UNI

EUROPE DE L'OUEST

NORVÈGE

SUÈDE

IRLANDE

DANEMARK

ROYAUME-UNI

PAYS-BAS

ALLEMAGNE

BELGIQUE

LUXEMBOURG

• Paris

FRANCE

SUISSE

AUTRICHE

ITALIE

ESPAGNE

PORTUGAL

L'Europe occidentale

*Un dense réseau de liaisons
routières, ferroviaires et
aériennes relie Paris au
reste de l'Europe. Les plus
grandes métropoles du nord
du continent sont toutes à
moins d'une heure d'avion
de la capitale de la France.*

La tour Eiffel et la Seine

LÉGENDE

☐	Agglomération parisienne
⚓	Port de passagers
✈	Aéroport
═	Autoroute
═	Route nationale
─	Voie ferrée

Felixstowe

MER DU
NORD

Harwich

Sheerness

Ramsgate

Zeebrugge

Dover

Ostende

Pas de Calais

Dunkerque

Tunnel sous la Manche

Calais

A16

Boulogne

A26

A25

Lille

A1

Le Touquet

A16

Abbeville

Amiens

A16

N27

A28

A29

D6015

A150

Rouen

Beauvais

D1001

D1017

A1

Compiègne

D6014

Chantilly

N13

A154

Evreux

Seine

A13

Le Bourget

A14

Charles-de-Gaulle

N12

Disneyland
Paris

N10

Orly

A10

PARIS

Chartres

N20

Fontainebleau

D6

A11

0   25 km

A10

A71

Orléans

A77

A6

ÎLE-DE-FRANCE

Cergy-Pontoise
Le Bourget
Charles-de-Gaulle
St-Denis
Poissy
Argenteuil
Aubervilliers
Lagny
Nanterre
St-Germain-en-Laye
Montreuil
Vincennes
voir page suivante
Versailles
Sceaux
Créteil
Brie-Comte-Robert
Orly
Corbeil-Essonnes

0   10 km

L'Île-de-France

*En dehors de l'agglomération parisienne,
l'Île-de-France comprend de nombreuses
villes remarquables telles Fontainebleau
et Versailles. Vous trouverez en pages 230-255
de nombreuses idées de découvertes à faire
hors du centre de Paris.*

Hoek van Holland
Rotterdam
PAYS BAS
Breda
Flessingue
Anvers
Gand
Bruxelles
BELGIQUE
Namur
Mons
St Quentin
Charleville-Mézières
ALLEMAGNE
LUXEMBOURG
Trier
Luxembourg
Saarbrucken
Reims
Verdun
Metz
Marne
Chalons
FRANCE
Nancy
Troyes
Chaumont
Auxerre

Vue aérienne de Paris

Le centre de Paris

L'Arc de triomphe, édifié par Napoléon

Ce guide divise Paris en 14 quartiers qui recouvrent le centre de la ville et Montmartre. Un chapitre est consacré à chacun de ces quartiers qui possèdent tous une personnalité et une histoire particulières. Les ruelles et les places de Montmartre, par exemple, rappellent son passé bohème de village peuplé d'artistes et de rapins alors que le quartier des Champs-Élysées doit sa renommée à ses avenues élégantes et ses boutiques de luxe. Tous ces lieux sont d'un accès facile à pied ou en transport en commun.

Église du Dôme
Cette église au dôme doré (p. 188-189) se trouve au cœur des Invalides.

Tour Eiffel
Du nom de l'ingénieur qui en fut le concepteur et le constructeur en 1889, la tour Eiffel est le monument le plus célèbre de Paris (p. 194-195). Elle se dresse au milieu du Champ-de-Mars à plus de 320 m de hauteur.

LÉGENDE

	Site important
Ⓜ	Station de métro
🚆	Gare SNCF (train)
RER	Station de RER
⛴	Embarcadère de navette fluviale
ℹ	Information touristique

Musée du Louvre
Situé au cœur de Paris, face à la Seine et au jardin des Tuileries, ce musée qui est le plus grand de la capitale possède des collections d'objets provenant du monde entier d'une richesse incomparable.

Sacré-Cœur
Le Sacré-Cœur domine majestueusement la colline de Montmartre. Construit entre 1875 et 1914, il honore le cœur sacré de Jésus (p. 226-227).

REPUBLIQUE FRANCAISE
LIBERTE EGALITE · FRATERNITE

HISTOIRE DE PARIS

Le Paris conquis par les Romains en 52 av. J.-C. n'est qu'un village habité par la tribu des Parisii à l'abri sur l'île de la Cité. La colonie romaine qui s'établit sur ses ruines est prospère : elle déborde bientôt largement sur la rive gauche de la Seine. Les Francs succèdent aux Romains, donnent à la ville le nom qu'elle a aujourd'hui et en font le centre de leur royaume.

Fleur de lys, l'emblème royal

Au Moyen Âge, la foi des Parisiens leur inspire des chefs-d'œuvre d'architecture religieuse : il faut citer notamment la Sainte-Chapelle et Notre-Dame tandis que l'université de la Sorbonne, édifiée au XIIIe siècle, attire par sa renommée étudiants et érudits venus de l'Europe entière.

Pendant la Renaissance et le Siècle des lumières, Paris s'impose comme capitale de la culture et des idées. Sous le règne de Louis XIV, la ville acquiert en outre richesse et puissance.

Si le peuple renverse la monarchie en 1789, l'enthousiasme révolutionnaire est de courte durée. En 1804, le général Napoléon Bonaparte, nourrissant l'ambition de faire de Paris le centre du monde, se proclame empereur et part à la conquête de l'Europe.

Peu après la révolution de 1848, les grands travaux du baron Haussmann transforment radicalement la cité. De larges boulevards remplacent les ruelles médiévales. À la fin du XIXe siècle, Paris devient la vitrine de la culture occidentale. Elle conserve ce rôle jusqu'à l'occupation allemande de 1940-1944. Depuis la Seconde Guerre mondiale, la ville s'est considérablement étendue : elle est aujourd'hui prête à tenir son rang au cœur d'une Europe unie.

Les pages qui suivent éclairent l'histoire de Paris en dressant un panorama des périodes clés de son évolution.

Un plan de Paris (vers 1845)

◁ *Allégorie de la République* (1848) de Dominique-Louis Papety

Rois et empereurs à Paris

Paris devint le siège du pouvoir royal à l'avènement de Hugues Capet, fondateur de la dynastie capétienne. Rois et empereurs ont laissé leur empreinte sur la ville et nombre de lieux mentionnés dans ce guide. La forteresse de Philippe Auguste devint le palais du Louvre, aujourd'hui l'un des grands musées du monde. Le Pont-Neuf d'Henri IV relie toujours l'île de la Cité aux deux rives de la Seine et Napoléon édifia l'Arc de triomphe pour célébrer ses victoires militaires. C'est la guerre de 1870 et l'abdication de Napoléon III qui mirent un terme à cette longue succession de souverains.

768-814 Charlemagne

743-751 Childéric III

716-721 Chilpéric II

695-711 Childebert II

566-584 Chilpéric Ier

558-562 Clotaire Ier

674-691 Thierry III

447-458 Mérovée

655-668 Clotaire III

458-482 Childéric Ier

628-637 Dagobert Ier

954-986 Lothaire

898-929 Charles III, le Simple

884-888 Charles II, le Gros

879-882 Louis III

840-877 Charles Ier, le Chauve

1137-1180 Louis VII

987-996 Hugues Capet

1031-1060 Henri Ier

1060-1108 Philippe Ier

400	500	600	700	800	900	1000	1100
DYNASTIE MÉROVINGIENNE				DYNASTIE CAROLINGIENNE		DYNASTIE CAPÉTIENI	
400	500	600	700	800	900	1000	1100

751-768 Pépin le Bref

721-737 Thierry IV

711-716 Dagobert III

691-695 Clovis III

668-674 Childéric II

637-655 Clovis II

584-628 Clotaire II

562-566 Caribert

511-558 Childebert Ier

996-1031 Robert II, le Pieux

986-987 Louis V

936-954 Louis IV, d'Outremer

888-898 Eudes, comte de Paris

882-884 Carloman

877-879 Louis II, le Bègue

814-840 Louis Ier, le Débonnaire

482-511 Clovis Ier

1108-1137 Louis VI, le Gros

1515-1547 François Ier

1226-1270 Louis IX
(Saint Louis)

1498-1515 Louis XII,
le Père du peuple

1483-1498 Charles VIII

1422-1461 Charles VII,
le Victorieux

1270-1285
Philippe III, le Hardi

1547-1559 Henri II

1285-1314
Philippe IV, le Bel

1559-1560 François II

1316-1322
Philippe V

1610-1643 Louis XIII

1328-1350
Philippe VI

1643-1715 Louis XIV,
le Roi-Soleil

1774-1793 Louis XVI

1804-1814
Napoléon Ier

1200	1300	1400	1500	1600	1700	1800

DYNASTIE DES VALOIS   DYNASTIE DES BOURBONS

1200	1300	1400	1500	1600	1700	1800

1380-1422
Charles VI,
le Bien-
Aimé

1560-1574
Charles IX

1814-1824
Louis XVIII

1314-1316
Louis X

1824-1830
Charles X

1364-1380
Charles V,
le Sage

1574-1589
Henri III

1830-1848
Louis-Philippe

1322-1328
Charles IV,
le Bel

1589-1610
Henri IV

1852-1870
Napoléon III

1350-1364
Jean II, le Bon

1223-1226 Louis VIII, le Lion

1180-1223 Philippe II, Auguste

1461-1483 Louis XI

1715-1774
Louis XV

Paris à l'époque gallo-romaine

Broche romaine en émail

Paris n'aurait pas existé sans la Seine car le fleuve permit aux premiers habitants d'exploiter cette région de forêts et de marais. Des fouilles récentes ont exhumé des embarcations datant de 4500 av. J.-C., bien avant qu'une tribu celte, les Parisii, ne s'installe sur une île du nom de Lucotitia. En 59 av. J.-C., les Romains entreprennent la conquête de la Gaule. Sept ans plus tard, ils occupent Lutèce. Ils la reconstruisent, la fortifient et l'étendent sur la rive gauche de la Seine.

AGGLOMÉRATION PARISIENNE

☐ En 200 av. J.-C. ☐ Aujourd'hui

Pièce de harnais en bronze
On continua de fabriquer des objets usuels en bronze bien après le début de l'âge du fer (900 av. J.-C. en Gaule).

Dagues en fer
À partir du Iᵉ siècle av. J.-C. apparaissent de courtes épées en fer, parfois décorées de motifs anthropomorphes ou zoomorphes.

Thermes

Théâtre

Forum

Actuelle rue Soufflot

Vase en terre cuite
Les céramiques finement décorées n'étaient pas rares en Gaule.

Perles de verre
On a trouvé à Paris des perles et des bracelets en verre de l'âge du bronze.

Actuelle rue Saint-Jacques

CHRONOLOGIE

Casque porté par les guerriers gaulois

4500 av. J.-C. On navigue sur la Seine

52 av. J.-C. Labienus, lieutenant de César, bat les Gaulois dirigés par Camulogène. Les Parisii détruisent eux-mêmes leur ville

4500	400		200	100 av. J.-C.

Pièce d'or Parisii frappée sur l'île de la Cité

300 av. J.-C. La tribu des Parisii s'installe sur l'île de la Cité

Lampe à huile romaine
Pendant les sombres mois d'hiver, les habitants de l'île de la Cité jouissaient déjà d'une sorte de chauffage central et s'éclairaient avec des lampes à huile.

Île de la Cité

Déesse gallo-romaine
Trouvée dans les arènes, cette tête date du IIᵉ siècle.

Temple

OÙ VOIR LE PARIS GALLO-ROMAIN
Les fouilles entreprises depuis le milieu du XIXᵉ siècle ont mis en évidence les limites exactes de la cité romaine qui avait pour axes les actuelles rues Saint-Jacques et Soufflot. La crypte archéologique, sous le parvis de Notre-Dame *(p 81)*, contient les vestiges de remparts et d'habitations qui remontent à la fin du IIIᵉ siècle apr. J.-C. Autres sites gallo-romains : les arènes de Lutèce *(p. 165)* et les thermes du musée de Cluny *(p. 154 et p. 157)*.

Les thermes de Cluny comprenaient trois vastes salles de températures différentes.

Arrière-scène

Gradins

Arènes de Lutèce
Ces vastes arènes construites au IIᵉ siècle accueillaient jeux du cirque et représentations théâtrales.

Flacon en anneau
Ce flacon date de l'an 300 apr. J.-C. environ.

LUTÈCE EN L'AN 200
Le plan des rues de Lutèce suivait un quadrillage orthogonal conduisant, au nord, jusqu'à la Seine.

Mosaïque romaine des thermes de Cluny

200 Les Romains édifient arènes, thermes et villas

285 Invasions barbares, le feu ravage Lutèce

360 Julien, préfet des Gaules, est proclamé empereur. Lutèce prend le nom de Paris

0 **100** **200** **400**

100 apr. J.-C. Les Romains reconstruisent l'île de la Cité et s'étendent sur la rive gauche

250 Décapitation à Montmartre de saint Denis, premier évêque de Paris et martyr

451 À la tête des Parisiens, sainte Geneviève repousse Attila

485-508 Clovis, chef des Francs, défait les Romains. Paris devient chrétien

Paris au Moyen Âge

Enluminure de manuscrit

Au Moyen Âge, les villes occupant un emplacement stratégique comme Paris, lieu de franchissement du fleuve, deviennent d'importants centres politiques et universitaires. L'Église joue un rôle fondamental dans la vie intellectuelle et spirituelle. Elle fournit l'élan nécessaire à des innovations comme la percée de canaux et le drainage des marais. En asséchant ses terres insalubres au XIIe siècle, la cité a pu s'étendre librement sur la rive droite.

AGGLOMÉRATION PARISIENNE

▨ En 1300 ☐ Aujourd'hui

Sainte-Chapelle
La chapelle haute de ce chef-d'œuvre du Moyen Âge (p. 88-89) était réservée à la famille royale.

L'île de la Cité, avec les tours de la Conciergerie et la Sainte-Chapelle, illustre le mois de juin.

Table octogonale
Des meubles en bois décoraient les manoirs médiévaux.

Le drainage permit d'augmenter les surfaces cultivables.

Vitrail des tisserands
Regroupés en corporations, les artisans dédièrent de nombreux vitraux à leurs arts.

La plupart des Parisiens travaillaient la terre, à proximité de la cité.

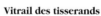

CHRONOLOGIE

512 Mort de sainte Geneviève. Elle est enterrée près de Clovis

725-732 Les Sarrasins attaquent la Gaule

845-862 Les Normands attaquent Paris

500	700	800	900

543-556 Fondation de Saint-Germain-des-Prés

La main en or, reliquaire de Charlemagne

800 Le pape sacre Charlemagne empereur

Notre-Dame
La construction de la grande cathédrale gothique dura de 1163 à 1334.

Sceau de l'Université
L'université de Paris fut fondée en 1215.

Monastères
Paris comptait de nombreux monastères, en particulier sur la rive gauche.

Le Louvre de Charles V
avec ses fortifications, est vu ici depuis l'île de la Cité.

Noblesse
À partir du XIVe siècle, le vêtement, tels ces hauts chapeaux pointus, devint un symbole d'appartenance à une classe.

LES MOIS : JUIN ET OCTOBRE
Achevé en 1416 pour le duc de Berry, ce calendrier et livre de prières, les Très Riches Heures, *reproduit de nombreux monuments de Paris.*

PASSION MÉDIÉVALE

Ce fut au cloître Notre-Dame que l'amour naquit entre le moine Abélard et la jeune Héloïse. Pierre Abélard, qui était le théologien le plus original du XIIe siècle, fut embauché comme précepteur de cette fille de chanoine âgée de 17 ans. Une histoire d'amour commença alors entre le professeur et son élève. Fou de rage, le père fit castrer l'érudit et Héloïse se réfugia dans un couvent où elle finit ses jours.

1010-1022 Les chrétiens brûlent juifs et hérétiques

1167 Création des Halles sur la rive droite

1253 Ouverture de la Sorbonne

1380 La Bastille est achevée

Jeanne d'Arc

1000	1100	1200	1300	1400

1079 Naissance de Pierre Abélard

1163 Début de la construction de Notre-Dame

1245 Construction de la Sainte-Chapelle

1226–1270 Règne de Louis IX, dit saint Louis

1430 Jeanne d'Arc est battue devant Paris. Elle sera brûlée vive à Rouen en 1431

1215 Fondation de l'université de Paris

Paris à la Renaissance

À la fin de la guerre de Cent Ans, en 1453, l'armée anglaise laisse Paris en ruines. Louis XI rétablit la prospérité et ranime l'intérêt pour l'art, l'architecture, la décoration et le goût du luxe. Au cours du XVIe et du XVIIe siècle, les rois de France tombent sous le charme de la Renaissance italienne et leurs architectes jettent les premiers fondements de l'urbanisme moderne, créant notamment la superbe place Royale.

Couple d'élégants

AGGLOMÉRATION PARISIENNE

| ▨ En 1590 | □ Aujourd'hui |

Chevalier en tenue de tournoi
Des joutes se déroulaient place Royale jusqu'au XVIIe siècle.

Presse d'imprimerie (1470)
La première presse de la Sorbonne servit à imprimer des brochures religieuses.

Pendentif incrusté
Signe de prospérité, les bijoux devinrent une part importante du vêtement.

Pont Notre-Dame
Ce pont fut construit au début de XVe siècle. Le Pont-Neuf (1589) est le premier pont sur lequel ne fut édifiée aucune maison.

PLACE ROYALE
Construite par Henri IV vers 1609, cette place, rebaptisée Place des Vosges en 1800, était la première entourée d'immeubles identiques. L'aristocratie y avait élu domicile (p. 94).

CHRONOLOGIE

1453 Fin de la guerre de Cent Ans

François Ier

1516 François Ier invite Léonard de Vinci en France. L'artiste y apporte *La Joconde*

| 1450 | 1460 | 1470 | 1480 | 1490 | 1500 | 1510 | 1520 |

1469 Premier texte imprimé à la Sorbonne

1528 François Ier s'installe au Louvre

Couverts du XVIᵉ siècle
Couteaux et fourchettes servaient à découper les pièces de viande. Les convives mangeaient avec leurs mains ou avec une cuillère.

Pavillon de la reine

Toutes les maisons sont construites sur le même plan.

OÙ VOIR LE PARIS DE LA RENAISSANCE

Outre la place des Vosges, on trouve à Paris de nombreux exemples d'architecture Renaissance : les églises Saint-Étienne-du-Mont *(p. 153)* et Saint-Eustache *(p. 114)*, la façade de l'église Saint-Gervais-Saint-Protais *(p. 99)* et des demeures comme l'hôtel de Sully *(p. 95)*, ou l'hôtel Carnavalet *(p. 96-97)* qui a été restauré.

Le jubé de **Saint-Étienne-du-Mont** (vers 1520) est d'une étonnante délicatesse.

PLACE ROYALE (PLACE DES VOSGES)

Neuf immeubles symétriques bordent chaque côté de la place.

Dressoir en noyer (vers 1545)
D'élégants meubles sculptés décoraient les demeures les plus riches.

Hyante et Climène
La mythologie est une source d'inspiration inépuisable pour les artistes de la Renaissance.

Pavillon du roi

On se battait en duel sur la place au XVIIᵉ siècle.

| 1534 Ignace de Loyola fonde la Compagnie de Jésus | 1546 Rénovation du Louvre ; premier quai de pierre sur la Seine | 1559 Premier éclairage des rues ; achèvement du Louvre | 1572 Massacre de la Saint-Barthélemy | 1607 Inauguration du Pont-Neuf par Henri IV | 1609 Construction de la place des Vosges |

| 1530 | 1540 | 1550 | 1560 | 1570 | 1580 | 1590 | 1600 |

1547 Mort de François Iᵉʳ

1534 Fondation du Collège de France

1533 Reconstruction de l'Hôtel de Ville

1559 Henri II meurt dans un tournoi à Paris

1589 Henri III est assassiné à Saint-Cloud, près de Paris. Henri de Navarre, devenu Henri IV, lui succède

1610 Ravaillac assassine Henri IV

Ravaillac

Paris au temps du Roi-Soleil

Le luxe somptueux de Louis XIV et de la cour de Versailles symbolise ce que l'on appelle le Grand Siècle. À Paris, on construit des bâtiments imposants, des places, des théâtres et d'aristocratiques hôtels particuliers.

Emblème du Roi-Soleil Le souverain, lui, règne en monarque absolu. Mais au terme de sa vie, le prix payé par le pays pour son goût des constructions et ses coûteuses campagnes militaires a affaibli la royauté.

AGGLOMÉRATION PARISIENNE

▨ En 1657   ☐ Aujourd'hui

Jardins de Versailles
Louis XIV avait une passion pour les jardins que lui avait dessinés André Le Nôtre.

Les combles mansardés, avec leur toit à double pente, sont typiques de l'architecture de cette époque.

La cage d'escalier est ouverte sur la cour intérieure.

Vue en coupe des appartements

Louis XIV en Jupiter
En montant sur le trône en 1661, Louis XIV mit un terme aux troubles intérieurs qui avaient fait rage pendant son enfance.

Le rez-de-chaussée, où logeaient les domestiques.

Commode
André-Charles Boulle fabriqua ce meuble pour le Grand Trianon de Versailles.

CHRONOLOGIE

1610
L'avènement de Louis XIII marque le début du Grand Siècle

Louis XIII

Le cardinal Mazarin

1624
Achèvement du palais des Tuileries

1631 Premier journal de Paris : *La Gazette*

1643 Mort de Louis XIII et début de la régence exercée par Mazarin

1661
Louis XIV devient monarque absolu. Agrandissement du château de Versailles

| 1610 | 1620 | 1630 | 1640 | 1650 | 1660 |

1622 Paris devient un archevêché

1629 Richelieu construit le Palais-Royal

1638 Naissance de Louis XIV

1662 Colbert développe la manufacture des Gobelins

1614 Début de l'urbanisation de l'île Saint-Louis

1627 Aménagement de l'île Saint-Louis

Métier à tisser

Plafond par Charles Le Brun
Peintre de la cour, Le Brun décora de nombreux plafonds comme celui-ci à l'hôtel Carnavalet (p. 96).

Madame de Maintenon
À la mort de la reine en 1683, Louis XIV épousa secrètement Mᵐᵉ de Maintenon, peinte ici par Gaspard Netscher.

Scène de comédie italienne *dessinée sur un éventail.*

La galerie d'Hercule avec le plafond de Le Brun

Jardin à la française

HÔTEL LAMBERT (1640)
Au XVIIᵉ siècle, les aristocrates construisirent de luxueux hôtels dotés de cours intérieures, de jardins et d'écuries.

Coupe au Neptune
Cette coupe en lapis-lazuli appartenait à la riche collection d'objets de Louis XIV.

Le dôme des Invalides (1706)

OÙ VOIR LE PARIS DU ROI-SOLEIL

De nombreux hôtels du XVIIᵉ siècle existent toujours à Paris mais ils ne sont pas tous ouverts au public. L'hôtel des Invalides *(p.187)*, et son dôme *(p. 188-189)*, le palais du Luxembourg *(p. 172)* et Versailles *(p. 248-253)* donnent une excellente image de cette période.

1667
Reconstruction du Louvre et création de l'Observatoire

1682 La cour déménage à Versailles où elle restera jusqu'à la Révolution

1686
Le Procope, premier café de Paris

1702
Paris est divisé en 20 arrondissements

1715 Mort de Louis XIV

| 1670 | 1680 | 1690 | 1700 | 1710 |

1694 Famines causées par les mauvaises récoltes et la guerre

1670
Construction de l'hôtel des Invalides

1689 Construction du pont Royal

Statue de Louis XIV au musée Carnavalet

Paris au Siècle des lumières

L'esprit du Siècle des lumières (écrivains et scientifiques épris de savoir et de raison) rayonne dans toute l'Europe depuis Paris. Durant de XVIIIe siècle en quête de progrès, l'économie prospère, les arts s'épanouissent comme jamais auparavant dans la capitale, et des intellectuels comme Voltaire ou Rousseau sont connus dans l'Europe entière. La population de la ville dépasse 600 000 habitants à cette époque. L'urbanisme se développe et le premier plan des rues apparaît en 1787.

Buste de Voltaire

AGGLOMÉRATION PARISIENNE

▨ *En 1720*   ▢ *Aujourd'hui*

Instruments de navigation
Les savants conçurent des instruments de mesures trigonométriques permettant de calculer longitude et latitude.

Perruques
Elles servaient aussi à indiquer la classe et le rang de celui ou celle qui les portait.

LE THÉÂTRE-FRANÇAIS
De nouvelles salles de spectacle ouvrirent pendant le Siècle des lumières, comme celle qui abrite encore aujourd'hui la Comédie-Française, l'un des théâtres les plus prestigieux au monde.

Cette salle était la plus grande de Paris avec 1913 places.

CHRONOLOGIE

1734
Construction de
la fontaine des
Quatre-Saisons

1748 Montesquieu publie
De l'esprit des lois

1720	1730	1740	1750

1722
Premier
corps de
pompiers

Pompier

1751 Premier
volume de
l'*Encyclopédie*
de Diderot

Madame de Pompadour
*Maîtresse de Louis XV,
elle protégea philosophes,
artistes et écrivains,
et eut une grande
influence politique.*

Chocolatière
*Les familles bourgeoises
consommaient tabac, thé,
chocolat et café importés
d'Asie et du Nouveau Monde.*

Vestibule
au plafond peint

Portique
aux colonnes
doriques

Catacombes
*Elles furent créées en
1785 pour assainir
les cimetières
parisiens
(p. 179).*

OÙ VOIR LE PARIS DES LUMIÈRES

Le quartier autour des rues de Lille, de Varenne et de Grenelle *(p. 187)* contient de nombreux hôtels construits par l'aristocratie pendant la première moitié du XVIIIᵉ siècle. Le musée Carnavalet *(p. 96-97)* expose des intérieurs, des objets d'art et des tableaux de cette époque. Une salle y est consacrée aux philosophes, en particulier à Voltaire et à Jean-Jacques Rousseau.

Le Siècle des lumières enrichit Paris de nouvelles églises. **L'église Saint-Sulpice** *(p.172)* fut achevée en 1776.

Le Procope *(p. 140)*, le plus vieux café de Paris. Clients fameux : Voltaire et Rousseau !

1757 Premier réverbère à huile

1764 Mort de Mᵐᵉ de Pompadour

1774 Mort de Louis XV

1778 La France soutient l'indépendance américaine

1785 David peint le *Serment des Horaces*

1760 **1770** **1780**

v. 1760 Édification du Panthéon, de la place de la Concorde, et de l'École militaire

1762 Parution du *Contrat social* et de l'*Émile*, de Rousseau

Rousseau, écrivain et philosophe, pensait que la société corrompait l'homme, bon de nature

1782 Premiers trottoirs de Paris, rue de l'Odéon

1783 Première ascension en ballon des frères Montgolfier

Paris pendant la Révolution

Assiette commémorative

En 1789, le peuple de Paris vit dans le même dénuement qu'au Moyen Âge. Une grave crise économique et l'impopularité de Louis XVI conduisent à la prise de la Bastille, symbole de l'arbitraire royal. La République est proclamée trois ans plus tard mais sombre bientôt dans la Terreur. Près de 10 000 personnes, accusées de trahir la Révolution, sont exécutées. Après la chute de Robespierre, le Directoire assure le gouvernement jusqu'au coup d'État qui donne le pouvoir à Napoléon Bonaparte en 1799.

AGGLOMÉRATION PARISIENNE

☐ *En 1796*   ☐ *Aujourd'hui*

Les tours de la prison furent incendiées.

Déclaration des droits de l'homme et du citoyen
Imprégnée des idéaux du Siècle des lumières, elle fut rédigée en août 1789. Cette illustration est la préface de la constitution de 1791.

Les gardes-françaises, qui soutenaient les émeutiers, arrivèrent en fin d'après-midi avec deux canons.

CALENDRIER RÉPUBLICAIN

Les révolutionnaires pensaient donner au monde un nouveau départ. Ils imposèrent donc un nouveau calendrier. Selon celui-ci, l'an I de cette nouvelle ère commençait le jour de la proclamation de la République (22 sept. 1792) et chaque année comptait 12 mois égaux aux noms évoquant la nature et les saisons, tels brumaire ou floréal. Chaque mois était divisé en trois périodes de dix jours. Les cinq ou six jours supplémentaires étaient réservés aux fêtes républicaines.

Gravure par Tresca représentant Ventôse, le mois des vents (19 fév.-20 mars) du calendrier républicain

Pont-levis

CHRONOLOGIE

14 juillet Prise de la Bastille

4 août Abolition des privilèges

26 août Déclaration des droits de l'homme et du citoyen

Caricature : le réveil du peuple effraie le clergé et la noblesse

5 mai Réunion des états généraux

La Fayette prête serment à la Constitution le 14 juillet 1790

14 juillet Fête de la Fédération

17 juillet Fusillade du Champ-de-Mars

25 avril *La Marseillaise est composée par Rouget de Lisle*

1789	1790	1791	1792

Papier-monnaie
*Les assignats
financèrent la
Révolution de 1790
à 1793.*

La Marseillaise
*Cette marche
révolutionnaire est
devenue l'hymne
national.*

Mode révolutionnaire
*Les sans-culottes
préféraient le pantalon,
tenue des artisans
et du peuple de Paris,
à la culotte
aristocratique.*

Chaise « patriotique »
*Deux bonnets phrygiens,
symboles républicains,
coiffent les montants
de cette chaise.*

Papier peint
*Ces motifs
républicains
célébraient la
Révolution.*

171 morts et blessés, tel
fut le bilan de la journée.

Tour d'angle

Grande cour

Cour du puits

Guillotine
*Elle entra
en fonction
en avril 1792.*

PRISE DE LA BASTILLE
*Les sept prisonniers qu'elle
contenait furent libérés et ses
115 défenseurs (32 gardes
suisses, 82 invalides et le
gouverneur) massacrés.*

0 juin Mise à sac des Tuileries	**21 janvier** Exécution de Louis XVI	**16 octobre** Exécution de Marie-Antoinette	**5 avril** Exécution de Danton et de ses amis	**22 août** Nouvelle constitution : le Directoire est mis en place
10 août Arrestation de Louis XVI	**Automne** Robespierre contrôle le Comité de salut public	**24 novembre** Fermeture des églises	**19 novembre** Fermeture du club des Jacobins	

1793 | 1794 | 1795

20 septembre
Bataille de Valmy

13 juillet
Assassinat
de Marat,
fondateur
de *L'Ami
du peuple*

2-6 septembre
Massacres de
septembre

*Robespierre,
le maître de la
Terreur*

27 juillet Exécution
de Robespierre

Paris sous Napoléon

Bonaparte profite de l'instabilité du Directoire pour s'emparer du pouvoir et s'installer au palais des Tuileries en novembre 1799 au titre de Premier consul. Il se fait sacrer empereur en mai 1804. Outre ses réformes de l'administration, du code civil et du système éducatif, il s'emploie à faire de sa ville la capitale du monde. Il perce la rue de Rivoli, édifie ponts et monuments, enrichit la cité du butin de ses conquêtes. Mais son pouvoir demeure toujours fragile ; il ne parvient pas à rétablir la paix et, en 1814, les armées prussienne, autrichienne et russe envahissent Paris, le forçant à se retirer sur l'île d'Elbe. Napoléon rentre à Paris en 1815 mais, vaincu à Waterloo, il meurt en 1821 en exil à Sainte-Hélène.

La couronne impériale

AGGLOMÉRATION PARISIENNE

☐ *En 1810*   ☐ *Aujourd'hui*

Château de Malmaison
Il fut la résidence préférée de Joséphine.

Ses dames de compagnie
tiennent la traîne de Joséphine.

Pendule en opaline
Sa décoration s'inspire de l'antiquité.

Éléphant
Projet de monument destiné à la place de la Bastille.

Envol de l'aigle
Caricature de Napoléon après son départ pour l'île d'Elbe.

CHRONOLOGIE

1799 Napoléon prend le pouvoir	**1800** Fondation de la Banque de France		**1815** Waterloo. Seconde abdication. Restauration de la monarchie
		1802 Création de la Légion d'honneur	**1812** Campagne de Russie
1797 Bataille de Rivoli			

1800	**1805**	**1810**	**1815**	**1820**

	1804 Sacre de Napoléon	**1806** Commande de l'arc de triomphe de l'Étoile	**1821** Mort de Napoléon
		1814 Napoléon abdique	
1800 Napoléon rentre d'Égypte sur *L'Orient*		**1809** Napoléon répudie Joséphine et épouse Marie-Louise	*Masque mortuaire de Napol...*

Table en bronze
Avec son portrait de l'empereur au centre, cette table célèbre la victoire d'Austerlitz.

Cosaques au Palais-Royal
Après la défaite et la fuite de Napoléon en 1814, Paris connut l'humiliation d'être occupée par des troupes étrangères.

Joséphine à genoux devant Napoléon.

Napoléon présente la couronne à son impératrice.

Le pape bénit le sacre.

L'arc de triomphe du Carrousel fut élevé en 1806, pour supporter les chevaux de Saint-Marc, dérobés à Venise.

OÙ VOIR LE PARIS DU PREMIER EMPIRE

L'arc de triomphe de l'Étoile *(p. 210-211)* et l'arc de triomphe du Carrousel *(p. 122)* sont les deux monuments les plus célèbres parmi ceux que fit édifier Napoléon. Ce fut aussi pendant son règne que l'on inaugura l'église de la Madeleine *(p. 216)* et reconstruisit une grande partie du Louvre *(p. 122-123)*. La Malmaison *(p. 255)* et le musée Carnavalet *(p. 96-97)* présentent des exemples du style Empire.

SACRE DE NAPOLÉON
Cette spectaculaire cérémonie eut lieu en 1804. Sur ce tableau de David, le pape regarde Napoléon couronner son épouse après qu'il s'est couronné lui-même.

Impératrice
Napoléon répudia Joséphine en 1809.

1842 Première liaison ferroviaire entre Paris et Saint-Germain-en-Laye

1825	1830	1835	1840	1845

1830 Révolution et instauration de la monarchie de Juillet

1831 Publication de *Notre-Dame de Paris* de Victor Hugo

1840 Les cendres de Napoléon sont déposées aux Invalides

Le tombeau de Napoléon

Les grands travaux

En 1848, une nouvelle révolution parisienne renverse la monarchie récemment restaurée. Le neveu de Napoléon profite des troubles qui suivent pour imiter son oncle et prendre le pouvoir après un coup d'État. Il est proclamé empereur sous le nom de Napoléon III en 1851. Confiant sa modernisation au baron Haussmann, l'empereur transforme Paris en la plus magnifique des cités d'Europe. Haussmann rase les rues insalubres du vieux centre urbain et crée une capitale aérée desservie par de larges boulevards. Les villages des environs, comme Auteuil ou Montmartre, sont annexés en 1860 à l'agglomération, qui compte depuis lors vingt arrondissements.

AGGLOMÉRATION PARISIENNE
▨ *En 1859* ☐ *Aujourd'hui*

Lampadaire, place de l'Opéra

Arc de triomphe

Boulevard des Italiens
Peint ici par Grandjean (1889), il était l'un des nouveaux boulevards les plus appréciés par les élégantes.

Douze avenues
dessinent les bras de l'Étoile.

AVE DE FRIEDLAND

AVE HOCHE

AVE DE WAGRAM

PLACE

AVE MAC-MAHON

AVE CARNOT

Égouts
Cette gravure de 1861 montre le percement d'un égout (p. 190) entre La Villette et les Halles. L'ingénieur Belgrand dirigea ces travaux.

Colonne Morris
Ces colonnes annoncent le programme des spectacles.

Des hôtels sont construits autour de l'Arc de triomphe entre 1860 et 1868.

CHRONOLOGIE

1851 Sacre de Napoléon III

Visite de l'Exposition universelle

1852 Haussmann entame la transformation de la ville

1855 Exposition universelle

1850	1852	1854	1856	1858

Timbre à l'effigie de Napoléon III

1857 Baudelaire est poursuivi pour obscénité pour *Les Fleurs du mal*

PLACE DE L'ÉTOILE

*Aujourd'hui place Charles-de-Gaulle-
Étoile. À l'extrémité des Champs-
Élysées, Haussmann créa une étoile
de douze larges avenues
autour de l'Arc de triomphe.
(À droite, le plan du
quartier en 1790.)*

Champs

Avenue des
Champs-Élysées

Site de l'Arc
de triomphe

AVE DES CHAMPS ELYSÉES

AVE MARCEAU

AVE D'IENA

AVE KLEBER

L'ÉTOILE

DE

AVE DE LA GRANDE ARMÉE

AVE FOCH

AVE VICTOR HUGO

Fontaine
*En 1872, la générosité d'un
Anglais, Richard Wallace,
permit la création de
50 fontaines dans les
quartiers pauvres.*

Bois de Boulogne
*Napoléon III offrit en 1852 ce
terrain à la ville qui l'aménagea
en parc d'agrément (p. 254-255).*

BARON HAUSSMANN

En 1853, Napoléon III nomme
préfet de la Seine cet avocat de
formation. Georges Haussmann
(1809-1891) reste en charge
de l'urbanisme pendant
dix-sept ans. Avec les
meilleurs architectes et
ingénieurs de l'époque,
il dessine une nouvelle ville, crée des parcs
splendides et améliore l'approvisionnement
en eau et le réseau d'égouts.

Certaines avenues
prirent les noms de généraux.

1861 Garnier
dessine le
nouvel Opéra

1863 *Le Déjeuner sur l'herbe*
de Manet provoque un
scandale et est rejeté par
l'Académie *(p. 144-145)*

1867
Exposition
universelle

1870 L'impératrice
Eugénie fuit Paris
menacé par
l'ennemi

| 1860 | 1862 | 1864 | 1866 | 1868 |

1863 Création
du Crédit Lyonnais

1868
Libéralisation de
la censure

1870 Début de la
guerre franco-
prussienne

1862 Victor Hugo
publie *Les Misérables*

Paris à la Belle Époque

La guerre franco-prussienne s'achève sur le terrible siège de Paris. La paix revenue, en 1871, il incombe au gouvernement de la IIIᵉ République, de redresser l'économie. À partir de 1890, automobiles, avions, cinéma, téléphone et gramophone transforment la vie quotidienne : c'est la Belle Époque. Paris devient une cité étincelante où l'Art nouveau se répand sur les façades et dans les intérieurs. Les tableaux impressionnistes de Renoir expriment la joie de vivre de l'époque. Plus tard, ceux de Matisse, de Braque ou de Picasso vont ouvrir de nouvelles voies…

**Pendentif
Art nouveau**

AGGLOMÉRATION PARISIENNE

☐ En 1859   ☐ Aujourd'hui

À l'intérieur, des galeries encerclent un grand escalier central.

**Affiche
de cabaret**
Les affiches de Toulouse-Lautrec immortalisent les chanteurs et les danseuses des cabarets de Montmartre où se retrouvent artistes et écrivains.

L'électricité illuminait déjà les vitrines.

Les vitrines donnant sur le boulevard Haussmann exposaient les articles à vendre.

**Hall central
du Grand Palais**
Le Grand Palais (p. 208) fut construit pour abriter deux immenses expositions de peinture et de sculpture françaises lors de l'Exposition universelle de 1889.

Caisse enregistreuse
Les maîtres de l'Art nouveau embellissent aussi les objets usuels.

CHRONOLOGIE

1871
Établissement de la IIIᵉ République

1874 Monet présente le premier tableau impressionniste :
Impression, soleil levant

Louis Pasteur

1889
Construction de la tour Eiffel

| 1870 | 1875 | 1880 | 1885 | 1890 |

On tue les animaux du zoo pour les manger (p. 226)

Billet d'entrée à l'Exposition

1891
Première station de métro

1870 Siège de Paris

1885 Pasteur découvre le vaccin contre la rage

1889 Exposition universelle

Citroën 5 CV
La France est à la pointe du développement de l'automobile. Dès 1900, les voitures sont nombreuses dans les rues de Paris et des courses de vitesse sont organisées.

OÙ VOIR LE PARIS DE L'ART NOUVEAU
Le Grand et le Petit Palais *(p. 208)* doivent leurs verrières à l'Art nouveau tandis que les Galeries Lafayette *(p. 321)* et le restaurant Fermette Marbeuf *(p. 310)* possèdent des intérieurs Belle Époque. Le musée d'Orsay *(p. 144-147)* expose beaucoup d'objets de cette période.

La coupole était visible partout dans le magasin.

Moulin-Rouge (1890)
Inutiles, les moulins à vent de Montmartre deviennent des cabarets comme le célèbre Moulin-Rouge (p. 228).

L'entrée de la station de métro de la porte Dauphine, par Hector Guimard *(p. 226)*.

GALERIES LAFAYETTE (1906)
Ce magnifique magasin avec sa coupole vitrée témoigne de la prospérité de l'époque.

Années frivoles
Les premières images animées du cinématographe des frères Lumière saisirent l'audace de la mode des années 1890.

La façade du n° 29 avenue Rapp *(p. 191)* est un superbe exemple d'architecture Art nouveau.

1894-1906 Affaire Dreyfus

Accusé de vendre des secrets aux Allemands, le capitaine Dreyfus fut dégradé puis innocenté

1907 Picasso peint *Les Demoiselles d'Avignon*

1913 Proust publie le premier tome d'*À la recherche du temps perdu*

1895	1900	1905	1910

1898 Pierre et Marie Curie découvrent le radium

1909 Blériot traverse la Manche en avion

1911 Diaghilev amène les ballets russes à Paris

1895 Débuts du cinématographe des frères Lumière

Paris au temps des Années folles

Chaise de bureau par Le Corbusier

Des années 1920 aux années 1940, Paris attire peintres, musiciens, écrivains et cinéastes venus du monde entier. Picasso, Braque, Breton, Man Ray et beaucoup d'autres fondent de nouvelles écoles artistiques comme le cubisme ou le surréalisme. Des Américains, tels Ernest Hemingway, Henry Miller ou Gertrude Stein, mêlent leur talent à cette effervescence. Les formes géométriques de Le Corbusier bouleversent l'architecture moderne.

AGGLOMÉRATION PARISIENNE
▧ En 1940   ▢ Aujourd'hui

*Napoléon **par Abel Gance**
Cinéaste novateur, Abel Gance utilisa des objectifs grand angle pour tourner ce film qui était projeté simultanément sur trois écrans.*

Paris occupé
Les soldats allemands aimaient se faire photographier devant la tour Eiffel.

Joséphine Baker
Danseuse et chanteuse née à Saint-Louis, Missouri, elle devint célèbre à Paris au milieu des années 1920.

Sidney Bechet
Dans les clubs de jazz, Paris dansait sur les rythmes des musiciens noirs comme Sidney Bechet.

Des piliers portent la structure en béton.

Le salon devient une galerie de peintures.

VILLA LA ROCHE PAR LE CORBUSIER
On retrouve dans l'architecture de cette villa (1923), construite en acier et en béton, les innovations apportées par Le Corbusier.

CHRONOLOGIE

1919 Signature du traité de Versailles

1924 Jeux olympiques de Paris

1924 André Breton publie le *Manifeste du surréalisme*

1925 L'Exposition des arts décoratifs lance le style Art déco

PARIS-1925

1914	1916	1918	1920	1922	1924	1926	192

1914-1918 Première Guerre mondiale. La bataille de la Marne sauve Paris. Un obus frappe l'église Saint-Gervais

Soldat de la Première Guerre mondiale

1920 Inhumation du soldat inconnu

La flamme du Souvenir brûle sous l'arc de triomphe de l'Étoile en l'honneur du soldat inconnu

Mode des années 1940
Après la Seconde Guerre mondiale, l'habillement s'inspira des uniformes militaires.

Le toit est aménagé en terrasse.

Affiche de la Poste
Les liaisons aériennes vers l'Afrique se développèrent dans les années 1930.

Le palais de Chaillot *(p. 200)* fut construit sur le site du Trocadéro pour l'Exposition de 1937.

OÙ VOIR LE PARIS DES ANNÉES FOLLES

La villa La Roche *(p. 254)* fait partie de la fondation Le Corbusier à Auteuil. La Closerie des Lilas, bar mythique de Montparnasse, a conservé son décor d'époque *(p. 179)*. Si la mode vous intéresse, ne manquez pas le musée Galliera *(p. 203)*.

La chambre se trouve au-dessus de la salle à manger.

La cuisine, à l'arrière, est éclairée par une verrière.

Le garage est au rez-de-chaussée.

***Claudine à Paris* de Colette**
La série des Claudine, *romans écrits par Colette, connut un immense succès dans les années 1930.*

Les fenêtres forment des bandes horizontales.

1931
Exposition coloniale

Un participant à l'Exposition en tenue coloniale

1937 La guerre d'Espagne inspire *Guernica* à Picasso

1940 Les Allemands occupent Paris

1930	1932	1934	1936	1938	1940	1942

1934 La dépression provoque manifestations et grèves

1937 Exposition internationale des arts et des techniques au palais de Chaillot

Le symbole de la France libre dans le V de la victoire

Août 1944
Libération de Paris

Paris, ville moderne

André Malraux lance, dès 1962, un programme de restauration des quartiers vétustes comme celui du Marais. Cette politique de rénovation du patrimoine est poursuivie avec les grands travaux de François Mitterrand qui ouvrent sur l'avenir. En effet, si des réalisations comme le Grand Louvre *(p. 122-129)* ou le musée d'Orsay *(p. 144-147)* facilitent

François Mitterrand (1916-1996)

l'accès aux trésors du passé, ce programme comprend aussi des édifices futuristes comme l'Opéra Bastille *(p. 98)*, la cité des Sciences *(p. 236-239)*, la Bibliothèque nationale de France sur les quais de Seine *(p. 246)*, la Grande Arche de la Défense *(p. 255)* et le Stade de France.

AGGLOMÉRATION PARISIENNE

▨ *En 1959*   ☐ *Aujourd'hui*

La Grande Arche pourrait recouvrir Notre-Dame. Elle prolonge la perspective qui passe par le Louvre et l'Arc de triomphe.

Pont-Neuf de Christo
Christo, artiste d'origine bulgare, emballa avec de la toile le plus vieux pont de Paris en 1985.

Simone de Beauvoir
Philosophe influente et compagne de Jean-Paul Sartre, Simone de Beauvoir lutta pour la libération de la femme.

Centre commercial des Quatre-Temps

Citroën DS (1956)
Avec sa ligne ultramoderne, la DS s'imposa comme voiture de prestige.

CHRONOLOGIE

1950 Construction de l'Unesco et de la Maison de Radio-France

1962 André Malraux entame la rénovation des quartiers et monuments délabrés

Bouches de conduits au Centre Pompidou

1977 Ouverture du Centre Pompidou. Jacques Chirac est le premier maire élu de Paris depuis 1871

1980 Visite officielle du pape Jean-Paul II

1945	1950	1955	1960	1965	1970	1975	1980

Président de Gaulle

1958 Ve République. De Gaulle président

1964 Réorganisation de l'Île-de-France

1968 Révolte étudiante et ouvrière

1973 Construction de la tour Montparnasse et du périphérique

1969 Transfert du marché des Halles à Rungis

Marne-la-Vallée
Semblable à un haut-parleur géant, ce complexe résidentiel se trouve près de Disneyland Resort Paris, dans une « cité-dortoir » de Paris.

Tailleur Chanel
Paris est toujours la capitale mondiale de la haute couture.

Centre Pompidou
Il abrite le musée national d'Art moderne (p. 110-113).

L'Opéra-Bastille
Il fut inauguré en 1989 pour le bicentenaire de la prise de la Bastille.

La tour Fiat est l'une des plus hautes d'Europe.

Le palais du CNIT, est l'un des plus vieux bâtiments de la Défense.

LA DÉFENSE
La construction de cet immense centre d'affaires commença en 1958. Plus de 150 000 personnes y travaillent aujourd'hui.

MAI 1968

En mai 1968, les étudiants s'emparent du Quartier latin. La contestation s'étend bientôt au monde du travail et une grève quasi générale paralyse le pays. Ce mouvement a des conséquences plus sociales et culturelles que politiques, néanmoins le général de Gaulle, au pouvoir, y perd une partie de son prestige.

Arrestation d'un étudiant

L'équipe de France victorieuse brandit le trophée de la Coupe du monde à Paris

2002 L'euro remplace le franc

2007 Le Vélib', système de location de vélos public, est lancé

1985	1990	1995	2000	2005	2010	2015	2020

1985 Christo emballe le Pont-Neuf

1989 Célébrations du bicentenaire de la Révolution

1994 Inauguration de l'Eurostar : Paris-Londres en 3 heures

1999 Paris est frappé par les tempêtes de décembre : Versailles perd 10 000 arbres

2009 Présentation des propositions pour le « Grand Paris »

1998 La France gagne la Coupe du monde de football

PARIS D'UN COUP D'ŒIL

Dans ses chapitres de visite *quartier par quartier,* ce guide décrit près de 300 lieux à découvrir. Il propose un large éventail de centres d'intérêt : depuis la tour Saint-Jacques *(p. 115),* à l'architecture gothique, jusqu'au futuriste Opéra-Bastille *(p. 98)* ; du n° 51 rue de Montmorency *(p. 114),* la plus vieille maison de Paris, jusqu'au musée du Quai Branly *(p. 192-193).* Pour vous aider à profiter au mieux de votre séjour, les pages qui suivent présentent un résumé de ce que Paris a de plus intéressant à offrir. Musées fascinants, églises chargées d'histoire, parcs et jardins, personnages célèbres, tous ont leur chapitre. Les numéros de page entre parenthèses renvoient aux rubriques détaillées. Et voici, pour vous mettre en appétit, les visites à ne pas manquer.

VISITES À NE PAS MANQUER

La Défense
(p. 255).

Sainte-Chapelle
(p. 88-89).

Château de Versailles
(p. 248-253).

Centre Pompidou
(p. 110-113).

Musée d'Orsay
(p. 144-147).

Musée du Louvre
(p. 122-129).

Jardin du Luxembourg
(p. 172).

Tour Eiffel
(p. 194-195).

Bois de Boulogne
(p. 254-255).

Notre-Dame
(p. 82-85).

Arc de triomphe
(p. 210-211).

◁ Le dôme des Invalides

Des Parisiens célèbres

En raison de sa position de carrefour du pays, Paris s'est imposé comme centre politique, économique et culturel de la France. Au fil des siècles, son prestige attira provinciaux et étrangers de talent qui laissèrent leur empreinte. Des peintres et des musiciens y créèrent de nouvelles esthétiques et des politiciens de nouvelles écoles de pensée. Des architectes transformèrent l'environnement et des cinéastes notre façon de le percevoir.

Catherine Deneuve

ARTISTES

Le Sacré-Cœur par Utrillo (1934)

Au XVIIIe siècle, Antoine Watteau (1684-1721) a puisé son inspiration dans le théâtre parisien. Plus tard, Jean-Honoré Fragonard (1732-1806), peintre ruiné par la Révolution, mourait dans une galerie du Palais-Royal (p. 120) en dégustant un sorbet. Ce fut à Paris que se rencontrèrent les fondateurs de l'impressionnisme : Claude Monet (1840-1926), Auguste Renoir (1841-1919) et Alfred Sisley (1839-1899). Pablo Picasso (1881-1973) peignit

Les Demoiselles d'Avignon en 1907 au Bateau-Lavoir (p. 228) où vécurent aussi Georges Braque (1882-1963), Amedeo Modigliani (1884-1920) et Marc Chagall (1887-1985). Henri de Toulouse-Lautrec (1864-1901) buvait et peignait à Montmartre. Tout comme Salvador Dalí (1904-1989) qui fréquenta le café Cyrano, repaire des surréalistes. L'école de Paris finit par déménager à Montparnasse où habitèrent Auguste Rodin (1840-1917), Constantin Brancusi (1876-1957) et Ossip Zadkine (1890-1967).

CHEFS D'ÉTAT

Hugues Capet, comte de Paris, devint roi de France en 987. Son palais se trouvait sur l'île de la Cité. Louis XIV, Louis XV et Louis XVI vécurent à Versailles (p. 248-253) mais Napoléon (p. 32-33) préféra les Tuileries. Le cardinal de Richelieu (1585-1642) créa l'Académie française et le Palais-Royal (p. 120). Aujourd'hui, le président de la République réside à l'Élysée (p. 209).

CINÉASTES ET ACTEURS

Les studios de Boulogne et de Joinville accueillirent les tournages des classiques du cinéma français. On y construisait des décors reproduisant rues et places, et même, pour l'Hôtel du Nord de Marcel Carné, une portion du canal Saint-Martin. Jean-Luc Godard et les réalisateurs de la « nouvelle vague » préféraient tourner en extérieur. Godard filma À bout de souffle (1960), avec Jean-Paul Belmondo et Jean Seberg, dans le quartier des Champs-Élysées.

Simone Signoret (1921-1985) et Yves Montand (1921-1991), le couple le plus célèbre du cinéma français, habitèrent longtemps l'île de la Cité. Les plus grands comédiens et les actrices célèbres comme Catherine Deneuve (née en 1943) ou Isabelle Adjani (née en 1955) vivent aussi à Paris.

MUSICIENS

Jean-Philippe Rameau (1683-1764), organiste de Saint-Eustache (p. 114), approfondit la science de l'harmonie. Le Te Deum d'Hector Berlioz (1803-1869) fut joué pour la première fois dans cette église ainsi que la Messe solennelle de Franz Liszt (1811-1886). Une grande dynastie d'organistes, les Couperin, donnait des récitals à Saint-Gervais-Saint-Protais (p. 99).

Si Maria Callas (1923-1977) connut des succès retentissants sur la scène de l'Opéra (p. 217), Richard Wagner (1813-1883) y vit

Portrait du cardinal de Richelieu par Philippe de Champaigne (vers 1635)

siffler son *Tannhaüser,* Georges Bizet (1838-1875) sa *Carmen,* et Claude Debussy (1862-1918) *Pelléas et Mélisande.*

Pierre Boulez (né en 1925), compositeur et chef d'orchestre, a dirigé l'Ircam, laboratoire de musique expérimentale du Centre Pompidou *(p. 346).*

Édith Piaf (1915-1963) commença par chanter dans les rues de Ménilmontant, un quartier populaire de Paris, avant de rendre célèbres dans le monde entier ses chansons nostalgiques. Le film à succès *La Môme,* sorti en 2007, raconte son histoire.

Le Grand Trianon de Versailles, construit par Louis Le Vau en 1668

Renée Jeanmaire en Carmen (1948)

ARCHITECTES

Gothique, classique, baroque ou moderne, tous les styles se mêlent à Paris. Pierre de Montreuil, qui édifia Notre-Dame et la Sainte-Chapelle,

fut le plus brillant architecte du Moyen Âge. Louis Le Vau (1612-1670) dessina les grandes lignes du château de Versailles *(p. 248-253)* et l'aménagement de l'île Saint-Louis. On doit le Petit Trianon *(p. 249)* et la place de la Concorde *(p. 131)* à Jacques-Ange Gabriel (1698-1782). Haussmann et Eiffel créent le Paris du XIXe siècle *(p. 34).* La fin du XXe siècle est marquée par la pyramide du Louvre de Pei *(p. 129),* l'Institut du monde arabe de Jean Nouvel *(p. 164)* et la nouvelle Bibliothèque nationale de Dominique Perrault *(p. 246).*

ÉCRIVAINS

La fondation de l'Académie française en 1634, puis celle de la Comédie-Française en 1680 autour de l'ancienne troupe de Molière, marquent le début du rayonnement littéraire de Paris. Racine, dont les pièces furent souvent jouées au théâtre de l'Odéon *(p. 140),* Diderot, Rousseau, Balzac, Hugo, Valéry, Gide, y ont vécu. Marcel Proust écrivit les sept tomes

d'*À la recherche du temps perdu* à Auteuil. Plus près de nous, les existentialistes firent de Saint-Germain-des-Prés *(p. 142-143)* leur quartier général.

Parmi les nombreux écrivains étrangers que Paris accueillit, il faut compter Heinrich Heine, Rainer Maria Rilke, James Joyce qui habita rue de l'Odéon, Ernest Hemingway et Francis Scott Fitzgerald qui vécurent à Montparnasse.

Proust par J.-E. Blanche (vers 1910)

SCIENTIFIQUES

En l'honneur du chimiste et biologiste Louis Pasteur (1822-1895), Paris a un quartier Pasteur, un boulevard Pasteur, et bien sûr l'Institut Pasteur *(p. 247).* Son appartement et son laboratoire y sont fidèlement reconstitués. C'est là que travaille aujourd'hui le professeur Luc Montagnier qui isola le virus du sida en 1983. C'est à Paris que Pierre (1859-1906) et Marie Curie (1867-1934) découvrirent le radium. Une pièce inspirée de leur vie, *Les Palmes de M. Schulz,* a longtemps tenu l'affiche.

EXILÉS À PARIS

Le duc et la duchesse de Windsor se marièrent à Paris en 1936. La ville mit gracieusement à la disposition de l'ancien roi Édouard VIII une villa dans le bois de Boulogne. Autres exilés célèbres : Deng Xiaoping (1904-1997), Chou En-Lai (1898-1976), Hô Chi Minh (1890-1969), Vladimir Ilitch Oulianov, dit Lénine (1870-1924), Oscar Wilde (1854-1900) et Rudolf Noureev (1938-1993).

Le duc et la duchesse de Windsor

Les plus beaux édifices religieux

Ouvertes le plus souvent toute la journée, la plupart des églises de Paris méritent une visite. En effet, de styles très variés, les intérieurs sont souvent spectaculaires. La ville entretient sa tradition de musique religieuse et vous pourrez passer une soirée inoubliable à admirer le décor des églises tout en écoutant un récital d'orgue ou un concert de musique classique *(p. 346)*. Les pages 48-49 vous proposent une présentation plus détaillée des églises de Paris.

Crucifix à Saint-Gervais-Saint-Protais

Madeleine
En forme de temple gréco-romain, cette église est réputée pour ses sculptures.

Quartier de Chaillot

Champs-Élysées

Quartier des Tuileries

S E I N E

Quartier des Invalides et de la tour Eiffel

Saint-Germ des-Pré

Dôme des Invalides
Ce sanctuaire où reposent les cendres de plusieurs généraux abrite aussi un monument à la mémoire de Vauban.

Montparnasse

Sainte-Chapelle
C'est le chef-d'œuvre absolu de l'architecture gothique.

Panthéon
De style néoclassique, l'ancienne église Sainte-Geneviève abrite les tombeaux des grands hommes du pays.

0   1 k

Sacré-Cœur
Une grande mosaïque de Luc-Olivier Merson décore la voûte du chœur de cette basilique.

Montmartre

Saint-Eustache
Le mariage des styles gothique et Renaissance en fait une église très étonnante.

uartier l'Opéra

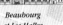

Saint-Paul-Saint-Louis
Cette église jésuite achevée en 1641 est peut-être la plus baroque de Paris.

Beaubourg et Les Halles

Le Marais

Île de la Cité

Île Saint-Louis

Notre-Dame
Laissée à l'abandon après la Révolution, elle doit beaucoup à Victor Hugo et à son roman Notre-Dame de Paris.

Quartier latin

Quartier du Luxembourg

Quartier du Jardin des Plantes

Saint-Séverin
Le portail ouest de l'une des plus belles églises gothiques de Paris.

Mosquée de Paris
Construite en 1920, son minaret culmine à 33 m.

À la découverte des édifices religieux

Les églises sont parmi les plus beaux édifices de Paris. La ville en compte de toutes les époques, depuis le Moyen Âge jusqu'au xxe siècle. Transformées en entrepôts ou en arsenal pendant la Révolution *(p. 30-31)*, elles ont depuis retrouvé leur splendeur. Beaucoup possèdent de superbes intérieurs.

La chapelle de la Sorbonne

MOYEN ÂGE

Clocher de Saint-Germain-des-Prés

La rose (grand vitrail circulaire) et la voûte d'ogives naquirent toutes deux au nord de Paris dans la **basilique Saint-Denis**, sépulture des rois et reines de France et premier édifice gothique. Ce style se répandit ensuite dans toute l'Europe. Le plus bel exemple d'architecture gothique est **Notre-Dame**, la plus haute des premières cathédrales françaises. Commencée en 1163 sur les ordres de l'évêque Maurice de Sully, elle fut achevée au siècle suivant par les architectes

Jean de Chelles et Pierre de Montreuil. En 1245 environ, ce dernier construisit son chef-d'œuvre : la **Sainte-Chapelle**, commandée par Louis IX pour accueillir la couronne d'épines du Christ.

Il existe dans Paris d'autres églises médiévales : **Saint-Germain-des-Prés**, la plus vieille abbaye de Paris (1050) ; **Saint-Julien-le-Pauvre**, de style roman.

Saint-Séverin, **Saint-Germain-l'Auxerrois** et **Saint-Merri** sont des exemples de gothique plus tardif.

RENAISSANCE

L'influence de la Renaissance italienne toucha Paris au xvie siècle. Les ornements classiques et la tradition gothique se mêlent alors subtilement pour créer ce qu'on appela la Renaissance française. Le plus bel exemple en est **Saint-Étienne-du-Mont** dont l'ampleur et la clarté intérieures suggèrent une vaste basilique. **Saint-Eustache**, la massive beauté du marché des Halles, et **Saint-Gervais-Saint-Protais** aux somptueux vitraux sont elles aussi de style Renaissance.

Vitrail à St-Gervais

BAROQUE ET CLASSIQUE

Période faste pour Paris, les règnes de Louis XIII et Louis XIV, au xviie siècle, voient fleurir églises et couvents. Le baroque italien fait sa première apparition sur la façade majestueuse de **Saint-Paul-Saint-Louis**, construite par le père Derand. Atténué pour convenir au goût français et au tempérament rationnel du Siècle des lumières *(p.28-29)*, ce style évolua en un classicisme harmonieux à base de colonnes et de dômes. La **chapelle de la Sorbonne**, achevée par Jacques Lemercier en 1642, en est un bon exemple. Son vœu de maternité exaucé par la naissance de Louis XIV, Anne d'Autriche éleva l'église du **Val-de-Grâce**, plus grande et plus richement décorée, célèbre pour la beauté de sa coupole. Mais le véritable joyau de cette période demeure le **dôme des Invalides**, de Jules Hardouin-Mansart.

TOURS, DÔMES ET FLÈCHES

Les églises dominent Paris depuis le début du christianisme. La tour Saint-Jacques, vestige d'une église gothique aujourd'hui disparue, rappelle l'attachement médiéval pour les tours défensives. Saint-Étienne-du-Mont, avec son pignon pointu et son fronton arrondi, marque la transition du gothique à la Renaissance. Le dôme, fréquent dans le baroque français, fut merveilleusement utilisé au Val-de-Grâce. Les tours et la colonnade de Saint-Sulpice sont typiques de la période néoclassique. Avec ses flèches ouvragées, Sainte-Clotilde marque le retour du gothique, fort à la mode à la fin du xixe siècle.

Tour Saint-Jacques

Saint-Étienne-du-Mont

Gothique   Renaissance

La façade de l'église **Saint-Gervais**, quant à elle, a été construite en 1616 par Salomon de Brosse. En comparaison, les chapelles de Libéral Bruant, **Saint-Louis-de-la-Salpêtrière** et **Saint-Louis-des-Invalides**, paraissent d'une simplicité presque sévère. Autres belles églises classiques : **Saint-Joseph-des Carmes** et **Saint-Roch**.

NÉOCLASSICISME

Intérieur du Panthéon

La France se passionna pour les cultures grecque et romaine pendant la seconde moitié du XVIIIe siècle et le début du XIXe siècle. Les fouilles de Pompéi (1738) et l'influence de l'architecte italien Andrea Palladio engendrèrent une génération d'architectes fascinés par l'Antiquité et la géométrie. L'église Sainte-Geneviève, dessinée par Germain Soufflot, commencée en 1773 et devenue le **Panthéon**, illustre parfaitement cette

école. Son dôme repose sur quatre piliers imaginés par Guillaume Rondelet, réunis par quatre grands arcs.

En 1733, Jean-Baptiste Servandoni édifia la grandiose colonnade à deux étages de l'église **Saint-Sulpice**. Détruit par la foudre, le fronton triangulaire qui la coiffait n'existe plus aujourd'hui. Construite par Napoléon à la gloire de ses armées, **La Madeleine**, bien que devenue une église, a conservé son aspect de temple gréco-romain.

SECOND EMPIRE ET ÉPOQUE MODERNE

Christian Gau fut le premier architecte parisien à revenir au gothique lorsqu'il construisit **Sainte-Clotilde** en 1846. Sous le second Empire, de nouvelles églises s'élevèrent dans les quartiers créés par Haussmann (p. 34-35) et **Saint-Augustin**, édifiée par Victor Baltard au coin du boulevard Malesherbes et du boulevard de la Madeleine, est la plus significative. Art religieux et structures métalliques s'y marient pour créer un espace étonnant.

La vue depuis le dôme de la basilique du **Sacré-Cœur** s'étend à 50 km à la ronde. L'église **Saint-Jean-l'Évangéliste**, d'Anatole de Baudot, propose une alliance intéressante entre décoration Art nouveau et arcs d'inspiration islamique. La **mosquée de Paris**, élégant bâtiment de style hispano-mauresque, s'articule autour d'un grand patio inspiré de l'Alhambra (vasque centrale et boiseries précieuses).

Les arcs d'inspiration islamique de Saint-Jean-l'Évangéliste

TROUVER LES ÉDIFICES RELIGIEUX

Val-de-Grâce

Baroque et classique

Saint-Sulpice

Néoclassique

Sainte-Clotilde

Second Empire

Mosquée de Paris

Moderne

Les plus beaux parcs et jardins

Peu de métropoles proposent aujourd'hui l'infinie variété de styles des parcs et jardins parisiens. Reflets des différentes époques où ils furent créés, ils jouent depuis trois siècles un rôle essentiel dans la vie de la cité. Les bois de Boulogne et de Vincennes, à la végétation luxuriante, lui servent de poumons tandis que d'élégants parcs, tels le jardin du Luxembourg ou celui des Tuileries, en aèrent le centre et offrent un asile aux citadins en quête d'un peu de verdure et de tranquillité.

Parc Monceau
Grottes, arbres centenaires et plantes rares ornent ce parc à l'anglaise.

Champs-Élysées

Quartier de l'Opéra

Quartier de Chaillot

Quartier des Tuileries

S E I N E

Quartier des Invalides et de la tour Eiffel

Saint-Germain-des-Prés

Quartier du Luxembourg

Bois de Boulogne
Le parc de Bagatelle, au cœur du bois, propose une étonnante collection de plantes et une célèbre roseraie.

Montparnasse

Esplanade des Invalides
Cet immense espace gazonné, bordé de tilleuls, conduit jusqu'à la Seine.

Jardin des Tuileries
C'est l'un des plus anciens jardins publics de Paris. On peut y voir les bronzes d'Aristide Maillol.

Parc des Buttes-Chaumont
Ce parc pittoresque avec sa grotte aux stalactites artificielles fut aménagé sur une colline dénudée pour offrir un espace vert à un quartier en pleine expansion.

0 _____ 1 km

Square du Vert-Galant
Il forme la pointe ouest de l'île de la Cité et porte le surnom d'Henri IV.

Place des Vosges
Achevée en 1612, c'est la plus ancienne de Paris. On la considère comme l'une des plus belles du monde.

Beaubourg
et Les Halles

Le Marais

Île de la
Cité

Île Saint-
Louis

Quartier latin

Jardin des Plantes
Plusieurs milliers d'espèces végétales sont cultivées au jardin botanique.

Quartier du Jardin
des Plantes

Jardin du Luxembourg
Ce vaste parc peuplé de statues est une véritable oasis de calme aux abords du Quartier latin.

Bois de Vincennes
Son parc floral change de couleur à chaque nouvelle saison.

À la découverte des parcs et jardins

De nombreux espaces verts parsèment Paris et tous sont rattachés de près ou de loin à l'histoire de la capitale. Beaucoup datent de Napoléon III qui voulait offrir un environnement agréable et hygiénique à ses concitoyens *(p. 34-35)*. Cela reste une priorité aujourd'hui. Les jardins de Paris continuent de rendre la ville attrayante, chacun à sa façon. Certains se prêtent particulièrement à la balade, d'autres sont plus propices aux rendez-vous amoureux, d'autres encore à la pétanque.

Les jardins du Palais-Royal en 1645

Une élégante arcade les entoure. Folies et grottes agrémentent le **parc Monceau**, aménagé au XIXe siècle dans un style pittoresque. Ancien champ de manœuvres de l'École militaire, le **Champ-de-Mars** accueillit, avec l'**esplanade des Invalides**, l'Exposition universelle de 1889 qui ajouta la tour Eiffel *(p. 194-195)* à l'horizon parisien.

Un charmant jardin s'étend devant le magnifique hôtel Biron qui abrite le **musée Rodin**. Ses arbres rares, ses fleurs, ses serres, son jardin alpin, son labyrinthe et ses ménageries ont fait la réputation du **Jardin des Plantes**, créé au XVIIe siècle.

PARCS ET SQUARES DU XIXe SIÈCLE

Jardin aquatique, bois de Vincennes

Les grands parcs et squares aménagés au XIXe siècle doivent beaucoup au long exil de Napoléon III à Londres avant sa prise de pouvoir. Les pelouses de Hyde Park et les squares ombragés de Mayfair lui inspirèrent le désir d'apporter

JARDINS HISTORIQUES

Les plus anciens jardins publics furent créés pour des reines de France – le **jardin des Tuileries** pour Catherine de Médicis au XVIe siècle et le **jardin du Luxembourg** pour Marie de Médicis au XVIIe siècle. Le jardin des Tuileries, dessiné « à la française » par Le Nôtre, se trouve au début de la perspective historique de Paris que jalonnent le Louvre *(p. 122-129)*, l'Arc de triomphe *(p. 210-211)* et l'Arche de la Défense *(p. 255)*. Il conserve nombre de ses sculptures d'origine que complètent des pièces modernes comme les nus d'Aristide Maillol (1861-1944). Un grand bassin et la superbe fontaine Médicis rafraîchissent

le jardin du Luxembourg, plus ombragé et plus intime que celui des Tuileries. Les enfants y trouvent jeux, balançoires, poneys et guignol.

Les **jardins des Champs-Élysées**, dessinés par Le Nôtre, comme ceux de **Versailles**, furent remodelés « à l'anglaise » au XIXe siècle. Ils abritent des pavillons Belle Époque, trois théâtres (le théâtre du Rond-Point, l'espace Pierre-Cardin et le théâtre Marigny), des restaurants chic et le fantôme de Marcel Proust qui y jouait enfant.

Les **jardins du Palais-Royal**, créés au XVIIe siècle par le cardinal de Richelieu, forment un havre de paix au cœur d'un quartier affairé.

Détente au jardin du Luxembourg

FOLIES ET ROTONDES

La profusion de ces édicules décoratifs constitue un des traits spectaculaires des jardins parisiens. Toutes les époques ont produit les leurs. L'imposante gloriette de Buffon, au Jardin des Plantes *(p. 166)*, est la plus ancienne structure métallique dans Paris. La pyramide du parc Monceau, le temple oriental du bois de Boulogne ou le temple de l'amour du bois de Vincennes rappellent des époques plus galantes. Au parc de la Villette, les folies sont en béton recouvert d'acier émaillé.

La pyramide égyptienne

Parc Monceau

verdure et air pur à ce qui était alors la capitale la plus sale et la plus congestionnée d'Europe.

Sous sa direction, l'ingénieur des ponts et chaussées Adolphe Alphand aménagea deux forêts en parcs paysagers à l'anglaise qu'il dota de lacs, et de jardins floraux : le **bois de Vincennes** à l'est de Paris et le **bois de Boulogne** à l'ouest. Le jardin d'Acclimatation, un parc d'attractions pour enfants, et la roseraie des jardins de Bagatelle restent les points forts de ce dernier. Alphand créa aussi deux parcs *intra-muros,* **Montsouris** au sud et les **Buttes-Chaumont** au nord-est. Il transforma ces buttes, creusées dans d'anciennes carrières, en montagnes miniatures pourvues d'un lac, plantées de cèdres de l'Himalaya et même coiffées d'un temple antique. Les surréalistes adoraient s'y promener.

Aménagé, lui aussi, dans le cadre des grands travaux d'Haussmann, le **square du Vert-Galant** se trouve à la pointe ouest de l'île de la Cité. On y découvre un magnifique panorama sur le Louvre et la coupole de l'Institut. De nombreuses sculptures décorent le **jardin du Luxembourg**.

Jets d'eau et sculptures aux jardins du Trocadéro

PARCS ET JARDINS MODERNES

Les **jardins du Trocadéro**, datant de 1937, descendent de la terrasse du palais de Chaillot jusqu'à la Seine, autour de la plus grande pièce d'eau de Paris et offrent une vue splendide sur la tour Eiffel.

Le jardin du **forum des Halles** et le **parc de la Villette** donnent une bonne image des aménagements les plus récents : niveaux multiples, parcours labyrinthiques, aires de jeu pour enfants, sculptures modernes. Ouvert depuis 1992, le **parc André-Citroën** offre une succession de jardins riches et variés. Depuis 1994, le jardin Atlantique est perché sur la gare Montparnasse.

Paris permet également de se balader au bord de l'eau : au square Jean XXIII près de Notre-Dame, au bassin de l'Arsenal à la Bastille, le long des quais rive droite ou rive gauche, ou sur l'île Saint-Louis. La promenade autour du **viaduc des Arts** permet de découvrir l'est de la ville.

TROUVER LES PARCS ET LES JARDINS

Parc Montsouris

Jardin des Plantes
La gloriette de Buffon

Bois de Boulogne
Le temple oriental

Bois de Vincennes
Le temple de l'amour

Parc de la Villette
Une folie moderne

Les plus beaux musées

Qu'ils soient très anciens ou ultramodernes, Paris possède certains des plus beaux musées du monde. Beaucoup sont en eux-mêmes de véritables œuvres d'art et leurs collections sont souvent exceptionnelles. Les bâtiments complètent parfois le thème de leurs expositions, comme les thermes romains et l'hôtel gothique qui forment le musée de Cluny, ou le centre Georges-Pompidou, chef-d'œuvre d'art contemporain abritant le musée national d'Art moderne. Parfois, ils créent un étonnant contraste, tels l'hôtel du XVIIᵉ siècle dédié à Picasso ou la gare qui accueille le musée d'Orsay.

Musée des Arts décoratifs
Armand Rateau créa cette salle de bains en 1920 pour Jeanne Lanvin.

Quartier de Chaillot

Champs-Élysées

Quartier des Invalides et de la tour Eiffel

Petit Palais
Il expose un ensemble unique d'œuvres de Jean-Baptiste Carpeaux, dont ce Pêcheur à la coquille.

Musée du Quai Branly
Cette sculpture en bois de Papouasie-Nouvelle-Guinée est l'un des 3 500 objets qu'abrite ce riche musée anthropologique.

Montparnasse

Musée Rodin
Ce musée regroupe les œuvres léguées à la France par le sculpteur, telle la fascinante Porte de l'enfer.

Musée d'Orsay
Sa collection d'œuvres du XIXᵉ siècle comprend les Quatre Parties du monde *(1867-1872) de Carpeaux.*

Musée du Louvre

Le musée contient l'une des plus importantes collections d'objets d'art au monde, des civilisations antiques au XIXᵉ siècle. Ce monument babylonien, le Code d'Hammourabi, est le plus ancien texte de loi connu.

Centre Pompidou

Il abrite le musée national d'Art moderne, plusieurs bibliothèques et le centre de Création industrielle.

Quartier de l'Opéra

Quartier des Tuileries

int-Germain-des-Prés

Beaubourg et Les Halles

Le Marais

Île de la Cité

Île Saint-Louis

Quartier Latin

Quartier du Luxembourg

Quartier du Jardin des Plantes

Musée Picasso

Le Sculpteur et son modèle *(1931)* est l'un des nombreux tableaux de la collection personnelle du peintre acquis à sa mort en 1973 par le gouvernement en règlement des droits de succession.

Musée Carnavalet

Les collections de ce musée illustrent l'histoire de Paris, de la préhistoire à nos jours.

Musée de Cluny

Les vestiges des thermes romains font partie de ce musée consacré à l'art antique et médiéval.

0   1 km

À la découverte des musées parisiens

Paris conserve de grands trésors dans ses musées et ses galeries d'art, à commencer par le **musée du Louvre,** dont les premières œuvres ont été réunies il y a quatre siècles. D'autres grands musées, comme le **musée d'Orsay,** le **musée du Quai Branly** ou le **centre Pompidou,** sont réputés pour leurs collections. Mais il en existe plus de cent autres, chacun très riche dans sa spécialité.

Dante et Virgile aux enfers (1822) de Delacroix, musée du Louvre

ART GREC, ROMAIN ET MÉDIÉVAL

L'autel d'or du musée de Cluny

La sculpture grecque et romaine est bien représentée au **Louvre**. On y voit aussi les vestiges du Louvre médiéval. Le **musée de Cluny**, superbe hôtel particulier du XVᵉ siècle, abrite la principale collection d'art du Moyen Âge, dont les points forts sont la tapisserie de la Dame à la licorne, les têtes des rois de Juda de Notre-Dame et l'autel d'or de la cathédrale de Bâle. On peut aussi visiter les thermes romains attenants. La **crypte archéologique** de Notre-Dame, quant à elle, contient des restes d'habitations romaines et médiévales.

GRANDS MAÎTRES

La Joconde fut l'un des premiers tableaux du **Louvre**, acquis il y a quatre cents ans. Le musée possède d'autres Vinci, ainsi que des Titien, des Raphaël et des chefs-d'œuvre comme *Les Pèlerins d'Emmaüs* de Rembrandt, le *Gilles* de Watteau ou *Les Baigneuses* de Fragonard. Le **musée Cognacq-Jay** présente une collection assez réduite mais remarquable de peintures, mobilier et objets d'art du XVIIIᵉ siècle. Le **musée Jacquemart-André** expose une collection éclectique de Mantegna, Uccello, Canaletto, Rembrandt et Chardin.

IMPRESSIONNISME ET POSTIMPRESSIONNISME

Le **musée d'Orsay** s'enorgueillit de la plus riche collection au monde d'œuvres d'art créées entre 1848 et 1904. Admiré pour ses collections impressionnistes et postimpressionnistes, il accorde cependant une large place aux premiers réalistes et aux maîtres longtemps méprisés de l'académisme du XIXᵉ siècle. On y voit de superbes Millet, Degas, Manet, Courbet (dont le très controversé *L'Origine du Monde*), Monet, Renoir, Cézanne, Bonnard et Vuillard, ainsi que de remarquables Gauguin, Van Gogh et Seurat. De nombreux Monet sont conservés au **musée Marmottan**. Le **musée de l'Orangerie** expose la célèbre série des *Nymphéas* (1920-1925) et plusieurs tableaux de 1870 à 1930, dont des œuvres de Soutine, Cézanne, Renoir, Picasso, Matisse, le Douanier Rousseau et Utrillo.

Trois résidences et ateliers d'artistes sont devenus des musées dédiés à leur vie et à leur œuvre. Le **musée Rodin**, dans l'hôtel Biron, offre au travers de croquis, d'études et de sculptures définitives un aperçu complet du travail du maître. Le **musée Delacroix**, situé dans un jardinet près de Saint-Germain-des-Prés, présente des esquisses, gravures et huiles du peintre romantique. Entrer dans le **musée Gustave-Moreau**, c'est pénétrer l'univers peuplé de licornes, de femmes fatales et de chimères d'un artiste hors du commun. Le **Petit Palais** expose des tableaux du XIXᵉ siècle : des Manet, Corot, Millet, Renoir, Denis, Courbet, etc.

Poète mort de Gustave Moreau

ART MODERNE ET CONTEMPORAIN

Capitale mondiale de l'avant garde de 1900 à 1940, Paris abonde en peintures et sculptures modernes. La collection du **musée national d'Art moderne**, rassemble des œuvres de 1905 à nos jours. Réputée pour ses tableaux fauves et cubistes, comme ceux de Matisse, Braque ; mais aussi pour ses Nouveaux Réalistes des années 1960. Quelques salles sont consacrées à l'abstraction avec, notamment, des toiles de Kandinsky et de Malevitch.

Le **musée d'Art moderne de la Ville de Paris** abrite, dans un élégant bâtiment des années 1930, de beaux Delaunay, Bonnard, Derain et Vlaminck. Ne manquez pas *La Danse* (1932) de Matisse. Dans l'aile adjacente, le **Palais de Tokyo** se veut la vitrine des artistes les plus avant-gardistes du moment.

Peintures, sculptures, céramiques ou estampes : le **musée Picasso** possède la collection d'œuvres du maître la plus importante au monde. Le **musée de l'Orangerie** abrite la remarquable collection du marchand d'art Paul Guillaume, avec des tableaux de Matisse, Modigliani, Picasso, Utrillo et Derain. Le **musée Zadkine**, le **musée Bourdelle** et le **musée Maillol**, anciens ateliers de ces sculpteurs, offrent un aperçu complet de leur travail.

Pénélope de Bourdelle

ARTS DÉCORATIFS

De très nombreux musées parisiens renferment mobilier et objets d'art, à commencer par le **Louvre** (du Moyen Âge à l'Empire) et le **château de Versailles** (XVIIe et XVIIIe siècles). Dans les salles du **musée des Arts décoratifs**, organisés par époques allant du Moyen Âge à nos jours, on peut admirer verrerie, orfèvrerie, tapisseries et porcelaines. Le **musée d'Orsay** possède une importante collection de mobilier datant du XIXe siècle, en particulier Art nouveau.

Le **musée Nissim de Camondo**, une demeure datant de 1910 située en bordure du parc Monceau, expose de superbes exemples du style Louis XV (1715-1774) et Louis XVI (1774-1793). D'autres collections remarquables se trouvent au **musée Cognacq-Jay**, au **musée Carnavalet** (XVIIIe siècle), au **musée Jacquemart-André** (mobilier français et céramiques), au **musée Marmottan** (Empire) et au **musée d'Art moderne**.

Bijouterie au musée Carnavalet

MUSÉES SPÉCIALISÉS

Les passionnés d'armes, de la préhistoire à nos jours, et d'animaux naturalistes se doivent de visiter l'**hôtel Guénégaud** (musée de la Chasse et de la Nature) dans le Marais. Ce musée présente aussi de beaux tableaux animaliers du XVIIIe siècle par Jean-Baptiste Oudry et François Desportes et des œuvres de Rubens et de Brueghel. Le **musée de la Contrefaçon** donne un aperçu fascinant du monde de la copie avec des exemples dans le domaine des parfums, du vin et des alcools, et des vêtements. Les numismates trouveront dans le cadre somptueux du **musée de la Monnaie** une superbe collection de pièces et médailles replacées dans leur contexte social, économique, politique et culturel. Le **musée de la Poste** présente des timbres du monde entier, raconte l'histoire des services postaux et organise des expositions philatéliques temporaires.

Cabinet du musée des Arts décoratifs

Le **musée de Radio-France** retrace l'histoire des communications de 1793 (date à laquelle fut envoyé le premier télégraphe Chappe) à nos jours et la naissance d'Internet. La collection de matériel radiophonique et télévisuel comprend plus de 2 000 objets. On peut notamment y découvrir comment sont réalisées les émissions de radio.

MODE ET COSTUME

Deux musées rivalisent dans le domaine de l'habillement à Paris : le **musée Galliera**, au palais Galliera, et le **musée de la Mode** dans le **musée des Arts décoratifs**. Costumes historiques, uniformes, haute couture et accessoires y sont à l'honneur. Pour des raisons de fragilité, leurs collections permanentes sont présentées par roulements.

Affiche pour le musée Galliera

ART ASIATIQUE, AFRICAIN ET OCÉANIEN

L'essentiel des collections d'art asiatique en France se trouve au **musée national des Arts asiatiques-Guimet**. Il expose des chefs-d'œuvre de Chine, du Tibet, du Japon, de Corée, d'Asie centrale et du Sud-Est, d'Inde, du Vietnam et d'Indonésie. On peut y voir des bronzes et des laques chinois, ainsi que les plus beaux exemples d'art khmer en dehors du Cambodge.

Masque du Sri Lanka

Le **musée Cernuschi** présente une sélection d'art extrême-oriental plus réduite mais remarquable. Le premier musée de France pour les arts et les cultures africaines, asiatiques, des tribus d'Amérique et océaniennes est le **musée du Quai Branly**. Plus de 3 500 objets sont présentés dans un cadre spectaculaire. Installé dans un hôtel particulier ceint d'un jardin africain, le **musée Dapper** abrite une superbe collection de masques et un centre de recherche.

HISTOIRE ET HISTOIRE SOCIALE

Café au musée du Vieux-Montmartre

Les salles du **musée Carnavalet** relatent toute l'histoire de la ville de Paris. Toujours dans le Marais, le **musée d'Art et d'Histoire du judaïsme** explore la culture française juive. Le **musée de l'Armée**, dans l'hôtel des Invalides, retrace l'histoire militaire de la France, de Charlemagne à de Gaulle en passant par Napoléon et bien d'autres. Dans l'**hôtel de Soubise**, de style rocaille, le musée de l'Histoire de France propose d'intéressants documents issus des Archives nationales. Qui ne connaît pas les tableaux de cire du **musée Grévin** dont les personnages appartiennent à l'histoire comme à l'actualité ?

Dominant le dernier vignoble de Paris, le **musée du Vieux-Montmartre** raconte l'histoire du quartier.

ARCHITECTURE ET DESIGN

La **cité de L'Architecture et du Patrimoine** montre l'histoire de l'architecture française à travers les maquettes des constructions les plus emblématiques. Le **musée des Plans-Reliefs** présente de belles maquettes de forteresses édifiées par Louis XIV et ses successeurs. La villa que Le Corbusier construisit en 1923 pour le collectionneur d'art Raoul La Roche fait maintenant partie de la **fondation Le Corbusier** qui expose en outre son mobilier.

LES IMPRESSIONNISTES FRANÇAIS

Impression, soleil levant de Monet

L'impressionnisme, la grande révolution artistique du XIXe siècle, naquit à Paris dans les années 1860 quand de jeunes peintres commencèrent à rompre avec les valeurs académiques du passé. Ils cherchaient à saisir « l'impression » que perçoit l'œil et à rendre le chatoiement de la lumière. Scènes de la vie urbaine et paysages constituaient leurs sujets favoris.

    Le mouvement n'eut pas de fondateur bien qu'Édouard Manet (1832-1883) et le peintre réaliste Gustave Courbet (1819-1877) aient inspiré plusieurs de ces jeunes artistes. Les tableaux de la vie quotidienne de Manet et de Courbet choquaient souvent le conservatisme de l'Académie. Manet présenta en 1863 *Le Déjeuner sur l'herbe* (p. 144) au Salon des refusés, une exposition regroupant les œuvres rejetées cette année-là par le Salon officiel de Paris. Le terme « impressionniste » apparut en 1874 lors de la première exposition du groupe, elle aussi en marge des manifestations officielles, à laquelle participaient, notamment, Auguste Renoir, Edgar Degas, Camille Pissarro, Alfred Sisley et Paul Cézanne. Il devait son nom à un tableau de Claude Monet : *Impression, soleil levant* (une vue du Havre

Carnets de croquis de Monet

La Moisson (1876) de Pissarro

Le séjour de la villa La Roche par Le Corbusier (1923)

SCIENCES ET TECHNOLOGIE

Au Jardin des Plantes, le **Muséum national d'histoire naturelle** comporte des départements de paléontologie, minéralogie, entomologie, anatomie et botanique, plus des ménageries et un jardin botanique. Le **musée de l'Homme**, au palais de

Chaillot, est dédié à l'anthropologie et à la préhistoire. Juste à côté, le **musée de la Marine** abrite une collection de maquettes et de documents retraçant l'histoire navale française depuis le XVIIe siècle. Le **musée des Arts et Métiers** explore le monde de l'invention, de la science et de l'industrie. Le planétarium du **palais de la Découverte**, musée consacré à l'histoire des sciences, a été éclipsé par celui de la **cité des Sciences et de l'Industrie** de la Villette. La Géode, salle de projection Imax 3D, se trouve aussi dans ce parc.

Gabrielle à la rose (1910) de Renoir

dans la brume) et à un sarcasme d'un critique : « Impression, impression, j'en étais sûr. Je me disais aussi, puisque je suis impressionné, il doit y avoir de l'impression là-dedans. » Influencé par les artistes anglais Constable et Turner, Monet peignit presque exclusivement des paysages.

Les impressionnistes organisèrent sept autres expositions, la dernière en 1886. L'importance du salon avait alors décliné et l'art avait changé de cap. De nouvelles écoles picturales se définirent par rapport à l'impressionnisme. Le plus célèbre des néo-impressionnistes, Georges Seurat, utilisait des milliers de minuscules points de couleur pour créer ses tableaux. Les impressionnistes allaient malgré tout devoir attendre la postérité avant que leur travail soit pleinement

reconnu. Cézanne se vit rejeté tout sa vie, Degas ne vendit qu'une toile à un musée et Sisley mourut inconnu. De ces grands artistes dont le génie est aujourd'hui universellement reconnu et admiré, seuls Renoir et Monet connurent le succès de leur vivant.

Modèle de profil (1887) de Seurat

Des artistes à Paris

Palette de Monet

Foyer artistique et intellectuel de renom européen, la ville accroît encore son pouvoir d'attraction sur les artistes pendant le règne de Louis XIV (1643-1715). Au XVIIIe siècle, tous les principaux peintres français vivent ou travaillent à Paris et, au XIXe siècle, la cité s'impose comme la capitale mondiale de l'art moderne. C'est dans ses murs que de nouvelles écoles picturales naissent et s'épanouissent, comme l'impressionnisme puis le cubisme, au début du XXe siècle.

ARTISTES BAROQUES

Champaigne, Philippe de (1602-1674)
Coysevox, Antoine (1640-1720)
Girardon, François (1628-1715)
Le Brun, Charles (1619-1690)
Le Sueur, Eustache (1616-1655)
Poussin, Nicolas (1594-1665)
Rigaud, Hyacinthe (1659-1743)
Vignon, Claude (1593-1670)
Vouet, Simon (1590-1649)

ARTISTES ROCOCO

Boucher, François (1703-1770)
Chardin, Jean-Baptiste-Siméon (1699-1779)
Falconet, Étienne-Maurice (1716-1791)
Fragonard, Jean-Honoré (1732-1806)
Greuze, Jean-Baptiste (1725-1805)
Houdon, Jean-Antoine (1741-1828)
Oudry, Jean-Baptiste (1686-1755)
Pigalle, Jean-Baptiste (1714-1785)
Watteau, Jean-Antoine (1684-1721)

Diane au bain **(1742) de Boucher (Louvre)**

1600		1650		1700		1750	
BAROQUE				ROCOCO			NÉO-CLASSICISME
1600		1650		1700		1750	

1627 De retour d'Italie, Vouet devient le peintre de la cour de Louis XIII et donne un nouvel élan à la peinture française

1667 Premier salon, l'exposition de l'art officiel. D'abord annuel, il se tint ensuite tous les deux ans

1793 Le Louvre ouvre ses portes au public

La Cène *(v. 1642) de Philippe de Champaigne. Son style devint plus classique à la fin de sa vie (Louvre)*

1648 Fondation de l'Académie royale de peinture et de sculpture qui avait un quasi-monopole sur l'enseignement de l'art

La Présentation au temple *(1641) de Simon Vouet, avec ses jeux de lumière typiques du baroque (Louvre)*

Le Serment des Horaces, *de David, de style néoclassique (Louvre)*

ARTISTES NÉOCLASSIQUES

David, Jacques-Louis (1748-1825)
Gros, Antoine Jean (1771-1835)
Ingres, Jean-Auguste-Dominique (1780-1867)
Vigée-Lebrun, Élisabeth (1755-1842)

ARTISTES ROMANTIQUES ET RÉALISTES

Courbet, Gustave (1819-1877)
Daumier, Honoré (1808-1879)
Delacroix, Eugène (1798-1863)
Géricault, Théodore (1791-1824)
Rude, Francois (1784-1855)

L'Enterrement à Ornans *(1850)*
imposa Courbet comme le
champion du réalisme (Orsay)

Le célèbre Départ des
Volontaires de 1792,
de Rude (1836)
(Arc de triomphe)

ARTISTES DU XXe SIÈCLE

Arp, Jean (1887-1966)
Balthus (1908-2001)
Brancusi, Constantin (1876-1957)
Braque, Georges (1882-1963)
Buffet, Bernard (1928-1999)
Chagall, Marc (1887-1985)
Delaunay, Robert (1885-1941)
Derain, André (1880-1954)
Dubuffet, Jean (1901-1985)
Duchamp, Marcel (1887-1968)
Epstein, Jacob (1880-1959)
Ernst, Max (1891-1976)
Giacometti, Alberto (1901-1966)
Gris, Juan (1887-1927)
Léger, Fernand (1881-1955)
Matisse, Henri (1869-1954)
Miró, Joan (1893-1983)
Modigliani, Amedeo (1884-1920)
Mondrian, Piet (1872-1944)
Picasso, Pablo (1881-1973)
Rouault, Georges (1871-1958)
Saint Phalle, Niki de (1930-2002)
Soutine, Chaim (1893-1943)
Stael, Nicolas de (1914-1955)
Tinguely, Jean (1925-1991)
Utrillo, Maurice (1883-1955)
Zadkine, Ossip (1890-1967)

1904 Picasso
s'installe à Paris

1886 Van Gogh à Paris

1874
Première
exposition
impres-
sionniste

1905 Naissance du fauvisme

Femme debout II *(1959)*
d'Alberto Giacometti
au centre Georges-
Pompidou (p. 112)

00	1850	1900	1950
)MANTISME/RÉALISME	IMPRESSIONNISME	ÉCOLE MODERNE	
300	1850	1900	1950

1863 Le Déjeuner sur
l'herbe de Manet
provoque un scandale au
Salon des refusés, autant
pour sa facture que pour
son « immoralité ».
Olympia, du même
artiste, exposé en 1865
fut trouvé tout aussi
révoltant *(p. 144)*

Impression, soleil levant *(1872)* de Monet
donna son nom à l'impressionnisme
(musée Marmottan)

1938
Exposition
internationale
surréaliste

1977
Ouverture
du Centre
Pompidou

La Liberté guidant le peuple *(1830)*
de Delacroix, chef de l'école
romantique (Louvre)

1819 Géricault peint *Le Radeau*
de la Méduse, l'un des chefs-d'œuvre
du romantisme français *(p. 124)*

ARTISTES IMPRESSIONNISTES ET POSTIMPRESSIONNISTES

Bonnard, Pierre (1867-1947)
Carpeaux, Jean-Baptiste (1827-1875)
Cézanne, Paul (1839-1906)
Degas, Edgar (1834-1917)
Gauguin, Paul (1848-1903)
Manet, Édouard (1832-1883)
Monet, Claude (1840-1926)
Morisot, Berthe (1841-1895)
Pissarro, Camille (1830-1903)
Renoir, Pierre-Auguste (1841-1919)
Rodin, Auguste (1840-1917)
Rousseau, Henri (1844-1910)
Seurat, Georges (1859-1891)
Sisley, Alfred (1839-1899)
Toulouse-Lautrec, Henri de (1864-1901)
Van Gogh, Vincent (1853-1890)
Vuillard, Édouard (1868-1940)

La fontaine Igor Stravinsky *(1980)*
de Jean Tinguely et Niki de
Saint Phalle (Centre Pompidou)

PARIS AU JOUR LE JOUR

Le charme de Paris est à son comble au printemps, la saison des premiers déjeuners ensoleillés sous les marronniers en fleur.

À partir du mois de juin, la ville s'offre lentement aux touristes, tous ses regards tournés vers Roland-Garros et les internationaux de tennis. On vit la nuit, et notamment celle du 13 au 14 juillet où des grands bals se tiennent un peu partout pour la fête nationale.

La ville s'assoupit au mois d'août mais attaque la rentrée sur les chapeaux de roue : nouveaux films, nouveaux spectacles, festival d'Art sacré à l'automne. À Noël, les nuits les plus longues sont aussi les plus illuminées.

Le calendrier de manifestations ci-dessous peut varier. L'office du tourisme *(p. 367)* en publie un chaque année. Pour plus de renseignements, consultez le site www.paris.fr.

PRINTEMPS

Paris reçoit 20 millions de visiteurs par an dont beaucoup au printemps. C'est la saison des fêtes, des concerts et du marathon, celle de la douceur de l'air. C'est aussi l'époque où les hôteliers proposent des forfaits pour le week-end incluant souvent des billets de concert ou d'entrée dans les musées.

Internationaux de tennis de Roland-Garros

MARS

Expositions florales, parc de Bagatelle, bois de Boulogne *(p. 254-255)* et parc floral du bois de Vincennes *(p. 235).*
Banlieues Bleues *(fin fév.-déb. avr.),* banlieues de Paris. Jazz, blues, soul et funk.
Foire du Trône *(mi-mars-mai),* bois de Vincennes *(p. 233).* Grande fête foraine.
Salon international de l'Agriculture *(fin fév.-déb. mars),* Paris Expo, porte de Versailles.
Salon du Livre *(2e sem.),* Paris-Expo, porte de Versailles.

Musicora *(mi-mars),* Carrousel du Louvre. Salon de la musique classique.
Jumping international de Paris *(3e sem.),* POPB *(p. 358-359).* Concours équestre.

AVRIL

Chemins de croix *(Ven. saint),* de Montmartre au Sacré-Cœur.
Bose Blue Note Festival *(fin mars-déb. avr.),* concerts de grands noms du jazz, du funk et de la soul.
Trophée des Six Nations *(déb. avr.),* stade de France *(p. 358),* rugby international.
Marathon international de Paris. De la place de la Concorde à l'avenue Foch.
Foire de Paris *(fin avr. 1re sem. de mai),* Paris Expo, porte de Versailles.

MAI

Carré Rive Gauche *(une sem., mi-mai).* Expositions dans de grandes galeries d'art à côté du Grand Louvre *(p. 135).*
Grands concerts de Versailles *(avr.-juil. : jours variables),*

parc du château de Versailles *(p. 248).* Concerts en plein air et feux d'artifice sur le lac.
La Nuit des Musées *(un sam. en mai).* Visites thématiques de musées ouverts jusqu'à minuit.
Internationaux de France

Le printemps au jardin du Luxembourg

de tennis *(dern. sem. de mai-1re sem. de juin),* stade Roland-Garros *(p.358).*
Le Printemps des Rues *(3e w.-e.),* quartier de la Bastille et de la République. Concerts et représentations gratuites de théâtre de rue.

Marathon international de Paris

DURÉE MOYENNE D'ENSOLEILLEMENT QUOTIDIEN

Heures

janv. fév. mars avril mai juin juil. août sept. oct. nov. déc.

Ensoleillement
La situation de Paris lui donne de longues et lumineuses soirées d'été mais les mois d'hiver comptent peu de vraies journées de soleil.

ÉTÉ

Le tournoi de tennis de Roland Garros et les grands prix hippiques ouvrent la saison des festivités. Pièces de théâtre, concerts, récitals et même films, les jardins, kiosques et places de Paris se transforment en salles de spectacle. Le Quartier latin ne s'endort qu'au petit matin.

L'été au jardin du Luxembourg

Le Tour de France sur les Champs-Élysées

JUIN

Festival de Saint-Denis, basilique Saint-Denis *(p. 346)*. Concerts classiques et œuvres chantées.
Fête du cinéma. Films dans tout Paris pour seulement 3 € la séance *(p. 354)*.

Festival de Jazz de Paris *(mai-juil.)*, parc floral de Paris. Musiciens de renommée internationale *(p. 349-350)*.
Fête de la musique *(21 juin)*. Partout dans Paris, des musiciens professionnels et amateurs fêtent le solstice d'été.
Exposition florale. La saison des roses dans le parc de Bagatelle *(p. 254-255)*.
Gay Pride *(fin juin)*. Un défilé coloré autour de la Bastille.
Internationaux de France de tennis *(p. 62 et p. 343)*.
Prix de Diane-Hermès *(2e dim.)*, course hippique à l'hippodrome de Chantilly.
Salon international de l'aéronautique et de l'espace *(mi-juin)*, aéroport du Bourget.

Les Grandes Eaux Nocturnes *(mi-juin-mi-août)*, Versailles. Son et lumière avec musique, danse et théâtre.

JUILLET

Festival du cinéma en plein air *(mi-juil.-août)*. Parc de la Villette *(p. 236-237)*.
Paris-Plage *(mi-juil.-mi-août)*. La plage sur la rive droite de la Seine, entre le pont Henri-IV et le quai des Tuileries : sable, parasols, sports, animations...
Paris Quartier d'été *(mi-juil.-mi-août)*. Danse, musique et théâtre dans tout Paris.
Arrivée du tour de France cycliste *(fin juil.)*. La grande course se termine sur les Champs-Élysées.

Défilé militaire du 14 Juillet

MOYENNE MENSUELLE DES TEMPÉRATURES

°C

25
20
15
10
5
0

janv. fév. mars avril mai juin juil. août sept. oct. nov. déc.

Températures
*Juillet et août,
les mois les plus
chauds, invitent
à la torpeur. Plus
frais, l'automne
et le printemps sont
particulièrement
agréables. Même
s'il fait froid à
Paris de décembre
à février, il y gèle
rarement.*

AUTOMNE

En septembre, la rentrée
commence par des sorties,
celles des nouveaux films et
spectacles. Stars du grand ou
du petit écran se montrent aux
premières organisées sur les
Champs-Élysées.

Les affaires reprennent,
elles aussi. Plus grand centre
de congrès du monde, la
capitale accueille en automne
de nombreux salons
professionnels aux thèmes
aussi divers que la santé,
l'écologie, le bricolage ou
encore les loisirs.

Les jours de pluie et les
premiers froids sont l'occasion
de profiter des nombreuses
petites salles de cinéma et de
théâtre qui font la richesse
culturelle de Paris *(p. 330-
341)*, et de visiter les musées
les moins connus.

SEPTEMBRE

Festival d'Automne à Paris
(mi-sept.-fin déc.). Musique,
danse et théâtre.

Le Prix de l'Arc de triomphe (octobre)

Jazz Villette *(mi-sept.)*,
cité de la musique *(p. 236)*.
Journées du patrimoine
(2e ou 3e w.-e.). 300
monuments, musées, jardins
et autres sites historiques
ouverts gratuitement au public
pendant deux jours.

OCTOBRE

Nuit Blanche *(un sam. en
oct.)*. Parcours nocturnes
de découverte de Paris.
FIAC *(dern. sem.)*, Grand
Palais et cour carrée du
Louvre. La plus importante
foire internationale d'art
contemporain de Paris.
Prix de l'Arc de triomphe
(1er dim.), hippodrome
de Longchamp *(p. 343)*.

**Salon mondial de
l'automobile** *(1re quinz.,
années paires)*, Paris-Expo,
porte de Versailles; alternant
avec le **salon mondial du
deux-roues** *(années impaires)*.

Le guitariste de jazz Al di Meola
en concert à Paris

NOVEMBRE

BNP Paribas Masters
(fin oct.-déb. nov.), Palais
omnisports de Paris-Bercy
(p. 358-359).
Festival d'Art sacré
(nov.-24 déc.), dans
les églises Saint-Sulpice,
Saint-Eustache et Saint-
Germain-des-Prés.
Beaujolais nouveau
(3e jeu. du mois). Bars,
restaurants et cafés sont pris
d'assaut pour goûter le cru
de l'année.
Mois de la Photo *(oct.-nov.)*,
nombreuses expositions de
photographies dans les
musées et les galeries.

Automne au bois de Vincennes

MOYENNE MENSUELLE DES PRÉCIPITATIONS

MM
64
48
32
16
0

janv. fév. mars avril mai juin juil. août sept. oct. nov. déc.

Précipitations

*Juillet et août,
les mois les plus
chauds, sont aussi
les plus humides à
Paris. Septembre est
propice aux orages.
Les giboulées ne
tombent pas qu'en
mars mais de
janvier à avril.
Il y a parfois de la
neige en hiver.*

HIVER

La neige tombe rarement à Paris, les hivers y sont généralement plus vivifiants que rigoureux. À Noël, les vitrines animées des grands magasins entraînent petits et grands dans leur univers féerique. Aux beaux jours de janvier, froids mais limpides, promeneurs et amoureux se retrouvent sur les quais de la Seine.

DÉCEMBRE

Neige aux Tuileries, un événement plutôt rare

Illuminations des Champs-Élysées et vitrines de Noël *(jusqu'en janv.).* Sur les Grands Boulevards, à l'Opéra, avenue Montaigne, aux Champs-Élysées et rue du Faubourg-Saint-Honoré, les vitrines des magasins sont décorées pour Noël.
Crèche *(déb. déc.-déb. janv.),* sous un chapiteau, place de l'Hôtel-de-Ville *(p. 102).* Crèche géante d'un pays différent chaque année.

Salon du cheval *(1re quinz.),* Paris-Expo, porte de Versailles.
Salon nautique international de Paris *(1re quinz.),* Paris-Expo.

JANVIER

Fête des Rois *(6 janv.).* Pendant l'Épiphanie, régalez-vous des galettes des rois vendues dans les boulangeries.
Prix d'Amérique *(mi-janv.).* La course hippique la plus célèbre d'Europe. Hippodrome de Vincennes.
Défilés de mode. Collections d'été de la haute couture *(p. 324).*

FÉVRIER

Jeune Création *(mi-fév.),* La Villette. Exposition d'œuvres de jeunes artistes.
Carnaval de Paris, *(dim. avant mardi gras).*
Floraisons *(tout le mois),* Parc floral, bois de Vincennes, jardins de Bagatelle. Crocus et perce-neige en exposition.

JOURS FÉRIÉS

Nouvel an (1er janv.)
Lundi de Pâques
Fête du Travail (1er mai)
Jour de la Victoire (8 mai)
Ascension (6e jeu. après Pâques)
Fête nationale (14 juil.)
Assomption (15 août)
Toussaint (1er nov.)
Armistice (11 nov.)
Noël (25 déc.)

Défilé de mode

La tour Eiffel à Noël

PARIS
AU FIL DE L'EAU

Sculpture du pont Alexandre-III

Mistinguett comparait la Seine à une « jolie blonde aux yeux rieurs ». La rivière possède un charme certain mais la relation qui l'unit à Paris dépasse le simple flirt. Aucune autre cité européenne ne se définit à ce point en fonction de son fleuve. La Seine est l'axe de référence de la ville : les distances comme les numéros de rues sont calculés à partir de ses berges. Elle divise la capitale en deux parties bien distinctes, la rive droite au nord et la rive gauche au sud. Une division aussi marquée que n'importe quelle frontière officielle.

S'y ajoute une division historique. L'est de Paris reste attaché à ses racines alors que l'ouest doit plus aux XIXᵉ et XXᵉ siècles.

Pratiquement tous les bâtiments importants de Paris se trouvent le long de la Seine ou dans ses environs immédiats. Élégants immeubles bourgeois, luxueux hôtels particuliers, grands musées et magnifiques monuments bordent ses quais.

Mais surtout, le fleuve vit. Des embarcations de toutes tailles s'y sont pressées pendant des siècles. La concurrence de l'automobile les a fait disparaître mais des péniches et des bateaux-mouches continuent de transporter à la fois marchandises et passagers sur l'axe fluvial.

Le bassin octogonal du jardin du Luxembourg accueille les voiliers des enfants.

voir p. 68-69

CHAMPS-ÉLYSÉES

QUARTIER DE CHAILLOT

QUARTIER DE l'OPÉRA

voir p. 70-71

QUARTIER DES TUILERIES

BEAUBOURG ET LES HALLES

Seine

LE MARAIS

QUARTIER DES INVALIDES ET DE LA TOUR EIFFEL

ST-GERMAIN-DES-PRÉS

ÎLE DE LA CITÉ

ÎLE ST-LOUIS

QUARTIER LATIN

Ce plan montre les parties du fleuve décrites dans les pages suivantes.

QUARTIER DU LUXEMBOURG

QUARTIER DU JARDIN DES PLANTES

MONTPARNASSE

Les bouquinistes vendent sur les quais livres d'occasion et gravures.

0   2 km

LÉGENDE

Zone représentée

◁ **L'exubérante statuaire du pont Alexandre-III**

Du pont de Grenelle au pont de la Concorde

Les bâtiments élancés
et les grandes halles qui
bordent cette partie du
fleuve datent de l'époque
napoléonienne et de la
révolution industrielle.
À l'architecture
exubérante de la tour
Eiffel, du Petit Palais
et du Grand Palais
répond l'esthétique
froide et géométrique
d'édifices plus
récents comme
le palais de
Chaillot ou
la Maison de
Radio-France.

Palais de Chaillot
*Spectaculaire avec ses
immenses ailes courbes
et ses jets d'eau, il abrite
trois musées et un théâtre*
(p. 200).

Palais de Tokyo
*Des statues de Bourdelle
ornent ce musée* (p. 203).

La statue de la Liberté, offerte
à la ville en 1885, regarde
vers l'ouest et New York.

Trocadéro Ⓜ

Bateaux Parisiens
Tour Eiffel
Vedettes de Paris
Île-de-France

Passerelle
Debilly

Pont
d'Iéna

Musée du
Quai Branly

Maison de Radio-France
*Cet imposant bâtiment
abrite aussi un musée
de la Radio* (p. 200).

Ⓜ Passy

Pont de
Bir-Hakeim

RER Champ-de-Mars

RER Prés. Kennedy
Radio France

Ⓜ Bir-Hakeim

La tour Eiffel
*est le symbole de
Paris* (p. 194-195).

**Le pont de
Bir-Hakeim** *surplombe*
La France renaissante,
statue de Wederkinch.

Pont de Grenelle

LÉGENDE

Ⓜ	Station de métro
RER	Station de RER
⬚	Embarcadère de Batobus
🚤	Embarcadère de navette fluviale

Grand Palais
Il accueille de grandes expositions temporaires (p. 208).

Petit Palais
Comme le Grand Palais, il naquit avec le siècle pour l'Exposition universelle de 1900 (p. 208).

Champs-Élysées-Clemenceau

Alma Marceau

Pont de l'Alma

Pont des Invalides

Pont Alexandre-III

Pont de la Concorde

Invalides

RER Pont de l'Alma

Bateaux-Mouches

Le Zouave est une statue sur l'unique pile du pont. Les Parisiens s'en servent pour mesurer la hauteur des crues.

La flamme de la Liberté est un mémorial à la Résistance française.

Pont Alexandre-III
Le pont le plus décoré de Paris (p. 208).

Palais-Bourbon
Construit pour la Duchesse de Bourbon, fille de Louis XIV, il accueille aujourd'hui les sessions de l'Assemblée nationale (p. 190).

Dôme des Invalides
Le majestueux dôme doré (p. 188-189) *est ici vu depuis le pont Alexandre-III.*

Du pont de la Concorde au pont Sully

Le cœur de Paris bat ici, autour de l'île de la Cité. Camp retranché des Parisii, âme de la ville médiévale, elle demeure le pivot de la capitale moderne.

Jardin des Tuileries
Le classicisme de Le Nôtre (p. 130).

Musée du Louvre
Avant de devenir le plus grand musée du monde et la demeure de la Joconde, il fut le plus vaste palais royal d'Europe (p. 122-129).

Pont de la Concorde

Assemblée Nationale Ⓜ

Passerelle Solférino

Quai d'Orsay RER

Pont Royal

Pont du Carrousel

Passerelle des Arts

Musée de l'Orangerie
Il présente une remarquable collection de tableaux du XIXe siècle (p. 131).

La passerelle des Arts, premier pont de Paris construit en acier (1804), fut rénovée et inaugurée en 1984.

Bateaux Vedettes du Pont Neuf

Musée d'Orsay
Cette ancienne gare abrite la plus riche collection d'art impressionniste du monde (p. 144-147).

Hôtel de la Monnaie
Édifié entre 1768 et 1777, il est devenu un musée (p. 141).

Île de la Cité
Les grands travaux du baron Haussmann effacèrent presque totalement l'identité médiévale de l'ancienne petite île. Notre-Dame, la Sainte-Chapelle et la Conciergerie sont les derniers bâtiments datant de cette époque (p. 76-89).

Conciergerie
La Révolution rendit célèbre cette prison reconnaissable à ses tours (p. 81).

La tour de l'Horloge, du XIVe siècle, fut la première horloge publique de Paris. Des sculptures originales de Germain Pilon continuent de l'orner.

Île Saint-Louis
Elle est un lieu de résidence envié depuis le XVIIe siècle (p. 87).

Saint-Gervais-Saint-Protais
Cette église abrite un orgue du XVIIe siècle, le plus ancien de Paris (p. 99).

Pont Neuf M

t Neuf

M **Châtelet**

Hôtel de Ville M

Pont au Change

Pont Notre-Dame

Cité M

Pont d'Arcole

RER M **St-Michel**

Petit Pont

Pont au Double

Pont St-Louis

Pont Louis Philippe

M **Pont Marie**

Pont Marie

Pont de l'Archevêché

Pont de la Tournelle

Sully Morland M

Pont de Sully

Notre-Dame
La cathédrale veille sur le fleuve (p. 82-85).

Bateaux Parisiens

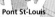

Croisières sur la Seine et les canaux

Toutes sortes de bateaux de plaisance proposent des croisières touristiques commentées sur la Seine, emmenant les visiteurs au cœur historique de la ville. Les navettes du Batobus se prennent comme un bus : vous pouvez monter ou descendre à l'arrêt que vous souhaitez. Naviguer sur le canal Saint-Martin, ancien canal industriel, permet de découvrir les quartiers populaires de l'est de la ville.

Vedette longeant la tour Eiffel

Types de bateaux
Les plus grands, ceux de la compagnie des Bateaux-Mouches, offrent un curieux spectacle avec leurs ponts passagers aux cloisons et plafonds entièrement vitrés. De puissants projecteurs les équipent pour éclairer les édifices le long des berges lors des croisères de nuit. De taille plus réduite, les Bateaux Parisiens sont plus luxueux. Les vedettes offrent un cadre encore plus intime. Comme les péniches, celles qui empruntent les canaux sont à fond plat.

CROISIÈRES SUR LA SEINE ET SERVICES DE NAVETTES

Les informations ci-dessous comprennent l'emplacement des embarcadères, les plus proches stations de métro et de RER, et les lignes de bus passant à proximité. Réservation obligatoire pour les dîners et déjeuners-croisières.

Vedettes de Paris Croisière Découverte
Une croisière confortable et élégante pour découvrir les principaux sites le long du fleuve. On peut acheter des tickets qui incluent un en-cas ou du champagne. Lieu d'embarquement :

Port de Suffren
Plan 10 D3.
Tél. 01 44 18 19 50.
Ⓜ *Bir-Hakeim.*
ⓇⒺⓇ *Champ-de-Mars.*
🚌 *22, 30, 32, 44, 63, 69, 72, 82, 87.* **Départs** t.l.j.

11h-22h (11h-18h oct.-fév.), toutes les 30 min. **Durée** 1h. **Dîner croisière** *sam. 20h (rés. par tél.).* **Durée** 2h30. **www.** vedettesdeparis.com

Croisière Dégustation Champagne
Savourez une sélection de champagnes pendant votre croisière. Un sommelier vous accompagne durant la dégustation. Lieu d'embarquement :

Port de Suffren
Plan 10 D3.
Tél. 01 44 18 19 50.
Ⓜ *Bir Hakeim.* **Départs** *lun.-sam. 18h.* **Durée** 1h. **www.** vedettesdeparis.com

Bateaux Parisiens Croisière Tour Eiffel
Cette compagnie propose des promenades mais aussi des croisières déjeuner ou dîner. Le commentaire est disponible en 13 langues. Lieu d'embarquement :

Port de la Bourdonnais
Plan 10 D2. **Tél.** 08 25 01 01 01. Ⓜ *Trocadéro, Bir-Hakeim.* ⓇⒺⓇ *Champ-de-Mars.* 🚌 *42, 82.* **Départs** *t.l.j. 10h-22h toutes les 30 min (oct.-mars toutes les h.).* **Durée** 1 h.

Déjeuner Croisière *t.l.j.* *12h15.* **Durée** *2h15.* *Dîner Croisière* *19h45.* **Durée** *3h. Veste et cravate requises.* **www.** bateauxparisiens.com

Bateaux Parisiens Croisière Notre-Dame
Même itinéraire que la croisière Tour Eiffel, mais dans le sens inverse. Lieu d'embarquement :

Quai de Montebello
(au pied de Notre-Dame). **Plan** 13 B4. **Tél.** 08 25 01 01 01. Ⓜ *Maubert-Mutualité, St-Michel.* ⓇⒺⓇ *St-Michel.* 🚌 *24, 27, 47.* **Départs** *28 mars-9 avr., 27 sept.-1er nov. : 5 fois/jour (13h30-18h) ; 10 avr.-28 mai, 23 août-26 sept. : 9 fois/jour (11h-22h30) ; 29 mai-22 août : 10 fois/jour (11h-23h).* **Durée** *1 h.*

Embarcadères

Les embarcadères des bateaux de promenade et les arrêts du Batobus sont

faciles à trouver le long du fleuve. On peut y prendre ses billets et les plus grosses sociétés proposent un bureau de change. On y trouve aussi souvenirs, snack-bars et places de stationnement sauf au Pont-Neuf.

Embarcadère sur la Seine

BATOBUS

Navette. Pass d'un ou deux jours en vente. **Tél.** *08 25 05 01 01.* **Départs** *t.l.j. début fév.-mi-mars et début nov.-20 déc. : 10h30-16h30 ; mi-mars-mai et sep.-début nov. : 10h-19h ; juin/août : 10h-21h30. Embarquement à :* **Tour Eiffel : plan** *10 D3.* Ⓜ *Bir-Hakeim.* **Champs-Élysées : plan** *11 B1.* Ⓜ *Champs-Élysées-Clemenceau.* **Musée d'Orsay : plan** *12 D2.* Ⓜ *Assemblée Nationale.* **Louvre : plan** *12 E2.* Ⓜ *Louvre.* **Saint-Germain-des-Prés : plan** *12 E3.* Ⓜ *St-Germain-de-Prés.* **Notre-Dame : plan** *13 B4.* Ⓜ *Saint-Michel.* **Hôtel de Ville : plan** *13 B4.* Ⓜ *Hôtel-de-Ville.* **www**.batobus.com

BATEAUX-MOUCHES

Bateaux-Mouches Traversée Capitale

La plus célèbre des compagnies parisiennes. Lieu d'embarquement :

Pont de l'Alma

Plan *10 F1.* **Tél.** *01 42 25 96 10.* Ⓜ *Alma-Marceau.* 🚆 *Pont-de-l'Alma.* 🚌 *28, 42, 49, 63, 72, 80, 83, 92.* **Départs** *avr.-sept. : t.l.j. 10h15-16h (toutes les 30 min), 16h-23h (toutes les 20 min) ; oct.-mars : 11h-21h (toutes les 45 min, 50 passagers minimum).* **Durée** *1h15.* **Déjeuner Croisière** *sam., dim. et j. f. 13h (embarquement à partir de 12h15).* **Durée** *1h45. Demi-tarif pour les moins de 12 ans.* **Dîner Croisière** *t.l.j. 20h30 (embarquement à partir de 19h30).* **Durée** *2h15. Veste et cravate requises.* **www**. bateaux-mouches.fr

Vedettes du Pont Neuf

Croisières Vedettes du Pont Neuf

Cette compagnie gère six bateaux de 80 passagers. Leur style plus ancien donne un cachet particulier à la promenade. Lieu d'embarquement :

Square du Vert-Galant

(sous le Pont Neuf). **Plan** *12 F3.* **Tél.** *01 46 33 98 38.* Ⓜ *Pont-Neuf.* 🚆 *Châtelet.* 🚌 *24, 27, 58, 67, 70, 72, 74, 75.* **Départs** *mi-mars-oct : t.l.j. 10h30, 11h15, 12h, 13h30-22h30 (toutes les 30 min) ; nov.-mi-mars. : lun.-jeu. 10h30, 11h15, 12h, 14h-18h30 (toutes les 45 min.), 20h, 22h. ; ven.-dim. 10h30, 11h15, 12h, 14h-18h30, 20h, 21h-22h30 (toutes les 30 min.).* **Durée** *1h.* **www**. vedettesdupontneuf.com

CROISIÈRES SUR LES CANAUX

La compagnie Canauxrama organise des croisières sur le canal Saint-Martin et la Marne. La promenade du canal Saint-Martin, qu'enjambent huit romantiques passerelles, franchit quatre doubles écluses, deux ponts tournants et le pont levant de Crimée. Celle des bords de Marne s'enfonce dans la banlieue jusqu'à Bry-sur-Marne. La société **Paris-Canal** (01 42 40 96 97 **www**.pariscanal.com) propose aussi un circuit sur le canal Saint-Martin qui se poursuit sur la Seine jusqu'au musée d'Orsay.

CANAUXRAMA

Canal Saint-Martin

Les deux bateaux de 125 places de Canauxrama promènent leurs passagers du port de l'Arsenal au parc de la Villette. Lieux d'embarquement : **Bassin de la Villette : plan** *8 E1.* Ⓜ *Jaurès.* **Port de l'Arsenal : plan** *14 E4.* Ⓜ *Bastille.* **Tél.** *01 42 39 15 00.* **Départs** *(tél. pour rés.) : bassin de la Villette 9h45 et 14h45 ; port de l'Arsenal t.l.j. 9h45 et 14h30. Tarif unique les après-midi de week-end et fêtes (pas de gratuité). Sinon, tarifs réduits pour les étudiants et les enfants de moins de 12 ans. Gratuit pour les moins de 6 ans. Les groupes peuvent réserver des croisières spéciales sur la Seine et le canal Saint-Martin.* **Durée** *3h.* **www**.canauxrama.fr

Bords de Marne

Croisière d'une journée sur la Marne, en direction de l'est de la région parisienne. Le voyage propose un commentaire le matin et un bal-guinguette l'après-midi. Lieu d'embarquement : **Port de l'Arsenal : plan** *14 E4.* Ⓜ *Bastille.* **Tél.** *01 42 39 15 00.* **Départs** *avr.-oct. : jeu.-dim. 9h. Rés. obligatoire.* **Durée** *8h.*

Bateau-croisière sur le bassin de la Villette

PARIS QUARTIER PAR QUARTIER

ÎLE DE LA CITÉ ET ÎLE SAINT-LOUIS

L'histoire de l'île de la Cité se confond avec celle de Paris. Un simple village l'occupait lorsque les Romains l'envahirent en 52 av. J.-C. Clovis en fit plus tard sa capitale et elle devint au cours du Moyen Âge un grand centre judiciaire et religieux. Aujourd'hui elle attire de très nombreux visiteurs venus admirer la cathédrale gothique de Notre-Dame et le palais de justice, construit sur un site où se dressait déjà le prétoire romain. Le dédale de ruelles qui les enserrait n'existe plus ; il a été détruit par les larges voies percées au XIXe siècle afin d'ouvrir l'île à la circulation. Malgré celle-ci, quelques havres de paix demeurent, comme le marché aux fleurs et aux oiseaux, le square du Vert-Galant ou la place Dauphine. Le pont Saint-Louis conduit à l'île du même nom. Plus petite que celle de la Cité, l'île Saint-Louis resta un champ de pâture jusqu'au XVIIe siècle, quand l'architecte Louis Le Vau l'aménagea en un élégant quartier résidentiel. Depuis, artistes fortunés, médecins, actrices et riches héritiers n'ont cessé d'y habiter. Ses porches majestueux, ses quais bordés d'arbres et le fleuve qui les caresse lui donnent une atmosphère particulière, hors du temps.

La devise de la ville de Paris

FLUCTUAT NEC MERGITUR

LE QUARTIER D'UN COUP D'ŒIL

Bâtiments historiques
Conciergerie ⑧
Hôtel de Lauzun ⑯
Hôtel Dieu ⑥
Palais de justice ⑩

Monuments religieux
Notre-Dame p. 82-85 ①
Sainte-Chapelle p. 88-89 ⑨
Saint-Louis-en-l'Île ⑮

Marché
Marché aux fleurs
et aux oiseaux ⑦

Musées
Crypte archéologique ⑤
Musée de Notre-Dame-
de-Paris ②
Société historique et littéraire
polonaise ⑭

Pont
Pont Neuf ⑫

Monument
Mémorial de la Déportation ④

Place et jardins
Place Dauphine ⑪
Square du Vert-Galant ⑬
Square Jean-XXIII ③

0   400 m

COMMENT Y ALLER
Métro : Cité.
RER : Saint-Michel.
Bus : lignes 38, 47, 58, 85, 96 pour l'île de la Cité ; et 67, 86 et 87 pour l'île Saint-Louis.

VOIR AUSSI

LÉGENDE

▨ Plan du pas à pas

Ⓜ Station de métro

◁ **Vue de la Conciergerie et du pont au Change ; pages précédentes : l'église Saint-Sulpice**

L'île de la Cité pas à pas

Paris prend son origine ici, sur cette île en forme de bateau qu'habitait il y a plus de deux mille ans la tribu celte qui lui donna son nom. Lieu de traversée du fleuve et site stratégique facile à défendre, l'île de la Cité restera le centre des villes qu'édifieront ensuite les Romains, les Francs puis les Capétiens, et au fil des siècles, les bâtiments s'élèveront sur les ruines de ceux qui les précédèrent.

On peut voir les vestiges les plus anciens, superposés, dans la crypte du parvis Notre-Dame, la place qui s'étend devant la cathédrale, là où jadis se dressèrent fortifications ou habitations. Un autre chef-d'œuvre du Moyen Âge s'offre aux touristes sur cette île : la lumineuse Sainte-Chapelle, dans l'enceinte du Palais de justice qui renferme également les salles gothiques de la Conciergerie.

★ Conciergerie
Cette prison fut l'antichambre de la guillotine pendant la Révolution ❽

La Cour du Mai
est l'entrée principale du Palais de justice.

PONT AU CHANGE

Métro Cité

QUAI D CORS

RUE DE LUTECE

Ⓜ

★ Sainte-Chapelle
Réputée pour la splendeur de ses vitraux, la Sainte-Chapelle est l'un des monuments les plus merveilleux de Paris ❾

QUAI DES ORFÈVRES

BD DU PALAIS

RUE DE LA CITE

Vers le Pont Neuf

PONT ST MICHEL

Le quai des Orfèvres
doit son nom aux orfèvres qui s'y installèrent dès le Moyen Âge.

QUAI DU MARCHE NEUF

Palais de justice
Vaste complexe judiciaire dominant la Seine, l'ancien palais royal a une histoire qui s'étend sur plus de seize siècles ❿

La préfecture de police
fut le théâtre d'intenses combats lors de la Seconde Guerre mondiale.

PETIT PONT

Statue de Charlemagne
Roi en 768 puis empereur en 800, il unifia les peuples chrétiens d'Occident.

0   100 m

★ Marché aux fleurs et aux oiseaux
Paris était jadis célèbre par ses marchés aux fleurs mais celui-ci est désormais l'un des derniers ❼

CARTE DE SITUATION
Voir le centre de Paris p. 14-15

Hôtel-Dieu
Ancien orphelinat devenu hôpital ❻

★ Crypte archéologique
Elle contient les vestiges de maisons vieilles de deux mille ans ❺

À NE PAS MANQUER

- ★ Conciergerie
- ★ Crypte archéologique
- ★ Marché aux fleurs et aux oiseaux
- ★ Notre-Dame
- ★ Sainte-Chapelle

LÉGENDE

 Itinéraire conseillé

La rue Chanoinesse eut d'illustres résidents, dont Racine.

Musée de Notre-Dame
Il retrace les grands moments de l'histoire de la cathédrale ❷

Le Point Zéro
Le point d'où toutes les distances sont mesurées en France.

Le square Jean-XXIII
est un agréable jardin près du fleuve ❸

★ Notre-Dame
Cette cathédrale est un exceptionnel exemple d'architecture médiévale ❶

Vers le Quartier latin

Notre-Dame vue depuis la rive gauche

Notre-Dame ❶

Voir p. 82-85

Musée de Notre-Dame ❷

10, rue du Cloître-Notre-Dame 75004.
Plan 13 B4. ***Tél.*** *01 43 25 42 92.* M
Cité. RER *St-Michel.* ☐ *mer., sam., dim.
14h-18h (dern. entrée : 17h40).* ♿

Objets gallo-romains,
peintures, dessins, gravures
et plans font revivre l'histoire
de la cathédrale et des grandes
cérémonies qui s'y sont
déroulées. À ne pas manquer :
la plus ancienne
trace chrétienne
trouvée à Paris,
une coupe
en verre du
ivᵉ siècle.

Une pièce gallo-romaine

Square Jean-XXIII ❸

Rue du Cloître-Notre-Dame 75004.
Plan 13 B4. M *Cité.*

La porte Saint-Étienne
de Notre-Dame donne sur
ce square accueillant qui
borde le fleuve et offre une
belle vue sur les sculptures
et les vitraux du chevet de la
cathédrale. Il occupe
l'emplacement de
l'archevêché, démoli après
avoir été pillé lors des émeutes
de 1831. Ce bâtiment avait
été construit au xviiᵉ siècle
sur le site de la « Motte aux
Papelards », ancien îlot où l'on
déversa les gravats du chantier
de Notre-Dame. Un préfet
de Paris, Rambuteau,
racheta le terrain et
l'aménagea en jardin.
La fontaine de la Vierge,
d'inspiration gothique, en
orne le centre depuis 1845.

Mémorial de la Déportation ❹

Sq. de l'Île-de-France 75004.
Plan 13 B4. ***Tél.*** *01 42 77 44 72.*
M *Cité.* RER *St-Michel.* ☐ *mar.-dim.
10h-12h, 14h-19h.*

Le général de Gaulle inaugura
en 1962 cette œuvre moderne
et dépouillée érigée à la
mémoire des 180 000 hommes,
femmes et enfants français
morts dans les camps de
concentration nazis pendant
la Seconde Guerre mondiale.
De petites tombes y sont
faites de la terre de ces camps
et les murs sont décorés de
poèmes. Le mémorial abrite
en outre la sépulture du
déporté inconnu du camp
de Struthof Nastzeiller.

L'intérieur du mémorial
de la Déportation

Le square Jean-XXIII derrière Notre-Dame

Ruines gallo-romaines dans la crypte du parvis Notre-Dame

Crypte archéologique ❺

Parvis de Notre-Dame 75004.
Plan 13 A4. **Tél.** 01 55 42 50 10.
Ⓜ Cité. ◯ mar.-dim. 10h-18h (dern.
entrée: 30 min av. la ferm.). ⬤ 1er mai,
8 mai, 1er et 11 nov., 25 déc. 1er janv.
▨ 0-13 ans : entrée gratuite. Ⓘ Ⓘ
www.carnavalet.paris.fr

Longue de plus de
120 mètres, cette crypte
présente des vestiges
superposés selon les époques
de construction. Ils datent
pour certains de plusieurs
siècles avant l'édification
de la cathédrale : rues et
maisons gallo-romaines,
tronçon de la première
enceinte de la cité (IIIe siècle),
fondations de la cathédrale
mérovingienne Saint-Étienne
et constructions du
XVIIIe siècle.

Hôtel-Dieu ❻

1, pl. du Parvis-Notre-Dame 75004.
Plan 13 A4. Ⓜ Cité. ⬤ au public.

Hôpital du centre de Paris,
l'Hôtel-Dieu borde au nord
le parvis Notre-Dame.
Sa construction, sur le site
d'un orphelinat, dura de 1866

à 1878. Il remplaçait l'ancien
Hôtel-Dieu, du XIIe siècle,
qui s'étendait sur les deux
rives de la Seine (et même
sur le pont au Double qui
les reliait). Il fut démoli
au XIXe siècle lors des
grands travaux du baron
Haussmann.
   Un monument, dans
la cour du 19-Août,
commémore l'action des
forces de police pendant la
libération de Paris en 1944.

Le marché aux fleurs

Marché aux fleurs et marché aux oiseaux ❼

Pl. Louis-Lépine 75004. **Plan** 13 A3.
Ⓜ Cité. ◯ t.l.j. 8h-19h30.

Ouvert toute l'année, le plus
célèbre et, malheureusement,
l'un des derniers de la
capitale, le marché aux fleurs
égaie de ses couleurs et de
ses parfums un quartier à
vocation principalement
administrative. Le dimanche,
les bouquets, les plantes
ornementales et les fleurs
plus rares, telles les orchidées,
laissent la place aux cages
du marché aux oiseaux.

Conciergerie ❽

2, bd du Palais 75001. **Plan** 13 A3.
🏠 01 53 40 60 80. Ⓜ Cité.
◯ t.l.j. 9h30-18h (9h-17h nov.-fév.),
dern. entrée : 30 min av. la ferm.
⬤ 1er janv., 1er mai, 25 déc. ▨
possibilité d'acheter un billet
combiné avec celui de la Sainte-
Chapelle, p. 88-89. Ⓘ Ⓘ Ⓘ
www.monuments-nationaux.fr

Occupant la partie nord de
l'ancien palais des Capétiens,
la Conciergerie devint en 1391
la première prison de Paris,
lorsque cette demeure
accueillit le siège du
Parlement et du pouvoir
judiciaire. Pendant des siècles,
les détenus endurèrent la
question dans la tour Bonbec.
   Pendant la Révolution,
2 780 condamnés y
attendirent leur exécution,
dont Marie-Antoinette et
Charlotte Corday, arrêtée pour
avoir poignardé Marat dans sa
baignoire. Danton, Saint-Just
et Desmoulins, entre autres,
firent aussi un séjour dans sa
galerie des Prisonniers où l'on
peut visiter les reconstitutions
de cellules de cette époque.
Les fenêtres de la galerie
donnent sur la cour des
femmes où les prisonnières
venaient se promener. Le
cachot de Marie-Antoinette a
été reconstitué et son
ancienne cellule transformée
en chapelle selon le vœu de
Louis XVIII.
   Avant d'accueillir les
«pailleux», détenus trop
pauvres pour louer un lit,
la salle des Gens d'armes,
magnifique salle du XIVe siècle
que 69 piliers divisent en
quatre nefs, abrita les gardes
du palais au temps où le roi
y résidait encore.

Marie-Antoinette
attendant son exécution
à la Conciergerie

L'Hôtel-Dieu, au centre de Paris

Notre-Dame ❶

Aucun bâtiment n'est aussi intimement associé à l'histoire de Paris que la cathédrale qui se dresse majestueusement sur l'île de la Cité, berceau de la ville. Elle fut édifiée sur le site d'un ancien temple romain. L'évêque Maurice de Sully est à l'origine de sa construction qui débuta en 1163. Pendant cent soixante-dix ans, architectes et tailleurs de pierre se succédèrent sur les échafaudages.

En 1330 environ, ils achevaient un chef-d'œuvre d'architecture gothique, aérien malgré ses 130 m de long, son large transept, son chœur profond et ses tours hautes de 69 m. Viollet-le-Duc dut entièrement le restaurer au XIXe siècle.

★ Façade occidentale
Deux galeries encadrent sa rosace. Les trois portails principaux sont décorés d'une statuaire magnifique.

La tour sud contient le bourdon de la cathédrale.

★ Galerie des Chimères
Les fameuses gargouilles et chimères se cachent derrière une large galerie située entre les tours.

★ Rosace ouest
Splendide vitrail où les Vertus et les Vices entourent la Vierge.

À NE PAS MANQUER

★ Arcs-boutants

★ Façade
   et portails ouest

★ Galerie
   des Chimères

★ Rosaces

La galerie des Rois présente les 28 statues des rois de Juda.

Portail de la Vierge
Ses sculptures du XIIIe siècle forment une remarquable composition.

MODE D'EMPLOI

Plan 13 B4. 01 42 34 56 10.
Cité. 21, 38, 47, 85, 96
vers l'île de la Cité. Notre-
Dame. Pl. du Parvis. t.l.j.
8h-18h45. 1er janv., 1er mai,
25 déc. lun.-ven. 8h, 9h
(sauf juil.-août), 12h, 17h45 ;
sam. 17h45, 18h30 ; dim. 8h30,
10h, 11h30, 12h45, 18h30.
Tours oct.-mars : 10h-
17h30, avr.-sept. : 10h-18h30
(juin-août : w.-e. 10h-23h).
01 53 10 07 00. **www.**
notredamedeparis.fr

★ Arcs-boutants
*Jean Ravy donna une volée
de 15 m de rayon aux spectaculaires
arcs-boutants du chœur.*

La flèche, rétablie
par Viollet-le-Duc,
s'élève à 90 m
de hauteur.

★ Rosace sud
*Ce vitrail du Christ,
enchâssé dans la façade
sud, fait 13 m de
diamètre.*

Le transept fut construit sous
le règne de Philippe-Auguste
à la fin du XIIe siècle.

Le Trésor abrite les trésors de la
cathédrale, dont la prétendue
couronne d'épines du Christ.

CHRONOLOGIE

1163 Le pape
Alexandre III pose
la première pierre.

1572 Marguerite de
Valois épouse Henri
de Navarre, futur
Henri IV.

1793 Les révolutionnaires
transforment la cathédrale
en temple de la Raison.

1944 Cérémonie
de la Libération

1150	1550	1750		1950

1708 Louis XIV fait
remodeler le chœur
pour réaliser le vœu de
son père.

1795-1802 Notre-
Dame fermée

1804 Sacre
de Napoléon

1970
Funérailles
du général
de Gaulle

Napoléon Ier

Visite de Notre-Dame

Calice de
Notre-Dame

L'intérieur de Notre-Dame saisit d'emblée par sa majesté. Croisant en son milieu la nef centrale aux hautes arcades, un immense transept s'étend entre deux roses de 13 m de diamètre. Les œuvres de sculpteurs prestigieux décorent la cathédrale, notamment la clôture du chœur de Jean Ravy, la *Pietà* de Nicolas Coustou et la statue de Louis XIV par Antoine Coysevox. Notre-Dame ne fut pas seulement le cadre de mariages royaux, du sacre impérial de Napoléon Ier et de funérailles nationales : pillée sous la Révolution puis transformée en temple de la Raison, elle servit ensuite de dépôt de vin. Napoléon la rendit au culte en 1802. Cinquante ans plus tard, l'architecte Viollet-le-Duc restaurait bâtiments et sculptures, remplaçait les statues disparues et élevait la flèche.

⑨ **Rosace nord**
Situé à 21 m de hauteur, ce vitrail du xiiie siècle montre la Vierge entourée de personnages de l'Ancien Testament.

⑩ **Vue et gargouilles**
Les 387 marches de la tour nord offrent une vue splendide des célèbres gargouilles et de Paris.

Escaliers vers la tour

Entrée

① **Vue de l'intérieur**
Depuis l'entrée principale, le regard embrasse la haute nef, l'immense transept, le chœur et le maître-autel.

LÉGENDE

▬ ▬ ▬ Itinéraire de la visite

② **Mays des orfèvres**
Ces œuvres religieuses de Charles Le Brun décorent les chapelles latérales. Aux xviie et xviiie siècles, les corporations offraient chaque premier mai un tableau à la cathédrale.

⑧ Stalles du chœur

*Louis XIV, dont la
statue se dresse derrière
le maître-autel,
commanda les boiseries
richement sculptées qui
décorent ces stalles.
On peut notamment
admirer de délicats
bas-reliefs représentant
des scènes de la vie
de la Vierge.*

⑦ Statue de Louis XIII

*Sans enfant après de nombreuses années
de mariage, Louis XIII fit vœu
d'embellir Notre-Dame en l'honneur
de la Vierge s'il avait un héritier.
Le futur Louis XIV naquit en 1638
mais la réalisation du vœu de son
père prit soixante ans. Les stalles
sculptées du chœur datent de
cette époque.*

Entrée
du Trésor

Entrée de
la sacristie

⑥ Pietà

*Derrière le maître-autel, la
Pietà de Nicolas Coustou se
dresse sur un socle sculpté
par François Girardon.*

⑤ Clôture du chœur

*Sculptée au XIVe siècle par Jean Ravy,
une haute clôture de pierre entourait le
chœur afin d'isoler du bruit environnant
les chanoines en prière. Endommagée,
elle fut restaurée par Viollet-le-Duc.*

③ Rosace sud

*Situé à l'extrémité sud
du transept, ce vitrail du
XIIIe siècle, encore en partie
d'origine, représente le
Christ, au centre, entouré
par des vierges, des saints
et par les douze apôtres.*

④ Statue de la Vierge et de l'Enfant

*Cette statue du XIVe siècle se dresse
contre le pilier sud-est du transept.
Provenant de la chapelle Saint-
Aignan, elle est connue sous le
nom de Notre-Dame de Paris.*

Le Pont-Neuf s'étend de part et d'autre de l'île de la Cité

Sainte-Chapelle ❾

Voir p. 88-89.

Deux anges de la Sainte-Chapelle portant la couronne d'épines

Palais de justice ❿

4, bd du Palais (entrée cour du Mai) 75001. **Plan** 13 A3. **Tél**. *01 44 52 52 52.* Ⓜ *Cité.* ◯ *lun.-ven. 8h30-17h.* ◉ *j.f.* ✍ ▢ Ⅱ

Le prétoire de Lutèce se dressait sur ce site et le pouvoir royal s'y exerça jusqu'à ce que Charles V déménage la cour dans le Marais au XIVᵉ siècle. En 1793, le tribunal révolutionnaire siégea dans la Chambre dorée (aujourd'hui première chambre du tribunal civil). Le droit actuellement appliqué dans cet immense bâtiment, qui s'étend d'une rive à l'autre de l'île de la Cité et dont les tours centenaires bordent les quais, est l'héritier du Code Napoléon.

Place Dauphine ⓫

75001 (entrée rue Henri-Robert). **Plan** 12 F3. Ⓜ *Pont Neuf, Cité.*

Henri IV créa en 1607 cette place à l'est du Pont-Neuf en l'honneur du dauphin, le futur Louis XIII. Le nᵒ 14 est l'un des rares immeubles à avoir évité toute restauration ultérieure mais le lieu, qu'apprécient à la fois les joueurs de pétanque et les employés du Palais de justice voisin, conserve son charme et son calme d'un autre siècle.

Pont-Neuf ⓬

75001. **Plan** 12 F3. Ⓜ *Pont Neuf, Cité.*

Malgré son nom, c'est le plus vieux pont de Paris. Celui qui a le plus de succès, aussi, auprès des écrivains, des artistes ou des cinéastes. Henri III en posa la première pierre en 1578 mais ce fut Henri IV qui inaugura et baptisa en 1607 cet ouvrage d'art auquel douze arches donnent une longueur de 278 m. Premier pont de pierre sans maison, il initia un nouveau mode de relation entre la cité et son fleuve et connut tout de suite une grande popularité. Une statue d'Henri IV se dresse en son milieu.

Sculptures du palais de justice

Henri IV sur le Pont-Neuf

Square du Vert-Galant ⓭

75001. **Plan** 12 F3. Ⓜ *Pont Neuf, Cité.*

Ce square, l'un des lieux magiques de Paris, porte le surnom d'Henri IV qui, après avoir eu bien du mal à entrer dans la capitale de son royaume, consacra le début de son règne à l'embellir. De ce paisible jardin ombragé, on jouit d'une vue splendide sur la perspective du Louvre, le jardin des Tuileries et la rive droite de la Seine. C'est également l'endroit où l'on embarque sur les vedettes du Pont Neuf *(p.72-73).*

Société historique et littéraire polonaise ⓮

6, quai d'Orléans 75004. **Plan** 13 C4. **Tél.** 01 55 42 83 83. Ⓜ *Pont Marie.* Ⓞ *jeu. 14h-17h, sam. 9h-midi,* jeu. toutes les 45 min, sam. toutes les heures ; tél. pour rés.

Le poète romantique polonais Adam Mickiewicz, qui vécut à Paris au XIXᵉ siècle, exerça une influence capitale dans la vie politique et culturelle de son pays. Les locaux de la Société historique et littéraire abritent le musée que lui dédia son fils aîné, Ladislas, en 1903.
Ce musée et la bibliothèque renferment probablement la plus belle collection

consacrée à la Pologne hors de ses frontières : peintures, livres, cartes, archives de l'émigration aux XIXᵉ et XXᵉ siècles et, surtout, de nombreux souvenirs de Frédéric Chopin, dont son masque mortuaire.

Saint-Louis-en-l'Île ⓯

19 bis, rue Saint-Louis-en-l'Île 75004. **Plan** 13 C4. **Tél.** 01 46 34 11 60. Ⓜ *Pont Marie.* Ⓞ *mar.-sam. 9h-midi, 15h-19h, dim. 9h-18h30.* Ⓞ *j.f.* **Concerts Tél.** 01 44 62 00 55.

La construction de cette église commença en 1664 sur des plans dessinés par Louis Le Vau qui habitait l'île. L'édifice fut achevé et consacré en 1726. L'horloge (1741) accrochée comme une enseigne à son entrée et sa flèche en fer ajouré lui donnent une allure très particulière.
L'intérieur, de style baroque, est richement décoré de marbre et de dorures. Il abrite des tableaux du XVIIIᵉ siècle, une statue en terre cuite vernissée de Saint Louis portant l'épée des croisés. Le saint roi mourut de la peste à Carthage lors de la 8ᵉ croisade. Pendant les mois d'été, l'église accueille souvent des concerts.

Buste d'Adam Mickiewicz

L'intérieur de Saint-Louis-en-l'Île

Hôtel de Lauzun ⓰

17, quai d'Anjou 75004. **Plan** 13 C4. **Tél.** 01 44 54 19 30 Ⓜ *Pont Marie.* Ⓞ *seul. pour des visites guidées.* **www**.monuments-nationaux.fr

Louis Le Vau construisit ce bel hôtel en 1656 pour Charles Gruyn des Bordes, un riche et puissant marchand d'armes, et Charles Le Brun travailla à la décoration de ses boiseries et plafonds peints. Vendue en 1682 au duc de Lauzun, maréchal de camp et favori de Louis XIV, puis au marquis de Pimodan en 1779, la demeure connut une grande animation à partir de 1842, son nouveau propriétaire, le bibliophile Jérôme Pichon, y accueillant en effet la bohème artistique et littéraire de l'époque.
Charles Baudelaire (1821-1867) écrivit la majeure partie des *Fleurs du mal* dans une chambre du 3ᵉ étage, Théophile Gautier (1811-1872) y vécut en 1848 et le club des Haschichins s'y réunit. L'hôtel de Lauzun hébergea aussi le poète autrichien Rainer Maria Rilke, le peintre anglais Walter Sickert et le compositeur allemand Richard Wagner.
Cet hôtel, qui a conservé son décor d'origine, offre un aperçu exceptionnel du mode de vie de l'aristocratie au XVIIIᵉ siècle. Restauré au début du XXᵉ siècle, propriété de la ville de Paris depuis 1928, il accueille de nos jours des réceptions organisées par la municipalité.

Sainte-Chapelle ❾

Louis IX fit édifier ce sanctuaire à partir de 1242 pour abriter la couronne d'épines qu'aurait portée le Christ. Aujourd'hui, celle-ci repose dans le trésor de Notre-Dame. D'une grâce aérienne, la Sainte-Chapelle est considérée comme l'un des grands chefs-d'œuvre de l'architecture occidentale. Les croyants, au Moyen Âge, la comparaient à une « porte du paradis » et aucun visiteur, aujourd'hui, ne peut manquer d'être saisi par le chatoiement créé par ses 15 magnifiques verrières, représentant plus de 1 000 scènes religieuses, et serties entre des piliers si graciles qu'ils semblent soutenir la voûte par miracle, 15 m plus haut.

La flèche s'élève à 75 m dans le ciel. Quatre flèches brûlèrent l'une après l'autre, celle-ci date de 1853.

La couronne d'épines, rappel de la première relique achetée par Louis IX, orne le clocheton.

★ **Rose**
À voir au coucher du soleil, les 86 panneaux de ce vitrail datant de Charles VIII en 1485 racontent l'Apocalypse.

À NE PAS MANQUER

★ Rose

★ Statues des apôtres

★ Vitrail de la Passion

★ Vitrail des reliques

Portail principal
Deux porches s'adossent à la façade. Ci-contre, le porche inférieur.

RELIQUES DE LA PASSION DU CHRIST

Louis IX était un roi si pieux qu'il fut canonisé, en 1297, et devint Saint Louis. Entre 1239 et 1241, il acheta à Baudouin II, empereur de Constantinople, la couronne d'épines et un fragment de la Croix. Elles lui coûtèrent près de trois fois plus cher que la construction de la Sainte-Chapelle, édifiée pour les abriter. La couronne se trouve aujourd'hui à Notre-Dame.

MODE D'EMPLOI

6, bd du Palais. **Plan** 13 A3.
01 53 40 60 97. **M** Cité. 21, 27, 38, 85, 96 vers l'île de la Cité.
RER St-Michel. **O** Notre-Dame.
P Palais de justice. t.l.j. mars-oct. : 9h30-18h ; nov.-fév. : 9h-17h (dern. entrée : 30 min av. la ferm.)
1er janv., 1er mai, 25 déc.
possibilité d'acheter un billet combiné avec la Conciergerie, p. 81.

L'ange tournait jadis pour que sa croix se voie de tout Paris.

VITRAUX DE LA CHAPELLE HAUTE

1. La Genèse
2. L'Exode
3. Les Nombres
4. Deutéronome : Josué
5. Les Juges
6. *gauche* Isaïe *droite* l'Arbre de Jessée
7. *gauche* Saint Jean l'Évangéliste *droite* Enfance du Christ
8. La Passion
9. *gauche* saint Jean-Baptiste *droite* Livre de Daniel
10. Ézékiel
11. *gauche* Jérémie *droite* Tobie
12. Judith et Job
13. Esther
14. Livre des rois
15. Histoire des reliques
16. Rose l'Apocalypse

Chapelle haute
Ses vitraux illustrent l'Ancien et le Nouveau Testament, de la Genèse à l'Apocalypse.

★ **Vitrail de la Passion**
La Cène est ici représentée sur l'un des plus beaux vitraux de la chapelle haute.

★ **Statues des apôtres**
Ces splendides sculptures en pierre du XIIIe siècle ornent les 12 piliers de la chapelle haute.

Chapelle basse
Les serviteurs et les gens du commun se recueillaient ici, la chapelle haute étant réservée au roi et sa famille.

★ **Vitrail des reliques**
Il montre l'histoire et la translation de la couronne d'épines et du bois de la Croix.

LE MARAIS

Lieu de résidence aristocratique au XVIIe siècle, le Marais fut abandonné pendant la Révolution, avant d'être ensuite défiguré. Des travaux de restauration lui redonnèrent vie. Aujourd'hui, ses élégantes demeures abritent quelques-uns des musées les plus courus de Paris ; ses rues étroites et ses passages sont remplis de boutiques à la mode, de galeries d'art et de restaurants animés. De nombreux commerçants ont dû quitter le quartier à cause de la montée des prix, mais il reste encore bon nombre d'artisans, de boulangeries et de petits cafés, ainsi qu'une population assez variée. Enfin, le Marais est devenu le plus important quartier gay de Paris.

LE QUARTIER D'UN COUP D'ŒIL

Monuments et sites historiques
Hôtel de Lamoignon ❷
Hôtel de Rohan ㉒
Hôtel de Ville ⓳
Rue des Francs-Bourgeois ❸
Rue des Rosiers ❽

Églises
Cloître des Billettes ⓴
Notre-Dame-des-Blancs-Manteaux ㉑
Saint-Gervais–Saint-Protais ⓲
Saint-Paul–Saint-Louis ⓯

Musées et galeries
Hôtel de Coulanges ❾
Hôtel de Sens ⓰
Hôtel de Soubise ㉓
Hôtel de Sully ❼
Hôtel Guénégaud (Musée de la Chasse et de la Nature) ㉔
Maison de Victor Hugo ❻
Musée Carnavalet p. 96-97 ❶
Musée Cognacq-Jay ❹
Musée des Arts et Métiers ㉕
Musée d'Art et d'Histoire du Judaïsme ㉗
Musée Picasso p. 100-101 ❿
Pavillon de l'Arsenal ⓫

Monuments
Colonne de Juillet ⓭
Mémorial de la Shoah ⓱

Opéra
Opéra-Bastille ⓬

Square et places
Place des Vosges ❺
Place de la Bastille ⓮
Square du Temple ㉖

LÉGENDE

▮ Plan du quartier pas à pas

Ⓜ Station de métro

◻ Embarcadère de Batobus

0 ——————— 400 m

COMMENT Y ALLER

Métro : les trois grandes stations sont Bastille, Hôtel-de-Ville et République. Bus : la ligne 29 emprunte la rue des Francs-Bourgeois et passe devant le musée Carnavalet et par la place des Vosges.

VOIR AUSSI

• *Atlas des rues* plans 13-14

• *Hébergement* p. 284

• *Restaurants* p. 300-301

◁ Déjeuner à la terrasse d'un café dans le quartier du Marais

Le Marais pas à pas

Ancien marécage, comme son nom l'indique, le Marais commença à prendre de l'importance au XIVe siècle parce qu'il se trouvait proche du Louvre, la résidence favorite de Charles V. Il connut son âge d'or au XVIIe siècle quand il devint le lieu de résidence à la mode pour la noblesse et la haute bourgeoisie. Les plus grands architectes construisirent alors les hôtels somptueux qui subsistent encore aujourd'hui. Récemment restaurés, nombre d'entre eux sont devenus des musées. Le quartier est également devenu un lieu très à la mode pour ses cafés et ses magasins.

Vers le Centre Pompidou

RUE BARBETTE

RUE ELZEVIR

RUE PAVÉE

RUE DES HOSPITALIÈRES ST GERVAIS

RUE DES

RUE PAVÉE

RUE MALHER

RUE DES ROSIERS

Rue des Francs-Bourgeois
Vieux immeubles et importants musées bordent cette rue ❸

0   100 m

LÉGENDE

― ― ― Itinéraire conseillé

Rue des Rosiers
Les odeurs de bortsch et de pastrami chaud embaument le cœur du quartier juif ❽

Musée Cognacq-Jay
Il présente, dans un cadre d'époque, une collection raffinée de peintures et de mobilier du XVIIIe siècle ❹

À NE PAS MANQUER

★ Musée Carnavalet

★ Musée Picasso

★ Place des Vosges

Hôtel de Lamoignon
Son portail ouvragé ouvre sur la bibliothèque historique de la Ville ❷

★ Musée Picasso
*Cet ancien palais
d'un fermier des
Gabelles abrite la
plus riche collection
au monde d'œuvres
de Picasso. Elle a été
donnée à l'État par
sa famille* ⑪

CARTE DE SITUATION
Voir le centre de Paris p.14-15

**L'hôtel Le Peletier
de Saint-Fargeau** forme, avec
l'hôtel Carnavalet, un musée
consacré à l'Histoire de Paris.

★ Musée Carnavalet
*Coysevox représenta
Louis XIV vêtu à
l'antique sur cette statue
qui se dresse dans la
cour du musée* ❶

**Maison de
Victor Hugo**
*L'auteur des
Misérables vécut
au n° 6, place des
Vosges, qui abrite
maintenant son
musée* ❻

Vers le métro
Sully Morland

★ Place des Vosges
*Cette place à
la symétrie
parfaite occupe
l'emplacement de
l'hôtel des Tournelles
où Henri II trouva
la mort dans un
tournoi* ❺

Hôtel de Sully
*Un très bel hôtel
Renaissance qui
date de 1624* ❼

Musée Carnavalet ❶

Voir p. 96-97.

Hôtel de Lamoignon ❷

24, rue Pavée 75004. **Plan** 14 D3.
Tél. 01 44 59 29 40. Ⓜ Saint-Paul.
Ⓞ lun.-sam. 13h-18h. ⬤ j.f. et
1er-15 août. 🖥 www.paris.fr

L'imposant hôtel de Lamoignon fut édifié en 1585 pour Diane de France, duchesse d'Angoulême et fille d'Henri II. Six hauts pilastres aux frontons décorés de têtes de chiens, d'arcs, de flèches et de carquois, dans la cour, rappellent qu'elle portait le nom de la déesse romaine de la chasse. L'immeuble, restauré après la guerre, abrite aujourd'hui la bibliothèque historique de la Ville qui possède plus d'un million de volumes et manuscrits relatifs à l'histoire de Paris.

Rue des Francs-Bourgeois ❸

75003 et 75004. **Plan** 14 D3.
Ⓜ Rambuteau, Chemin-Vert.

Cette rue, bordée à une extrémité par l'hôtel de Soubise et à l'autre par le musée Carnavalet, s'étend de

L'entrée du musée Carnavalet

la rue des Archives à la place des Vosges. Elle tire son nom des indigents, francs de taxes et d'impôts, qu'accueillait la Maison d'aumône construite en 1334 aux nos 34 et 36. En 1777, la Ville ouvrit non loin le mont-de-piété, futur Crédit municipal (nos 55 et 57) dont le bâtiment renferme une tour de l'enceinte de Philippe Auguste.

Musée Cognacq-Jay ❹

Hôtel Donon, 8, rue Elzévir 75004.
Plan 14 D3. **Tél.** 01 40 27 89 14.
Ⓜ Saint-Paul. Ⓞ mar.-dim. 10h-18h. ⬤ j.f. 📷 🚻 🏛
www.cognacq-jay.paris.fr

Ernest Cognacq et sa femme Louise Jay, fondateurs du plus important des grands magasins, la Samaritaine *(p. 115)*, réunirent cette belle collection d'œuvres d'art et de mobilier du XVIIIe siècle. Un legs en rendit la ville de Paris propriétaire en 1929 et elle occupe aujourd'hui, au cœur du Marais, l'élégant hôtel Donon construit en 1575 mais dont la façade et l'extension datent du XVIIIe siècle.

Place des Vosges ❺

75003, 75004. **Plan** 14 D3.
Ⓜ Bastille, Saint-Paul.

Voilà sans doute un des ensembles urbains les plus beaux du monde *(p. 24-25)*. Trente-six pavillons, neuf de chaque côté, construits en brique et en pierre, avec de hauts toits en ardoise percés d'œils-de-bœuf au-dessus d'arcades, lui donnent une rigoureuse symétrie. Bien des événements historiques s'y déroulèrent en quatre cents ans. Dès son inauguration en 1612 qui coïncida avec le mariage de Louis XIII et d'Anne d'Autriche, la cérémonie donna lieu à trois jours de tournois. Le cardinal de Richelieu y résida en 1615. La marquise de Sévigné naquit place des Vosges le 5 février 1626. Et Victor Hugo y habita pendant seize ans.

La place des Vosges au XIXe siècle

Maison de Victor Hugo ❻

6, pl. des Vosges 75004.
Plan 14 D3. **Tél.** 01 42 72 10 16.
Ⓜ *Bastille.* ◯ *mar.-dim. 10h-18h.*
◐ *j.f.* 🖭 *Bibliothèque.*
www.paris.fr/musees

Le poète, dramaturge et
romancier habita de 1832
à 1848 au 2e étage de l'hôtel
de Rohan-Guéménée. Ce fut là
qu'il écrivit une grande partie
des *Misérables* et qu'il acheva
nombre de ses œuvres
célèbres. Le musée présente
une reconstitution des pièces
où il vécut et une
exposition de ses
dessins. Livres,
photographies
et souvenirs
évoquent
les moments
importants
de sa vie, de
son enfance
à son glorieux
retour d'exil.
Des expositions
temporaires sur
Hugo ont lieu
régulièrement.

**Buste en marbre de Victor Hugo
par Auguste Rodin**

Hôtel de Sully ❼

62, rue St-Antoine 75004.
Plan 14 D4. **Tél.** 01 44 61 20 00.
Ⓜ *Saint-Paul.* ◯ *lun.-ven. 12h-19h,
sam.- dim. 10h-19h.* ◐ *1er jan.,
1er mai, 1er et 11 nov., 25 déc.* 🖭
www.jeudepaume.org

Il fut construit en 1624 pour le
financier Mesme-Gallet. Le duc
de Sully, ministre d'Henri IV,
l'acheta en 1634, en améliora
la décoration intérieure et créa
une orangerie dans le jardin.
Gravures, plans et archives
ont permis la restauration de
ce bel hôtel d'architecture
Renaissance bordant l'une
des plus vieilles rues de Paris.
On accède, par un portail
richement sculpté, à la vaste
et harmonieuse cour intérieure
dont les façades s'ornent de
lucarnes entourées de volutes,
de sphinx et de bas-reliefs
représentant les quatre
éléments et saisons. L'hôtel
de Sully s'est associé avec

Façade Renaissance de l'orangerie de l'hôtel de Sully

le musée du Jeu de Paume
(p. 131) et présente des
travaux contemporains
sur la photographie, le cinéma
et l'animation.

Rue des Rosiers ❽

75004. **Plan** 13 C3. Ⓜ *Saint-Paul.*

Ancien chemin de ronde
bordé de rosiers, elle se
trouve au centre de l'un
des quartiers les plus
pittoresques de Paris avec
ses boutiques et restaurants
casher tel le célèbre Jo
Goldenberg *(p. 333)*. Occupé
une première fois par la
communauté juive du XIIe
au XIVe siècle, il connut une
nouvelle vague d'implantation
à la fin du XIXe siècle avec
les réfugiés ashkénazes fuyant
les pogroms d'Europe de
l'Est, puis accueillit en 1960
des rapatriés d'Algérie de
tradition séfarade.

**Juifs orthodoxes
dans le Marais**

Hôtel de Coulanges ❾

35, rue des Francs-Bourgeois, 75004.
Plan 13 C3. **Tél.** 01 44 61 85 98.
Ⓜ *Saint-Paul.* ◯ *lun.-ven. 13h30-
19h.* ◐ *j.f.* www.paris-europe.eu

Bâti dans la seconde moitié
du XVIe siècle, cet hôtel a
été embelli tout au long
du XVIIIe siècle. Aujourd'hui
restauré, il présente un
remarquable exemple
de l'architecture classique.
Philippe de Coulanges,
conseiller du roi, y vécut à
partir de 1640. C'est ici que
fut élevée sa nièce orpheline,
Marie, future marquise
de Sévigné. En 1662, le
chancelier Le Tellier acheta
l'hôtel de Coulanges pour
l'annexer à son hôtel voisin.
C'est aujourd'hui le siège
de la Maison de l'Europe
de Paris.

Musée Carnavalet ❶

Le musée Carnavalet

Consacré à l'histoire de Paris, ce grand musée occupe deux hôtels attenants : l'hôtel Carnavalet, construit en 1545 par Nicolas Dupuis, et transformé par François Mansart vers 1660, et l'hôtel Le Peletier de Saint-Fargeau, édifié au XVIIᵉ siècle. Des reconstitutions de pièces entières, avec leur décoration d'époque, leur mobilier et leurs objets d'art, illustrent l'évolution des intérieurs parisiens du règne d'Henri IV jusqu'au début du XXᵉ siècle. Le musée présente en outre de nombreuses peintures, sculptures et gravures.

Marie-Antoinette en deuil *(1793)*
Alexandre Kucharski fit ce portrait de la reine après l'exécution de Louis XVI.

Les philosophes du XVIIIᵉ siècle, notamment Jean-Jacques Rousseau et Voltaire, sont à l'honneur dans cette salle.

★ Plafond de Charles Le Brun
Décorés d'œuvres magnifiques du XVIIᵉ siècle, le grand cabinet et la grande chambre proviennent de l'hôtel de la Rivière.

★ Galerie de Mᵐᵉ de Sévigné
Elle contient ce portrait de la célèbre épistolière dont les lettres décrivent si bien son époque et le Marais.

À NE PAS MANQUER

★ Galerie de
　Mᵐᵉ de Sévigné

★ Plafond par
　Charles Le Brun

★ Salle de bal
　de l'hôtel de Wendel

★ Salon de compagnie
　de l'hôtel d'Uzès

★ Salon de compagnie, hôtel d'Uzès
Il fut réalisé en 1767 sur des dessins de Ledoux. Les lambris blanc et or proviennent d'un hôtel de la rue Montmartre.

Ent
du mu

2e étage

1er étage

Salle de la Convention
Ce portrait de Danton fait partie des souvenirs de la Révolution.

Hôtel Le Peletier

MODE D'EMPLOI

23, rue de Sévigné 75003.
Plan 14 D3. **Tél.** *01 44 59 58
58.* 🅼 *Saint-Paul.* 🚌 *29, 69,
76, 96 vers Saint-Paul, pl. des
Vosges.* 🅿 *hôtel de ville, rue
Saint-Antoine.* 🕐 *mar.-dim. 10h-
18h (dern. entrée : 17h30. Salles
ouv. par rotation ; rens. par tél.).*
⬤ *j.f.* 📷 🎫 *tél. pour les heures.*
🖥 *www.carnavalet.paris.fr*

Joaillerie Fouquet *(1901)*
Mucha dessina le décor Art nouveau de cette boutique de la rue Royale.

★ **Salle de bal de l'hôtel de Wendel**
Il s'agit d'une reconstitution de la salle décorée au début du xxe siècle par le Catalan José María Sert. La peinture murale représente le cortège de la reine de Saba.

Salon Louis XV
De style Régence, il contient des objets d'art de la collection Bouvier et des lambris de l'hôtel de Broglie.

LÉGENDE DU PLAN

🟦	De la préhistoire aux Gallo-Romains
⬜	Paris médiéval
⬜	Paris de la Renaissance
⬜	Paris du xviie siècle
🟦	Paris de Louis XV
⬜	Paris de Louis XVI
⬜	Paris de la Révolution
⬜	Paris du xixe siècle
⬜	Paris du xxe siècle
⬜	Expositions temporaires
⬜	Circulation et services

SUIVEZ LE GUIDE !

La majeure partie des collections suit l'ordre chronologique. L'hôtel Carnavalet abrite l'histoire de Paris jusqu'en 1789 (jusqu'à la Renaissance au rez-de-chaussée, xviie siècle et xviiie siècle au 1er étage). Le 2e étage de l'hôtel Le Peletier est consacré à la Révolution, le premier à l'époque s'étendant du second Empire à nos jours et le rez-de-chaussée aux premier et second Empires ainsi qu'à la préhistoire et à l'époque gallo-romaine.

Musée Picasso ❿

Voir p. 100-101.

Le Pavillon de l'Arsenal ⓫

21, bd Morland 75004. **Plan** 14 D4.
Tél. *01 42 76 33 97.* Ⓜ *Sully-Morland, Bastille.* ◯ *mar.-sam.
10h30-18h30, dim. 11h-19h.*
◉ *1ᵉʳ jan.* ▣ ▢ ▢ *sur r.-v. seul.*
www.pavillon-arsenal.com

Dédié à l'architecture et à
l'urbanisme, le Pavillon de
l'Arsenal abrite une exposition
permanente qui retrace
l'évolution architecturale
de Paris au moyen de films,
maquettes, plans et photos
panoramiques et montre
les perspectives d'évolution
de la ville. Des expositions
temporaires (jusqu'à trois
par an) y ont également lieu.

Opéra-Bastille ⓬

120, rue de Lyon 75012.
Plan 4 E4. **Tél.** *01 40 01 17 89.*
🎫 *08 92 89 90 90.* Ⓜ *Bastille.*
◯ *tél. pour les détails.* ◉ *certains
j.f.* ▨ ♿ ▢ *obligatoire.*
Voir **Se distraire** *p. 332-335.*
www.operadeparis.fr

L'inauguration de cet « opéra
populaire », l'un des plus
modernes (et controversés)
d'Europe, édifié à
l'emplacement d'une ancienne
gare, eut lieu le 14 juillet

**Le Génie de la Liberté au sommet
de la colonne de Juillet**

1989, date du bicentenaire
de la prise de la Bastille.
Conçu par Carlos Ott,
cet imposant bâtiment à
la façade courbe et vitrée
rompt avec la tradition
du xixᵉ siècle qu'incarnait
l'Opéra Garnier *(p. 216-217).*
La grande salle à la
décoration épurée et
moderne avec ses sièges
noirs, ses murs de granit et
son plafond en verre peut
accueillir 2 700 spectateurs.
L'Opéra Bastille dispose
d'un équipement à la pointe
de la technologie, dont cinq
scènes mobiles permettant
de jouer plusieurs spectacles
en alternance.

Colonne de Juillet ⓭

Pl. de la Bastille 75004. **Plan** 14 E4.
Ⓜ *Bastille.* ◉ *au public.*

Surmontée du Génie de la
Liberté, cette colonne haute
de 51,50 m se dresse au centre
de la place de la Bastille. C'est
un monument à la mémoire
des victimes de la révolution
de 1830 *(p. 32-33)* qui instaura
la monarchie de Juillet.
Sa crypte contient leurs
504 dépouilles auxquelles
furent ajoutés les morts
de la révolution de 1848.

Place de la Bastille ⓮

75004. **Plan** 14 E4. Ⓜ *Bastille.*

Il ne reste rien aujourd'hui
de la prison *(p. 30-31)*
qu'assaillirent les émeutiers
le 14 juillet 1789. Une ligne
de pavés, du n° 5 au n° 49
du boulevard Henri-IV,
dessine le tracé d'une
partie des anciennes tours
et courtines de la forteresse.
À l'emplacement de son
bastion s'étend aujourd'hui
la place de la Bastille, carrefour
traditionnel entre le centre
de Paris et les faubourgs
populaires. Mais la « Bastoche »
s'est embourgeoisée depuis
l'ouverture de l'Opéra, la
création du port de plaisance
de l'Arsenal et l'apparition
de cafés branchés.

**La façade contemporaine
de l'Opéra Bastille**

Saint-Paul-Saint-Louis ⑮

99, rue St-Antoine 75004. **Plan** 14 D4. **Tél.** 01 42 72 30 32. **M** St-Paul. ☐ lun.-ven. 8h-20h, sam. 8h-19h30, dim. 9h-20h. **Concerts**

De 1627, où Louis XIII posa la première pierre, à 1762, qui vit l'expulsion de France des jésuites, l'église Saint-Paul-Saint-Louis symbolisa la puissance de la Compagnie de Jésus. Sa coupole de 60 m de hauteur était à son achèvement la plus grande de Paris et annonçait celles des Invalides et de la Sorbonne. Connue pour la richesse de sa décoration, l'église fut pillée à la Révolution puis au XIXᵉ siècle mais conserve un chef-d'œuvre de Delacroix : le *Christ au jardin des Oliviers*. Elle se dresse sur l'une des rues principales du Marais mais on peut aussi y accéder par le vieux et pittoresque passage Saint-Paul.

Le *Christ au jardin des Oliviers* par Delacroix à Saint-Paul-Saint-Louis

Hôtel de Sens ⑯

1, rue du Figuier 75004. **Plan** 13 C4. **Tél.** 01 42 78 14 60. **M** Pont Marie. ☐ mar.-sam. 13h-19h30. ⬤ j.f. 🖼 pour les expositions. 🅿 🖼 sur r.-v. seul.

Il fait partie de la poignée d'édifices civils datant du Moyen Âge encore debout à Paris et abrite la bibliothèque Forney consacrée aux arts et métiers et centre de documentation des artisans parisiens.
Achevé en 1519, l'hôtel de Sens fut transformé en place

L'hôtel de Sens abrite la bibliothèque Forney

forte pendant la Ligue par le cardinal de Pellevé qui mourut de rage en 1594 lorsqu'il apprit qu'Henri IV entrait dans Paris. Ce dernier y logea alors son ex-épouse, Marguerite de Valois, qui fit de cette forteresse de la foi, l'asile de son intense et mouvementée vie amoureuse.

Le mémorial du martyr juif inconnu, inauguré en 1956

Mémorial de la Shoah ⑰

17, rue Geoffroy-l'Asnier 75004. 75004. **Plan** 13 C4. **Tél.** 01 42 77 44 72. **M** Pont Marie. ☐ dim.-ven. 10h-18h. (jusqu'à 22h jeu.) 🖼 ♿ 🚻 **www**.memorialdelashoah.org

Une flamme éternelle brûle dans la crypte du tombeau du martyr juif inconnu. Un large cylindre porte les noms de tous les camps de concentration où des Juifs, victimes de l'holocauste, moururent. En 2005, on inaugura le Mur des noms, sur lequel furent gravés les noms des 76 000 Juifs français (dont 11 000 enfants) qui furent déportés de France vers les camps de la mort.

Saint-Gervais-Saint-Protais ⑱

Pl. St-Gervais 75004. **Plan** 13 B3. **Tél.** 01 48 87 32 02. **M** Hôtel-de-Ville. ☐ t.l.j. 7h-22h.

Dédié à deux frère martyrs dont on ignore tout de la vie, ce sanctuaire dont les origines remontent au VIᵉ siècle possède la plus ancienne façade classique (1621) de Paris, la première où se superposaient les ordres dorique, ionique et corinthien. Derrière cette façade s'étend une superbe église gothique finissant réputée pour sa tradition de musique religieuse. Ce fut pour son orgue que François Couperin (1668-1733) composa ses deux messes. Aujourd'hui, les chants liturgiques des moines de la Fraternité monastique de Jérusalem attirent tous les jours (7h, 12h30, 18h) des fidèles du monde entier.

Superposition des trois ordres classiques à St-Gervais-St-Protais

Musée Picasso ⑪

À la mort de Pablo Picasso (1881-1973), l'État français reçut un grand nombre de ses œuvres en paiement des droits de succession. Il les regroupa pour créer ce musée en 1985 à l'hôtel Salé, somptueuse demeure construite en 1656 pour Aubert de Fontenay, contrôleur des Gabelles (impôts sur le sel, d'où le surnom de l'hôtel). Le caractère de l'édifice a été respecté malgré les aménagements nécessaires à l'accueil d'une collection de cette ampleur et de son public. Le musée ferme ses portes jusqu'en 2012 pour de grands travaux de réaménagement. Un nouvel accrochage est prévu pour cette date.

★ Autoportrait
Pauvreté, solitude, et désespérance se conjuguèrent pour faire de la fin de 1901, date de cette toile, une période difficile pour Picasso.

Violon et partition
Un collage (1912) de la période du cubisme synthétique.

★ Les Deux Frères
Au cours de l'été 1906, Picasso retourna en Catalogne où il peignit ce tableau.

★ Le Baiser *(1969)*
Picasso épousa Jacqueline Roque en 1961 et revint vers la même époque au thème du couple formé par l'artiste et son modèle.

SUIVEZ LE GUIDE !

Le parcours proposé est chronologique. Il commence au 1er étage avec les œuvres de jeunesse. Le rez-de-chaussée renferme le jardin des sculptures et les œuvres de la fin des années 1920 à la fin des années 1930, et du milieu des années 1950 à 1973.

Sous-sol ——

LÉGENDE DU PLAN

- ☐ Peintures
- ☐ Illustrations
- ☐ Jardin de sculptures
- ☐ Céramiques
- ☐ Circulation et services

Femme à la mantille *(1949)*
Picasso commença à travailler la céramique en 1948.

Peintre avec palette et chevalet *(1928)*
Cette huile cubiste fut peinte à un moment où le travail de Picasso tendait vers le surréalisme.

1er étage

★ Deux femmes courant sur la plage *(1922)*
Ce tableau, dernière œuvre majeure de Picasso pour le théâtre, était la maquette du rideau de scène du ballet de Diaghilev, Le Train bleu (1924).

Rez-de-chaussée

Femme lisant *(1932)*
Les formes rondes et pleines évoquent la grâce sereine de sa compagne d'alors : Marie-Thérèse Walter.

Entrée

À NE PAS MANQUER

★ Autoportrait de 1901

★ Deux femmes courant sur la plage

★ Le Baiser

★ Les Deux Frères

Entrée

MODE D'EMPLOI

Hôtel Salé, 5, rue de Thorigny.
Plan 14 D2. **Tél.** 01 42 71 25 21.
Ⓜ *Saint-Sébastien, Saint-Paul, Chemin Vert.* 🚌 *29, 96, 75, 86 vers Saint-Paul, Bastille, pl. des Vosges.* ⟦RER⟧ *Châtelet-Les-Halles.* 🅿 *rue St-Antoine, Bastille.* ⭘ *mer.-lun. 9h30-18h. Fermé à partir de fin 2009 jusqu'en 2012.* ⬤ *1er janv., 25 déc.* 🖼 📷 ♿ ✓ *pour les groupes sur r.-v. seul.* 🖥 🏠 **www.**
musee-picasso.fr

PICASSO ET L'ESPAGNE

Hostile au régime de Franco, Picasso ne retourna plus dans son pays natal après 1934. Néanmoins, tout au long de sa vie en France, des thèmes espagnols tels que le taureau (souvent sous forme de Minotaure) et la guitare (qu'il associait à son enfance andalouse) marqueront son œuvre.

La façade néo-Renaissance de l'Hôtel de Ville

Hôtel de Ville ⑲

4, pl. de l'Hôtel-de-Ville 75004. **Plan** 13 B3. **Tél.** 01 42 76 40 40. Ⓜ Hôtel-de-Ville. ◯ groupes : sur r.-v. ; pour des expositions temporaires 🌑 j.f. et manifestations officielles. ♿ 🈳

L'histoire de l'Hôtel de Ville commence en 1357 quand Étienne Marcel, prévôt des marchands, achète un immeuble, appelé la maison aux Piliers à cause de ses arcades, pour y abriter les réunions des échevins, les représentants des bourgeois parisiens. Au fil des siècles, le bâtiment fut agrandi, remodelé et richement décoré mais il disparut dans les flammes en 1871. L'édifice actuel est une reconstruction achevée en 1882. De style pompier avec ses hauts-reliefs, ses statues et ses tourelles, il domine une vaste et agréable place piétonne agrémentée de fontaines modernes où rien ne rappelle qu'elle accueillit longtemps, sous le nom de place de Grève, les exécutions capitales.

L'intérieur, avec ses escaliers majestueux, ses plafonds à caissons décorés, ses lustres de cristal, ses statues, son immense salle des fêtes, ses salons, offre un décor luxueux et solennel aux réceptions officielles de la municipalité. Certaines annexes sont dédiées à de riches expositions temporaires (consultez www.paris.fr).

Cloître des Billettes ⑳

26, rue des Archives 75004. **Plan** 13 B3. **Tél.** 01 42 72 38 79. Ⓜ Hôtel-de-Ville. ◯ Cloître t.l.j. 11h-19h ; **église** jeu. 18h30-20h, dim. 9h30-16h.

C'est le seul cloître médiéval qui subsiste à Paris. Construit en 1427 pour les Frères de la Charité, ou Billettes, il est formé de quatre galeries aux arcades à voûtes flamboyantes. L'église attenante, datant du XVIIIe siècle, est affectée au culte luthérien et accueille souvent des concerts.

Le plus vieux cloître de Paris

Notre-Dame-des-Blancs-Manteaux ㉑

12, rue des Blancs-Manteaux 75004. **Plan** 13 C3. **Tél.** 01 42 72 09 37. Ⓜ Rambuteau. ◯ lun.-sam. 10h-12h, 16h30-19h, dim. 10h-12h 🌑 août (sauf le dim.) **Concerts**. **www**.notre-dame-des-blancs-manteaux.org

Construite en 1648, cette église doit son nom à l'habit blanc de l'ordre des Augustins qui fonda un couvent sur le site en 1258. Elle renferme une magnifique chaire du XVIIIe siècle de style rocaille et l'on peut apprécier la qualité de l'orgue lors des concerts.

Hôtel de Rohan ㉒

87, rue Vieille-du-Temple 75003. **Plan** 13 C2. **Tél.** 06 10 12 67 27. Ⓜ Rambuteau. ◯ dim. après-midi lors des expositions temporaires.

Bien qu'ils ne se ressemblent pas, le même architecte, Delamair, construisit cet hôtel et celui de Soubise pour le même commanditaire, Armand de Rohan-Soubise. Depuis 1927, l'hôtel de Rohan abrite une partie des Archives nationales. Dans la cour, les célèbres *Chevaux d'Apollon* par Robert Le Lorrain ornent la porte des anciennes écuries occupées désormais par le Minutier des notaires de Paris.

Les Chevaux d'Apollon

Hôtel de Soubise ㉓

60, rue des Francs-Bourgeois 75003.
Plan 13 C2. **Tél** 01 40 27 60 96.
Ⓜ *Rambuteau.* **Musée de l'Histoire
de France** ⬜ *mer.-ven. 10h-12h30,
14h-17h30, sam.-dim 14h-17h30.*

L'hôtel de Soubise

Cette imposante demeure,
réaménagée de 1705 à 1709
pour la princesse de Rohan
et qui incorpore les vestiges
d'hôtels précédents, est l'un
des deux principaux
bâtiments (l'autre étant l'hôtel
de Rohan) abritant les
Archives nationales. De 1735
à 1740, certains des artistes
les plus talentueux de
l'époque : Van Loo, Restout,
Natoire et Boucher,
travaillèrent à la réfection
des appartements sous
la direction de Germain
Boffrand.

　Le salon ovale, merveille
du style rocaille décoré par
Natoire, fait partie du musée
de l'Histoire de France qui
occupe une partie de l'édifice.
Parmi les pièces exposées,
on découvre le testament
de Napoléon ainsi que
des lettres de Jeanne d'Arc
et de Voltaire.

Hôtel Guénégaud ㉔

60, rue des Archives 75003.
Plan 13 C2. **Tél.** 01 53 01 92 40.
Ⓜ *Hôtel-de-Ville.* ⬜ *mar.-dim.
11h-18h.* ⬜ *j.f.* 🖼🏠📷
www.chassenature.org

François Mansart construisit
ce magnifique hôtel au
XVIIᵉ siècle pour Henri de
Guénégaud des Brosses,

garde des Sceaux. Une aile
contient maintenant le musée
de la Chasse et de la Nature
inauguré par André Malraux
en 1967 et rénové en 2006.

　L'exposition comprend
des dessins et peintures
– de Rubens, Rembrandt
et Monet –, des trophées,
des animaux naturalisés, des
arbalètes et arquebuses des
XVIᵉ et XVIIᵉ siècles, et une
superbe collection d'armes de
chasse du XVIᵉ au XIXᵉ siècle.

Musée des Arts et Métiers ㉕

60, rue Réaumur 75003. **Plan** 13
B1-C1. **Tél.** 01 53 01 82 00. Ⓜ *Arts-
et-Métiers.* ⬜ *mar.-dim. 10h-18h
(21h30 le jeu.).* ⬤ *j.f.* 🖼📷🔊♿📧
🏠 **www**.arts-et-metiers.net

L'ancienne abbaye de Saint-
Martin-des-Champs abrite le
musée des Arts et Métiers
depuis 1802 après avoir créé
le conservatoire national des
arts et métiers en 1794.
Il regroupe une collection
comportant 80 000 pièces et
15 000 dessins, allant du
XVIᵉ siècle à nos jours, qui
retrace l'histoire des
techniques et les sources de
l'invention. Les domaines
couverts vont du textile à la
photographie, en passant par
la machine et la Science.
Parmi les objets, on remarque
le pendule de Foucault, les
chronomètres de Ferdinand
Berthoud, les microscopes
ou l'avion de Clément Ader.
Surtout ne manquez pas
l'automate musical *La Joueuse
de Tympan*, qui représenterait
Marie-Antoinette.

Square du Temple ㉖

75003. **Plan** 13 C1. Ⓜ *Temple.*

Ce charmant square
occupe l'emplacement de
l'ancien enclos fortifié des
Templiers. État dans l'État,
asile de ceux cherchant à
échapper à la juridiction
royale, ce domaine protégé
par de hauts murs et un
pont-levis renfermait
un palais, un donjon, où
Louis XVI et Marie-Antoinette
furent incarcérés, une église
et des commerces.

Musée d'Art et d'Histoire du Judaïsme ㉗

Hôtel de Saint-Aignan, 71, rue du
Temple 75003. **Plan** 13 B2. **Tél.** 01
53 01 86 60. Ⓜ *Rambuteau.* ⬜
⬤ *fêtes juives.* 🖼♿🔊📧🏠
www.mah.org

L'hôtel de Saint-Aignan
accueille depuis 1998 les
fonds du musée d'art juif et
de la collection Strauss-
Rothschild, ainsi que
l'ensemble des stèles
funéraires des cimetières juifs
parisiens, déposées par le
musée national du Moyen
Âge. L'histoire des
communautés juives du
Moyen Âge au XXᵉ siècle est
retracée à partir d'un vaste
ensemble de 1 500 objets
d'art et religieux couvrant
cette période. Des expositions
temporaires sont consacrées
à la photographie ou à l'art
contemporain.

Être un juif à Paris en 1939, musée du Judaïsme

BEAUBOURG ET LES HALLES

Spectaculaires ensembles modernes, le centre Pompidou et le forum des Halles forment à eux deux l'un des pôles les plus fréquentés de la rive droite. Promeneurs, amateurs d'art, étudiants et touristes circulent par milliers entre ces deux hauts lieux de la vie parisienne. Situées pour la plupart en sous-sol, les boutiques des Halles attirent surtout une clientèle jeune. En surface, les rues avoisinantes qui grouillent de boutiques populaires et de bars sont en cours de réhabilitation pour améliorer leur image de vétusté. Mais il reste encore suffisamment d'épiciers, de bouchers et de petits marchés pour rappeler ce qu'ont dû être les Halles du temps du marché de gros qui alimentait la capitale. Du Forum, plusieurs rues convergent vers le centre Pompidou, assemblage multicolore de tuyaux, de canalisations et de câbles, rénové dans les années 1990 pour faire face aux 20 000 visiteurs quotidiens. Autour, comme dans les rues Beaubourg ou Saint-Martin, de vieilles maisons biscornues et pittoresques abritent de petites galeries d'art contemporain.

Fontaine de la place Igor-Stravinsky

LE QUARTIER D'UN COUP D'ŒIL

Monuments et sites historiques
Bourse du Commerce ⓮
La Samaritaine ⓰
N° 51, rue de Montmorency ⓫
Tour de Jean-Sans-Peur ⓬
Tour Saint-Jacques ⓱

Églises
Saint-Eustache ⓭
Saint-Germain-l'Auxerrois ⓯
Saint-Merri ❷

Architecture moderne
Forum des Halles ❾
Le Défenseur du Temps ❺

Musées et galeries
Centre Pompidou p. 110-113 ❶
Forum des Images ❽
Galerie Marian Goodman ❹
Musée de la Poupée ❿

Cafés
Bistrot d'Eustache ❼
Café Beaubourg ❻

Fontaine
Fontaine des Innocents ❸

0   400 m

LÉGENDE
▨	Plan du quartier pas à pas
Ⓜ	Station de métro
RER	Station de RER

COMMENT Y ALLER
Métro : Rambuteau, Hôtel-de-Ville, Châtelet et Les Halles sont les stations les plus proches. RER : Châtelet-Les-Halles. Bus : la ligne 47 longe le centre Pompidou par la rue Beaubourg et emprunte le boulevard de Sébastopol.

VOIR AUSSI
• *Atlas des rues* plan 13
• *Hébergement* p. 285
• *Restaurants* p. 302-303

◁ **L'Écoute par Henri de Miller, devant Saint-Eustache**

Beaubourg et Les Halles pas à pas

Quand Émile Zola décrivit les Halles comme « le ventre de Paris », il parlait du marché qui nourrissait la ville depuis 1183. Dans les années 1960, les problèmes de circulation qu'il posait le condamnèrent à émigrer en banlieue et les immenses parapluies des pavillons de Baltard furent détruits malgré les protestations et remplacés par le vaste complexe souterrain du Forum. Aujourd'hui, Les Halles et le centre Georges-Pompidou, un des monuments les plus visités de Paris depuis son ouverture en 1977, attirent la foule la plus mélangée de la capitale.

Bistrot d'Eustache
Ce café animé est un rendez-vous apprécié du jazz classique et moderne ❼

★ **Forum des Halles**
En dessous des boutiques, des restaurants et des cinémas se trouve la station de métro la plus fréquentée du monde ❾

Forum des Images
Les visiteurs peuvent y choisir leur programme à la carte ❽

Vers le métro Châtelet

Rue de la Ferronnerie
C'est là qu'en 1610, Ravaillac assassina Henri IV dont le carrosse était immobilisé par un embouteillage.

À NE PAS MANQUER

★ Centre Pompidou

★ Fontaine des Innocents

★ Forum des Halles

★ Le Défenseur du temps

★ **Fontaine des Innocents**
La dernière fontaine Renaissance de Paris fut dessinée par le sculpteur et architecte Jean Goujon ❸

L'IRCAM est l'Institut de recherche en musique du centre Pompidou.

LÉGENDE

– – – Itinéraire conseillé

★ **Le Défenseur du temps**
Les monstres de cette horloge à automates rythment l'écoulement du temps ❺

La rue Quincampoix est bordée d'hôtels du XVIIIe siècle.

CARTE DE SITUATION
Voir le centre de Paris p. 14-15

QUARTIER DE L'OPÉRA

BEAUBOURG ET LES HALLES

QUARTIER DES TUILERIES

Seine

LE MARAIS

ST-GERMAIN-DES-PRÉS

ÎLE DE LA CITÉ

ÎLE ST-LOUIS

★ **Centre Pompidou**
Il abrite le Musée national d'art moderne-Centre de création industrielle et la Bibliothèque publique d'information ❶

Métro Rambuteau

La place Igor-Stravinsky est occupée par la fontaine animée qui fut créée en 1983 par Niki de Saint Phalle et Jean Tinguely.

Saint-Merri
Dessinée par les frères Stodtz, la chaire de cette magnifique église, soutenue par deux palmiers, date du XVIIIe siècle ❷

RUE RAMBUTEAU

QUINCAMPOIX

ST MARTIN

BOUCHER

PL. GEORGES POMPIDOU

RUE BEAUBOURG

RUE ST MERRI

RUE BRISEMICHE

RUE DU RENARD

RUE DE LA VERRERIE

0   100 m

Centre Pompidou ❶

Voir p. 110-113.

Scène de la Nativité d'un vitrail de Saint-Merri

Saint-Merri ❷

76, rue de la Verrerie 75004. **Plan** 13 B3. **Tél.** 01 42 71 93 93. Ⓜ *Hôtel-de-Ville.* 🕐 *t.l.j. 15h-19h.* 🚇 *1ᵉʳ et 3ᵉ dim. après-midi.* **Concerts.**

Les origines du site remontent au VIIᵉ siècle. Au début du VIIIᵉ siècle, on y enterra saint Meredic, abbé de Saint-Martin d'Autun. Son nom, contracté en Merri, fut donné plus tard à une chapelle. La construction de l'édifice actuel – de style gothique flamboyant – s'acheva en 1552 mais les dégâts qu'il subit pendant la Révolution imposèrent une importante restauration au XIXᵉ siècle. Les statues de la façade occidentale, richement décorée, datent ainsi de 1842. Saint-Merri fut l'église des banquiers italiens à qui la rue voisine (rue des Lombards) doit son nom.

Fontaine des Innocents ❸

Sq. des Innocents 75001. **Plan** 13 A2. Ⓜ *Les Halles.* 🚇 *Châtelet-Les-Halles.*

Cette fontaine Renaissance soigneusement restaurée se dresse au milieu du square des Innocents. Érigée en 1549

sur la rue Saint-Denis, elle fut transportée à son emplacement actuel au XVIIIᵉ siècle lors de la création du square sur le site d'un ancien cimetière. Au centre du principal carrefour du quartier, elle sert de lieu de rendez-vous aux jeunes Parisiens et banlieusards.

Décoration de la fontaine des Innocents

Galerie Marian Goodman ❹

79, rue du Temple 75003. **Plan** 13 C2. **Tél** *01 48 04 70 52.* Ⓜ *Rambuteau.* 🚇 *Châtelet-Les-Halles.* 🕐 *mar.-sam. 11h-19h.* **www**.mariangoodman.com

Cette galerie à la pointe de l'art contemporain n'est autre que l'annexe parisienne de la Marian Goodman Gallery de New York, qui joua un rôle important dans les années 1970 en faisant connaître les artistes européens au public américain. De grands artistes européens et américains y ont été exposés depuis son ouverture dans le Marais en 1999, dont Jeff Wall, Pierre Huygue, Chantal Akerman et Cristina Iglesias.

Les œuvres modernes et l'intérieur à la décoration typiquement new-yorkaise contrastent agréablement avec la façade de l'hôtel particulier du XVIIᵉ siècle qui l'abrite.

Le Défenseur du temps ❺

Rue Bernard-de-Clairvaux 75003. **Plan** 13 B2. Ⓜ *Rambuteau.*

Le quartier de l'Horloge renferme la plus récente horloge publique de Paris, *Le Défenseur du temps* par Jacques Monastier, une impressionnante sculpture animée de 4 m de hauteur. Le Défenseur se bat contre les éléments : l'air, la terre et l'eau, représentés par un

oiseau, un dragon et un crabe. L'un des trois l'attaque au hasard toutes les heures dans un vacarme de tremblement de terre ou de tempête. À 14 h et à 18 h, il doit vaincre les trois monstres en même temps. L'horloge est malheureusement arrêtée. Bien qu'impressionnante même à l'état statique, on attend qu'elle soit réparée.

Café Beaubourg ❻

100, rue Saint-Martin, 75004. **Plan** 13 B2. **Tél.** *01 48 87 63 96.* Ⓜ *Les Halles.* 🚇 *Châtelet-Les-Halles.* 🕐 *dim.-mer. 8h-1h du matin ; jeu.-sam. 8h-2h du matin.*

Ouvert en 1987 par Gilbert Costes, ce café de belle allure a été dessiné par Christian de Portzamparc, architecte français très renommé, à qui l'on doit aussi la réalisation de la cité de la Musique (*p. 236*). Les marchands d'art du quartier ainsi que le personnel du centre Georges-Pompidou se retrouvent ici pour prendre un brunch ou un plat léger. La terrasse de ce café à la mode est reconnaissable à ses chaises confortables en osier rouge et noir. L'intérieur est spacieux, et des étagères garnies de livres ajoutent une note agréable à l'ambiance Art déco. On appréciera le calme de l'endroit, qui fait contraste avec l'agitation des Halles toutes proches.

L'intérieur du Café Beaubourg

Bistrot d'Eustache ❼

37, rue Berger, 75001. **Plan** 13 A2.
Tél. 01 40 26 23 20. Ⓜ Les Halles.
🚇 Châtelet-Les-Halles. ◯ mar.-dim.
9h-2h du matin. **Concerts** de jazz et
de blues/bossanova. **www**.bistrot-
eustache.com

Le café exigu a gardé le goût
du Paris des années 1930,
quand les orchestres de jazz
se multipliaient dans la ville.
La salle est bondée, lors des
concerts *live*, autour de la
petite scène où des musiciens
jouent du jazz classique.
Le Bistrot d'Eustache est très
apprécié pour ses concerts
de jazz manouche. Le reste
du temps, on y sert à toute
heure de la cuisine française
traditionnelle.

La terrasse du bistrot d'Eustache

Forum des Images ❽

2, Grande Galerie, Forum des Halles
75001. **Plan** 13 A2. **Tél.** 01 44 76
62 00. Ⓜ Les Halles. 🚇 Châtelet-
Les-Halles. ◯ mar.-ven. 12h30-
23h30, sam.-dim. 14h-23h30. 📷 ♿
🖥 www.forumdesimages.net

Le forum, récemment rénové,
organise des cycles de films,
des festivals, des événements,
des cours de cinéma et des
activités de production.
Il abrite cinq salles de
projection collectives et une
salle de consultation de
400 m² qui propose quatre
types d'espace de visionnage :
individuel, à deux, par petits
et grands groupes. On peut y
choisir parmi des milliers de

films – fiction ou
documentaires, cinéma ou
télévision – ayant souvent
Paris pour sujet ou pour
décor, comme *Baisers volés*.
Aux côtés du Forum, se
trouve la Bibliothèque du
cinéma François Truffaut.

Baisers volés de François Truffaut

Forum des Halles ❾

75001. **Plan** 13 A2. Ⓜ Les-Halles.
🚇 Châtelet-Les-Halles.

La construction en 1979 du
Forum des Halles (plus
souvent appelé simplement
Les Halles) sur le site de
l'ancien marché de gros,
surnommé le ventre de Paris
par Émile Zola, fut l'objet
d'une violente controverse.
Le complexe actuel, en
grande partie souterrain,
occupe une superficie de sept
hectares. La lumière
provenant du patio central
entouré de galeries vitrées
éclaire les deux premiers
niveaux qui abritent de
nombreuses boutiques,
des restaurants, une FNAC,
un cinéma multisalles et le
Forum des Images. Au
dessous, se trouve la station
de métro et de RER Châtelet-
Les Halles. En surface,
s'étendent des jardins, des
terrasses et le bâtiment Lescot
reconnaissable à ses pavillons
en forme de corolle qui
accueille deux lieux
d'exposition et d'échanges
artistiques : la Maison des
ateliers et le pavillon des Arts.
Le quartier des Halles doit
faire l'objet d'une grande
campagne de restructuration,
dirigée par l'architecte David
Mangin. Le projet, initié en
2010, devrait durer plusieurs
années et comprend l'addition
d'un jardin et de rues
piétonnes. Il ne faut pas
oublier d'explorer les rues
voisines dont la très branchée
rue Montorgueil au nord.

Pygmalion par
Julio Silva au
Forum des
Halles

Centre Pompidou ❶

Inauguré en 1977, le Centre Pompidou
est l'œuvre des architectes Renzo Piano,
Richard Rogers et Gianfranco Franchini.
Le Centre, qui a accueilli plus de
190 millions de visiteurs depuis son
ouverture (environ 6 millions par an),
rassemble des unités distinctes : le
musée national d'Art moderne-Centre de
création industrielle (Mnam-Cci), le
Département du développement culturel,
la Bibliothèque publique d'information
(Bpi), ouverte à tous, et l'Institut de
recherche et de coordination acoustique/
musicale (IRCAM). Avec les expositions
temporaires qu'il organise, Pompidou
s'impose au cœur même de la scène
artistique internationale.

Un escalier roulant, protégé par un tube
en verre, s'élève le long de la façade
jusqu'à la terrasse d'où l'on découvre
une vue spectaculaire de Montmartre,
la Défense et la tour Eiffel.

LÉGENDE

☐ Espaces d'exposition

☐ Espaces libres

SUIVEZ LE GUIDE !

*Le rez-de-chaussée est réservé aux
expositions temporaires, à l'accueil,
aux boutiques et à la cafétéria. Les
1er, 2e et 3e niveaux sont occupés par
la Bibliothèque publique d'information.
Les collections modernes et
contemporaines se déploient sur les 4e et
5e niveaux. Trois espaces d'expositions
temporaires ainsi qu'un restaurant
se répartissent sur le 6e niveau.
Le niveau -1 héberge plusieurs salles
de spectacle (danse, théâtre, musique)
et une salle de cinéma.*

**Portrait de la journaliste
Sylvia von Harden** *(1926)
Le style impitoyable d'Otto Dix
tourne presque à la caricature.*

Le Cheval majeur
*Cette œuvre (1914-1916) de
Duchamp-Villon est un superbe
exemple de sculpture cubiste.*

À la Russie, aux ânes et aux autres *(1911)*
Chagall puisa toute sa vie son inspiration de la petite ville russe de Vitebsk où il était né.

MODE D'EMPLOI

Pl. Georges-Pompidou. **Plan** 13
B2. **Tél.** *01 44 78 12 33.* Ⓜ
Rambuteau, Châtelet, Hôtel-de-Ville. 🚌 *21, 29, 38, 47, 58, 69,
70, 72, 74, 75, 76, 81, 85, 96.* 🅡🅔🅡
Châtelet-Les-Halles. ⬚ **MNAM et
expositions temporaires :** *mer.-
lun. 11h-21h ;* **bibliothèque :**
*mer.-lun. 12h-22h, sam.-dim. et j.f.
11h-22h ;* **atelier Brancusi :** *mer.-
lun. 14h-18h.* 📷 ♿ 📷 📷 🍴
💻 📷 www.cnac-gp.fr

Terrasse de
sculptures

**Le Petit
Déjeuner**
*(1915)
Ce tableau
de Juan Gris,
avec ses objets
fragmentés
et ses jeux de
superposition,
représente bien
le style cubiste.*

Le Duo *(1937)
Braque développa avec
Picasso la technique cubiste
consistant à présenter le
sujet d'un tableau sous
plusieurs angles.*

Terrasse de
sculptures

DES COULEURS CODÉES

Les tuyaux peints si caractéristiques du Centre
Pompidou conduisirent un de ses détracteurs
à le comparer à une raffinerie de pétrole. Les
couleurs servent à identifier les différentes
fonctions des conduits : les gaines d'aération
sont en bleu, les tuyaux d'eau en vert, les lignes
électriques en jaune. Les voies de circulation
(les ascenseurs, par exemple) sont en rouge. Les
grandes cheminées blanches servent à ventiler
les sous-sols, et les poutres de la structure sont
habillées en acier inoxydable. L'ambition de
l'architecte, en procédant ainsi, était de faire
voir au public la dynamique – le métabolisme –
des différentes fonctions du bâtiment.

À la découverte du musée national d'Art moderne

Avec 50 000 œuvres de plus de 42 000 artistes, les collections englobent tous les arts plastiques en associant les disciplines classiques – sculpture, dessin, peinture, photographie – aux collections de cinéma, d'architecture, de design et aux archives visuelles et sonores. Le parcours dresse un panorama complet de la création moderne et contemporaine. Les œuvres étant souvent prêtées, il se peut que certaines manquent.

Les Deux Péniches (1906) d'André Derain

DE 1905 À 1960

Les collections « historiques » couvrent la période moderne, soit du début du xxe siècle jusqu'aux années 1960. On y passe du fauvisme à l'expressionnisme abstrait, en passant par les différents courants des années 1950.

La riche collection de sculptures cubistes comprend des œuvres de grands maîtres du xxe siècle, dont le *Cheval majeur* de Duchamp-Villon (1914-1916).

Côté peintures, de larges espaces sont consacrés à Matisse, Picasso, Braque,

Duchamp, Kandinsky, Léger, Miró, Giacometti ou encore Dubuffet. Parmi les toiles que Matisse composa à partir de papiers découpés, le musée possède entre autres *Jazz* (1943-1947). Avec *L'Homme à la guitare* (1914), Braque affirme sa technique cubiste dont il est le précurseur avec Picasso. Considéré comme le premier peintre abstrait, Kandinsky passe d'œuvres inspirées de la nature à des constructions de couleurs et

de formes qui s'en échappent. Le musée possède une belle collection d'œuvres du peintre russe, notamment *Impression V* et *Parc (1911)*, qui marquent la fin de sa période expressionniste avant sa plongée dans l'abstraction (voir *Improvisations XIV* ou *Avec l'arc noir,* 1912).

Le Centre Pompidou évoque également les groupes et des mouvements autour desquels l'histoire de l'art moderne s'est articulée : Dada, art abstrait, art informel... Précurseur de l'art informel, Jean Fautrier est présent dans les collections avec *Otages* (1945), évocation des souffrances des résistants.

Au sein de cette progression chronologique, de nouveaux espaces ménagent des haltes spectaculaires. Un ensemble évoque l'art non-figuratif du Groupe Espace, qui a rassemblé peintres, sculpteurs, architectes et designers dans les années 1950. Une autre salle recrée l'ambiance de l'atelier d'André Breton, dans laquelle on peut aussi admirer des œuvres de ses amis surréalistes.

Des pauses silencieuses ont également été ménagées tout au long du parcours : la salle dévolue à Miró abrite ainsi la vaste toile de *La Sieste* (1925), qui autorise une méditation sur les évolutions de l'art moderne.

Avec l'arc noir (1912)
de Vassily Kandinsky

ATELIER BRANCUSI

L'artiste roumain Constantin Brancusi (1876-1957) s'installa à Paris à l'âge de 28 ans, et à sa mort, l'État français hérita du contenu de son atelier. Ces sculptures très pures et très expressives sont autant d'aperçus sur l'œuvre d'un des grands créateurs de ce siècle. La reconstitution de l'atelier, qui donne sur la Piazza du Centre, a été dirigée par Renzo Piano. Les volumes intérieurs d'origine ont été respectés, et un circuit périphérique est prévu pour les visites. Un jardin agrémente l'édifice où cet atelier a pris place.

Mademoiselle Pogany (1919-1920)
de Constantin Brancusi

The Good-Bye Door (1980) de Joan Mitchell

DE 1960 À NOS JOURS

L'entrée du musée se fait désormais par cette section du 4e niveau du Centre Pompidou, consacrée aux collections d'art contemporain ; soit près de 500 œuvres datant des années 1960 à nos jours.

L'exceptionnelle fresque murale de Jean-Michel Alberola, *Vous avez le bonjour de Marcel* (2002), inaugure la visite, suivie d'œuvres de grands artistes de la seconde moitié du xxe siècle, tous liés à la scène française : Louise Bourgeois – dont les œuvres ont été fortement influencées par le surréalisme, l'expressionnisme abstrait et le minimalisme –, Pierre Soulages, Jean-Pierre Raynaud, François Morellet et Bertrand Lavier.

Le chef-d'œuvre de Yayoï Kusama, *My Flower Bed* (1965-1966), réalisé à partir de ressorts de matelas et de gants rembourrés, en fait partie.

Le parcours s'organise autour d'une galerie centrale principalement consacrée à la peinture occidentale, avec des œuvres de Gerhard Richter, Brice Marden, Jean-Michel Basquiat, Philip Guston, Bernard Pifaretti et Katharina Grosse. Des sculptures

Mobile sur deux plans (1955) d'Alexander Calder

de Toni Grand, John Chamberlain et Xavier Veilhan y figurent également.

De part et d'autre de la galerie centrale se trouvent plusieurs salles thématiques et monographiques. L'une d'entre elles, la salle 3, rend hommage à l'artiste, philosophe et critique Karl Gunnar Pontus Hultén (1924-2006), premier directeur du

Infiltration homogène (1966) de Joseph Beuys

musée national d'Art moderne (l'un des quatre départements du Centre Pompidou) de 1973 à 1981. Il fut chargé par le président Georges Pompidou lui-même de diriger cette institution et de promouvoir l'interdisciplinarité des collections du musée. On peut notamment voir, dans cette même salle, des œuvres de Jean Tinguely, Andy Warhol et Niki de Saint-Phalle.

Depuis 2007, les conservateurs du musée ont mis en place un accrochage qui ne classe plus les œuvres par école ou par mouvement, mais réunit plusieurs disciplines autour d'un même thème, comme le minimalisme ou l'art conceptuel.

D'autres salles restent consacrées au travail d'un seul artiste, comme

le néoréaliste Martial Raysse, Robert Filliou, Christian Boltanski, Sarkis, Joseph Beuys et Marcel Brodthaers.

Dans son actuelle configuration, le 4e niveau affirme son goût pour des formes artistiques plus conceptuelles. *Plight* (1985), de Joseph Beuys, par exemple, consiste ainsi en un grand piano à queue situé au centre d'une pièce dont les murs et le plafond sont recouverts de sept tonnes de rouleaux de feutre.

Dans la section consacrée au design et à l'architecture, les structures gonflables aux couleurs acides occupent une place prépondérante. Une salle est dédiée au designer français contemporain Philippe Starck, dont on peut voir les créations des années 1960 à nos jours.

Une autre salle met l'accent sur les jeunes architectes et designers internationaux du moment : elle présente notamment des artistes japonais, dont Shigeru Ban, un des deux architectes du Centre Pompidou de Metz, qui a ouvert ses portes en 2010.

En finale, une salle dite « globale » réunit des œuvres contemporaines d'importance majeure, d'artistes africains, japonais, chinois et américains. *Denkifuku* (1956), une robe réalisée par Atsuko Tanaka à partir d'ampoules électriques, est l'une des pièces maîtresses.

La galerie de musée propose des expositions temporaires à partir de la réserve. Une salle d'art graphique et une salle vidéo complètent l'ensemble.

Le Rhinocéros (1999) de Xavier Veilhan

Musée de la Poupée

Impasse Berthaud 75003. **Plan** 13 B2.
Tél. 01 42 72 73 11. Ⓜ *Rambuteau.*
◯ *mar.-dim. 10h-18h.* ⬤ *j.f.* 🅿 ♿
🛍 *pour les groupes, sur r.-v.*
www.museedelapoupeeparis.com

Ce musée présente une
collection de poupées, toutes
faites à la main. Trente-six
vitrines sont consacrées à un
siècle de poupées françaises,
depuis 1850 jusqu'à 1950,
et 24 autres exposent des
poupées du monde entier.
En tout, ce sont 200 poupées
et bébés à tête en biscuit
(porcelaine mate cuite
deux fois) qui accueillent
les visiteurs.

Les deux collectionneurs
qui tiennent ce musée, Guido
Odin et son fils Samy, vous
proposent leurs services pour
rendre une jeunesse à vos
vieilles poupées. La boutique
du musée contient tout ce
qu'il faut pour maintenir
ces petites œuvres d'art
dans leur éclat d'origine.

**Une poupée française en
porcelaine, du** xixe **siècle**

N° 51, rue de Montmorency

75003. **Plan** 13 B1. Ⓜ *Réaumur-
Sébastopol.* ◯ *au public.*

On considère cette maison
comme une des deux plus
anciennes de Paris, (l'autre se
trouvant au n° 3, rue Volta,
dans le Marais). Nicolas
Flamel, écrivain et professeur,
la construisit en 1407. Il y
recevait les pauvres à qui il ne
demandait que de prier
pour l'âme des morts. Un
restaurant s'y tient aujourd'hui.

L'intérieur de Saint-Eustache en 1830

Tour de Jean Sans Peur

20, rue Étienne-Marcel 75002.
Plan 13 A1. **Tél.** 01 40 26 20 04.
Ⓜ *Étienne-Marcel.* ◯ *nov.-mars :
mer., sam, dim. 13h30-18h ; avr.-mai :
mer.-dim. 13h30-18h.* 🅿 🛍 *sur r.-v.*

Après avoir ordonné
l'assassinat du duc d'Orléans
en 1407, le duc de Bourgogne,
craignant des représailles, fit
ajouter cette tour de 27 m à sa
demeure. Il y installa sa
chambre au 4e étage (en haut
de 140 marches) où il put
dormir tranquillement. On
peut y admirer un bel escalier
à vis à la voûte sculptée.

**N° 51, rue de Montmorency,
la plus vieille maison de Paris**

Saint-Eustache

Pl. du Jour 75001. **Plan** 13 A1. **Tél.**
01 42 36 31 05. Ⓜ *Les Halles.* RER
Châtelet-Les-Halles. ◯ *lun.-ven.
9h30-19h, sam. 10h-19h, dim.
9h-19h.* 🅿 🚻 *lun.-ven. 12h30,
18h, sam. 18 h, dim. 9h30, 11h, 18h.*
Concerts d'orgue *dim. 17h30.*

D'architecture gothique et
de décoration Renaissance
(elle fut construite entre 1532
et 1637), Saint-Eustache est
l'une des plus belles églises
de Paris. Son plan – nef à
cinq voûtes et chapelles
latérales, s'inspire de celui de
Notre-Dame. Les vitraux du
chœur furent réalisés d'après
des esquisses de Philippe de
Champaigne.

De célèbres paroissiens
s'agenouillèrent ici. La future
Mme de Pompadour et
Richelieu y reçurent le
baptême, Louis XIV y fit
sa première communion, Lully
s'y maria et l'on y prononça
pour le tapissier Jean-Baptiste
Poquelin la messe des Morts à
laquelle n'avait pas eu droit le
comédien Molière.

Entrée de la Bourse du commerce, l'ancienne Halle au blé

Bourse du Commerce ⓮

2, rue de Viarmes 75001. **Plan** 12 F2. **Tél.** 01 55 65 55 65. Ⓜ *Les Halles.* 🚇 *Châtelet-Les-Halles.* ⏱ *lun.-ven. 9h-17h.* 🎫 *pour les groupes, sur r.-v.* ♿

Comparée par Victor Hugo à une casquette de jockey sans visière, l'ancienne Halle au blé fut construite au XVIIIe siècle et remodelée dans le style néoclassique en 1889. Sa large coupole abrite aujourd'hui une bourse des matières premières, un centre d'échanges internationaux et des bureaux de la chambre de commerce et d'industrie de Paris.

Saint-Germain-l'Auxerrois ⓯

2, pl. du Louvre 75001. **Plan** 12 F2. **Tél.** 01 42 60 13 96. Ⓜ *Louvre, Pont-Neuf.* ⏱ *lun.-sam 8h-19h (mer. 20h30), dim. 9h-20h.*

Après que la cour des Valois eut quitté l'île de la Cité pour le Louvre, Saint-Germain-l'Auxerrois devint paroisse royale. Le massacre de la Saint-Barthélemy dans la nuit du 24 août 1572, la veille du mariage d'Henri de Navarre et de Marguerite de Valois qui avait attiré des milliers de Huguenots à Paris, eut lieu, sans corrélation aucune, lorsque les cloches sonnèrent. Fermée en 1793, l'église servit pendant un temps de magasin à fourrage. Abîmée

lors de la Révolution et de la Commune de Paris, mais bien restaurée, elle demeure un joyau de l'architecture gothique que ne dépare pas sa tour romane, vestige du XIIe siècle.

La Samaritaine ⓰

19, rue de la Monnaie 75001. **Plan** 12 F2. Ⓜ *Pont-Neuf.* 🚇 *fermée au public.*

La Samaritaine est fermée et pourrait être réaménagée en appartements de luxe.
Ancien vendeur à la sauvette, Ernest Cognacq fonda avec sa femme Louise Jay ce grand magasin en 1900. Édifiée entre 1926 et 1928, sa façade, sur le quai du Louvre, est un splendide exemple d'architecture Art déco. À l'intérieur, la verrière, la frise peinte qui l'entoure et son escalier en fer forgé sont caractéristiques de l'Art nouveau. Ernest Cognacq et sa femme étaient de grands collectionneurs d'objets d'art du XVIIIe siècle. Leur collection est exposée au musée Cognacq-Jay (*p. 94*), dans le quartier du Marais.

L'intérieur Art nouveau de la Samaritaine

La tour Saint-Jacques et sa décoration raffinée

Tour Saint-Jacques ⓱

Sq. de la Tour-St-Jacques 75004. **Plan** 13 A3. Ⓜ *Châtelet.* 🚇 *fermée au public.*

Cette imposante tour gothique élevée en 1523 est l'unique vestige d'une église où se retrouvaient les pèlerins de St-Jacques de Compostelle et qui fut démolie après la Révolution. Plus d'un siècle plus tôt, Blaise Pascal (1623-1662) s'y était livré à des expériences sur la pression atmosphérique et une statue à sa mémoire se dresse au rez-de-chaussée.
Le nom de l'avenue Victoria, qui longe le square de la tour Saint-Jacques, rappelle la visite officielle que fit la reine d'Angleterre en 1854.

Le Massacre de la Saint-Barthélemy de François Dubois

LE QUARTIER DES TUILERIES

Comment oublier que ce quartier, bordé côté Seine par la place de la Concorde, le jardin des Tuileries et le Louvre, fut un séjour royal ? Louis XIV lui préféra Versailles, mais sa statue se dresse sur la place des Victoires dessinée pour la recevoir en 1685. De nos jours, c'est l'aristocratie de la finance qui habite aux Tuileries et les rois de la haute couture et de la joaillerie qui en commandent les fastes. Place Vendôme, hommes

Lampadaire de la place de la Concorde

d'affaires, résidant pour certains au Ritz, croisent devant les vitrines scintillantes de Cartier, Boucheron ou Chaumet les élégantes qui font un shopping de luxe. Le quartier est traversé par deux des rues commerçantes les plus prestigieuses : la rue de Rivoli, avec ses arcades, ses boutiques renommées, ses librairies et ses hôtels de luxe, et la rue Saint-Honoré, autour des galeries du Palais-Royal qui abritaient jadis maisons de jeu et belles de nuit.

LE QUARTIER D'UN COUP D'ŒIL

Bâtiments historiques
Banque de France ⓲
Palais-Royal ❸

Musées et galeries
Galerie nationale du
Jeu de Paume ⓭
Musée de la Mode
et du Textile ❾
Musée de l'Orangerie ⓮
Musée des Arts
décoratifs ❾
*Musée du Louvre
p. 122-129* ❶
Village Royal ⓰

Monument et fontaine
Arc de triomphe du Carrousel ❿
Fontaine Molière ❻

Places et jardins
Jardin des Tuileries ⓬
Jardin du Palais-Royal ❺
Place de la Concorde ⓯
Place des Pyramides ❽
Place des Victoires ⓳
Place Vendôme ⓱

Théâtre
Comédie-Française ❹

Boutiques
Louvre des Antiquaires ❷
Rue de Rivoli ⓫

Église
Saint-Roch ❼

COMMENT Y ALLER
Métro : Tuileries, Pyramides, Palais-Royal-Musée-du-Louvre et Louvre-Rivoli. Bus : de nombreux bus traversent le quartier. Les lignes 24, 27, 72 et 95 empruntent les quais, longeant le jardin des Tuileries et le musée du Louvre.

LÉGENDE

▢ Plan du quartier pas à pas

Ⓜ Station de métro

▢ Embarcadère de Batobus

ℹ Information touristique

VOIR AUSSI

• *Atlas des rues* plan 6, 11-12

• *Hébergement* p. 285

• *Restaurants* p. 303-304

◁ **Dialogue au crépuscule : l'obélisque de la place de la Concorde et la tour Eiffel**

Le quartier des Tuileries pas à pas

Places élégantes, jardins à la française et rues bordées d'arcades donnent son caractère particulier à ce quartier. De grands musées y côtoient joailliers, somptueux hôtels, boutiques d'antiquités et maisons de haute couture. Pour mieux les mettre en valeur, on a récemment ravalé les façades du Louvre et des immeubles de la place du Palais-Royal, l'ancien Palais-Cardinal construit par Richelieu. Celui-ci abrite aujourd'hui le ministère de la Culture, la Comédie-Française et le Conseil d'État dont les magistrats peuvent contempler de leurs fenêtres les colonnes de Buren qui se dressent dans sa cour depuis 1986.

Saint-Roch
Véritable musée de l'art religieux des XVIIIe et XIXe siècles, cette église au plan très particulier est presque aussi longue que Notre-Dame **7**

Métro Pyramides

Office du tourisme de Paris

Le Normandy est un élégant hôtel qui a conservé son cachet Belle Époque.

RUE DES PYRAMIDES

AV. DE L'OPERA

RUE ST

RUE DE L'ECHELLE

RUE ST HONORE

★ **Jardin des Tuileries**
Poneys, guignol ou bateaux voguant sur son bassin, ce parc propose de nombreux divertissements aux enfants **12**

RUE DE

RUE DE RIVOLI

MAL

AV. DU GL. LEMONNIER

Place des Pyramides
La statue de Jeanne d'Arc par Frémiet rappelle les derniers combats de la sainte aux portes de Paris **8**

Vers le quai du Louvre

Musée des Arts décoratifs
Ne manquez pas sa rétrospective Art nouveau-Art déco **9**

★ Jardins du Palais-Royal
Un îlot de calme où se côtoient restaurants, galeries d'art et boutiques spécialisées ❺

Fontaine Molière
Elle rappelle que le célèbre auteur habita ce quartier ❻

CARTE DE SITUATION
Voir le centre de Paris p. 14-15

QUARTIER DE L'OPÉRA

CHAMPS-ÉLYSÉES

QUARTIER DES TUILERIES

BEAUBOURG ET LES HALLES

Seine

ST-GERMAIN-DES-PRÉS

Le décor du XVIIIe siècle du Grand Véfour en fait l'un des plus beaux restaurants de Paris. Entre autres célébrités, Napoléon et Victor Hugo y dînèrent *(p. 304)*.

RUE DE RICHELIEU

RUE DE MONTPENSIER

RUE DE VALOIS

★ Palais-Royal
Très animé au XVIIIe siècle, il a fait reparler de lui lorsque Daniel Buren a dressé ses colonnes dans sa cour ❸

Comédie-Française
Le Théâtre national français affiche à son répertoire les grandes œuvres classiques, telles celles de Molière et de Racine ❹

PL. DU PALAIS ROYAL

Métro Palais Royal

M

Louvre des Antiquaires
Sur trois niveaux, les riches amateurs pourront faire leurs emplettes dans ce luxueux supermarché des antiquités de prix ❷

★ Musée du Louvre
Palais des rois de France pendant près de quatre siècles, il devint un musée en 1793 par décision de l'Assemblée nationale ❶

À NE PAS MANQUER

★ Jardin des Tuileries

★ Jardin du Palais Royal

★ Musée du Louvre

★ Palais Royal

LÉGENDE

— — — Itinéraire conseillé

0   100 m

Le pont Royal relie le Louvre à la rive gauche

Musée du Louvre ❶

Voir p. 122-129.

Louvre des Antiquaires ❷

2, pl. du Palais-Royal 75001. **Plan**
12 E2. ***Tél.*** *01 42 97 27 27.* ⭕
mar.-dim. 11h-19h (juil. et août mar.-
sam.). ⬤ *certains j.f.* 🔶 🔲 *Voir*
Boutiques et marchés *p. 336-337.*
www.louvre-antiquaires.com

Boutique du Louvre des Antiquaires

Peu de bonnes affaires
à espérer, mais de très
belles choses à voir, dans les
250 boutiques de luxe qui
occupent les galeries
aménagées à la fin des
années 1970 dans ce qui fut
les Grands Magasins du
Louvre construits par Percier
et Fontaine, les architectes
de l'arc de triomphe du
Carrousel.

Palais-Royal ❸

Pl. du Palais-Royal 75001.
Plan12 E1. Ⓜ *Palais-Royal.*
Édifices fermés *au public.*

Richelieu fit édifier
ce palais au début du
xviie siècle et y mourut en
1642. Louis XIV y passa une
partie de son enfance puis
le céda en 1692 à Monsieur,
son frère. Celui-ci l'agrandit
et l'embellit, œuvre que
poursuivit son fils Philippe
d'Orléans, le Régent,
qui y organisa de célèbres
soupers libertins. Son petit-
fils, le futur Philippe Égalité,
construisit le Théâtre-Français
et le théâtre du Palais-Royal
et, criblé de dettes, cerna
le jardin de galeries et
d'immeubles locatifs.
Situé sur un domaine princier
interdit à la police, ce
nouveau lotissement attira
rapidement tripots et filles
de joie. Important foyer
d'agitation pendant la
Révolution, centre de plaisir
très en vogue pendant
le Consulat et l'Empire,
le Palais-Royal retourna
à la famille d'Orléans
en 1815 et Louis-Philippe
s'empressa de chasser salles
de jeu et ribaudes de la
demeure de ses aïeux.
Assagi, le Palais-Royal
accueillit en 1875 le Conseil
d'État qui l'occupe encore
aujourd'hui.

Comédie-Française ❹

2, rue de Richelieu 75001.
Plan 12 E1. 📞 *08 25 10 16 80.*
Ⓜ *Palais-Royal.* ♿ ⭕ *pour les*
représentations. 📅 *dim. 11h.* 📷
📵 *Voir* ***Se distraire*** *p. 342-344.*

Médaillon de Pierre Corneille

Situé à l'angle de la place
André-Malraux et de la place
Colette, construit en 1786
(pour accueillir le théâtre
des Variétés amusantes),
puis reconstruit en 1900,
il est depuis 1799 le siège
de la Comédie-Française
créée par Louis XIV en 1680
et placée sous le contrôle
de l'État par Napoléon
en 1812.
Le foyer, qui abrite le
Voltaire assis de Houdon
et le fauteuil dans lequel
Molière s'écroula en pleine
représentation du *Malade
imaginaire,* la galerie des
bustes et ses œuvres des plus
grands sculpteurs des xviiie et
xixe siècles, ainsi que la salle
au plafond décoré par Albert
Besnard sont visibles lors
des représentations.

Les colonnes de Daniel Buren (1980) dans la cour du Palais-Royal

Statue des jardins du Palais-Royal

Jardins du Palais-Royal **❺**

Pl. du Palais-Royal 75001. **Plan** 12 F1. Ⓜ *Palais-Royal*

Ce jardin, créé par le jardinier du roi Desgots pour Richelieu, vit sa superficie réduite d'un tiers quand Louis-Philippe d'Orléans y éleva un ensemble de 60 immeubles locatifs identiques où vécurent plus tard Jean Cocteau, Colette et Jean Marais. Dès leur achèvement en 1784, le restaurant du Grand Véfour et le graveur héraldiste Guillaumont s'établirent sous leurs arcades. Aujourd'hui, des galeries d'art et des restaurants se trouvent le long des jardins.

La cour d'honneur abrite l'œuvre de Daniel Buren, *Les Deux Plateaux*, une sculpture de 3 000 m² composée de colonnes noires et blanches de tailles différentes. Controversée lors de son installation en 1986, c'est aujourd'hui un terrain de jeu très apprécié par les enfants et les amateurs de skateboard.

Fontaine Molière **❻**

Rue de Richelieu 75001. **Plan** 12 F1. Ⓜ *Palais-Royal*.

Le célèbre auteur dramatique vivait non loin, dans une maison qui occupait le site du n° 40, rue Richelieu. La fontaine (XIXᵉ siècle) est de Louis Visconti qui dessina également le tombeau de Napoléon *(p. 188-189)*.

Saint Denis prêchant les Gaulois (1767), de Vien, à Saint-Roch

Saint-Roch **❼**

296, rue St-Honoré 75001. **Plan** 12 E1. **Tél.** *01 42 44 13 20.* Ⓜ *Tuileries.* ◷ *t.l.j. 8h-19h.* ⬤ *fêtes laïques.* ✝ *fréquentes.* **Concerts** 📷

Louis XIV posa en 1653 la première pierre de cette immense église dessinée par Jacques Lemercier, l'un des architectes du Louvre. L'ajout au XVIIIᵉ siècle de la vaste

Statue de Molière

chapelle à coupole de la Vierge par Jules Hardouin-Mansart, puis de celle du Calvaire, porta sa longueur à 126 m, presque celle de Notre-Dame. De nombreuses œuvres d'art provenant de couvents et d'églises disparus décorent ce cadre majestueux que fréquentèrent d'illustres personnages et où Pierre Corneille, André Le Nôtre et Denis Diderot sont inhumés. Le général Napoléon Bonaparte dirigeait les troupes qui ouvrirent le feu en 1795 sur des émeutiers royalistes massés devant ses portes.

Place des Pyramides **❽**

75001. **Place** 12 E1. Ⓜ *Tuileries, Pyramides.*

Emmanuel Frémiet réalisa en 1874 la statue équestre à la mémoire de Jeanne d'Arc qui fut blessée par les Anglais non loin de là, à la porte Saint-Honoré. La rue des Pyramides doit son nom à la victoire de Bonaparte en Égypte (1802).

Musée du Louvre ❶

L'histoire du Louvre remonte à la forteresse que fit construire Philippe Auguste en 1190 pour protéger Paris des raids vikings. Au début du XVIe siècle, François Ier rasa son donjon et ses tours et édifia sur le site un château Renaissance que ses successeurs de droit divin agrandirent pendant quatre siècles. C'est toutefois à un président de la République, François Mitterrand, que le palais doit son dernier avatar : la pyramide de verre au centre de la cour Napoléon, qui éclaire l'entrée d'un des plus grands musées du monde.

La façade est, face à Saint-Germain-l'Auxerrois

Les jardins du Carrousel, redessinés en 1994, s'étendaient jadis à l'entrée du palais des Tuileries incendié en 1871 par les communards.

Pavillon des Sessions

Le Carrousel du Louvre, complexe souterrain qui s'étend sous l'arc de triomphe, comprend boutiques, toilettes, bureau de renseignements et parc de stationnement.

Aile Denon

La pyramide de verre inversée, rappel de celle de la cour Napoléon, éclaire le complexe souterrain.

ÉVOLUTION DU LOUVRE

Au fil des siècles et des rois de France, le Louvre connut de nombreuses transformations.

GRANDS AMÉNAGEMENTS

- François Ier (1515-1547)
- Catherine de Médicis (vers 1560)
- Henri IV (1589-1610)
- Louis XIII (1610-1643)
- Louis XIV (1643-1715)
- Napoléon Ier (1804-1815)
- Napoléon III (1852-1870)
- François Mitterrand (1981-1995)

★ **Arc de triomphe du Carrousel**
Il fut construit pour célébrer les victoires de Napoléon en 1805.

À NE PAS MANQUER

★ Arc de triomphe du Carrousel

★ Colonnade de Perrault

★ Fossés médiévaux

★ Pyramide

Pavillon Richelieu
Ce bâtiment du XIXe siècle fait partie de l'aile Richelieu, l'ancien ministère des Finances transformé en salles d'exposition.

MODE D'EMPLOI

Plan 12 E2. *Caisses automatiques situées au Carrousel du Louvre (99, rue de Rivoli).* 01 40 20 50 50. Palais-Royal, Musée-du-Louvre. *21, 24, 27, 39, 48, 68, 69, 72, 81, 95.* Châtelet-Les-Halles. *Louvre.* Carrousel du Louvre (entrée par l'av. du Gal-Lemmonier), pl. du Louvre, rue St-Honoré. *mer.-lun. 9h-18h (jusqu'à 22h mer., ven.). 1er janv., 1er mai, 11 nov., 25 déc.* *(gratuit 1er dim. du mois et 14 juil. ; gratuit pour les -18 ans). Les tickets peuvent être achetés en ligne.* *partiel (01 40 20 59 90). tél. 01 40 20 52 09.* **Conférences, projections, concerts** *(01 40 20 55 00).* www.louvre.fr

La cour Marly abrite sous une verrière *Les Chevaux de Marly* (p. 125).

Aile Richelieu

★ Pyramide
L'entrée du Grand Louvre, dessinée par Ieoh Ming Pei, fut inaugurée en 1989.

Cour Puget

Cour Khorsabad

Aile Sully

Cour Carrée

★ Colonnade de Perrault
Claude Perrault, collaborateur de Louis Le Vau au milieu du XVIIe siècle, conçut la majestueuse colonnade de la façade Est.

Cour Napoléon

La salle des Caryatides doit son nom aux statues sculptées par Jean Goujon en 1550 pour soutenir sa tribune.

Louvre de Charles V
Aux environs de 1360, Charles V transforma la vieille forteresse de Philippe Auguste en résidence royale.

★ Fossés médiévaux
On peut voir dans le Louvre médiéval la base de la courtine et la pile du pont-levis de l'ancienne forteresse.

Collections du Louvre

Le musée tire ses origines
dela collection de François Iᵉʳ
(1515-1547), souverain passionné
d'art italien qui acquit entre autres
La Joconde. Achats et donations
n'ont cessé depuis d'agrandir ses
collections. En 1793, l'Assemblée
nationale décida de rendre ces
trésors accessibles au peuple en
créant un musée. Le projet du
Grand Louvre, lancé en 1983
et achevé en 1998, l'a entièrement
rénové.

La Dentellière
*Dans ce tableau
délicat, acquis
en 1870 par
Napoléon III,
Vermeer nous donne
un aperçu de la vie
domestique en
Hollande.*

Le Radeau de La Méduse (1819)
Le naufrage de la frégate La Méduse *en 1816 inspira à
Théodore Géricault cette toile immense et dramatique.
Elle montre le moment où les survivants aperçoivent
une voile à l'horizon.*

Cour Marly

Aile Richelieu

Entrée principale

SUIVEZ LE GUIDE !

*Des couloirs relient chaque aile
à l'entrée principale sous la
pyramide. Huit départements se
répartissent sur quatre niveaux :
les antiquités orientales ; les
antiquités égyptiennes ; les
antiquités grecques, étrusques
et romaines ; les arts de l'Islam ;
les peintures ; les arts graphiques ;
les sculptures ; les objets d'art.
Peintures et sculptures sont
regroupées par école d'origine.
À ces huit départements s'ajoutent
une section Histoire du Louvre et
le Louvre médiéval.*

Hall Napoléon

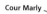

Pavillon
des Sessions

Aile Denon

LÉGENDE DU PLAN

- ☐ Peinture et arts graphiques
- ☐ Objets d'art
- ☐ Sculptures
- ☐ Antiquités
- ☐ Circulation et services

★ Vénus de Milo
*Découverte en 1820 sur l'île
grecque de Milos, cette image de
la beauté idéale fut sculptée à la fin
du IIᵉ siècle av. J.-C.*

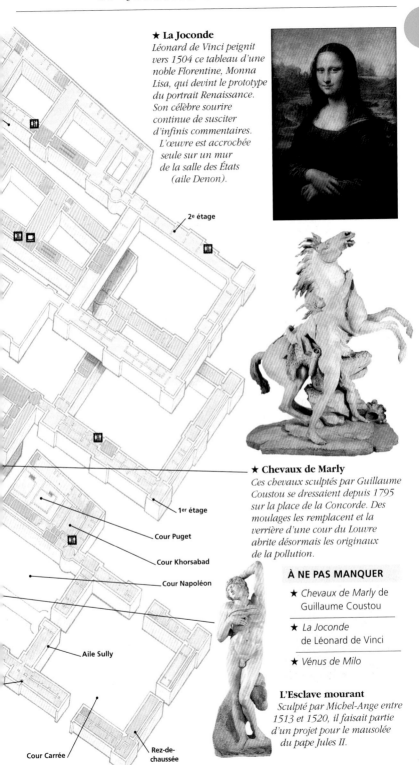

★ La Joconde

Léonard de Vinci peignit vers 1504 ce tableau d'une noble Florentine, Monna Lisa, qui devint le prototype du portrait Renaissance. Son célèbre sourire continue de susciter d'infinis commentaires. L'œuvre est accrochée seule sur un mur de la salle des États (aile Denon).

2e étage

★ Chevaux de Marly

Ces chevaux sculptés par Guillaume Coustou se dressaient depuis 1795 sur la place de la Concorde. Des moulages les remplacent et la verrière d'une cour du Louvre abrite désormais les originaux de la pollution.

1er étage

Cour Puget

Cour Khorsabad

Cour Napoléon

À NE PAS MANQUER

★ *Chevaux de Marly de* Guillaume Coustou

★ *La Joconde* de Léonard de Vinci

★ *Vénus de Milo*

Aile Sully

L'Esclave mourant

Sculpté par Michel-Ange entre 1513 et 1520, il faisait partie d'un projet pour le mausolée du pape Jules II.

Cour Carrée

Rez-de-chaussée

À la découverte des collections du Louvre

Mieux vaut ne pas sous-estimer la richesse du musée et se fixer quelques priorités avant de commencer la visite. La collection de peintures européennes (1200-1848), par exemple, est plus complète que celle des sculptures. Les antiquités du Louvre – orientales, égyptiennes, grecques, étrusques et romaines – forment un ensemble sans égal dans le monde. Le département des objets d'art présente un vaste assortiment de pièces rares et précieuses, notamment des meubles, de l'orfèvrerie et des joyaux.

La Diseuse de bonne aventure (vers 1594) du Caravage

PEINTURE EUROPÉENNE : 1200 À 1848

Le musée propose un large aperçu de la peinture de l'Europe du Nord (flamande, hollandaise et allemande). *La Vierge au chancelier Rolin* (v. 1435), œuvre du primitif flamand Jan Van Eyck, représente le chancelier de Bourgogne agenouillé devant la Vierge et l'Enfant. *La Nef des fous* (1500) de Jérôme Bosch traduit avec une subtile ironie la futilité de l'existence humaine. Portraitiste de la cour d'Angleterre, le Hollandais Antoine Van Dyck campe avec élégance *Charles Ier, roi d'Angleterre* (1635). Le sourire effronté de *La Bohémienne* (1628) illustre la virtuosité spontanée de Frans Hals, originaire lui aussi des Pays-Bas, comme Jan Vermeer, dont on peut admirer la délicate *Dentellière*, ou Rembrandt van Rijn dont le génie s'exprime dans *Les Pèlerins d'Emmaüs* (1648), *Bethsabée* (1654) et ses autoportraits. Le peintre flamand Jacob Jordaens manifeste dans les *Quatre Évangélistes* une sensibilité peu courante.

Autre *Autoportrait* exposé au Louvre, celui d'Albrecht Dürer (1493), l'un des grands maîtres de l'école allemande des XVe et XVIe siècles avec Hans Holbein (*Érasme*) et Lucas Cranach le Vieux (*Jeune Fille*, 1529). À noter quelques tableaux de l'école anglaise :

Érasme (1523) de Hans Holbein

Conversation dans un parc (vers 1746) de Thomas Gainsborough et *Master Hare* (1788) de Sir Joshua Reynolds et le seul tableau français de J. M. W. Turner : *Paysage avec une rivière et une baie dans le lointain* (v. 1840).

Parmi les chefs-d'œuvre espagnols présentés, nombreux sont ceux dont les sujets s'attachent au côté tragique de la vie, notamment le *Christ en croix adoré par deux donateurs* (1576) du Greco, *Exposition du corps de saint Bonaventure* (1629) de Francisco de Zurbarán et *Le Pied-bot* (1642) de José Ribera qui montre un jeune muet affublé d'une pancarte implorant une aumône. Les tableaux peints par Goya aux XVIIIe et XIXe siècles, en particulier ses portraits, sont d'une veine moins sévère.

La splendide collection italienne évoque le tout début de la Renaissance, aux XIIIe et XIVe siècles, avec des toiles de Cimabue (*La Vierge aux anges*), Giotto (*Saint Antoine recevant les stigmates*), et Fra Angelico (*Couronnement de la Vierge*). La salle des États est consacrée aux grands peintres italiens du XVIe siècle : Titien, Véronèse, Tintoret, Raphaël, Corrège et, bien sûr, Léonard de Vinci avec *La Joconde* mais aussi *La Belle Ferronnière* ou *La Vierge l'Enfant Jésus et sainte Anne*.

La très riche présentation de l'école française s'arrête en 1848, le musée d'Orsay (p. 144-147) abritant depuis 1986 les œuvres postérieures.

Gilles (vers 1717) de Jean-Antoine Watteau

LÉONARD DE VINCI EN FRANCE

François Ier rencontra en 1515 l'artiste, ingénieur et savant, né à Vinci en 1452 et initiateur de la deuxième Renaissance italienne. Le roi invita le peintre à venir travailler en France et celui-ci emporta *La Joconde*. Léonard de Vinci mourait trois ans plus tard dans les bras du souverain.

Autoportrait
(début du XVIe **siècle)**

Le *Portrait de Charles VII* (vers 1450) et *Gabrielle d'Estrée, dans son bain* (1594), de Jean Fouquet, sont des œuvres notoires. Le XVIIe siècle voit s'imposer Nicolas Poussin au classicisme épuré et Georges de La Tour, célèbre pour son traitement très personnel de l'ombre et de la lumière.

Antoine Watteau (*Gilles,* vers 1717), peintre de la mélancolie, et Jean-Honoré Fragonard (*Le Feu aux poudres, Les Baigneuses,* 1770), maître sensuel du rococo, présentent deux visages très différents du XVIIIe siècle. La plupart des œuvres d'Ingres, défenseur du classicisme au XIXe siècle, sont exposées au musée d'Orsay mais le Louvre a gardé *Le Bain turc* (1862).

SCULPTURE EUROPÉENNE : 1100 À 1848

De nombreux chefs-d'œuvre témoignent de la qualité de la statuaire des pays nordiques, notamment la délicate *Vierge de l'Annonciation* (fin du XVe siècle) de Tilman Riemenschneider, l'étonnante *Sainte Madeleine* (début du XVIe siècle) représentée nue par Gregor Erhart, le *Grand Retable de la Passion,* importé d'Anvers pour décorer l'église de Coligny, et le beau groupe de l'*Enlèvement de Psyché par Mercure* exécuté par le Hollandais Adrien de Vries en 1593 pour la cour de Rodolphe II à Prague.

La collection de sculptures italiennes comprend des pièces admirables, qu'elles soient du Moyen Âge (*Vierge assise* attribuée à Jacopo Della Quercia), du Quattrocento, comme les œuvres de Donatello et Duccio, de la Renaissance (*Esclaves* de Michel-Ange) ou maniéristes comme la *Nymphe de Fontainebleau* (vers 1543) par Benvenuto Cellini.

Des sculptures romanes ouvrent la section française, dont un superbe bois polychrome (*Tête du Christ* (XIIe siècle), et une tête de saint Pierre qui ornait jadis la cathédrale d'Autun. Avec ses huit pleurants portant le gisant, le *Tombeau de Philippe Pot* est une œuvre gothique aussi remarquable qu'originale. La *Diane* provenant du château d'Anet a les traits de Diane de Poitiers, favorite de Henri II. *Les Chevaux de Marly* se dressent sous la verrière de la cour Marly au milieu d'autres chefs-d'œuvre, tels les bustes exécutés par Antoine Houdon ou les statues équestres de Coysevox. Les œuvres de Pierre Puget (1620-1694), le grand sculpteur marseillais, ont été installées dans une cour de l'aile Richelieu qui porte maintenant son nom. On y admire notamment son *Milon de Crotone,* athlète grec dévoré par des bêtes sauvages.

Tombeau de Philippe Pot **(fin** XVe **siècle) d'Antoine le Moiturier**

ANTIQUITÉS ORIENTALES, ÉGYPTIENNES, GRECQUES, ÉTRUSQUES ET ROMAINES

Les collections d'antiquités du Louvre s'étendent de la période néolithique (6 000 av. J.-C.) à la chute de l'Empire romain. De remarquables sculptures telles que la statue de l'intendant Ebih Ier (2 400 av. J.-C.), les portraits de Gudéa, prince de Lagash (v. 2 255 av. J.-C.), et le code du roi babylonien Hammourabi (1792-1750 av. J.-C.), bloc de basalte noir portant l'un des plus vieux textes de loi connus, évoquent la civilisation mésopotamienne. Celles qui se succédèrent en Iran nous ont laissé de l'orfèvrerie, dont les splendides parures achéménides du Louvre, des céramiques, des sceaux, et des panneaux de briques émaillées comme l'étonnant décor du palais de Darius à Suse.

Les traditions funéraires des Égyptiens ont permis de retrouver de somptueux tombeaux dont la décoration décrit leur vie quotidienne. Le mastaba d'Akhhétep (2 500 av. J.-C.) est ainsi orné de scènes de chasse, d'élevage, de moisson, de pêche et de préparation du poisson. La stèle-chapelle de Senousret (vers 1 800 av. J.-C.) décrit le voyage funéraire, et les peintures sur limon de la chapelle funéraire du scribe Ounsou (entre 1555 et 1305 av. J.-C.) les tâches agricoles. La collection égyptienne du Louvre comprend aussi des sarcophages, de l'orfèvrerie, des momies d'animaux et de nombreuses statues tels que le *Sphinx de Tanis*, *Le Scribe accroupi*, le *Buste d'Aménophis IV-Akhenaton* et les délicates statuettes féminines du règne d'Aménophis III.

Le département des antiquités grecques, étrusques et romaines contient des œuvres exceptionnelles de la Grèce archaïque (VIIe et VIe siècles av. J.-C.), notamment l'*Héra de Samos*, de style ionien, la *Dame d'Auxerre*, l'une des plus anciennes sculptures grecques connues. Les pièces de la période classique (Ve et IVe siècles) comprennent des éléments de décoration du Parthénon (*Frise des Panathénées*, *Tête de cavalier* et *Tête de Laborde*). Les statues les plus connues du musée, la *Victoire de Samothrace* et la *Vénus de Milo*, appartiennent à l'époque hellénistique (du IIIe au Ier siècle av. J.-C.) dont l'art se caractérise par un grand sens du mouvement.

La vedette indiscutable de la collection étrusque est le *Sarcophage des époux* (v. 510 av. J.-C.), qui reproduit en terre cuite un couple

Taureau ailé à tête humaine assyrien du VIIIe siècle av. J.-C., trouvé à Khorsabad

La Victoire de Samothrace (fin IIIe siècle-début IIe siècle av. J.-C.)

participant à un banquet éternel, mais elle comprend également de superbes bijoux montrant bien la maîtrise du filigrane atteinte par cette civilisation antique.

À la différence des artistes grecs qui idéalisaient ce qu'ils représentaient, les sculpteurs romains s'attachaient à la réalité. Ils ont exécuté de remarquables portraits comme le buste d'Agrippa, la tête de Livia, femme d'Auguste, le bronze d'Hadrien, du IIe siècle av. J.-C., ou l'émouvant portrait d'Annius Vérus, fils de Marc Aurèle mort à 7 ans.

Une salle du premier étage est consacrée à l'orfèvrerie antique, abritant notamment

Sarcophage des époux (VIe siècle av. J.-C.)

le *Trésor de Boscoreale* et le trésor gallo-romain de Notre-Dame d'Alençon. Une autre salle, dédiée aux bronzes, présente, outre la statuaire, de nombreux miroirs et ustensiles grecs, étrusques et romains. Huit autres salles illustrent l'évolution de la céramique, depuis le style géométrique, qui se répandit en Grèce au VIIIe siècle av. J.-C., jusqu'à des œuvres du début de l'époque hellénistique (IVe s. av. J.-C.).

Scribe accroupi (Égypte, v. 2 500 av. J.-C.)

OBJETS D'ART

Créé à partir des anciennes collections royales des trésors de Saint-Denis et de l'ordre du Saint-Esprit, ce département du Louvre présente un très large éventail d'objets d'art : orfèvrerie et bijoux, mobilier, horloges, montres, tapisseries,

miniatures, couverts et verrerie, bronzes italiens et français, ivoires sculptés paléochrétiens et carolingiens, émaux et porcelaine de Limoges, tapis, boiseries, tabatières, armures et instruments scientifiques.

Les salles consacrées au Moyen Âge contiennent les pièces les plus précieuses, notamment le vase antique en porphyre du trésor de Saint-Denis monté au XIIe siècle en aigle d'argent doré, un calice musulman en cristal de roche. La couronne du sacre de Napoléon et ornée de camées très anciens et, surtout, les joyaux de la Couronne se trouvent dans la galerie d'Apollon. Ces derniers sont les restes du trésor commencé par François Ier, accru par ses successeurs et en partie pillé pendant la Révolution puis vendu en 1887. Les plus belles pièces ont été conservées : le *Régent,* diamant très pur de 137 carats ; le rubis *Côte de Bretagne* qui, bien que taillé en forme de dragon, pèse encore 105 carats ; les diamants *Hortensia* et le *Sancy ;* et la couronne de l'impératrice Eugénie.

La rotonde David-Weill et la galerie Niarchos portent les noms des deux donateurs qui ont fait de la collection d'orfèvrerie du Louvre l'une des plus belles du monde. On y admire en particulier le coffret d'or d'Anne d'Autriche (XVIIe siècle), des surtouts de table exécutés par les plus grands orfèvres français du XVIIIe siècle et des éléments

Vase à l'aigle de Suger (XIIe siècle)

du service de l'impératrice Catherine II de Russie. Dans la salle Claude Ott se trouvent les services à thé et à café de Napoléon, et l'armoire à bijoux de l'impératrice Joséphine.

Rassemblé par époque, le mobilier français du XVIe au XIXe siècle occupe de nombreuses salles dont celle consacrée à André-Charles Boulle, où armoires, cabinets, bureaux et bibliothèques illustrent la maîtrise de la marqueterie de l'ébéniste de Louis XIV. La tenture des *Chasses de Maximilien* (vers 1530) provient elle aussi des collections du Roi-Soleil et deux autres grands ébénistes, Charles Cressent et Jean-François Œben, se voient dédier chacun une salle.

Un nouveau département d'Art islamique doit voir le jour fin 2010 dans la cour Visconti.

PYRAMIDE

En 1981, la décision d'agrandir et de moderniser le musée du Louvre impliquait de déplacer à Bercy le ministère des Finances installé dans l'aile Richelieu, et d'aménager une nouvelle entrée. Le projet de pyramide transparente de l'architecte sino-américain Ieoh Ming Pei fut retenu. La pyramide éclaire le hall Napoléon situé en sous-sol, espace d'accueil et d'information du musée et point de départ des visites guidées, et permet aux visiteurs de voir les bâtiments historiques qui les entourent.

Musée des Arts décoratifs ❾

107, rue de Rivoli 75001. **Plan** 12 E2.
Tél. 01 44 55 57 50. Ⓜ Palais-Royal,
Tuileries. ◯ mar., ven. 11h-18h (jeu.
jusqu'à 21h) ; sam.-dim.10h-18h.
Bibliothèque ◉ j.f. 🅰️ ♿
www.lesartsdecoratifs.fr

Sous la bannière des Arts décoratifs de la rue de Rivoli, sont réunis trois musées attenants : le musée des Arts décoratifs, le musée de la Mode et du Textile et le musée de la Publicité.

Le musée des Arts décoratifs sert d'écrin à une large collection de meubles, peintures et objets d'art datant du Moyen Âge à nos jours. La section Art nouveau-Art déco est remarquable, tout comme le centre du verre, le département des jouets ou la galerie des bijoux, qui présente une magnifique collection de plus de 1 300 pièces, allant de broches médiévales aux bijoux contemporains de Cartier.

Le musée de la Mode et du Textile expose en alternance une partie de son impressionnante collection de vêtements haute couture.

Avec un fonds de plus de 40 000 affiches historiques, du xviiie siècle à 1940, et une collection de films, le musée de la Publicité retrace l'histoire de la publicité à travers des expositions temporaires. Le billet d'entrée est valable pour les trois musées. Vous pouvez aussi acheter un billet combiné avec le musées Nissim de Camondo (p. 232).

Le char de la Victoire et la Paix couronne l'arc du Carrousel

Arc de triomphe du Carrousel ❿

Pl. du Carrousel 75001. **Plan** 12 E2.
Ⓜ Palais-Royal.

Inspiré des arcs romains, ce monument flanqué de huit colonnes de marbre blanc et rouge fut construit par Napoléon de 1806 à 1808 pour servir d'entrée triomphale au palais des Tuileries. Ses victoires y sont représentées.

Arcades de la rue de Rivoli

Rue de Rivoli ⓫

75001. **Plan** 11 C1 et 13 A2.
Ⓜ Louvre, Palais-Royal, Tuileries, Concorde.

La section la plus ancienne de cette célèbre artère (de la rue de Rohan à la rue Saint-Florentin) fut percée à partir de 1800 sur ordre de Napoléon qui lui donna le nom de sa victoire remportée en 1797. La construction des élégantes arcades surmontées d'appartements néoclassiques qui abritent aujourd'hui magasins de souvenirs, librairies et boutiques de mode ne s'acheva toutefois qu'en 1835. Au n° 226, le salon de thé Angelina a la réputation de servir le meilleur chocolat chaud de la capitale (p. 318).

Moins intéressante sur le plan architectural, la partie de la rue de Rivoli percée en 1848 jusqu'à la rue de Sévigné est bordée de nombreux magasins.

Jardin des Tuileries ⓬

75001. **Plan** 12 D1. **Tél.** 01 40 20 90 43. Ⓜ Tuileries, Concorde. ◯ avr.-sept. 7h-21h, oct.-mars.7h30-19h30.

Créé en 1564, en même temps que le palais aujourd'hui détruit, il fait partie du vaste espace arboré qui s'étend le long de la Seine du Louvre au Grand Palais et au rond-point des Champs-Élysées. André Le Nôtre, jardinier de Louis XIV, le redessina en 1664 et en fit un chef-d'œuvre classique, complété aujourd'hui par des sculptures contemporaines, très agréables à admirer en se promenant sur sa terrasse du bord de l'eau d'où l'on domine aussi la Seine.

Gravure du xviiie siècle représentant le jardin des Tuileries

Jeu de Paume ⑬

Jardin des Tuileries, pl. de la Concorde
75008. **Plan** 11 C1. **Tél.** *01 47 03 12
50*. Ⓜ *Concorde*. ☐ *mar.-dim. midi-
19h (mar. jusqu'à 21h, sam.-dim. à
partir de 10h)*. ⬤ *1er janv., 1er mai.,
25 déc.* 📷 Ⓟ 🅿 🚻 📺 📖 🎧
www.jeudepaume.org

Napoléon III autorisa en 1851
les membres du cercle de la
paume à l'édifier sur le site
d'une orangerie. Il devient
une salle d'exposition en
1909, puis se transforme en
véritable musée en 1922.
Il abrite dès 1947 une
importante collection
impressionniste, transférée
en 1986 au musée d'Orsay .
Le Jeu de Paume accueille
désormais le Centre national
de la Photographie et
présente des expositions d'art
contemporain. Il est jumelé
avec l'hôtel de Sully *(p. 95)*.

Entrée du Jeu de Paume

Musée de l'Orangerie ⑭

Jardin des Tuileries, pl. de la Concorde
75008. **Plan** 11 C1. **Tél.** *01 44 77 80
07*. Ⓜ *Concorde*. ☐ *mer.-lun.
9h-18h* ⬤ *1er mai, 25 déc.* 📷 📷
🅿 🎧 *groupes sur r.-v.* 📖
www.musee-orangerie.fr

Ce musée expose l'œuvre
qui couronna la carrière de
Claude Monet : les *Nymphéas*.
La célèbre série fut peinte
dans son jardin de Giverny, et
présentée au public en 1927.
La collection Walter-
Guillaume la complète
parfaitement. Cette splendide
réunion de chefs-d'œuvre de
l'école de Paris peints entre la
fin de l'ère impressionniste et
l'entre-deux-guerres compte
14 Cézanne – natures mortes,

La série des *Nymphéas* par Monet est exposée au musée de l'Orangerie

portraits et paysages *(Dans le
parc du château noir)* – et
24 Renoir dont *Les Jeunes
Filles au piano*.
Une salle regroupe des
tableaux saisissants de Chaïm
Soutine tels *Poulet plumé, Le
Petit Pâtissier* ou *La Fiancée*.
La collection comprend aussi
des toiles de Picasso, du
Douanier Rousseau –
notamment *La Carriole du
père Junier* –, de Matisse, et
un portrait par Modigliani
du marchand d'art Paul
Guillaume. Toutes ces œuvres
sont exposées sous un
éclairage naturel. Des
expositions temporaires se
tiennent également ici.

Place de la Concorde ⑮

75008. **Plan** 11 C1. Ⓜ *Concorde*.

Occupant huit hectares au
centre de Paris, dessinée
comme un jardin à la
française par Gabriel, c'est
l'une des plus belles places
du monde. Elle fut inaugurée
en 1763 sous le nom de place
Louis-XV et la statue du
souverain se dressa en son
centre jusqu'en 1792 où
elle devint place de la
Révolution et le lieu
des exécutions
capitales.
Louis XVI,

**L'obélisque
vieux de
3 200 ans**

Marie-Antoinette, Danton
et Robespierre y périrent.
Rebaptisée place de la
Concorde en 1795, puis
place Louis-XV en 1814,
place Louis-XVI en 1823
et place de la Charte en
1830, Louis-Philippe dut
lui rendre son nom
actuel et la remodeler
entièrement pour
qu'elle cesse d'éveiller
les passions.
Son deuxième
architecte, Hittorff,
respecta les proportions
créées par son
prédécesseur lorsqu'il
dressa à partir de 1836
les huit statues des
grandes villes de France
et les majestueuses
fontaines qui entourent
l'obélisque de Louxor.
Celui-ci provient du
temple de Ramsès II
à Thèbes et les
hiéroglyphes couvrant
ses quatre faces
chantent les louanges
du pharaon. Son
piédestal relate, lui,
les péripéties de
son transport et
de son installation.

Les colonnades de l'entrée du Village Royal

Galerie Royale ⑯

75008. **Plan** 5 C5. **M** *Madeleine.*
Galerie Royale ☐ *mar.-sam. 10h-19h.* ● *j.f.*

Les rues Royale et Boissy-d'Anglas communiquent entre elles par cette luxueuse galerie. L'ancien hôtel particulier de la duchesse d'Abrantès a été réhabilité en 1994 pour donner naissance à un ensemble de bureaux et à la galerie Royale. L'architecte Jean-Jacques Ory a su concilier l'esthétique XVIIIe de la rue Royale, l'inspiration haussmannienne de la galerie et les éléments modernes.

Les Cristalliers et les orfèvres qui occupaient autrefois les lieux ont laissé la place à des boutique de luxe, comme Chanel, Dior, Eric Bompard... et au restaurant tendance des frères Costes, Le Village, idéal pour un café ou une pause déjeuner chic.

Place Vendôme ⑰

75001. **Plan** 6 D5 **M** *Tuileries.*

Destinée à accueillir la statue de Louis XIV, cette superbe place octogonale fut réalisée par Jules Hardouin-Mansart. En dehors du percement de la rue de Castiglione et de la rue de la Paix sous le premier Empire, la place est restée quasiment intacte depuis sa création et ses arcades en plein cintre abritent grands joailliers, fourreurs, maisons de haute couture et banques. Frédéric Chopin mourut au nᵒ 12 en 1848 et César Ritz ouvrit son célèbre hôtel au nᵒ 15 au début du XXe siècle.

Banque de France ⑱

39, rue Croix-des-Petits-Champs 75001. **Plan** 12 F1. **M** *Palais-Royal.* ☐ *tél. pour les détails au 01 44 54 19 30.*

La banque centrale créée par Napoléon en 1800 occupe l'hôtel de Toulouse que François Mansart édifia à proximité du Palais-Cardinal pour Louis Phelypeaux de La Vrillière, secrétaire d'État de Louis XIII et grand

La statue de Napoléon, place Vendôme

JARDINS CLASSIQUES DE PARIS

Le parterre du Midi, à Versailles (p. 248-249)

Les jardins classiques, créés pour un palais mais ouverts au public, constituent un élément fondamental du paysage parisien depuis trois cents ans. Aujourd'hui, les jardins du Palais-Royal *(p. 121)*, célèbres aux XVIIIe et XIXe siècles pour leurs maisons de jeu et leurs filles de joie, offrent un havre de paix au beau milieu d'un quartier d'affaires. Les étudiants de la rive gauche se détendent dans les allées ombragées du jardin du Luxembourg *(p. 172)* dessiné au début du XVIIe siècle pour Marie de Médicis. Le jardin des Tuileries *(p. 130)*, créé au XVIe siècle pour une autre Médicis, Catherine, et remanié en 1664 par André Le Nôtre, constitue un lieu de promenade idéal avec ses nombreuses sculptures au milieu de splendides plantations. Le Nôtre, créateur des jardins de Versailles *(p. 248-249)*,

La longue Galerie dorée de la Banque de France

collectionneur d'art.
Le bâtiment avait pour
particularité une somptueuse
salle longue de 50 m, la
Galerie dorée, destinée à
accueillir les peintures du
propriétaire. Vendu en 1713
au comte de Toulouse, fils
de Louis XIV et de Mme de
Montespan, l'hôtel abrita
l'Imprimerie nationale pendant
la Révolution puis fut acheté
par la Banque de France
en 1811. En 1870, on dut
reconstruire la Galerie dorée à
partir de copies de tableaux.

Place des Victoires ⑲

75002. **Plan** 12 F1. Ⓜ *Palais-Royal.*

Jules Hardouin-Mansart, qui
créera trois ans plus tard la
place Vendôme, dessina en
1685 cette place dédiée à
Louis XIV en fondant toutes
ses proportions sur celles de
la statue que Desjardins fit du
souverain dressée en son
centre. En outre, aucune des
rues y débouchant ne se
faisait face afin que le Roi-
Soleil, éclairé jour et nuit par
quatre fanaux, ait toujours
une façade derrière lui sur
laquelle se détacher.

Les Révolutionnaires
brisèrent cet équilibre en
fondant l'effigie du roi qui fut
remplacée en 1822 par la
statue équestre de Bosio.
Puis on perça la rue Étienne-
Marcel en 1883.

La place des Victoires
garde néanmoins beaucoup
de cachet et ses arcades
abritent de grands noms
de la couture, notamment
Thierry Mugler et Kenzo.

Louis XIV, place des Victoires

La roseraie du parc de Bagatelle *(p. 255)*

invonta avec Louis Le Vau
le « jardin à la française »,
brillant mariage entre
le jardin classique de la
Renaissance italienne et
le rationalisme français.

Écrins de leurs palais,
ces parcs devaient aussi
proposer un majestueux
spectacle au regard. C'est
d'ailleurs du premier étage
du bâtiment que l'on en a
généralement la
plus belle vue.
Le grand axe
médian qui
passe par
le centre de
l'édifice définit
la symétrie des
parterres où
bandes de gazon
et broderies de
buis et de fleurs
rappellent les
motifs des
décorations
intérieures du
château. Taillés
avec art, arbres
et haies
deviennent de véritables
sculptures. La teinte du
gravier des allées s'harmonise
aux couleurs des plates-
bandes.

Participant à la composition,
statues, fontaines et jets d'eau
agrémentent la promenade.
On les retrouve dans les
bosquets dont l'architecture
se prête aux représentations
théâtrales ou aux collations
en plein air. Parfois, comme
à Versailles où ils ont
malheureusement disparu,
des automates apportaient
leur touche de fantaisie.

Les plans d'eau revêtent
une grande importance.
Ornés de sculptures, bassins
géométriques et canaux, ils
renforcent la perspective
créée par l'agencement des
plantations et des
circulations. Le regard
se perd à l'horizon et
l'espace semble renoncer
à ses limites. Cette
perspective grandiose est
l'une des caractéristiques
fondamentales du parc
à la française. Dans les
jardins privés, elle exprime
la richesse et la puissance
du propriétaire. On peut
s'amuser à observer que
Napoléon accentua celle
du jardin public des
Tuileries avec l'arc de
triomphe du Carrousel
et François Mitterrand avec
la Grande Arche de la
Défense *(p. 40-41, 255).*

SAINT-GERMAIN-DES-PRÉS

Avec son charme villageois et ses nombreux immeubles datant du XVIIe siècle, ce quartier apprécié des Parisiens comme des touristes est encore plus animé aujourd'hui qu'à l'époque où Boris Vian, Jean-Paul Sartre ou Juliette Gréco rendirent célèbres Le Flore, les Deux Magots, la brasserie Lipp et les caves tel Le Tabou où l'on dansait jusqu'à l'aube au son du be-bop. Ces célèbres artistes et hommes de lettres entretenaient une tradi-

Horloge du musée d'Orsay

tion intellectuelle beaucoup plus ancienne. Proudhon, Sainte-Beuve et Delacroix vécurent en leur temps à Saint-Germain-des-Prés, quartier de l'Institut et de l'École des beaux-arts. Les grands éditeurs commencèrent à s'y établir dès la fin du XVIIIe siècle et les bibliophiles y trouvent toujours de superbes librairies côtoyant de nombreuses galeries d'art, et des magasins de décoration intérieure, de haute couture ou d'antiquités.

LE QUARTIER D'UN COUP D'ŒIL

Rues et bâtiments historiques
Boulevard Saint-Germain ❼
Cour de Rohan ⓬
Cour du Commerce Saint-André ⓭

École nationale d'administration ⓱
École nationale supérieure des beaux-arts ⓰
Institut de France ⓯
Palais abbatial ❷
Quai Voltaire ⓲
Rue de l'Odéon ❿
Rue du Dragon ❽

Église
Saint-Germain-des-Prés ❶

Musées
Musée d'Orsay p. 144-147 ⓳
Musée de la Monnaie ⓮
Musée Eugène-Delacroix ❸
Musée national de la Légion d'honneur ⓴

Théâtre
Odéon-Théâtre de L'Europe ⓫

Cafés et restaurants
Brasserie Lipp ❻
Café de Flore ❺
Les Deux Magots ❹
Le Procope ❾

COMMENT Y ALLER

RER: station Musée-d'Orsay. En métro, les stations Saint-Germain-des-Prés et Odéon sont les plus centrales. La ligne de bus n° 63 suit le boulevard Saint-Germain, le 95 la rue Bonaparte, et le 58 la rue Mazarine.

LÉGENDE
- Plan du quartier pas à pas
- Ⓜ Station de métro
- Ⓞ Embarcadère de Batobus
- RER Station de RER

VOIR AUSSI
- *Atlas des rues* plans 11-12
- *Hébergement* p. 286-287
- *Restaurants* p. 304-306

◁ **Le café Les Deux Magots, derrière l'église Saint-Germain-des-Prés**

Saint-Germain-des-Prés pas à pas

Si ce quartier n'a plus de champêtre que les « prés » de son nom, ceux-ci rappellent les vastes terres agricoles possédées par l'abbaye que fonda saint Germain, évêque de Paris, sur la rive gauche de la Seine en 555. Véritable cité hors l'enceinte de Philippe Auguste, celle-ci jouissait au Moyen Âge d'une autonomie complète et une foire annuelle entretenait son dynamisme économique mais aussi culturel et artistique. Malgré les transformations qui l'affectèrent à partir du XVIIe siècle jusqu'à lui donner son visage actuel, Saint-Germain ne perdit jamais son rôle de centre intellectuel : galeries d'art et belles librairies bordent aujourd'hui ses ruelles.

Orgue de Barbarie à Saint-Germain

Les Deux Magots
Ses illustres clients, tels que Breton, Picasso, Sartre ou Truffaut ont rendu ce café célèbre ❹

Café de Flore
Dans les années 1950, Sartre, Camus et Prévert fréquentèrent cette belle salle Art déco ❺

RUE DU DRAGON

RUE DU SABOT

RUE DE RENNES

RUE BONAPARTE

RUE BONAPARTE

BD ST

RUE DU FOUR

M

Métro Saint-Germain-des-Prés

Brasserie Lipp
Le décor de cette brasserie est classé « monument historique » ❻

★ **Saint-Germain-des-Prés**
La plus vieille église de Paris abrite les tombeaux de Descartes et de Jean-Casimir, roi de Pologne ❶

★ **Boulevard Saint-Germain**
Cafés, boutiques, cinémas, restaurants et librairies bordent cette artère située au cœur de la rive gauche ❼

Cette sculpture de Picasso
*rend hommage à son ami
Guillaume Apollinaire dans
le square Laurent-Prache,
non loin du Café de Flore
que fréquentait le poète.*

★ **Musée Delacroix**
*C'est ici que Delacroix
peignit cette* Lutte de
Jacob avec l'ange, *pour
l'église Saint-Sulpice*
(p. 172) ❸

CARTE DE SITUATION
Voir le centre de Paris p. 14-15

À NE PAS MANQUER

★ Boulevard Saint-Germain

★ Musée Delacroix

★ Saint-Germain-des-Prés

LÉGENDE

– – – Itinéraire conseillé

0   100 m

La place Fürstenberg, souvent utilisée comme
décor de cinéma, occupe l'emplacement
d'une ancienne cour de l'abbaye.

La rue de Buci, importante artère
de la rive gauche depuis des
siècles, accueille tous les matins
un marché animé.

Palais abbatial
*Les abbés de Saint-Germain
y logèrent de 1586 jusqu'à
la Révolution* ❷

Métro Odéon

Statue de Danton (1889)
*La statue d'Auguste
Paris rend hommage
au chef révolutionnaire.*

Métro Mabillon

Le marché Saint-Germain,
ouvert en 1818, occupe une partie
de l'emplacement de l'ancienne
foire Saint-Germain *(p. 334).*

Saint-Germain-des-Prés ❶

3, pl. Saint-Germain-des-Prés 75006.
Plan 12 E4. **Tél.** *01 55 42 81 33.* Ⓜ
Saint-Germain-des-Prés. ⭘ *t.l.j. 8h-
19h.* **Concerts** *mar., jeu. 20h.* 🖼 🖼

La plus ancienne église de
Paris se dresse à l'endroit
où Childebert, fils de Clovis,
éleva sur le conseil de saint
Germain une basilique
en 543 pour abriter un
morceau de la Croix. L'édifice
devint au VIIIe siècle une
abbaye bénédictine qui ne
cessa de s'étendre et de
prospérer jusqu'à la
Révolution. Ses moines
jetèrent les bases de
l'archéologie et de la
paléographie.

**Vierge à l'Enfant
de l'église Saint-
Germain-des-Prés**

L'édifice actuel
incorpore des
éléments
d'époques très
différentes.
Les colonnes
en marbre
du triforium,
du VIe siècle,
appartenaient
au sanctuaire
mérovingien,
le chœur et le
déambulatoire, où
repose Boileau,
ainsi que le
clocher datent du
XIIe siècle, la
voûte en ogives
de la nef du
XVIIe siècle,
le presbytère du XVIIIe siècle
et une grande partie de la
décoration du XIXe siècle.
Le croisillon nord renferme
le tombeau de Jean Casimir,
roi de Pologne qui abdiqua
en 1668 pour devenir abbé
de Saint-Germain-des-Prés.

Palais abbatial ❷

1-5, rue de l'Abbaye 75006.
Plan 12 E4. Ⓜ *Saint-Germain-des-
Prés.* ● *au public*

Guillaume Marchant
construisit en 1586 ce vaste
édifice, l'un des premiers de
Paris mêlant pierre et brique,
pour le cardinal Charles de
Bourbon, abbé de Saint-
Germain que la Ligue
proclama roi sous le nom

**Armoiries sur le portail du palais
abbatial**

de Charles X en 1589. Dix
autres abbés y vécurent
jusqu'à la Révolution puis
le bâtiment fut vendu.
Restauré en 1977-1978, le
palais abrite aujourd'hui des
services civils et paroissiaux.

Musée Eugène-Delacroix ❸

6, rue de Fürstenberg 75006.
Plan 12 E4. **Tél.** *01 44 41 86 50.*
Ⓜ *Saint-Germain-des-Prés.* ⭘ *mer.-
lun. 9h30-17h (dern. entrée : 16h30).*
🖼 🖼 www.musee-delacroix.fr

Eugène Delacroix

Le peintre Eugène Delacroix,
chef de l'école romantique
et précurseur du fauvisme
par son emploi novateur
des couleurs, emménagea
le 29 décembre 1857 dans
cette jolie maison située non
loin de l'église Saint-Sulpice
dont il décora la chapelle des
Saints-Anges. Il mourut le
13 août 1863 dans la chambre
du premier étage dominant
l'atelier où il peignit la
Descente au Tombeau et
la *Montée au Calvaire*
(aujourd'hui au musée) au

milieu d'un délicieux jardin.
Cet atelier et son
appartement constituent
depuis 1952 un musée
national dont les collections
comprennent des
autoportraits, des dessins,
des aquarelles, des études,
une série de pierres
lithographiques et des copies
des fresques que Delacroix
peignit au plafond de la
bibliothèque de la Chambre
des députés. Des expositions
temporaires y sont en outre
organisées.

Les Deux Magots ❹

6, pl. Saint-Germain-des-Prés 75006.
Plan 12 E4. **Tél.** *01 45 48 55 25.*
Ⓜ *Saint-Germain-des-Prés.* ⭘ *7h30-
1h du matin t.l.j.* ● *une semaine en
janv.* www.lesdeuxmagots.com

Ce café tient son nom des
deux magots (figurines
trapues d'Extrême-Orient)
qui servaient d'enseigne à un
commerce de soie chinoise
et de tissu. Le cafetier qui
racheta le magasin en 1875
les conserva et ils ornent
toujours un pilier.
À la fin du siècle dernier,
Verlaine, Rimbaud et
Mallarmé fréquentaient déjà
l'établissement dont le décor
actuel date de 1914. En 1925,
il devint un des quartiers
généraux des surréalistes
et Picasso, Saint-Exupéry,
Hemingway ou Giraudoux
y avaient leurs habitudes.
Dans les années 1950,
Jean-Paul Sartre et Simone
de Beauvoir y écrivaient deux
heures tous les jours.

L'intérieur des Deux Magots

Le Café de Flore, lieu mythique des existentialistes

Café de Flore ❺

172, bd Saint-Germain 75006.
Plan 12 D4. **Tél.** 01 45 48 55 26.
Ⓜ Saint-Germain-des-Prés. ◯
t.l.j. 7h30-1h30 du matin. ♿ limité.
www.cafe-de-flore.com

L'intérieur Art déco de ce café,
avec ses banquettes rouges,
ses miroirs et ses boiseries
d'acajou, a peu changé depuis
la guerre. Comme son rival
Les Deux Magots, il a accueilli
la plupart des intellectuels
français de l'après-guerre.
Jean-Paul Sartre et Simone
de Beauvoir y développèrent
leur philosophie de
l'existentialisme.

Un serveur de la brasserie Lipp

Brasserie Lipp ❻

151, bd Saint-Germain 75006.
Plan 12 E4. **Tél.** 01 45 48 53 91.
Ⓜ Saint-Germain-des-Prés.
◯ t.l.j. 9h-1h du matin
www.groupe-bertrand.com/lipp.php

Troisième des grands
« monuments » de Saint-
Germain-des-Prés avec Le
Flore et Les Deux Magots,
cette brasserie fondée à la fin
du xixe siècle par un Alsacien
et appréciée des hommes

politiques depuis 1920
(Herriot, Léon Blum…), a
notamment compté des
auteurs parmi sa clientèle :
Valéry, Giraudoux, Gide,
Malraux, Camus, Saint-
Exupéry ou Max Jacob.
Sa cuisine est bien sûr
typiquement alsacienne :
choucroute, navarin d'agneau
ou pieds de porc. Son décor
est fait de carreaux de
céramique illustrant entre
autres des perroquets.

Boulevard Saint-Germain ❼

75006, 75007. **Plan** 11 C2 et
13 C5. Ⓜ Solférino, Rue-du-Bac,
Saint-Germain-des-Prés, Mabillon,
Odéon.

Écrivains, musiciens et
peintres ont rendu célèbres
les cafés et les boîtes de nuit
des ruelles qui l'entourent.
Percée par le baron
Haussmann au xixe siècle,
cette artère traverse trois
arrondissements et fait plus
de trois kilomètres. Partant de
l'Institut du monde arabe, il
longe le marché de Maubert-
Mutualité et coupe le
boulevard Saint-Michel avant

de rejoindre l'Odéon, ses
cinémas et ses boutiques.
Le boulevard s'anime alors
de jour comme de nuit
jusqu'au-delà de l'église Saint-
Germain-des-Prés. Si certaines
de ses vieilles boutiques ont
laissé la place aux grands
noms de la mode, le quartier
a conservé son charme.
Puis il va jusqu'à la place
de la Concorde. Le ministère
de la Défense et le palais
Bourbon, siège de
l'Assemblée nationale,
tournent le dos aux
amusements et à la frivolité
et marquent la fin du
boulevard.
C'est tout un ensemble
très éclectique que le
boulevard traverse : différents
styles architecturaux,
centres culturels et religieux,
du quartier branché au
quartier chic.

Rue du Dragon ❽

75006. **Plan** 12 D4.
Ⓜ Saint-Germain-des-Prés.

Cette petite rue entre
le boulevard Saint-
Germain et le carrefour
de la Croix-Rouge existait
déjà au Moyen Âge sous
le nom de rue du Sépulcre.
Elle a conservé de nombreux
hôtels et maisons des xviie
et xviiie siècles aux grandes
fenêtres et aux balcons en fer
forgé. Un groupe de peintres
flamands vécut au n° 37 avant
la Révolution et Victor Hugo,
jeune célibataire de 19 ans,
louait une mansarde au n° 30
où il écrivit notamment ses
Odes et Ballades.

Plaque au n° 30 de la rue du Dragon

Le Procope

13, rue de l'Ancienne-Comédie 75006. **Plan** 12 F4. **Tél.** 01 40 46 79 00. M *Odéon.* ◯ *t.l.j. midi-1h du matin. Voir* **Histoire de Paris** *p. 26-27.* **www**.procope.com

Fondé en 1686 par un Sicilien, Francesco Procopio dei Coltelli, le plus ancien café de Paris connut tout de suite un grand succès auprès des acteurs de la Comédie-Française voisine et devint un lieu de rencontre littéraire et artistique.

Il eut comme clients aussi bien Rousseau et Voltaire que le jeune Napoléon Bonaparte qui y laissait son chapeau en gage en attendant de trouver l'argent pour payer son ardoise. Rénové dans le style du XVIIIe siècle, le Procope est aujourd'hui dirigé par le célèbre groupe des Frères Blancs.

L'Odéon-Théâtre de l'Europe, ancien Théâtre-Français

Rue de l'Odéon ⑩

75006. **Plan** 12 F5. M *Odéon.*

Première rue de Paris dotée de trottoirs et de caniveaux latéraux, elle fut percée en 1779 pour donner accès au théâtre et conserve plusieurs maisons et hôtels datant de la fin du XVIIIe siècle.

Au n° 12, la librairie de Sylvia Beach, Shakespeare & Company, servit de 1921 à 1940 de lieu de rendez-vous à de nombreux écrivains américains, notamment ceux de la « génération perdue », tels Ernest Hemingway, Ezra Pound, Gertrude Stein ou Francis Scott Fitzgerald. Sylvia Beach publia la première édition d'*Ulysse*, le célèbre roman de James Joyce. En face, au n° 7, Adrienne Monnier tenait les Amis du livre que fréquentaient André Gide, Roger Martin du Gard et Paul Valéry.

Façade du Procope sur la cour du Commerce-Saint-André

Odéon-Théâtre de l'Europe ⑪

Pl. de l'Odéon 75006. **Plan** 12 F5. **Tél.** 01 44 85 40 40. M *Odéon, Luxembourg.* ◯ *mar.-sam. 20h, dim. 15h. Voir* **Se distraire** *p. 342-344.* **www**.theatre-odeon.fr

Marie-Joseph Peyre et Charles de Wailly édifièrent en 1779 à l'emplacement des jardins de l'hôtel de Condé ce théâtre néoclassique où la Comédie-Française s'installa en 1782. Après le déménagement de l'illustre troupe au Palais-Royal en 1792, il prit son nom d'Odéon en 1797. Jean-François Chalgrin le reconstruisit à l'identique après l'incendie qui le ravagea en 1807.

Siège de la compagnie Jean-Louis-Barrault à partir de 1959, le théâtre de l'Odéon demeura jusqu'en 1968, année où les étudiants l'occupèrent pendant les événements de Mai. Les spectacles prestigieux, notamment étrangers, qu'il présente offrent l'occasion d'admirer le beau plafond de la salle peint par André Masson en 1965.

Hemingway dans les années 1920

Cour de Rohan ⑫

75006. **Plan** 12 F4. M *Odéon.* **Accès** *par la rue du Jardinet jusqu'à 20h, accès par le bd Saint-Germain de 8h à 20h.*

La courette du milieu de la cour de Rohan

Le compositeur Saint-Saëns naquit en 1835 dans la rue du Jardinet d'où l'on accède à cette pittoresque série de trois courettes qui dépendaient au XVe siècle du pied-à-terre de l'archevêque de Rouen (nom qui devint « Rohan »). Celle du milieu est la plus curieuse et la plus intéressante avec son *pas-de-mule* (probablement le dernier de Paris), trépied de fer forgé qui servait, notamment aux femmes âgées et aux prélats trop en chair, à monter à cheval. Diane de Poitiers, maîtresse d'Henri II, habita le bel hôtel Renaissance (1636) qui domine cette courette.

Dans la cour suivante, à l'ouest, un fragment de l'enceinte qu'édifia Philippe Auguste à partir de 1190 forme aujourd'hui une terrasse.

Cour du Commerce-Saint-André ⓭

75006. **Plan** 12 F4. **M** *Odéon.*

C'est au n° 9 de ce passage dont la plupart des maisons datent de sa création en 1776 que le docteur Guillotin, pense-t-on, développa sa « philantropique machine à décapiter ». Ce fut toutefois un chirurgien parisien, le docteur Louis, qui se chargea de mettre en service l'appareil et on appela « Louisette » la première guillotine utilisée en 1792.

Exécution publique pendant la Révolution

Musée de la Monnaie ⓮

11, quai de Conti 75006. **Plan** 12 F3. **Tél.** *01 40 46 55 35.* **M** *Pont-Neuf, Odéon.* ◯ *mar.-ven. 11h-17h30, sam.-dim. midi-17h30.* 🎬 🅿️ 🅲
Films. **www.**monnaiedeparis.fr

Le concours que Jacques-Denis Antoine remporta pour donner un nouveau bâtiment à la Monnaie était organisé par Louis XV mais l'édifice dont il acheva la construction en 1777 est de style Louis XVI. Son architecte le trouva tellement à son goût qu'il y habita jusqu'à sa mort en 1801.

Fondé par Charles X en 1827, le musée de la Monnaie propose dans ce décor somptueux d'importantes collections de pièces et de médailles replacées dans leur contexte économique, politique et social par de nombreux tableaux, gravures et sculptures. L'exposition comprend également les machines d'un cycle complet de production, mais l'hôtel n'abrite plus depuis 1973 la fabrication des pièces d'usage courant, totalement effectuée par l'usine de Pessac en Gironde. Il conserve néanmoins deux ateliers de frappe : celui des monnaies en métaux précieux et celui des médailles. Ce dernier se visite le mercredi et le vendredi à 14h15. Le musée est également doté d'une nouvelle extension consacrée aux monnaies du monde.

Institut de France ⓯

23, quai de Conti 75006. **Plan** 12 E3. **Tél.** *01 44 41 44 41.* **M** *Pont-Neuf, Saint-Germain-des-Prés.*
◯ *sam., dim. sur r.-v. seul.* 🎬 🅲
www.institut-de-france.fr

Financé grâce à un legs de Mazarin, ce palais dessiné par Louis Le Vau dans l'axe de la cour carrée du Louvre et achevé en 1691 abrite depuis 1805 le siège de l'Institut de France. Celui-ci comprend notamment la célèbre Académie française, créée par Richelieu en 1635. C'est la plus ancienne des cinq académies qui se réunissent chaque année en séance solennelle

Enseigne de l'ancienne Monnaie devenue un musée

sous la grande coupole du bâtiment.

Occupant l'emplacement de l'ancienne tour de Nesle, détruite en 1665, le pavillon est abrite la bibliothèque Mazarine, riche en œuvres antiques, et dont les boiseries datent du XVIIe siècle.

École nationale supérieure des beaux-arts ⓰

13, quai Malaquais 75006. **Plan** 12 E3. **Tél.** *01 47 03 50 00.* **M** *Saint-Germain-des-Prés.* ◯ *lun. après-midi pour les groupes sur r.-v. seul. (tél. 01 47 03 50 00).* 🅲
Bibliothèque. **www.**ensba.fr

Elle occupe en bordure de la Seine un ensemble de bâtiments qui regroupe les vestiges du couvent des Petits-Augustins (XVIIe siècle), l'hôtel de Chimay (XVIIe et XVIIIe siècles) acquis en 1884 et des immeubles élevés au XIXe siècle, notamment le bâtiment des Loges (1820-1832) de Duret et le palais des Études (1858-1862) de Félix Duban. Celui-ci édifia aussi la grande salle d'exposition des travaux d'élèves, au n° 13 du quai Malaquais.

L'École des beaux-arts

CAFÉS CÉLÈBRES DE PARIS

Difficile d'imaginer Paris sans cafés. La ville en compte 12 000 dans lesquels Parisiens et visiteurs étanchent leur soif, retrouvent des amis, concluent des affaires ou regardent simplement le spectacle permanent de la rue.

Le Levantin qui s'installa en 1643 dans un passage couvert entre la rue Saint-Jacques et le Petit-Pont pour y vendre une décoction appelée « cahouet » n'en croirait pas ses yeux, lui qui connut un succès des plus limités. En fait, il fallut attendre 1686 et Le Procope, premier établissement décoré avec un certain luxe, pour que le café trouve sa clientèle. Un siècle plus tard, il en existait près de 800, éléments essentiels de la vie sociale parisienne qui jouèrent un rôle capital pendant la Révolution où ils furent le théâtre d'innombrables réunions et discussions.

Au XIXᵉ siècle, l'élargissement des rues et la percée des grands boulevards permettent aux cafés de s'agrandir et à leurs tables de conquérir les trottoirs. Les plus importants, ou les plus chic, deviennent des lieux où l'on se rend pour se montrer mais la plupart conservent leur clientèle d'habitués. Les officiers de la garde fréquentaient ainsi le café d'Orsay pendant le premier Empire tandis que les amateurs de théâtre se retrouvent depuis le siècle dernier dans les cafés des environs de la place de l'Opéra,

De tous temps, on a lu et commenté le journal au café

École nationale d'administration ⑰

13, rue de l'Université 75007.
Plan 12 D3. **Tél.** 01 49 26 45 45.
Ⓜ *Rue-du-Bac.* ⬤ *au public.*

À l'emplacement de deux maisons construites par Briçonnet en 1643, Thomas Gobert édifia en 1713 ce bel hôtel pour la veuve de Denis Feydeau de Brou. Après la mort de son fils Paul-Espirit en 1767, il devint, pense-t-on, l'ambassade de la République de Venise puis un dépôt de munitions pendant la Révolution, le Consulat et l'Empire.

Après avoir longtemps été le siège du service d'hydrographie du ministère de la Marine, il abrite aujourd'hui une partie de l'École nationale d'administration (ENA), fondée en 1945 pour former les hauts fonctionnaires de l'État. Entre autres personnages célèbres, elle fut fréquentée par Jacques Chirac.

Plaque au n° 27 du quai Voltaire

Quai Voltaire ⑱

75006 et 75007. **Plan** 12 D3.
Ⓜ *Rue-du-Bac.*

Certains des plus grands antiquaires de Paris tiennent boutique sur cet ancien quai des Théatins lesquels y eurent un couvent, du n° 15 au n° 25, dont ne subsiste aujourd'hui qu'un portail rue de Lille. Le quai prit le nom du célèbre philosophe en 1791, treize ans après sa mort à l'hôtel de la Villette (XVIIᵉ siècle), au n° 27, et en souvenir de la comédie macabre à laquelle elle donna lieu lorsque l'église Saint-Sulpice refusa d'accueillir le corps d'un penseur accusé d'athéisme. Montherlant finit aussi ses jours sur ce bord de Seine : il se suicida en 1972 dans un appartement du n° 25. Un hôtel de voyageurs du XVIIᵉ siècle occupe le n° 19. Il accueillit Charles Baudelaire, Richard Wagner, Jean Sibélius et Oscar Wilde. Un de ses salons renferme des souvenirs de l'auteur des *Fleurs du mal*.

Au n° 13, Corot reprit au XIXᵉ siècle le logement et l'atelier que quittait Delacroix, et au n° 1, James Pradier habita l'hôtel de Tessé datant du XVIIIᵉ siècle. Malgré les qualités de sa sculpture, sa notoriété dans le quartier tenait moins à ses œuvres qu'à sa femme qui traversait nue la Seine à la nage.

Accordéon au café Claude Alain, rue de Seine, dans les années 1950

notamment le Café de la Paix *(p. 215)*.

Les bouchers en gros, les joueurs d'échecs ou de pétanque, les exilés de tous pays ou les maîtres de la finance ont ainsi chacun leur café, mais ce qui forgea la réputation des établissements parisiens, c'est leur rapport intime avec l'histoire intellectuelle et artistique de la France et du monde. Avant la Première Guerre mondiale, les cafés de Montparnasse bourdonnent des conciliabules d'exilés russes. Deux d'entre eux, Lénine et Trostky, refont le monde à la Rotonde et au Dôme. Les Américains de la «génération perdue», tels Ernest Hemingway et Scott Fitzgerald, fréquentent ensuite le quartier. Ils traînent à La Coupole *(p. 178)*, au Sélect et à la Closerie des Lilas *(p. 179)*, poussant parfois jusqu'à Saint-Germain-des-Prés, au café Voltaire, ancien lieu de rendez-vous des romantiques et des symbolistes. Ces derniers, Verlaine, Rimbaud ou Mallarmé, initièrent vers 1885 la tradition culturelle des Deux Magots *(p. 138)* et du Flore *(p. 139)* qu'entretinrent les surréalistes puis, après la Seconde Guerre mondiale, les existentialistes autour de Sartre, Camus et Simone de Beauvoir.

Œuvres d'un fidèle de Saint-Germain : Albert Camus (1913-1960)

Musée d'Orsay ⑲

Voir p. 144-147.

Musée national de la Légion-d'Honneur ⑳

2, rue de la Légion-d'Honneur (Parvis du musée d'Orsay) 75007. **Plan** 11 C2. **Tél.** 01 40 62 84 25. Ⓜ *Solférino.* ℝℰℝ *Musée-d'Orsay.* ◯ *mer.-dim. 13h-18h.* ● *j.f.* **www**.legiondhonneur.fr

À côté du musée d'Orsay se dresse l'un des derniers hôtels construits dans le quartier, celui de Salm,

L'ancienne gare d'Orsay devenue un musée

édifié en 1782 pour le prince allemand Frédéric III de Salm-Kyrbourg guillotiné en 1794.

Le bâtiment abrite aujourd'hui un musée dont l'impressionnante collection de décorations, insignes, colliers et médailles illustre l'histoire des ordres de chevalerie royaux, tels

Grand-croix de la Légion d'honneur de Napoléon III

l'ordre du Saint-Esprit ou celui de Saint-Louis, supprimés en 1791, puis celle de l'ordre de la Légion d'honneur créé par Napoléon en 1802 pour les remplacer et dont le prestige demeure intact deux siècles plus tard.

Le musée consacre également un étage aux ordres étrangers, tel l'ordre anglais de la Jarretière dont l'insigne de velours bleu se portait à la jambe gauche.

Musée d'Orsay ⑲

La gare d'Orsay dessinée par Victor Laloux pour les voyageurs de la Compagnie Paris-Orléans fut inaugurée le 14 juillet 1900. Elle doit probablement sa survie à la polémique qu'entraîna la destruction des pavillons de Baltard aux Halles. L'établissement public, créé en 1978 pour l'aménager en musée consacré à toutes les formes d'art et d'expression pendant la période 1848-1914, mettra huit ans pour mener à bien l'opération mais parviendra à préserver presque intégralement sa splendide architecture tout en aménageant un espace intérieur compatible avec l'exposition des collections.

Musée d'Orsay vu de la rive droite
Victor Laloux dessina l'édifice pour l'Exposition universelle de 1900.

Fauteuil par Charles Rennie Mackintosh
En pleine période Art nouveau, les formes strictes des objets créés par ce maître de l'école de Glasgow annonçaient le XXᵉ siècle.

★ **La Porte de l'enfer**
(1880-1917)
Rodin inclut des sculptures créées auparavant, telles Le Penseur *et* Le Baiser, *dans cette œuvre célèbre.*

★ **Le Déjeuner sur l'herbe** *(1863)*
Ce tableau que Manet présenta au Salon des refusés organisé sous Napoléon III est actuellement exposé au rez-de-chaussée.

LÉGENDE DU PLAN

- ☐ Architecture et arts décoratifs
- ☐ Sculpture
- ☐ Peinture avant 1870
- ☐ Impressionnisme
- ☐ Néo-impressionnisme
- ☐ Naturalisme et symbolisme
- ☐ Art nouveau
- ☐ Expositions temporaires
- ☐ Circulation et services

SUIVEZ LE GUIDE !

Le rez-de-chaussée est surtout consacré aux œuvres de la fin du XIXᵉ siècle tandis que le niveau médian présente une importante collection de mobilier, notamment Art nouveau, et des peintures et sculptures de la seconde moitié du XIXᵉ siècle et du début du XXᵉ siècle. Les impressionnistes et néo-impressionnistes occupent les salles et galeries du dernier étage.

La Danse *(1867-1868)*
Cette œuvre de Carpeaux pour l'Opéra provoqua un scandale.

★ Le Moulin de la galette
Renoir étudia, dans ce magnifique tableau (1876), l'ambiance particulière créée par le soleil à travers un feuillage.

MODE D'EMPLOI

1, rue de la Légion-d'honneur. **Plan** 12 D2. **Tél.** *01 40 49 49 78 (groupes 01 40 49 49 94).* M *Solférino.* 24, 68, 69, 84 , 73 , 63, 83, 84, 94. RER ○ *Musée d'Orsay.* P *rue du Bac, bd Saint-Germain.* ○ *mar.-dim. 9h30-18h (jeu. nocturne jusqu'à 21h45) (dernière entrée 1h avant la fermeture ; vente en ligne).* ● *1er janv., 1er mai, 25 déc.* ○ & ✓ ■ **Concerts.** ❚❚ ○ ✉ www.musee-orsay.fr

Niveau supérieur

★ La Belle Angèle *(1889)*
Paul Gauguin, qui vécut plusieurs années à Pont-Aven, a peint cette femme en costume traditionnel.

Niveau médian

La Chasse au lion d'Eugène Delacroix
Baudelaire trouvait profond, sensuel et terrible ce tableau peint en 1854.

Rez-de-chaussée

Entrée
Boutique

Kiosque

À NE PAS MANQUER

★ *La Belle Angèle* de Paul Gauguin

★ *La Porte de l'enfer* de Rodin

★ *Le Déjeuner sur l'herbe* de Manet

★ *Le Moulin de la galette* d'Auguste Renoir

À la découverte du musée d'Orsay

Le musée d'Orsay commence là où le Louvre s'arrête, en exposant des œuvres datant de 1848 à 1914. Et l'intérêt qu'il suscite est loin de se limiter aux œuvres impressionnistes qui ont établi sa réputation. Permettant de confronter peinture, sculpture, architecture, photographie et arts décoratifs, il présente en effet un panorama exceptionnel de la création pendant la seconde moitié du XIXe siècle.

Plafond peint (1911) par l'artiste nabi Maurice Denis

ART NOUVEAU

Boiseries et mobilier provenant de l'hôtel Aubecq à Bruxelles présentent l'œuvre de l'architecte belge Victor Horta, précurseur de cet Art « nouveau » qui allait fleurir dans toute l'Europe jusqu'à la Première Guerre mondiale. Parmi beaucoup d'autres pièces, les meubles créés par Hector Guimard, célèbre pour ses stations de métro, les bijoux de René Lalique, un vitrail de l'Américain Louis Comfort Tiffany, réalisé d'après un carton de Toulouse-Lautrec, et une remarquable collection d'œuvres d'Émile Gallé et de l'école qui se forma autour de lui à Nancy rappellent tout ce qu'apporta aux arts décoratifs ce style dont l'exubérance s'exprime avec un charme tout particulier dans la bibliothèque sculptée de motifs allégoriques par Rupert Carabin en 1890.

Confrontés à ceux de Gaudí et Bugatti, les meubles de Joseph Hoffmann, Otto Wagner et Charles Rennie Mackintosh, architectes rejetant la profusion d'ornementation de la fin du XIXe siècle, annoncent par leurs lignes rigoureuses l'esthétique contemporaine.

SCULPTURE

La grande allée centrale du musée offre un cadre mettant merveilleusement en valeur un assortiment de sculptures qui montre l'éclectisme d'une époque où le classicisme d'Eugène Guillaume (*Cénotaphe des Gracchi*, 1848-1853) cohabitait avec le romantisme de François Rude dont un moulage du *Génie de la patrie* de l'Arc de triomphe décore l'entrée de l'ancienne gare. Le XIXe siècle eut aussi ses artistes inclassables, tel Honoré Daumier, auquel une salle est consacrée et dans laquelle le bas-relief *Les Émigrants* et les 36 bustes de parlementaires qui servirent à ses caricatures du *Charivari* témoignent de son génie. Jean-Baptiste Carpeaux était également génial. Trois de ses œuvres, *Ugolin et ses fils*, *Les Quatre Parties du monde* et *La Danse*, illustrent le prodigieux sens du mouvement et de la vie.

Plus connu pour ses tableaux impressionnistes que pour son œuvre sculptée, restée longtemps ignorée, Edgar Degas réalisa de nombreux bronzes, et la galerie du niveau supérieur renferme de belles séries de chevaux, de femmes à leur toilette et de danseuses, ses thèmes de prédilection

que l'on retrouve dans des toiles exposées en vis-à-vis comme *L'École de danse*.

Deux longues terrasses surplombent, au niveau médian, l'allée centrale de la grande halle. L'une propose un assortiment de sculptures officielles de la IIIe République, l'autre est réservée à Rodin, grand maître par la puissance de son inspiration et par sa technique parfaite.

On peut notamment y admirer *La Porte de l'enfer* et des plâtres de *Balzac* et de *La Muse*. *L'Âge mûr,* un bronze remarquable de sa compagne, Camille Claudel, leur fait face.

PEINTURE AVANT 1870

Plusieurs salles du rez-de-chaussée juxtaposent toutes les formes de peinture antérieures à 1870 et mettent ainsi en relief l'étonnante diversité de styles du XIXe siècle. L'explosion de couleurs de *La Chasse aux lions* (1854) du romantique Eugène Delacroix voisine avec *La Source* (1856) de J. A. D. Ingres, chef de l'école classique, et l'on retrouve mêlées les influences de ces deux grands mouvements picturaux dans les œuvres – dont les *Chefs de tribus arabes se défiant* – d'Émile Chassériau, élève du dernier mais admirateur du premier. Ingres fut également le professeur de Degas dont *La Famille Bellelli* annonçait dès 1859 la modernité qu'il incarnerait avec les impressionnistes et leur ami Édouard Manet, peintre réaliste honni des critiques dès les années 1860 à cause de tableaux comme *Olympia* ou *Le Déjeuner sur l'herbe.*

Grande danseuse habillée (1881) d'Edgar Degas

Olympia (1863) d'Édouard Manet

IMPRESSIONNISME

En une décennie, de 1870 à 1880, l'obsession de quelques artistes pour la lumière va donner naissance à l'un des mouvements les plus importants de l'histoire de la peinture. *Le Moulin de la galette* et *La Balançoire* d'Auguste Renoir, *L'Inondation à Port-Marly* d'Albert Sisley datent de 1876, *La Gare Saint-Lazare* de Claude Monet de 1877. Monet s'installe ensuite à Vétheuil puis à Giverny et entame ses célèbres séries (meules de foin, nymphéas…), notamment celle de la *Cathédrale de Rouen,* saisie à différentes heures de la journée.

Quoique exposé en leur compagnie, Cézanne peignit ses plus grands chefs-d'œuvre, tels *Les Joueurs de cartes* ou *La Femme à la cafetière,* après s'être éloigné des impressionnistes, et si la patte de Van Gogh doit beaucoup

à leur touche fractionnée, des tableaux comme *L'Arlésienne, La Chambre de Van Gogh en Arles* et *L'Église d'Auvers-sur-Oise* montrent toute l'originalité de son œuvre.

Paysannes bretonnes (1894) de Paul Gauguin

NÉO-IMPRESSIONNISME

Ce terme un peu fourre-tout ne correspond pas à une véritable école ou à un mouvement pictural mais sert généralement à qualifier l'œuvre de peintres qui se sont définis par rapport à l'impressionnisme. C'est le cas de Georges Seurat, qui s'efforce dans ses tableaux entièrement composés de points de couleur (*Le Cirque,* 1891) de reconstruire la forme que Monet dissout.

Bien que transporté par leur huitième exposition en 1882 lorsqu'il arrive à Paris, Henri de Toulouse-

Les Nymphéas bleus (1919) de Claude Monet

Lautrec ne suivra pas ses amis impressionnistes dans leur quête de la lumière et se concentrera sur les gens, les femmes en particulier, qu'elles soient artistes (*La Goulue, La Clownesse Cha-U-Kao*) ou simples prostituées (*Le Lit*). Gauguin, impressionniste à ses débuts (*Lavandières à Pont-Aven*), mettra au point avec Émile Bernard le synthétisme (*La Belle Angèle, Les Meules jaunes*) et aura une grande influence sur le groupe des nabis, notamment sur Pierre Bonnard et Maurice Denis.

NATURALISME ET SYMBOLISME

Rejeté par les peintres et critiques académiques du second Empire, le naturalisme conquit les salons pendant la IIIe République. Le musée d'Orsay lui consacre plusieurs salles où l'on peut admirer des œuvres marquantes telles *Les Fils de Caïn* par Fernand Cormon, *Les Foins* par Jules Bastien-Lepage, influencé par Manet, ou l'étonnante fresque de la vie populaire peinte par Lionel Walden : *Les Docks de Cardiff.*

Parmi de nombreux tableaux étrangers, *Les Âges de l'ouvrier* du Belge Léon Frédéric ou *Madame Lwoff* de la Russe Valentine Serov rappellent que le naturalisme devint international à la fin du siècle.

En réaction contre les réalistes et contre les impressionnistes en quête de nouveaux moyens de reproduire le monde extérieur, les symbolistes cherchèrent à traduire le monde intérieur du rêve, de la sensation ou de la pensée. Quelques chefs-d'œuvre comme *Intimité* d'Eugène Carrière, *Nuit d'été* de Winslow Homer, *Le Rêve* de Puvis de Chavannes, *Les Yeux clos* d'Odilon Redon ou *La Roue de la fortune* d'Edward Burne-Jones illustrent cette démarche.

LE QUARTIER LATIN

Vitrail du XVe siècle au musée de Cluny

On parle latin sur la rive gauche de la Seine depuis qu'en 1118 le philosophe Abélard, chassé du cloître Notre-Dame, entraîna 3 000 de ses élèves sur la montagne Sainte-Geneviève. Au cours du XIIIe siècle, les auberges d'*escholiers* appelées aussi collèges se multiplièrent. L'un d'eux, créé en 1253 par Robert de Sorbon pour les étudiants pauvres, entrera dans la postérité. Au fil des siècles, la tradition universitaire du Quartier latin s'est maintenue autour de la vénérable Sorbonne et autour de ses lycées. Les deux plus prestigieux d'entre eux sont Henri-IV et Louis-le-Grand qui ont vu passer de nombreuses personnalités françaises sur leurs bancs.

S'il continue à attirer des jeunes du monde entier, il se glisse aujourd'hui parmi eux beaucoup de touristes, et ses vieilles rues se sont emplies de marchands de souvenirs et de sandwichs grecs. Toujours très animé avec ses nombreux cinémas, librairies, cafés et clubs de jazz, le Quartier latin conserve néanmoins une atmosphère inimitable.

Sous le pont Saint-Michel, un jeune musicien entretient la vieille tradition «bohème» du Quartier latin.

LE QUARTIER D'UN COUP D'ŒIL

Rues et bâtiments historiques
Boulevard Saint-Michel ❷
Collège de France ❽
La Sorbonne ❼

Musées
Musée de la Préfecture de police ❻
Musée national du Moyen Âge p. 154-157 ❶

COMMENT Y ALLER
Métro : Saint-Michel et Cluny-La-Sorbonne.
RER : Saint-Michel et Luxembourg se trouvent au sud et au nord du quartier. Bus : les lignes 24 et 87, et le Balabus, empruntent le boulevard Saint-Germain. La ligne 38, qui suit le boulevard Saint-Michel, passe à la Sorbonne et au musée national du Moyen Âge.

Églises et temples
Chapelle de la Sorbonne ❾
Panthéon p. 158-159 ⓫

Saint-Étienne-du-Mont ❿
Saint-Julien-le-Pauvre ❹
Saint-Séverin ❸

Place
Place Maubert ❺

LÉGENDE

▦	Plan du quartier pas à pas
Ⓜ	Station de métro
◻	Embarcadère de Batobus
RER	Station de RER

VOIR AUSSI

- *Atlas des rues* plans 12, 13, 17
- *Hébergement* p. 287
- *Restaurants* p. 306

◁ **Un moment de pause sur les quais en face du Quartier latin**

Le Quartier latin pas à pas

Si la tradition estudiantine du quartier remonte au Moyen Âge, il a une histoire beaucoup plus ancienne et l'une de ses principales artères, la rue Saint-Jacques, suit le tracé de la voie antique qui traversait l'extension sur la rive gauche de la Seine de la Lutèce romaine de l'île de la Cité. Depuis François Villon, escholier et brigand du XVe siècle, les alentours de la Sorbonne se signalent régulièrement pour leur turbulence. Il y eut mai 1968, bien sûr, mais la place Saint-Michel fut aussi au centre de l'insurrection de la Commune en 1871. Ces dernières années, toute la partie est du Quartier latin s'est toutefois très embourgeoisée.

La place Saint-Michel renferme une fontaine de Davioud ornée d'un bronze de Duret : *Saint Michel terrassant le dragon.*

M

Métro St-Michel

La petite Athènes, ensemble de rues touristiques autour de Saint-Séverin abritant de nombreux restaurants grecs, est particulièrement animée le week-end.

Métro Cluny La Sorbonne

★ Boulevard Saint-Michel
Un joyeux mélange de cafés, librairies et boutiques de prêt-à-porter borde la partie nord de ce boulevard toujours emplie d'une foule vivante et colorée **②**

M

★ Musée national du Moyen Âge
Installé dans un superbe hôtel de la fin du XVe siècle, ce musée propose l'une des plus belles expositions d'art médiéval du monde **①**

Le n° 22 rue Saint-Séverin est la maison la plus étroite de Paris. L'abbé Prévost, auteur de *Manon Lescaut,* y vécut.

★ **Saint-Séverin**
*La construction de
cette magnifique église
à l'architecture gothique
flamboyant commença
au XIIIᵉ siècle* ❸

La rue du Chat-qui-pêche,
étroite et piétonnière,
n'a pas beaucoup changé
depuis deux siècles.

CARTE DE SITUATION
Voir le centre de Paris p. 14-15

Shakespeare & Co
(p. 140) désormais au 37
rue de la Bûcherie, est une
mine pour les bibliophiles
anglophones. Chaque
livre acheté porte le
tampon : *Shakespeare &
Co, kilomètre zéro Paris.*

★ **Saint-Julien-le-Pauvre**
*Reconstruite au XVIIᵉ siècle,
cette église servit de magasin
à fourrage pendant la
Révolution* ❹

Rue du Fouarre
les étudiants du
Moyen Âge
s'asseyaient sur la
paille *(fouarre)* pour
écouter leurs cours.

Ⓜ
**Métro
Maubert
Mutualité**

La rue Galande,
riche et élégante au
XVIIᵉ siècle, devint
ensuite connue pour
ses cabarets malfamés.

À NE PAS MANQUER

★ Boulevard Saint-Michel

★ Musée national
du Moyen Âge

★ Saint-Julien-le-Pauvre

★ Saint-Séverin

LÉGENDE

– – – Itinéraire conseillé

0   100 m

Musée national du Moyen Âge – Thermes de Cluny ❶

Voir p. 154-157.

Boulevard Saint-Michel ❷

75005 et 75006. **Plan** 12 F5 et 16 F2. Ⓜ *Saint-Michel, Cluny-La-Sorbonne.* 🚇 *Luxembourg.*

Le café de Cluny, au n° 20, est l'un des rares établissements, parmi ceux qui firent la réputation du boulevard Saint-Michel après son percement en 1869, à avoir survécu au milieu des magasins de prêt-à-porter. Sur la place Saint-Michel, des plaques de marbre commémorent les étudiants qui y tombèrent pendant la libération de Paris.

Gargouilles de Saint-Séverin

Saint-Séverin ❸

1, rue-des-Prêtres-Saint-Séverin 75005. **Plan** 13 A4. **Tél.** *01 42 34 93 50.* Ⓜ *Saint-Michel.* ⭕ *lun.-sam. 11h-19h30, dim. 9h-20h30.* 📷 **Concerts.**

Cette église, superbe exemple de gothique flamboyant, porte le nom d'un moine du VIᵉ siècle qui persuada le futur saint Cloud, petit-fils de Clovis, d'entrer dans les ordres. La construction de l'édifice actuel commença au début du XIIIᵉ siècle et se poursuivit jusqu'au XVIᵉ siècle. Le bâtiment fut encore remanié au XVIIᵉ siècle et on dota sa façade principale

L'intérieur de Saint-Julien-le-Pauvre

d'un portail provenant de l'ancienne église Saint-Pierre-aux-Bœufs (XIIIᵉ siècle) en 1837. Une partie importante de sa décoration, notamment des chapelles, date de 1840-1870.

L'intérieur est remarquable pour son magnifique déambulatoire gothique à voûtes en palmiers et le beau buffet d'orgues sculpté par Fichon en 1745 qui domine la nef. L'ancien cimetière, au sud, est devenu un jardin. On peut encore voir contre l'église les galeries voûtées des anciens charniers.

Saint-Julien-le-Pauvre ❹

1, rue Saint-Julien-le-Pauvre 75005. **Plan** 13 A4. **Tél.** *01 43 29 09 09.* Ⓜ et 🚇 *Saint-Michel.* ⭕ *t.l.j. 9h30-13h, 15h-18h.* 🚇 *lun.* **Concerts.** *Voir* **Se distraire** *p. 336.*

Cette église, élevée vers 1165 à l'emplacement d'un sanctuaire plusieurs fois ravagé par les Normands au IXᵉ siècle, est avec celle de Saint-Germain-des-Prés l'une des plus anciennes de Paris. L'université y tint ses assises solennelles jusqu'en 1524, date à laquelle les dégâts que lui infligea une révolte d'étudiants amenèrent le Parlement à imposer un nouveau lieu de réunion. Sa façade date d'une importante restauration au XVIIᵉ siècle et la décoration de l'intérieur rappelle qu'elle est affectée depuis 1889 au rite melchite (byzantin catholique).

Place Maubert ❺

75005. **Plan** 13 A5. Ⓜ *Maubert-Mutualité.*

Du XIIᵉ siècle au milieu du XIIIᵉ siècle, elle fut l'un des centres d'enseignement où les maîtres réunissaient leurs élèves au coin d'une rue. Après la création des collèges sur la montagne Sainte-Geneviève, elle devint un lieu d'exécution publique, celui où l'humaniste Étienne Dolet périt sur le bûcher (1546). La rue de Bièvre, où François Mitterrand avait sa résidence privée, débouche sur la place. Elle porte le nom d'une rivière qui coulait à ciel ouvert il y a un siècle et se perd aujourd'hui dans les égouts. Au 47 quai de la Tournelle se trouve le musée de l'Assistance publique-Hôpitaux de Paris.

Musée de la Préfecture de Police ❻

4, rue de la Montagne-Sainte-Geneviève 75005. **Plan** 13 A5. **Tél.** *01 44 41 52 50.* Ⓜ *Maubert-Mutualité.* ⭕ *lun.-ven. 9h-17h, sam. 10h-17h (dern. entrée : 16h30).* ⚫ *j.f.* **www**.prefecture-police-paris. interieur.gouv.fr

Armes du musée de la Police

Ce petit musée un peu démodé installé dans le commissariat du Vᵉ arrondissement présente l'histoire de la police du XVIᵉ siècle à nos jours et de nombreux documents concernant des criminels ou prisonniers célèbres. Certaines de ses vitrines contiennent des armes ou ustensiles divers utilisés lors d'assassinats, d'autres illustrent les débuts de la police scientifique, par exemple de l'anthropométrie mise au point par Bertillon.

Sorbonne **❼**

47, rue des Écoles 75005. **Plan** 13
A5. **Tél.** 01 40 46 23 48. Ⓜ *Cluny-
La-Sorbonne, Maubert-Mutualité.*
⬜ *seul. sur r.-v.* ⚫ *j. f.* ▨ *seul. sur
r.-v., téléphoner.*

Robert de Sorbon, chapelain
de Saint Louis, acheta en 1255
une maison rue Coupe-
Gueule à laquelle la
générosité du roi lui permit
d'adjoindre des bâtiments
voisins pour fonder en 1258
un collège destiné aux
étudiants pauvres de
théologie. Approuvé dès 1259
par le pape, l'établissement
devint rapidement le siège de
la faculté de théologie
de l'université de Paris.
De la somptueuse
reconstruction du vieil édifice
gothique qu'ordonna en 1626
Richelieu, proviseur de la
Sorbonne, il ne subsiste
aujourd'hui que la chapelle.
Les autres bâtiments,
imposants et austères,
datent du XIXᵉ siècle.

Entrée du Collège de France

Collège de France **❽**

11, place Marcelin-Berthelot 75005.
Plan 13 A5. **Tél.** 01 44 27 12 11.
Ⓜ *Maubert-Mutualité.* ⬜ *oct.-juin :
lun.-ven. 9h-18h.* ⚫ *juil. et août.*

À la demande du grand
humaniste Guillaume Budé,
François Iᵉʳ fonda en 1530 le
collège des Lecteurs royaux
(Collège royal de France du
XVIIᵉ siècle à la Révolution) où
l'enseignement échappait au
dogmatisme et à l'intolérance
de l'université de Paris.
L'inscription *Docet omnia*
(tout enseigner), sur les vieux
bâtiments construits à partir
de 1610, résume bien l'esprit
d'une institution où les cours
sont publics et gratuits.

**Clocher du
XVIᵉ siècle**

**SAINT-
ÉTIENNE-
DU-MONT**

Vitrail médiéval

Jubé

Chapelle de
la Sorbonne **❾**

Pl. de la Sorbonne 75005.
Plan 13 A5. **Tél.** 01 40 46 22 11.
Ⓜ *Cluny-La-Sorbonne, Maubert-
Mutualité.* Ⓡ *Luxembourg.* ⬜ *lors
d'expositions temporaires seul.* ▨

Le plan de ce sanctuaire
édifié par Lemercier de 1635
à 1642 s'inspire de celui de
l'église du Gésù à Rome.
Son dôme, flanqué de quatre
campaniles, était le cinquième
élevé à Paris. Le chœur abrite
le tombeau de Richelieu,
monument en marbre sculpté
par Girardon sur des dessins de
Le Brun et inauguré en 1694.

**Horloge de la chapelle de la
Sorbonne**

Saint-Étienne-
du-Mont **❿**

Pl. Sainte-Geneviève 75005.
Plan 17 A1. **Tél.** 01 43 54 11 79.
Ⓜ *Cardinal-Lemoine.* ⬜ *mar.-ven.
8h45-19h30, lun. midi-19h30,
sam.-dim. 8h45-12h, 14h30-19h45*
⚫ *lun. juil.-août.* 📷 ▯

Cette église présente un
mariage remarquable de
styles différents. L'intérieur
voûté est gothique, mais
la décoration du jubé est
influencée par la Renaissance
italienne. De superbes
vitraux du XVIIᵉ siècle ornent
la galerie des Charniers,
autour de l'abside.

Panthéon **⓫**

Voir p. 158-159.

Musée national du Moyen Âge ❶

Autrefois connu sous le nom de musée de Cluny, il occupe à la fois les thermes gallo-romains (1er-IIIe siècles) et l'hôtel construit à la fin du XVe siècle pour les abbés de Cluny. C'est l'une des trois demeures médiévales de Paris à avoir subsisté.

Tête de saint Jean-Baptiste

Ceint d'un jardin d'inspiration médiévale, il présente l'une des plus belles et des plus riches collections d'art du Moyen Âge du monde.

Hôtel de Cluny
Jacques d'Amboise, abbé de Cluny, acheva vers 1500 la construction de cette belle demeure médiévale.

Chapelle médiévale

★ La Rose d'or de Bâle *(1330)*
L'orfèvre Minucchio da Sienna la créa pour le pape d'Avignon Jean XXII.

★ La Dame à la licorne
Cette extraordinaire suite de six tapisseries est un remarquable exemple du style dit des « mille fleurs », réputé pour la grâce de ses personnages et de ses animaux, qui se développa aux XVe et XVIe siècles.

Thermes gallo-romains
Ces thermes fonctionnèrent pendant à peu près un siècle avant d'être abandonnés.

Caldarium (salle des bains chauds)

À NE PAS MANQUER

★ Galerie des Rois

★ La Dame à la licorne

★ La Rose d'or de Bâle

Frigidarium gallo-romain
Cette salle des bains froids (1er-IIe siècle) a conservé une belle voûte d'arête qui repose sur des consoles ornées de proues de barque, l'emblème de la puissante corporation des nautes.

Livres d'heures
Le musée possède deux livres d'heures de la première moitié du XVᵉ siècle que l'on peut feuilleter. Les pages enluminées présentent les travaux des mois et les signes du zodiaque.

MODE D'EMPLOI

6 pl. Paul-Painlevé. **Plan** 13 A5.
📞 01 53 73 78 00/16. Ⓜ Cluny, Saint-Michel, Odéon. 🚌 63, 86, 87, 21, 27, 85, 38 *vers la rue Soufflot et la rue des Écoles.* 🚆 *Saint-Michel* 🅿 *rue de l'École-de-Médecine, rue Soufflot et parc Saint-Michel.* ◐ *mer.-lun. 9h15-17h45.* ◐ *1ᵉʳ janv., 1ᵉʳ mai, 25 déc.* 🖼📷✏🎫 **Concerts et poésie médiévales.**
www.musee-moyenage.fr

★ Galerie des Rois
En 1977, les ouvriers d'un chantier rue de la Chaussée-d'Antin mirent au jour 21 des 28 têtes des rois de Juda qui se trouvaient sur la façade de Notre-Dame avant d'être « décapités » en 1793.

SUIVEZ LE GUIDE !
Les collections, qui occupent les deux étages des bâtiments, présentent un très vaste assortiment d'objets datant du Moyen Âge : tissus, tapisseries et broderies, manuscrits enluminés, orfèvrerie, émaux, vitraux, céramiques, chapiteaux, sculptures, mobilier laïque et religieux, armes, et même jouets et ustensiles de cuisine. La grande salle du frigidarium renferme des vestiges gallo-romains.

Tour octogonale

Entrée

Cour

Entrée de la cour

LÉGENDE DU PLAN

☐ Ruines gallo-romaines
☐ Demeure médiévale
☐ Bâtiments des XIXᵉ et XXᵉ siècles

CHRONOLOGIE

vers 200 Construction des thermes		**1747** La tour octogonale sert d'observatoire	**1789** Confisqué, l'hôtel est revendu par l'État	**1833** Alexandre Du Sommerard, collectionneur d'art médiéval, loue l'hôtel
	vers 1500 Jacques d'Amboise fait construire l'hôtel			**1844** Ouverture du musée
200	**1450**	**1750**	**1800**	**1850**
vers 300 Les Barbares pillent les thermes			**1819** Louis XVIII fait dégager les thermes	
1600 Des nonces apostoliques habitent l'hôtel		*Louis XVIII à son bureau*	**1842** L'État acquiert bâtiment et collections	

À la découverte du musée national du Moyen Âge

Alexandre Du Sommerard loua en 1832 une partie de sa collection d'art médiéval. À sa mort en 1842, l'État acheta les œuvres, ainsi que l'hôtel, puis acquit les thermes voisins que Louis XVIII avait fait dégager. L'ensemble devint alors un musée.

Les vendanges

TAPISSERIES

Le musée présente 24 tapisseries remarquables par leur beauté et leur état de conservation. Toutes sont d'une subtile élégance. Avec ses six pièces : la broderie, la lecture, la promenade, la chasse, le bain et les scènes galantes, la série de *La Vie seigneuriale* offre un témoignage exceptionnel sur la vie quotidienne de la noblesse au début du XVIe siècle. La tenture de *Saint Étienne* retrace la vie du saint à la manière d'une véritable bande dessinée.

SCULPTURE SUR BOIS

Au Moyen Âge, les artistes et artisans du Nord de l'Europe s'illustrèrent tout particulièrement dans la sculpture sur bois. *L'École*, petite œuvre touchante de réalisme, date du XVIe siècle et a été réalisée en France. De l'actuelle Belgique, on peut admirer, exposés dans la grande salle du premier étage, deux retables polychromes anversois, représentant la *Passion du Christ* et la *Messe de saint Grégoire*, un splendide *Portement de Croix,* dans la première vitrine à gauche, probablement exécuté vers 1400 à Paris, et la sublime *Marie Madeleine* réalisée un siècle plus tard à Bruxelles. D'Allemagne, on trouve une Vierge et un saint Jean qui ornaient un calvaire bavarois au XVe siècle, ainsi que la *Vierge à l'Enfant* qu'Henrick Douwermann sculpta au début du XVIe siècle.

VITRAUX

Les plus vieux vitraux exposés à Cluny décoraient à l'origine la basilique Saint-Denis et datent de 1144. Une vie de saint Nicolas et une vie du Christ rappellent le souvenir de la cathédrale de Troyes, détruite par un incendie. Les vitraux du XIIIe siècle présentés par le musée proviennent pour la plupart de la Sainte-Chapelle (*p. 88-89*) et du château de Rouen.

Ces derniers offrent un exemple intéressant de la technique de la grisaille, associant des panneaux incolores aux parties figurées exécutées en verre de couleur, qui se développa dans la seconde moitié du XIIIe siècle et permit, outre un meilleur éclairage des édifices, de faire évoluer l'art du vitrail vers une plus grande subtilité.

Vitraux de Betton, Ille-et-Vilaine (XVe siècle)

L'École, sculpture sur bois du début du XVIe siècle

Tête de reine provenant de Saint-Denis (avant 1140)

SCULPTURE

Quatre salles du rez-de-chaussée sont plus particulièrement consacrées à la sculpture. La première, dédiée à Notre-Dame, présente, outre les 21 têtes des rois de Juda mutilées pendant la Révolution, les statues-colonnes du portail Sainte-Anne. Dans celle en vis-à-vis, on peut admirer un ensemble remarquable de 12 chapiteaux romans de la nef de l'église de Saint-Germain-des-Prés (début du XIᵉ siècle) et, datant de la même période mais provenant des portails de Saint-Denis, la tête d'une reine de l'Ancien Testament, abîmée, celle de Moïse et celle d'un apôtre.

Les œuvres les plus fascinantes demeurent toutefois les quatre apôtres qui ornaient jadis la Sainte-Chapelle.

OBJETS QUOTIDIENS

Le musée conserve une importante collection d'objets de la vie quotidienne inaugurée en 1998. Coffres, coffrets et tentures ornent la maison, étains et céramiques décorent la table alors que costumes, chaussures et peignes parent l'homme. Quelques jouets soulignent la dimension ludique de l'apprentissage des enfants.

ARTS PRÉCIEUX

Le musée de Cluny possède une belle collection de bijoux, pièces, objets d'orfèvrerie et d'émaillerie datant de l'époque gauloise au Moyen Âge. Les bijoux gaulois sont d'une grande simplicité. Les objets peuvent être en or, en argent, ou encore en cuivre, souvent émaillés ou rehaussés de pierreries. La collection comprend aussi un bel ensemble d'émaux limousins, une Crucifixion saxonne et des plaques d'autel limousines. Mais les pièces d'orfèvrerie les plus spectaculaires demeurent les nombreuses croix richement ouvragées, les superbes reliquaires et la délicate *Rose d'or de Bâle*, la plus ancienne conservée de ce genre.

Croix italienne (fin du XVᵉ siècle)

Bloc du pilier des nautes

RUINES GALLO-ROMAINES

Le vaste frigidarium (20 m de long sur 11,50 de large et 14 de haut) des thermes de Cluny, construits sur le modèle de ceux de Trajan à Rome, est la seule salle antique de France à avoir conservé ses voûtes. Elle abrite quatre blocs, sculptés de divinités gauloises et romaines, qui appartenaient à un pilier dédié à Jupiter par la corporation des nautes qui étaient des marins. Il fut retrouvé en 1711 sous Notre-Dame. On peut, en visitant les galeries du sous-sol, les plus vieux souterrains de la capitale, découvrir les salles de chauffe et les égouts d'un établissement thermal antique (*vis. guid. seul.*).

TENTURE DE LA DAME À LA LICORNE

Ces six tapisseries tissées dans le sud des Pays-Bas à la fin du XVᵉ siècle sont exposées dans une rotonde spécialement aménagée pour elles. D'une extraordinaire élégance, elles représentent, pour les cinq premières, des allégories des sens : la vue (regarder dans un miroir), l'ouïe (jouer de la musique), le goût (manger des confiseries), l'odorat (humer une fleur) et le toucher (tenir la corne de la licorne). Dans la sixième tapisserie, la Dame enferme le trésor de ses sens dans un coffret pour s'offrir tout entière à Dieu, son « seul désir ».

La licorne de la 6ᵉ tapisserie

Panthéon ⓫

Guéri en 1744 d'une grave maladie, Louis XV décida de construire une église en accomplissement du vœu qu'il avait fait lorsqu'il se trouvait au plus mal. L'architecte Jacques-Germain Soufflot fut chargé d'élever ce sanctuaire dédié à sainte Geneviève. Commencé en 1764, mais achevé seulement en 1790, l'édifice néoclassique se vit presque immédiatement transformé en un temple laïque, le Panthéon, destiné à recevoir les tombeaux des « grands hommes de l'époque de la liberté française ». Il redevint l'église Sainte-Geneviève de 1806 à 1831, puis de 1852 jusqu'aux obsèques de Victor Hugo, en 1885, depuis lesquelles il est resté le monument des Français illustres.

Façade
Son portique de 22 colonnes corinthiennes est inspiré de celui du Panthéon de Rome.

Les arcs du dôme, qui pèse 10 000 tonnes, construits par Rondelet après la mort de son maître, Jacques-Germain Soufflot, réunissent les quatre piliers de soutien avec une grâce évoquant l'architecture gothique.

Bas-relief du fronton
Sculpté par David d'Angers, il représente la Patrie distribuant des couronnes de laurier à ses grands hommes.

Intérieur du Panthéon
Il a la forme d'une croix grecque dont le dôme surplombe l'intersection des branches.

Entrée

À NE PAS MANQUER

★ Crypte

★ Dôme

★ Fresques de sainte Geneviève

★ Fresques de sainte Geneviève
Pierre Puvis de Chavannes peignit au XIXe siècle sur le mur sud de la nef ces scènes de la vie de la sainte patronne de Paris.

La lanterne du dôme
ne laisse filtrer qu'une
lumière ténue, un
éclairage trop vif n'ayant
pas été jugé approprié
pour le tombeau des
héros de la Patrie.

★ **Dôme**
*Culminant à 83 mètres,
ce dôme composé de trois
coupoles s'inspire de ceux
de St-Paul à Londres et des
Invalides (p. 188-189).*

Les galeries du dôme
offrent une vue
magnifique sur Paris.

Colonnade
*Outre leur fonction décorative,
les colonnes entourant
le dôme en répartissent
ingénieusement
le poids.*

Monument de Diderot
*Alphonse Terroir sculpta cet
imposant monument en 1925.*

★ **Crypte**
*Divisée en galeries par
des colonnes doriques, elle s'étend
sous tout le bâtiment et abrite les
tombeaux de grands hommes.*

MODE D'EMPLOI

Pl. du Panthéon. **Plan** 17 A1.
Tél. 01 44 32 18 00. Ⓜ️ Jussieu,
Cardinal-Lemoine. 🚌 84 vers le
Panthéon ; 21, 27, 38, 82, 84,
85, 89 vers la gare du
Luxembourg. 🚆 Luxembourg.
🅿️ pl. Edmond-Rostand. ⭕ avr.-
sept. : t.l.j. 10h-18h30 ; oct.-
mars : t.l.j. 10h-18h. ⭕ 1er janv,
1er mai, 25 déc. 📷 📷 📷

HÔTES DU PANTHÉON
Mirabeau fut le premier des grands Français
inhumé au Panthéon ; mais Robespierre
le remplaça par Marat qui connut à son
tour une disgrâce posthume : sa
dépouille fut jetée aux égouts.
Désormais, 73 personnages reposent
sous le monument. Les dernières
inhumations eurent lieu en 1995 avec
Pierre et Marie Curie, en 1996 avec André
Malraux, et en 2002 avec Alexandre
Dumas. Les écrivains sont nombreux :
Victor Hugo, Émile Zola, Jean-Jacques
Rousseau et Voltaire qu'une statue
attribuée à Jean-Antoine Houdon
représente en pied.

LE QUARTIER DU JARDIN DES PLANTES

Ce quartier en bord de Seine, où se nichent les arènes de Lutèce, est paisible grâce aux vastes espaces occupés par l'hôpital de la Salpêtrière et le Jardin des Plantes créé dès 1626 sous Louis XIII. Les rois de l'Ancien Régime y cultivaient des plantes médicinales, et il abrite aujourd'hui le Muséum national d'histoire naturelle. En bas de la rue Mouffetard, où se tient tous les jours un marché animé, et aux abords de la place de la Contrescarpe, règne encore le charme d'un village médiéval.

LE QUARTIER D'UN COUP D'ŒIL

Musées et galeries
Collection des minéraux
de Jussieu **4**
Musée de la Sculpture
en plein Air **2**
Manufacture
des Gobelins **13**
Muséum national
d'histoire
naturelle **10**

Architecture moderne
Institut du monde arabe **1**

Église et mosquée
Mosquée de Paris
et Institut musulman **9**
Saint-Médard **8**

Place, parc et jardin
Jardin des Plantes **11**
Ménagerie **3**
Place de la Contrescarpe **6**

Rue et sites historiques
Arènes de Lutèce **5**
Hôpital de la Pitié-
Salpêtrière **12**
Rue Mouffetard **7**

COMMENT Y ALLER
Métro : stations Cardinal-Lemoine, Saint-Marcel, Gobelins, Place-d'Italie et Gare-d'Austerlitz où s'arrêtent également le train et le RER. La ligne d'autobus 47 suit la rue Monge et la 89 fait le tour du jardin.

VOIR AUSSI
- *Atlas des rues* plans 17-18
- *Restaurants* p. 307

LÉGENDES
- Plan du quartier pas à pas
- **M** Station de métro
- Embarcadère de Batobus
- **RER** Station de RER
- Gare SNCF

◁ **La rue Mouffetard**

Le quartier du Jardin des Plantes pas à pas

Deux médecins de Louis XIII, Jean Héroard et Guy de La Brosse fondèrent en 1626 le jardin royal des Plantes médicinales dans le faubourg Saint-Victor, alors beaucoup moins peuplé que le quartier voisin de la rue Mouffetard. Ces deux zones pourtant proches connurent aux XVIIIe et XIXe siècles deux évolutions très dissemblables. Alors qu'autour du Jardin des Plantes s'élevaient des habitations plutôt cossues, le caractère populaire de la « Mouffe » s'accentuait. Depuis les années 1960, cependant, les classes aisées s'installent dans ses ruelles pittoresques.

Métro
Cardinal-
Lemoine

Place de la Contrescarpe
Cafés et restaurants très animés le soir bordent cette petite place d'aspect villageois ❻

★ **Rue Mouffetard**
L'un des plus vieux marchés en plein air de Paris se tient dans l'une de ses plus anciennes rues puisqu'elle suit le tracé d'un chemin gaulois et conserve l'aspect qu'elle avait au Moyen Âge ❼

La fontaine du Pot-de-fer, l'une des 14 que créa Marie de Médicis sur la rive gauche au moment de son installation au palais du Luxembourg, fut remaniée sur des dessins de Le Vau en 1671.

Métro
Monge

Le passage des Postes, ancienne ruelle percée en 1830, donne dans la rue Mouffetard.

Saint-Médard
Sa construction commença au milieu du XVe siècle et s'acheva en 1655. L'architecte Petit-Radel éleva en 1784 la grande chapelle de son chevet et fit canneler les colonnes du chœur à l'antique ❽

★ **Arènes de Lutèce**
L'amphithéâtre romain servit de nécropole au IVᵉ siècle ❺

CARTE DE SITUATION
Voir le centre de Paris p. 14-15

La rue des Arènes, qui longe le square des arènes de Lutèce, renferme au n° 5, une maison néogothique où vécut Jean Paulhan à partir de 1940.

La fontaine Cuvier, construite en 1840 à la mémoire du créateur de la paléontologie, Georges Cuvier, est ornée d'une statue de Jean-Jacques Feuchère.

LÉGENDE

- - - Itinéraire conseillé

0   100 m

Métro Censier Daubenton

★ **Mosquée de Paris**
Ce bâtiment de style hispano-mauresque, centre de la communauté musulmane de Paris, abrite aussi un hammam, un café maure et un restaurant, ainsi qu'un bazar oriental ❾

À NE PAS MANQUER

★ Arènes de Lutèce
★ Mosquée de Paris
★ Rue Mouffetard

Institut du monde arabe ❶

1, rue des Fossés-Saint-Bernard
75005. **Plan** 13 C5. **Tél.** 01 40 51 38
38. Ⓜ *Jussieu, Cardinal-Lemoine.*
⬤ *Musée et expositions*
temporaires : mar.-dim. 10h-18h.
Bibliothèque : mar.-sam. 13h-20h.
⬤ 1er mai. 🏷 ♿ 📷 *Conférences.*
🍴 🖥 www.imarabe.org

Vingt-deux pays arabes
fondèrent avec la France, en
1980, cet institut destiné à
favoriser les échanges entre
cultures arabe et occidentale.
L'élégant édifice moderne qui
l'abrite, œuvre de plusieurs
architectes dont Jean Nouvel
– également à l'origine du
musée du quai Branly (*p. 192-
193*) – marie matériaux
modernes et traditions de
l'architecture arabe. Organisé
autour d'un patio, il dresse
vers le ciel une tour de marbre
blanc évoquant un minaret,
visible à travers la façade
ouest, qui renferme une
étonnante bibliothèque : ses
milliers de livres tapissent le
côté d'une immense rampe en
spirale. Sur trois des niveaux,
un musée présente les cultures
des pays arabes du VIIe siècle
à nos jours, notamment la
création contemporaine. On
peut consulter dans l'espace
Image et Son, au premier
sous-sol, des centaines de
documents audiovisuels. Le
restaurant et le salon de thé, au
neuvième étage, offrent une
vue superbe sur Paris.

Musée de la Sculpture en plein air ❷

Quai Saint-Bernard et square Tino-
Rossi 75004 et 75005. **Plan** 13 C5.
Ⓜ *Gare-d'Austerlitz, Sully-Morland.*

Le pont Sully, qui porte
le nom du ministre d'Henri IV,
relie l'île Saint-Louis aux deux
rives de la Seine. Cet ouvrage
fut construit en 1875-1876
pour remplacer deux
passerelles suspendues
disparues respectivement en
1848 et 1872. Il présente deux
ponts métalliques autonomes
(un grand bras de 159 m et un
petit bras de 82 m) de
conception similaire, ce qui
donne à l'ensemble un aspect
d'unité. Du pont, la vue sur
le chevet de Notre-Dame
est magnifique.
Situé entre le pont de Sully
et le pont d'Austerlitz, le quai
Saint-Bernard porte le nom
d'un porte monumentale
construite sous Louis XIV et
détruite en 1787. Ses berges
furent au XVIIIe siècle un lieu
de baignade très fréquenté.
Transformées en espace
vert entre 1975 et 1980, elles
ont pris le nom de jardin
Tino-Rossi et constituent une
agréable promenade. Le
musée de la Sculpture en
plein air consacré aux œuvres
de la seconde partie du
XXe siècle y est installé depuis
1980. Malheureusement, des
actes de vandalisme ont
contraint la Ville de Paris à
retirer nombre de sculptures.

Ménagerie du Jardin des Plantes ❸

57, rue Cuvier 75005. **Plan** 17 C1.
Tél. 01 40 79 37 94. Ⓜ *Jussieu,
Gare d'Austerlitz.* ⬤ t.l.j. 9h-17h30.
🏷 🍴 🖥

Henri Bernardin de Saint-
Pierre fonda le premier zoo
public de France pendant la
Révolution à partir des rares
animaux de la ménagerie
royale de Versailles à avoir
survécu, et de ceux,
beaucoup plus
nombreux, confisqués
aux forains. La collection
s'agrandit jusqu'à la
guerre de 1870 où la
famine, pendant le
siège imposé par les
Allemands, entraîna
l'abattage des quelques
bêtes (*p. 226*).

Conçue dans le but
pédagogique d'en faciliter
l'étude, la présentation des
animaux permet généralement
d'en approcher de très près.
Particulièrement intéressant,
le vivarium, où insectes et
petits animaux, régulièrement
renouvelés, vivent dans une
reconstitution exacte de leur
habitat naturel.
Le cadre agréable du
Jardin des Plantes renferme
également une riche galerie
de reptiles, une grande
fauverie (avec des panthères
de Chine), une importante
singerie, une petite ferme,
des faisanderies et plusieurs
volières.

**Les joies
du zoo**

Façade sud
Inspirés des traditionnels moucharabiebs (balcons fermés par un grillage de bois qui protègent du soleil et du regard, du Maroc à l'Asie du Sud-Est), 1600 panneaux métalliques la couvrent afin de filtrer la lumière.

Chaque panneau comprend 21 iris dont l'ouverture varie automatiquement en fonction de l'intensité de lumière reçue par une cellule photoélectrique.

L'iris central est formé de lames dont le dessin laisse aussi passer de la lumière sur le pourtour de l'ouverture.

Les iris périphériques s'ouvrent et se ferment à l'unisson de l'iris central, créant une trame délicate d'ombre et de lumière à l'intérieur du bâtiment.

Collection des minéraux de Jussieu ❹

Paris VI-Jussieu, 4, pl. Jussieu 75005. **Plan** 17 B1. **Tél.** *01 44 27 52 88.* Ⓜ *Jussieu.* ◯ *mer.-dim. 13h-18h.* ● *1er janv., Pâques, 14 juil., 1er nov. 25 déc.* ⬛ ⬛ 📷 ⬛ *pour les groupes le mar. apr.-midi.*

Silicates du Zaïre, lapis-lazulis d'Afghanistan, malachites et azurites du Katanga, ce petit musée installé dans le bâtiment principal de l'université propose, dans une superbe présentation inspirée de celle de la salle des joyaux de Téhéran, une collection de près de 2000 minéraux différents provenant du monde entier.

Arènes de Lutèce ❺

Rue de Navarre 75005. **Plan** 17 B1. Ⓜ *Place-Monge. Voir p. 21.*

La taille de ces arènes (elles accueillaient 15000 spectateurs sur 35 rangs de sièges) édifiées probablement à la fin du 1er siècle révèle que Lutèce était à l'époque une cité bien moins importante qu'Arles ou Nîmes. Dotées d'une scène, qui interrompait l'ovale des gradins, elles servaient aussi bien aux représentations théâtrales qu'aux jeux du cirque, un double usage spécifique à la Gaule. Leur démolition commença avec les grandes invasions barbares du IIIe siècle, quand on incorpora

Topaze

certaines de leurs pierres aux fortifications de l'île de la Cité.

Peu à peu ensevelies, les ruines, pendant des siècles, ne restèrent plus dans les mémoires que par le nom du lieu : le clos des Arènes. Leur découverte remonte à 1869 et aux travaux de percement de la rue Monge, mais il fallut attendre 1883 et une campagne animée en particulier par Victor Hugo pour que de véritables fouilles les mettent au jour. Leur restauration définitive s'acheva en 1918.

Les arènes de Lutèce et le square Capitan

BUFFON ET LE JARDIN DES PLANTES

Nommé en 1739, à 32 ans, intendant du jardin du Roi (futur Jardin des Plantes), Georges Louis Leclerc, comte de Buffon, entreprend de développer tous les départements d'étude de ce qui deviendra en 1793 le Muséum national d'histoire naturelle doté de 12 chaires d'enseignement. En 1749, il publie les trois premiers tomes de son *Histoire naturelle*, ouvrage immense qui en comptera 36 et que ses disciples achèveront après sa mort en 1788, et où transparaissent les premières intuitions évolutionnistes. (*L'Origine des espèces* de Darwin ne paraîtra qu'en 1859).

Illustration de l'*Histoire naturelle* de Buffon

Place de la Contrescarpe ❻

75005. **Plan** 17 A1. Ⓜ *Place-Monge.*

Le site, qui se trouvait à l'époque hors les murs, tire son nom du remblai du fossé de l'enceinte de Philippe Auguste. La place actuelle fut créée en 1852 à l'emplacement du carrefour que bordait le cabaret de la Pomme de Pin (plaque commémorative au n° 1) apprécié de Rabelais et fréquenté au XVIe siècle par les poètes de la Pléiade, Ronsard et Du Bellay notamment.

Avec ses terrasses de café et ses musiciens de rue, la Contrescarpe, très animée le soir et le week-end, offre un cadre pittoresque où venir discuter autour d'un verre.

Fromage, rue Mouffetard

Rue Mouffetard ❼

75005. **Plan** 17 B2. Ⓜ *Censier-Daubenton, Place-Monge.*
Ⓞ *Marchés* pl. Maubert : mar., jeu., sam. 7h-14h30 (15h sam.) ; pl. Monge : mer., ven., dim. 7h-14h30 (15h dim.). Voir *Boutiques et marchés* p. 339.

Ancienne portion de la voie romaine qui reliait Lutèce à Rome, cette rue qui grimpe le flanc sud de la montagne Sainte-Geneviève est l'une des plus vieilles de Paris. Les maisons qui la bordent datent pour beaucoup des XVIe, XVIIe et XVIIIe siècles et respectent le tracé que la voie avait au Moyen Âge. Nombre d'entre elles ont conservé d'anciennes enseignes comme celle de la Bonne Source au n° 122, ou un beau décor peint comme celui de la charcuterie du n° 134.

Le quartier est célèbre pour ses marchés à ciel ouvert, celui de la rue Mouffetard, mais aussi ceux des places Monge et Maubert, et le Village africain de la rue de l'Arbalète.

Vestige de l'enceinte médiévale

Saint-Médard ❽

141, rue Mouffetard 75005.
Plan 17 B2. **Tél.** *01 44 08 87 00.*
Ⓜ *Censier-Daubenton.* Ⓞ *mar.-sam. 8h-midi, 14h30-20h ; dim. 8h30-12h30, 16h30-20h.* 📷 ♿

Cette petite église dont la construction progressa par étapes du XVe au XVIIIe siècle est surtout connue pour son cimetière, en partie recouvert par un jardin aujourd'hui. Après la mort du janséniste François Pâris, il devint pendant cinq ans le théâtre de guérisons miraculeuses et de crises de convulsions et d'hystérie collective qui finirent par entraîner sa fermeture en 1732. Dès le lendemain, une main anonyme écrivit sur la porte : « De par le Roi, défense à Dieu de faire miracle en ce lieu. » L'église possède de nombreuses peintures.

Mosquée de Paris ❾

2 bis, pl. du Puits-de-l'Ermite 75005.
Plan 17 C2. **Tél.** *01 45 35 97 33, 01 43 31 38 20 (salon de thé), 01 43 31 18 14 (hammam).* Ⓜ *Place-Monge.* Ⓞ *sam.-jeu. 9h-12h, 14h-17h.* ● *fêtes musulmanes.* 📷 🍴 📖 ♿ *Bibliothèque.* www.mosquee-de-paris.org

Les architectes Heubès, Fournez et Matouf édifièrent de 1922 à 1926 cet édifice de style hispano-mauresque dont le minaret se dresse à 33 m de hauteur. La mosquée s'organise autour d'un grand patio à vasque centrale. La salle de prières présente une

Décoration intérieure de la mosquée

riche décoration d'inspiration maghrébine, et chaque coupole une ornementation différente. Outre une bibliothèque et un centre d'enseignement, l'ensemble des bâtiments comprend un hammam (jours d'ouverture différents pour les hommes et les femmes), un salon de thé qui sert des pâtisseries orientales et un restaurant.

Muséum national d'histoire naturelle ❿

2, rue Buffon 75005. **Plan** 17 C2. **Tél.** 01 40 79 54 79. Ⓜ Jussieu, Gare-d'Austerlitz. ◯ mer.-lun. 10h-18h. ⬤ 1er mai. ⬛ ⬛ limité. ⬛ ⬛ *Bibliothèque.* **www.mnhn.fr**

Crâne de dimétrodon (reptile)

Il est organisé en cinq galeries : la paléontologie, musée possédant près d'un million de fossiles dont celui d'un mammouth ; l'anatomie comparée où l'on peut suivre l'évolution du squelette des vertébrés ; la paléobotanique, retraçant l'histoire des végétaux depuis deux milliards d'années et la botanique ; la minéralogie et la géologie, section qui comporte une salle de cristaux géants et présente les pierres précieuses de Louis XIV. Héritière de la galerie de Zoologie du muséum inaugurée en 1889, la grande galerie de l'Évolution présente, dans un cadre totalement rénové, une exposition permanente structurée par le thème de l'évolution, des espaces d'expositions temporaires et des espaces pédagogiques. Ne manquez pas, dans l'ancienne galerie des Oiseaux, la salle des espèces menacées et disparues.

Jardin des Plantes ⓫

57, rue Cuvier 75005. **Plan** 17 C1. **Tél.** 01 40 79 56 01. Ⓜ Jussieu, Gare-d'Austerlitz. ◯ t.l.j. 8h-18h45 (17h en hiver). **www**.mmhn.fr

Fondé en 1626 par deux médecins de Louis XIII, ce jardin botanique ouvert au public en 1640 se développa sous la direction de Buffon de 1739 à 1788. S'y promener permet d'admirer un parc écologique aménagé dès 1938, les 2 600 espèces de plantes de l'école de botanique et le jardin alpin où les jardiniers cultivent 2 000 plantes originaires aussi bien de l'Himalaya que de la Corse.

Il renferme trois serres et un petit pavillon de bronze, le premier bâtiment métallique du monde, édifié en 1786 au sommet d'un labyrinthe.

Hôpital de la Salpêtrière ⓬

47, bd de l'Hôpital 75013. **Plan** 18 D3. Ⓜ Saint-Marcel, Gare-d'Austerlitz. ⒭ Gare-d'Austerlitz. ◯ *Chapelle* t.l.j. 8h30-18h30. ⬛ t.l.j. 15h30. ⬛ ⬛

En 1654, Louis XIV transforma en « hôpital général pour le renfermement des pauvres » une ancienne fabrique de poudre qui laissa son nom à la nouvelle institution. Libéral Bruant se chargea d'une partie de la reconstruction, édifiant notamment la chapelle à dôme octogonal où prêcha Bossuet.

Cèdre du Liban, Jardin des Plantes

L'hôpital de la Salpêtrière

Manufacture des Gobelins ⓭

42, av. des Gobelins 75013. **Plan** 17 B3. **Tél.** 01 44 08 52 00. Ⓜ Gobelins. ◯ *vis. guid. seul.* mar.-jeu. 14h15, 14h30 (arriver 15 min avant). Groupes sur r.-v. ⬛ ⬛ j.f.

Tapisserie de Le Brun à Versailles

Si Henri IV créa dès 1601 un atelier royal de tapisserie dans la teinturerie qu'avait fondée Jean Gobelin vers 1440, l'établissement prit sa véritable ampleur sous Louis XIV et l'administration de Colbert pour devenir, regroupant tous les principaux métiers de l'ameublement, la manufacture royale des Meubles de la Couronne chargée d'équiper le palais de Versailles *(p. 248-253)*. Rattachée au Mobilier national depuis 1937, elle conserve des traditions datant du Roi-Soleil bien que ses liciers exécutent désormais les cartons d'artistes contemporains.

LE QUARTIER DU LUXEMBOURG

Quel Parisien ne rêve pas d'habiter en bordure du Luxembourg, l'un des plus grands jardins de la capitale pourtant situé au cœur de la rive gauche entre Montparnasse et le Quartier latin ? Aux XIe et XIIe siècles se dressait en ce lieu le château Vauvert, de si mauvaise réputation que Philippe Auguste n'osa pas l'inclure dans son enceinte. Seuls des saints pouvaient oser affronter son diable et Saint Louis offrit le site à des chartreux qui y établirent leur monastère. Ses terrains furent confisqués pendant la Révolution afin d'agrandir le jardin créé par Marie de Médicis autour de son palais. Prison pendant la Convention puis siège du gouvernement sous le Directoire, celui-ci ne cessa plus de remplir un rôle politique et abrite aujourd'hui le Sénat.

Des voiliers, loués par des enfants, naviguent sur le grand bassin du jardin du Luxembourg.

LE QUARTIER D'UN COUP D'ŒIL

Musées
École nationale supérieure des Mines ⑪
Musée du Luxembourg ⑧

Bâtiments historiques
Institut catholique de Paris ⑥
Palais du Luxembourg ③

Églises
Saint-Joseph-des-Carmes ⑦
Saint-Sulpice ②
Val-de-Grâce ⑩

Place et jardin
Place Saint-Sulpice ①
Jardin du Luxembourg ⑤

Fontaines
Fontaine de l'Observatoire ⑨
Fontaine de Médicis ④

COMMENT Y ALLER

Deux stations de métro, Mabillon et Saint-Sulpice, et une de RER, Luxembourg, desservent le quartier. La ligne d'autobus 38 longe le jardin à l'est par le boulevard Saint-Michel et la ligne 82 au sud par la rue Auguste-Comte. Les lignes 58 et 89 passent au nord, rue de Rennes.

LÉGENDE

▦ Plan du quartier pas à pas
Ⓜ Station de métro
RER Station de RER

0   400 m

◁ **Parties d'échecs au jardin du Luxembourg**

Le quartier du Luxembourg pas à pas

À quelques pas de l'agitation des boulevards Saint-Germain et Saint-Michel, le jardin qui entoure le palais du Luxembourg offre un havre de silence et de paix au cœur de la cité. Créé dès le XVIIᵉ siècle, il ne devint réellement public qu'au XIXᵉ siècle quand le comte de Provence (futur Louis XVIII) permit l'accès aux fruits du verger en échange d'un faible droit d'entrée. Les allées du parc et les rues bordées de vieilles maisons, au nord, autour de l'église Saint-Sulpice, n'ont pas perdu leur charme et attirent toujours de nombreux visiteurs.

★ Saint-Sulpice
La construction de cette église classique sur les plans de Daniel Gittard prit 134 ans. Sa façade est de Giovanni Servandoni ❷

Vers Saint-Germain-des-Prés

RUE HENRI DE JOUVENEL

RUE SERVANDONI

RUE GARANCIÈRE

RUE FÉROU

RUE DE VAUGIRARD

Place Saint-Sulpice
Les quatre évêques (Bossuet, Fénelon, Massillon et Fléchier) de sa fontaine fixent les quatre points cardinaux, mais cardinaux, ils ne le devinrent point… ❶

Le monument à Delacroix (1890) se trouve près des jardins privés du Sénat. Sous le buste du peintre romantique, Jules Dalou représenta les allégories de l'Art, du Temps et de la Gloire.

À NE PAS MANQUER

★ Fontaine Médicis

★ Jardin du Luxembourg

★ Palais du Luxembourg

★ Saint-Sulpice

★ Jardin du Luxembourg
Nombre des belles statues qui l'ornent datent du règne de Louis-Philippe au XIXᵉ siècle ❺

La rue de Tournon est bordée de boutiques de luxe, de librairies anciennes et de grands hôtels particuliers, dont celui de Châtillon (XVIIIe siècle), au n° 2, où vécurent Balzac, Musset et Gide.

CARTE DE SITUATION
Voir le centre de Paris p. 14-15

LÉGENDE

— — — Itinéraire conseillé

0   100 m

★ **Palais du Luxembourg**
Jacques-Louis David, qui y était incarcéré, y dessina en 1794 la première esquisse de L'Enlèvement des Sabines ❸

★ **Fontaine Médicis**
Salomon de Brosse, pense-t-on, la construisit au XVIIe siècle dans le style des grottes italiennes ❹

Sainte Geneviève, à qui une statue (1845) de Michel-Louis Victor rend hommage, organisa le ravitaillement de Paris que les Huns d'Attila réduisaient à la famine. Elle fut inhumée sur le mont Lucotitius qui devint la montagne Sainte-Geneviève, mais laissa son nom, transformé en Luxembourg, au faubourg voisin.

Le grand bassin
octogonal attribué à Jean-François Chalgrin invite, les beaux jours d'été, à se croire à la plage.

Place Saint-Sulpice ❶

75006. **Plan** 12 E4. Ⓜ *Saint-Sulpice.*

La grande place que domine l'église Saint-Sulpice date de la seconde moitié du XVIIIᵉ siècle. La fontaine des Quatre-Évêques de Joachim Visconti se dresse depuis 1844 en son centre. Au n° 8, le café de la Mairie, fréquent décor de film, doit son nom à la mairie du VIᵉ arrondissement, également sur la place, qui abrite la bibliothèque des Arts graphiques du typographe Edmond Morin (1859-1937).

Vitrail de Saint-Sulpice

Saint-Sulpice ❷

Pl. Saint-Sulpice 75006. **Plan** 12 E5.
Tél. *01 42 34 59 98.* Ⓜ *Saint-Sulpice.* ◯ *t.l.j. 7h30-19h30.*
✝ *t.l.j.* 📷

Commencée en 1646, la construction de cette église, l'une des plus grandes de Paris, demanda plus d'un siècle. Sa façade, ornée d'une colonnade à deux étages, n'avait pas un aspect aussi austère à son origine mais la foudre détruisit son fronton en 1770. De larges fenêtres baignent de lumière l'intérieur en croix latine au chœur entouré d'un spacieux déambulatoire. Deux curieux bénitiers sont formés de grandes coquilles naturelles que la République de Venise offrit à François Iᵉʳ et dont Jean-Baptiste Pigalle sculpta les supports.

La première chapelle à droite renferme les peintures de Delacroix : *La Lutte de Jacob avec l'ange (p. 137), Héliodore chassé du temple* et *Saint Michel terrassant le démon* qui attirent tant de visiteurs.

Palais du Luxembourg ❸

15, rue de Vaugirard 75006. **Plan** 12 E5. ***Tél.*** *01 42 34 20 60 (groupes), 01 44 54 19 49 (individuels).* Ⓜ *Odéon.* ⓇⒺⓇ *Luxembourg.* 📅 *un sam. par mois.* 🚫 **www**.senat.fr

Siège du Sénat depuis 1958, ce palais fut construit (1631) par Salomon de Brosse dans le style du palais Pitti, à Florence, pour rappeler à Marie de Médicis, sa ville natale. Le bâtiment demeura un palais royal jusqu'à la Révolution. Puis il fut utilisé comme prison et pendant la Seconde Guerre mondiale, il servit de Q.G. à la Luftwaffe, qui fit construire des abris anti-aériens sous les jardins. Le musée du Luxembourg *(ci-contre)* présente des expositions de qualité.

La fontaine Médicis

Fontaine Médicis ❹

À l'entrée du jardin. 15, rue de Vaugirard 75006. **Plan** 12 F5. ⓇⒺⓇ *Luxembourg.*

Cette superbe fontaine baroque fut construite en 1624 par un architecte inconnu, sur ordre de Marie de Médicis. On la découvre au fond d'un long bassin rempli de poissons rouges, à l'ombre des arbres. Les sculptures d'inspiration mythologique furent réalisées bien plus tard (1866) par Auguste Ottin.

Jardin du Luxembourg ❺

Bd Saint-Michel 75006. **Plan** 12 E5. ***Tél.*** *01 42 34 23 89.* ⓇⒺⓇ *Luxembourg.* ◯ *t.l.j. de l'aube au crépuscule.* 📷

Superbe oasis de verdure au cœur de la rive gauche, ce jardin, sans doute le plus populaire de Paris, se prête aussi bien aux flâneries des amoureux attirés par son cadre romantique avec les belles statues de plusieurs reines de France, qu'aux discussions des étudiants venus du Quartier latin voisin ou aux jeux des enfants qui y trouvent guignol, balançoires, poneys, manège et même des cours d'apiculture.

Les enfants jouent autour du vaste bassin octogonal pour y faire naviguer les voiliers qu'on y loue à l'heure.

Fronton du palais du Luxembourg

Institut catholique de Paris ❻

21, rue d'Assas 75006.
Plan 12 D5. **Tél.** 01 44 39 52 00.
Ⓜ *Saint-Placide, Rennes.*
Musée de la Bible et de la Terre sainte ◯ *sam. 16h-18h ou sur r.-v.*
Tél. 01 45 48 09 15. www.icp.fr

Cet établissement
d'enseignement catholique,
fondé en 1875 et restauré en
1930, accueille 7 500 étudiants.
Il abrite un petit musée
qui, sous l'intitulé *Bible
et Terre sainte*, est
consacré à la
présentation d'objets
de fouilles
découverts en Terre
sainte, illustrant la
vie quotidienne en
Palestine au cours
des âges.

**Statue dans la cour de
l'Institut catholique**

Saint-Joseph-des-Carmes ❼

70, rue de Vaugirard 75006.
Plan 12 D5. **Tél.** 01 44 39 52 00.
Ⓜ *Saint-Placide.* ◯ *lun.-sam.
7h-19h, dim. 9h-19h.* ● *lun. de
Pâques, Pentecôte.* ♿ *limité.*
◉ *sam. 15h.*

Construite de 1613 à 1625,
cette chapelle de l'ancien
couvent des Carmes-
Déchaussés (l'actuel séminaire
des Carmes) devint une prison
pendant la Révolution et fut
le théâtre, lors des massacres
de septembre 1792 *(p. 30-31)*,
de l'assassinat de 115 prêtres
dont les restes reposent
dans la crypte.

Façade de Saint-Joseph-des-Carmes

Les Quatre Parties du monde

Musée du Luxembourg ❽

19 rue de Vaugirard 75006. **Plan** 12
E5. **Tél.** 01 42 34 25 95 Ⓜ *Saint-
Sulpice.* Ⓡ *Luxembourg.* ◯ *lun. et
ven. 10h30-22h, mar.-jeu. 10h30-
19h, sam. et dim. 9h30-20h.* ♿ ◉
◉ ▣ www.museeduluxembourg.fr

Le palais du Luxembourg fut
construit sur ordre de Marie
de Médicis. Les deux galeries
adjacentes furent conçues
pour accueillir la collection
d'œuvres de Rubens
appartenant à la reine.
En 1750, l'aile est devint
la première galerie publique
de France, hébergeant des
peintures de Léonard de
Vinci, Rembrandt et Van
Dyck. Aujourd'hui s'y tiennent
d'importantes expositions qui
attirent Parisiens et visiteurs.

Fontaine de l'Observatoire ❾

Jardin Marco-Polo, dans l'av. de
l'Observatoire, 75006. **Plan** 16 E2.
Ⓡ *Port-Royal.*

Cette fontaine édifiée par
Davioud en 1873 orne les
jardins de l'Observatoire
créés au sud de celui du
Luxembourg sur un terrain
confisqué aux chartreux de
Vauvert en 1790. Le célèbre

bronze de Jean-Baptiste
Carpeaux, les *Quatre Parties
du monde*, la décore. C'est
pour des raisons d'équilibre
que l'artiste ne représenta pas
le cinquième continent,
l'Océanie.

Val-de-Grâce ❿

1 pl. Alphonse-Laveran 75005. **Plan**
16 F2. **Tél.** 01 40 51 51 92. Ⓜ
Gobelins. Ⓡ *Port-Royal.* ◯ *mar., mer.
et sam.-dim. midi-18h.* ♦ *sauf nef.*
🔔 *fréquentes, après-midi.* ◉ *sur r.-v.*
www.valdegrace.org

Après la naissance de
Louis XIV, Anne d'Autriche
fonda, en exécution d'un
vœu, cette église en 1645.
Son fils, alors âgé de 7 ans,
posa lui-même la première
pierre. Une inscription en
rappelle l'origine : « À Jésus
naissant et à la Vierge mère ».
Son dôme, de 19 m
de diamètre et culminant à
41 m, est richement décoré
de sculptures. Son baldaquin
s'inspire de celui qui a été
créé par Le Bernin pour la
basilique Saint-Pierre. Ce
sanctuaire est probablement
celui de Paris le plus proche
du baroque romain.
Henriette de France, l'épouse
de Charles Iᵉʳ, est enterrée
ici tout comme 26 membres
de la famille royale française.
Pierre Mignard peignit
en 1663 la *Gloire des
bienheureux*, fresque
de la coupole qui comprend
plus de 200 personnages.
Aujourd'hui, l'église
fait partie de l'hôpital
militaire.

École nationale supérieure des Mines ⓫

60, bd Saint-Michel. **Plan** 16 F1. **Tél.**
01 40 51 91 45. Ⓡ *Luxembourg.*
◯ *mar.-ven. 13h30-18h30 ; sam.
10h-12h30, 14h-17h.* ♦ ◉ ◉

Fondée en 1783 par
Louis XVI, cette grande école
qui forme toujours des
ingénieurs abrite le musée
de la Minéralogie. On peut
y découvrir une collection
systématique de roches
du monde entier et de
nombreuses météorites.

MONTPARNASSE

C'est à la gare Montparnasse que débarquaient les Bretons venus tenter leur chance à la capitale, et ce quartier est resté traditionnellement le leur, comme le rappellent des enseignes telles *À Saint-Brieuc* ou *À la Ville de Guingamp*. Pendant toute la première partie du xxe siècle, Montparnasse devient en outre un centre international de la bohème. Peintres et sculpteurs comme Picasso, Zadkine ou Modigliani y trouvent des ateliers pour travailler et des écrivains et poètes de tous pays les rejoignent : Apollinaire, Max Jacob, Henry Miller. Paris a perdu avec la Seconde Guerre mondiale ce rôle de capitale cosmopolite de l'art mais les rues de Montparnasse, malgré la tour qui les domine, conservent leur cachet. Des cafés-théâtres ont ouvert leurs portes et, avec les cinémas, ils continuent d'attirer du monde.

Monument de Charles Augustin Sainte-Beuve au cimetière du Montparnasse

LE QUARTIER D'UN COUP D'ŒIL

Rue et sites historiques
Catacombes ❿
Observatoire de Paris ⓫
Rue Campagne-Première ❸

Cafés et restaurants
La Closerie des Lilas ⓬
La Coupole ❶

Musées et galerie
Fondation Cartier ❾
Musée Antoine Bourdelle ❻
Musée de la Poste ❼

Musée du Montparnasse ❽
Musée Zadkine ❷

Architecture moderne
Tour Montparnasse ❺

Cimetière
Cimetière du Montparnasse
p. 180-181 ❹

COMMENT Y ALLER
Autobus, train ou métro, ce quartier est bien desservi par les transports publics. La ligne d'autobus 68, qui emprunte le boulevard Raspail, longe le côté nord-est du cimetière du Montparnasse.

0   400 m

LÉGENDE

▨ Plan du quartier pas à pas
Ⓜ Station de métro
🚉 Gare SNCF
🚇 Station de RER

VOIR AUSSI

• *Atlas des rues* plans 15-16

• *Hébergement* p. 288

• *Restaurants* p. 307-308

◁ **Vue de la tour Montparnasse, depuis le cimetière du Montparnasse**

Montparnasse pas à pas

Bien que le vaste complexe moderne de la tour Maine-Montparnasse ait remplacé à partir de 1961 la vieille gare Montparnasse dont une locomotive avait traversé la façade, le quartier reste marqué par l'atmosphère qu'y créèrent artistes et écrivains pendant tout le début du XXᵉ siècle : grands cafés, cabarets et cinémas continuent d'y entretenir une vie intense jusque tard dans la nuit.

★ La Coupole
Cette immense brasserie Art déco devint dès sa fondation en 1927 un rendez-vous d'artistes et d'écrivains ❶

★ Cimetière du Montparnasse
Il abrite cette émouvante sculpture en marbre intitulée La Séparation du couple ❹

★ Tour Montparnasse
Haute de 200 m, elle repose sur 56 piliers qui s'enfoncent à 62 m dans le sol ❺

Métro Edgar Quinet

RUE DU DEPART

RUE D'ODESSA

RUE DU MONTPARNASSE

BD D

M

BD EDGAR QUI

RUE DE LA GAITÉ

Le théâtre Montparnasse, au n° 31, a conservé sa décoration Belle Époque au moment de sa restauration.

Vers le métro Gaîté

À NE PAS MANQUER

★ Cimetière du Montparnasse

★ La Coupole

★ Rue Campagne-Première

★ Tour Montparnasse

La rue Bréa, longue d'à peine 90 m, abrite néanmoins nombre de boutiques, restaurants et hôtels.

Le n° 14 rue de la Grande-Chaumière propose des cours de peinture et de sculpture.

QUARTIER DU LUXEMBOURG

MONTPARNASSE

CARTE DE SITUATION
Voir le centre de Paris p. 14-15

La statue de Balzac par Auguste Rodin, haute de 3 m, fut élevée en 1939.

Métro Vavin

★ **Rue Campagne-Première**
Le céramiste Paul Bigot décora la façade du n° 31. L'immeuble (1911) abrite des ateliers d'artistes **3**

R U E   B R É A

R U E   J.   C H A P L A I N

R U E   N O T R E   D A M E   D E S   C H A M P S

RUE DE LA Gde CHAUMIÈRE

NTPARNASSE

SQ. DELAMBRE

RUE HUYGHENS

BD RASPAIL

RUE LÉOPOLD ROBERT

0   100 m

Métro Raspail

LÉGENDE

– – – Itinéraire conseillé

L'intérieur de La Coupole

La Coupole ❶

102, bd du Montparnasse 75014.
Plan 16 D2. **Tél.** 01 43 20 14 20.
Ⓜ *Vavin, Montparnasse.*
⬭ *lun.-jeu. 8h30-1h du matin,
ven.-dim. 8h30-1h30 du matin.*
*Voir **Restaurants et cafés** p. 307.*

Un cadre très agréable
accueille les clients de cet
immense café-brasserie-
dancing, qui eut comme
habitués aussi bien Georges
Simenon et Jean-Paul Sartre
que Joséphine Baker et son
lionceau. La salle, rénovée
depuis, a conservé ses célèbres
piliers décorés par 30 artistes.

Les Trois Belles (1950)
d'Ossip Zadkine

Musée Zadkine ❷

100 bis, rue d'Assas 75116. **Plan** 16
E1. **Tél.** 01 55 42 77 20. Ⓜ *Notre-
Dame-des-Champs.* ⬭ *mar.-dim.
10h-18h.* 🕭 📷 📹 *sur r-v.* ♿
partiel. **www.paris.fr/musees/Zadkine**

Le sculpteur d'origine russe
Ossip Zadkine emménagea
dans cet atelier au fond d'une

cour en 1928 et y habita
jusqu'à sa mort en 1967.
C'est là qu'il réalisa sa grande
œuvre commémorative, *Ville
détruite*, commandée par la
ville de Rotterdam après la
Seconde Guerre mondiale,
et deux monuments à Van
Gogh, l'un pour la Hollande et
l'autre pour Auvers-sur-Oise.
  Un musée l'occupe
désormais, qui présente
300 sculptures permettant de
suivre l'évolution de l'artiste du
cubisme à l'expressionnisme
et à l'abstraction.

Rue Campagne-Première ❸

75014. **Plan** 16 E2. Ⓜ *Raspail.*

De nombreux artistes, comme
Modigliani, Miró, Max Ernst,
Picasso, Giacometti ou
Kandinsky, habitèrent cette
rue bordée d'immeubles Art
déco. L'un des précurseurs de
la photographie moderne,
Eugène Atget (1856-1927),
avait son atelier au n° 17.

Cimetière du Montparnasse ❹

Voir p. 180-181.

Tour Montparnasse ❺

Pl. Raoul-Dautry 75014. **Plan** 15 C2.
Ⓜ *Montparnasse-Bienvenüe.*
Tél. 01 45 38 52 56. ⬭ *avr.-sept. :
t.l.j. 9h30-23h30, oct.-mars : t.l.j.
9h30-22h30 (ven.-sam. et veille
de j.f. 23h),dernière montée 1/2h
avant la fermeture.* 🕭 🚻 💻 📹
www.tourmontparnasse56.com

Cet édifice d'acier et de verre
fumé, le plus grand immeuble
de bureaux d'Europe
à sa création en 1973,
offre depuis son
sommet, ou depuis
le restaurant du
56e étage, une vue à
360° – jusqu'à 40 km
par beau temps.
Des installations
interactives et
audiovisuelles
racontent le Paris
d'hier et
d'aujourd'hui.

Héraklès archer (1909)
d'Antoine Bourdelle

Musée Bourdelle ❻

18, rue Antoine-Bourdelle 75015.
Plan 15 B1. **Tél.** 01 49 54 73 73.
Ⓜ *Montparnasse-Bienvenüe.*
⬭ *mar.-dim. 10h-18h.* 🕭 *j.f.* 📹
♿ *partiel.* **www.bourdelle.paris.fr**

Sculpteur prolifique qui fut le
praticien de Rodin, Antoine
Bourdelle vécut et travailla
dans cet atelier de 1884 à
1929. Sa veuve le légua à la
Ville de Paris qui inaugura
le musée en 1949.
  Celui-ci possède près de
500 sculptures, présentées
dans le cadre d'expositions
temporaires, dont les plâtres
originaux des œuvres
monumentales de Bourdelle.
On peut admirer ses bas-
reliefs du théâtre des
Champs-Élysées, le *Centaure
mourant* et l'*Héraklès archer*
qui lui apporta la célébrité
en 1909.

Musée de la Poste ❼

34, bd de Vaugirard 75015.
Plan 15 B2. 📞 01 42 79 24 24. Ⓜ
Montparnasse-Bienvenüe. ⬭ *lun.-
sam. 10h-18h.* 🕭 *j.f.* 📹
🚪 ♿ *Bibliothèque.*
www.museedelaposte.fr

Du transport
des messages
sous l'Antiquité
aux créateurs
contemporains,
ce musée retrace la
fabuleuse saga de la
poste. Chacune des
15 salles est dédiée
à un aspect de cette

Une vue de la tour

histoire : poste aux chevaux, malles-poste, poste aérienne, mail art et art postal… Une des salles va jusqu'à écrire l'histoire de notre société à travers les timbres.

Timbre-poste dessiné par Miró

Musée du Montparnasse **8**

21, av. du Maine 75015. **Plan** 15 C1. **Tél.** 01 42 22 91 96. Ⓜ *Montparnasse-Bienvenüe, Falguière.* ⬭ *mar.-dim. 12h30-19h.* 🖼 **www**.museedumontparnasse.net

Dans cette impasse, un atelier transformé en cantine pour artistes nécessiteux a vu se croiser Picasso, Braque, Modigliani, Max Jacob, Blaise Cendrars, Fernand Léger et tant d'autres. La guerre de 1914-1918 fait rage mais, considérée comme un club privé, la cantine de Marie Vassilieff n'est pas soumise au couvre-feu. Peintures et photos témoignent de cette époque.

Fondation Cartier **9**

261, bd Raspail 75014. **Plan** 16 E3. **Tél.** 01 42 18 56 72. Ⓜ *Raspail.* ⬭ *mar.-dim. 11h-20h (mar. jusqu'à 22h).* ⬤ *1ᵉʳ janv., 25 déc.* 🖼 ⬛ **http://**fondation.cartier.com

La fondation Cartier a installé ses collections dans ce bâtiment transparent et lumineux dessiné par Jean Nouvel en 1994. Un cèdre du Liban, planté par Chateaubriand en 1823, a été intégré à la construction. La fondation présente des artistes consacrés comme César ou Raymond Hains, des artistes inconnus du grand public, mais aussi de jeunes créateurs français et étrangers (Michel Blazy, Pierre Huyghe…).

Catacombes **10**

1, av. du Colonel-Henri-Rol-Tanguy 75014. **Plan** 16 E3. **Tél.** 01 43 22 47 63. Ⓜ *Denfert-Rochereau.* ⬭ *mar.-dim. 10h-17h (dern. entrée : 16h).* ⬤ *j.f.* 🖼 📷 ⬛ **www**.carnavalet.paris.fr

Le cimetière des Innocents, à l'emplacement de l'actuel square des Innocents près des Halles, avait près de mille ans quand il fut décidé en 1786 de transporter les ossements qu'il contenait dans les carrières creusées au pied des trois « montagnes » : Montparnasse, Montrouge et Montsouris. L'ossuaire servit à vider d'autres cimetières et accueillit finalement toutes les dépouilles retrouvées dans le sol de Paris. Ce royaume des morts renferme les restes de six millions de personnes. D'une superficie de 11 000 m², il n'occupe qu'une infime partie des anciennes carrières souterraines de la capitale.

Observatoire de Paris **11**

61, av de l'Observatoire 75014. **Plan** 16 E3. **Tél.** 01 45 07 74 78. Ⓜ *Visites (2h) mar. ou jeu. ; faire la demande par e-mail : paris@obspm.fr ou par téléphone au 01 40 51 23 97 ; groupes sur r.-v.* ⬤ *août.* 🖼 ⬛ **www**.obspm.fr

Édifié à partir de 1667 sur ordre de Louis XIV au lieu-dit le Grand Regard car, hors de la ville, il offrait un horizon dégagé,

l'Observatoire fut le théâtre de bien des accomplissements scientifiques. On y établit notamment la carte de la Lune en 1679 et Urbain Le Verrier y effectua les calculs qui permirent la découverte de Neptune en 1846. Quoique le plus ancien d'Europe, il demeure l'un des grands centres mondiaux de recherche astronomique.

La façade de l'Observatoire

La Closerie des Lilas **12**

171, bd du Montparnasse 75014. **Plan** 16 E2. **Tél.** 01 40 51 34 50. Ⓜ *Vavin.* ⓇⒺⓇ *Port Royal.* ⬭ *t.l.j. bar : 11h-2h du matin, brasserie : midi-1h du matin.* **www**.closeriedeslilas.fr

Bar en chêne clouté de cuivre, tables massives, lambris, vieux miroirs et sol en mosaïque, ce célèbre café, fréquenté par Verlaine, André Breton, Strindberg, Lénine, Trotsky, Fitzgerald et Hemingway, qui y écrivit en six semaines *Le soleil se lève aussi*, a conservé une grande partie de son décor d'origine *(p. 38-39)*.

Ossements aux catacombes

Cimetière du Montparnasse ❹

Bien qu'il soit moins illustre que celui du Père-Lachaise, de nombreux personnages célèbres, notamment des artistes et des écrivains, reposent dans ce cimetière aux allées rectilignes créé en 1824 à l'emplacement d'anciennes fermes et d'une propriété des frères de Saint-Jean-de-Dieu afin de recevoir les corps des habitants de la rive gauche. La rue Émile-Richard qui le partage depuis 1891 en petit et grand cimetière est la seule de Paris à n'être bordée d'aucune maison et à ne compter aucun riverain vivant.

Dans le tombeau de la famille Pétain reposent la femme et le fils du Maréchal. Ce dernier est, quant à lui, enterré à l'île d'Yeu où il était emprisonné.

Guy de Maupassant mourut en 1893.

Alfred Dreyfus était un officier juif injustement accusé de trahison en 1894. Cette affaire a été à l'origine d'un scandale politique et social.

Frédéric Auguste Bartholdi sculpta la statue de la Liberté (1886) de New York.

André Citroën créa en 1919 l'entreprise de fabrication d'automobiles qui porte toujours son nom.

★ Cénotaphe de Charles Baudelaire
De Charmoy sculpta ce monument à la mémoire de l'auteur des Fleurs du mal.

Samuel Beckett, écrivain irlandais, se fixa à Paris où il mourut en 1989.

AV. DU MIDI

AV. THIERRY

RUE ÉMILE RICHARD

AV. DE L'EST

★ Tombe de Charles Pigeon
Cette tombe Belle Époque représente l'industriel et inventeur français et sa femme en gisant.

À NE PAS MANQUER

★ Cénotaphe de Charles Baudelaire

★ Jean-Paul Sartre et Simone de Beauvoir

★ Serge Gainsbourg

★ Tombe de Charles Pigeon

Le Baiser de Brancusi
Le grand artiste d'origine roumaine qui sculpta cette célèbre œuvre cubiste mourut en 1957. Il est enterré juste de l'autre côté de la rue Émile-Richard.

Charles-Augustin Sainte-Beuve, écrivain et critique de l'époque romantique, fut considéré en temps comme le «père de la critique moderne».

Camille Saint-Saëns, pianiste, organiste et compositeur décédé en 1921, a laissé une œuvre d'une grande pureté d'écriture.

Serge Gainsbourg
C'est ici que le provocateur et poétique auteur-compositeur du Poinçonneur des Lilas *fut mis dans « un grand trou ».*

MODE D'EMPLOI

3, bd Edgar Quinet. **Plan** 16 D3. **Tél.** 01 44 10 86 50. **M** *Edgar-Quinet.* 38, 83, 91 *vers Port-Royal.* **RER** *Port-Royal.* **P** *rue Campagne-Première, bd St-Jacques.* ○ *mi-mars-oct. : t.l.j. 8h-18h (à partir de 8h30 sam. et de 9h dim.), nov.-mi-mars : 8h-17h15.* **Gratuit.** ⬛ ⬛

Une tour est tout ce qui subsiste d'un moulin du XIVᵉ ou XVᵉ siècle qui fit également office d'estaminet au XVIIᵉ siècle.

Le Génie du Sommeil éternel
L'ange de bronze de Daillion surplombe le rond-point du cimetière.

ALLÉE — RAFFET

AV. TRANSVERSALE

AV. DE L'OUEST

ALLÉE LENOIR

AV. PRINCIPALE

AV. DU NORD

AV. DU BOULEVARD

Tristan Tzara, écrivain roumain, a été le chef de file du mouvement littéraire et artistique dada à Paris dans les années 1920.

Henri Laurens
(1885-1954) Il réalisa la statue de la Douleur *qui orne aujourd'hui sa tombe.*

Man Ray, peintre et photographe américain, s'installa à Paris en 1921. Son œuvre comprend de nombreux clichés de Montparnasse.

Charles Baudelaire repose ici auprès de sa mère adorée, mais dans le caveau de sa belle-famille qu'il détestait.

Chaïm Soutine, peintre juif lituanien, débarqua sans un sou à Paris en 1913. Il devint un des représentants marquants de l'école de Paris.

Jean Seberg
Actrice hollywoodienne adoptée par les réalisateurs de la « nouvelle vague », elle mourut à Paris en 1979 à l'âge de 41 ans.

★ Jean-Paul Sartre et Simone de Beauvoir
Le célèbre couple repose ici. Son œuvre philosophique et littéraire a marqué tout le XXᵉ siècle.

LES INVALIDES ET LE QUARTIER DE LA TOUR EIFFEL

Canon du musée de l'Armée

Deux vastes espaces verts font de ce quartier l'un des plus aérés de la capitale. Sur le Champ-de-Mars, ancien terrain de manœuvres de l'École militaire, la tour Eiffel, monument élevé à la gloire de l'industrie pour l'Exposition universelle de 1889 surplombe la Seine. L'esplanade qui s'étend devant l'hôtel des Invalides, imposant corps de bâtiments de 13 ha dominé par le célèbre dôme, fut tracée en 1704, à l'époque où l'aristocratie commençait à construire de somptueux hôtels dans cette partie de la rive gauche, notamment sur les rues de Varenne et de Grenelle, toujours très cotées aujourd'hui. Quelques immeubles Art nouveau subsistent avenue Rapp.

LE QUARTIER D'UN COUP D'ŒIL

Rues et bâtiments historiques
Assemblée nationale/ Palais-Bourbon ⑪
Champ-de-Mars ⑮
École Militaire ⑲
Égouts ⑬
Hôtel des Invalides ⑥
Hôtel Matignon ⑧
No 29, avenue Rapp ⑰
Rue Cler ⑫

Musées
Musée de l'Armée ④
Musée de l'Ordre de la Libération ③
Musées des Plans-Reliefs ⑤
Musée du Quai-Branly ⑭

Musée Maillol ⑨
Musée Rodin ⑦

Églises et temples
Dôme des Invalides p. 188-189 ①
Saint-Louis-des-Invalides ②
Sainte-Clotilde ⑩

Monument
Tour Eiffel p. 194-195 ⑯

Architecture moderne
Village Suisse ⑱
Unesco ⑳

COMMENT Y ALLER
Outre le métro, trois stations de RER (Invalides, Pont-de-l'Alma et Champ-de-Mars) desservent ce quartier. Parmi les nombreuses lignes d'autobus qui le traversent, la 69 prend la rue Saint-Dominique vers l'est et la rue de Grenelle au retour, la ligne 82 emprunte l'avenue de Suffren et la 28 passe devant l'École militaire.

LÉGENDE
▨ Plan du quartier pas à pas
Ⓜ Station de métro
RER Station de RER
▣ Embarcadère de Batobus

VOIR AUSSI
• *Atlas des rues* plans 9-10, 11
• *Hébergement* p. 288-289
• *Restaurants* p. 308-309

◁ **La tour Eiffel de nuit**

Les Invalides pas à pas

Louis XIV fit édifier de 1671 à 1676 par Libéral Bruant l'imposant hôtel royal des Invalides, qui donne son nom au quartier, afin d'y hospitaliser les soldats blessés. Jules Hardouin-Mansart, qui travailla également à Versailles, prit la direction des travaux en 1677, construisant l'église Saint-Louis et le célèbre dôme où repose Napoléon Bonaparte. Les restes de l'Empereur ne furent transférés qu'en 1840, dix-neuf ans après sa mort, dans le grand sarcophage de porphyre rouge placé dans la crypte sous une ouverture circulaire au centre du sanctuaire. Situé à l'est de l'hôtel, le musée Rodin offre à ce quartier très solennel sa dimension artistique grâce à son jardin parsemé de sculptures et à ses belles collections.

Agent de la police montée

Métro La Tour Maubourg

PL.

AV- DE LA MOTTE PICQUET

La façade de l'hôtel, longue de 196 m, est percée de lucarnes ayant toutes la forme d'un trophée différent. Une tête d'Hercule surmonte le portail.

★ Musée de l'Armée
Ce vaste musée retrace l'histoire militaire de la préhistoire à la Seconde Guerre mondiale. Il contient la troisième plus grande collection d'armures du monde ❹

AV. DE TOURVILLE

À NE PAS MANQUER

★ Dôme et tombeau de Napoléon

★ Musée de l'Armée

★ Musée Rodin

★ Saint-Louis-des-Invalides

Musée de l'Ordre de la Libération
Documents et souvenirs y retracent le combat de la Résistance ❸

AVENUE DE SEGUR

LÉGENDE

━ ━ ━ Itinéraire conseillé

0   100 m

Musée des Plans-Reliefs
Il présente notamment les maquettes de villes et sites fortifiés de la collection de Louis XIV ❺

L'ordre de la Libération et la boussole du général de Gaulle

Hôtel des Invalides
Il redevint hôpital militaire après les deux guerres mondiales ❻

CARTE DE SITUATION
Voir le centre de Paris p. 14-15

Le jardin des Invalides, dessiné par de Cotte en 1704, est décoré de canons de bronze des XVIIe et XVIIIe siècles.

Métro Varenne

La Cour d'Honneur sert toujours à des parades militaires. Elle abrite le Petit Caporal, statue de Seurre, jadis sur la colonne Vendôme.

★ **Saint-Louis-des-Invalides**
Depuis cette église, celle des soldats, on a vue sur l'intérieur du dôme des Invalides, l'église du roi ❷

★ **Musée Rodin**
Toutes les œuvres clés du génial sculpteur mort en 1917 y sont présentées dans le superbe cadre XVIIIe siècle de l'hôtel Biron ❼

★ **Dôme des Invalides et tombeau de Napoléon**
La construction du sanctuaire où l'Empereur repose dans un tombeau dessiné par Joachim Visconti demanda vingt-sept années ❶

Dôme
des Invalides ❶

Voir p. 188-189

Saint-Louis-
des-Invalides ❷

Hôtel des Invalides 75007. **Plan** 11
A3. Ⓜ *Varenne, La Tour-Maubourg.*
Tél. *01 44 42 38 77.* ◯ *avr.-sept. :
t.l.j. 10h-17h30 ; oct.-mars : t.l.j.
10h-16h30.*

Jules Hardouin-Mansart éleva
de 1679 à 1708 sur des plans
de Libéral Bruant cette « église
des soldats » dont la longue
nef n'est décorée que de
drapeaux pris à l'ennemi.
C'est ici que Berlioz créa son
Requiem le 5 décembre 1837,
avec plus de 200 musiciens et
210 choristes.
    Outre les dépouilles de
très nombreux gouverneurs,
les caveaux du sanctuaire
renferment les cendres
de Rouget de l'Isle.

Musée de l'Ordre
de la Libération ❸

51 bis, bd de La Tour-Maubourg
75007. **Plan** 11 A4. **Tél.** *01 47 05 04
10.* Ⓜ *La Tour-Maubourg.* ◯ *avr.-
sep. : t.l.j. 10h-18h (dim. 18h30) ;
oct.-mars : t.l.j. : 10h-17h (dim.
17h30)* ● *1er lun. du mois (sauf juil.-
sept.), 1er janv., 1er mai, 1er nov.,
25 déc.* 📷 ⭕ ✉

Le général de Gaulle fonda
l'ordre de la Libération en
1940 à Brazzaville pour

L'autel de Saint-Louis-des-Invalides

récompenser les individus ou
collectivités ayant apporté
une contribution
exceptionnelle à la libération
de la France. Dix-huit unités
militaires, cinq villes et
1 036 personnes le reçurent,
dont quelques étrangers,
tels Winston Churchill
ou Eisenhower.
    Le musée retrace dans près
de 200 vitrines l'histoire des
cinq années de lutte de la
Résistance et des corps
expéditionnaires français
jusqu'à la Libération.

Canons du musée de l'Armée

Musée de l'Armée ❹

Hôtel des Invalides 75007. **Plan** 11
A3. **Tél.** *08 10 11 33 99.* Ⓜ *La Tour-
Maubourg, Varenne.* ⓇⒺⓇ *Invalides.*
◯ *t.l.j. 10h-17h (avr.-sept. : jusqu'à
18h ; dern. entrée : 45 min av. la
ferm.)* ● *1er lun. du mois (sauf juil.-
sept.), 1er janv., 1er mai, 1er nov.,
25 déc.* 📷 ⭕ ♿ *r.-d.-c. seul.* ✉
📷 ▯ **Film**. www.invalides.org

Ce musée illustre l'histoire
militaire depuis la fin du
Moyen Âge jusqu'à la fin de
la Seconde Guerre mondiale.
Il abrite la troisième plus
grande collection d'armures
du monde.
    Au nord-est du réfectoire,
la salle des Armures mérite
une visite, autant pour ses
collections que pour les
tentures du XVIIe siècle qui
ornent les murs.
    Visibles pour la première
fois depuis deux-cents ans ,
les peintures murales
restaurées de Joseph Parrocel
célèbrent les conquêtes
militaires de Louis XIV.

La façade du musée de l'Ordre de la Libération

    Sous la cour de la Valeur,
se trouve l'Historial Charles-
de-Gaulle, le premier lieu
de la capitale exclusivement
consacré à l'ancien président
et au rôle essentiel qu'il a
joué lors de la Seconde
Guerre mondiale et dans
la politique du XXe siècle.
Cet espace multimédia
est fermé le lundi.
    Le Département Moderne
expose les souvenirs relatifs
à Napoléon, comme sa
fameuse redingote ou ses
chapeaux en feutre, mais
aussi son chien empaillé.

Musées
des Plans-Reliefs ❺

Hôtel des Invalides 75007.
Plan 11 B3. **Tél.** *01 45 51 95 05.*
Ⓜ *La Tour-Maubourg, Varenne.*
ⓇⒺⓇ *Invalides.* ◯ *t.l.j. 10h-17h
(avr.-sept. : jusqu'à 18h).* ● *1er lun.
du mois (sauf juil.-sept.), 1er janv.,
1er mai, 1er nov., 25 déc.* 📷 ⭕ ▯
www.museedesplansreliefs.culture.fr

Plan d'Alessandria, Italie (1813)

Commencée par Louis XIV
en 1668, la collection
de maquettes et plans de
villes et sites fortifiés qu'il
présente était considérée
comme un secret de défense
jusqu'en 1927 et ne devint
accessible au public que
dans les années 1950. Une
partie de l'exposition,
particulièrement intéressante,
permet de comparer les
formes que prirent six villes
aux origines et aux sites
différents.

Hôtel des Invalides ❻

75007. **Plan** 11 A3. **Tél.** 01 44 42 38 77. Ⓜ La Tour-Maubourg, Varenne. ◯ t.l.j. 10h-17h (avr.-sept. : jusqu'à 18h). ● j.f. ▨ www.invalides.org

Entrée principale des Invalides

Louis XIV fonda par un édit du 24 mai 1670 le premier hôpital français destiné à recevoir les soldats devenus invalides, qui se retrouvaient réduits à la mendicité ou à chercher asile dans un monastère. La construction du majestueux bâtiment, auquel Libéral Bruant donna une façade classique ornée d'un somptueux portail, dura de 1671 à 1676, et l'établissement accueillit presque immédiatement plus de 5 000 pensionnaires. L'hôtel abrite, outre une bibliothèque et les musées de l'Armée, des Plans-Reliefs et de l'Ordre de la Libération, des services administratifs et la résidence du gouverneur militaire de Paris.

Musée Rodin ❼

79, rue de Varenne 75007. **Plan** 11 B3. **Tél.** 01 44 18 61 10. Ⓜ Varenne. ◯ avr.-sept. : mar.-dim. 9h30-17h45, oct.-mars : mar.-dim. 9h30-16h45 (jardin 1h plus tard). ● 1er janv., 1er mai, 25 déc. ▨ 📷 ♿ partiel. ▨ 🏠 ▨ se rens. par tél. www.musee-rodin.fr

Auguste Rodin vécut et travailla de 1908 jusqu'à sa mort en 1917 dans le cadre élégant de l'hôtel Biron qui abrite depuis son musée où sculptures définitives et études permettent d'appréhender

dans sa totalité le travail de cet immense artiste.

Parmi les nombreux chefs-d'œuvre exposés, *Balzac*, *Les Bourgeois de Calais*, *Le Penseur* et *La Porte de l'enfer* se trouvent dans le jardin et la *Main de Dieu*, *Saint Jean-Baptiste* et *Le Baiser* sont au rez-de-chaussée. Au premier étage, ne manquez pas les études pour *La Porte de l'enfer* et la collection de peintures de Rodin comprenant notamment des Van Gogh et un Monet.

Incontournable également, la salle consacrée aux œuvres de Camille Claudel.

Hôtel Matignon ❽

57, rue de Varenne 75007. **Plan** 11 C4. Ⓜ Solférino, Rue-du-Bac. **Fermé** au public.

La construction de ce très bel hôtel fut commencée en 1721 par Jean Courtonne pour un fils du maréchal de Luxembourg et achevée pour une fille du prince de Monaco, devenue comtesse de Matignon. Après la Révolution, Talleyrand, la sœur de Louis-Philippe et le comte de Paris l'habitèrent.

Depuis 1959, cet hôtel au très vaste jardin privé est la résidence du Premier ministre.

Le Baiser (1886) au musée Rodin

Musée Maillol ❾

59, rue de Grenelle 75007. **Plan** 11 C4. **Tél.** 01 42 22 59 58. Ⓜ Sèvres-Babylone, Rue-du-Bac. ◯ mer.-lun. 11h-18h (dern. entrée : 17h15). ● j.f. ♿ ▨ ▨ www.museemaillol.com

Ancien modèle d'Aristide Maillol, Dina Vierny a créé un musée dédié au sculpteur catalan. Plâtres originaux et terres cuites s'enrichissent de dessins, pastels, gravures, peintures et objets décoratifs.

Le musée présente également la collection privée de Dina Vierny : Matisse, Dufy, Kandinsky, Poliakoff, Picasso ou les frères Duchamp. Outre les collections permanentes, le musée organise des expositions temporaires sur l'art du XXe siècle.

Sculptures de Sainte-Clotilde

Sainte-Clotilde ❿

12, rue de Martignac 75007. **Plan** 11 B3. 📞 01 44 18 62 60. Ⓜ Solférino, Varenne, Invalides. ◯ t.l.j. 9h-19h. ● j.f. non religieux. ✝ ▨ www.sainte-clothilde.com

L'architecte d'origine allemande François-Christian Gau s'inspira du gothique du XIVe siècle pour concevoir ce sanctuaire à plan en croix latine qu'il commença en 1846. C'est la première église néogothique de Paris.

Cette architecture, très en vogue au milieu du XIXe siècle, avait été remise à la mode par des écrivains comme Victor Hugo.

Geoffroy-Dechaume, Francisque Duret, William Bouguereau, Eugène Guillaume et James Pradier participèrent à sa décoration.

César Franck fut son organiste pendant trente-deux ans.

Dôme des Invalides ❶

Jules Hardouin-Mansart s'inspira
d'un projet de François Mansart, son
grand-oncle, pour construire de 1679
à 1706 le plus beau dôme de Paris,
l'un des chefs-d'œuvre de l'architecture
française du XVIIe siècle. Contrairement
à Saint-Louis-des-Invalides, l'église des
soldats que l'architecte édifiait en même
temps, ce sanctuaire devait être réservé
à l'usage exclusif du Roi-Soleil.

Louis XIV envisagea sans doute
d'en faire la nécropole des Bourbons
à la place de la basilique Saint-Denis
mais il ne mena pas ce projet à terme
et le tombeau qu'accueillit finalement
le dôme des Invalides fut celui de
Napoléon. Véritable monument
mémorial militaire, l'édifice abrite
les sépultures d'autres grands soldats
tels les maréchaux Foch
et Lyautey.

Le dôme
*Il reçut sa première
dorure en 1706.*

**① Tombeau de Joseph
Bonaparte**
*La première chapelle à
droite de l'entrée abrite le
sarcophage du frère aîné de
l'Empereur. Celui-ci l'avait
fait roi de Naples.*

Entrée principale

② Monument de Vauban
*Ce monument cénotaphe qui renferme le cœur
de Sébastien Le Prestre de Vauban a été
commandé en 1808 par Napoléon Ier.
Antoine Etex y a représenté la Science et la
Guerre au chevet du commissaire général
des fortifications de Louis XIV. Si le génie de
Vauban, fait maréchal en 1703, donna bien
des victoires au Roi-Soleil, sa franchise finit
par lui faire perdre la faveur du souverain.*

⑥ **Crypte**
Les escaliers qui mènent à la crypte du tombeau de Napoléon se trouvent de part et d'autre du maître-autel derrière lequel une vitre permet de voir l'intérieur de l'église Saint-Louis.

MODE D'EMPLOI

Hôtel National des Invalides, 129, rue de Grenelle. **Plan** 11 A3. **Tél.** 08 10 11 33 99 .
Ⓜ *La Tour-Maubourg, Varenne.*
🚌 *28, 63, 69, 80, 82, 83, 87, 92,93 vers les Invalides.* RER *Invalides.* 🗼 *tour Eiffel.* Ⓟ *rue de Constantine.* 🕐 *t.l.j. 10h-17h (avr.-juin : 10h-18h ; juil.-août : 10h-19h).* 🚫 *1er lun. du mois, 1er janv., 1er mai, 1er nov., 25 déc.*
📷🚻 ♿ *partiel (01 47 05 36 47).* 🎧 *groupes.* 📖🚻

LÉGENDE

– – – Itinéraire de la visite

⑤ **Chapelle Saint-Jérôme**
Elle renferme le tombeau de Jérôme Bonaparte, plus jeune frère de Napoléon et roi de Westphalie. Le corps de l'Aiglon y attendit de 1940 à 1969 son transfert dans la crypte.

Escalier de la crypte

④ **Coupole**
En 1692, Charles de la Fosse décora le plafond d'une fresque qui représente saint Louis remettant son épée au Christ.

③ **Tombeau du maréchal Foch**
Paul Landowski exécuta en 1937 cet imposant monument de bronze pour Ferdinand Foch.

RETOUR DE NAPOLÉON

Soucieux d'apaiser les républicains et les bonapartistes hostiles à son régime monarchique, Louis-Philippe décida en 1840 de rapatrier le corps de Napoléon, exauçant son vœu que « ses cendres reposent sur les bords de la Seine ». Le corps de l'Empereur, protégé par six cercueils, ne fut cependant placé dans la crypte du dôme des Invalides qu'en 1861, au terme d'une somptueuse cérémonie organisée par son neveu, Napoléon III.

La façade néoclassique de l'Assemblée nationale

Assemblée nationale-Palais-Bourbon ⑪

126, rue de l'Université 75007.
Plan 11 B2. **Tél.** 01 40 63 60 00.
Ⓜ *Assemblée-Nationale.* ⓇⒺⓇ *Invalides.*
◯ *groupes seul. Tél. pour plus de rens.* 🎬 *groupes (01 40 63 64 08).*
🎟 *Entrée visiteurs : 33, quai d'Orsay.*
www.assemblee-nationale.fr

Construit de 1722 à 1728 pour la duchesse de Bourbon, fille de Louis XIV, puis confisqué pendant la Révolution pour abriter le Conseil des Cinq-Cents. Pendant la Seconde Guerre mondiale, le palais devint le siège administratif des nazis.

La façade néoclassique fut ajoutée en 1806, pour la rendre symétrique à l'église de La Madeleine, de l'autre côté de la Seine. Le Palais-Bourbon est devenu le siège de l'Assemblée nationale. Sur le côté, l'hôtel de Lassay, construit par le prince de Condé, est la résidence du président de l'Assemblée. Le public peut assister aux séances parlementaires.

Rue Cler ⑫

75007. **Plan** 10 F3. Ⓜ *École-Militaire, La Tour-Maubourg.*
Marché ◯ *mar.-sam.*
*Voir **Boutiques et marchés** p. 338.*

Le septième arrondissement est un quartier chic et ancien. Il abrite de nombreuses ambassades et demeure le lieu de résidences privilégié des diplomates et des militaires. Exception à cette règle, la rue Cler, piétonne, au sud de la rue de Grenelle, est très animée et bordée de nombreux commerces aux produits chers mais d'excellente qualité.

Égouts ⑬

En face du 93, quai d'Orsay 75007.
Plan 10 F2. 📞 *01 53 68 27 81.* Ⓜ
Alma-Marceau. ⓇⒺⓇ *Pont-de-l'Alma.*
◯ *sam.-mer. 11h-17h (16h en hiver).* ● *1er jan., 2 dern. sem. de janv, 25 déc.* 🖼 📷 🎬

La tradition situe la construction du premier égout de Paris au XIVe siècle mais c'est l'ingénieur Eugène Belgrand qui établit pour Napoléon III le système qui fonctionne encore de nos jours. À sa mort, en 1878, le réseau mesurait environ 600 km, il en compte 2 400 aujourd'hui.

En 1867, on organisa des visites de ces souterrains, en wagonnets tout d'abord puis en barques. Depuis 1975, elles s'effectuent à pied. Dans les galeries, des plaques émaillées indiquent les noms des rues dont les égouts suivent le tracé.

Musée du Quai Branly ⑭

Voir p. 192-193.

Marchand de primeurs de la rue Cler

Entrée du n° 29 avenue Rapp

Champ-de-Mars ❶❺

75007. **Plan** 10 E3. Ⓜ *École-Militaire.* ℝℰℝ *Champ-de-Mars/Tour-Eiffel.*

L'ancien champ de manœuvre de l'École militaire doit à la fête de la Fédération qui s'y tint le 14 juillet 1790 d'avoir été nivelé. 250 000 volontaires vinrent prêter leurs bras au gigantesque chantier afin de l'achever à temps pour le premier anniversaire de la prise de la Bastille. Cet espace dégagé servit aussi de cadre à des courses de chevaux, des envols de ballons et à l'organisation des Expositions universelles, en particulier celle de 1889 pour laquelle on érigea la tour Eiffel. À une extrémité se dresse le *Mur pour la paix* de Clara Halter et Jean-Michel Wilmotte.

Tour Eiffel ❶❻

Voir p. 194-195

N° 29 avenue Rapp ❶❼

75007. **Plan** 10 E2. Ⓜ *Pont-de-l'Alma.*

Jules Lavirotte, architecte inclassable et souvent dénigré, édifia en 1901 au n° 29 de l'avenue Rapp la maison du céramiste Bigot. Très ouvragée, la façade Art nouveau en briques et grès polychromes, bien que décorée de figures féminines d'un érotisme subversif pour l'époque, lui valut le premier prix du concours de Façades de la ville de Paris. Lavirotte construisit également l'immeuble du n° 3, square Rapp, aisément reconnaissable à sa guérite d'angle, et l'hôtel Céramic au n° 34 de l'avenue de Wagram.

Village Suisse ❶❽

38-78, av de Suffren 75015. **Plan** 10 E4. Ⓜ *La-Motte-Picquet-Grenelle.* ◯ *jeu.-lun. 10h30-19h.*

Pour l'Exposition universelle de 1900, le gouvernement suisse édifia au Champ-de-Mars une reconstitution de village alpin si fidèle qu'il ne manquait même pas les montagnes. Les visiteurs partis, des brocanteurs s'y installèrent puis, à partir des années 1950-1960, des antiquaires.

Ascension en ballon

École Militaire ❶❾

1 pl. Joffre 75007. **Plan** 10 F4. Ⓜ *École-Militaire. Visites sur autorisation spéciale (écrire au colonel commandant).* 📷

Jacques-Ange Gabriel, architecte de la place de la Concorde, entreprit la construction de ce magnifique corps de bâtiment classique en 1751 mais ne l'acheva qu'en 1773. Dès 1753, cependant, l'édifice accueillit l'école fondée par Louis XV pour enseigner l'art de la guerre à 500 gentils-hommes pauvres. Le roi est d'ailleurs représenté sur la façade du pavillon central, côté Champ-de-Mars, sous les traits de la Victoire, l'une des quatre allégories décorant l'entablement du dôme.

Âgé de 19 ans, Napoléon Bonaparte reçut sa confirmation en 1875 dans la superbe chapelle Louis XVI.

Louis XV étudiant les plans de l'École militaire

Unesco ❷⓪

7 pl. de Fontenoy 75007. **Plan** 10 F5. **Tél.** 01 45 68 16 42. ℹ 01 45 68 10 60. Ⓜ *Ségur, Cambronne.* ◯ *vis. guid. mer. 15h.* ● *j.f. et lors des cycles de conférences.* 📷 ♿ 🎞 🔢 🔢 **Expositions, films.** www.unesco.org

Inauguré en 1958, le siège de l'Organisation des Nations unies pour l'éducation, la science et la culture présente un aperçu intéressant des grandes tendances architecturales et artistiques du milieu du xxe siècle. On peut y admirer de nombreuses œuvres d'art moderne, notamment de grands panneaux muraux de Picasso et Miró et une sculpture d'Henry Moore.

Silhouette au repos **d'Henry Moore à l'Unesco (1958)**

Musée du Quai Branly ⓮

Consacré aux arts et civilisations d'Afrique, d'Asie, d'Océanie et des Amériques, le musée du Quai Branly, initié par le président Jacques Chirac en 1995, exerce depuis son ouverture en 2006 un grand attrait touristique. L'élégant projet architectural de Jean Nouvel sert d'écrin aux 3 500 objets de l'impressionnante collection française d'arts « premiers » ou « primitifs » ; tandis que l'espace vert qui l'entoure apporte une bouffée d'air frais à l'ensemble.

L'intérieur
La lumière naturelle tamisée crée une ambiance intime, et l'espace ouvert reflète la diversité et la convergence des différentes cultures.

Pendentif en cuivre (Inde, xixᵉ-xxᵉ siècle)
Surmonté de trois têtes, ce pendentif est associé à la chasse de tête tribale autrefois pratiquée par les guerriers naga.

Tour des
instruments
de musique

Tambours de bois à fente (Vanuatu, milieu xxᵉ siècle)
Ces tambours verticaux accompagnent la danse et servent à l'envoi de messages rythmés. Ils produisent des sons différents, selon l'épaisseur de leur fente.

Billette
et accè

Rampe d'accès
aux collections
principales

À NE PAS MANQUER

★ Architecture
  du musée

★ Statue androgyne

Crochet en bois sculpté et peint (Papouasie-Nouvelle-Guinée xxᵉ siècle)
Les hommes accrochaient des offrandes sur le crochet caché sous la jupe de cette figure féminine.

Trophée
(Niger, xxe siècle)
Les tribus Ekoi faisaient des têtes de leurs ennemis des trophées en les décorant de cornes en bois et de peaux d'antilopes.

Mezzanine

Niveau des collections principales

Rampe d'accès

MODE D'EMPLOI

37, quai Branly. **Plan** 10 E2. **Tél** *01 56 61 70 00.* Ⓜ *Alma-Marceau.* 🚌 *42, 63, 72, 80, 92.* 🚇 *Pont de l'Alma.* 🅿 *sur place.* ◯ *mar., mer. et dim. 11h-19h, jeu.-sam. 11h-21h.* ◯ *1er mai, 25 déc.* **Expositions**, **théâtre**, **films**, **bibliothèque**. **www**.quaibranly.fr

Boîtes d'expositions
de tailles différentes accrochées à la facade, donnant une forme unique à l'édifice.

★ Statue androgyne
(Mali, xe-xie siècle)
Cette statue en bois de 1,91 m associe une tête de souverain aux seins d'une femme fertile. Sept bracelets parent le poignet du bras gauche levé : le nombre de l'union parfaite.

SUIVEZ LE GUIDE !

Les billets s'achètent à l'extérieur du bâtiment principal. À l'intérieur, une rampe de 180 m s'élève en spirale autour d'une tour en verre à l'intérieur de laquelle sont exposés des instruments de musique. Elle mène au niveau d'exposition principal. Un parcours permet d'explorer quatre zones géographiques, identifiées par couleurs : l'Océanie, l'Asie, l'Afrique et les Amériques. Un escalier mène à la mezzanine qui abrite l'espace multimédia.

Bandeau géant (Bolivie)
Cette parure de plumes, portée par les guerriers macheteros pour leur danse rituelle, pèse près de 10 kg.

LÉGENDE DU PLAN

☐	Asie
☐	Afrique
☐	Amériques
☐	Océanie
☐	Espace d'exposition temporaire
☐	Galerie multimédia
☐	Tour des instruments de musique
☐	Espace privé

★ L'architecture du musée
Protégé de l'agitation des quais par une palissade en verre, l'édifice, tout en longueur, est suspendu sur des pilotis au cœur d'un jardin paysagé. Il se développe sur cinq niveaux surmontés d'une terrasse avec vue panoramique.

Tour Eiffel ⑯

La tour Eiffel depuis le Trocadéro

Construite à partir du 28 janvier 1887 par l'ingénieur Gustave Eiffel pour l'Exposition universelle de 1889, cette célèbre tour métallique, le plus haut bâtiment du monde jusqu'à l'érection de l'Empire State Building en 1931, ne remporta pas l'unanimité dès son inauguration. Le poète Paul Verlaine préférait effectuer un détour plutôt que de la voir. On faillit la détruire en 1909. Plus personne n'y songe aujourd'hui : elle est devenue le symbole de Paris. Depuis 1986, l'éclairage, placé dans ses superstructures et non à l'extérieur, met en valeur depuis 1986 l'élégance diaphane de sa charpente.

Dentelle métallique
Selon son architecte, la structure complexe de poutrelles, si souvent admirée, de la tour Eiffel ne répondait à l'origine à aucun souci esthétique mais servait juste à assurer la stabilité de l'édifice face au vent.

Salle des machines
Pour les ascenseurs de sa tour, Eiffel préféra la sécurité à la vitesse.

À NE PAS MANQUER

★ Buste d'Eiffel

★ Cineiffel

★ Galerie panoramique

★ Mécanisme des ascenseurs

★ Cineiffel
Ce petit musée propose un court-métrage sur l'histoire du monument. Il comprend des images des personnages célèbres qui ont visité la tour, dont Charlie Chaplin et Adolf Hitler.

AUDACES ET DÉSILLUSIONS

La tour Eiffel a suscité bien des inconsciences. On l'a escaladée, dévalée à vélo, utilisée comme portique de trapèze ou pour sauter en parachute. En 1917, un tailleur autrichien du nom de Reichelt décida de s'envoler depuis son parapet, équipé d'ailes artificielles de sa fabrication. Selon l'autopsie, il succomba à une attaque cardiaque avant de s'écraser au sol.

Reichelt, l'homme-oiseau

★ Mécanisme des ascenseurs Fives-Lille
Toujours en parfait état de fonctionnement, ces éléments mécaniques datent de 1900, et ont été automatisés en 1986.

Le troisième étage peut accueillir 800 personnes à 276,13 m du sol.

★ **Galerie panoramique**
Par temps clair, la vue porte jusqu'à 70 km et il est possible de voir la cathédrale de Chartres.

Ascenseurs doubles
Au plus fort de la saison touristique, la capacité limitée des ascenseurs signifie parfois (en juillet et en août) deux heures d'attente avant de pouvoir atteindre le sommet.

Le deuxième étage est séparé du premier par 359 marches (par le pilier est)… ou quelques minutes d'ascenseur.

Le restaurant Le Jules Verne est l'un des meilleurs de Paris et l'on y apprécie autant la nourriture que la vue *(p. 308).*

Le premier étage se trouve à 57 m, ou 345 marches (par le pilier est), du niveau du sol. On peut aussi prendre l'ascenseur.

MODE D'EMPLOI

Champ-de-Mars. **Plan** 10 D3. **Tél.** *01 44 11 23 23.* M *Bir-Hakeim.* RER *Champ-de-Mars/Tour-Eiffel.* 🚌 *42, 69, 72, 82, 87, 91 vers le Champ-de-Mars.* 🔲 *Tour Eiffel.* P *sur place.* ⬤ *sept./mi-juin : t.l.j. 9h30-23h45 (18h30 pour l'escalier), mi-juin-août : 9h-0h45 (dern. entrée : 45 min av. la ferm.).* 🎫 📷 ♿ *partiel.* 🍴 🎬 *Films.* **www**.tour-eiffel.fr

LA TOUR EN CHIFFRES

- 324 m de haut (y compris l'antenne)
- Sous l'action de la chaleur, le sommet décrit une courbe pouvant aller jusqu'à 18 cm.
- 1 665 marches jusqu'au 3e étage
- 2,5 millions de rivets
- Jamais plus de 7 cm de ballant
- Poids : 10 100 t
- 60 t de peinture tous les sept ans.

La construction de la tour

★ **Buste d'Eiffel**
Gustave Eiffel (1832-1923) reçut la Légion d'honneur en 1889 et l'on plaça son buste, sculpté par Antoine Bourdelle, sous la tour en 1929.

Des bronzes dorés,
œuvres de plusieurs
sculpteurs, décorent
le parvis central du
palais de Chaillot

Porte **M**
Dauphine

Avenue Foch **RER** **11**

BD FLANDRIN

RUE DE LA FAISANDERIE

RUE

AV. VICTO

Avenue
Henri Martin
RER

AV. HENRI MARTIN

DE

RUE

R

M La Muett

RUE DE PAS

RER

Boulainvilliers-
La Muette

RUE DES VIGNES

RUE DE BOULAINVILLIERS

RUE

9

LE QUARTIER DE CHAILLOT

Depuis cette colline, un château dominait la Seine au Moyen Âge. Il devint au XVIIᵉ siècle le couvent de la Visitation. Ce dernier fut rasé, en même temps que celui, voisin, des Minimes, quand Napoléon décida d'édifier en ce lieu un

Sculptures du bassin du Trocadéro

somptueux palais pour son fils, le roi de Rome. La chute de l'Empire mit fin à ce projet et le baron Haussmann perça les larges avenues qui convergent vers la place du Trocadéro où s'édifièrent, au cours du XXᵉ siècle, les riches immeubles et hôtels particuliers caractéristiques de cette partie de Paris. Consulats et ambassades, dont l'imposante légation du Vatican, occupent certains d'entre eux. Le quartier (qui couvre une partie du 16ᵉ arrondissement) renferme aussi de nombreux musées, dont plusieurs sont rassemblés dans le palais de Chaillot édifié pour l'Exposition de 1937.

LE QUARTIER D'UN COUP D'ŒIL

Musées et galeries
Cité de l'Architecture
  et du Patrimoine ❸
Maison de Balzac ❽
Musée d'Art moderne
  de la Ville de Paris ⓰
Musée Dapper ⓬
Musée de l'Homme ❹
Musée de la Contrefaçon ⓫
Musée de la Marine ❺
Musée de Radio-France ❾
Musée du Cristal
  de Baccarat ⓭
Musée du Vin ❼
Musée Galliera ⓯
Musée national d'Ennery ⓫
Musée national des Arts
  asiatiques-Guimet ⓮
Palais de Tokyo ⓱

Jardin
Jardins du Trocadéro ❻

Aquarium
Cinéaqua ❷

Cimetière
Cimetière de Passy ❿

Architecture moderne
Palais de Chaillot ❶

COMMENT Y ALLER
RER : stations Avenue-Foch et Henri-Martin.
Métro : stations Passy, Trocadéro, Iéna, Rue-de-la Pompe et Boissière.
Bus : de nombreuses lignes traversent le quartier dont le 63 qui emprunte l'avenue Georges-Mandel et l'avenue du Président-Wilson.

0   400 m

LÉGENDE
▨ Plan du quartier pas à pas
Ⓜ Station de métro
RER Station de RER

VOIR AUSSI
- *Atlas des rues* plans 3, 9-10
- *Hébergement* p. 289-290
- *Restaurants* p. 309-310

Le quartier de Chaillot pas à pas

Là où Napoléon n'eut pas le temps d'édifier l'extraordinaire demeure dont il rêvait pour son fils, la IIIe République construisit un premier palais pour l'Exposition universelle de 1878, celui du Trocadéro, puis, pour l'Exposition internationale des arts et des techniques de 1937, le palais de Chaillot, dont les deux immenses ailes courbes dominent toujours la Seine. Un large parvis les sépare, orné de statues et de bassins. Il s'ouvre sur une vaste terrasse d'où l'on a une vue splendide sur le fleuve, la tour Eiffel et l'École militaire.

La statue du maréchal Ferdinand Foch, œuvre de Robert Wlérick et de Raymond Martin, fut dévoilée le 11 novembre 1951, année du centenaire de la naissance du commandant en chef qui conduisit les armées alliées à la victoire en 1918.

Métro Trocadéro

PL. DU TROCADÉRO

La Place du Trocadéro, remaniée en 1878 pour l'Exposition universelle, s'appelait auparavant place du Roi-de-Rome en l'honneur du fils de Napoléon.

PL. JOSÉ MARTI

AV. PAUL DOUMER

RUE FRANKLIN

BD DELESSERT

★ **Musée de la Marine**
Outre de remarquables maquettes, ce musée présente d'anciens instruments de navigation ❺

★ **Palais de Chaillot**
Ce bâtiment néoclassique remplaça pour l'Exposition de 1937 le palais du Trocadéro construit en 1878 ❶

Musée de l'Homme
Il ferme ses portes jusqu'en 2012, mais continue d'organiser expositions et conférences. ❹

Le Théâtre national de Chaillot,
présente ses spectacles dans deux
salles sous la terrasse, dont une
de 1 200 places *(p. 342-344)*.

Jardins du Trocadéro
*Ils furent aménagés dans
leur aspect actuel après
l'Exposition des arts et des
techniques de 1937* ❻

Cinéaqua
*Cet aquarium de
35 000 m² au
concept novateur
comprend des
salles de cinéma
et une salle de
spectacle* ❷

CARTE DE SITUATION
Voir le centre de Paris p. 14-15

Cité de l'Architecture et
du Patrimoine
*Ce vaste édifice abrite un
musée de l'architecture,
une école, une
bibliothèque, des archives
et différentes fondations* ❸

Les fontaines du Trocadéro,
illuminées la nuit, obéissent à
une séquence programmée qui
s'achève sur le déclenchement
des canons dont les jets visent
la tour Eiffel.

Le Pont d'Iéna fut édifié par
Napoléon pour célébrer sa victoire
en 1806 sur les Prussiens. On
l'élargit en 1937 lors de la
construction du palais de Chaillot.

LÉGENDE

– – – Itinéraire conseillé

0   100 m

À NE PAS MANQUER

★ Musée de la Marine

★ Palais de Chaillot

Le grand bassin du Trocadéro au pied du palais de Chaillot

Palais de Chaillot ❶

17 pl. du Trocadéro 75016.
Plan 9 C2. **Tél.** 01 44 05 39 10.
Ⓜ *Trocadéro.* 🔒 🖥 🖨

Sur le site privilégié de la
colline de Chaillot qui
surplombe la Seine, les
architectes Léon Azéma, Louis-
Hyppolyte Boileau et Jacques
Carlu édifièrent, pour
l'Exposition de 1937, cet
immense palais de style
néoclassique, composé
de quatre pavillons
monumentaux et de deux ailes
courbes de 195 m de long,
entièrement recouvert de
calcaire doré de l'Yonne.
Reliefs et statues de très
nombreux sculpteurs des
années 1930 ornent aussi bien
ses façades que le parvis,
entre les pavillons d'entrée, et
la terrasse dominant la Seine
et le Champ-de-Mars.
   L'édifice abrite le Théâtre

national de Chaillot *(p. 342-
343),* l'ancien TNP fondé par
Jean Vilar où s'illustrèrent
notamment de jeunes acteurs
comme Jeanne Moreau ou
Gérard Philipe.

Cinéaqua ❷

5, av. Albert de Mun 75016.
Plan 9 C2. **Tél.** 01 40 69 23 23.
Ⓜ *Trocadéro.* 🔘 *tlj. 10h-18h
(sam. et dim. jusqu'à 19h) ; dern.
entrée 1h av. la fermeture.*
🔒 ♿ www.cineaqua.com

Construit en 1878 pour
l'Exposition universelle, c'est
aujourd'hui ce qui se fait de
mieux en matière d'aquarium.
On y voit plus de 500 espèces
marines dont des poissons-
clowns, des hippocampes,
des requins et des raies
évoluant dans l'un des plus
grands bassins de France.
L'espace de 35 000 m²,
aménagé dans une ancienne

carrière, a été conçu pour se
fondre avec la butte Chaillot.
Outre les aquariums, vous
pouvez regarder les
documentaires et les dessins
animés projetés sur des
écrans de cinéma.

Maquette de l'église de Bagneux,
Cité de l'Architecture et du Patrimoine

Cité de l'Architecture et du Patrimoine ❸

Palais de Chaillot, pl. du Trocadéro
75016. **Plan** 9 C2. **Tél.** 58 51 52 00.
Ⓜ *Trocadéro.* 🔘 *mer.-lun. 11h-19h
(jeu. jusqu'à 21h).* 🔒 📷 🔒 🖨
www.citechaillot.fr

Dans l'aile est du palais de
Chaillot, ce musée explique
le développement de
l'architecture française à
travers les âges. La galerie
des moulages, qui couvre la
période allant du Moyen Âge
à la Renaissance, expose des
maquettes en trois dimensions
des grandes cathédrales
françaises, comme celle de
Chartres. Dans la galerie
moderne et contemporaine,
on a reproduit un
appartement conçu par
Le Corbusier.

La bassin aux requins, un des 43 aquariums de Cinéaqua

Musée de l'Homme ❹

Palais de Chaillot, 17, pl. du Trocadéro 75016. **Plan** 9 C2. **Tél.** 01 44 05 72 72. Ⓜ Trocadéro. ◐ lun. et mer.-ven. 10h-17h, sam.-dim. 10h-18h. ⬤ j.f. 🖼 *Expositions, films*. 🍴 💻 ♿ www.mnhn.fr

Installé depuis 1938 dans l'aile occidentale du palais de Chaillot, ce musée illustre par ses collections deux des principales sciences de l'homme : l'anthropologie et la préhistoire.

Le musée est en cours de rénovation (probablement jusqu'en 2012) et, au terme de ces travaux, il accueillera la plus grande collection d'objets préhistoriques au monde, ainsi que des présentations sur l'anatomie et l'environnement.

Masque du Gabon, musée de l'Homme

Musée de la Marine ❺

Palais de Chaillot, 17, pl. du Trocadéro 75016 **Plan** 9 C2. **Tél.** 01 53 65 69 69. Ⓜ Trocadéro. ◐ mer.-lun. 10h-18h (dern. entrée 45 min av. la ferm.). ⬤ 1er janv., 1er mai, 25 déc. 🖼 ♿ 📷 *Films*. www.musee-marine.fr

Fondé en 1827 par un fils de Charles X, il occupe depuis 1943 une partie de l'aile ouest du palais de Chaillot et retrace l'histoire de la marine française depuis les vaisseaux du XVIIᵉ siècle jusqu'aux porte-avions et sous-marins nucléaires modernes. Si le musée est particulièrement

Relief, musée de la Marine

réputé pour ses maquettes, certaines vieilles de trois siècles, il présente également des peintures, des sculptures navales, comme la figure de proue du canot de Marie-Antoinette, des instruments de navigation, des scaphandres et de véritables embarcations dont le magnifique canot d'apparat de Napoléon.

Jardins du Trocadéro ❻

75016. **Plan** 10 D2. Ⓜ Trocadéro.

D'une superficie de 10 hectares, ce magnifique espace vert restauré après l'Exposition de 1937 s'organise autour du grand bassin, au pied de la terrasse du palais de Chaillot, et des pelouses décorées de bronzes dorés et de sculptures en pierre qui l'encadrent. De part et d'autre, les jardins, richement arborés et agrémentés de bassins, de rocailles et de ruisseaux, descendent en pente douce jusqu'au pont d'Iéna. Ils offrent un cadre de promenade très agréable, en particulier en soirée quand des jeux de lumière ajoutent leur magie à celle des jets d'eau du grand bassin.

Musée du Vin ❼

5, sq. Charles-Dickens, rue des Eaux 75016. **Plan** 9 C3. **Tél.** 01 45 25 63 26. Ⓜ Passy. ◐ mar.-dim. 10h-18h. ⬤ 24 déc.-1er janv. 🖼 ♿ ♿ groupes seul. 🍴 mar.-sam. déj. seul. www.museeduvinparis.com

De l'ancienne abbaye de Passy, il ne reste que des celliers du XIVᵉ siècle aménagés aujourd'hui en musée du Vin. Dans les galeries antérieures aux caveaux, l'histoire du vin et sa culture sont évoquées à travers personnages de cire, outils anciens, gravures, bouteilles, verres, carafes… Des dégustations sont organisées sous les voûtes.

Dans les jardins du Trocadéro

Maison de Balzac ❽

47, rue Raynouard 75016. **Plan** 9 B3. **Tél.** 01 55 74 41 80. Ⓜ Passy, La-Muette. ◐ mar.-dim. 10h-18h (dern. entrée : 17h30). ⬤ j.f. 🖼 📷 ♿ ♿

Cette maison, où l'écrivain vécut de 1840 à 1847 sous un faux nom, Monsieur de Brugnol, pour échapper à ses créanciers, est l'une des dernières du quartier à conserver le charme du vieux Passy. Balzac y écrivit plusieurs de ses romans, notamment *La Cousine Bette* (1846). La demeure abrite un musée à sa mémoire ouvert au public depuis 1949.

On peut en particulier y visiter son cabinet de travail, qui a conservé mobilier et objets personnels d'origine, et une salle consacrée à Mᵐᵉ Hanska qui entretint une relation épistolaire avec l'écrivain pendant dix-huit ans mais ne devint sa femme que cinq mois avant sa mort.

L'aile gauche du bâtiment renferme la bibliothèque Balzac qui propose aux lecteurs, outre les œuvres complètes de l'auteur, la totalité des thèses et essais qui lui ont été consacrés.

Plaque sur la maison de Balzac

Poste de radio datant de 1955

Musée de Radio-France ❾

116, av. du Président-Kennedy 75016. **Plan** 9 B4. **Tél.** 01 56 40 15 16. Ⓜ Ranelagh. ☐ pour les vis. guid. seul., lun.-ven. ● j.f. 🅿️ 🔌 🛗 lun.-ven. 10h-11h, 14h30-16h. **www.radio-france.fr**

L'architecte Henri Bernard conçut la Maison de Radio-France inaugurée en 1963 dont les trois couronnes concentriques abritent en bordure de Seine près de 70 studios de radio, un studio de télévision, et un millier de bureaux. Une tour de 23 étages renferme les archives au centre de cet ensemble architectural d'une superficie de deux hectares que l'on visite en même temps que son musée.

Celui-ci retrace l'histoire des télécommunications depuis le télégraphe optique des frères Chappe (1793) jusqu'au multimédia, en passant par le premier télégramme envoyé de la tour Eiffel en 1898.

Cimetière de Passy ❿

2, rue du Cdt-Schloesig 75016. **Plan** 9 C2. **Tél.** 01 47 27 51 42. Ⓜ Trocadéro. ☐ lun.-ven. 8h-17h45, sam. 8h30-18h, dim. 9h-18h. 🅿️

Dans ce petit cimetière de l'élégant 16ᵉ arrondissement, ouvert en 1820, les dépouilles d'éminents Parisiens sont nombreuses – il y a plus de célébrités au mètre carré que dans n'importe quel autre cimetière parisien, dont les compositeurs Claude Debussy et Gabriel Fauré, le peintre Édouard Manet et de nombreux hommes politiques et aristocrates. La statuaire des caveaux mérite une visite.

Musée de la Contrefaçon ⓫

16, rue de la Faisanderie 75016. **Plan** 3 A5. **Tél.** 01 56 26 14 00. Ⓜ Porte-Dauphine. ☐ mar.-dim. 14h-17h30. ● j.f., août, 2 nov. 🅿️ **www.unifab.com**

Alcools, parfums, vêtements, automobiles ou jouets, les produits français sont imités dans le monde entier depuis des décennies. Ce musée, fondé à l'initiative de l'Union des fabricants, retrace l'histoire du plagiat, n'hésitant pas à remonter jusqu'aux Gaulois et tout ce qu'ils copièrent sur les Romains.

Parmi les nombreuses imitations : des bagages Louis Vuitton, des montres Cartier et de faux vins.

Musée Dapper ⓬

35 bis, rue Paul-Valéry, 75116. **Tél.** 01 45 00 91 75. Ⓜ Victor-Hugo. ☐ mer.-lun. 11h-19h. ● été, 1er janv., 1er mai, 25 déc. 🅿️ 🛗

Ce musée n'est pas seulement une réunion d'objets africains, mais surtout un lieu de recherche ethnographique mondiale, appelé Fondation Dapper. Situé au beau milieu d'un jardin africain, il représente un véritable trésor pour la culture africaine et noire. Son intérêt porte sur l'art folklorique précolonial, ses sculptures et ses objets tribals ainsi que sur l'art contemporain. Parmi eux, il faut noter un nombre important de masques

Art khmer, musée national des Arts asiatiques-Guimet

religieux, funéraires et guerriers d'une grande beauté. Certains datent d'une époque antérieure au XIIᵉ siècle et étaient utilisés au cours de représentations théâtrales.

Musée du Cristal de Baccarat ⓭

11, pl. des États-Unis 75016. **Plan** 4 D5. **Tél.** 01 40 22 11 00. Ⓜ Boissière. ☐ lun. et mer.-sam.10h-18h30. ● j.f. 🅿️ 📷 🔌 🛗 **www.baccarat.fr**

Le musée du Cristal ou la Galerie-Musée Baccarat, expose une partie de sa collection de 1 200 pièces créées par la maison Baccarat, fondée en Lorraine en 1764. Parmi ces objets sont exposés des services créés pour les cours royales et impériales d'Europe et de belles pièces fabriquées dans les ateliers.

La tombe de Debussy au cimetière de Passy

Musée national des Arts asiatiques-Guimet ⓮

6, pl. d'Iéna 75116. **Plan** 10 D1.
Tél. 01 56 52 53 00. Ⓜ Iéna.
◯ mer.-lun. 10h-18h (dern. entrée :
17h30). 🖼 📷 ♿ 🎫 🍴 🛍 🏛
*Panthéon bouddhique ouvert au
19 av. d'Iéna.* **Tél.** 01 40 73 88 11.
www.museeguimet.fr

Le musée porte le nom
de son créateur, Émile
Guimet. Industriel passionné
des civilisations orientales,
son musée fondé à Lyon
en 1879 a été transféré
à Paris en 1885.
Le parcours s'organise
autour d'un grand escalier
central. De l'Inde à la Chine
en passant par le Tibet, les
pays d'Asie du Sud-Est et
le Japon, les œuvres se
répondent et s'inscrivent dans
la continuité de l'importante
salle d'art Khmer. Le musée
met en valeur la calligraphie,
la peinture, l'orfèvrerie
et le textile et est riche de
45 000 pièces.
Une « cérémonie du thé » a
lieu dans le Pavillon du thé
du panthéon bouddhique.
Téléphoner pour les horaires.

Musée Galliera ⓯

10, av. Pierre-1er-de-Serbie 75016.
Plan 10 E1. **Tél.** 01 56 52 86 00.
Ⓜ Iéna, Alma-Marceau. ◯ pour
les expositions seul., mar.-dim.
10h-18h (à partir de 14h certains
j.f.). 🖼 **Section enfantine.**
www.galliera.paris.fr

Inspiré de la Renaissance,
le palais construit en 1892
pour la duchesse Maria de
Ferrari de Galliera héberge
aujourd'hui le musée de la
Mode de la Ville de Paris,
dédié à l'évolution de la
mode vestimentaire. Il abrite
une collection de plus de
100 000 costumes du
xviiie siècle à nos jours. Les
vêtements et les accessoires
de mode sont exposés par
roulement deux fois par an.
Certains ont été légués par
des femmes très élégantes
telles la baronne Hélène de
Rothschild et la princesse
Grace de Monaco.

**Sculptures de Gabriel Forestier à
l'entrée du musée d'Art moderne**

Musée d'Art moderne de la Ville de Paris ⓰

Palais de Tokyo, 11, av. du Président-
Wilson 75016. **Plan** 10 E1.
Tél. 01 53 67 40 00. Ⓜ Iéna, Alma-
Marceau. ◯ mar.-dim. 10h-18h
(mer. jusqu'à 22h). 🖼 expositions
temporaires. ♿ 🎫 📷 🛍 🏛 **Films.**
www.mam.paris.fr

Installé dans l'aile orientale
du palais de Tokyo, construit
en 1937 pour l'Exposition
universelle, ce musée
présente des œuvres de tous
les principaux courants
de l'art du xxe siècle, comme
le cubisme, le fauvisme,
l'abstraction ou le nouveau
réalisme. On y contemple de
grandes compositions telles
La Fée électricité de Raoul
Dufy et *La Danse* d'Henri
Matisse, mais aussi des
créations d'artistes
contemporains comme Sarah
Morris ou David Weiss.

Palais de Tokyo ⓱

13 av. du Président-Wilson 75116.
Plan 10 E1. **Tél** 01 47 23 54 01. Ⓜ
Iéna, Alma Marceau. ◯ mar.-dim.
12h-minuit. ◉ 1er janv., 1er mai,
25 déc. 🎫 🛍 🏛
www.palaisdetokyo.com

Adjacent au musée d'Art
moderne de la Ville de Paris,
cet espace ouvert, dédié à la
création contemporaine
française et internationale,
occupe une aile de l'imposant
Palais de Tokyo élevé en 1937.
Expositions artistiques, défilés
de mode et performances
d'avant-garde y alternent sans

Palais de Tokyo

relâche. Les installations
d'artistes tels Pierre Joseph,
Wang Du et Frank Scurti sont
si innovantes et décalées que
le palais de Tokyo est à
présent considéré comme l'un
des centres artistiques les plus
à la pointe d'Europe.

Jardin et façade postérieure du palais Galliera

LES CHAMPS-ÉLYSÉES

L'urbanisation des Champs-Élysées, l'avenue la plus connue et la plus prestigieuse de Paris, celle des grands défilés et des célébrations officielles, ne date que du second Empire. De nos jours, sa partie est, entre la place de la Concorde et le rond-point des Champs-Élysées, demeure bordée de larges allées arborées, souvenir de la promenade que Marie de Médicis fit aménager en 1616 pour prolonger le

Lampadaire du pont Alexandre-III

jardin des Tuileries. En revanche, le haut de l'avenue, jusqu'à la place de l'Étoile, est bordé de cinémas, de boutiques, de sièges de banques et de compagnies aériennes, de restaurants, de cafés chic et de fast-foods. Dans les artères voisines, les vitrines des grands noms de la haute couture rappellent que ce quartier est voué au luxe et aux affaires. Le long de la rue Saint-Honoré se trouvent l'Élysée et de nombreuses ambassades et consulats.

LE QUARTIER D'UN COUP D'ŒIL

Rues et bâtiments historiques
Avenue des Champs-Élysées ⑧
Avenue Montaigne ⑥
Palais de l'Élysée ⑤
Place Charles-de-Gaulle
   (l'Étoile) ⑨

Monument
Arc de triomphe p. 210-211 ⑩

Pont
Pont Alexandre-III ①

Musées et galeries
Grand Palais ②
Musée Jacquemart-André ⑦
Palais de la Découverte ③
Petit Palais ④

COMMENT Y ALLER

Le RER s'arrête à la station Charles-de-Gaulle-Étoile dans ce quartier bien desservi par le métro. Les lignes d'autobus 42 et 73 empruntent l'avenue des Champs-Élysées.

LÉGENDE

Plan du quartier pas à pas
Ⓜ Station de métro
Station de RER
Embarcadère de Batobus
Information touristique (avr.-oct.)

VOIR AUSSI

• *Atlas des rues* plans 3-4, 5, 11
• *Hébergement* p. 290-291
• *Restaurants* p. 310-311

0   400 m

◁ **L'Arc de triomphe, la nuit**

Les Champs-Élysées pas à pas

Les jardins qui bordent l'avenue des Champs-Élysées n'ont guère changé depuis que l'architecte Jacques-Ignace Hittorff les remodela en 1838. Les pavillons qu'il édifia y subsistent, notamment le pavillon Gabriel installé dans l'ancien Alcazar d'été, célèbre café-concert pendant la IIIe République. Les Grand et Petit Palais qui se font face de part et d'autre de l'avenue Winston-Churchill vinrent les compléter en 1900 pour l'Exposition universelle. L'art est également à l'honneur dans les galeries, souvent spécialisées dans les œuvres contemporaines, qui bordent l'avenue Matignon.

Le théâtre du Rond-Point est un ancien palais des Glaces. Sa porte arrière célèbre les campagnes de Napoléon.

Métro Franklin D. Roosevelt

Avenue Montaigne
Des maisons de haute couture, comme Christian Dior, la bordent ❻

★ Grand Palais
Dessiné par Charles Girault au XIXe siècle, il accueille des expositions. Sa verrière est magnifique ❷

Le restaurant Lasserre est décoré dans le style des luxueux paquebots des années 1930.

RUE JEAN GOUJON

RUE FRANÇOIS PREMIER

AV. FRANKLIN D. ROOSEVELT

AV. G. EISENHOWER

PL. DU CANADA

COURS LA REIN

PONT DES INVALIDES

À NE PAS MANQUER

★ Avenue des Champs-Élysées

★ Grand Palais

★ Petit Palais

★ Pont Alexandre-III

Palais de la Découverte
Une paire de statues équestres encadre l'entrée de ce centre de découverte des sciences ❸

LÉGENDE

– – – Itinéraire conseillé

0   100 m

★Avenue des Champs-Élysées
Elle sert de décor aux défilés marquant les célébrations exceptionnelles comme le bicentenaire de la Révolution ⑧

CARTE DE SITUATION
Voir le centre de Paris p. 14-15

CHAMPS-ÉLYSÉES
QUARTIER DE CHAILLOT
Seine
QUARTIER DES INVALIDES ET DE LA TOUR EIFFEL

AV. GABRIEL

AV. DE MARIGNY

DES CHAMPS-ÉLYSÉES

M

PL. CLEMENCEAU

AV. WINSTON CHURCHILL

PONT ALEXANDRE III

Métro
Champs-
Élysées
Clemenceau

Vers la place de la Concorde

Les jardins des Champs-Élysées
connurent une grande popularité après avoir accueilli l'Exposition universelle de 1855. Marcel Proust, entre autres illustres Parisiens, aimait s'y promener.

★ Petit Palais
Éclairé par la lumière naturelle, le Petit Palais – œuvre d'art du XIXe siècle à lui seul – abrite les collections hétéroclites du musée des Beaux-Arts de la Ville de Paris qui comprennent aussi bien des sculptures antiques que des œuvres de Renoir ④

Vers les Invalides

★ Pont Alexandre-III
La portée de son arche unique et sa faible courbure font de ce pont une réussite aussi bien technique qu'esthétique ①

Pont Alexandre-III ❶

75008. **Plan** 11 A1. Ⓜ *Champs-Élysées-Clemenceau.*

La première pierre de ce pont fut posée en 1896 en présence du président de la République Félix Faure et du dernier empereur de Russie Nicolas II, fils du tsar Alexandre III à qui le pont fut dédié. Les ingénieurs l'achevèrent à temps pour l'Exposition universelle de 1900. Pourtant, ils s'étaient vu imposer de très sévères contraintes techniques : l'ouvrage ne pouvait reposer que sur les deux berges afin de ne pas gêner le trafic fluvial et il ne devait pas créer d'obstacle à la vue des Invalides depuis les Champs-Élysées. Pour y répondre, ils réalisèrent l'un des plus beaux ponts de Paris, structure métallique d'une seule volée qu'ornent nymphes, génies des eaux, monstres marins et, au sommet de ses piliers, quatre Renommées dorées : celles des Sciences, de l'Art, du Commerce et de l'Industrie.

Le pont Alexandre-III

Grand Palais ❷

Porte A, av. du Général-Eisenhower 75008. **Plan** 11 A1. **Tél.** 01 44 13 17 17. Ⓜ *Champs-Élysées-Clemenceau.* ◯ lors des expositions temporaires (généralement jeu.-lun. 10h-20h, mer. 10h-22h, tél. pour vérifier). ● 1er mai, 25 déc. 🏷 🚫 ♿ 📷 🔊 📧 📱 www.grandpalais.fr

Inauguré à la même période que le pont Alexandre-III, le Grand Palais présente un curieux contraste, caractéristique de l'époque de sa construction, entre le

sévère habillage en pierre de ses façades et l'exubérance de sa décoration et des structures métalliques de sa verrière. De colossales sculptures en bronze de quadriges, du sculpteur Récipon, se trouvent aux quatre coins de l'immense verrière (15 000 m²), supportée par une structure métallique Art nouveau de 8500 tonnes. La restauration de l'ensemble du bâtiment de 2001 à 2008 lui a redonné toute sa splendeur. Des expositions temporaires de grande qualité se tiennent régulièrement dans les Galeries nationales du Grand Palais.

Le palais de la Découverte

Palais de la Découverte ❸

Av. Franklin-D.-Roosevelt 75008. **Plan** 11 A1. 📞 01 56 43 20 21. Ⓜ *Franklin-D.-Roosevelt.* ◯ mar.-sam. 9h30-18h, dim. 10h-19h. ● 1er janv., 1er mai, 14 juil., 15 août, 25 déc. 🏷 📷 sur autorisation. 📱 💻 www.palais-decouverte.fr

Créé en 1937 par des savants, son musée propose aux visiteurs d'effectuer eux-mêmes des expériences afin de découvrir les bases de sciences telles que l'informatique, les mathématiques, l'astronomie,

Entrée du Petit Palais

la physique, la chimie, la biologie et la médecine.

Petit Palais ❹

Av. Winston-Churchill 75008. **Plan** 11 B1. **Tél.** 01 53 43 40 00. Ⓜ *Champs-Élysées-Clemenceau.* ◯ mar.-dim. 10h-18h. ● j.f. 🏷 📷 🔊 pour les expositions. 📱 www.petitpalais.paris.fr

Il a été dessiné par le même architecte que le Grand Palais, Charles Giraud, et pour la même Exposition universelle. Construit autour d'un charmant jardin intérieur bordé d'un péristyle, il abrite le musée des Beaux-Arts de la Ville de Paris. L'aile du Cours de la Reine, la plus proche de la Seine, est utilisée pour les expositions temporaires, alors que le côté près des Champs-Élysées abrite les collections permanentes. Elles sont divisées en plusieurs sections : antiquités grecques et romaines, ivoires et sculptures médiévales et Renaissance, horloges Renaissance et bijoux, art et meubles du XVIIIe au XIXe siècle. Il y a également une collection d'œuvres impressionnistes.

LE GRAND PALAIS   Espace d'exposition   Supports métalliques

Palais de l'Élysée ❺

55, rue du Faubourg-Saint-Honoré
75008. **Plan** 5 B5. Ⓜ *St-Philippe-du-Roule.* ⬤ *au public.*

Construit pour le comte d'Évreux en 1718, il devint la résidence de la marquise de Pompadour en 1753 puis, de 1805 à 1808, celle de Murat et de sa femme, Caroline Bonaparte. Il conserve deux très belles pièces de cette époque : le salon Murat (où se tient de nos jours le Conseil des ministres) et le salon d'Argent où Napoléon Ier abdiqua le 22 juin 1815. Résidence du chef de l'État depuis 1873, le palais a vu se succéder les présidents de la République ; leurs appartements sont situés dans l'aile, côté rue de l'Élysée.

Garde républicain

Avenue Montaigne ❻

75008. **Plan** 10 F1. Ⓜ *Franklin-D.-Roosevelt.*

Au XIXe siècle, cette avenue était réputée pour ses salles de danse, comme le bal Mabille fréquenté par Baudelaire, et son jardin d'hiver où les Parisiens se pressaient pour écouter Adolphe Sax jouer de l'instrument qu'il venait d'inventer : le saxophone. On y trouve aujourd'hui couturiers chic et hôtels de luxe.

Le musée Jacquemart-André

Musée Jacquemart-André ❼

158, bd Haussmann 75008.
Plan 5 A4. **Tél.** 01 45 62 11 59.
Ⓜ *Miromesnil, St-Philippe-du-Roule.*
◯ *t.l.j. 10h-18h.* 🈳 🚫 🏠 🎧 🛍 ⬜ ♿
www.musee-jacquemart-andre.com

Construit par l'architecte Parent entre 1869 et 1875 pour Édouard André, ancien militaire issu d'une famille de banquiers protestants, l'hôtel présente les collections rassemblées par cet amateur d'art éclairé et sa femme, Nélie Jacquemart. Cette dernière le légua à l'Institut de France à sa mort, en 1912, pour en faire un musée. Les collections comprennent principalement des œuvres de la Renaissance italienne, de l'École française du XVIIIe siècle et des maîtres flamands et hollandais du XVIIe siècle, dont les fameux *Pèlerins d'Emmaüs* de Rembrandt. Le musée présente aussi quelques belles pièces de mobilier précieux, des tapisseries et des tableaux de l'école anglaise du XVIIIe siècle.

Avenue des Champs-Élysées ❽

75008. **Plan** 5 A5. Ⓜ *Franklin-D.-Roosevelt, George-V.*

L'histoire de cette avenue, remonte aux allées, créées pour Marie de Médicis dans l'axe du jardin des Tuileries, que Le Nôtre réaménagea en 1667. L'artère fut prolongée jusqu'à l'Étoile à la fin du XVIIIe siècle et le quartier se développa pendant le second Empire (1852-1870).

Place Charles-de-Gaulle (l'Étoile) ❾

75008. **Plan** 4 D4. Ⓜ *Charles-de-Gaulle-Étoile.*

La place de l'Étoile, rebaptisée Charles-de-Gaulle en 1969, fut aménagée par le baron Haussmann *(p. 34-35)* à partir de 1854 autour de l'Arc de triomphe. Les 12 avenues qui y débouchent en font un carrefour à sensations fortes pour les automobilistes.

L'Arc de triomphe vu depuis les Champs-Élysées

Arc de triomphe ❿

Voir p. 210-211.

Coupole vitrée

Quadrige (char tiré par 4 chevaux) de Récipon

Arc de triomphe ⑩

La façade est de l'Arc de triomphe

Napoléon posa la première pierre de ce prestigieux monument en 1806, mais ses troupes n'eurent pas l'occasion de défiler dessous. En effet, la construction, interrompue par la chute de l'Empire, ne s'acheva qu'en 1836 sous le règne de Louis-Philippe. L'édifice, qui respecte les plans de son architecte, Jean Chalgrin, décédé en 1811, mesure 50 m de hauteur totale (dont 29 sous la voûte) et 45 m de large.

Trente boucliers au sommet du monument portent les noms de grandes victoires de la République et de l'Empire en Europe comme en Afrique.

La frise, sculptée par Rude, Brun, Jacquet, Laitié, Caillouette et Seurre l'Aîné, montre sur cette façade (est) le départ des armées françaises et sur l'autre leur retour.

Façade est

La bataille d'Aboukir, bas-relief de Seurre l'Aîné, évoque la victoire de Napoléon sur les troupes turques en 1799.

Triomphe de 1810
Ce haut-relief de Cortot célèbre le traité de Vienne signé après la victoire de Wagram en 1809.

À NE PAS MANQUER

★ Départ des volontaires de 1792

★ Tombeau du soldat inconnu

★ **Tombeau du soldat inconnu**
Sa flamme est allumée depuis le 11 novembre 1923.

CHRONOLOGIE

1806 Napoléon commande un arc de triomphe à Chalgrin

1885 Le catafalque de Victor Hugo est dressé sous l'Arc de triomphe

1836 Louis-Philippe achève l'Arc

1944 Libération de Paris. De Gaulle descend les Champs-Élysées

1800	1850	1900	1950

1840 Le cortège funèbre de Napoléon passe sous l'Arc

1919 Défilé de la victoire des armées alliées

1815 Chute de Napoléon. Les travaux cessent

PARADE NUPTIALE DE NAPOLÉON

Napoléon divorça de Joséphine en 1809 parce qu'elle ne parvenait pas à lui donner d'enfants. Les diplomates arrangèrent l'année suivante un mariage avec Marie-Louise, la fille de l'empereur d'Autriche. Pour l'arrivée de la promise, Chalgrin édifia un modèle grandeur nature, en toile tendue sur une charpente de bois, de l'Arc de triomphe dont les travaux venaient à peine de commencer.

MODE D'EMPLOI

Pl. Charles-de-Gaulle. **Plan** 4 D4. **Tél.** 01 55 37 73 77. M RER Charles-de-Gaulle-Étoile. 🚌 22, 30, 31, 52, 73, 92. 🅿 près de la place. **Musée** ⬤ avr.-sept. : t.l.j. 10h-23h ; oct.-mars : t.l.j. 10h-22h30 ; dern. entrée 30 min av. la ferm. ⬤ 1er janv., 1er mai, 8 mai, 14 juil. 11 nov, 25 déc. 📷 ⬛ 🔧 📷 ♿

La plate-forme, qui surplombe d'un côté les Champs-Élysées et de l'autre la Défense, offre une vue superbe sur Paris.

Funérailles de Marceau
Ce général vainquit les Autrichiens en 1795 mais tomba sous leurs balles l'année suivante.

La bataille d'Austerlitz par Gechter montre l'armée de Napoléon brisant la glace du lac Satschan en Autriche afin de noyer les troupes ennemies.

Des officiers de l'Empire ont leurs noms gravés sur les petites arches.

Entrée du musée

★ Départ des volontaires de 1792
Le chef-d'œuvre de François Rude est souvent appelé La Marseillaise.

Place Charles-de-Gaulle
Douze avenues dessinent une étoile autour de l'Arc de triomphe. Plusieurs portent le nom de grands militaires comme Foch et Marceau (p. 34-35).

LE QUARTIER DE L'OPÉRA

Le 14 janvier 1858, le patriote italien Felice Orsini tenta d'assassiner Napoléon III, alors qu'il se rendait à l'Opéra situé alors rue Le-Peletier. L'empereur décida la création d'une salle de spectacle qu'il pourrait rejoindre sans craindre un attentat. Le projet de l'architecte Charles Garnier remporta le concours lancé à cet effet, et le baron Haussmann perça la large avenue reliant au Louvre l'édifice et la place conçue pour le mettre en valeur. Le palais Garnier domine aujourd'hui l'un des carrefours les plus animés de Paris. Banques, agences de voyage et grands magasins se sont installés dans ce quartier, sur les boulevards rénovés au second Empire. Les rues qu'ils

Les coulisses de l'Opéra (1889) par J. Beraud

coupent ont conservé leur cachet plus ancien. De nombreux passages, précurseurs des galeries marchandes modernes, y débouchent. Les explorer offre une merveilleuse promenade.

Jean-Paul Gaultier tient boutique dans le passage le plus élégant, la galerie Vivienne, mais le passage Jouffroy, le passage Verdeau, celui des Panoramas ou le minuscule passage des Princes ont gardé plus d'authenticité. Sur le boulevard des Capucines, juste à côté du célèbre Café de la Paix, une inscription, au n°14, rappelle qu'on y donna en décembre 1895 les premières projections cinématographiques publiques.

LE QUARTIER D'UN COUP D'ŒIL

Rues et bâtiments historiques
Avenue de l'Opéra ⑫
Grands Boulevards ③
Palais de la Bourse ⑩
Place de la Madeleine ②

Opéra
Opéra-Garnier ④

Boutiques
Hôtel Drouot ⑦
Passages ⑨

Musées et galeries
Bibliothèque nationale de France-Richelieu ⑪
Grévin ⑧
Musée de l'Opéra ⑤
Paris Story ⑥

Église
La Madeleine ①

COMMENT Y ALLER

Plusieurs lignes de métro se croisent à la station Opéra et la ligne A du RER s'arrête à Auber. Les lignes d'autobus 42 et 52 empruntent le boulevard de la Madeleine et les lignes 21, 27, 29 et 95 l'avenue de l'Opéra. Le 22 et le 53 ont leur terminus à Opéra.

LÉGENDE
▨ Plan du quartier pas à pas
Ⓜ Station de métro
RER Station de RER

0 — 400 m

VOIR AUSSI
• *Atlas des rues* plans 5-6
• *Hébergement* p. 291
• *Restaurants* p. 311-312

◁ **La Danse**, de Jean-Baptiste Carpeaux, sur la façade de l'Opéra-Garnier

Le quartier de l'Opéra pas à pas

Il suffit de rester assez longtemps au Café de la Paix, dit-on, pour voir passer le monde entier. Pendant la journée, Parisiens et visiteurs se pressent dans ce quartier de banques et de grands magasins pour y faire des affaires ou des courses. Des boutiques chic de la place de l'Opéra aux grandes enseignes de prêt-à-porter, il y en a pour tous les goûts. Le soir, cinémas, théâtres et, bien entendu, l'Opéra attirent une foule très différente qui emplit les cafés après les représentations.

Statue par Gumery sur l'Opéra

Place de la Madeleine
Au n° 26, les célèbres magasins Fauchon proposent des mets raffinés du monde entier ❷

LÉGENDE

- – – Itinéraire conseillé

0   100 m

RUE TRONCHET

RUE VIGNON

RUE GODOT DE MAUROY

RUE CAUMARTIN

RUE AU

PL. DE LA MADELEINE

BD DE LA MADELEINE

Ⓜ Métro Madeleine

À NE PAS MANQUER

★ Boulevard des Capucines

★ La Madeleine

★ Opéra-Garnier

★ **La Madeleine**
L'église finalement édifiée diffère de son modèle original conservé au musée Carnavalet (p. 96-97) ❶

★ Opéra-Garnier
*Cet Opéra où se mêlent tous les styles est devenu
le symbole de l'opulence du second Empire* ❹

CARTE DE SITUATION
Voir le centre de Paris p. 14-15

Musée de l'Opéra
*Il est consacré à
l'histoire de l'Opéra
de Paris* ❺

La place de l'Opéra
est un des carrefours
à la circulation la
plus dense de Paris.

PL. DIACHILEV

Métro Chaussée
d'Antin

RUE GLUCK

HALEVY

PL. J.
ROUCHE

RUE

SCRIBE

PL. CH.
GARNIER

RUE

PL. DE
L'OPÉRA

Métro Opéra

CINES

RUE DAUNOU

AV. DE
L'OPÉRA

Le Café de la Paix a conservé
son décor du xixᵉ siècle dessiné
par Garnier *(p. 319)* et propose
toujours son célèbre millefeuille.

Le Harry's Bar fondé par
Harry MacElhone en 1913,
a compté Francis Scott
Fitzgerald et Ernest
Hemingway parmi ses
habitués.

★ Boulevard des Capucines
*Sur ce boulevard où le
photographe Nadar eut son
studio, les frères Lumière
donnèrent au Grand Café
la première projection
publique du cinématographe
le 28 décembre 1895* ❸

Le Ravissement de sainte Madeleine (1837), derrière le maître-autel de la Madeleine, est de Charles Marochetti

La Madeleine ❶

Pl. de la Madeleine 75008.
Plan 5 C5. **Tél.** *01 44 51 69 00.*
Ⓜ *Madeleine.* ◯ *t.l.j. 9h-19h.*
🚩 *fréquentes.* 📷 🎭 ***Concerts.***
Voir **Se distraire** *p. 346-347.*

Impressionnant temple grec,
vu depuis la place de
la Concorde, l'église
Sainte-Marie-
Madeleine est un des
monuments les plus
célèbres de Paris. Elle
ne ressemble en rien
à l'édifice prévu
lorsqu'on posa la
première pierre en
1764 : sa construction,
entamée par Pierre
Contant d'Ivry, puis
poursuivie par
Guillaume Couture

Boîte de chez Fauchon

qui modifia une première fois
les plans, connut une longue
interruption pendant la
Révolution. Napoléon confia
à Pierre Vignon le soin de
transformer le bâtiment
inachevé en temple de la
Gloire et ce choix décida de
l'aspect final du sanctuaire,
entouré de colonnes
corinthiennes de 20 m de
haut, même s'il ne fut achevé
qu'en 1845.
   Ses massives portes de
bronze sculptées ouvrent sur
un intérieur somptueux et
d'une grande homogénéité
décorative. On peut admirer,
dans le vestibule, le *Baptême*
du Christ de François Rude,
Le Mariage de la Vierge, de
James Pradier, ou l'orgue
(1846) par Cavaillé-Coll.

Place de la Madeleine ❷

75008. **Plan** 5 C5. Ⓜ *Madeleine.*
Marché aux fleurs
◯ *mar.-dim. 8h-19h30.*

Cette place, créée en
même temps que
l'église éponyme, est
un des grands centres
mondiaux de
l'alimentation de luxe.
On y trouve en effet
presque côte à côte
le magasin Fauchon
– supermarché

des millionnaires –, les
établissements Hédiard et la
Maison de la Truffe *(p. 333-335)*. La grande maison du
n° 9 est l'endroit où Marcel
Proust a passé son enfance.
À l'est de la Madeleine, il y a
un petit marché aux fleurs
(p. 338) et des toilettes
publiques du xixᵉ siècle en
très bon état de conservation.

Décors actionnés par des treuils

OPÉRA GARNIER

Foyer de la danse

Scène

Grands Boulevards ❸

75002 et 75009. **Plan** 6 D5-7C5.
Ⓜ *Madeleine, Opéra, Richelieu-Drouot, Grands-Boulevards.*

Huit larges boulevards – de la Madeleine, des Capucines, des Italiens, Montmartre, Poissonnière, de Bonne-Nouvelle, Saint-Denis et Saint-Martin – relient la place de la Madeleine à celle de la République, suivant le tracé de l'enceinte de Charles V transformée au XVIIe siècle en promenade. Ils devinrent sous le règne de Napoléon III le haut lieu des mondanités et de l'élégance parisiennes mais n'ont conservé ce caractère luxueux qu'aux abords de la Madeleine et de l'Opéra où grands cafés, théâtres et somptueuses vitrines rappellent la belle époque des Grands Boulevards. Jusqu'à la porte Saint-Martin, ceux-ci restent néanmoins très animés, quoique dans un style plus populaire.

C'est là que débouchent de nombreux passages et que l'on trouve le musée Grévin (*p. 218*), le théâtre des Variétés (1807), celui des Nouveautés (1920) ou le cinéma Le Rex (1932) ainsi que de nombreux bars et clubs.

Boulevard des Italiens

Opéra-Garnier ❹

Pl. de l'Opéra 75009. **Plan** 6 E4.
📞 0892 89 90 90. Ⓜ *Opéra.*
🕐 *t.l.j. 10h-17h.* ⬤ *j.f.* 📷 ✉ *Voir*
Se distraire *p. 345-347.*
www.operadeparis.fr

Ce n'est pas sans raison que l'on compare souvent le palais édifié par Charles Garnier à une gigantesque pâtisserie. Tous les styles s'y mêlent, du classique au baroque, multipliant coupoles, frises, colonnes et statues (en marbre, calcaire ou bronze) pour créer un ensemble très ornementé qui finit par devenir l'exemple type du style Napoléon III.

Sa construction commença en 1861 après d'importants travaux de terrassement qui comprirent la création d'un lac souterrain destiné à stabiliser le sol et décrit par Gaston Leroux dans son *Fantôme de l'Opéra.* La guerre de 1870 ralentit les travaux si bien que le palais ne fut inauguré qu'en 1875 sous la IIIe République. Napoléon III ne put donc jamais emprunter la double rampe du pavillon ouest, prévue à l'origine pour lui permettre d'accéder en voiture à la salle.

Parmi les quatre groupes allégoriques qui décorent la façade : *La Musique, La Poésie lyrique, Le Drame lyrique* et *La Danse,* ce dernier est la copie qu'exécuta le sculpteur Paul Belmondo (le père de l'acteur) du chef-d'œuvre de Jean-Baptiste Carpeaux exposé au musée d'Orsay (*p. 114-117*). À l'intérieur du palais, un extraordinaire escalier d'honneur rococo conduit au grand foyer décoré de mosaïques, de fresques et de sculptures, ainsi qu'aux différents niveaux de galeries et couloirs où se déroulait le cérémonial mondain qui accompagnait, au XIXe siècle, les représentations. Dans la salle, huit grandes colonnes supportent la coupole et son lustre de six tonnes. Chagall s'inspira de neuf opéras et ballets pour peindre le plafond qui l'orne depuis 1964.

Statue de Millet

Coupole recouverte de cuivre

Rotonde de l'Empereur

Grand foyer orné de mosaïques

Salle d'environ 2 000 places

Escalier d'honneur

L'affiche du musée Grévin

Musée de l'Opéra ❺

Pl. de l'Opéra 75009. **Plan** 6 E5.
Tél. 08 92 89 90 90. Ⓜ Opéra.
⃝ t.l.j. 10h30-17h. ● 1er janv.,
1er mai. ✉ 📷 08 25 05 44 05.
📷 www.operadeparis.fr

Ce charmant petit musée,
situé dans ce qui aurait dû
être le pavillon privé de
Napoléon III, retrace l'histoire
de l'Opéra Garnier et des
grands artistes qui mirent
leur talent à son service.
Ses collections comprennent
portraits et bustes, maquettes
de décors et souvenirs, tels
des dessins réalisés par Vaslav
Nijinsky. Une bibliothèque
publique consacrée au
théâtre et à la musique
le complète. Elle possède
plus de 80 000 volumes et
près de 100 000 dessins,
photos et affiches.

Paris Story ❻

11 bis, rue Scribe 75009. **Plan** 6 D4.
Tél. 01 42 66 62 06. Ⓜ Opéra.
⃝ t.l.j. 10h–18h. ✉ 📷 www.
paris-story.com

Passage obligé pour une
première visite de la capitale,
ce petit musée permet
d'appréhender et de découvrir
en peu de temps (1 h 15)
l'histoire et la géographie de
Paris à travers un spectacle
multimédia interactif. Un film
commenté par une image
holographique de Victor Hugo
retrace les deux mille ans
d'histoire de la ville de Lutèce
au Paris d'aujourd'hui. Une
maquette 3D de Paris permet
d'en repérer les monuments et
les sites essentiels, dont 156
sont analysés sur des écrans
tactiles géants. Une galerie de
cinq écrans plasma propose
des courts métrages en 3D
sur plusieurs thèmes dont
Paris secret.

Hôtel Drouot ❼

9, rue Drouot 75009. **Plan** 6 F4. **Tél.**
01 48 00 20 20. Ⓜ Richelieu-Drouot.
⃝ lun.-sam. 11h-18h, Ventes 14h.
● j.f. Ⓧ 📷 📷 Voir **Boutiques et
marchés** p. 336-337. www.drouot.fr

Le plus important hôtel des
ventes de France, appelé
le Nouveau Drouot depuis
que des bâtiments modernes
ont remplacé en 1980 ceux
d'origine, est installé depuis
1851 sur le site de l'ancienne
ferme de la Grange Batelière
et doit son nom, comme la
rue où il se trouve, à un aide
de camp de Napoléon,

le comte Antoine Drouot.
Même si les maisons
Sotheby's et Christie's, de
Londres, tiennent aujourd'hui
le premier rang mondial, les
ventes aux enchères qui s'y
déroulent offrent l'occasion
d'assister à un intéressant
spectacle et d'admirer une
très grande variété d'objets
rares. Les amateurs frustrés
d'avoir raté une affaire
peuvent encore tenter leur
chance chez les antiquaires
qui tiennent boutique aux
alentours.

Grévin ❽

10, bd Montmartre 75009.
Plan 6 F4. **Tél.** 01 47 70 85 05.
Ⓜ Grands-Boulevards.
⃝ lun.-ven. 10h-18h30,
sam., dim., j.f. et vac. scol. 10h-19h
(dern. entrée : 1 h av. la ferm.). ♿
✉ 📷 www.grevin.com

Fondé en 1882, ce célèbre
musée de personnages
en cire a été entièrement
rénové en 2001. Du Moyen
Âge à nos jours, près de
300 personnages historiques
ou contemporains (stars
du cinéma et de la chanson,
top models ou encore grands
sportifs et hommes politiques)
sont mis en scène. Ne
manquez pas le mythique
spectacle du Palais des
mirages devenu un fabuleux
son et lumière et le Théâtre
du Tout Paris dans une salle
de théâtre datant de 1900.

Passages ❾

75002. **Plan** 6 F5. Ⓜ Bourse.

Ces galeries commerçantes
généralement protégées
d'une verrière se multiplièrent
sur la rive droite au début
du XIXe siècle. Les grands
travaux du baron Haussmann
n'en épargnèrent qu'une
trentaine. Plusieurs
débouchent sur le boulevard
Montmartre, dont le passage
Jouffroy, avec ses magasins
de jouets et ses librairies
spécialisées dans le cinéma
et le théâtre, ou celui des
Panoramas, qui connut
un tel succès qu'on y
effectua les premiers essais

Modèle d'un décor pour Les Huguenots (1875), au musée de l'Opéra

La colonnade de la façade néoclassique du palais de la Bourse

d'éclairage au gaz en 1817 avant de lui ajouter de nouvelles galeries à partir de 1834. D'autres ont leur entrée rue des Petits-Champs. Superbement rénovée, la galerie Vivienne où habita Vidocq en est l'une des plus charmantes avec son sol de mosaïque, ses boutiques raffinées et son excellent salon de thé.

La galerie Vivienne

Palais de la Bourse ⓾

(Bourse des valeurs) 4, pl. de la Bourse 75002. **Plan** 6 F5. **Tél.** 01 49 27 55 55. Ⓜ *Bourse.* ◻ *lun.-ven 9h-16h30 sur r.-v. seul.* 🎦 📷 🎦 *Films.*

Napoléon Iᵉʳ commanda en 1808 ce temple du commerce néoclassique à l'architecte Brongniart mais la Bourse ne s'y installa qu'en 1826. À l'intérieur, la salle de la Corbeille garde son animation et son nom bien que l'informatisation des marchés

en ait fait disparaître la corbeille des agents de change. Le marché français est situé au 29 rue Cambon.

Bibliothèque nationale de France-site Richelieu ⓫

58, rue de Richelieu 75002. **Plan** 6 F5. **Tél.** 01 53 79 59 59. Ⓜ *Bourse.* ◻ *mar.-sam. 10h-19h, sam. 12h-19h.* ⬤ *j.f.* www.bnf.fr

Les Valois fondèrent la première bibliothèque royale et, en 1537, une ordonnance de François Iᵉʳ rendit obligatoire le dépôt de tout ouvrage imprimé. La Bibliothèque nationale de France compte aujourd'hui plus de 12 millions de volumes avec

Bibliothèque nationale

des pièces aussi rares que deux bibles de Gutenberg et des manuscrits d'auteurs tels que Marcel Proust ou Victor Hugo. Son cabinet des Estampes, le plus ancien et le plus riche du monde, possède 12 millions de gravures et 2 millions de photographies. La salle de consultation (xixᵉ siècle) n'est ouverte qu'aux chercheurs.

Après l'ouverture de la bibliothèque à Tolbiac *(p. 246)*, pour recevoir les imprimés et les périodiques, l'ancienne bibiothèque ne conserve que les cartes, plans, estampes, manuscrits, photographies et affiches.

Avenue de l'Opéra ⓬

75001 et 75002. **Plan** 6 E5. Ⓜ *Opéra, Pyramides.*

Cette avenue large de 30 m qui relie le Louvre et l'Opéra Garnier fut achevée en 1876. C'est un exemple caractéristique des grandes artères percées par le baron Haussmann, dans le cadre de sa modernisation de la capitale *(p. 34-35)*, qui détruisirent la majeure partie du Paris médiéval. L'imposante uniformité des immeubles qui la bordent contraste avec les maisons des xviiᵉ et xviiiᵉ siècles du quartier alentour. On peut aussi noter que c'est l'unique avenue de Paris qui ne soit pas bordée d'arbres.

C'est au restaurant Drouant, sur la place Gaillon toute proche, que se réunit chaque année le jury qui décerne le prix Goncourt. Si agences de voyage et magasins de luxe demeurent les commerces traditionnels de l'avenue de l'Opéra, des enseignes en japonais se mêlent désormais aux leurs.

Avenue de l'Opéra

MONTMARTRE

Montmartre et l'art sont inséparables. Vers la fin du XIXe siècle, le quartier était le rendez-vous de peintres, d'écrivains, de poètes et de leurs disciples, qui se retrouvaient dans les maisons closes, les cabarets et autres lieux de divertissement qui firent la réputation de dépravation de Montmartre. La plupart de ces artistes et hommes de lettres ont depuis longtemps quitté ce quartier dont la vie nocturne, toujours exubérante, n'a cependant plus le charme d'antan.

La butte Montmartre n'en conserve pas moins remarquablement intact

Théâtre de rue à Montmartre

l'agrément de son atmosphère villageoise. Les groupes de touristes impatients qui gravissent la colline se rassemblent d'ordinaire sur la place du Tertre, où prospèrent portraitistes et marchands de souvenirs.

Ailleurs, ce sont des rues sinueuses, des squares charmants, de petites terrasses, d'interminables escaliers, et la célèbre vigne dont la vendange des quelques grappes donne lieu à des festivités au début de l'automne. Montmartre offre de spectaculaires points de vue sur la capitale, plus particulièrement depuis le parvis du Sacré-Cœur.

LE QUARTIER D'UN COUP D'ŒIL

Rue et bâtiments historiques
Avenue Junot ⑮
Bateau-lavoir ⑪
Moulin de la Galette ⑭

Musées et galeries
Espace Dalí-Montmartre ④
Musée de Montmartre ⑤
Halle Saint-Pierre ⑦

Églises
Chapelle du Martyre ⑧
Sacré-Cœur p. 224-225 ①
Saint-Jean-l'Évangéliste-de-Montmartre ⑩
Saint-Pierre-de-Montmartre ②

Places
Place des Abbesses ⑨
Place du Tertre ③

Cimetière
Cimetière de Montmartre ⑬

Théâtres et boîtes de nuit
Au Lapin Agile ⑥
Moulin Rouge ⑫

COMMENT Y ALLER
Plusieurs stations de métro, Abbesses et Pigalle notamment, desservent le quartier. Le Montmartrobus parcourt la butte au départ de Pigalle. La ligne de bus 85 passe par la rue de Clignancourt.

LÉGENDE
▨ Plan du quartier
Ⓜ Station de métro
ℹ Information touristique
0 ——————— 400 m

◁ L'étroite rue Rustique serpente jusqu'au Sacré-Cœur

Montmartre pas à pas

Depuis deux siècles, la butte Montmartre est synonyme de peinture. Théodore Géricault et Camille Corot la fréquentèrent au début du XIXe siècle ; au XXe siècle, Maurice Utrillo l'immortalisa dans son œuvre. Aujourd'hui, les peintres des rues y prospèrent, grâce aux foules de touristes qui fréquentent ce quartier où, par endroits, subsiste l'atmosphère du Paris d'avant-guerre. L'étymologie de Montmartre, *mons martyrum*, conserve la mémoire des martyrs à Paris vers l'an 250.

Peintre des rues

La vigne de Montmartre est la dernière de Paris. Le premier samedi d'octobre, on y fête le commencement des vendanges.

Métro Lamarck Caulaincourt

★ **Au Lapin Agile**
Cette boîte de nuit d'aspect champêtre est depuis 1910 le cadre de rencontres littéraires **❻**

La Mère Catherine était en 1814 l'un des restaurants préférés des Cosaques. Ils avaient l'habitude de frapper sur les tables en criant « *Bistro !* » (« vite » en russe) – d'où le nom de bistrot.

Espace Dalí-Montmartre
L'exposition rend hommage à cet artiste éclectique en présentant ses tableaux sculptures et gravures **❹**

À NE PAS MANQUER

★ Au Lapin Agile

★ Musée de Montmartre

★ Place du Tertre

★ Sacré-Cœur

★ **Place du Tertre**
Elle regorge de portraitistes. Au n° 3 sont célébrés les enfants de Paris, popularisés par les dessins du peintre Poulbot **❸**

LÉGENDE

– – – Itinéraire conseillé

0 _____ 100 m

★ **Musée de Montmartre**
*Le musée abrite l'œuvre
d'artistes ayant vécu
dans le quartier : ce* Portrait
de Femme *(1918) fut réalisé
par le peintre et sculpteur
italien Amedeo Modigliani* ❺

CARTE DE SITUATION
Voir le centre de Paris p. 14-15

★ **Sacré-Cœur**
*Église romano-
byzantine
commencée dans
les années 1870
et achevée en 1914,
elle renferme maints
trésors, dont ce Christ
par Eugène Benet
(1911)* ❶

**Saint-Pierre
de Montmartre**
*Durant la Révolution,
cette église fut convertie
en temple de la Raison* ❷

Halle Saint-Pierre
*Cet espace dédié à l'art brut
abrite une collection d'art naïf
dont* L'Opéra de Paris *(1986)
de Milinkov.* ❼

Le square Willette, sous
le parvis du Sacré-Cœur,
s'étage sur la colline en une
succession de terrasses
gazonnées, d'arbustes,
d'arbres et de plates-bandes.

Le funiculaire, tiré par câble,
part de l'extrémité de la rue
Foyatier et monte jusqu'au pied
de la basilique du Sacré-Cœur (prix
du trajet : un ticket de métro).

Vers le métro
Anvers

Peintures à Montmartre

Sacré-Cœur ❶

Voir p. 226-227.

Saint-Pierre-de- Montmartre ❷

2, rue du Mont-Cenis 75018. **Plan** 6 F1.
Tél. 01 46 06 57 63. Ⓜ *Abbesses.*
◯ *t.l.j.* 8h45-19h. ✝ *sam.* 18h, *dim.*
9h et 11h. 📷 ♿ **Concerts.** **www.**
sacre-cœur-montmartre.com

Édifiée à l'ombre du Sacré-
Cœur, Saint-Pierre-de-
Montmartre, l'une des plus
anciennes églises de Paris,
est le vestige de la grande
abbaye bénédictine de
Montmartre, fondée en 1133
par Louis VI et son épouse,
Adélaïde de Savoie, première
abbesse à y être enterrée.
Les quatre colonnes en
marbre qui se dressent à
l'intérieur sont les vestiges
présumés du temple romain
qui occupait à l'origine le site.
Le chœur voûté date du
XIIᵉ siècle ; la nef
fut remodelée au
XVᵉ siècle et la
façade occidentale,
au XVIIIᵉ siècle.
L'abbesse fut
guillotinée durant
la Révolution, et
l'église tomba en
désuétude. Elle fut
reconsacrée en
1908. Des vitraux
de style gothique
remplacent ceux
détruits durant la
Seconde Guerre
mondiale. L'église
possède un cimetière ouvert
au public à la Toussaint.

Portail de l'église
Saint-Pierre

Place du Tertre ❸

75018. **Plan** 6 F1. Ⓜ *Abbesses.*

Cette place pittoresque, qui
culmine à quelque 130 m
d'altitude, est le point le plus
élevé de Paris. Jadis occupée
par des gibets abbatiaux,
elle est aujourd'hui peuplée
de peintres dont les
prédécesseurs commencèrent
à exposer ici leur travail au
XIXᵉ siècle. Elle est bordée de
restaurants animés, dont La
Mère Catherine qui date de
1793. Le n° 23, aujourd'hui
bureau d'information du Vieux
Montmartre, était à l'époque
le siège de l'irrévérencieuse
« commune libre », fondée en
1920 pour perpétuer l'esprit
bohème du quartier.

Le peintre espagnol Salvador Dalí

Espace Dalí-Montmartre ❹

11, rue Poulbot 75018.
Plan 6 F1. **Tél.** 01 42 64
40 10. Ⓜ *Abbesses.*
◯ *t.l.j.* 10h-18h. 📷
🎧 *groupes sur r.-v.*
www.daliparis.com

Au cœur de
Montmartre, le
musée expose en
permanence plus
de 300 œuvres
du peintre et
sculpteur Salvador
Dalí. Dans un
espace étonnant,
l'accrochage reflète
la personnalité théâtrale de ce
génie du XXᵉ siècle : des jeux

de lumière éclairent
successivement ses œuvres
surréalistes, tandis que le
rythme régulier de sa voix
ponctue la visite. Ce musée
original possède également
une galerie d'art et une
boutique.

Musée de Montmartre ❺

12, rue Cortot 75018. **Plan** 2 F5.
Tél. 01 49 25 89 37. Ⓜ *Abbesses,
Anvers, Lamarck-Caulaincourt.*
◯ *mer.-dim.* 11h-18h. ● 1ᵉʳ *janv.*,
25 *déc.* 📷 ∅ 🏠
www.museedemontmartre.com

Cette charmante demeure
appartenait au XVIIᵉ siècle à
l'acteur Roze de Rosimond
(Claude de la Rose), membre
de la troupe de Molière, et
qui, comme son mentor,
mourut en scène lors d'une
représentation du *Malade
imaginaire*. À partir de 1875,
cette grande bâtisse blanche,
probablement la plus belle de
Montmartre, servit
d'habitation et d'atelier à un
grand nombre de peintres,
dont Maurice Utrillo et sa
mère, Suzanne Valadon,
ancienne acrobate et modèle,
et elle aussi peintre à ses
heures, Dufy et Renoir.
Le musée retrace l'histoire
de Montmartre, de l'époque
des abbesses à nos jours, à
travers objets, dessins et
photographies. Il possède une
riche collection de souvenirs
de la vie de bohème, ainsi
qu'une reconstitution du café
de l'Abreuvoir, le bistrot
préféré d'Utrillo.

Reconstitution du café de l'Abreuvoir

Rendez-vous des artistes au début du XXe siècle, Le Lapin Agile est appelé « le coffre-fort de l'éternité »

Au Lapin Agile ❻

22, rue des Saules 75018. **Plan** 2 F5.
Tél. 01 46 06 85 87. Ⓜ Lamarck-
Caulaincourt. ◯ mar.-dim. 21h-2h
du matin. Voir **Se distraire** p. 342-
344. **www**.au-lapin-agile.com

Le nom actuel de l'ancien
cabaret des Assassins provient
de l'enseigne peinte par
l'humoriste André Gill, qui
figure un lapin sautant d'une
casserole (« *le lapin à Gill* »,
d'où le *Lapin Agile*). Les
peintres et les intellectuels qui
le fréquentèrent au tournant
du XXe siècle en firent la
renommée. C'est ici qu'en
1911 le romancier Roland
Dorgelès, par haine de l'art
moderne prôné par Picasso
et les autres peintres du
« Bateau-Lavoir » (13, place
Émile-Goudeau), commit un
canular aux dépens de l'un
des clients, le poète, critique
d'art et défenseur du cubisme,
Guillaume Apollinaire.
Dorgelès accrocha un
pinceau à la queue de l'âne
du cafetier, et le barbouillage
qui en résulta fut exposé
au Salon des indépendants
sous le titre *Coucher de soleil
sur l'Adriatique*.
　　Les locaux furent achetés
en 1903 par le chansonnier
Aristide Bruant (représenté
dans une série d'affiches de
Toulouse-Lautrec).
Aujourd'hui, le cabaret
s'efforce de faire revivre
son atmosphère d'antan.

Halle Saint-Pierre ❼

Halle Saint-Pierre, 2, rue Ronsard
75018. **Plan** 7 A1. **Tél.** 01 42 58 72
89. Ⓜ Anvers. ◯ t.l.j. 10h-18h
(août : lun.-ven. 12h-18h). ● certains
j.f. ⚹ 🖼 🅿 🛗 🖥 🛍
www.hallesaintpierre.org

En 1945, le peintre français
Jean Dubuffet inventa le
concept d'art brut pour
décrire les œuvres d'art
créées spontanément par
des personnes ignorant les
canons artistiques et les
valeurs culturelles – dans la
plupart des cas des malades
ou des handicapés mentaux.

Art brut à la Halle Saint-Pierre

À la fois galerie et musée, la
Halle est dédiée à ces formes
d'art spontané. Elle accueille
aussi des pièces de théâtre
d'avant-garde et des créations
musicales, organise des
soirées littéraires et des
ateliers pour enfants. La
collection permanente
comprend la collection d'art
naïf rassemblée par l'éditeur
Max Fourny dans les années
1970. Une librairie spécialisée
et un café complètent le tout.

Chapelle du Martyre ❽

9, rue Yvonne-Le-Tac 75018.
Plan 6 F1. Ⓜ Pigalle. ◯ ven.-mer.
10h-12h, 15h-17h.

Cette chapelle du XIXe siècle
est bâtie sur le site de la
chapelle d'un couvent
médiéval qui, dit-on, marquait
le lieu où les premiers martyrs
chrétiens et le premier évêque
de Paris, saint Denis, furent
décapités par les Romains en
l'an 250. C'est en 1534, dans
la crypte de la chapelle
d'origine, qu'Ignace de Loyola,
fondateur de la Compagnie de
Jésus (le puissant ordre jésuite
créé pour protéger l'Église
catholique des attaques de
la Réforme), prononça ses
vœux avec six compagnons.

Sacré-Cœur ●

Au début de la guerre franco-prussienne de 1870, deux hommes d'affaires catholiques firent un vœu : celui d'édifier une église consacrée au Sacré-Cœur du Christ si la France sortait victorieuse du conflit. Les deux hommes, Alexandre Legentil et Hubert Rohault de Fleury, virent Paris épargnée par l'invasion, en dépit de la guerre et d'un long siège, et la construction de la basilique du Sacré-Cœur commença donc en 1875 sous la direction de Mgr Guibert, archevêque de Paris. Les plans de Paul Abadie étaient directement inspirés de l'église romano-byzantine Saint-Front de Périgueux. Achevée en 1914, la basilique ne fut consacrée qu'en 1919, après la victoire de la France sur l'Allemagne.

Vitrail de la rose sud-est (1960)

Façade
Les jardins sous le parvis offrent la meilleure vue sur le dôme et les tourelles du Sacré-Cœur.

Le campanile (1895) de 83 m de haut renferme l'une des plus grosses cloches au monde. Celle-ci pèse 18,5 t et son battant, 850 kg.

★ **Grande mosaïque du Christ**
L'immense mosaïque du Christ (1912-1922) est l'œuvre de Luc Olivier Merson et Marcel Magne.

Vierge à l'enfant (1896)
P. Brunet a exécuté deux statues du déambulatoire dont cette statue en argent.

SIÈGE DE PARIS

Après l'invasion de la France par la Prusse en 1870, la faim poussa les Parisiens à manger tous les animaux de la ville durant les quatre mois du siège de Paris décrété par Bismarck.

★ **Crypte voûtée**
Le cœur d'Alexandre Legentil y repose dans une urne en pierre.

À NE PAS MANQUER

★ Crypte voûtée

★ Dôme ovoïde

★ Grande mosaïque
  du Christ

★ Portail en bronze

MODE D'EMPLOI

35, rue du Chevalier-de-la-Barre
75018. **Plan** 6 F1.
Tél. 01 53 41 89 00.
Ⓜ *Abbesses (puis prendre
le funiculaire jusqu'aux marches
du Sacré-Cœur), Anvers,
Barbès-Rochechouart, Lamarck-
Caulaincourt.* 🚌 *30, 31, 80, 85.*
🅿 *bd de Clichy, rue Custine.*
Basilique ◯ *t.l.j. 6h-22h30.*
Dôme et crypte ◯ *t.l.j.
9h-17h45.* 💷 *pour le dôme et
la crypte.* ✝ *lun.-jeu. 7h,
11h15, 18h30, 22h ; ven. 15h ;
sam. 22h ; dim. 11h, 18h, 22h.*
🚫 🚹 *partiel.* 📷
www.sacre-coeur-montmartre.
com

★ **Dôme ovoïde**
*Il est le deuxième sommet
de Paris après la tour Eiffel.*

Escalier en colimaçon

La structure intérieure
soutenant le dôme
est en pierre.

**La galerie
des vitraux**
offre une vue
d'ensemble
sur l'intérieur.

Statue du Christ
*La statue la plus
importante de la
basilique domine
symboliquement
deux saints
en bronze.*

Statues équestres
*La statue de Jeanne d'Arc,
de même que son pendant, saint
Louis, est d'Hippolyte Lefèbvre.*

★ **Portail en bronze**
*Les bas-reliefs ornant
le portail du porche
d'entrée illustrent
des scènes de la vie
du Christ, telle que
cette* Cène.

Entrée principale

La célèbre silhouette du Moulin-Rouge

Place des Abbesses ❾

75018. **Plan** 6 F1. Ⓜ *Abbesses*.

C'est l'une des places les plus pittoresques de Paris, à mi-chemin entre la place Pigalle et ses clubs, et la place du Tertre investie par les portraitistes et les touristes. Ne manquez pas la station de métro Abbesses avec sa marquise en fer forgé et ses verres de lampe. Conçue par l'architecte

L'entrée du métro Abbesses

Hector Guimard, c'est l'une des rares entrées de métro de style Art nouveau subsistant à Paris.

Saint-Jean-l'Évangéliste ❿

19, rue des Abbesses 75018. **Plan** 6 F1. **Tél.** 01 46 06 43 96. Ⓜ *Abbesses*. ⬤ lun.-dim. 9h-19h. ✝ fréquentes. 📷 📹 *2 dim. par mois.*

Conçue par Anatole de Baudot et achevée en 1904, cette église fut la première à être construite en béton armé. Les motifs floraux des murs intérieurs et des piliers sont typiques de l'Art nouveau, tandis que les arcs entrecroisés rappellent l'architecture islamique. Son parement en brique rouge lui a valu le surnom de Saint-Jean-des-Briques.

Détail de la façade de Saint-Jean-l'Évangéliste

Bateau-lavoir ⓫

13, pl. Émile-Goudeau 75018. **Plan** 6 F1. Ⓜ *Abbesses*. ⬤ *au public.*

Haut lieu de la vie artistique et littéraire, cette ancienne fabrique de pianos doit son nom à sa ressemblance avec les bateaux-lavoirs amarrés jadis le long de la Seine. C'est ici que vécurent de 1890 à 1920 quelques-uns des peintres et des poètes les plus talentueux de leur époque, dans des conditions sordides : ils n'avaient qu'un seul robinet à leur disposition et devaient utiliser les lits à tour de rôle. Van Dongen, Marie Laurencin, Juan Gris et Modigliani y résidèrent notamment, ainsi que Picasso qui y peignit en 1907 *Les Demoiselles d'Avignon,* œuvre considérée comme fondatrice du cubisme. Détruit par un incendie en 1970, l'édifice délabré fut remplacé par une réplique en béton offrant des ateliers aux peintres de passage.

Moulin-Rouge ⓬

82, bd de Clichy 75018. **Plan** 6 E1. **Tél.** 01 53 09 82 82. Ⓜ *Blanche*. ⬤ t.l.j. Dîner : 19 h, spectacles : 21h et 23h. ⬛ *Voir* **Se distraire** p. 343-344. **www**.moulin-rouge.com

Seules sont d'origine les ailes rouges de ce cabaret construit en 1889 et transformé en dancing en 1900. Le cancan est né dans les bals de la rue de la Grande-Chaumière dans le quartier de Montparnasse, mais restera à jamais associé au Moulin-Rouge, où cette danse excentrique et tapageuse fut immortalisée par les affiches et les dessins de Toulouse-Lautrec. D'étincelantes revues aux effets spéciaux étudiés perpétuent le fameux jeté de jambe des célèbres Jeanne Avril et Valentin le Désossé.

Nijinski repose à Montmartre

Cimetière de Montmartre ⓭

20, av. Rachel 75018. **Plan** 2 D5. **Tél.** 01 53 42 36 30. Ⓜ Place-de-Clichy, Blanche. ⃝ t.l.j. 8h-17h30 (ouv. à 8h30 sam., à 9h dim. ; en été ferm. à 18h). ♿

Depuis le début du xixe siècle, ce cimetière est la dernière demeure de maintes personnalités des arts. Les compositeurs Hector Berlioz et Jacques Offenbach (le créateur de l'air du cancan) sont enterrés ici, au même titre que de nombreuses célébrités comme La Goulue (surnom de Louise Weber, la première danseuse de french-cancan et modèle Toulouse-Lautrec), le peintre Edgar Degas, l'écrivain Alexandre Dumas fils, le poète allemand Heinrich Heine, le danseur russe Vaslaw Nijinski et le metteur en scène François Truffaut. Cet endroit retrace toute la créativité artistique du quartier de Montmartre.

Il existe un autre cimetière plus petit, quelques rues plus loin, près du square Roland Dorgelès, appelé le cimetière Saint-Vincent. Les grands artistes du quartier, comme le compositeur suisse Arthur Honegger et l'écrivain Marcel Aymé, y reposent. Mais le plus éminent d'entre eux reste le peintre Maurice Utrillo, dont beaucoup de toiles représentent aujourd'hui les plus beaux témoignages de ce quartier animé.

Moulin de la Galette ⓮

Angle des rues Girardon et Lepic 75018. **Plan** 2 E5. Ⓜ Lamarck-Caulaincourt, Abbesses.

De la trentaine de moulins, utilisés pour moudre le grain ou presser le raisin, qui ponctuaient jadis le paysage de Montmartre, seuls deux subsistent aujourd'hui : le Moulin du Radet, au 83 rue Lepic, qui abrite aujourd'hui un restaurant appelé le Moulin de la Galette et, plus loin dans la même rue, le vrai Moulin de la Galette, édifié en 1622, également connu sous le nom de Blute-Fin. L'un de ses meuniers, Debray, aurait été crucifié sur ses ailes durant le siège de Paris en 1814, après avoir tenté de repousser l'envahisseur cosaque.

Au tournant du siècle, le moulin, devenu un bal célèbre, inspira plusieurs peintres, dont Auguste Renoir et Vincent Van Gogh.

La rue Lepic, en pente raide, bénéficie de nombreux commerces et d'un excellent marché. Au premier étage du n° 54 résidaient jadis le peintre impressionniste Armand Guillaumin, et au troisième étage, Van Gogh.

Le Moulin de la Galette

Avenue Junot ⓯

75018. **Plan** 2 E5. Ⓜ Lamarck-Caulaincourt.

Percée en 1910, cette large artère paisible compte de nombreux ateliers et résidences d'artistes. Les mosaïques du n° 13 ont été conçues par l'un de ses anciens occupants, l'illustrateur Francisque Poulbot, célèbre pour ses dessins de gamins des rues. La maison du n° 15 a été construite en 1926 par l'architecte autrichien Adolf Loos, pour Tristan Tzara, poète dadaïste d'origine roumaine. Au n° 23 bis, se trouve la villa Léandre, un ensemble de maisons de style Art déco.

À côté de l'avenue Junot, en haut des marches de l'allée des Brouillards, se dresse une folie du xviiie siècle, le château des Brouillards où résida l'écrivain symboliste Gérard de Nerval qui se suicida dans un accès de démence en 1855.

Sacré-Cœur, Montmartre, de Maurice Utrillo

EN DEHORS DU CENTRE

La plupart des palais édifiés hors de Paris, à l'origine retraites campagnardes de l'aristocratie et de la bourgeoisie d'après la Révolution, sont aujourd'hui convertis en musées. Versailles est assurément l'un des plus somptueux, mais si l'on préfère l'époque moderne, l'architecture de Le Corbusier vaut également le détour. Deux parcs thématiques, Disneyland Resort Paris et La Villette, amuseront petits et grands ; de nombreux espaces verts offrent aussi l'occasion de se détendre loin de l'agitation de la ville.

LA RÉGION PARISIENNE D'UN COUP D'ŒIL

◁ Jardin paysager sur une île du bois de Boulogne

Au nord de Paris

Cathédrale Saint-Alexandre-Nevski

Cathédrale Saint-Alexandre-Nevski ❶

12, rue Daru 75008. **Plan** 4 F3.
Tél. 01 42 27 37 34. Ⓜ Courcelles.
◯ 15h–17h mar., ven. et dim.
✝ sam. 18h, dim. 10h30. ⊘ ☑

Cette imposante cathédrale russe orthodoxe, aux cinq coupoles en cuivre doré, témoigne de la présence à Paris d'une importante communauté russe. Conçue par l'académie des Beaux-Arts de Saint-Pétersbourg et financée par le tsar Alexandre II et la communauté russe de Paris, elle fut achevée en 1861. À l'intérieur, un mur d'icônes divise la nef en deux. Le plan en croix grecque ainsi que les somptueuses mosaïqueset fresques sont de style néobyzantin, tandis que les façades et les coupoles dorées sont de conception traditionnelle russe orthodoxe.

La population russe de Paris s'est considérablement accrue au lendemain de la révolution bolchevique de 1917, après que des milliers de Russes ont trouvé refuge dans la capitale. Le quartier de la rue Daru, où la cathédrale est édifiée, constitue une « petite Russie » dotée d'écoles, d'académies de danse, de délicieux salons de thé et de librairies où peuvent flâner les curieux.

Parc Monceau ❷

Bd de Courcelles 75017. **Plan** 5 A3.
Tél. 01 42 27 08 64. Ⓜ Monceau.
◯ t.l.j. 7h-20h (22 h en été). Voir
Huit promenades à pied p. 258-259.

Ce havre de verdure date de 1778, année où le duc de Chartres (futur duc d'Orléans) commanda au jardinier-paysagiste Louis Carmontelle la conception de ce magnifique jardin. Également créateur de décors de théâtre, Carmontelle dessina un « jardin de rêve », un paysage peuplé de folies architecturales, selon les modes anglaise et allemande de l'époque. En 1783, le paysagiste écossais Thomas Blaikie transforma une partie du parc en jardin à l'anglaise. Le parc fut le cadre du premier atterrissage attesté en parachute, effectué par André-Jacques Garnerin le 22 octobre 1797.

Après plusieurs changements de propriétaire, le parc fut acquis en 1852 par l'État, la moitié du terrain étant vendue à des promoteurs immobiliers, et les neuf hectares restant convertis en jardin public. Celui-ci, restauré, accueillit de nouveaux édifices dessinés par Adolphe Alphand, l'architecte des bois de Boulogne et de Vincennes.

Le parc, qui demeure l'un des plus chic de Paris, a perdu un grand nombre de ses caractéristiques d'origine. Seuls subsistent une naumachie ornementale (bassin creusé dans un cirque où les Romains donnaient des batailles navales) flanquée d'une colonnade corinthienne, une arcade Renaissance, des pyramides, une rivière ainsi que le pavillon de Chartres, une jolie rotonde dessinée par N. Ledoux qui servait jadis de barrière d'octroi. Juste au sud du parc, une immense pagode rouge abrite une galerie consacrée à l'art asiatique.

Musée Nissim-de-Camondo ❸

63, rue de Monceau 75008.
Plan 5 A3. 🏠 01 53 89 06 40.
Ⓜ Monceau, Villiers. ◯ mer.-dim.
10h-17h30 (dern. entrée : 16h30).
◗ j.f. ☒ ☑ dim. 11h (01 53 89 06 05). 🔲 **www.lesartsdecoratifs.fr**

En 1911, le comte Moïse de Camondo, influent financier juif, édifia cet hôtel particulier dans le style du Petit Trianon de Versailles (p. 248-249), afin d'y abriter son exceptionnelle collection de mobilier XVIIIe siècle, de peintures et d'autres objets de prix. Le musée recrée l'ambiance d'un hôtel noble des époques Louis XV et Louis XVI : tapis de la Savonnerie, tapisseries de Beauvais et service

La colonnade flanquant la naumachie du parc Monceau

Buffon (porcelaine de Sèvres à décor d'oiseaux). Les cuisines d'époque ont été restaurées.

En 1935, Camondo légua son hôtel et son contenu à l'État, en souvenir de son fils Nissim tué durant la Première Guerre mondiale.

Musée Nissim-de-Camondo

Musée Cernuschi ❹

7, av. Vélasquez 75008. **Plan** 5 A3. **Tél**. 01 53 96 21 50. Ⓜ Villiers, Monceau. ⬭ mar.-dim. 10h-18h. ⬤ j.f. 📷 📷 📷 **www**.cernuschi.paris.fr

Cet hôtel particulier, proche du parc Monceau, renferme la collection d'art extrême-oriental du politicien et banquier d'origine milanèse Enrico Cernuschi (1821-1896). Le legs d'origine comprenait 5 000 pièces en laque, céramique, bronze et ivoire. Au fil des années, la collection s'est enrichie grâce à des donations et à des achats. Elle comprend notamment un Bodhisattva assis (être divin bouddhiste) du Ve siècle du Yunkang ; *La Tigresse* (un vase en bronze du XIIe siècle av. J.-C.) ; et *Chevaux et Palefreniers,* une peinture sur soie t'ang du VIIIe siècle, attribuée au plus grand peintre de chevaux de l'époque, l'artiste de cour Han Kan.

Le Bodhisattva du musée Cernuschi

Musée Gustave-Moreau ❺

14, rue de La Rochefoucauld 75009. **Plan** 6 E3. **Tél**. 01 48 74 38 50. Ⓜ Trinité. ⬭ mer.-lun. 10h-12h45, 14h-17h15. ⬤ 1er janv., 1er mai, 25 déc. 📷 📷 📷 **www**.musee-moreau.fr ●

Le peintre symboliste Gustave Moreau (1825-1898), célèbre pour ses sujets allégoriques et mythologiques traités en un style vivant et imaginatif, légua à l'État une vaste collection de plus de 1 000 huiles et aquarelles et 7 000 dessins, conservée dans l'hôtel particulier où il vécut. On pourra y admirer *Jupiter et Sémélé,* l'un de ses tableaux les plus extraordinaires.

Boutique d'antiquités au marché aux puces de Saint-Ouen

Marché aux puces de Saint-Ouen ❻

Rue des Rosiers, St-Ouen 75018. **Plan** 2 F2. Ⓜ Porte-de-Clignancourt. ⬭ sam.-lun. 9h-18h. Voir **Marchés** p. 339. **www**.les-puces.com

Le plus ancien et le plus important des marchés aux puces parisiens couvre une superficie de six hectares près de la porte de Clignancourt. Au XIXe siècle, les chiffonniers et les vagabonds se rassemblaient pour vendre leurs modestes biens à l'extérieur des limites de la ville. C'était dans les

***L'Ange voyageur,* de Gustave Moreau, musée Gustave-Moreau**

années 1920 un véritable marché où l'on pouvait dénicher des chefs-d'œuvre à bas prix.

Aujourd'hui subdivisées en marchés spécialisés, mobilier, antiquités, bric-à-brac, bijoux anciens vaisselle, peinture, disques de gramophone ou fripes, les puces de Saint-Ouen sont plus connues pour leurs meubles et objets décoratifs du second Empire (1852-1870).

Basilique Saint-Denis ❼

1, rue de la Légion-d'Honneur, 93200 St-Denis. **Tél**. 01 48 09 83 54. Ⓜ Basilique de Saint-Denis. 🚆 St-Denis. ⬭ avr.-sept. : lun.-sam. 10h-18h15, dim. midi-18h15 ; oct.-mars : lun.-sam. 10h-17h15, dim.-sam., midi-17h15 (dern. entrée : 30 min av. la ferm.). 🕐 dim. 8h30, 10h. 📷 📷 📷 📷

Élevée de 1137 à 1281, sous l'impulsion de l'abbé Suger, sur le site du tombeau de saint Denis, premier évêque de Paris, la basilique Saint-Denis est à l'origine du rayonnement de l'art gothique en Europe. Le déambulatoire, avec ses jeux de lumière de ses vitraux, donne un sentiment aérien unique dans l'architecture de cette époque. La basilique abrite, depuis la dynastie mérovingienne, les sépultures de nombreux rois et reines de France. Si toutes ont été profanées et dispersées sous la Révolution, Louis XVIII put réunir en 1816 ce qu'il en restait.

Portes Saint-Denis et Saint-Martin ⑧

Bd Saint-Denis et Saint-Martin 75010. **Plan** 7 B5. M *Strasbourg-Saint-Denis.*

Ces portes, qui donnent accès à deux anciennes et importantes voies nord-sud du même nom, marquaient à l'origine l'entrée de la ville. L'arc de la porte Saint-Denis, édifiée en 1672, est orné de bas-reliefs allégoriques à la gloire des victoires remportées par l'armée française en Flandre et sur le Rhin. La porte Saint-Martin, qui fut édifiée en 1674 par Pierre Bullet, commémore la prise de Besançon et la victoire contre la Triple-Alliance des Pays-Bas, de l'Allemagne et de l'Espagne.

L'arc de la Porte Saint-Denis qui signalait autrefois l'entrée de la ville

Le canal Saint-Martin

À l'est de Paris

Canal St-Martin ⑨

Plan 8 D5-E2. M *Jaurès, Jacques-Bonsergent, Goncourt.* Voir p. 260-261.

Long de 5 km et percé en 1825, le canal offre un raccourci au trafic fluvial entre les boucles de la Seine. Depuis toujours aimé des romanciers, des cinéastes et des visiteurs, il est fréquenté par les péniches et les bateaux de plaisance mouillant à l'Arsenal, et débouche au nord sur le bassin de la Villette surplombé par l'élégante rotonde néoclassique de la Villette, illuminée la nuit.

Parc des Buttes-Chaumont ⑩

Rue Manin 75019 (accès principal par la rue Armand-Carrel). M *Botzaris, Buttes-Chaumont.* ⭘ t.l.j. 7h-20h15 (1er juin-15 août : jusqu'à 22h15 ; mai, 16 août-fin sept. : jusqu'à 21h15). 🍴 Voir **Huit promenades à pied** p. 268-269.

À l'origine décharge à ordures, carrière et gibet, le site vallonné fut réaménagé dans les années 1860 par le baron Haussmann. Celui-ci fit appel à l'architecte paysagiste Adolphe Alphand, qui fut également responsable d'un vaste programme d'aménagement des avenues parisiennes. L'ingénieur Darcel, le jardinier paysagiste Barillet-Deschamps et l'architecte Davioud contribuèrent également à la création de ce parc.
Dans ce cadre accidenté, ils dessinèrent un lac et son île faite de rochers naturels et artificiels, surplombée par un temple romain et agrémentée d'une cascade de 32 m, de rivières, de passerelles. Les visiteurs peuvent aujourd'hui goûter aux charmes du canotage.

Parc de la Villette ⑪

Voir p. 236-239.

Musée du Fumeur ⑫

7, rue Pache 75011. **Tél.** 01 46 59 05 51. M *Voltaire.* ⭘ mar.-dim. 12h30-19h. ⬤ 1er-8 janv., 1er mai, 1er-22 août, 25 déc. 🚫🚭

À l'heure où tous les espaces publics de France sont devenus non-fumeurs, ce musée pittoresque évoque avec nostalgie l'histoire du tabac et l'art de fumer à travers les âges. Les objets usuels du fumeur dont des pipes en argile du XVIIe siècle et des boîtes rares de tabac à

Parc des Buttes-Chaumont

priser côtoient des gravures d'époque et des œuvres d'art moderne. Les amateurs apprécieront la panoplie d'ouvrages anciens et récents de la bibliothèque ainsi que la grande variété de films thématiques sans oublier la librairie et la boutique.

Cimetière du Père-Lachaise ⑬

Voir p. 240-241.

Disneyland Resort Paris ⑭

Voir p. 242-245.

Marché d'Aligre ⑮

Pl. d'Aligre 75012. **Plan** 14 F5. Ⓜ *Ledru-Rollin.* ◯ *mar.-ven. 9h-13h, 16h-19h30, sam. 9h-13h, 15h30-19h30, dim. 9h-13h30.*

Avec ses airs de souk africain, c'est probablement le marché le moins cher et le plus sympathique de la capitale. Le dimanche matin, il offre l'image la plus pittoresque de Paris, bruissant des cris des commerçants français, arabes et africains qui proposent au chaland fruits, légumes, fleurs et vêtements. À côté, on trouvera dans le marché couvert viandes, charcuteries fines, fromages et légumes de premier choix. Les étalages de la place d'Aligre vendent surtout des fripes.

Le vieux Paris et le Paris moderne se côtoient dans le quartier d'Aligre. Les anciens artisans coexistent avec une population « branchée » bon chic bon genre nouvellement implantée, attirée par la récente transformation du quartier, voisin de la Bastille *(p. 98).*

Cité nationale de l'histoire de l'immigration ⑯

293, av. Daumesnil 75012. **Tél.** 01 53 59 58 60. Ⓜ *Porte Dorée.* ◯ *mar.-ven. 10h-17h30, sam.-dim. 10h-19h.* ⬤ *1er mai, 14 juil., 25 déc.* ⬜ ⬜ *limité* ⬜ www.histoire-immigration.fr

L'imposant château de Vincennes

Ce musée et son aquarium tropical occupent un bel édifice Art déco dessiné par Albert Laprade et Léon Jaussely pour l'Exposition coloniale de 1931. L'imposante façade est ornée d'une frise d'Alfred Janniot.

Le palais qui abritait autrefois le musée national des Arts d'Afrique et d'Océanie (dont la collection a été déplacée au musée du Quai Branly, *p. 192-193*) est aujourd'hui le site de la Cité nationale de l'histoire de l'immigration. À la fois musée et centre culturel ; des spectacles vivants et des films sur l'immigration y sont présentés. Le hall d'honneur des années 1930 et la salle des fêtes sont aussi ouverts au public. Un aquarium de poissons tropicaux et des terrariums de crocodiles et de tortues sont installés au sous-sol.

Bas-relief de la Cité nationale de l'histoire de l'immigration

Bois et château de Vincennes ⑰

Ⓜ *Château de Vincennes.* RER *Vincennes.* **Château** av. de Paris, Vincennes. **Tél.** 01 48 08 31 20. ◯ *t.l.j. 10h-17h.* ⬤ *j.f.* ⬜ ⬜ ⬜ *t.l.j. tél. pour détails.* ⬜ **Bois de Vincennes** *t.l.j. de l'aube au crépuscule.* www.chateau-vincennes.fr

Le bois de Vincennes, propriété de l'abbaye de Saint-Maur, passe à la couronne royale au XIe siècle. Il est délaissé tout comme le château par Louis XIV lorsque Versailles est achevé. Si le bois a retrouvé sa splendeur d'origine sous Louis XV, le château est converti en arsenal par Napoléon puis en forteresse en 1840. Le bois donné à la ville de Paris par Napoléon III est remanié par Adolphe Alphand, architecte paysagiste du baron Haussmann. Il a conservé sa physionomie avec ses plans d'eau et ses lacs artificiels. Le château a quant à lui subi de nombreux avatars : le manoir d'origine a été rasé et il a été gravement endommagé en 1944. Grâce à d'importantes restaurations, il a retrouvé son lustre d'antan. Le donjon médiéval (le plus haut d'Europe) abrite un musée ainsi que les deux pavillons royaux du XVIIe siècle. Dessinés par Louis Le Vau, ils accueillent une collection d'insignes militaires. La plus grande fête foraine du pays se tient au bois, du dimanche des Rameaux à la fin mai.

Parc de la Villette ⓫

Les anciens abattoirs et le marché aux bestiaux ont été transformés en un impressionnant parc urbain dessiné par Bernard Tschumi. Doté d'équipements sophistiqués, et occupant 35 ha de terrain dans un quartier autrefois déshérité, ce parc a pour objectif de faire revivre une tradition de convivialité et d'activités culturelles diverses, ainsi que de stimuler l'intérêt pour les arts et les sciences. Le parc, qui comprend aujourd'hui un musée des sciences, une salle de concert, un pavillon d'exposition, une salle de cinéma hémisphérique et un conservatoire de musique, constitue un ensemble unifié par des folies, des promenades, des jardins et des aires de jeux. En été, un festival de cinéma en plein air est organisé.

Folies
Cubes rouges ponctuant le parc, elles offrent divers services, cafés et ateliers pour enfants.

Aire de jeu pour enfants
Un dragon toboggan, des jeux d'éveil et d'autres équipements ludiques forment un véritable paradis pour les plus jeunes.

★ **Grande halle**
L'ancienne halle aux bestiaux a été transformée en espace d'exposition polyvalent doté d'un sol mobile et d'un auditorium.

Entrée

À NE PAS MANQUER

★ Cité de la musique

★ Cité des sciences et de l'industrie

★ Grande halle

★ Zénith

★ **Cité de la musique**
Elle abrite le Conservatoire de Paris, deux salles de concert, plusieurs centres de documentation et le musée de la Musique.

La Maison de la Villette organise régulièrement des spectacles et des expositions.

Entrée

★ Cité des sciences et de l'industrie
Les équipements ultramodernes de ce vaste musée des sciences proposent d'étonnantes expériences (p. 238-239).

Géode
Grâce à son gigantesque écran à 180°, aux effets spéciaux, ce cinéma offre au spectateur l'illusion de sensations extraordinaires, comme celle de marcher dans l'espace.

★ Zénith
Sous sa tente de polyester, cette salle de concert rock offre une capacité de plus de 6 000 places assises.

Argonaute
Un sous-marin des années 1950 et un musée de la Navigation constituent cette exposition.

Concert en plein air d'un groupe de musiciens guadeloupéens

MUSÉE DE LA MUSIQUE

Au sein de la Cité de la musique, ce musée rassemble une vaste collection de 4 500 instruments, objets, outils et œuvres d'art couvrant toute l'histoire de la musique depuis la Renaissance. Un Centre de recherche et de documentation complète ses activités.

Cité des sciences et de l'industrie

Cet immense musée des sciences et des techniques occupe les anciens abattoirs de la Villette. Le bâtiment de 40 m de haut couvre une superficie de plus de trois hectares. L'architecte Adrien Fainsilber l'a conçu en imaginant une relation entre trois thèmes naturels : l'eau qui entoure l'édifice, la végétation qui le pénètre par la serre, et la lumière qui se déverse à travers les coupoles. Le musée s'étage sur cinq niveaux ; aux niveaux 1 et 2, des expositions invitent le visiteur à découvrir, notamment à travers des jeux électroniques interactifs, les questions relatives à l'espace, à l'informatique ou au son.

Visiteur de la Villette

La Cité des enfants, la Cité des métiers, la Cité de la santé, la médiathèque, des cinémas, un planétarium, un carrefour numérique, des boutiques et des restaurants sont répartis sur les autres niveaux.

Planétarium
Dans cet auditorium de 260 places, vous pouvez assister à des éclipses, survol les paysages martiens grâce au système video Allsky.

Le Nautile
Ce sous-marin d'exploration ultramoderne est une des machines les plus sophistiquées du monde et une merveille technologique.

★ Fusée Ariane
Cette fascinante exposition montre comment les astronautes sont envoyés dans l'espace et comment ils y vivent.

Auditorium de 400 places

Écran hémisphérique

Hall principal

LA GÉODE

La sphère de 36 m de diamètre abrite une salle de cinéma hémisphérique dans laquelle sont projetés des films IMAX et 3D consacrés à la nature, au voyage et à l'espace.

Les douves imaginées par Fainsilber permettent à la lumière naturelle de pénétrer dans les niveaux inférieurs du bâtiment.

Le hall principal est un réseau de piliers, de ponts, d'escalators et de balcons créant une ambiance de cathédrale futuriste.

À NE PAS MANQUER

★ Cité des enfants

★ Fusée Ariane

★ Géode

MODE D'EMPLOI

30, av. Corentin-Cariou 75019.
📞 *01 40 05 80 00.* Ⓜ *Porte
de la Villette.* 🚌 *75, 139, 150,
152, 249, PC.* 🅿 *Quai de la
Charente.* 🕐 *mar.-sam. 10h-18h
(19h dim.)* ♿ 👓 🍴 🛍 📷
🎧 **Spectacles, films. Centre
de conférences. Bibliothèque.**
www.cite-sciences.fr

Coupoles
*Les deux coupoles
translucides de 17 m de
diamètre filtrent la lumière
naturelle qui pénètre
dans le hall principal.*

La serre
quadrangulaire,
de 32 m de haut
et de large,
relie visuellement
le parc au bâtiment.

Mirage IV
*La maquette grandeur
nature du bombardier
français à réaction
est une illustration des
capacités technologiques
de la France.*

Vers la Géode

Passerelles
*Elles relient, au-dessus des
douves, les différents niveaux du
musée à la Géode et au parc.*

★ Cité des enfants
*Dans cet espace animé,
les enfants découvrent
les principes
scientifiques en jouant
avec des machines
interactives.*

Cimetière du Père Lachaise ⑬

Le cimetière le plus prestigieux de Paris est situé sur une colline boisée dominant la ville. Jadis propriété du Père de La Chaise, le confesseur de Louis XIV, le terrain fut racheté en 1803 sur ordre de Napoléon pour y créer un nouveau cimetière qui devint très populaire au sein de la bourgeoisie parisienne. Ici sont enterrées de nombreuses personnalités, notamment Honoré de Balzac et le compositeur Frédéric Chopin et, plus récemment, le chanteur Jim Morrison ou l'acteur Yves Montand. Les tombes célèbres et les étonnants monuments funéraires qui ponctuent ce lieu paisible invitent à une promenade nostalgique.

Le Columbarium fut édifié à la fin du XIXe siècle. La danseuse américaine Isadora Duncan est l'une des personnalités dont les cendres reposent ici.

Marcel Proust
Il raconte la Belle Époque dans son chef-d'œuvre À la recherche du temps perdu.

★ **Simone Signoret et Yves Montand**
Le plus célèbre couple du cinéma français de l'après-guerre était connu pour ses relations orageuses et ses idées de gauche.

Allan Kardec fonda au XIXe siècle une secte de spiritisme qui conserve toujours de fervents partisans. Sa tombe est constamment fleurie par des adeptes.

Sarah Bernhardt
La grande tragédienne, qui mourut à l'âge de 78 ans, était célèbre pour son interprétation de rôles classiques.

Le monument aux morts
de Paul-Albert Bartholomé compte parmi les plus belles sculptures monumentales du cimetière. Il domine l'allée centrale.

À NE PAS MANQUER

★ Édith Piaf

★ Jim Morrison

★ Oscar Wilde

★ Simone Signoret et Yves Montand

Entrée

Frédéric Chopin, le grand composite[ur] polonais, fit partie de la génération des romantiques français.

Théodore Géricault
Le chef-d'œuvre du peintre romantique, Le Radeau de la Méduse (p. 124), *est représenté sur son tombeau.*

★ Oscar Wilde

*Le dramaturge irlandais,
esthète et bel esprit, banni
par la vertueuse Angleterre,
mourut à Paris en 1900
dans l'alcool et la
débauche. Son monument
est l'œuvre de Jacob Epstein.*

Les cendres de Molière furent
transférées ici en 1817, afin
de donner davantage de lustre
au nouveau cimetière.

C'est contre le mur des Fédérés
que les derniers défenseurs de la
Commune furent fusillés par les
Versaillais en 1871. C'est aujourd'hui
un lieu de pèlerinage des
sympathisants de la gauche.

★ Édith Piaf

*Surnommée « la môme
piaf » en raison
de sa taille menue,
Piaf, la plus grande
figure de la chanson
populaire du
XXe siècle, prêta
ses accents
pathétiques
pour chanter
le peuple de Paris.*

Victor Noir

*La statue grandeur nature de ce journaliste
du XIXe siècle tué par Pierre Bonaparte, un
cousin de Napoléon III, aurait des vertus
bénéfiques pour la fertilité…*

George Rodenbach, poète du XIXe siècle, est représenté
sortant de sa tombe, le bras tendu et tenant une rose.

Elizabeth Demidoff, princesse russe morte
en 1818, est honorée par un temple
classique dessiné par Quaglia.

★ Jim Morrison

*Le chanteur des Doors devint,
à sa mort en 1971 une
figure mythique du rock.*

François Raspail

*Le tombeau de ce partisan
des révolutions de 1830 et de 1840,
très souvent incarcéré, représente une prison.*

Disneyland Resort Paris ⓮

Disneyland Resort Paris occupe un site de 2 000 ha. Il réunit deux parcs à thème, sept hôtels (dont plusieurs avec piscine), un village de boutiques, restaurants et distractions, un camping, une patinoire en saison, des lacs, deux palais des congrès et un golf. À Val d'Europe (accès par la gare précédente du RER ou du TGV), un centre commercial gigantesque abrite plus de 180 magasins d'usine – dont 60 magasins discount – et un aquarium géant Sea Life. Imbattable pour une évasion totale dans un tourbillon de distractions et un dynamisme fou, le parc offre des sensations extrêmes et des attractions plus paisibles, toutes accompagnées d'effets visuels sensationnels.

Le château de la Reine de Cœur, dans Alice's Curious Labyrinth

LES PARCS

Disneyland Resort Paris regroupe le parc Disneyland et les studios Walt Disney. Il regroupe plus de 40 visites et attractions. Les studios Disney, plus récents, combinent expositions interactives et spectacles pour donner vie à la magie artistique et technique qui a rendu si passionnante l'industrie de la télévision et du cinéma. www.disneylandparis.fr ou appeler le 0825 30 60 30.

COMMENT S'Y RENDRE

En voiture
À 32 km à l'est de Paris, Disneyland Resort Paris a sa propre sortie d'autoroute (14) sur l'A4 Paris-Metz/Nancy. En cas de doute, suivez les indications Marne-la-Vallée (Val d'Europe) jusqu'aux panneaux Disneyland. Pour le Davy Crockett Ranch, prendre la sortie 13.

En avion
Les aéroports d'Orly et Charles-de-Gaulle ont un service de navettes (VEA) qui partent toutes les 30 min (45 min en basse saison). Il est inutile de réserver. Compter 13-17 € par personne.

En train
Le RER A parisien mène directement aux parcs à Marne-la-Vallée, comme la gare TGV.

STATIONNEMENT

Plus de 10 000 places de stationnement sont prévues. Un trottoir roulant mène à la sortie du parking. Compter 8 € par jour pour une voiture et 13 € pour un camping-car. Le stationnement aux hôtels de Disneyland Paris est gratuit pour les clients. Les hôtels Disneyland et New York ont des voituriers.

HORAIRES D'OUVERTURE

En haute saison, les deux parcs ouvrent à 9 h, et à 10 h le reste de l'année. Le parc Disneyland ferme à 23 h en haute saison et à 20 h le reste de l'année. Les studios ferment à 20 h en haute saison et 18 h en basse saison. Lors de certains événements, comme Noël ou Halloween, ils peuvent fermer plus tard.

QUAND S'Y RENDRE

Il est difficile de prévoir l'affluence avec précision car le public vient de toute l'Europe. Toutefois, les périodes de grande fréquentation sont liées aux vacances scolaires, surtout le printemps et l'été. Les fêtes de fin d'année et Halloween attirent beaucoup de monde.

DURÉE DU SÉJOUR

Pour profiter de tout ce qu'offre Disneyland, il faut rester trois ou quatre jours sur place. On peut visiter chacun des parcs en un seul jour, mais pour le parc Disneyland

REPAS ET RAFRAÎCHISSEMENTS

Inutile de sortir du parc pour déjeuner : le **Chalet de la Marionnette** (Fantasyland), idéal pour les enfants, est presque désert vers 15 h, tout comme le **Cowboy Cookout Barbecue** (Frontierland), qui attire plus de monde. **Colonel Hathi's Pizza Outpost** (Adventureland) vaut un détour pour son décor colonial authentique, tandis que le **Café Hypérion-Vidéopolis** (Discoveryland) propose d'excellents divertissements, mais le service y est très lent.

Les restaurants traditionnels sont plus chers, mais un repas au **Blue Lagoon Restaurant** (Adventureland) est une expérience mémorable ; on dîne sur le « rivage » d'un refuge de pirates des Caraïbes, en regardant passer leurs bateaux. Sur Main Street U.S.A., **Walt's** est aussi un bon restaurant mais les prix sont assez élevés. Avec un peu de chance, on vous placera à une table d'où vous pourrez regarder, confortablement assis à l'étage, la parade de l'après-midi dans Main Street.

Au Disney Village, les serveuses d'**Annette's Diner** circulent en rollers aux accents des tubes des années 1950. **Planet Hollywood** est un autre bon choix, et le **Rainforest Café** propose une vraie mise en scène avec des animations. **King Ludwig's Castle** est spécialisé en mets bavariens, tandis qu'un **McDonald's** géant offre ses produits habituels.

seul, deux jours s'imposent si on ne veut pas suivre un rythme effréné. En ajoutant le Buffalo Bill's Wild West Show ou les animations nocturnes du Disney Village, on réussira juste à tout caser en moins de quatre jours. Les Parisiens viennent pour la journée en RER en 35 min de trajet, mais la plupart des autres visiteurs restent à l'hôtel. Disney propose différents forfaits à ceux qui souhaitent rester : passeports pour les parcs et hébergement avec petit déjeuner continental inclus. On peut aussi réserver des forfaits tout compris.

BILLETS

On peut acheter les billets pour les deux parcs sur le site Internet www.disneylandparis. fr ou dans les boutiques Disney, pour éviter de faire la queue au guichet. Il existe des billets valables pour 1, 2 ou 3 jours. Les prix varient suivant la saison. Le billet Hopper donne accès aux deux parcs pour une journée. La RATP vend des billets groupés pour le transport en RER et l'entrée aux parcs.

COMMENT CIRCULER

Entre les parcs et les hôtels, sauf pour le Davy Crockett Ranch, Disney offre un bon service de transports, avec des navettes toutes les 30 min. En été, de petits bus emmènent au Disney Village les clients des trois hôtels en bord de lac. Des hôtels du site à l'entrée du parc, il n'y a jamais plus de 20 min de marche.

Le château de la Belle au Bois dormant, point central du parc

QUEL HÔTEL CHOISIR

Il y a six hôtels sur le site, et un dans la forêt, à 2 km. Les meilleurs hôtels sont les plus proches des parcs.
Hotel Santa Fe : petit, basique, raisonnable, c'est le seul hôtel offrant une place de parking juste à l'extérieur de la chambre.
Hôtel Cheyenne : sur le thème du Far West, à environ 17 min de marche du parc, il propose des petites chambres (avec couchettes pour les enfants) et une aire de jeux village indien. Bon marché et un excellent souvenir pour les enfants.
Sequoia Lodge : une « maison de chasseurs » en bord de lac à prix modérés, avec plus de 1 000 chambres. Demander une chambre dans le bâtiment principal. Celles du devant ont une très belle vue.
Newport Bay Club : très grand établissement dans le style balnéaire en bord de lac, cet hôtel imposant à prix modérés dispose d'une immense salle de conférences et d'une piscine magnifique. Services supplémentaires aux trois étages plus chers.
Hotel New York : cet établissement cher, plus destiné aux hommes d'affaires qu'aux enfants, dispose aussi d'une grande salle de conférences et, d'octobre à mars, d'une patinoire.
Disneyland Hotel : le joyau du site, cher mais juste à l'entrée du parc Disneyland, cache une foule de petits clins d'œil : horloges de grand-père ou présence de personnages Disney. Hôtel à l'intérieur de l'hôtel, le Castle Club regroupe 50 chambres. L'hédonisme sans limite est à vous !
Davy Crockett Ranch : bungalows en rondins pouvant loger de 4 à 6 personnes en pleine forêt et camping traditionnel. Il est idéal pour les séjours en famille et possède d'excellents équipements : la piscine est l'une des meilleures de Disneyland Resort Paris.

COMMENT RÉGLER

Les cartes de crédit sont acceptées partout sur le site. On trouve des distributeurs de billets et des kiosques de change (pas de commission) juste à l'entrée du parc et à la réception de tous les hôtels.

VISITEURS HANDICAPÉS

Juste à l'entrée du parc Disneyland, City Hall distribue une brochure détaillant les équipements pour handicapés. On peut se faire expédier gratuitement un guide spécial handicapés à partir du site Internet. Le complexe a été conçu pour recevoir les handicapés, et il est possible de louer des fauteuils roulants, mais le personnel Disney n'est pas autorisé à aider à soulever les personnes ou à pousser les fauteuils.

SÉJOUR DANS UN HÔTEL DISNEY

Les hôtels sur place proposent des chambres avec tout un éventail de prix. On retiendra que les plus proches des

Le train fou de la mine de Big Thunder Mountain

parcs sont les plus chers, avec pour avantages d'être à pied d'œuvre et de bénéficier d'entrées privilégiées à certaines dates, surtout les jours de pointe. Les clients d'un hôtel Disney reçoivent une carte d'identité de l'hôtel. Avec ce petit objet fort utile, tous les achats effectués sur le site sont portés sur la note de l'hôtel, toutes les emplettes livrées dans votre chambre. Il permet aussi d'entrer dans le domaine de l'hôtel Disneyland, qui donne accès au parc, tôt le matin, quand il est encore fermé aux visiteurs du jour. Pour les enfants, une des grandes attractions du séjour dans un hôtel du site est de dîner en compagnie de personnages Disney.

Découvrir Disneyland Resort Paris

Ce complexe se compose de deux gigantesques espaces de loisirs, le parc Disneyland et le parc Walt Disney Studios. Le premier plonge le visiteur dans l'univers Disney en trois dimensions, tandis que le second est dédié aux techniques de production du cinéma, du dessin animé et de la télévision. Le complexe offre une pléthore d'attractions et de défilés, tous inspirés du monde merveilleux de Disney.

PARC DISNEYLAND

MAIN STREET, USA

Avec ses tramways à chevaux et autres voitures anciennes circulant entre Town Square et Central Plaza, Main Street semble tout droit sortie d'une petite ville américaine. Les façades victoriennes, qui foisonnent de détails, cachent des boutiques intéressantes, comme l'Emporium, véritable paradis du cadeau. Plus loin, les visiteurs mangent sur le pouce chez Casey's Corner ou se régalent au Cookie Kitchen ou au Cable Car Bake Shop. De part et d'autre des commerces se déroulent Discovery Arcade et Liberty Arcade, jalonnées d'échoppes et d'expositions, qui mènent jusqu'à Central Plaza.

À la nuit tombée, Main Street brille de mille feux. La parade Fantillusion, un spectacle réunissant musique, représentations et chars illuminés, commence sur Town Square. Depuis Main Street, vous pourrez emprunter un véhicule à vapeur du XIXe siècle. À savoir : avant midi, il n'est pas toujours possible de monter à bord ailleurs qu'à Main Street.

FRONTIERLAND

Cet hommage au Far West abrite quelques-unes des attractions les plus prisées du parc. Non loin du train fou de Big Thunder Mountain, le bateau Thunder Mesa propose une croisière musicale traversant les plus beaux sites naturels américains. Phantom Manor plaira aux amateurs de train fantôme pour ses nombreux effets spéciaux. Le Pocahontas Indian Village

et la Legend of the Wild West plairont aux plus jeunes visiteurs.

ADVENTURELAND

Découvrez les courses folles et les Audio-Animatronics™ d'Adventure Isle. Dans Indiana Jones™ et le Temple du Péril !, des wagonnets dévalent une mine désaffectée à une vitesse vertigineuse.

Pirates of the Caribbean propose une visite en barque de geôles souterraines et de navires du XVIe siècle. La visite de la Cabane des Robinson, inspiré du roman *Le Robinson suisse* de J. D. Wyss, débute par l'ascension vertigineuse d'un arbre de 27 m. De là, on explore le reste de l'île, dont les grottes de Ben Gunn de *L'Île au trésor* et le pont suspendu près de Spyglass Hill. L'aire de jeux de la Pirate's Beach et l'Aladdin's Enchanted Passage méritent eux aussi une visite.

FANTASYLAND

Dans un décor de dessins animés, beaucoup d'attractions sont destinées aux plus jeunes, comme Blanche-Neige et les Sept Nains et les Voyages de Pinocchio. Les tout-petits adoreront Dumbo. Quant à Peter Pan's Flight, c'est une pure merveille de magie et de technologie qui emporte les visiteurs au-dessus des rues de Londres. Alice's Curious Labyrinth est lui aussi très apprécié.

Principale attraction, « it's a small world » propose une croisière sur le thème des enfants du monde entier : les visiteurs traversent un

paysage peuplé de poupées animées. Le Pays des Contes de Fées se visite lui aussi en bateau. Casey Jr permet la découverte du site en train.

DISCOVERYLAND

Dès l'ouverture, Space Mountain : Mission 2 attire une foule de visiteurs mais il arrive qu'il n'y ait plus d'attente en fin de journée. Les Mystères du Nautilus vous livrent les secrets du sous-marin de *20 000 lieues sous les mers*. Autopia fait le bonheur des plus jeunes, qui conduiront une vraie voiture. Avec ses machines volantes, l'extraordinaire Orbitron est rapidement pris d'assaut. Dans Star Tours, les passagers d'un vaisseau spatial effectuent un époustouflant voyage. Le Buzz Lightyear Laser Blast vous emmène dans le monde des jouets affronter l'empereur Zurg. Les meilleurs shows se déroulent au Videopolis. Chérie, j'ai rétréci le public, est un chef-d'œuvre de stimulation sensorielle totale.

PARC WALT DISNEY STUDIOS

FRONT LOT

Au-delà des gigantesques portes du studio se dresse l'attraction principale de Front Lot, une fontaine représentant Mickey tel qu'il apparaît dans *L'Apprenti sorcier*. Difficile aussi de manquer l'« Earful Tower », gigantesque symbole des studios inspiré du réservoir des Studios Disney en Californie. Disney Studio 1 abrite un décor de cinéma représentant un boulevard, avec les façades de divers établissements comme le Club Swankedero de style 1930, le bar tropical Liki Tiki et le Hep Cat Club.

TOON STUDIO

Dédiée au dessin animé, la cour regroupe trois zones. Un gigantesque chapeau de *L'Apprenti sorcier* marque l'entrée de L'Art de l'animation selon Disney, une attraction interactive retraçant l'histoire du film d'animation. Animagique est un spectacle mêlant les scènes les plus connues des dessins animés Disney. Dans les Tapis volants, le génie d'*Aladdin* invite les spectateurs à un étonnant voyage en tapis volant et à devenir les stars d'un film qu'il dirige lui-même. Crushes Coaster est une plongée dans le monde à contre-courant et peuplé de requins de Nemo.

PRODUCTION COURTYARD

Les Walt Disney Television Studios dévoilent les coulisses de la production télévisuelle. Pour les amateurs de cinéma, l'incontournable CinéMagique offre un panorama historique du 7e art américain et européen. Les musts : le Studio Tram Tour et les circuits Stitch et Twilight Zone of Terror, qui comprend une chute de 13 étages à l'intérieur d'un hôtel hanté.

BACKLOT

Cet espace est consacré aux effets spéciaux, à l'enregistrement de musiques de films et aux cascades. Armageddon livre un aperçu de divers trucages et effets spéciaux. Rock'n'Roller Coaster, attraction à grande vitesse (la plus rapide de tous les parcs Disney), propose une expérience inoubliable vécue à un rythme effréné au son du groupe Aerosmith.

TABLEAU DES CIRCUITS ET ATTRACTIONS

Ce tableau a pour but de vous aider à choisir les attractions les mieux adaptées pour vous et le meilleur moment pour en profiter.

	File d'attente	Limite de taille	Meilleur âge ou moment dans la journée	Priorité Fastpass	Peut-on avoir peur ?	Attention au mal des transports	Appréciation
Phantom Manor	◗		TLT		❷		★
Rivers of the Far West	○		TLT		❶		▼
Big Thunder Mountain	●	1,20 m	EP	✔	❷		★
Pocahontas Indian Village	○		TLT		❶		▼
Indiana Jones et le Temple du Péril	●	1,40 m	ED	✔	❸	✔	★
Adventure Isle	○		TLT		❶		▼
La Cabane des Robinson	○		TLT		❶		▼
Pirates of the Caribbean	○		TLT		❶		★
Peter Pan's Flight	●		ED	✔	❶		◆
Blanche-Neige et les Sept Nains	●		►11		❶		▼
Les Voyages de Pinocchio	●		►11		❶		▼
Dumbo, l'éléphant volant	●		ED		❶		▼
Les Tasses du Chapelier fou	◗		►12		❶		▼
Alice's Curious Labyrinth	○		TLT		❶		▼
« It's a Small World »	○		TLT		❶		◆
Casey Jr – Le Petit Train du Cirque	○		►11		❶		◆
Le Pays des Contes des Fées	○		TLT		❶		◆
Buzz Lightyear Laser Blast	◗		TLT		❶	✔	◆
Star Tours	○	1,32 m	TLT		❶		★
Space Mountain	●	1,32 m	ED	✔	❸	✔	★
Chérie, j'ai rétréci le public	○		TLT	✔	❶		★
Autopia	●		EP	✔	❶		▼
Orbitron	●	1,20 m	EP		❶		▼
Disney Studio 1	◗		TLT		❶		◆
L'Art de l'animation selon Disney	◗		TLT		❶		▼
Animagique	●		TLT		❶		◆
Crushes Coaster	○	1,07 m	TLT		❶	✔	★
Les Tapis volants	●	1,20 m	EP		❶	✔	◆
Walt Disney Television Studios	●		TLT		❶		◆
CinéMagique	◗		TLT		❶		◆
Stitch Live	◗		EP		❶		◆
Studio Tram Tour	●		EP		❶		★
Twilight Zone Tower of Terror	●	1,02 m	TLT		❸	✔	★
Armageddon Special Effects	●		TLT		❶		▼
Rock'n'Roller Coaster	●	1,20 m	TLT	✔	❸	✔	★

Courte - ○ Moyenne - ◗ Longue - ● Tout le temps -TLT Jusqu'à 11 ans- ►11 En premier -EP En dernier - ED
Pas effrayant - ❶ Un peu effrayant - ❷ Très effrayant - ❸ Bien - ▼ Très bien - ◆ Exceptionnel - ★

Bercy ⑱

75012. **Plan** 18 F3. Ⓜ *Bercy, Cour-Saint-Émilion.*

L'ancien village du vin avec ses fêtes et ses entrepôts a laissé la place au quartier de Bercy. Autour d'un parc de 70 ha, des logements ont été construits, un quartier d'affaires s'est constitué autour de Bercy-Expo et le palais omnisports de Bercy (POPB) accueille les plus grands spectacles parisiens. Les promoteurs ont conservé et rénové les pavillons Lheureux où sont rassemblés le musée des Arts forains (qui ne se visite que sur rendez-vous), les Salons de musique et l'école de boulangerie et de pâtisserie de Paris. Enfin, les anciens chais situés cour Saint-Émilion ont été aménagés en centre de loisirs et de culture sous le nom de Bercy-Village.

La ligne de métro automatique (n° 14) rejoint le cœur du quartier : le POPB. Les plus grandes stars du monde sportif, de l'opéra et du rock se produisent sur cette scène gigantesque *(p. 349)*.

D'autres bâtiments contemporains dominent Bercy tels que l'imposant ministère des Finances de Chemetov ou l'ancien centre américain créé par l'architecte Frank Gehry qui accueille depuis l'automne 2005 la Cinémathèque française et ses collections. Celle-ci propose souvent des rétrospective de grands réalisateurs.

La Bibliothèque nationale de France-François-Mitterrand

Bibliothèque nationale de France – site F.-Mitterrand ⑲

Quai François-Mauriac 75013. **Plan** 18 F4. ☎ 01 53 79 59 59. Ⓜ *Bibliothèque-François-Mitterrand, Quai-de-la-Gare.* ◯ *mar.-sam. 9h-19h, lun. 14h-19h, dim. 13h-19h.* ● *j.f. et 2 w.-e. mi-sept.* 🅿 ♿ 🍴 🌐 www.bnf.fr

Inauguré en 1995, l'ensemble de la BNF est constitué de quatre tours d'angle en forme de livre ouvert. Le bâtiment de Dominique Perrault accueille tous les livres et imprimés (plus de 13 millions de volumes) de la Bibliothèque nationale devenue trop petite. Les salles de lecture relient les tours entre elles. Le grand public peut consulter les documents dans les salles du haut-de-jardin alors que le rez-de-jardin est réservé aux chercheurs. Au centre, 250 cèdres du Liban animent le jardin. Des expositions sont souvent organisées autour des collections cachées de la BNF.

Au sud de Paris 13e arrondissement ⑳

Zac Paris-Rive-Gauche, 75013. **Plan** 18 F5. Ⓜ *Bibliothèque-François-Mitterrand.*

L'ambition du chantier de Paris Rive gauche, lancé en 1992 et toujours en cours, est de régénérer l'est de la capitale. Le quartier allant de la gare d'Austerlitz au boulevard Masséna abrite aujourd'hui une université pouvant accueillir 30 000 étudiants. Des salles de cinéma, des cafés et des lieux d'exposition complètent le site. Relié à Bercy par une passerelle, le quartier offre des logements, des commerces, des écoles, des jardins et des bureaux.

Parc Montsouris ㉑

Bd Jourdan 75014. **Tél.** 01 45 88 28 60. Ⓜ *Porte-d'Orléans.* ⓇⒺⓇ *Cité-Universitaire.* ◯ *lun.-ven. 8h-coucher du soleil, sam.-dim. 9h-crépuscule. Horaires variables, tél.* 📱

Ce parc à l'anglaise, dessiné par le paysagiste Adolphe Alphand entre 1875 et 1878, possède un agréable restaurant, des pelouses en pente, de grands arbres centenaires, ainsi qu'un lac. C'est le deuxième parc dans Paris *intra-muros*. La station météorologique de la ville y est également installée.

L'ancien centre américain de Bercy, par Franck Gehry

Cité universitaire ㉒

17-21, bd Jourdan 75014.
Tél. *01 44 16 64 00.* RER *Cité-Universitaire.* **www**.ciup.fr

Créée dans les années 1920, la cité universitaire internationale est une ville en miniature où résident environ 6 000 étudiants étrangers provenant de 122 pays. Une quarantaine de pays y ont fait construire leur pavillon, bâti généralement dans un style architectural typique. Ainsi, la maison d'Italie affiche une influence méditerranéenne. John D. Rockfeller versa des fonds pour la construction de la Maison internationale. On doit la maison de la Suisse et la maison franco-brésilienne à l'architecte Le Corbusier.

**La Maison du Japon,
Cité universitaire**

Notre-Dame-du-Travail ㉓

59, rue Vercingétorix 75014.
Plan 15 B3. **Tél.** *01 44 10 72 92.*
M *Pernety.* ○ *lun.-ven. 7h30-19h45, sam. 9h-19h30, dim. 8h30-19h* 🕈 *lun.-ven. 9h, 12h15, 19h, sam. 18h30, dim. 9h, 10h45, 19h.*

Datant de 1901, cette église est constituée d'un singulier assemblage de pierres, de moellons et de briques maintenu par une structure rivetée en acier et fer. Elle est l'œuvre du père Soulange-Boudin, un prêtre qui organisa des coopératives ouvrières

**La cloche Sébastopol de l'église
Notre-Dame-du-Travail**

et s'efforça de réconcilier le monde du travail et le capitalisme. Les paroissiens ouvriers se cotisèrent pour sa construction, mais la somme réunie s'avéra insuffisante, ce qui explique l'absence de clocher. Sur la façade, la cloche Sébastopol est un trophée de la guerre de Crimée offert par Napoléon III à la population du quartier Plaisance. L'intérieur de style Art nouveau est orné de tableaux de saints patrons.

Institut Pasteur ㉔

25-28, rue du Docteur-Roux 75015.
Plan 15 A2. **Tél.** *01 45 68 80 00.*
M *Pasteur.* ○ *lun.-ven. 14h-17h30 (dern. entrée : 16h45).* ● *août, j.f.* 🚫 **Films, vidéos.** 🎟 *obligatoire.* 🛈 **www**.pasteur.fr

Fondé en 1887-1889 par Louis Pasteur, le savant qui découvrit le procédé de la pasteurisation du lait ainsi que les vaccins de la rage et du charbon, l'institut est un important centre de la recherche médicale de pointe. Le musée de l'établissement abrite la reconstitution du logement et le laboratoire de Pasteur qui ont été aménagés dans leur moindre détail par ses petits-enfants, chercheurs eux-aussi. La tombe de Pasteur se trouve dans la crypte du sous-sol, dans une chapelle de style byzantin, et celle du Dr Émile Roux, l'inventeur du sérum antidiphtérique,

Louis Pasteur

dans le jardin voisin. L'Institut possède des laboratoires de recherches fondamentale et appliquée, des amphithéâtres, un département d'échantillons de référence ainsi qu'un hôpital.

Le bâtiment d'origine de l'institut date de 1888. À l'intérieur se trouvent une bibliothèque ainsi que les laboratoires où le professeur Luc Montagnier, le découvreur du virus HIV en 1983, a dirigé les recherches sur le sida.

Le parc André-Citroën

Parc André-Citroën ㉕

Quai André-Citroën/rue Balard 75015.
Tél. *01 56 56 11 56.* M *Javel, Balard.*
○ *lun.-ven. 8h-21h30 (sam., dim et j.f. ouv. à 9h).*

Avec les Invalides et le Champ-de-Mars, le parc André-Citroën est la troisième perspective d'envergure sur la Seine. Les paysagistes Alain Provost et Gilles Clément, et les architectes Patrick Berger, Jean-Paul Viguier et Jean-François Jodry ont dessiné ce parc moderne et surprenant aux facettes multiples, où l'eau et le minéral se mêlent à la plus grande variété de verdure. Le Jardin en mouvement, au nord, est une véritable friche sauvage, qui contraste avec les rocailles sophistiquées des autres jardins, comme celles du Jardin noir, au sud.

Versailles ㉖

Voir p. 248-253.

Château et parc de Versailles 26

Le visiteur qui découvre les sompteux intérieurs de ce palais gigantesque, ou se promène dans son vaste parc, comprendra pourquoi ce château est la gloire du règne du Roi-Soleil. Sur le site du modeste pavillon de chasse de son père, Louis XIV commença en 1668 à édifier le plus grand palais d'Europe, où 20 000 courtisans pouvaient loger à la fois. Les architectes Louis Le Vau et Jules Hardouin-Mansart conçurent les bâtiments, Charles Le Brun la décoration intérieure, et le grand paysagiste André Le Nôtre dessina les jardins à la française, traçant des perspectives d'allées et de bosquets, de haies et de plates-bandes parsemées de bassins et de fontaines.

Statue de flûtiste dans les jardins

★ **Jardins à la française**
Allées perpendiculaires et perspectives lointaines les caractérisent.

L'Orangerie fut construite sous le parterre du Midi, pour l'hivernage des plantes exotiques.

Le parterre du Midi, avec ses massifs d'arbustes, domine le bassin des Suisses.

★ **Château**
Louis XIV fit du château le centre du pouvoir politique en France (p. 250-253).

Le parterre d'Eau
et ses grands bassins sont ornés de superbes statues en bronze.

Bassin de Latone
Des bassins de marbre de la déesse Latone ont été conçus par Balthazar Marsy.

Bassin du Dragon
Au centre de celui-ci se dresse un dragon ailé.

Le **jardin du Roi** et le **bassin du Miroir** ont été dessinés dans le goût anglais par Louis XVIII au XIXe siècle.

Colonnade
Mansart a conçu cette arcade en en 1685.

MODE D'EMPLOI

Versailles. 📞 01 30 83 78 00.
🚌 171 depuis Pont de Sèvres vers Versailles. RER Versailles-Rive-Gauche. **Château** ◯ nov.-mars : mar.-dim. 9h-17h ; avr.-oct. : mar.-dim. 9h-18h. 🎫 **Grand Trianon, Petit Trianon** ◯ avr.-oct. : t.l.j. 12h-19h ; nov.-mars : t.l.j. 12h-17h30. 🎫 ♿ 🚻 📷 🛍 🍴 📖 🎧
Les Grands Concerts de Versailles (avr.-sept.) ; Le Parcours du Roi (juin-août : sam.), Les Grandes Eaux nocturnes (juin-août : sam.).
www.chateauversailles.fr

Le Grand Canal poursuit la longue perspective des allées sur plusieurs centaines de mètres.

Bassin de Neptune
Dans ce bassin de Le Nôtre et Hardouin-Mansart, des groupes de sculptures projettent de spectaculaires jets d'eau.

Petit Trianon
Édifié en 1762 par Louis XV, ce palais en miniature devint l'un des séjours préférés de Marie-Antoinette.

À NE PAS MANQUER

★ Château

★ Grand Trianon

★ Jardins

★ **Grand Trianon**
Louis XIV fit bâtir en 1687 ce somptueux palais de pierre et de marbre rose pour s'écarter des rigueurs du protocole de la cour en compagnie de sa maîtresse, Mme de Maintenon.

Château de Versailles

Armoiries dorées au Petit Trianon

Le palais s'est développé en une série d'« enveloppes » autour du pavillon de chasse d'origine dont la façade basse en brique est toujours visible au centre. Dans les années 1660, Louis Le Vau fit un premier ajout en édifiant plusieurs ailes, ornées de bustes en marbre, de trophées antiques et de toitures dorées. Du côté du jardin, la façade fut augmentée d'une colonnade, une vaste terrasse étant prévue au niveau du premier étage. Jules Hardouin-Mansart, qui poursuivit les travaux en 1678, bâtit les deux immenses ailes du Nord et du Midi et combla la terrasse de Le Vau pour créer la galerie des Glaces. Il dessina également la chapelle achevée en 1710. L'opéra fut ajouté en 1770 par Louis XV.

Aile du Midi
Louis-Philippe transforma les anciens appartements des princes en musée de l'Histoire de France.

La cour du Roi, séparée de la cour des Ministres par une grille ouvragée sous le règne de Louis XIV, n'était accessible qu'aux carrosses royaux.

La statue de Louis XIV, érigée par Louis-Philippe en 1837, est installée à l'emplacement de l'ancien portail doré qui marquait l'entrée de la cour du Roi.

À NE PAS MANQUER

★ Chapelle royale

★ Cour de Marbre

★ Opéra

La cour des Ministres

Portail principal
La grille et le portail de Jules Hardouin-Mansart, surmontés par les armoiries royales, ferment la cour des Ministres.

CHRONOLOGIE

1667 Percement du Grand Canal

1668 Le Vau bâtit le nouveau château

Louis XV

1722 Louis XV, 12 ans, règne sur Versailles

1793 Exécution de Louis XVI et de Marie-Antoinette

1833 Louis-Philippe transforme le château en musée

1650	1700	1750	1800	1850

1671 Le Brun commence la décoration intérieure

1661 Louis XIV agrandit le château

1682 Louis XIV et Marie-Thérèse s'installent à Versailles

1715 Mort de Louis XIV. La cour délaisse Versailles

1789 Le roi et la reine, contraints de quitter Versailles, se rendent à Paris

1774 Louis XVI et Marie-Antoinette vivent à Versailles

1919 Signature du traité de Versailles, le 28 juin

Horloge
Hercule et Mars flanquent l'horloge dominant la cour de Marbre.

★ Cour de Marbre
Elle est ornée d'un dallage, d'urnes, de bustes en marbre et d'un balcon doré.

Aile du nord
Abritant à l'origine les appartements royaux, l'aile est désormais occupée par la chapelle, l'opéra et les galeries de tableaux.

★ Opéra
Construit en 1770 pour le mariage du futur roi Louis XVI avec Marie-Antoinette, il est généralement fermé au public.

★ Chapelle royale
Dernière œuvre majeure de Jules Hardouin-Mansart, la chapelle baroque à deux étages est le dernier apport de Louis XIV à Versailles.

L'intérieur du château de Versailles

Les somptueux appartements principaux, d'un luxe vraiment royal, occupent le premier étage du château. La chambre du roi et celle de la reine donnent sur la cour de Marbre. Les grands appartements, où se déroulaient les activités officielles de la cour, donnent sur les jardins. Ces intérieurs décorés par Charles Le Brun sont ornés de marbres, de sculptures, de tentures ou de peintures. Chaque grand appartement est dédié à une divinité olympienne comme le salon d'Hercule. L'apogée en est la galerie des Glaces, avec ses dix-sept grands miroirs faisant face à une arcade de fenêtres hautes.

À NE PAS MANQUER

★ Chambre de la reine

★ Chapelle royale

★ Galerie des Glaces

★ Salon de Vénus

LÉGENDE

☐ Aile du Midi

☐ Salon du Sacre

☐ Appartements de Mme de Maintenon

☐ Appartements privés de la reine

☐ Grands appartements

☐ Appartements privés du roi

☐ Aile du nord

☐ Circulation et services

★ **Chambre de la reine**
Les reines de France y donnaient publiquement naissance aux enfants royaux.

Entrée

La bibliothèque de Louis XVI est revêtue de lambris néoclassiques.

Le Salon du Sacre est orné d'immenses portraits de Napoléon par Jacques-Louis David.

Entrée

★ **Salon de Vénus**
Une statue de Louis XIV est campée dans ce somptueux décor de marbre.

★ **Chapelle royale**
Le premier étage était réservé à la famille royale et le rez-de-chaussée, à la cour. Elle est décorée de marbre blanc, de dorures et de peintures murales d'esprit baroque.

★ **Galerie des Glaces**
*Cette salle aux murs tapissés
de miroirs s'étend sur 70 m,
le long de la façade ouest.
En 1919, le traité de Versailles
mettant fin à la Première Guerre
mondiale y fut signé.*

Œil-de-Bœuf

La chambre du roi
où Louis XIV mourut
en 1715, à 77 ans.

Salon de la Guerre
*Le thème de la guerre est évoqué par
le bas-relief en stuc d'Antoine
Coysevox représentant
Louis XIV chevauchant
vers la victoire.*

**Le Cabinet du
Conseil** est la salle
où le roi recevait
ses ministres
et sa famille.

Salon d'Apollon
*Dessinée par Le Brun et
dédiée à Apollon, c'était la
salle du trône de Louis XIV.
Une copie du portrait du roi
par Hyacinthe Rigaud
(1701) y est accrochée.*

Salon d'Hercule

**Escalier vers le rez-
de-chaussée**

UNE REINE POURCHASSÉE

Le 6 octobre 1789, dans la nuit, une foule de Parisiens
envahit le palais pour s'emparer de Marie-Antoinette, la
reine détestée. Réveillée en sursaut, celle-ci, traversant
la pièce appelée Œil-de-bœuf, se précipita dans les
appartements du roi, chez qui elle trouva refuge.

Le lendemain
matin, les
émeutiers
triomphants
reconduisirent à
Paris le roi et la
reine. Le couple
royal ne devait
plus jamais
revenir à
Versailles.

À l'ouest de Paris

**Fenêtre Art nouveau,
rue La Fontaine**

Rue La Fontaine ㉗

75016. **Plan** 9 A4. Ⓜ *Jasmin,
Michel-Ange-Auteuil.* ⓇⒺⓇ *Kennedy-
Radio-France.*

La rue La Fontaine et les rues
avoisinantes conservent
quelques-uns des exemples les
plus intéressants de
l'architecture du début du
xxᵉ siècle. Le Castel Béranger,
au n° 14, est un immeuble
d'habitation édifié en
matériaux peu onéreux, orné
pourtant de vitraux, de fer
forgé voluté, de balcons et de
mosaïques. Cet édifice fit la
réputation de l'architecte Art
nouveau Hector Guimard à
qui l'on confia ensuite la
réalisation des bouches du
métro. On trouvera dans la
même rue d'autres exemples
de son style, comme l'hôtel
Mezzara au n° 60.

Fondation Le Corbusier ㉘

8-10, sq. du Dr-Blanche 75016. **Tél.**
01 42 88 41 53. Ⓜ *Jasmin.* ◯ *lun.
13h30-18h, mar.-ven. 10h-12h30,
13h30-18h (17h ven.), sam. 10h-17h
(Villa La Roche seul.).* ⬤ *j.f., août,
24 déc.-2 janv.* 🎥 📷 *Films, vidéos.*
📖 *Voir Histoire de Paris p. 38-39.*
www.fondationlecorbusier.asso.fr

Les villas La Roche *(p. 265)* et
Jeanneret, les deux premières
constructions parisiennes de
Charles-Édouard Jeanneret,
dit Le Corbusier, l'un des
architectes les plus brillants et
les plus influents du xxᵉ siècle,
furent édifiées au début des
années 1920 dans le quartier
d'Auteuil. Elles illustrent ses
conceptions révolutionnaires :
béton nu aux formes cubistes,
façades ouvertes sur toute leur
longueur reposant sur des
piliers et pièces emboîtées
les unes dans les autres
pour offrir un éclairage
et un volume maximaux.
   La villa La Roche appartenait
au mécène Raoul La Roche. Les
deux villas ont été transformées
en centre de documentation
sur Le Corbusier.

Musée Marmottan-Claude-Monet ㉙

2, rue Louis-Boilly 75016. 📞 *01 44
96 50 33.* Ⓜ *Muette.* ◯ *mar.-dim.
11h-18h (19h mar.)* ⬤ *1er janv.,
1er mai, 25 déc.* 🎥 ♿ 📷
www.marmottan.com

Le musée fut créé en 1932,
dans l'hôtel particulier de
l'historien de l'art Paul

Marmottan, lorsque celui-ci
légua à l'Institut de France
sa résidence ainsi que sa
collection de tableaux et
de meubles Renaissance,
Consulat et premier Empire.
Le musée changea de
vocation en 1971, après
le legs par Michel Monet
de 65 tableaux de son père,
le peintre impressionniste
Claude Monet. Certaines de
ses toiles les plus célèbres
sont accrochées ici, dont
Impression, soleil levant, une
Cathédrale de Rouen et
plusieurs *Nymphéas.*
   Outre une partie de la
collection personnelle de
Monet, dont des tableaux
de Gauguin, Renoir et Sisley,
le musée expose des
enluminures médiévales.

La Barque (1887) de Claude Monet,
musée Marmottan

Bois de Boulogne ㉚

75016. Ⓜ *Porte-Maillot, Porte-
Dauphine, Porte-d'Auteuil, Sablons.*
◯ *24h/24.* 🌳 *jardins spécialisés
et musées.* ♿ **Jardin Shakespeare**
◯ *t.l.j. 9h30h-crépuscule.* 🎭 **Théâtre
en plein air Tél.** *01 40 19 95 33.*
Jardin de Bagatelle et roseraie Tél.
01 40 67 97 00. ◯ *9h30, heures de
ferm. variables selon la saison entre
16h30 et 20h.* **Jardin d'Acclimatation
Tél.** *01 40 67 90 82.* ◯ *t.l.j. 10h-19h
(oct.-mai : 18h).* 🅿 🍴 **www.**
jardindacclimatation.fr **Musée en
Herbe Tél.** *01 40 67 97 66.* ◯ *t.l.j.
10h-18h.* 🎥 ♿ **www.**musée-en-
herbe.com

Ce parc de 865 ha, situé
entre les limites ouest de Paris
et la Seine, est la ceinture
verte de la ville. Il offre de
nombreuses possibilités de
promenades à pied, à
bicyclette ou à cheval, de
canotage et de pique-nique.

Villa La Roche, fondation Le Corbusier

Un pavillon du parc de Bagatelle, bois de Boulogne

Vestige de l'immense forêt du Rouvre, le bois de Boulogne fut redessiné au XIXe siècle, sous Napoléon III, par le baron Haussmann qui s'inspira de Hyde Park à Londres.

Deux jardins intéressants se trouvent dans le bois de Boulogne. Le Pré Catelan, parc indépendant, possède le plus grand hêtre de Paris, quant au parc de Bagatelle, il compte de nombreuses variétés de plantes et une célèbre roseraie où chaque 21 juin a lieu un concours international de roses. La villa fut édifiée au XVIIIe siècle en 64 jours, à la suite d'un pari entre le comte d'Artois et sa belle-sœur, Marie-Antoinette.

Le jardin d'Acclimatation avec son Musée en herbe est idéal pour les enfants.

Musée des Années 30 ❸❶

28, av. André-Morizet, Boulogne-Billancourt. **Tél.** 01 55 18 46 42. Ⓜ *Marcel-Sembat.* ◯ *mar.-dim. 11h-18h.* ◯ *1er janv., 15 août.* ♿ 📷 💻 ⅰ www.annees30.com

Inauguré en 1998, l'Espace Landowski rassemble le musée des Années 30, une bibliothèque, une galerie des vidéastes, des espaces d'expositions temporaires, un cinéma, une salle de conférences et un pôle multimédia. Sculpteur ayant vécu à Boulogne-Billancourt de 1905 à sa mort en 1961, Paul Landowski et son fils Marcel, musicien, ont donné leur nom à cet espace culturel.

Plusieurs des œuvres de Paul sont exposées au musée des Années 30 qui rassemble de nombreuses sculptures monumentales. À travers toiles, dessins, sculptures et objets d'art, le musée des Années 30 rend compte de l'univers esthétique de l'époque. Un pôle multimédia comprenant un espace d'initiation oriente la vocation du centre vers les outils d'expression contemporains. Enfin, des visites du patrimoine architectural et industriel de Boulogne-Billancourt sont organisées.

La Défense ❸❷

1, parvis de la Défense. **Tél.** 01 49 07 27 57. 🚇 *La Défense.* ◯ *t.l.j. 10h-19h (avr.-sept. : jusqu'à 20h).* 📷 ⅰ ℹ *Voir Histoire de Paris* p. 40-41. www.grandearche.com

Les 80 ha de gratte-ciel du quartier des affaires de l'ouest parisien constituent la plus vaste opération immobilière lancée en Europe depuis les années 1960. De nombreuses compagnies nationales ou multinationales y sont établies. Plusieurs œuvres d'art contemporain, dont une sculpture de Juan Miró et la fontaine monumentale d'Agam, ont transformé le parvis en musée à ciel ouvert.

Quartier des hommes d'affaires, la Défense abrite également un centre de loisirs : la colline de la Défense qui rassemble un musée de l'automobile et un cinéma Imax à écran hémisphérique.

Élégant et épuré, le cube évidé de la Grande Arche, qui pourrait contenir Notre-Dame, fut construit en 1989 par l'architecte danois Otto von Spreckelsen. L'arche abrite la fondation internationale des Droits de l'homme, et accueille en permanence une ou deux expositions. De la terrasse, on a une vue superbe sur Paris.

Château de Malmaison ❸❸

Av. du Château, Rueil-Malmaison. **Tél.** 01 41 29 05 55. 🚇 *La Défense puis bus 258.* ◯ *oct.-mars : mer.-dim. 10h-12h30, 13h30-17h15 (17h45 sam.-dim.) ; avr.-sept. : mer.-dim. 10h-12h30, 13h30-17h45.* 📷 ⅰ *Voir Histoire de Paris* p. 32-33. www.chateau-malmaison.fr

Le lit de l'impératrice Joséphine, château de La Malmaison

Joséphine de Beauharnais, l'épouse de Napoléon Ier, acheta en 1799 ce château du XVIIe siècle, complété ultérieurement par une magnifique véranda, des statues classiques et un petit théâtre. Napoléon et ses proches venaient s'y reposer entre deux campagnes. Le château, devenu la résidence principale de Joséphine après son divorce, est aujourd'hui un musée napoléonien, dans lequel des souvenirs de l'Empire sont rassemblés.

La Grande Arche de la Défense

HUIT PROMENADES À PIED

Paris est une ville propice à la flânerie. La plupart de ses sites majeurs sont peu éloignés les uns des autres, et tous se trouvent à proximité du cœur de la ville, l'île de la Cité.

Les quatorze quartiers touristiques décrits dans le chapitre *Quartier par quartier* sont illustrés de plans où sont proposés des itinéraires de balades qui font découvrir les sites les plus intéressants. Paris possède cependant un grand nombre de lieux moins connus, mais tout aussi remarquables et passionnants, dont l'histoire, l'architecture ou l'ambiance particulières révèlent d'autres aspects de la capitale.

Les huit promenades suivantes conduisent le visiteur jusqu'aux principaux sites touristiques du quartier concerné, mais elles s'arrêtent aussi à des cafés, des marchés, des églises, des jardins, ou de vieilles rues typiques qui donnent à Paris son cachet si particulier. C'est ce mélange de passé et de présent qui donne à Paris son atmosphère inimitable.

Auteuil est réputé pour l'architecture luxueuse et avant-gardiste de ses immeubles d'habitation, Monceau pour ses somptueux hôtels particuliers second Empire et l'île Saint-Louis pour ses demeures du grand siècle, ses rues étroites et les personnalités littéraires qui y habitent. Près du canal Saint-Martin, les écluses tranquilles et les passerelles de fer conservent le charme nostalgique du vieux Paris populaire et, à Montmartre, les vieilles rues villageoises pentues bruissent encore du souvenir des peintres maudits et de la vie de bohème. Le quartier en hauteur des Buttes-Chaumont est doté d'un des parcs les plus ravissants de Paris. Quant aux pittoresques rues pavées de la Butte-aux-Cailles, elles font oublier les événements sanglants qui s'y déroulèrent lors de la Commune de 1871. Avec son port de plaisance et ses belles boutiques d'artisans, l'ancien quartier ouvrier du Faubourg Saint-Antoine connaît une nouvelle vie.

Ces promenades sont faciles d'accès en métro et en bus (voir *Mode d'emploi*) et pour chacune d'elles sont suggérées des haltes reposantes.

Statue du parc Monceau

Montmartre
(p. 266-267)

Parc Monceau
(p. 258-259)

Buttes-Chaumont
(p. 268-269)

Canal Saint-Martin
(p. 260-261)

QUARTIER DE L'OPÉRA

CHAMPS-ÉLYSÉES

QUARTIER DE CHAILLOT

QUARTIER DES TUILERIES

BEAUBOURG ET LES HALLES

LE MARAIS

INVALIDES ET QUARTIER DE LA TOUR EIFFEL

Seine

Île St-Louis
(p. 262-263)

Faubourg Saint-Antoine
(p. 270-271)

ST-GERMAIN-DES-PRÉS

ILE DE LA CITÉ

Auteuil
(p. 264-265)

QUARTIER LATIN

QUARTIER DU LUXEMBOURG

MONTPARNASSE

QUARTIER DU JARDIN DES PLANTES

0   2 km

Buttes-aux-Cailles
(p. 272-273)

LÉGENDE

••• Promenade

◁ **Pont sur le canal Saint-Martin**

Une heure et demie autour du parc Monceau

Cette promenade traverse le parc Monceau datant de la fin du XVIIIᵉ siècle, centre d'un élégant quartier construit sous le second Empire, et s'achève place Saint-Augustin après avoir emprunté des rues bordées d'opulents hôtels particuliers qui attestent la fortune de certains Parisiens. Pour le détail de la visite du parc Monceau, voir page 232.

Le portail Ruysdaël

Du parc Monceau à l'avenue Vélasquez

La promenade débute au métro Monceau ①, boulevard de Courcelles. Entrez dans le parc par la rotonde XVIIIᵉ siècle de Nicolas Ledoux ②, flanquée par deux magnifiques grilles en fer forgé doré du XIXᵉ siècle, surmontées de quatre réverbères ouvragés.

La rotonde du parc Monceau ②

néoclassiques construits au XIXᵉ siècle. Au nº 7, le splendide musée Cernuschi (p. 233) ⑥ abrite une belle collection d'art d'Extrême-Orient.

Prenez la seconde allée à gauche après le monument de Guy de Maupassant ③ (1897), l'un des six monuments dédiés à la mémoire d'importants écrivains et musiciens français, répartis dans le parc et généralement composé d'un buste du grand homme agrémenté d'une muse en pâmoison.

En face se dresse l'œuvre la plus importante du parc, une colonnade corinthienne recouverte de mousse ④ bordant un petit étang romantique. Faites le tour de la colonnade et passez sous l'arche du XVIᵉ siècle ⑤ provenant de l'ancien hôtel de ville de Paris (p. 102).

Tournez à gauche dans l'allée de la Comtesse-de-Ségur et rejoignez l'avenue Vélasquez, bordée d'arbres et d'hôtels particuliers

La colonnade corinthienne du parc Monceau ④

La statue d'Ambroise Thomas ⑧

De l'avenue Vélasquez à l'avenue Van-Dyck

Revenez dans le parc et tournez à gauche dans la seconde petite allée sinueuse, bordée par une pyramide moussue ⑦ du XVIIIᵉ siècle, ainsi que par d'antiques tombeaux, une arcade en pierre, un obélisque et une petite pagode chinoise. Le charme mélancolique de ces fausses ruines est représentatif de l'esprit romantique de la fin du XVIIIᵉ siècle.

Tournez à droite après la pyramide et revenez vers l'allée centrale. En face, un joli pont Renaissance

enjambe une petite rivière. Tournez à gauche et dépassez le monument dédié au compositeur Ambroise Thomas (1902) ⑧. Admirez, juste derrière, la cascade artificielle. Tournez à gauche dans l'allée suivante et avancez jusqu'au monument à Charles Gounod (1897) ⑨ à gauche. De là, suivez la première allée sinueuse vers la sortie sur l'avenue Van-Dyck. À droite en face, dans l'angle du parc, se trouve le monument à Chopin ⑩ (1906) et, en regardant dans l'allée de la Comtesse-de-Ségur, on peut voir le monument au

grand poète français du
XIXe siècle, Alfred de Musset.

De l'avenue Van-Dyck à la rue de Monceau

Quittez le parc par l'avenue
Van-Dyck. Le nᵒ 5, à droite,
est un impressionnant hôtel
particulier néobaroque ⑪
édifié par le chocolatier Émile
Meunier ; le nᵒ 6 est typique
du style néo-Renaissance
revenu à la mode dans les
années 1860. Au-delà de la
grille ouvragée s'ouvre
la belle perspective
de l'avenue

La cascade de la montagne

Hoche avec l'Arc de triomphe
au loin. Passez la grille et
tournez à gauche dans la rue
de Courcelles, puis à nouveau
à gauche dans la rue Murillo,
bordée d'hôtels particuliers
de style XVIIIe siècle et néo-
Renaissance ⑫. Au carrefour
de la rue Rembrandt se
trouve, à gauche, une
autre entrée du parc et,
à droite, au nᵒ 7, un
imposant immeuble
d'habitation 1900
ainsi qu'une
élégante
résidence
Renaissance à
porte d'entrée
en bois sculpté
(au nᵒ 1).
À l'angle de la
rue Rembrandt
et de la rue de Courcelles,
on peut voir le plus singulier
des édifices du quartier :
une pagode de cinq étages
qui abrite la galerie d'un
marchand d'art asiatique ⑬.
Tournez à gauche dans
la rue de Monceau, dépassez
la place Rio-de-Janeiro
et continuez jusqu'au musée
Nissim de Camondo
(p. 232) ⑭, au 63, rue
de Monceau. Les immeubles
aux nᵒˢ 52, 60 et 61 ⑮valent
le détour.

Le boulevard Malesherbes

Au carrefour de la rue de
Monceau et du boulevard
Malesherbes, tournez à droite.
Avec ses nobles immeubles
d'habitation de six étages,
ce boulevard est typique des
grandes avenues percées par
le baron Haussmann, sous
le second Empire (p. 34-35).

Ces immeubles plurent très
vite à la grande bourgeoisie
industrielle, mais furent
décriés par les amoureux
de Paris, artistes ou écrivains,
qui les comparèrent aux
buildings new-yorkais.
Admirez, au nᵒ 75, la façade
en marbre de Benneton, le
graveur de papier le plus chic
de Paris ⑯. À gauche se dresse
la plus grande église construite
à Paris au XIXe siècle, l'église
Saint-Augustin ⑰, œuvre
de Victor Baltard. Entrez
dans l'édifice par le porche
arrière, traversez la nef et
sortez par le portail principal.
À gauche, l'imposant bâtiment
du Cercle militaire ⑱ abrite le
Club des Officiers de l'Armée
française. En face, la statue en
bronze de Jeanne d'Arc ⑲.
Continuez jusqu'à la place
Saint-Augustin et la station de
métro Saint-Augustin.

La statue de Jeanne d'Arc ⑲

CARNET DE ROUTE

Départ : bd de Courcelles.
Longueur : 3 km.
Pour s'y rendre : métro le plus
proche : Monceau ; bus : lignes
30, 84 et 94.
Église Saint-Augustin :
ouv. t.l.j. 8h30-19h ;
ferm. j.f. et 12h30-15h30.
  Où faire une pause : dans le
  parc Monceau, près du pont
  Renaissance, un kiosque sert
  boissons et en-cas (été seul.).
  Place de Rio-de-Janeiro, en face
  de l'église Saint-Augustin, les
  brasseries et les cafés sont
  fréquentés par les employés du
  quartier. Le square Marcel
  Pagnol, sur l'avenue César Caire,
  est idéal pour se détendre et se
  remémorer les attraits du parc
  à la fin de la balade.

LÉGENDE

••• Itinéraire

☀ Point de vue

Ⓜ Station de métro

0 _____ 250 m

La pagode chinoise ⑬

Une heure et demie le long du canal Saint-Martin

Cette balade le long du canal Saint-Martin, qui relie le bassin de la Villette à la Seine, distille une atmosphère très différente de celle que l'on peut ressentir dans les quartiers plus chic. Ici, les vieux bâtiments – usines, entrepôts, habitations, restaurants et cafés – sont autant de vestiges du capitalisme triomphant et du monde ouvrier du XIXe siècle. Mais l'on appréciera également le charme un peu nostalgique des vieilles passerelles en fer, des quais bordés d'arbres, des pêcheurs à la ligne, des péniches et des eaux calmes des grands bassins du canal. Une promenade le long du canal, c'est aussi évoquer les souvenirs du vieux Paris, celui d'Arletty ou d'Édith Piaf.

La rotonde de la Villette,
XVIIIe siècle ②

Le bassin de la Villette, perspective nord ③

De la place de Stalingrad à l'avenue Jean-Jaurès

En partant de la sortie du métro Stalingrad ①, suivez le boulevard de la Villette en contournant les bassins jusqu'à la place située en face de la rotonde de la Villette ②, l'un des rares pavillons d'octroi du XVIIIe siècle subsistant à Paris, édifié dans

les années 1780 par le célèbre architecte Nicolas Ledoux. La place, les fontaines et les terrasses ont été aménagées pour profiter au mieux de la perspective sur le bassin de la Villette ③ au nord. Longez ensuite sur quelques mètres l'avenue Jean-Jaurès ; sur la gauche se trouve la première écluse ④ fermant le canal Saint-Martin. Non loin, deux cinémas MK2 se font face de part et d'autre du bassin de la Villette.

Vue du pont de la rue E.-Varlin ⑦

LÉGENDE

••• Itinéraire

⚡ Point de vue

Ⓜ Station de métro

0 ———————— 500 m

Le jardin de la cour de l'hôpital Saint-Louis ⑭

Passerelles sur le canal ⑤

Du quai de Valmy à la rue Bichat

Empruntez le quai de Jemmapes, qui longe la rive est du canal sur toute sa longueur, jusqu'au premier pont à hauteur de la rue Louis-Blanc ⑤. Traversez le pont et passez sur le quai de Valmy. De l'angle, on aperçoit dans la rue Louis-Blanc la façade de granit et de verre du tribunal industriel de Paris ⑥. Continuez le long du quai de Valmy. À hauteur de la rue Eugène-Varlin, traversez le pont ⑦ d'où l'on a un magnifique point de vue sur la deuxième écluse du canal, les jardins publics et les vieux réverbères. De l'autre côté du pont, à l'angle du quai de Jemmapes et le long de la rue Haendel piétonne,

vous verrez des HLM en terrasses ⑧. À proximité, place du Colonel-Fabien, se trouve le siège du Parti communiste français ⑨. Cet édifice, construit entre 1968 et 1971, possède une façade vitrée curviligne.

Revenez sur le quai de Jemmapes : au n° 134 ⑩ subsiste un bâtiment en brique et fer du XIXᵉ siècle, qui témoigne de l'importante activité industrielle du quartier à cette époque. Au n° 126 ⑪, se trouve une résidence pour personnes âgées, aux monumentales arcades en béton et aux fenêtres en encorbellement. Plus loin, le n° 112 ⑫ est un immeuble d'habitation Art déco, avec oriels, balcons ornementaux en fer et en céramique, et abritant un café ouvrier des années 1930 au rez-de-chaussée. Là, le canal s'incurve vers la troisième écluse enjambée par une jolie passerelle en fer ⑬.

De l'hôpital Saint-Louis à la rue Léon-Jouhaux

Tournez à gauche dans la rue Bichat menant au remarquable hôpital Saint-Louis ⑭, qui constitue l'un des meilleurs exemples de l'architecture du début du XVIIᵉ siècle. Entrez dans la cour de l'hôpital par le vieux portail principal, coiffé d'un haut toit à la française. L'hôpital, construit en brique et en pierre, fut fondé en 1607 par Henri IV, pour soigner les pestiférés.

Quittez la cour par le portail central de l'aile située à gauche. En passant devant

la chapelle du XVIIᵉ siècle ⑮, vous débouchez dans la rue de la Grange-aux-Belles.

Tournez à gauche et revenez au canal. À l'angle de la rue de la Grange-aux-Belles et du quai de Jemmapes se dressait jusqu'en 1627 le célèbre gibet de Montfaucon ⑯, l'un des principaux lieux d'exécution du Paris médiéval. Empruntez le quai de Jemmapes. Au n° 101 ⑰, la façade d'origine de l'hôtel du Nord du célèbre film des années 1930. En face, une autre passerelle en fer et un pont levant ⑱. Traversez le pont et prenez le quai de Valmy jusqu'à la dernière passerelle ⑲, à l'angle de la rue Léon-Jouhaux. Le canal devient à cet endroit souterrain et se prolonge sous une voûte de pierre.

Entrée de l'hôpital Saint-Louis ⑭

Du square Frédéric-Lemaître à la place de la République

Longez le square Frédéric-Lemaître ⑳ jusqu'au début du boulevard Jules-Ferry (qui prolonge le quai de Valmy), dont le centre est occupé par un jardin public. À l'entrée de ce dernier, on peut voir la statue de La Grisette ㉑, une bouquetière des années 1830 évoquant les jeunes ouvrières du quartier. On croise à cet endroit la rue populaire et commerçante du Faubourg-du-Temple ㉒. Descendez la rue à droite jusqu'à la station de métro, place de la République.

Dans la rue du Faubourg-du-Temple ㉒

Une heure et demie autour de l'île Saint-Louis

Cette balade autour de l'île Saint-Louis emprunte des quais bordés d'arbres, du pont Louis-Philippe au quai d'Anjou, et passe devant les somptueux hôtels particuliers du XVIIe siècle qui donnent à ce quartier son air de noblesse. Elle traverse ensuite le cœur de l'île, le long de sa rue principale, rue Saint-Louis-en-l'Île, agrémentée de restaurants chic, de cafés, de galeries d'art et de boutiques à la mode, avant de revenir, par la rive nord de l'île, au pont Marie. Pour plus de renseignements sur les principaux sites, voir pages 77 et 87.

L'île Saint-Louis

Pêcheurs sur l'île Saint-Louis

Du métro Pont-Marie à la rue Jean-du-Bellay

Du métro Pont-Marie ①, prenez le quai des Célestins et celui de l'Hôtel-de-Ville, bordé de bouquinistes, et traversez le pont Louis-Philippe ② d'où vous aurez une vue d'ensemble sur tout le nord de l'île Saint-Louis. Empruntez à droite les escaliers descendant sur le quai. Faites le tour de la pointe ouest, ombragée, de l'île ③, puis remontez vers le pont Saint-Louis ④. Face à lui, à l'angle de la rue Jean-du-Bellay, Le Flore en l'Île ⑤, le café le plus chic de l'île.

Le quai d'Orléans

À l'angle de la rue Jean-du-Bellay et du quai d'Orléans, on jouit d'un beau point de vue sur Notre-Dame et le Panthéon. Le long du quai, au no 12 ⑥, se trouve l'un des nombreux hôtels particuliers du XVIIe siècle, avec de beaux balcons en fer forgé. Au no 18-20, remarquez les fenêtres hispano-mauresques de l'hôtel Rolland. Au no 6, l'ancienne bibliothèque polonaise, fondée en 1838, abrite la

LÉGENDE

••• Itinéraire

☼ Point de vue

Ⓜ Station de métro

0 ————————————— 250 m

Société historique et littéraire polonaise (p. 87) consacrée au poète polonais Adam Mickiewicz ⑦. On peut y voir quelques partitions de Chopin et des manuscrits de George Sand et de Victor Hugo. À droite, le pont de la Tournelle ⑧ traverse la Seine vers la rive gauche.

Péniche passant devant un quai de l'île Saint-Louis

Du quai de Béthune au pont Marie

Dépassez le pont et continuez sur le quai de Béthune : Marie Curie (prix Nobel de physique) vécut au n⁰ 36 ⑨ ; de beaux balcons en ferronnerie ornent les n⁰s 34 et 30. L'hôtel Richelieu ⑩, au n⁰ 18, est l'une des plus belles demeures de l'île. Son jardin a conservé intactes ses arcades classiques.

Portail de l'église Saint-Louis ⑰

Tournez à gauche dans la rue Bretonvilliers où se dresse une imposante demeure XVIIᵉ siècle ⑪ reposant sur une arche classique qui enjambe la rue. Revenez sur le quai de Béthune et continuez jusqu'au pont de Sully ⑫, construit à la fin du XIXᵉ siècle. En face, le délicieux square Barye ⑬ est un jardin public ombragé, tracé sur la pointe est de l'île et offrant de beaux points de vue sur le fleuve. Empruntez le quai d'Anjou jusqu'à l'angle de la rue Saint-Louis-en-l'Île pour découvrir la plus célèbre demeure du quartier, l'hôtel Lambert ⑭ (p. 26-27), où vécut Michèle Morgan. Longez le quai d'Anjou vers l'hôtel de Lauzun ⑮, au n⁰ 7, à l'austère façade classique et aux somptueux balcons dorés. Tournez à gauche dans la rue Poulletier ; au n⁰ 5 bis se trouve le couvent des Filles de la Charité ⑯. Plus loin, à l'angle de la rue Poulletier et de la rue Saint-Louis-en-l'Île, l'église Saint-Louis ⑰ (p. 87), avec sa curieuse horloge accrochée comme une enseigne, est le cadre de nombreux concerts. Remontez la rue Saint-Louis-en-l'Île avec ses petits restaurants à la mode. Le glacier Berthillon ⑱ se

trouve au n⁰ 31 ; au n⁰ 60, un magasin d'antiquités ⑲ qui possède une vitrine XIXᵉ siècle d'origine et, au n⁰ 51, l'une des rares demeures du XVIIIᵉ siècle de l'île, l'hôtel Chernizot ⑳ dont le superbe balcon rocaille s'appuie sur d'étonnantes chimères.

Chimère de l'hôtel Chernizot ⑳

Prenez à droite la rue Jean-du-Bellay jusqu'au pont Louis-Philippe. Tournez à droite quai de Bourbon, bordé par quelques-uns des plus beaux hôtels particuliers de l'île, le plus remarquable étant l'hôtel Jassaud, au n⁰ 19 ㉑. Continuez jusqu'au pont Marie ㉒, datant du XVIIᵉ siècle, et traversez-le pour rejoindre votre point de départ.

Le pont Marie, datant du XVIIᵉ siècle ㉒

Fenêtres de l'hôtel Rolland

CARNET DE ROUTE

Départ : métro Pont-Marie.
Longueur : 2,6 km.
Pour s'y rendre : la promenade commence au métro Pont-Marie, mais le bus 67 dessert la rue du Pont-Louis-Philippe et le pont de Sully ; les lignes 86 et 87 traversent également l'île.
Où faire une pause : nombreux cafés, dont Le Flore en l'Île et les succursales du glacier Berthillon (p. 317). Parmi les restaurants de la rue Saint-Louis-en-l'Île : l'Auberge de la Reine blanche (n⁰ 30) et Le Fin Gourmet (n⁰ 42), ainsi qu'une pâtisserie et un fromager qui vendent de bons produits. On pourra flâner le long des quais ombragés et dans le square Barye, sur la pointe de l'île.

Une heure et demie dans le quartier d'Auteuil

Le caractère contrasté des rues du quartier explique en partie l'attrait de cette promenade au cœur de ce bastion de la bourgeoisie parisienne. Après l'ambiance quasi villageoise de la rue d'Auteuil, on découvre plusieurs chefs-d'œuvre de l'architecture moderne, rue La Fontaine et rue du Docteur-Blanche, avant d'arriver à la station de métro Jasmin, terme de la promenade. Pour plus de renseignements, voir page 254.

Obélisque, place d'Auteuil ①

La rue d'Auteuil

La promenade commence place d'Auteuil ①, véritable place de village agrémentée d'une superbe entrée de métro, œuvre de Guimard, d'un obélisque funéraire du xviiie siècle et de l'église néoromane Notre-Dame-d'Auteuil, du xixe siècle. Descendez la rue d'Auteuil et goûtez à son charme un peu provincial. Au nº 40, l'Auberge du Mouton blanc ② occupe l'emplacement de la plus vieille taverne du quartier, fréquentée dans les années 1600 par Molière et sa troupe. Les demeures du nº 45-47 ③ furent les résidences des présidents américains John Adams et son fils John Quincey Adams. Rejoignez la place Jean-Lorrain ④ où se tient le marché. La fontaine Wallace est l'une de celles offertes au xixe siècle par le millionnaire anglais Richard Wallace. À droite, la rue Donizetti mène à la villa Montmorency ⑤, une voie privée bordée de villas luxueuses construites sur l'ancienne propriété campagnarde de la comtesse de Boufflers.

Fontaine Wallace ④

La rue La Fontaine

Empruntez la rue La Fontaine, célèbre pour ses demeures dessinées par Hector Guimard. Marcel Proust est né au nº 96. Au nº 65, l'ensemble d'ateliers d'Henri Sauvage ⑥ est l'un des bâtiments Art déco les plus originaux de Paris. Au nº 60, une maison Art nouveau ⑦ de Guimard. Plus loin, au nº 40, une petite chapelle néogothique ⑧ et des immeubles d'habitation Art nouveau, aux nºs 19 et 21 ⑨. Le Castel Béranger ⑩, au nº 14, est la construction la plus spectaculaire de Guimard. Son portail en fer forgé est superbe.

CARNET DE ROUTE

Départ : place d'Auteuil.
Longueur : 3 km.
Pour s'y rendre : *la station de métro la plus proche est Église-d'Auteuil ; les lignes de bus 22, 52 et 62 desservent également le point de départ.*
Où faire une pause : *au nº 40 rue d'Auteuil, L'Auberge du Mouton blanc, au décor 1930, est assez bon marché. Au nº 35 bis rue La Fontaine, le jeune chef de l'Acajou sert une cuisine innovante. Vous pourrez vous reposer dans le square ombragé de la place Jean-Lorrain, et dans le petit jardin en face de la chapelle néogothique au nº 40 rue La Fontaine. Plus loin, place Rodin, se trouve un agréable jardin public.*

Porte du 28 rue d'Auteuil

LÉGENDE

- • • • Itinéraire
- ☆ Point de vue
- Ⓜ Station de métro

0   250 m

De la rue de l'Assomption à la rue Mallet-Stevens

De l'angle de la rue de l'Assomption, on peut voir la Maison de Radio-France ⑪ construite en 1963 pour abriter la radio et la télévision françaises *(p. 202)*. C'était l'un des premiers édifices modernes de l'après-guerre à Paris. Tournez à gauche dans la rue de l'Assomption et marchez jusqu'au nº 18, un bel immeuble d'habitation des années 1920 ⑫. Tournez à gauche dans la rue du Général-Dubail et suivez cette dernière jusqu'à la place Rodin,

Oriel, au 3 square Jasmin ⑲

où le superbe nu en bronze du sculpteur, *L'Âge d'airain* (1877) ⑬, occupe le centre du rond-point. Revenez dans la rue de l'Assomption par l'avenue Théodore-Rousseau et tournez à gauche vers

l'avenue Mozart. Percée dans les années 1880, c'est la principale artère reliant le nord et le sud du XVIe arrondissement. Elle est bordée d'immeubles cossus caractéristiques de la fin du XIXe siècle. Traversez l'avenue et continuez jusqu'à l'avenue des Chalets, où se trouvent des pavillons ⑭ qui rappellent que le faubourg d'Auteuil était un séjour campagnard au milieu du XIXe siècle. Plus loin rue de l'Assomption, l'église néo-Renaissance Notre-Dame-de-l'Assomption ⑮. Tournez à gauche dans la rue du Docteur-Blanche. Au nº 9, et dans la rue Mallet-Stevens contiguë ⑯, un alignement de demeures de style moderne international dessinées par le célèbre architecte Robert Mallet-Stevens. Dans cette enclave avant-gardiste résidaient des architectes, des designers, des artistes et leurs clients éclairés. Les proportions d'origine furent

Cour du 14 rue La Fontaine ⑩

cependant altérées dans les années 1960 par l'ajout d'un troisième étage.

Continuez jusqu'au square du Docteur-Blanche, petite impasse où se trouve la construction moderne la plus célèbre d'Auteuil, la Villa La Roche, de Le Corbusier ⑰. Avec la Villa Jeanneret contiguë, elle abrite la fondation Le Corbusier *(p. 38-39)*. Cet archétype du modernisme, nu et géométrique, a été conçu en 1924 pour un collectionneur d'art. La maison met en œuvre les techniques du béton armé, révolutionnaires pour l'époque.

18 rue de l'Assomption, détail ⑫

De la rue du Docteur-Blanche à la rue Jasmin

Revenez sur vos pas rue du Docteur-Blanche et tournez à droite dans la rue Henri-Heine. Le nº 18 bis ⑱, un très élégant immeuble d'habitation néoclassique des années 1920, contraste harmonieusement avec la façade Art nouveau voisine, l'une des dernières créations de Guimard datant de 1926, utilisant la brique, avec des oriels et un toit terrasse. Tournez à gauche dans la rue Jasmin. Dans la seconde impasse à gauche, se trouve une autre maison de Guimard, au nº 3, square Jasmin ⑲. Le métro Jasmin se trouve au bout de la rue Jasmin.

L'Âge d'airain ⑬

Une heure et demie à Montmartre

La balade commence au pied de la butte, où les anciens théâtres, jadis fréquentés par de nombreux peintres, de Renoir à Picasso, ont aujourd'hui cédé la place à des boîtes de nuit ou à des sex-shops. Elle monte ensuite jusqu'au village d'origine, le long de rues étroites qui conservent l'atmosphère évoquée dans la peinture de Van Gogh. La promenade se termine ensuite à la place Blanche. Pour plus de détails sur les principaux sites de Montmartre, voir pages 220-229.

La butte Montmartre

De la place Pigalle à la rue Ravignan

La promenade débute place Pigalle ①, très animée, et suit la rue Frochot jusqu'à la rue Victor-Massé. À l'angle se trouve une voie privée (l'avenue Frochot), bordée de pavillons cossus de la fin du XIXe siècle ②. En face, au n° 27 rue Victor-Massé, un bel immeuble d'habitation du milieu du XIXe siècle, et au n° 25, la demeure où vécurent Van Gogh et son frère Théo en 1886 ③. Dans les années 1890, Le Chat Noir ④, le plus célèbre cabaret montmartrois prospérait au n° 12. Au bout de la rue commence l'avenue Trudaine, sage et ombragée. Prenez la rue Lallier, à gauche, jusqu'au boulevard de Rochechouart, et tournez à droite : le n° 84 est la

Le portail de l'avenue Frochot

CARNET DE ROUTE

Départ : place Pigalle.
Longueur : 2,3 km par des rues très escarpées ; si la montée vous effraie, prenez le Montmartrobus place Pigalle. Ce bus suit en grande partie notre itinéraire.
Pour s'y rendre : la station de métro la plus proche est Pigalle ; les lignes de bus 30, 54 et 67 desservent également le point de départ.
Où faire une pause : nombreux cafés et magasins rue Lepic et rue des Abbesses. Le Saint Jean (n° 16, place des Abbesses) sert une cuisine de brasserie à prix raisonnable. Pour une pause à l'ombre : la place Jean-Baptiste-Clément et le square Suzanne-Buisson (sur l'avenue Junot) ne manquent pas de charme.

première adresse du Chat Noir, et au n° 80, le Grand Trianon ⑤, plus vieux cinéma de Paris (vers 1890) est devenu un théâtre. Au n° 72, subsiste la façade du premier bal cancan du quartier, l'Élysée-Montmartre ⑥, aujourd'hui une boîte de nuit et une salle de concert.

Tournez à gauche rue Steinkerque, qui mène aux jardins du Sacré-Cœur, puis à gauche rue d'Orsel, qui conduit à la place Charles-Dullin où se trouve le petit théâtre de l'Atelier ⑦, du début du XIXe siècle. Gravissez la colline par la rue des Trois-Frères et tournez à gauche rue Yvonne-Le-Tac, qui mène à la place des Abbesses ⑧. C'est l'une des places les plus agréables et les plus animées du quartier.

Rue André-Antoine ⑩

Elle a conservé intacte son entrée de métro Art nouveau par Hector Guimard. En face, Saint-Jean-l'Évangéliste ⑨ est une étonnante église en brique et mosaïques Art nouveau. À droite descend un escalier qui mène à la petite rue André-Antoine : le peintre Georges Seurat vécut au n° 39 ⑩. Poursuivez rue des Abbesses et tournez à droite dans la rue Ravignan, d'où l'on a une vue panoramique sur Paris. Grimpez l'escalier qui mène à la place Émile-Goudeau ⑪. À gauche, au n° 13, se trouve l'entrée du Bateau-Lavoir, où travaillèrent de nombreux artistes

St-Jean-l'Évangéliste, détail ⑨

montmartrois, comme Picasso au début du siècle. Plus haut, à l'angle des rues d'Orchampt et Ravignan, on peut voir un pittoresque alignement d'ateliers d'artistes ⑫.

De la rue Ravignan à la rue Lepic

Continuez à grimper sur la butte le long du petit jardin de la place Jean-Baptiste-Clément ⑬, puis traversez la rue Norvins. En face, le vieux restaurant À la Bonne Franquette ⑭ était très prisé des peintres au XIXᵉ siècle. Longez l'étroite rue Saint-Rustique, d'où l'on aperçoit le Sacré-Cœur et rejoignez au bout la place du Tertre ⑮, la place principale du village. De là, prenez la rue du Mont-Cenis, et allez jusqu'à la rue Cortot : au n° 6 vécut le compositeur Erik Satie ⑯ ; au n° 12, se trouve le musée de Montmartre ⑰. Tournez à droite dans la rue des Saules, dépassez la petite vigne de Montmartre ⑱ jusqu'au Lapin Agile ⑲, à l'angle de la rue Saint-Vincent. Revenez sur vos pas rue des Saules

et tournez à droite dans la rue de l'Abreuvoir, bordée de villas et de jardins de la fin du XIXᵉ siècle. Continuez dans l'allée des Brouillards : le n° 6 ⑳ fut la dernière résidence montmartroise de Renoir. Descendez les escaliers jusqu'à la rue Simon-Demeure, et traversez à gauche le petit parc pour rejoindre l'avenue Junot. Au n° 15 ㉑ vécut le poète dadaïste Tristan Tzara au début des années 1920. Remontez l'avenue Junot, tournez à droite dans la rue Girardon et encore à droite dans la rue Lepic.

Le cabaret Au Lapin Agile ⑲

De la rue Lepic à la place Blanche

À l'angle se dresse le Moulin du Radet ㉒, l'un des derniers du quartier, qui abrite un restaurant, Le Moulin de la Galette. Plus loin dans la rue Lepic se dresse l'authentique Moulin de la Galette ㉓. Tournez à gauche dans la rue de l'Armée-d'Orient et ses ateliers d'artistes ㉔, puis encore à gauche rue Lepic. Van Gogh vécut au n° 54 ㉕ en juin 1886. Poursuivez jusqu'au boulevard de Clichy : à droite se trouve le Moulin Rouge ㉖.

Peintre au travail place du Tertre ⑮

LÉGENDE

••• Itinéraire

🌣 Point de vue

Ⓜ Station de métro

0   250 m

Le cabaret le Moulin Rouge, près de la place Blanche ㉖

Une heure et demie autour des Buttes-Chaumont

Bien que doté d'une architecture intéressante et de l'un des plus grands et des plus beaux parcs de Paris, ce quartier de l'est de la capitale est peu connu des visiteurs. La promenade emprunte de nombreux escaliers abruptes, jusqu'au microvillage de la butte Bergeyre qui domine la ville et qui compte de jolies maisons de styles très différents. Vous redescendrez ensuite vers le parc des Buttes-Chaumont, vaste colline agrémentée d'un lac avec son île rocheuse et d'une grande variété d'essences et autres plantes.

Vue sur Montmartre et le Sacré-Cœur ⑧

La butte Bergeyre

À la station de métro Buttes-Chaumont ① prenez la rue Botzaris, puis l'avenue Simon-Bolivar sur la droite jusqu'à l'escalier du n° 54 ② qui monte la butte Bergeyre, microvillage à l'atmosphère singulière composé de cinq rues datant des années 1920 – quelques constructions modernes étant venues s'ajouter par la suite. Continuez jusqu'à la rue Barrelet-de-Ricou ③ pour admirer la maison couverte de lierre du n° 13 ④. Au bout de la rue à gauche, prenez la rue Philippe-Hecht ⑤, le long de laquelle se trouvent au n° 7 une maison à colombages ⑥ et au n° 13 un petit joyau de l'Art déco ⑦. Au bout, prenez la rue Georges-Lardennois à gauche, jusqu'à l'angle de la rue Rémy-de-Gourmont, d'où vous aurez un beau point de vue sur Montmartre ⑧ avec son Sacré-Cœur aux allures de pièce montée. Ne manquez pas de remarquer la vigne ⑨ située en contrebas. Non loin se trouve un petit jardin ⑩ appartenant à la municipalité mais entretenu par les

habitants du quartier que l'on voit souvent au travail. Reprenez la rue Lardennois en sens inverse jusqu'à l'escalier bordé de lierre de la rue Michel-Tagrine ⑪. Descendez celui-ci, puis continuez tout droit et prenez l'avenue Mathurin-Moreau à droite. Au n° 42, vous pourrez admirer un beau bâtiment Art déco ⑫ avec ses carreaux dorés. Au bout de l'avenue, traversez la rue Manin où se trouve l'entrée du parc.

PLACE A CARREL

Quelques spécimens d'arbres du parc des Buttes-Chaumont

Le pont suspendu offre le meilleur point de vue sur le parc ⑱

CARNET DE ROUTE

Départ : station de métro Buttes-Chaumont.
Longueur : 2,5 km. Attention ! la montée est rude par endroits, avec beaucoup de marches.
Pour s'y rendre : par la ligne de métro 7 bis jusqu'à la station Buttes-Chaumont, ou le bus 26, 60 ou 75 jusqu'à l'arrêt Botzaris/ Buttes-Chaumont.
Où faire une pause : il y a quantité d'endroits agréables pour une pause, et les bancs au bord du lac sont pratiques si vous avez prévu des rafraîchissements. Le Kaskade, en face du parc (nº 2, pl. Armand-Carrel), est un café avec terrasse idéal pour prendre un verre par beau temps.

Le temple de Sibylle ⑰, dans le parc

Le parc des Buttes-Chaumont

Napoléon III fit appel au baron Haussmann en 1864 pour créer ce parc de 25 ha. Les travaux confiés à l'ingénieur Adolphe Alphand et à l'architecte Gabriel Davioud durèrent quatre ans. Le parc accueille beaucoup de coureurs qui y trouvent un lieu d'entraînement idéal du fait des nombreux dénivelés. Il est planté d'arbres arrivés aujourd'hui à maturité tels que platanes, peupliers, frênes, érables, marronniers, séquoias et magnolias. À l'entrée se trouve une structure rocheuse artificielle ⑬, au flanc de laquelle est creusé un escalier. Empruntez-le et continuez le long de l'allée bordée d'arbres jusqu'à l'avenue de Puebla puis l'avenue Jacques-de-Linières qui vous mènera au carrefour de la Colonne ⑭. Laissez la maison en brique rouge derrière vous et poursuivez jusqu'au petit pont ⑮. Traversez-le et prenez les escaliers de droite jusqu'au sommet de la falaise. Puis traversez un petit pont ⑯ : la folie ⑰ à gauche est une copie du temple de la Sibylle de Tivoli, près de Rome. C'est le point culminant des Buttes-Chaumont : vous jouirez d'une vue panoramique sur la ville et sur le Sacré-Cœur. Il faut ensuite reprendre le premier pont en passant par la droite et prendre les escaliers qui traversent un rocher artificiel : un pont ⑱ de 63 m de long enjambe le lac et offre de belles vues sur le parc. S'il est fermé pour travaux, vous devrez reprendre le pont recouvert de tommettes et descendre jusqu'au lac ⑲. Des bancs permettent de se reposer tout en profitant de la vue sur l'île artificielle ⑳. Vous pourrez faire le tour du lac pour atteindre une grotte contenant une cascade ㉑ de 32 m de haut : c'est un des clous de la visite. Approchez-vous du pied de la chute d'eau et levez les yeux : on aperçoit des stalactites artificielles se dessiner sur un coin de ciel. Traversez ensuite la grotte et reprenez le chemin qui fait le tour du lac sur la gauche, puis montez sur la colline ㉒ à gauche. Enfin, suivez le chemin qui fait le tour du carrefour de la Colonne et continuez le long de l'avenue de la Cascade jusqu'à la sortie : de là, vous pourrez prendre le métro à la station Botzaris ㉓.

LÉGENDE

••• Itinéraire

✲ Point de vue

Ⓜ Station de métro

0   200 m

(carte)

RUE MANIN

RUE DE CRIMÉE

PARC DES BUTTES CHAUMONT

AVENUE DE LA CASCADE

RUE BOTZARIS

㉓ Ⓜ Botzaris

RUE HASSARD

ATEAU

La cascade artificielle, aménagée à l'intérieur de la grotte ㉑

Une heure et demie dans le faubourg Saint-Antoine

Dans l'est de Paris, à quelques pas de la place de la Bastille, très animée, se trouve le faubourg Saint-Antoine, quartier traditionnellement ouvrier avec ses nombreux fabricants de meubles, menuisiers et autres artisans, qui a su conserver son héritage du passé. Cet itinéraire au départ de la place de la Bastille vous conduira au port de plaisance Paris-Arsenal, puis au viaduc des Arts qui abrite sous ses arches des ateliers d'artisanat d'art et de création et enfin à la Promenade plantée avec sa verdure.

Les Grandes Marches, place de la Bastille

Bateaux de plaisance du port de l'Arsenal ④

Le port de l'Arsenal
À l'écart de la circulation de la place de la Bastille ①, le port de plaisance et le jardin de l'Arsenal ②, inaugurés en 1983, sont des lieux tranquilles bien connus des marins d'eau douce. Le bassin qui relie la Seine au canal Saint-Martin accueillait autrefois les péniches marchandes. Aujourd'hui, il accueille des bateaux de plaisance et des promeneurs à pied. Les pavés et les réverbères à l'ancienne des quais confèrent son atmosphère au port. Les pelouses sont idéales pour les pique-niques et, bien que petites, les aires de jeux ③ offrent aux enfants tout ce qu'il faut pour s'amuser : balançoires, toboggans et portiques. À l'extrémité du bassin, la passerelle de l'écluse ④ permet de rejoindre l'autre quai (respectez les feux de circulation). Longez celui-ci vers la place de la Bastille et, juste avant la passerelle métallique ⑤, prenez l'escalier et traversez pour

arriver sur le boulevard de la Bastille ⑥. Traversez celui-ci et prenez la première rue à droite, rue Jules-César ⑦. Au bout de cette rue, tournez à gauche dans la rue de Lyon et, un peu plus loin, rejoignez sur votre droite l'avenue Daumesnil d'où part le viaduc des Arts ⑧.

Le viaduc des Arts
Construit en 1859, ce viaduc reliait le faubourg Saint-Antoine à Saint-Maur. Depuis 1994, ses arches en brique rose abritent 50 boutiques et ateliers qui perpétuent la tradition du quartier en accueillant artisans et créateurs, dont quelques grands noms de la capitale. Le premier atelier, Maison Guillet ⑨, spécialisé dans les parures florales pour le théâtre et la haute couture, donne une idée de la qualité proposée ici. L'Atelier du

L'imposant Opéra-Bastille sur la place de la Bastille ①

Temps passé ⑩ (nº 5) restaure des tableaux et Lorenove ⑪ (nº 11) des fenêtres de style. Le nº 13, Cherif, crée un mobilier d'exception, tandis qu'Au Bonheur des Dames ⑪ (nº 17) propose des ouvrages de broderie de sa création. Prenez un verre au Viaduc Café ⑫, au nº 43, où se retrouvent les créateurs locaux (plats simples et salades généreuses). Vertical au nº 63 ⑬ mêle nature et art avec ses « sculptures botaniques ». Les ateliers de fabrication de luminaires en bronze de Noël Bagues, au nº 73, de restauration de dentelles anciennes de Marie Lavande, au nº 83, ou encore de décoration sur porcelaine de Camille

Devanture de l'un des ateliers d'artisan du viaduc des Arts ⑧

Le Tallec aux nºˢ 93-95 montrent bien que l'esprit du quartier est toujours vivant. Pour les amateurs de musique, Allain Cadinot restaure et vend des flûtes traversières au nº 99, et Roger Lanne crée violons et violoncelles au nº 103 ⑭. Viennent ensuite les ateliers de dinanderie au nº 111, de terres cuites au nº 113, de création et de restauration de cadres en bois au nº 117, et, pour finir, l'atelier de Jean-Charles Brosseau Licences ⑮ spécialisé dans les chapeaux, parfums et arts de la table, qui résument bien la

les tunnels. Pour revenir à la place de la Bastille, tournez à gauche. L'étroite allée bordée de bambous, de rosiers, de lavandes et d'érables livre de beaux points de vue sur les toits du quartier, et parfois même sur l'intérieur des appartements… À l'extrémité du viaduc ⑰, un escalier descend vers la rue de Lyon ⑱, d'où vous rejoindrez la station de métro Bastille après avoir admiré l'Opéra-Bastille ⑲ (p. 98), le second de la ville avec l'Opéra-Garnier.

La Promenade plantée ⑯

CARNET DE ROUTE

Départ : métro Bastille.
Longueur : 2,6 km.
Pour s'y rendre : lignes de métro 1, 8 et 5 jusqu'à la station Bastille. Bus 29, 65, 69, 76, 86, 87, 91, entre autres, jusqu'à l'arrêt Bastille.
Où faire une pause : le quartier regorge de cafés, bars et restaurants à la mode. Les Grandes Marches (pl. de la Bastille) est un endroit chic pour déjeuner, dîner ou boire un verre. La rue de Charonne, non loin, est bordée de bars originaux. Le week-end, rendez-vous au Viaduc Café (nº 43, viaduc des Arts).

diversité de la création dans ce quartier.

La Promenade plantée

Tournez à gauche et suivez les panneaux indiquant la Promenade plantée ⑯, qui occupe l'emplacement de l'ancienne voie ferrée jusqu'au bois de Vincennes (4,5 km). Si vous voulez continuer vers le bois, tournez à droite et prenez

Montgallet 300 m Ⓜ

⑯

Bois de Vincennes 3 km

Dugommier 450 m Ⓜ

LÉGENDE

••• Itinéraire

••• Itinéraire avec détour

✸ Point de vue

Ⓜ Station de métro

Une heure et demie sur la Butte-aux-Cailles

Cet itinéraire vous conduira sur l'une des collines de Paris, dans un « village » paisible et verdoyant aux bistrots animés. C'est ici qu'arriva le premier vol humain en ballon en 1783. Vers 1800, nombre d'ouvriers des manufactures voisines habitaient sur la butte qui fut une des premières à mener le combat pendant la Commune de Paris. Mais c'est après 1910 que le quartier prit son essor, l'architecture reflétant bien l'idéal social de l'époque selon lequel maisons individuelles et espaces verts contribuent à la bonne santé des hommes.

maisons verdoyantes : la villa Daviel ⑩. Revenez sur vos pas jusqu'à la rue Barrault et prenez en face la rue de la Butte-aux-Cailles ⑪. Remontez celle-ci jusqu'à la place de la Commune-de-Paris ⑫, qui fut le théâtre de violents combats au mois de mai 1871. Au n° 21 de la même rue se trouve la boutique Les Abeilles ⑬ qui fera le bonheur des amateurs de miel et de cire. Si vous avez juste un petit creux, allez à la vieille crêperie Des Crêpes et des Cailles du n° 13. Nous vous signalons aussi au n° 18 le restaurant-coopérative

Les petites rues pavées sont typiques de la Butte-aux-Cailles ⑪

La Butte-aux-Cailles

À la station de métro Place d'Italie ① empruntez la sortie Auguste-Blanqui et remarquez l'entrée du métropolitain signée Paul Guimard. Remontez la rue Bobillot jusqu'à la rue Paulin-Méry ② à droite, la première rue paisible de la butte. Le contraste est surprenant : ici la rue se fait plus étroite, elle est pavée et bordée de réverbères à l'ancienne. Remarquez les beaux volets de couleur lilas au n° 5 ③ et le petit jardin arboré de la maison d'en face. Poursuivez votre chemin jusqu'à la rue du Moulin-des-Prés, puis prenez en face la rue Gérard, à gauche, où vous remarquerez la rangée de maisons en brique rouge et les villas verdoyantes ④. Prenez ensuite la rue Jonas à droite et la rue des Cinq-Diamants à gauche ⑤. Au n° 43 se trouve un restaurant franco-thaïlandais branché ⑥. Mais vous pouvez aussi

essayer une des « cantines » du quartier : Chez Gladines est un incontournable pour les habitants de la Butte. Les passionnés d'histoire pourront faire une halte à l'Association des Amis de la Commune de Paris, au n° 46 ⑦, qui vend des ouvrages sur cet épisode sanglant de l'histoire de Paris, ainsi que des tee-shirts. Prenez le passage Barrault ⑧ sur la droite avec ses pavés et le lierre de ses façades qui lui confèrent une atmosphère champêtre. À son extrémité, empruntez la rue Barrault à gauche, puis la rue Daviel à droite. Au n° 10 de cette rue se trouve la Petite Alsace ⑨, une rangée de maisons à colombages qui font en réalité partie des premiers logements sociaux de la capitale. En face se trouve une voie privée bordée de

Panneau de rue de la Butte-aux-Cailles

Théâtre, rue des Cinq-Diamants ⑤

Le restaurant Le Temps des Cerises à l'atmosphère bohème ⑭

CARNET DE ROUTE

Départ : *métro Place d'Italie.*
Longueur : *2,6 km.*
Pour s'y rendre : *les lignes de métro 5, 6 et 7 desservent la station Place d'Italie. En bus, prenez le n° 27, 47, 57, 67 ou 83 et descendez à l'arrêt Place d'Italie.*
Où faire une pause : *la rue de la Butte-aux-Cailles est remplie de cafés, bars et restaurants agréables – Fusion (n° 12) s'est spécialisé dans la cuisine « fusion ». Dans la rue des Cinq-Diamants, vous ferez un très bon repas pour un bon rapport qualité/prix Chez Gladines (n° 30), et si vous choisissez Les Cailloux (n° 58), vous opterez pour un repas plus chic.*

PLACE D'ITALIE

Place d'Italie Ⓜ①

Le Temps des Cerises ⑭, situé à quelques pas seulement de la place de la Commune-de-Paris et bien connu des habitants du quartier. La rue se termine sur la place Paul-Verlaine ⑮, que borde la façade Art nouveau en brique rouge d'une piscine ⑯. Construite en 1924, celle-ci possède un bassin couvert et deux bassins à ciel ouvert. En face se trouve une fontaine Wallace ⑰ alimentée par un puits artésien de 580 m de profondeur, qui fut aménagé en 1863 et remis en état en 2000. Peut-être y verrez-vous les habitants du quartier attendre leur tour pour faire leur provision d'eau pure ?

Crêpes chez Des Crêpes et des Cailles

Reprenez la rue du Moulin-des-Prés à droite et longez-la en remarquant les jolies maisons en meulière⑳ et au n° 104 une curieuse maison de style Art nouveau ㉑. Prenez la rue Damesme sur la droite, puis la rue du Docteur-Leray à nouveau à droite et enfin la rue Dieulafoy ㉒ toujours sur votre droite, avec ses maisons à pignons. Prenez à droite la rue Henri-Pape, puis la rue Damesme à gauche jusqu'à la rue de Tolbiac. De retour dans l'agitation de la ville moderne, rejoignez la station Tolbiac ㉓ vers la droite, par la rue de Tolbiac.

Vers la rue de Tolbiac

Quittez la place par la rue Vandrezanne sur la droite, puis prenez le passage du même nom à nouveau à droite, avec ses pavés et ses réverbères à l'ancienne ⑱. Traversez la rue du Moulinet pour rejoindre la rue du Moulin-des-Prés et enfin la rue de Tolbiac. Traversez celle-ci et tournez à droite en direction du square des Peupliers ⑲, bordé de lampadaires insolites et de maisons datant de 1926, dont chaque façade est différente, comme le voulait cette époque. Toutes ont un petit jardin et parfois une véranda de style Art nouveau.

LÉGENDE

••• Itinéraire

Ⓜ Station de métro

0 — 200 m

Maisons très particulières du square des Peupliers ⑲, datant de 1926

LES BONNES ADRESSES

HÉBERGEMENT

Paris est l'une des villes d'Europe les plus riches en capacité hôtelière. Elle offre une grande diversité d'établissements, depuis les luxueux palaces comme le Ritz ou le Crillon, ou les hôtels de prestige comme l'Hôtel – où mourut Oscar Wilde sans avoir pu régler sa chambre –, en passant par des hôtels beaucoup plus simples, souvent situés dans de vieux quartiers charmants de la capitale. Nous avons visité des hôtels de toutes les catégories et établi une large sélection d'adresses d'un bon rapport qualité-prix. Les hôtels figurant aux pages 284 à 291 sont classés par quartier et par catégorie. Les chambres d'hôtes, les résidences hôtelières (aussi appelées « aparthôtels ») et les auberges de jeunesse (p. 278-279) peuvent également être une bonne formule, surtout pour les voyageurs qui ne disposent que d'un budget restreint.

OÙ CHERCHER UN HÔTEL

À Paris, les hôtels tendent à se regrouper par catégories, la Seine traçant une frontière entre le Paris des affaires et celui des loisirs : les hôtels de luxe sont en général situés sur la rive droite et les hôtels de charme sur la rive gauche.

La plupart des palaces, comme le Royal Monceau, le Bristol, le Four Seasons George V, le Meurice et le Plaza-Athénée, se trouvent dans les quartiers chic proches des Champs-Élysées et de l'Opéra. D'autres hôtels, moins connus mais tout aussi élégants, sont situés dans le quartier résidentiel des ambassades, près du palais de Chaillot.

Toujours rive droite, dans le quartier rénové du Marais, nombre d'anciens hôtels particuliers ont été convertis en de petits hôtels de charme aux tarifs abordables. Le quartier proche des Halles, notamment celui de la rue Saint-Denis, abrite des hôtels plutôt fréquentés par des prostituées et toxicomanes. L'île Saint-Louis et l'île de la Cité possèdent chacune plusieurs hôtels agréables.

Les secteurs touristiques les plus célèbres de la rive gauche offrent une excellente gamme de petits hôtels de grand caractère. Du Quartier latin à l'atmosphère bohème, aux quartiers plus bourgeois des Invalides et de la tour Eiffel, en passant par le très chic Saint-Germain-des-Prés, les hôtels tendent à refléter ces changements d'ambiance dans leur décoration.

Un peu à l'écart du centre, Montparnasse offre plusieurs grands hôtels d'affaires construits dans des tours. La porte de Versailles, au sud, abrite souvent les clients des foires et des expositions. Les nombreux établissements des quartiers de la gare du Nord et de la gare de Lyon

L'hôtel de Crillon (p. 282 et p. 285)

peuvent parfois se révéler rudimentaires (certains sont même carrément miteux, ouvrez l'œil). Montmartre possède un ou deux hôtels agréables, si les pentes de la butte ne vous effraient pas, mais attention aux hôtels prétendument montmartrois, installés en fait dans le quartier chaud de Pigalle.

Si vous cherchez un hébergement, la meilleure période de la journée sera en fin de matinée (après le départ des précédents clients et le nettoyage des chambres) ou en milieu d'après-midi. Si tout est complet, essayez encore après 18 heures, lorsque les chambres réservées non réclamées sont libérées. Ne vous fiez pas à l'impression que donne la réception, vous êtes en droit de visiter la chambre proposée et, éventuellement, de demander à en voir une autre. (Pour les hôtels proches des aéroports, *voir p. 379*).

L'hôtel du Louvre (p. 285), entre le Louvre et le Palais-Royal

◁ Vue de Notre-Dame depuis la Seine

PRIX DES HÔTELS

Les tarifs, toujours élevés, ne sont pas forcément plus intéressants en basse saison (de la mi-novembre à mars, ou en juillet et août), car les congrès et manifestations attirent beaucoup de monde tout au long de l'année. Dans les hôtels les plus prestigieux, la taille de la chambre ou sa situation peuvent avoir une incidence sur le prix.

Les chambres à deux lits sont un peu plus chères que les chambres à lit double, et un occupant unique payera presque autant que deux personnes (le tarif étant presque toujours calculé par chambre et non par personne).

Les chambres sans salle de bains sont environ 20 % moins chères. En raison du nombre de restaurants dans la capitale, il n'est pas forcément utile de prendre la demi-pension.

Il est toujours possible de demander une remise. Certains hôtels font des prix aux étudiants, aux familles ou aux personnes âgées. Des tarifs réduits sont également proposés sur Internet.

SUPPLÉMENTS OCCULTES

Taxes et services sont inclus dans les prix affichés à la réception ou dans les chambres. Les pourboires sont superflus, sauf en cas de service particulier – par exemple si le concierge prend pour vous une réservation à un spectacle.

Le Four Seasons George V *(p. 290)*

L'hôtel Meurice *(p. 285)*, quartier des Tuileries

Cependant, avant de réserver votre chambre, demandez toujours si le petit déjeuner est inclus. Attention aux divers extras, souvent très chers, comme le mini-bar, le blanchissage, le parking et le téléphone dans votre chambre, surtout si la communication passe par le standard de l'hôtel.

Vous pouvez payer votre note en liquide, par chèque libellé en euros ou, si l'hôtel est équipé, par carte bancaire.

CLASSEMENT DES HÔTELS

En France, les hôtels sont classés en cinq catégories par le ministère du Tourisme : de une à quatre étoiles, plus le quatre étoiles luxe. Le nombre d'étoiles indique la qualité du service offert (par exemple, un hôtel trois étoiles, ou plus, doit posséder un ascenseur). Mais cette classification ne garantit en rien la qualité de l'accueil, la propreté ou le bon goût de la décoration.

Statue du Relais Christine *(p. 283 et p. 287)*

SERVICES

Si peu d'hôtels inférieurs à quatre étoiles possèdent un restaurant, il y a presque toujours une salle de petit déjeuner qui peut être convertie, le cas échéant, en salle de réunion. Certains restaurants d'hôtels sont fermés en août. Les plus vieux hôtels disposent rarement d'un salon. Les hôtels plus modernes et plus chers disposent généralement d'un bar. Les établissements bon marché sont en général dépourvus d'ascenseur – ça compte si vous devez monter vos valises !

D'ordinaire, seuls les hôtels les plus chers offrent un parking. Consultez à ce sujet les pages 284-291. Si vous voyagez en voiture, préférez les chaînes d'hôtels de la périphérie *(p. 279-280)*.

Dans presque tous les hôtels, les chambres ont un téléphone et une télévision, et désormais la connexion Internet Wi-Fi est courante. Les lits doubles sont la norme, précisez donc si vous n'en souhaitez pas.

Le Plaza-Athénée *(p. 291)*, Champs-Élysées

HÔTEL MODE D'EMPLOI

De nombreux lits d'hôtel sont encore équipés du traversin traditionnel. Si vous le trouvez inconfortable, demander à pouvoir le remplacer par des oreillers. Demandez une chambre avec bains si la salle d'eau (douche seulement) ne vous convient pas. Dans les hôtels de luxe, un duplex est une suite sur deux étages.

Le traditionnel petit déjeuner d'hôtel français, avec café, viennoiseries et jus de fruit, cède petit à petit la place à un buffet international plus copieux, garni notamment de charcuteries, d'œufs, de viandes froides et de fromages. Dans certains hôtels de luxe, les petits déjeuners d'affaires sont devenus si courants qu'il vaut mieux réserver sa place la veille si l'on ne souhaite pas le prendre dans sa chambre. Sinon, allez au café le plus proche, où les Parisiens aiment à prendre un « petit noir » au comptoir en lisant le journal.

Il convient d'ordinaire de libérer la chambre et de régler la note avant midi. Les réceptions acceptent en général de garder les valises jusqu'au soir si vous souhaitez visiter l'après-midi.

COURTS SÉJOURS

Paris étant une destination particulièrement prisée, vous trouverez des tarifs week-end dans les agences et sur Internet. Si aucun événement majeur n'a lieu durant la basse saison, vous pourrez toujours essayer de négocier une remise mais sans aucune garantie.

VOYAGER AVEC DES ENFANTS

Les familles accompagnées de jeunes enfants pourront souvent partager une même chambre, avec un supplément minime, voire nul. Rares sont les hôtels refusant les enfants, mais les équipements spécifiques font parfois défaut. La plupart des hôtels sont en contact avec des services de baby-sitting.

N'hésitez pas à demander des renseignements à la réception.

PERSONNES HANDICAPÉES

Les informations concernant les facilités d'accès en fauteuil roulant ont été fournies par les hôtels eux-mêmes. De façon générale, rares sont les établissements bien adaptés aux handicapés. L'**Association des paralysés de France** et le **Groupement par l'insertion des personnes handicapées physiques (GIHP)** publient à ce sujet diverses brochures d'information (Adresses *p. 280*).

RÉSIDENCES HÔTELIÈRES

Le groupement **Résidence internationale de Paris** gère un parc d'appartements dotés d'une cuisine ou d'une kitchenette, et offre quelques services d'hôtellerie, moyennant un supplément. Les nuitées varient de 90 €

Le paisible hôtel des Grands Hommes *(p. 287)*

pour un petit studio à plus de 300 € pour un appartement de plusieurs personnes. Contactez soit **Interhome**, soit directement chaque résidence dont la liste complète est fournie par l'**Office de tourisme et des congrès de Paris**.

Allô Logement temporaire propose des logements à louer d'une semaine à six mois (il s'agit parfois des appartements de Parisiens momentanément absents). Les prix sont comparables à ceux des résidences de tourisme, un peu moins élevés pour les plus grands appartements. **Inter-Logement** loue des appartements meublés, du studio au cinq pièces, pour une semaine à un an. **France-Lodge** propose également des appartements (Adresses *p. 280*).

CHAMBRES D'HÔTES

La formule anglaise du *Bed and Breakfast* a pris à Paris le nom de « chambre d'hôtes » ou « café-couette ». Son prix varie de 45 à 80 € la nuit pour 2 personnes. **Alcôve & Agapes** propose des chambres situées dans des quartiers privilégiés et facilement accessibles en métro, ainsi que des suites ou de petits appartements avec salon privé, cuisine ou terrasse. Toutes ses adresses sont régulièrement inspectées. **France Lodge** est spécialisée dans les locations longue durée de chambres et d'appartements. Le droit d'inscription annuel est de 15 €, mais les tarifs sont en général moins élevés qu'ailleurs. **Good Morning Paris** fournit des chambres d'hôtes (minimum 2 nuits) et des informations touristiques. (Adresses *p. 280*).

CHAÎNES D'HÔTELS

Vous trouverez en périphérie de la ville de nombreux hôtels de type motels appartenant à des chaînes comme **Campanile**, **Formule 1**, **Ibis**, Mercure et **Choice Hotels**, et accueillant aussi bien l'homme d'affaires que le touriste. Ces hôtels relativement peu coûteux sont pratiques si vous avez

La terrasse de l'hôtel Atala *(p. 290)*

Le jardin du Relais Christine *(p. 282 et p. 287)*

une voiture. Ne vous attendez pas à y trouver une ambiance typiquement parisienne… La plupart d'entre eux sont construits sur des avenues bruyantes et sans attrait. Les plus récents sont bien équipés et souvent mieux décorés que les hôtels plus anciens. Plusieurs enseignes

Hall d'entrée du Four Seasons Georges V *(p. 290)*

(notamment du groupe **Accor**) visent une clientèle d'affaires, avec de meilleurs services, mais aussi des prix plus élevés, avec toutefois parfois un bon rapport qualité/prix durant le week-end. Certaines sont dotées d'un restaurant. La plupart éditent des brochures et des plans indiquant la localisation précise de l'établissement (Adresses *p. 280*).

Le parc de Disneyland, à une trentaine de kilomètres à l'est, propose six hôtels, un camping et des bungalows à proximité du parc.

AUBERGES DE JEUNESSE ET DORTOIRS

Il existe plusieurs réseaux d'auberges de jeunesse dans Paris. Les **Maisons Internationales de la Jeunesse et des Étudiants (MIJE)** possèdent des dortoirs pour les 18-30 ans, installés dans trois splendides hôtels particuliers du Marais. On ne peut pas réserver à l'avance, sauf pour les groupes ; vous devez téléphoner le jour même au bureau d'accueil.

Le **Bureau Voyage Jeunesse (BVJ)** possède deux hôtels avec des chambres doubles et des dortoirs de bon rapport qualité/prix (respectivement 30-42 € et 28 €), avec petit déjeuner et salles de bains semi-privées. On ne peut pas réserver plus de quinze jours à l'avance.

La maison de l'**UCRIF (Union des Centres de Rencontres Internationales de France)** possède six centres à Paris et dans les environs, avec chambres simples, doubles et dortoirs. Il n'y a pas de limite d'âge pour en bénéficier. Certains de ces centres offrent des activités culturelles et sportives.

La **Fédération Unie des Auberges de Jeunesse (FUAJ)** est membre de la Fédération Internationale des Auberges de Jeunesse. Il n'y a pas de limite d'âge dans les trois auberges parisiennes qu'elle gère (Adresses *p. 280*).

ADRESSES

OFFICE DU TOURISME

25, rue des Pyramides 75001.
Tél. 08 92 68 30 00.
Autres adresses : voir p. 367.
www.parisinfo.com

AGENCES

Ély 12 12
182, rue du Faubourg St-Honoré 75008.
Tél. 01 43 59 12 12.
www.ely1212.com

Interhome
15, rue Jean Aicard 75011.
Tél. 08 05 65 03 50.
www.interhome.fr

APPARTEMENTS MEUBLÉS

Allo Logement Temporaire
64, rue du Temple 75003.
Tél. 01 42 72 00 06.
www.allo-logement-temporaire.asso.fr

At Home in Paris
16, rue Médéric 75017.
Tél. 01 42 12 40 40.
Fax 01 42 12 40 48.
www.athomeinparis.fr

France Appartements
97, av. des Champs-Elysées 75008.
Tél. 01 56 89 31 00.
www.rentapart.com

Inter-Logement
109, rue de Vaugirard 75006.
Tél. 01 45 66 66 88.
www.inter-logement.net

Paris Appartements Services
20, rue Bachaumont 75002.
Tél. 01 40 28 01 28.
www.paris-apts.com

RÉSIDENCES DE TOURISME

Les Citadines
Tél. 0825 333 332.
www.citadines.com

Pierre et Vacances
Tél. 0892 70 21 80.
www.pierre-vacances.fr

Résidence Internationale de Paris
44, rue Louis Lumière 75020. **Tél.** 01 40 31 45 45. **www**.residence-inter-paris.com

Résidence du Roy
8, rue François-Ier 75008.
Tél. 01 42 89 59 59.
www.hroy.com

CHAMBRES D'HÔTE

Alcôve & Agapes
8bis, rue Coysevox 75018.
Tél. 01 44 85 06 05.
Fax 01 44 85 06 14.
www.bed-and-breakfast-in-paris.com

France-Lodge
2, rue Meissonier 75017.
Tél. 01 56 33 85 85.
Fax 01 56 33 85 89.
www.apartments-in-paris.com

Good Morning Paris
43, rue Lacépède, 75005.
Tél. 01 47 07 28 29.
Fax 01 47 07 44 45.
www.goodmorning paris.fr

CHAÎNES D'HÔTELS

Campanile
Tél. 08 25 00 30 03
(centrale de réservations).
www.campanile.fr

Choice Hotels
Tél. 08 00 12 12 12
(centrale de réservations).
www.choicehotels.com

Hilton
18, av. de Suffren 75015.
Tél. 01 44 38 56 00.
www.hilton.com

Holiday Inn République
10, pl. de la République 75011.
Tél. 08 00 90 56 49.
www.holiday-inn.com

Holiday Inn St-Germain-des-Prés
92 rue de Vaugirard.
Tél. 08 00 90 56 49.
www.holiday-inn.com

Hôtel All Seasons Paris Bercy
77, rue de Bercy 75012.
Tél. 01 53 46 50 50.
www.accorhotels.com

Ibis
Tél. 08 92 68 66 86.
www.ibishotel.com

Mercure Paris Austerlitz
6, bd Vincent Auriol 75013. **Tél.** 01 45 82 48 00. **www**.accorhotels.com

Mercure Paris Montparnasse
20, rue de la Gaîté 75014.
Tél. 01 43 35 28 28.
www.accorhotels.com

Mercure Paris Porte de Versailles
69, bd Victor 75015.
Tél. 01 44 19 03 03.
www.accorhotels.com

Mercure Paris Tour-Eiffel
64, bd de Grenelle 75015. **Tél.** 01 45 78 90 00. **www**.accorhotels.com

Méridien Montparnasse
19, rue du Commandant René Mouchotte 75014.
Tél. 01 44 36 44 36.
www.lemeridien-montparnasse.com

Novotel Paris Bercy
85, rue de Bercy 75012.
Tél. 01 43 42 30 00.
www.novotel.com

Novotel Paris Les Halles
8, pl. Marguerite de Navarre 75001.
Tél. 01 42 21 31 31.
www.novotel.com

Novotel Tour Eiffel
61, quai de Grenelle 75015. **Tél.** 01 40 58 20 00. **www**.novotel.com

Paris Marriott Rive Gauche
17, bd St-Jacques 75014.
Tél. 01 40 78 79 80.
www.marriott.com

Royal Garden Saint-Honoré
218, rue du Faubourg St-Honoré 75008. **Tél.** 01 49 53 03 03. **www**.royalgardenparis.com

Hotel Sofitel Scribe
1, rue Scribe 75009.
Tél. 01 44 71 24 24.
www.sofitel.com

Sofitel Paris La Défense
34, cours Michelet 92060.
Tél. 01 47 76 44 43.
www.sofitel.com

Sofitel Le Faubourg
15, rue Boissy d'Anglas 75008. **Tél.** 01 44 94 14 14. **www**.sofitel.com

Warwick Champs-Elysées
5, rue de Berri 75008.
Tél. 01 45 63 14 11.

POUR LES JEUNES

BVJ
20, rue Jean-Jacques Rousseau 75001.
Tél. 01 53 00 90 90.
www.bvj-hotel.com

FUAJ – Le d'Artagnan
80, rue Vitruve 75020.
Tél. 01 40 32 34 56.
www.fuaj.org

La Maison de l'UCRIF
27, rue de Turbigo 75002.
Tél. 01 40 26 57 64.
www.ethic-etapes.fr

MIJE
11, rue du Fauconnier 75004. **Tél.** 01 42 74 23 45. **www**.mije.com

St Christopher's Paris
68-74, quai de Seine 75019. **Tél.** 01 40 34 34 40. **www**.st-christophers.co.uk

CAMPING

Camping du Bois de Boulogne
2, allée du Bord de l'Eau 75016. **Tél.** 01 45 24 30 00. **www**.campingparis.fr

Camping International de Jablines
Jablines-Annet 77450.**Tél.** 01 60 26 09 37. **www**.camping-jablines.com

Camping International de Maisons-Laffitte
1, rue Johnson 78600.
Tél. 01 39 12 21 91.
www.campint.com

FFCC
78, rue de Rivoli 75004.
Tél. 01 42 72 84 08.
www.ffcc.fr

CAMPING

Le **camping du bois de Boulogne Île-de-France** (de 15 € à 40 € par nuit) est l'unique camping *intramuros*. Il est très bien équipé et situé près de la Seine. Ouvert toute l'année, il est néanmoins très souvent plein pendant l'été. On peut louer des emplacements pour tentes, caravanes ou mobile homes. Il existe de nombreux autres terrains en région parisienne, certains proches du RER. Le **Camping International de Jablines** (autour de 25 € la nuit) est bien placé, à 9 km de Disneyland Paris et à 25 min en RER du centre de la capitale. Le **Camping International de Maisons-Laffitte** (environ 25 € la nuit) est situé dans une agréable ville de banlieue et reste ouvert d'avril à octobre. Il est à 10 min à pied de la station de RER et, de là, vous rejoignez le centre de Paris en 20 min, Disneyland en 50 min. Enfin, Versailles se trouve à 20 min en voiture. Pour plus de détails, consultez l'office du tourisme de Paris ou la brochure éditée par la **Fédération française de camping-caravaning (FFCC)** (Adresses *p. 280*).

COMMENT RÉSERVER

La saison touristique parisienne bat surtout son plein en mai, juin, septembre et octobre ; juillet et août sont des mois plus calmes, car malgré l'afflux d'étrangers, les Parisiens partent souvent en vacances à cette époque. De nombreuses manifestations (salons, foires commerciales ou grandes expositions) peuvent remplir la plupart des hôtels tout au long de l'année. L'ouverture de Disneyland a encore aggravé la situation, car de nombreux visiteurs préfèrent loger à Paris et se rendre chez Mickey en RER.

Après avoir choisi votre hôtel, il est essentiel de réserver au moins un mois à l'avance. Les hôtels décrits plus loin font partie des meilleurs de leur catégorie et sont particulièrement

Bureau d'information touristique, aéroport Charles-de-Gaulle

recherchés. Réservez six semaines à l'avance en mai et octobre, de préférence directement auprès de la réception de l'hôtel. Vous devrez généralement confirmer votre réservation par courrier, télécopie ou Internet. On vous demande généralement votre numéro de carte de crédit pour garantir votre réservation.

Il est souvent possible de réserver via le site Internet de l'hôtel, ce qui peut être intéressant car certains hôtels font des promotions sur les chambres réservées en ligne.

Si vous le souhaitez, une centrale de réservation comme **Ély 12 12** ou **Interhome** peut réserver à votre nom une chambre d'hôtel, un appartement dans une résidence de tourisme ou même une péniche !

Si votre budget n'est pas trop serré, ou si tout est complet, vous pourrez effectuer votre réservation auprès de l'**office de tourisme de Paris-Île-de-France**, qui offre un service de réservation sur place pour un surcoût raisonnable.

ARRHES

Si vous effectuez votre réservation par téléphone, on vous demandera soit votre numéro de carte de crédit, soit des arrhes. Cet acompte correspond généralement à 15 % du prix de la chambre. Les arrhes se règlent par carte de crédit, par chèque bancaire ou par monnaie internationale. D'ordinaire, l'hôtel conservera votre chèque en caution jusqu'à

votre arrivée. Il vous sera ensuite restitué et l'on vous présentera une note globale au moment de votre départ. Assurez-vous que l'hôtel accepte bien les règlements par chèque et précisez, si vous le souhaitez, quelle chambre vous préférez louer.

Le jour où vous avez réservé, présentez-vous à l'hôtel avant 18 h ou passez un coup de fil pour prévenir de votre retard, sinon vous risquez de perdre votre chambre. Tout établissement qui annule une réservation confirmée par un acompte rompt l'accord contractuel qui le lie à son client : ce dernier est alors en droit d'exiger un dédommagement équivalent à au moins deux fois les arrhes versées à la réservation. En cas de défaillance, l'hôtel doit vous proposer une chambre équivalente ou meilleure dans un autre établissement. Si vous rencontrez un problème, consultez l'office de tourisme.

BUREAUX D'INFORMATION TOURISTIQUE

Les guichets d'information des aéroports, des gares ferroviaires ainsi que celui des Pyramides offrent un service de réservation pour le jour même. Ils possèdent également la liste des hôtels de la capitale, et certains prennent des réservations pour les spectacles (*p. 367*). Par ailleurs, la réception des hôtels propose souvent des informations pour les touristes qui y résident.

Caravanes au Camping International de Maisons-Laffitte

Les meilleurs hôtels de Paris

Paris est une capitale réputée pour son hôtellerie. Celle-ci excelle dans toutes les catégories, des luxueux palaces aux simples pensions de famille, en passant par les hôtels de charme au caractère intime et convivial. Capitale de la culture et de la mode, la ville a de tous temps attiré les grands de ce monde, mais aussi des visiteurs plus modestes. On y trouve donc presque côte à côte les plus beaux établissements et d'autres plus sommaires. Les hôtels proposés plus loin *(p. 284-291)* ont tous cette atmosphère parisienne qui est inimitable. Voici un choix des meilleurs d'entre eux.

Bristol
L'image même du luxe dans le quartier de l'élégance parisienne (p. 290).

Champs-Élysées

Quartier de Chaillot

Invalides et quartier de la tour Eiffel

Balzac
Ce petit hôtel est l'un des plus élégants et des plus charmants de la capitale. Le restaurant Pierre Gagnaire est très coté (p. 290).

Hôtel de Crillon
Il est installé dans un magnifique palais édifié pour Louis XV (p. 285).

Plaza Athénée
Au cœur du quartier de la haute couture, c'est un des hôtels préférés du monde de la mode, avec comme atouts une décoration magnifique et un superbe restaurant (p. 291).

Duc de Saint-Simon
Dans ce paisible établissement de la rive gauche, aménagé dans un hôtel particulier XVIIIe siècle, les chambres donnent sur un joli jardin (p. 289).

Grand Hôtel Intercontinental
*Construit pour Napoléon III
en 1862, ce monument historique
a été fréquenté par les plus grands
personnages, de Mata Hari à
Winston Churchill* (p. 291).

L'Hôtel
*Cet hôtel élégant,
où mourut
Oscar Wilde, est
également célèbre
pour ses chambres
un peu étranges,
dont l'une fut
meublée et occupée
par Mistinguett, la
star du music-hall*
(p. 286).

*Quartier
de l'Opéra*

*Quartier des
Tuileries*

*Beaubourg
et Les Halles*

E

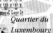

Saint-Germain-des-Prés

Île de la Cité

*Quartier du
Luxembourg*

Quartier latin

Le Marais

*Île Saint-
Louis*

*Quartier du
Jardin des Plantes*

**Relais
Christine**
*Feu de bois et
jolis meubles,
cette oasis de
calme au cœur
de la ville a
beaucoup de
charme*
(p. 287).

Hôtel du Jeu de paume
*Cette ancienne salle
de jeu de paume fut
intelligemment
convertie en
hôtel* (p. 284).

0 ————— 1 km

Lutétia
*Un hôtel chic décoré
par la styliste Sonia
Rykiel* (p. 287).

Hôtel de l'Abbaye
*Ce petit hôtel secret, proche
du jardin du Luxembourg,
possède un jardin et une
cour pleine de charme*
(p. 286).

Choisir un hôtel

Les hôtels proposés ici ont tous été testés et évalués spécialement pour ce guide. La plupart mettent à disposition des lits pour enfants, proposent un service de baby-sitting et possèdent une connexion Internet ou Wi-Fi. Les établissements de même catégorie sont classés par ordre alphabétique.

CATÉGORIES DE PRIX
Pour une chambre double standard avec petit déjeuner et les taxes obligatoires.
€ moins de 100 euros
€€ 100 à 150 euros
€€€ 150 à 190 euros
€€€€ 190 à 280 euros
€€€€€ plus de 280 euros

ÎLE DE LA CITÉ ET ÎLE SAINT-LOUIS

Hôtel des Deux-Îles   €€€
59, rue Saint Louis en l'Île, 75004 **Tél.** *01 43 26 13 35* **Fax** *01 43 29 60 25* **Chambres** *17*   **Plan** *13 C4*

Ancien hôtel particulier du XVIIe siècle offrant à ses clients le privilège de séjourner sur l'île Saint-Louis pour un prix abordable et dans un cadre des plus paisibles. Vous apprécierez les chambres élégantes et le beau salon voûté aux pierres apparentes où l'on sert le petit déjeuner. **www.deuxiles-paris-hotel.com**

Hôtel du Jeu de Paume   €€€€€
54, rue Saint-Louis-en-l'Île, 75004 **Tél.** *01 43 26 14 18* **Fax** *01 40 46 02 76* **Chambres** *30*   **Plan** *13 C4*

Occupant l'emplacement d'un ancien jeu de paume, cet élégant établissement à l'atmosphère chaleureuse est décoré de poutres apparentes et de dallages anciens en terre cuite. Ascenseur à parois en verre, sauna et quelques chambres en duplex. **www.jeudepaumehotel.com**

LE MARAIS

Hôtel de la Bretonnerie   €€
22, rue Sainte Croix de la Bretonnerie, 75004 **Tél.** *01 48 87 77 63* **Fax** *01 42 77 26 78* **Chambres** *29* **Plan** *13 C3*

Les murs en pierre de taille et la salle des petits déjeuners voûtée sont les éléments de charme de cette ancienne demeure du XVIIIe siècle qui est l'un des établissements les plus confortables du quartier. Chambres spacieuses avec poutres apparentes et mobilier ancien. Service attentionné. **www.bretonnerie.com**

Hôtel Saint-Merry   €€€
78, rue de la Verrerie, 75004 **Tél.** *01 42 78 14 15* **Fax** *01 40 29 06 82* **Chambres** *12*   **Plan** *13 B3*

Hôtel historique qui fut au XVIIe siècle le presbytère de l'église adjacente et qui devint par la suite une maison close. C'est aujourd'hui un lieu de séjour agréable dans un décor gothique d'époque restauré avec soin (la chambre 9 traversée par un arc-boutant de l'église vaut le coup d'œil). **www.hotelmarais.com**

Hôtel du Bourg Tibourg   €€€€
19, rue du Bourg Tibourg, 75004 **Tél.** *01 42 78 47 39* **Fax** *01 40 29 07 00* **Chambres** *30*   **Plan** *13C*

Très bien situé, dans une rue calme du Marais. Élégant décor signé par le grand designer d'intérieur Jacques Garcia pour cet endroit chic fréquenté par une clientèle branchée. Chambres somptueuses avec salle de bains en marbre noir. Belle cour intérieure. **www.bourgtibourg.com**

Hôtel Duo   €€€
11, rue du Temple, 75004 **Tél.** *01 42 72 72 22* **Fax** *01 42 72 03 53* **Chambres** *58*   **Plan** *13 B3*

Dirigé par la même famille depuis trois générations, l'ex-Axial Beaubourg s'est offert un nouveau look en 2006 : réalisé dans des tonalités de brun, de bleu et de vert, le décor est contemporain. Situé à quelques pas du Centre Pompidou, il possède un bar très design et un jardin japonais. **www.duoparis.com**

Hôtel Saint-Paul-le-Marais   €€€
8, rue de Sévigné, 75004 **Tél.** *01 48 04 97 27* **Fax** *01 48 87 37 04* **Chambres** *28*   **Plan** *14 D3*

Murs en pierre de taille et poutres apparentes décorent cet hôtel proche de la place des Vosges. Les chambres sont dotées d'un mobilier moderne et simple. Demandez celles donnant sur la cour intérieure afin d'éviter le bruit de l'étroite rue de Sévigné. **www.hotel-paris-marais.com**

Pavillon de la Reine   €€€€€
28, pl. des Vosges, 75003 **Tél.** *01 40 29 19 19* **Fax** *01 40 29 19 20* **Chambres** *56*   **Plan** *14 D3*

Installé dans une vaste demeure du XVIIe siècle située en retrait de la place des Vosges, cet hôtel romantique est le meilleur établissement du Marais. La cour fleurie est un havre de paix. Somptueuses chambres meublées de belles copies d'ancien. **www.pavillon-de-la-reine.com**

Légende des symboles *voir le rabat arrière de couverture*

BEAUBOURG ET LES HALLES

Hôtel Britannique 🖾 🎿 🖪 €€€
20, av. Victoria, 75001 **Tél.** *01 42 33 74 59* **Fax** *01 42 33 83 65* **Chambres** *40* **Plan** *13 A3*

Des clients fidèles reviennent régulièrement au Britannique car ils affectionnent sa situation très centrale près de Châtelet, son atmosphère et le personnel particulièrement serviable. Cet hôtel de charme propose de belles chambres de caractère dans une ambiance un peu surannée. **www.hotel-britannique.fr**

QUARTIER DES TUILERIES

Hôtel Louvre Sainte Anne 🖾 🎿 🖪 €€
32, rue Sainte Anne, 75001 **Tél.** *01 40 20 02 35* **Fax** *01 40 15 91 13* **Chambres** *20* **Plan** *12 E1*

Ce charmant petit hôtel est proche du Louvre et de l'Opéra Garnier. Il propose des chambres confortables et son personnel est fort aimable. Vous pourrez admirer la superbe réception avec une peinture en trompe l'œil. Cet hôtel rencontre un franc succès auprès des visiteurs japonais à cause de sa proximité avec les restaurants à sushis. **www.paris-hotel-louvre.com**

Hôtel Brighton 🖾 🖪 €€€€
218, rue de Rivoli, 75001 **Tél.** *01 47 03 61 61* **Fax** *01 42 60 41 78* **Chambres** *65* **Plan** *12 D1*

Excellente situation dans une rue très prisée de la capitale, juste en face du jardin des Tuileries, et à un prix qui n'est pas astronomique. Hauts plafonds et larges fenêtres dans les chambres qui allient le meilleur du confort moderne au charme du décor ancien. **www.paris-hotel-brighton.com**

Hôtel Costes 🖾 🅿 🍴 🎿 🖪 €€€€€
239, rue Saint Honoré, 75001 **Tél.** *01 42 44 50 00* **Fax** *01 42 44 50 01* **Chambres** *82* **Plan** *12 D1*

Cet hôtel, l'un des plus branchés de Paris, est très prisé des top models et des stars de cinéma. Décoration somptueuse à la manière d'un palais du Second Empire. Les chambres avec terrasse privative sont les plus demandées. Repas servis aux beaux jours dans la cour intérieure à l'italienne. **www.hotelcostes.com**

Hôtel de Crillon 🖾 🅿 🍴 🎿 🖪 €€€€€
10, pl. de la Concorde, 75008 **Tél.** *01 44 71 15 00* **Fax** *01 44 71 15 02* **Chambres** *147* **Plan** *11 C1*

Cet établissement magnifiquement situé sur la place de la Concorde et d'une élégance sans égal propose notamment une superbe suite avec terrasse. Sublime salle à manger et bar à la mode décoré par Sonia Rykiel. Le restaurant de l'hôtel, *Les Ambassadeurs*, est l'une des tables les plus prestigieuses du monde. **www.crillon.com**

Hôtel du Louvre 🖾 🅿 🍴 🎿 🖪 €€€€€
Pl. André Malraux, 75001 **Tél.** *01 44 58 38 38* **Fax** *01 44 58 38 01* **Chambres** *177* **Plan** *12 E1*

C'est le premier grand hôtel de France construit en 1855 à la demande de Napoléon III. Luxueuses chambres avec vues spectaculaires sur Paris, notamment la suite Pissarro où l'artiste a peint la place du Théâtre-Français, et la chambre 551 dont la baignoire donne sur l'Opéra. **www.hoteldulouvre.com**

Le Meurice 🖾 🅿 🍴 🎿 🖪 €€€€€
228, rue de Rivoli, 75001 **Tél.** *01 44 58 10 10* **Fax** *01 44 58 10 15* **Chambres** *160* **Plan** *12 D1*

Le parfait exemple d'une rénovation réussie avec d'excellentes copies de moulures et d'ameublements d'époque. Personnel très serviable et superbe Spa. L'hôtel propose des visites personnalisées pour les clients désireux de faire des achats dans les boutiques et les galeries d'art. **www.meuricehotel.com**

Hôtel Ritz Paris 🖾 🅿 🍴 🎿 🖪 €€€€€
15, pl. Vendôme, 75001 **Tél.** *01 43 16 30 30* **Fax** *01 43 16 45 38* **Chambres** *162* **Plan** *6 D5*

Établissement légendaire qui reste fidèle à sa réputation en combinant élégance et décadence. Tous les meubles et lustres Louis XVI sont d'époque et les compositions florales de véritables œuvres d'art. Le Bar Hemingway est le rendez-vous des célébrités. **www.ritzparis.com**

Saint James & Albany Hôtel-Spa 🖾 🅿 🍴 🎿 🖪 €€€€€
202, rue de Rivoli, 75001 **Tél.** *01 44 58 43 21* **Fax** *01 44 58 43 11* **Chambres** *195* **Plan** *12 E1*

Cet élégant hôtel à l'atmosphère feutrée a été rénové en 2009 afin de renouer avec sa grandeur passée. Il bénéficie d'une situation privilégiée au cœur de Paris, face au jardin des Tuileries. Il dispose d'un agréable espace aquatique et d'un Spa. **www.clarionsaintjames.com**

The Westin Paris 🖾 🍴 🎿 🎿 🖪 €€€€€
3, rue de Castiglione, 75001 **Tél.** *01 44 77 11 11* **Fax** *01 44 77 14 60* **Chambres** *438* **Plan** *12 D1*

Élégant hôtel construit à la fin du XIXᵉ siècle par l'architecte de l'Opéra de Paris, Charles Garnier. Situé entre le jardin des Tuileries et la place Vendôme, il propose des chambres calmes dont les plus agréables donnent sur les jardins intérieurs. Le restaurant décoré par Jacques Garcia est excellent. **www.westin.com**

SAINT-GERMAIN-DES-PRÉS

Grand Hôtel des Balcons   €€

3, rue Casimir Delavigne, 75006 **Tél.** *01 46 34 78 50* **Fax** *01 46 34 06 27* **Chambres** *50*   **Plan** *12 F5*

Hôtel doté d'une belle réception de style Art nouveau avec vitraux d'époque, luminaires de style 1900 et boiseries. Les chambres sont calmes et décorées avec soin, et la plupart disposent d'un balcon. Accès Internet sans fil. **www.hotelgrandsbalcons.com**

Hôtel du Quai Voltaire   €€

19, quai Voltaire, 75007 **Tél.** *01 42 61 50 91* **Fax** *01 42 61 62 26* **Chambres** *33*   **Plan** *12 D2*

Hôtel situé en bordure de la Seine, qui accueillit Baudelaire, Pissarro et Blondin et où furent tournés plusieurs films. Choisissez de préférence les chambres des étages élevés qui offrent une superbe vue et qui sont plus calmes que celles du 1er étage où l'on entend le bruit de la circulation. **www.quaivoltaire.fr**

Hôtel des Marronniers   €€€

21, rue Jacob, 75006 **Tél.** *01 43 25 30 60* **Fax** *01 40 46 83 56* **Chambres** *37*   **Plan** *12 E3*

Situé entre cour et jardin, cet hôtel est une oasis de tranquillité. La décoration est quelconque mais les chambres du 4e étage, côté jardin, offrent de très belles vues sur les toits de Paris et sur le clocher de l'église Saint-Germain-des-Prés. **www.hotel-marronniers.com**

Hôtel des Saints Pères   €€€

65, rue des Saints Pères, 75006 **Tél.** *01 45 44 50 00* **Fax** *01 45 44 90 83* **Chambres** *39*   **Plan** *12 E3*

Hôtel installé dans une ancienne demeure aristocratique de Saint-Germain-des-Prés. Le bar est le rendez-vous des écrivains attachés aux maisons d'édition voisines. Chambres calmes et spacieuses, dont la plus belle est dotée d'une fresque au plafond. **www.paris-hotel-saints-peres.com**

Hôtel Lenox   €€€

9, rue de l'Université, 75007 **Tél.** *01 42 96 10 95* **Fax** *01 42 61 52 83* **Chambres** *34*   **Plan** *12 D3*

Sa simplicité et son histoire font le charme de cet établissement où séjournèrent des écrivains comme T.S. Elliot, Ezra Pound et James Joyce. Situation privilégiée au cœur de Saint-Germain-des-Prés. Chambres décorées avec goût et agréable bar à cocktails. Personnel particulièrement attentionné. **www.lenoxsaintgermain.com**

Hôtel de Fleurie   €€€€

32-34, rue Grégoire de Tours, 75006 **Tél.** *01 53 73 70 00* **Fax** *01 53 73 70 20* **Chambres** *29*   **Plan** *12 F4*

La façade avec ses statues dans leurs niches suffit à vous donner envie de séjourner dans cet hôtel familial et chaleureux. Pierres et boiseries confèrent au salon une atmosphère conviviale. Chambres joliment décorées avec salle de bains bien équipée. **www.fleurie-hotel-paris.com**

Hôtel de l'Abbaye Saint-Germain   €€€€

10, rue Cassette, 75006 **Tél.** *01 45 44 38 11* **Fax** *01 45 48 07 86* **Chambres** *44*   **Plan** *12 D5*

Installé dans une dépendance de l'abbaye Saint-Germain (XVIIIe siècle), à deux pas du jardin du Luxembourg, cet hôtel discret a accueilli de nombreux artistes et écrivains. Chambres et appartements à la décoration soignée et dotés de tout le confort moderne. **www.hotelabbayeparis.com**

Hôtel d'Angleterre   €€€€

44, rue Jacob, 75006 **Tél.** *01 42 60 34 72* **Fax** *01 42 60 16 93* **Chambres** *27*   **Plan** *12 E3*

Cet hôtel, qui fut au XVIIIe siècle le siège de l'ambassade d'Angleterre, a conservé son escalier (aujourd'hui classé), sa cheminée dans le salon et son jardin fleuri. Les chambres sont toutes différentes, dont beaucoup avec poutres apparentes et lit à baldaquin. **www.hotel-dangleterre.com**

Villa Saint-Germain   €€€€

29, rue Jacob, 75006 **Tél.** *01 43 26 60 00* **Fax** *01 46 34 63 63* **Chambres** *31*   **Plan** *12 E3*

Chic, contemporain, tout en bois de wenge, en velours et en faux croco, la Villa a autant de style que le Montalembert *(p. 287)* tout en étant moins cher. Trois petits déjeuners au menu — santé, américain et fitness — servis dans votre chambre ou dans l'agréable salle à manger. **www.villa-saintgermain.com**

Le Bellechasse   €€€€€

8, rue de Bellechasse, 75007 **Tél.** *01 45 50 22 31* **Fax** *01 45 51 52 36* **Chambres** *34*   **Plan** *11 C2*

Situé à une minute du musée d'Orsay, cet hôtel de charme a été conçu par Christian Lacroix. Avec son flair habituel, il l'a couvert de fresques peuplées d'oiseaux, de papillons et de femmes. Chacune des 34 chambres, superbement décorée, est unique. Wi-Fi gratuit. **www.lebellechasse.com**

L'Hôtel   €€€€€

13, rue des Beaux Arts, 75006 **Tél.** *01 44 41 99 00* **Fax** *01 43 25 64 81* **Chambres** *20*   **Plan** *12 E3*

Exubérance et opulence pour cet hôtel glorieusement décadent rénové par le designer d'intérieur Jacques Garcia. Chaque chambre a une décoration singulière, la plus célèbre étant la suite Oscar Wilde avec ses meubles d'époque, où mourut l'écrivain. Vous trouverez aussi un beau Spa et un restaurant étoilé au *Michelin*. **www.l-hotel.com**

Légende des catégories de prix *voir p. 284* **Légende des symboles** *voir le rabat arrière de couverture*

Hôtel Lutétia

🖼️ 🅿️ 🔳 ⛲ 📧   €€€€€

45, bd Raspail, 75006 **Tél.** *01 49 54 46 46* **Fax** *01 49 54 46 00* **Chambres** *230*   **Plan** *12 D4*

L'unique palace de la rive gauche. Cet établissement où se côtoient les styles Art nouveau et Art déco a été entièrement rénové. Le restaurant est le rendez-vous des éditeurs et des clients du Bon Marché tout proche. Sa situation géographique est idéale. **www.lutetia-paris.com**

Hôtel Montalembert

🔳 ⛲ 📧   €€€€€

3, rue de Montalembert, 75007 **Tél.** *01 45 49 68 68* **Fax** *01 45 49 69 49* **Chambres** *56*   **Plan** *12 D3*

Situé au cœur du quartier des maisons d'édition, cet hôtel chic allie la modernité avec l'élégance intemporelle. Chambres avec éléments décoratifs en bois et tissus de grands créateurs. Draps, serviettes et peignoirs raffinés. Les suites du 8e étage bénéficient d'une belle vue. Connexion Internet sans fil. **www.montalembert.com**

Relais Christine

🖼️ 🅿️ ⛲ 📧   €€€€€

3, rue Christine, 75006 **Tél.** *01 40 51 60 80* **Fax** *01 40 51 60 81* **Chambres** *51*   **Plan** *12 F4*

Hôtel de charme par excellence, le Relais Christine est toujours complet. Installé dans les dépendances d'une abbaye du XVIe siècle, c'est un havre de paix à l'atmosphère romantique. Chambres lumineuses et spacieuses, notamment les duplex. Connexion Internet sans fil, Spa et sauna. **www.relais-christine.com**

QUARTIER LATIN

Hôtel Esmeralda

€

4, rue Saint Julien le Pauvre, 75005 **Tél.** *01 43 54 19 20* **Fax** *01 40 51 00 68* **Chambres** *19*   **Plan** *13 A4*

Un endroit bohème que tout le monde adore, au cœur du Quartier latin. Le charme de ses murs en vieille pierre et de ses poutres apparentes a séduit des célébrités comme Terence Stamp et Serge Gainsbourg. Les meilleures chambres donnent sur Notre-Dame. Pas de petit déjeuner.

Hôtel des Grandes Écoles

🖼️ 🅿️   €€

75, rue Cardinal Lemoine, 75005 **Tél.** *01 43 26 79 23* **Fax** *01 43 25 28 15* **Chambres** *51*   **Plan** *13 B5*

Trois petites maisons autour d'un grand jardin où, par beau temps, sont servis les petits déjeuners. Toutes les chambres sont confortables et tapissées de papier à fleurs de style XVIIIe siècle ; certaines ont accès au jardin. Connexion Internet. **www.hotel-grandes-ecoles.com**

Hôtel les Degrés de Notre-Dame

🔳   €€

10, rue des Grands Degrés, 75005 **Tél.** *01 55 42 88 88* **Fax** *01 40 46 95 34* **Chambres** *10*   **Plan** *13 B4*

Un établissement particulièrement chaleureux et plein de charme avec ses boiseries et ses poutres apparentes. Personnel très accueillant. Belles chambres d'une propreté irréprochable avec accès Internet. Excellent bar-restaurant et salon de thé bon marché. **www.lesdegreshotel.com**

Hôtel du Collège de France

🖼️ 🎯 📧   €€€

7, rue Thénard, 75005 **Tél.** *01 43 26 78 36* **Fax** *01 46 34 58 29* **Chambres** *29*   **Plan** *13 A5*

Situé dans une rue très calme, à côté du musée de Cluny (en face de l'excellent bistrot du Pré Verre), c'est une des meilleures affaires dans la catégorie petits hôtels. Le décor est chaleureux et le personnel accueillant. Wi-Fi gratuit dans toutes les chambres. **www.hotel-collegedefrance.com**

Hôtel des Grands Hommes

🖼️ 📧   €€€

17, pl. du Panthéon, 75005 **Tél.** *01 46 34 19 60* **Fax** *01 43 26 67 32* **Chambres** *31*   **Plan** *17 A1*

Établissement familial fréquenté par les professeurs de la Sorbonne. Situé à deux pas du jardin du Luxembourg, il offre également une superbe vue sur le dôme du Panthéon depuis le dernier étage. Chambres confortables. Connexion Internet sans fil dans le salon. **www.hoteldesgrandshommes.com**

Hôtel de Notre-Dame

🖼️ 📧   €€€

19, rue Maître Albert, 75005 **Tél.** *01 43 26 79 00* **Fax** *01 46 33 50 11* **Chambres** *34*   **Plan** *13 B5*

Hôtel de caractère donnant d'un côté sur la Seine et Notre-Dame, et de l'autre sur le Panthéon. Chambres fonctionnelles, dont certaines avec plafond à poutres apparentes et murs en vieille pierre. Le principal attrait de l'établissement est son emplacement privilégié. Sauna et accès Internet sans fil. **www.hotel-paris-notredame.com**

Hôtel Résidence Henri IV

🖼️   €€€

50, rue des Bernardins, 75005 **Tél.** *01 44 41 31 81* **Fax** *01 46 33 93 22* **Chambres** *14*   **Plan** *13 B5*

Situé face à un joli square, cet hôtel très calme pour le quartier est un vrai bijou avec, en saison, ses géraniums aux fenêtres. Chambres claires et appartements pour 4 personnes avec coin cuisine attenant. Accès Internet sans fil. **www.residencehenri4.com**

Hôtel Sorbonne

🖼️ 🎯 📧   €€€

6, rue Victor Cousin, 75005 **Tél.** *01 43 54 58 08* **Fax** *01 40 51 05 18* **Chambres** *38*   **Plan** *12 F5*

Longtemps un lieu de passage obligé pour les parents des étudiants de la Sorbonne, il a été redécoré avec panache – turquoise, vert et orange - en 2008. Le style est moderne, les salles de bains aussi. Des ordinateurs iMac sont présents dans toutes les chambres pour consulter ses e-mails ou surfer sur Internet. **www.hotelsorbonne.com**

QUARTIER DU LUXEMBOURG

Hôtel Aviatic
€€€

105, rue de Vaugirard, 75006 **Tél.** *01 53 63 25 50* **Fax** *01 53 63 25 55* **Chambres** *43*   **Plan** *12 E5*

Fidèle à sa longue tradition familiale, l'Aviatic a su garder son cachet parisien en alliant le charme bohème et le confort moderne. Toutes les chambres sont décorées différemment avec des objets chinés aux puces et des tissus aux tons chauds. Stationnement possible au parking pour 26 euros par jour. **www.aviatic.fr**

Hôtel Louis II
€€€€

2, rue Saint Sulpice, 75006 **Tél.** *01 46 33 13 80* **Fax** *01 46 33 17 29* **Chambres** *22*   **Plan** *12 E4*

À deux pas du jardin du Luxembourg, un hôtel pour ceux qui aiment le charme rustique des poutres apparentes. Les chambres sont décorées avec goût et baignées de lumière. Elles surplombent soit la rue Saint-Sulpice, soit la rue de Condé. Les suites sous les mansardes sont particulièrement agréables. **www.hotel-louis2.com**

MONTPARNASSE

Hôtel Apollon Montparnasse
€€

91, rue de l'Ouest,. 75014 **Tél.** *01 43 95 62 00* **Fax** *01 43 95 62 10* **Chambres** *33*   **Plan** *15 C3*

Proche du parc des Expositions de la porte de Versailles, cet hôtel se décline sur la couleur pêche, avec des statues grecques en décoration. Chambres simples et bien équipées. Stationnement possible au parking pour 23 euros par jour. Accès Internet sans fil. **www.paris-hotel-paris.net**

Hôtel Delambre
€€

35, rue Delambre, 75014 **Tél.** *01 43 20 66 31* **Fax** *01 45 38 91 76* **Chambres** *30*   **Plan** *16 D2*

Situé à proximité du cimetière Montparnasse, du jardin du Luxembourg et du Quartier latin, cet établissement mêle avec élégance le classique et le moderne. Les chambres sont meublées simplement et parfaitement confortables. **www.delambre-paris-hotel.com**

Hôtel Ferrandi
€€€

92, rue du Cherche Midi, 75006 **Tél.** *01 42 22 97 40* **Fax** *01 45 44 89 97* **Chambres** *42*   **Plan** *15 C1*

Hôtel calme dans une rue bien connue des amateurs d'antiquités. Le salon du rez-de-chaussée est agrémenté d'une cheminée. Les chambres confortables sont décorées avec des tons chauds et du mobilier en bois sombre. Certaines sont équipées d'un lit à baldaquin. **www.hotel-ferrandi-paris.com**

Le Sainte-Beuve
€€€

9, rue Sainte Beuve, 75006 **Tél.** *01 45 48 20 07* **Fax** *01 45 48 67 52* **Chambres** *22*   **Plan** *16 D1*

Ce petit hôtel qui a fait l'objet d'une restauration soignée s'adresse à une clientèle d'esthètes et d'habitués des galeries de la rive gauche. Une cheminée agrémente le salon. Les chambres aux teintes pastel sont décorées de tableaux de style classique ou contemporain. **www.hotel-sainte-beuve.fr**

À la Villa des Artistes
€€€

9, rue de la Grande Chaumière, 75006 **Tél.** *01 43 26 60 86* **Fax** *01 43 54 73 70* **Chambres** *59*   **Plan** *16 D2*

Cette « villa » s'attache à recréer l'atmosphère Belle Époque du Montparnasse d'autrefois, quand Modigliani, Fitzgerald et Beckett séjournaient ici. Chambres impeccables, mais le principal attrait de l'hôtel est son grand jardin paisible avec sa fontaine où vous pourrez prendre le petit déjeuner. **www.villa-artistes.com**

Le Saint-Grégoire
€€€€

43, rue de l'Abbé Grégoire, 75006 **Tél.** *01 45 48 23 23* **Fax** *01 45 48 33 95* **Chambres** *20*   **Plan** *11 C5*

Installé dans une petite demeure du XVIIIe siècle, cet hôtel propose des chambres à la décoration soignée meublées avec du mobilier de style. En hiver, le salon vous accueille avec un feu de cheminée. Choisissez une chambre avec terrasse privative. Le stationnement coûte 13 euros par jour. **www.lesaintgregoire.com**

INVALIDES ET QUARTIER DE LA TOUR EIFFEL

Grand Hôtel Lévêque
€€

29, rue Cler, 75007 **Tél.** *01 47 05 49 15* **Fax** *01 45 50 49 36* **Chambres** *50*   **Plan** *10 F3*

Cet hôtel entièrement rénové est situé dans une rue piétonne avec un marché, entre la tour Eiffel et les Invalides. Son emplacement n'est toutefois pas son seul attrait : les chambres sont bien entretenues et équipées d'un accès Internet. **www.hotel-leveque.com**

Légende des catégories de prix *voir p. 284* **Légende des symboles** *voir le rabat arrière de couverture*

Hôtel Eiffel Park €€€
17 bis, rue Amélie, 75007 **Tél.** *01 45 55 10 01* **Fax** *01 47 05 28 68* **Chambres** *36* **Plan** *10 F3*

Tout proche du Champ-de-Mars, cet hôtel de charme a été entièrement rénové. Les chambres ont une décoration personnalisée : papier peint aux motifs élaborés pour les unes et meubles exotiques pour les autres. Terrasse au dernier étage pour les petits déjeuners. Accès Internet sans fil. **www.eiffelpark.com**

Hôtel de Varenne €€€
44, rue de Bourgogne, 75007 **Tél.** *01 45 51 45 55* **Fax** *01 45 51 86 63* **Chambres** *24* **Plan** *11 B2*

Derrière sa façade sévère, le Varenne abrite un étroit jardin fleuri où sont servis les petits déjeuners aux beaux jours. Les chambres récemment rénovées dans le style Louis XVI ou Empire sont impeccables. Clientèle de représentants du gouvernement français. **www.varenne-hotel-paris.com**

Hôtel Bourgogne et Montana €€€€
3, rue de Bourgogne, 75007 **Tél.** *01 45 51 20 22* **Fax** *01 45 56 11 98* **Chambres** *32* **Plan** *11 B2*

Une façade sobre pour cet hôtel faisant face à l'Assemblée nationale. Bar en acajou, hall circulaire avec des canapés de couleur vive. Les chambres ont été rénovées dans le style de cette ancienne noble demeure. Cadre très élégant. **www.bourgogne-montana.com**

Hôtel de Suède Saint-Germain €€€€
31, rue Vaneau, 75007 **Tél.** *01 47 05 00 08* **Fax** *01 47 05 69 27* **Chambres** *40* **Plan** *11 B4*

Situé à proximité des musées d'Orsay et Rodin, cet hôtel propose d'élégantes chambres de style fin XVIIIe siècle aux tonalités douces. Accueil particulièrement chaleureux. Les chambres de luxe donnent sur un parc. Un joli petit jardin intérieur où sont servis les petits déjeuners vient compléter le tableau. **www.hoteldesuede.com**

Duc de Saint-Simon €€€€€
14, rue de St-Simon, 75007 **Tél.** *01 44 39 20 20* **Fax** *01 45 48 68 25* **Chambres** *34* **Plan** *11 C3*

Une adresse très recherchée de la rive gauche de la capitale. Installé dans un bel hôtel particulier du XVIIIe siècle, cet établissement de caractère est meublé d'antiquités qui lui confèrent une touche aristocratique digne de l'endroit. **www.hotelducdesaintsimon.com**

QUARTIER DE CHAILLOT

Le Hameau de Passy €€
48, rue de Passy, 75016 **Tél.** *01 42 88 47 55* **Fax** *01 42 30 83 72* **Chambres** *32* **Plan** *9 B3*

Situation au cœur du quartier résidentiel de Passy, à deux pas de la tour Eiffel et du Trocadéro. Cet hôtel installé au bout d'un passage privé est une oasis de verdure. Les chambres donnent sur le jardin. Petit déjeuner en chambre sur demande. **www.paris-hotel-hameaudepassy.com**

Hôtel du Bois €€€
11, rue du Dôme, 75016 **Tél.** *01 45 00 31 96* **Fax** *01 45 00 90 05* **Chambres** *41* **Plan** *4 D5*

À 2 min de l'arc de triomphe et des Champs-Élysées, une situation idéale pour les amateurs de boutiques chic. La façade typiquement parisienne abrite un hôtel à la décoration moderne dans des teintes chocolat, vert pistache et rose fuchsia. **www.hoteldubois.com**

Hôtel Concorde La Fayette €€€€€
3, pl. du Général Koenig, 75017 **Tél.** *01 40 68 50 68* **Fax** *01 40 68 50 43* **Chambres** *950* **Plan** *3 C2*

Ce grand hôtel de chaîne avec sa tour en forme d'œuf est définitivement high-tech. Il offre de nombreuses prestations telles que salle de remise en forme, bar (33e étage), restaurants et galerie marchande. Les chambres sont toutes identiques, certaines offrant de superbes points de vue. **www.concorde-lafayette.com**

Hôtel Square €€€€
3, rue de Boulainvilliers, 75016 **Tél.** *01 44 14 91 90* **Fax** *01 44 14 91 99* **Chambres** *22* **Plan** *9 A4*

Un établissement d'exception dont l'étonnante façade de granit sombre cache des chambres et des suites de style contemporain, décorées de tissus et de bois exotiques. Dans le bâtiment se trouvent également un restaurant à la mode, le Zebra Square, un bar lounge et une petite galerie d'art moderne. **www.hotelsquare.com**

Hôtel Costes K €€€€
81, av. Kléber, 75016 **Tél.** *01 44 05 75 75* **Fax** *01 44 05 74 74* **Chambres** *83* **Plan** *4 D5*

À ne pas confondre avec l'hôtel Costes qui pratique des tarifs plus élevés. Situé à quelques pas de la tour Eiffel, cet hôtel a été dessiné par Ricardo Bofill qui a utilisé des matériaux tels que stuc poli, marbre, inox et sycomore. Chambres d'inspiration extrême-orientale à l'atmosphère sereine. **www.hotelcostesk.com**

Hôtel Élysées Regencia €€€€€
41, av. Marceau, 75016 **Tél.** *01 47 20 42 65* **Fax** *01 49 52 03 42* **Chambres** *43* **Plan** *4 E4*

La couleur semble être le thème central de cet hôtel très tendance, situé au cœur du quartier des boutiques de luxe : chambres bleues, fuchsia, vert anisé et lavande. L'hôtel possède un piano à queue, dans la réception, un bar entièrement lambrissé et une salle de massage. **www.regencia.com**

Saint-James Paris

43, av. Bugeaud, 75016 **Tél.** *01 44 05 81 81* **Fax** *01 44 05 81 82* **Chambres** *48*   **Plan** *3 B5*

Cet établissement de prestige est installé dans un ancien château au milieu d'un petit parc, à proximité de l'avenue Foch et du bois de Boulogne. Atmosphère exclusive d'un club où les hôtes sont des « membres temporaires » (droit d'entrée compris dans le prix de la chambre). **www.saint-james-paris.com**

CHAMPS-ÉLYSÉES

Hôtel Royal Magda Étoile

7, rue Troyon, 75017 **Tél.** *01 47 64 10 19* **Fax** *01 47 64 02 12* **Chambres** *37*   **Plan** *4 D3*

Situé dans une rue pavée, au calme et pourtant à quelques minutes de la place de l'Étoile, le Magda s'est refait une beauté en 2008. Décorées avec goût dans des tons crème, les chambres sont assez petites, mais le personnel est extrêmement serviable, particulièrement avec les familles. **www.paris-hotel-magda.com**

Hôtel Balzac

6, rue Balzac, 75008 **Tél.** *01 44 35 18 00* **Fax** *01 44 35 18 05* **Chambres** *70*   **Plan** *4 F4*

Calme et luxueux, occupant un immeuble Belle Époque, l'hôtel a été redécoré en 2007. La suite du dernier étage possède une magnifique terrasse qui offre une vue extraordinaire sur Paris. Situé dans une rue à la mode, son bar attire les oiseaux de nuit du Tout-Paris. **www.hotelbalzac.com**

Hôtel Bristol

112, rue du Faubourg Saint Honoré, 75008 **Tél.** *01 53 43 43 00* **Fax** *01 53 43 43 01* **Chambres** *188*   **Plan** *5 A4*

L'un des plus beaux hôtels de Paris. Chambres spacieuses somptueusement décorées de meubles anciens et équipées de magnifiques salles de bains en marbre. Des critiques dithyrambiques ont été publiées sur la salle à manger d'époque avec ses lustres en cristal et ses tapisseries flamandes. Superbe piscine. **www.hotel-bristol.com**

Hôtel Claridge

37, rue François Ier, 75008 **Tél.** *01 47 23 54 42* **Fax** *01 47 23 08 84* **Chambres** *42*   **Plan** *4 F5*

Grâce à sa situation à deux pas des Champs-Élysées, cet hôtel vous permettra de rejoindre à pied un grand nombre de sites importants. Très raffiné, il jouit d'une atmosphère paisible. Les tapisseries, les boiseries et les meubles anciens constituent l'essentiel de la décoration. **www.hotelclaridgeparis.com**

Four Seasons George V

31, av. George V, 75008 **Tél.** *01 49 52 70 00* **Fax** *01 49 52 70 10* **Chambres** *246*   **Plan** *4 E5*

Cet hôtel légendaire, avec ses nombreux salons décorés de meubles anciens et d'œuvres d'art, a peut-être perdu un peu de son charme depuis sa rénovation, mais il s'est offert le restaurant Le Cinq, qui peut se vanter d'avoir les meilleurs sommeliers du monde et un chef plusieurs fois primé. Magnifique Spa. **www.fourseasons.com/paris**

Hôtel de Sers

41, av. Pierre Ier de Serbie, 75008 **Tél.** *01 53 23 75 75* **Fax** *01 53 23 75 76* **Chambres** *52*   **Plan** *4 E5*

Situé au cœur du 8e arrondissement, cet hôtel luxueux associe tableaux anciens, mobilier contemporain et technologie moderne. Il y a un magnifique appartement au dernier étage. Les chambres sont spacieuses. Le restaurant en terrasse est parfait pour prendre un brunch en été. **www.hoteldesers.com**

Hôtel de la Trémoille

14, rue de la Trémoille, 75008 **Tél.** *01 56 52 14 00* **Fax** *01 40 70 01 08* **Chambres** *93*   **Plan** *10 F1*

Le lieu est impressionnant mais l'atmosphère y est détendue. Les chambres associent éléments décoratifs d'époque et mobilier contemporain. Luxueuses salles de bains. L'élégant restaurant le Louis II est aujourd'hui le rendez-vous du Tout-Paris. **www.hotel-tremoille.com**

Hôtel Fouquet's Barrière

46, av. George V, 75008 **Tél.** *01 40 69 60 00* **Fax** *01 40 69 60 05* **Chambres** *107*   **Plan** *4 E5*

Construit autour d'un jardin intérieur, ce superbe palace parisien est très bien situé sur les Champs-Élysées. Il possède toute la technologie moderne qui sied à son rang. Les chambres sont stylées, décorées d'acajou, de velours et de soie. **www.fouquets-barriere.com**

Hôtel Franklin Roosevelt

18, rue Clément Marot, 75008 **Tél.** *01 53 57 49 50* **Fax** *01 53 57 49 59* **Chambres** *48*   **Plan** *4 F5*

Cadre raffiné avec mobilier d'époque, tableaux anciens et grande cheminée dans le salon. Les chambres sont d'une manière générale très spacieuses. Vous pouvez profiter du bar à l'ambiance cosy, bien que les cafés des Champs-Élysées soient également proches. **www.hroosevelt.com**

Hôtel Vernet

25, rue Vernet, 75008 **Tél.** *01 44 31 98 00* **Fax** *01 44 31 85 69* **Chambres** *50*   **Plan** *4 E4*

Grand hôtel dont la verrière de la salle à manger est signée Gustave Eiffel. Le hall est impressionnant avec ses lambris blanc et or et ses somptueux tissus. Beau mobilier dans les chambres calmes et spacieuses. Télévisions à écran plat et connexion Wi-Fi. **www.hotelvernet.com**

Légende des catégories de prix *voir p. 284* **Légende des symboles** *voir le rabat arrière de couverture*

Hôtel Plaza Athénée

🖼 P ⏹ 📺 ▤ €€€€€

25, av. Montaigne, 75008 **Tél.** *01 53 67 66 65* **Fax** *01 53 67 66 66* **Chambres** *188* **Plan** *10 F1*

Hôtel légendaire fréquenté par la vieille aristocratie, les habitués des boutiques de couturiers et les jeunes mariés. Le restaurant d'Alain Ducasse est merveilleusement romantique et Le Bar du Plaza le plus couru de Paris pour les cocktails. Ce qui se fait de mieux en matière de chambres de luxe. **www.plaza-athenee-paris.com**

Hôtel San Régis

🖼 ⏹ ▤ €€€€€

12, rue Jean Goujon, 75008 **Tél.** *01 44 95 16 16* **Fax** *01 45 61 05 48* **Chambres** *44* **Plan** *11 A1*

Depuis son ouverture en 1923, cet hôtel est le rendez-vous de la jet-set qui apprécie son calme et sa situation centrale. À la fois chaleureux et intime, rempli de meubles anciens et agrémenté de confortables canapés, il respire le luxe. **www.hotel-sanregis.fr**

QUARTIER DE L'OPÉRA

Hôtel Chopin

🖼 ♿ 📺 €

46, passage Jouffroy, 75009 **Tél.** *01 47 70 58 10* **Fax** *01 42 47 00 70* **Chambres** *36* **Plan** *6 F4*

Très apprécié pour son tarif bon marché, son accueil et sa situation, au fond d'un passage couvert datant de 1846, le Chopin est réservé longtemps à l'avance. Il n'y a pas d'air conditionné mais l'hôtel est si calme qu'on peut dormir avec les fenêtres ouvertes en été. Le dernier étage offre une belle vue sur les toits. **http://hotelbretonnerie.com**

Hôtel Édouard VII

🖼 ⏹ ♿ ▤ €€€€€

39, av. de l'Opéra, 75002 **Tél.** *01 42 61 56 90* **Fax** *01 42 61 47 73* **Chambres** *69* **Plan** *6 E5*

Seul hôtel de l'avenue de l'Opéra, l'Édouard VII bénéficie d'une situation centrale entre le Louvre et l'Opéra qui est idéale pour les visites. Demandez les chambres du devant qui offrent un magnifique point de vue sur le palais Garnier. **www.edouard7hotel.com**

Le Grand Hôtel Intercontinental

🖼 P ⏹ 📺 ▤ €€€€€

2, rue Scribe, 75009 **Tél.** *01 40 07 32 32* **Fax** *01 40 07 32 02* **Chambres** *470* **Plan** *6 D5*

Situé face à l'Opéra, cet établissement est un sompteux modèle de bon goût. Toutes les chambres sont décorées de tableaux sur le thème de la musique. Son célèbre restaurant du Café de la Paix est l'un des plus fréquentés du quartier. **www.paris.ichotelsgroup.com**

MONTMARTRE

Hôtel Regyn's Montmartre

€

18, pl. des Abbesses, 75018 **Tél.** *01 42 54 45 21* **Fax** *01 42 23 76 69* **Chambres** *22* **Plan** *6 E1*

Hôtel très bien entretenu, proche du Sacré-Cœur. Les chambres du dernier étage offrent de beaux points de vue sur la tour Eiffel. Un peu plus loin, au 15 rue Lepic, se trouve le Café des Deux Moulins où furent tournées des scènes du film *Le Fabuleux Destin d'Amélie Poulain*. **www.paris-hotels-montmartre.com**

Le Relais Montmartre

🖼 ♿ ▤ €€€

6, rue Constance, 75018 **Tél.** *01 70 64 25 25* **Fax** *01 70 64 25 00* **Chambres** *26* **Plan** *6 E1*

Situé au cœur du dédale de ruelles montmartroises, cet hôtel charmant allie couleur et élégance avec ses tissus à motifs de fleurs, ses meubles anciens et ses poutres peintes. Calme, intime et romantique, il est également très bien situé, à quelques pas seulement de nombreux restaurants. **www.relaismontmartre.fr**

Hôtel Particulier Montmartre

▤ €€€€€

23, av. Junot, 75018 **Tél.** *01 53 41 81 40* **Chambres** *5* **Plan** *2 E5*

Niché dans une impasse verdoyante, cet hôtel particulier de trois étages est le secret le mieux gardé de Montmartre. Chacune des cinq chambres, de la taille d'un petit appartement, a été décorée avec l'aide d'un artiste contemporain. Le jardin est un havre de paix. **www.hotel-particulier-montmartre.com**

EN DEHORS DU CENTRE

Mama Shelter

🖼 P ⏹ ♿ ▤ €€

109, rue Bagnolet, 75020 **Tél.** *01 43 48 48 48* **Fax** *01 43 48 49 49* **Chambres** *172*

Signé Philip Starck, cet hôtel offre des prix très raisonnables pour des réservations non-remboursables. Pour plus de flexibilité, le prix double. Ultracomtemporaines, les chambres disposent toutes d'un iMac, d'un four micro-ondes et de draps en coton satiné. Bar lounge branché et restaurant à la clef. **www.mamashelter.com**

RESTAURANTS, CAFÉS ET BARS

La réputation de la gastronomie française n'est pas usurpée : alors pourquoi ne pas profiter d'un séjour à Paris pour goûter ses raffinements puisque toutes les cuisines régionales y sont représentées ? La plupart des restaurants servent de la cuisine française, mais la cuisine chinoise, vietnamienne et nord-africaine n'est pas en reste, de même que l'italienne, la grecque, la libanaise ou l'indienne. Les établissements du listing *(p. 300-315)* ont été sélectionnés parmi les meilleurs de Paris, chacun dans sa catégorie de prix. Le listing est organisé par quartier – comme le sont les chapitres de visites du guide – et par prix. La plupart des établissements servent de midi à 14 h, leurs menus offrant souvent des repas à prix fixes. En général, les Parisiens dînent vers 20 h 30 et la plupart des restaurants servent de 19 h 30 à 23 h environ *(voir aussi* Repas légers et snacks *p. 316-319).*

QUE MANGER

Paris offre un formidable choix gastronomique, des plats en sauce aux célèbres pâtisseries, en passant par les cuisines régionales *(p. 296-297)*, que l'on dégustera dans les brasseries et les bistrots en fonction de la région dont est originaire le chef. À toute heure du jour, on peut consommer des repas simples mais succulents dans les cafés, les bars à vin ou les brasseries.

La meilleure cuisine étrangère provient essentiellement du Vietnam et d'Afrique du Nord. Les restaurants dits de couscous servent des plats copieux, parfois épicés, bon marché mais de qualité inégale. Les restaurants vietnamiens, également d'un bon rapport qualité/prix, offrent une cuisine légère face à la cuisine française parfois trop riche. Il y a également nombre de bons restaurants japonais, notamment rue Monsieur-le-Prince (6e), rue Ste-Anne (2e) et avenue de Choisy (13e).

OÙ TROUVER LES BONS RESTAURANTS ET CAFÉS

On mange bien à peu près partout dans Paris, les meilleurs restaurants et cafés étant en règle générale ceux que fréquentent les Parisiens eux-mêmes.

La rive gauche offre probablement la plus grande concentration de restaurants, surtout dans les secteurs touristiques tels Saint-Germain-des-Prés et le Quartier latin. Si la qualité varie, certaines terrasses de bistrots ou de bars à vin sont véritablement dignes d'éloges – pour avoir une sélection des meilleurs lieux où prendre un repas léger ou un snack, consultez les pages 316 à 319. Le Quartier latin, principalement du côté

Restaurant Le Pré Verre *(p. 306)*

de la rue de la Huchette, abonde également en petits restaurants grecs.

Les quartiers à la mode du Marais et de la Bastille offrent de nombreux petits bistrots, salons de thé et cafés, certains récents et branchés, d'autres plus traditionnels mais tout aussi bons.

Les quartiers des Champs-Élysées et de la Madeleine, où les bonnes tables abordables sont rares, sont envahis de fast-foods et de cafés hors de prix et souvent médiocres.

Plusieurs grands cafés des années 1920 occupent le boulevard Montparnasse, notamment le Sélect, la Coupole, le Dôme et la Rotonde *(p. 319)*. Des rénovations leur ont redonné leur lustre d'antan. Ce quartier est également réputé pour ses crêperies. La rue du Montparnasse est ponctuée d'établissements servant des galettes, des crêpes et du bon cidre de Normandie.

L'élégant magasin et salon de thé de Mariage Frères *(p. 318)*

Dans le quartier Louvre-Rivoli, plusieurs restaurants, ou bistrots sympathiques sont concurrencés par des cafés pour touristes aux prix exorbitants. À côté, aux Halles, les nombreux fast-foods et restaurants médiocres font de l'ombre aux établissements reconnus.

Mis à part de bons restaurants japonais et quelques excellentes brasseries, le quartier de l'Opéra et des Grands Boulevards n'est pas le meilleur pour bien manger. Près de la Bourse, les agents de change fréquentent des restaurants et des bistrots réputés.

À Montmartre, un certain nombre de restaurants pour touristes se partagent le secteur avec de rares petits bistrots très agréables comme Un Zèbre à Montmartre *(p. 312)*, situé dans l'agréable rue Lepic, non loin du charmant cinéma le Studio 28.

Les restaurants des quartiers Invalides, tour Eiffel et palais de Chaillot, tranquilles le soir, sont en général moins bruyants et plus posés que les établissements des quartiers animés la nuit. Leurs prix sont parfois élevés.

Les deux quartiers asiatiques de Paris, au sud de la place d'Italie et à Belleville, rassemblent de nombreux restaurants, vietnamiens et chinois excellents et très bon marché. Si Belleville regorge aussi de petits restaurants nord-africains, on n'y trouve peu de restaurants de cuisine française.

Le Grand Véfour au Palais-Royal *(p. 304)*

TYPES DE RESTAURANTS ET DE CAFÉS

L'un des aspects les plus agréables de la restauration parisienne, c'est la diversité des tables. Les petits bistrots proposent souvent un choix limité de plats à prix modérés tandis que ceux de style Belle Époque, avec bar en zinc, miroirs et faïence, sont particulièrement remarquables pour leur décor. Généralement, la cuisine proposée est régionale et traditionnelle. De nombreux chefs de restaurants chic ayant également ouvert leur propre bistrot, ceux-ci sont souvent d'excellent rapport qualité/prix.

Les brasseries, vastes établissements animés, ont souvent un vague caractère alsacien – plats de choucroute arrosés de pichets de vin d'Alsace – et proposent des menus pantagruéliques. La plupart servent jusque tard dans la nuit.

Menu typique de bistrot

Les cafés (et certains bars à vin) ouvrent tôt le matin et, sauf les grands cafés touristiques, ferment d'ordinaire vers 22 h. Boissons et restauration légère, à base de salades, charcuterie et œufs, sont servis toute la journée. Pour le déjeuner, la plupart proposent également un choix de plats du jour. Les prix varient d'un quartier à l'autre, en fonction de l'affluence touristique. Les cuisines des cafés les plus chic, comme le café de Flore, les Deux Magots ou le café Beaubourg, sont ouvertes tard le soir. Les bistrots à bière proposent notamment à leur menu des moules-frites et des tartes à l'oignon. Le week-end, le brunch est servi dans de nombreux lieux pour environ 17 €.

Dans une ambiance décontractée, les bars à vin servent des déjeuners à prix modérés accompagnés de vin au verre, et des casse-croûte, comme par exemple d'excellentes tartines du fameux pain Poilâne avec du fromage ou de la charcuterie. Quelques-uns restent ouverts pour le dîner.

Les salons de thé, ouverts à l'heure du déjeuner ou dans la matinée jusqu'en fin d'après-midi, servent souvent des déjeuners, et surtout des pâtisseries à l'heure du goûter, accompagnées de café, de chocolat chaud ou d'excellents thés. Certains, comme le Loir dans la Théière, ont un cadre décontracté, tandis que d'autres, comme Mariage Frères, sont plus formels. Angélina est réputé pour son chocolat chaud, et Ladurée pour ses succulents macarons (Adresses : *p. 318-319*).

Décoration à la Tour d'Argent *(p. 306)*

RESTAURANTS VÉGÉTARIENS

À Paris, les restaurants végétariens sont rares, et les autres établissements ont toujours poissons et viandes au menu. Si vous êtes un végétarien pur et dur, il sera cependant presque partout possible de commander une salade, ou bien deux entrées. Dans les restaurants nord-africains optez pour du couscous nature, donc sans viande.

N'hésitez pas à faire changer la composition du plat : si l'on vous propose une salade au jambon, aux petits lardons ou au foie gras, demandez au serveur de vous la faire préparer sans viande. De plus en plus de restaurants proposent des plats bio. N'hésitez pas à demander.

PRIX DES RESTAURANTS

Le prix d'un repas varie du très bon marché au très élevé. On peut encore trouver un copieux déjeuner dans un restaurant ou un café pour 18 €, mais il faut compter en moyenne 30 € à 40 € vin compris pour un repas dans un restaurant ou une brasserie de qualité. (Les vins ont une incidence significative sur la note.) Pour les restaurants les plus chers, comptez de 45 €

Le Carré des Feuillants *(p. 304)*

environ vin compris à 200 €, ou plus dans les établissements de luxe. Le menu à prix fixe souvent proposé, surtout au déjeuner, offre presque toujours le meilleur rapport qualité/prix. Certains restaurants proposent des menus (deux plats) pour moins de 15 € mais le vin n'est pas toujours compris. Le café est toujours en supplément.

La loi oblige les restaurants à afficher leurs menus à l'extérieur. Les prix indiqués incluent le service, mais un pourboire sera toujours le bienvenu (de quelques euros à 5 % de la note, selon la qualité du service).

La carte Visa est très largement acceptée, la carte American Express plus rarement, et certains bistrots n'acceptent aucune carte de paiement. Renseignez-vous avant de réserver. Les chèques de voyage sont souvent refusés, et les cafés, eux, n'acceptent souvent que des espèces.

RÉSERVER UNE TABLE

Dans tous les cas, il vaudra mieux réserver avant de vous rendre dans le restaurant ou la brasserie de votre choix. Sinon, vous risquez d'avoir à attendre qu'une table se libère.

Le restaurant d'Alain Senderens *(p. 312)*

COMMENT S'HABILLER

À l'exception de quelques restaurants très chic, vous pouvez porter la tenue de votre choix, dans les limites du raisonnable. Nos tableaux *(p. 300-319)* précisent quels établissements exigent la tenue de ville.

LIRE LE MENU ET PASSER LA COMMANDE

Dans les petits bistrots et restaurants, voire dans certaines brasseries, les menus sont souvent manuscrits, donc parfois difficiles à lire. N'hésitez pas à demander l'aide du serveur.

Celui-ci prendra votre commande dans l'ordre de l'entrée et du plat principal. Le dessert se commande généralement après que vous avez terminé le plat principal. Certains desserts

Le restaurant du célèbre salon de thé Angélina *(p. 318)*

chauds doivent être préparés dès le début de votre repas. Le serveur vous le précisera, ou la carte des desserts portera la mention « à commander avant le repas ».

Les entrées consistent généralement en un choix de salades de saison, de pâtés, d'assiettes de légumes chauds ou froids, ou de tartes salées, ou bien encore, sardines à l'huile, œufs mayonnaise, hareng... Les fruits de mer que proposent les brasseries peuvent faire office de plat principal. Celui-ci est généralement une viande, une volaille ou un poisson, parfois du gibier en automne dans les grands établissements.

La plupart des restaurants

Le Train Bleu, le restaurant de la gare de Lyon *(p. 315)*

proposent des plats du jour, composés de produits frais de saison, et souvent d'excellent rapport qualité/prix.

Le fromage est servi avant le dessert, qu'il peut remplacer. Certains demandent une salade pour accompagner leur fromage. Le café est servi après le dessert et non avec. Précisez si vous le souhaitez au lait. Les tisanes et le décaféiné deviennent également populaires après le dîner.

Dans la plupart des restaurants, le serveur vous demandera si vous souhaitez un apéritif avant de passer commande. L'apéritif typique, c'est le kir (vin blanc et liqueur de cassis), ou le kir royal (champagne et liqueur de cassis). En général, on ne consomme pas de bière avant le repas (Que boire à Paris *p. 298-299*).

Un élégant restaurant parisien

La carte des vins est souvent distincte du menu, et dans les plus grands restaurants celle-ci vous est généralement apportée par le sommelier après que vous avez consulté le menu. Le sommelier peut vous conseiller sur le choix du vin, en fonction des mets choisis, si vous le désirez.

SERVICE

Le repas étant considéré en France comme un agréable passe-temps, le service est souvent de grande qualité, mais parfois lent. Dans les petits restaurants, ne vous attendez pas à être servi rapidement : les plats sont préparés dans l'ordre des commandes, et il n'y a souvent qu'un seul serveur.

ENFANTS

Les enfants sont généralement bien accueillis, mais les restaurants bondés n'ont souvent guère de place pour les poussettes ; et les chaises hautes ou les chaises d'enfant sont vraiment exceptionnelles.

FUMEUR – NON FUMEUR

La France a rejoint de nombreux pays en adoptant une loi strictement anti-tabac.

Il est donc interdit de fumer dans les lieux publics comme les bars, les cafés et les restaurants.

ACCÈS HANDICAPÉS

Les restaurants parisiens sont prêts à rendre service et un mot lors de la réservation vous garantira une table plus commodément située. Demandez aussi si l'accès aux toilettes est possible en fauteuil, car la disposition des tables est parfois très compacte.

PIQUE-NIQUE

Pique-niquer est le meilleur moyen de profiter de tous les bons produits que vous pouvez vous procurer à Paris dans les boutiques spécialisées ou dans les nombreux marchés de la capitale : délicieux pains, fromages et charcuterie en tout genre, nombreux fruits et légumes, pâtisseries, etc. Pour plus de détails, voir pages 333-335. C'est aussi une façon de manger meilleur marché et l'occasion de prendre le temps de découvrir un des nombreux parcs parisiens, ou d'aller faire une promenade sur les quais de Seine où certains habitants du quartier ou de plus loin vous rejoindront sans doute…

Saveurs de Paris

Des temples de la gastronomie aux bistrots de quartier, Paris est le paradis des gourmets, que vous vous délectiez d'un foie gras, de truffes, d'un steak-frites, de fruits de mer ou d'un bœuf bourguignon. La France est fière de sa cuisine qui va des grands classiques aux plats régionaux les plus rustiques. Vous trouverez tout cela dans la capitale mais vous ne trouverez jamais deux personnes qui soient d'accord sur le choix de la sauce ou du vin pour accompagner telle viande ou tel poisson. En revanche, elles seront d'accord pour dire que la cuisine française est la meilleure du monde.

repas à préparer, allez rue de Buci ou rue Mouffetard et vous ne tarderez pas à avoir envie d'aller déjeuner. Jadis décriée pour sa rusticité, la cuisine du terroir est aujourd'hui à l'honneur. Presque chaque région est représentée dans la capitale, depuis la riche cuisine bourgeoise de Bourgogne et de Lyon jusqu'à la cuisine méditerranéenne provençale,

plus simple. Les excellents jardins maraîchers du pourtour de Paris produisent carottes, pommes de terre et petits pois. De la région de la Loire proviennent le saumon, les asperges et les champignons sauvages et de celle de Normandie le mouton de pré-salé, les pommes et le camembert. La race bovine de Salers et les lentilles proviennent

Girolles (ou chanterelles) sur un étal du marché de la rue Mouffetard

Tous les chefs cuisiniers français s'accordent à dire qu'il est important de choisir des produits de première qualité et que les marchés parisiens sont le meilleur endroit pour les trouver. On peut les y apercevoir tôt le matin en quête d'inspiration et des produits de saison. Même si vous n'avez pas de

Comté

Brie de Meaux

Tomme de chèvre

Ami du Chambertin

Roquefort

Assortiment de fromages français prêts à être dégustés

CUISINE FRANÇAISE TRADITIONNELLE

Ce que l'on appelle habituellement « la cuisine française traditionnelle » a vu le jour dans les palais des rois et les châteaux de la noblesse. Elle met l'accent sur l'opulence plutôt que sur la frugalité et la diététique. Il s'agit souvent de riches plats en sauce rehaussés d'ingrédients de choix tels que truffes, foie gras, champignons rares et alcool. En France, la viande est traitée avec déférence et l'on aura coutume de vous demander quelle cuisson vous désirez pour votre bœuf, votre agneau ou votre canard. Le bœuf se mange généralement bleu ou saignant, l'agneau et le canard se mangent rosés. Parmi les mets rustiques les plus connus figurent les plats longuement mijotés comme le coq au vin, le bœuf bourguignon ou le cassoulet, originaire du Sud-Ouest.

Les escargots à la bourguignonne *sont de gros escargots de Bourgogne servis avec un beurre aillé et persillé.*

d'Auvergne, la viande charolaise de Bourgogne et le poulet jaune de Bresse, le jambon cru de Bayonne, les anchois de Collioure, l'agneau des Pyrénées et les melons de Provence.

NOUVELLE CUISINE

Ces dernières années, des chefs novateurs ont élaboré une nouvelle cuisine où les produits frais sont cuits rapidement afin de leur conserver leurs saveurs. Avec eux, les sauces sont à base de réductions pour rehausser

La vitrine alléchante d'une pâtisserie parisienne

Bocaux de foie gras de canard entier, un produit de luxe

l'élément principal. Cette quête d'originalité a conduit à la découverte d'ingrédients insolites, à une approche différente des grands classiques et parfois à la création de nouvelles combinaisons de saveurs

telles que le loup avec une sauce au vin rouge – ou au jus de raisin fermenté – accompagné d'une purée de haricots, la sole au jus de coing et à l'estragon, la *tempura* de langoustines en beurre blanc à la cannelle, le lapin aux épices indiennes et à la polenta aux tomates, la glace au romarin ou le sorbet à la lavande.

CUISINES ÉTRANGÈRES

Paris offre aussi un choix étonnant de cuisines du monde, notamment de ses anciennes colonies, comme les tajines macocains ou les poissons au coco du Cambodge. Mais le plus intéressant est de voir l'évolution de ces cuisines à mesure que de jeunes chefs inventent des combinaisons de saveurs exotiques avec les saveurs de chez eux.

À LA CARTE

Andouillette Saucisse faite d'intestins de porc ou de veau

Blanquette de veau Veau bouilli servi avec une sauce

Cuisses de grenouilles Grillées et relevées d'une sauce à l'ail

Île flottante Blancs d'œufs en neige sur crème anglaise

Plateau de fruits de mer Assortiment de coquillages crus et cuits

Ris de veau Thymus du veau

Rognons à la moutarde Reins avec sauce à la moutarde

Salade au crottin chaud Chèvre grillé sur salade verte

Salade frisée aux lardons Chicorée avec lardons frits

Sole meunière Farinée, cuite au beurre à la poêle, citronnée et servie dans son jus de cuisson

Les moules marinière *sont cuites à la vapeur dans un jus au vin blanc, aux échalotes et au persil.*

Le coq au vin *est mijoté au vin rouge, herbes aromatiques, ail, oignons-grelots et petits champignons.*

La tarte Tatin *est une tarte aux pommes caramélisées au sucre et au beurre et cuite à l'envers.*

Que boire à Paris

À Paris, on pourra découvrir la grande diversité des vins français. Au restaurant, il revient moins cher de commander du vin en carafe de 25 cl (quart), 33 cl (fillette) ou 50 cl (demi). Les cafés et les bars à vin servent également du vin au verre, que ce soit un « petit blanc » ou un « ballon de rouge » selon les expressions consacrées. Le vin du patron constitue souvent un choix digne de confiance.

Les vignes près du Sacré-Cœur *(p. 220)*

VINS ROUGES

Certains des plus grands crus au monde proviennent du Bordelais et de Bourgogne, mais pour la consommation quotidienne, on choisira dans la vaste gamme de petits bordeaux ou côtes-du-rhône. Essayez aussi certains crus du Beaujolais, comme le morgon, le fleurie, ou le beaujolais villages, assez léger pour être servi frais.

Bouteilles de bordeaux et de bourgogne aux formes caractéristiques

Les bordeaux, surtout les grands crus comme le château-margaux, sont parmi les meilleurs vins rouges au monde.

Les bourgognes rouges, vins capiteux, proviennent notamment de Gevrey-Chambertin, dans la Côte-de-Nuits.

Le beaujolais nouveau, vin fruité, est fêté le 15 novembre dans tous les cafés de France.

Les vins de la Loire, notamment le chinon, excellent, sont généralement légers et secs.

Le sud des Côtes-du-Rhône est célèbre pour le châteauneuf-du-pape, produit au nord d'Avignon.

Le nord des Côtes-du-Rhône produit des vins à robe sombre et bouquet généreux et épicé.

TABLEAU DES MILLÉSIMES

	2005	2004	2003	2002	2001	2000	1999	1998	1997
BORDEAUX									
Margaux, St-Julien, Pauillac, St-Estèphe	9	7	8	6	7	8	7	7	7
Graves, Pessac-Léognan (rouge)	9	7	6	6	7	8	7	8	7
Graves, Pessac-Léognan (blanc)	9	8	7	6	7	8	8	7	8
St-Émilion, Pomerol	9	7	6	5	8	8	7	7	7
BORDEAUX									
Chablis	9	8	7	8	8	8	8	8	9
Côte-de-Nuits (rouge)	9	7	7	6	7	7	7	7	8
Côte de Beaune (blanc)	9	8	7	8	8	7	7	8	9
LOIRE									
Bourgueil, Chinon	9	7	7	8	7	8	8	7	9
Sancerre (blanc)	9	8	7	7	8	8	8	7	9
RHONE									
Hermitage (rouge)	9	7	7	4	7	7	8	8	7
Hermitage (blanc)	9	7	6	4	8	9	7	8	8
Côte Rôtie	9	7	6	4	7	8	9	8	7
Châteauneuf-du-Pape	9	7	6	3	7	8	7	8	7

Cette échelle de 1 à 10, évaluation générale du millésime considéré, n'est donnée qu'à titre indicatif.

VINS BLANCS

Les meilleurs blancs proviennent de Bordeaux ou de Bourgogne. Pour le quotidien, on goûtera également un anjou blanc ou un sauvignon de Touraine. Les vins d'Alsace sont un choix sûr. Le sauternes, le barsac ou le côteaux-du-layon accompagnent à merveille le foie gras.

Riesling d'Alsace et bourgogne

VINS PÉTILLANTS

En France, on fête tout événement au champagne, millésimé ou non, de petit producteur ou de grande marque. D'autres régions viticoles produisent des vins selon la méthode champenoise, souvent bien moins onéreux, comme les crémants de Loire ou de Bourgogne, le vouvray, le saumur mousseux, ou la blanquette de Limoux.

Champagne

APÉRITIFS ET DIGESTIFS

L'apéritif universel, c'est le kir (vin blanc mélangé de crème de cassis). Le rafraîchissant pastis, au goût d'anisette, servi avec de la glace et un pichet d'eau, est également très commun, de même que les vermouths, comme le Noilly-Prat. Les digestifs accompagnent souvent le café en fin de repas : il peut s'agir d'alcools blancs (eaux-de-vie de fruits), de cognac ou d'armagnac (eau-de-vie de raisin), ou bien encore de calvados (eau-de-vie de pomme).

 Le kir : vin blanc et cassis

BIÈRES

En France, la bière est servie en bouteille ou en demi pression. La bière française blonde est la moins chère : les meilleures marques sont Météor et Mutzig, puis la « 33 », la « 1664 » et la Kronenbourg. La Leffe est une bière plus maltée, blonde ou brune (au goût plus prononcé). Pelforth brasse d'excellentes bières brunes et blondes. Certains bars et cafés sont spécialisés dans les bières étrangères, notamment les bières belges, très maltées et capiteuses.

(Pour les bars à bière, voir *p. 317*.)

Les vins d'Alsace portent le nom du cépage tel le célèbre gewürztraminer.

Les vins blancs de la Loire comptent notamment le pouilly-fumé, un blanc très sec, à bouquet parfois fumé.

Les bourgognes blancs dont le Chablis sont des vins secs et ronds en bouche produits au nord du pays.

La Loire produit entre autres le muscadet, blanc sec idéal pour accompagner vos plats de fruits de mer.

Le champagne, produit à l'est de Paris, est le plus célèbre vin pétillant. Le billecart-salmon est un champagne rosé.

Les bordeaux liquoreux sont des vins de dessert à robe dorée, le barsac et le sauternes étant les plus célèbres.

AUTRES BOISSONS

Les boissons aux couleurs vives que l'on boit dans tous les cafés de Paris sont des sirops à l'eau, vert émeraude pour le sirop à la menthe ou rose pour la grenadine. Les jus de fruits et les jus de tomate sont servis en bouteille, à moins que vous ne préfériez un citron pressé, ou une orange pressée, servi avec une carafe d'eau et du sucre afin de l'accommoder à votre goût. À Paris, l'eau du robinet est tout à fait buvable, mais si vous lui trouvez un goût désagréable, demandez une eau minérale, gazeuse ou plate, en bouteille.

Le citron pressé est servi avec de l'eau et du sucre

Choisir un restaurant

Les restaurants présentés ici ont été sélectionnés pour leur bon rapport qualité/prix ou pour leur cuisine d'exception. Ils sont classés par quartier et par ordre alphabétique à l'intérieur d'une même catégorie de prix. Pour plus de détails sur les snack-bars et les bars à sandwichs, reportez-vous aux *Repas légers et snacks*, pages 316-319.

CATÉGORIES DE PRIX

Pour un repas avec entrée, plat, dessert et une demi-bouteille de vin de la maison, taxes et service compris.

€ moins de 25 euros
€€ 25 à 35 euros
€€€ 35 à 50 euros
€€€€ 50 à 75 euros
€€€€€ plus de 75 euros

ÎLE DE LA CITÉ ET ÎLE SAINT-LOUIS

La Charlotte de l'Isle   €

24, rue Saint Louis en l'Île, 75004 **Tél.** *01 43 54 25 83*   **Plan** *13 C4*

Ayant ouvert ses portes dans les années 1970, ce petit salon de thé sert le meilleur chocolat chaud de Paris : tellement onctueux et parfumé qu'on peut être tenté de le délayer avec un peu de lait. Servis avec un thé aromatisé, les gâteaux sont tout aussi délicieux. Spectacles de marionnettes le mercredi.

Le Fin Gourmet   €€€

39, rue Saint Louis en l'Île, 75004 **Tél.** *01 43 26 79 27*   **Plan** *13 C4*

Pierre de taille, poutres apparentes et cave voûtée du XVIIe siècle font le charme de ce restaurant dont la délicieuse cuisine séduit à la fois Parisiens et visiteurs. Le menu fixe à 35 euros (trois plats, un verre de vin et un café) est une aubaine. À la carte : filet d'agneau au jus de truffe et excellent mœlleux au chocolat.

Isami   €€€

4, quai d'Orléans, 75004 **Tél.** *01 40 46 06 97*   **Plan** *13 C4*

Donnant directement sur les quais, ce petit restaurant ne sert que du poisson cru. C'est la raison pour laquelle il remporte autant de succès auprès des expatriés et des amateurs éclairés : les sushis d'une telle qualité sont rares à Paris. De la porcelaine japonaise décore les murs et l'atmosphère est reposante.

Mon Vieil Ami   €€€

69, rue Saint Louis en l'Île, 75004 **Tél.** *01 40 46 01 35*   **Plan** *13 C4*

Ce n'est pas exactement un restaurant végétarien, mais les légumes occupent une place d'honneur sur la carte, par ailleurs très inventive, de ce lieu au décor minimaliste. Essayez le chevreuil braisé aux céleris, prunes et coings ou la casserole alsacienne surmontée d'encornets, servie avec des haricots blancs aillés et des tomates. Fermé lun., mar.

Nos Ancêtres les Gaulois   €€€

39, rue Saint Louis en l'Île, 75004 **Tél.** *01 46 33 66 07*   **Plan** *13 C4*

Un restaurant pour les solides appétits où règne une atmosphère joviale. Un menu fixe avec choix de salades, buffet de charcuterie, grillades, plateau de fromages, fruits, desserts et vin à discrétion. Le décor, tout en bois, recrée l'ambiance d'une ancienne taverne.

LE MARAIS

Chez Hannah   €

54, rue des Rosiers, 75004 **Tél.** *01 42 74 74 99*   **Plan** *13 C3*

Moins connu que L'As du Fallafel qui se trouve dans la même rue, ce restaurant n'en produit pas moins des fallafels de toute première qualité. Remplis de pois chiches, de sauce au beurre de sésame, d'aubergines et de piment, on peut les déguster sur place ou dans la rue. Une bonne adresse du quartier juif du Marais.

La Victoire Suprême du Coeur   €

27-31, rue du Bourg Tibourg, 75004 **Tél.** *01 40 41 95 03*   **Plan** *13 C2*

Cuisine végétarienne réconfortante, servie dans une salle à manger bleue et blanche. La spécialité maison sont les champignons, en pâté ou rôtis avec une sauce aux myrtilles. Essayer le jus de carotte biodynamique et le délicieux crumble aux fruits rouges. Pas de boissons alcoolisées à part le cidre.

Bistrot de L'Oulette   €€

38, rue des Tournelles, 75004 **Tél.** *01 42 71 43 33*   **Plan** *14 E3*

Un minuscule restaurant avec des mets de bonne qualité à des prix raisonnables. Le menu offre un très bon rapport qualité/prix. Cuisine du Sud-Ouest dont un délicieux cassoulet maison et une queue de bœuf braisée. En dessert, essayez les poires caramélisées au pain d'épice et le fondant chocolat-framboise.

Légende des symboles *voir le rabat arrière de couverture*

Caves Saint-Gilles

4, rue Saint Gilles, 75003 **Tél. 01 48 87 22 62**   **Plan 14 D3**

Savourez l'atmosphère des lieux en patientant au bar pendant que des serveurs boute-en-train sortent des cuisines en criant « chaud devant ! », chargés d'assiettes copieusement garnies de tapas et de paella aux fruits de mer. Vous pourrez aussi déguster les brochettes de porc, d'agneau et de poulet, ou bien les poivrons et courgettes farcis.

Chez Jenny

39, bd du Temple, 75003 **Tél. 01 44 54 39 00**   **Plan 14 D1**

Cette immense brasserie de la place de la République reste le bastion de la cuisine alsacienne. Le costume alsacien des serveuses donne le ton. La choucroute « spécial Jenny » et la tarte aux fruits ou le sorbet arrosé d'eau-de-vie pour le dessert constituent un repas consistant. **www.chez-jenny.com**

Le Colimaçon

44, rue Vieille du Temple, 75004 **Tél. 01 48 87 12 01**   **Plan 13 C3**

Son nom lui vient de l'escalier qui occupe le centre de la salle. Classé, le bâtiment date de 1732 ; il est décoré de poutres d'époque. Les colimaçons (escargots) sont aussi présents sur la carte, aux côtés des cuisses de grenouilles à la sauce tomate et au persil, et du gigot de sept heures. **www.colimacon-marais.com**

Le Petit Marché

9, rue de Béarn, 75003 **Tél. 01 42 72 06 67**   **Plan 14 D3**

Situé à deux pas de la place des Vosges, c'est un des rares bistrots de Paris à être ouvert tous les jours, toute l'année. Il y a une belle terrasse et un salon marocain en sous-sol. Le service est parfois un peu brusque, mais la cuisine, moderne, est de bonne qualité. Plats sans gluten à la demande.

Les Philosophes

28, rue Vieille du Temple, 75003 **Tél. 01 48 87 49 64**   **Plan 13 C3**

Parmi les nombreux cafés gérés par Xavier Denamour dans cette rue, c'est celui qui a le plus de succès. Vous ne manquerez pas l'excellent steak frites ni la tarte tatin aux tomates qui est une spécialité de la maison, sans oublier le gâteau à la liqueur de café. La terrasse est parfaite pour observer les va-et-vient du Marais. Service rapide mais jovial.

Le Potager du Marais

22, rue Rambuteau, 75003 **Tél. 01 42 72 17 79**   **Plan 13 C3**

Les plats végétariens et bio font la réputation de ce restaurant du Marais. La cuisine est délicieuse et originale ; et les portions sont généreuses. Parmi les spécialités maison, le curry d'aubergines, le gratin de poireaux et la mousse au chocolat figurent en tête de liste. Les vins sont également bio. Il est préférable de réserver.

Brasserie Bofinger

3, rue de la Bastille, 75004 **Tél. 01 42 72 87 82**   **Plan 14 E4**

Fondée en 1864, cette brasserie affirme être la plus ancienne de Paris. C'est en tout cas l'une des plus belles avec ses vitraux, ses banquettes de cuir, ses décorations en cuivre et ses peintures murales signées Hansi (un artiste alsacien). Excellents fruits de mer, choucroute honorable et viandes grillées.

La Guirlande de Julie

25, pl. des Vosges, 75003 **Tél. 01 48 87 94 07**   **Plan 14 D3**

C'est un jeune chef talentueux, Éric Jolibois, qui opère dans les cuisines de ce restaurant au décor frais et pimpant. Pour profiter de la vue sur la place, choisissez une table dans la première salle près de la fenêtre. Par beau temps, service en terrasse sous les arcades.

Le Dôme du Marais

53 bis, rue des Francs Bourgeois, 75004 **Tél. 01 42 74 54 17**   **Plan 14 D3**

C'est ici qu'il faut venir pour de la vraie cuisine française traditionnelle ; sanglier, pieds de porc et tête de veau sont toujours à la carte. Parmi les plats plus délicats : filet de dorade en croûte épicée ou filet de cabillaud doré au champagne. Le service est correct et la remarquable coupole contribue à faire passer une bonne soirée. Réservation indispensable.

Le Gaigne

12, rue Pecquay, 75004 **Tél. 01 44 59 86 72**   **Plan 13 C2**

Le jeune Mickael Gaignon a travaillé des années dans les meilleurs restaurants avant d'ouvrir Le Gaigne. Dans une salle à manger intime, aux murs ivoire et prune, il propose une cuisine pleine d'imagination, basée sur la qualité des ingrédients, comme son Saint-Pierre raidi au beurre ou sa tartelette meringuée à la fraise et à la rhubarbe.

Le Repaire de Cartouche

8, bd des Filles du Calvaire, 75011 **Tél. 01 47 00 25 86**   **Plan 14 D2**

Comme son « frère » Le Villaret, ce restaurant est tenu par d'anciens employés de chez Astier, avec la même qualité de prestations. Sur la carte qui change au fil des saisons figurent notamment le pigeon rôti aux poireaux vinaigrette et la terrine de lapin au chocolat. Cadre traditionnel.

L'Ambroisie

9, pl. des Vosges, 75004 **Tél. 01 42 78 51 45**   **Plan 14 D3**

L'un des sept restaurants parisiens avec trois étoiles au *Michelin* installé dans une ancienne orfèvrerie. La carte du chef Bernard Pacaud propose notamment une mousse de poivrons rouges, un feuilleté aux truffes fraîches et des queues de langoustines aux graines de sésame. Possibilité de réserver un mois à l'avance.

BASTILLE

Bistrot du Peintre
116, av. Ledru Rollin, 75011 **Tél.** *01 47 00 34 39*

€€

Plan 14 F5

Ce bistrot décontracté aux moulures Art déco est fréquenté par une clientèle d'artistes locaux et de journalistes qui apprécie les prix raisonnables, la terrasse – souvent bondée – et la cuisine simple mais bonne, comme par exemple les steaks et les plats de poissons, toujours accompagnés de frites et de légumes.

L'Encrier
55, rue Traversière, 75012 **Tél.** *01 44 68 08 16*

€€

Plan 14 F5

La spécialité de ce repère de quartier sont les poires servies avec du roquefort et un verre de jurançon doux. On y sert aussi de l'agneau rôti aux herbes et du saumon accompagné d'œufs pochés et de lentilles tièdes. Mieux vaut réserver car les tables, extrêmement rapprochées, sont très prisées.

Le Souk
1, rue Keller, 75011 **Tél.** *01 49 29 05 08*

€€

Plan 14 F4

S'il y a beaucoup de restaurants marocains à Paris, peu offrent une atmosphère aussi authentique que celui-ci : tables en faïence, murs ocre et banquettes couvertes de coussins. Délicieuse, la cuisine justifie son prix. Essayez le tajine d'agneau aux amandes et aux pruneaux ou le couscous mixte. Service agréable.

Le Bistrot Paul Bert
18, rue Paul Bert, 75011 **Tél.** *01 43 72 24 01*

€€€

Quand on considère sa déco vintage, son bar en zinc et la qualité du menu – les grands classiques du bistrot – son succès n'a rien d'étonnant. Le personnel est accueillant, le steak frites est mémorable et la salle à manger est remplie de gourmets de toutes les nationalités. Carte des vins exceptionnelle.

BEAUBOURG ET LES HALLES

Le Bistrot Beaubourg
25, rue Quincampoix, 75004 **Tél.** *01 42 77 48 02*

€

Plan 13 B2

Ce restaurant au style bohème chic propose des classiques de la cuisine française. La raie au beurre noir et la côte de bœuf au poivre vert sont représentatives de la carte qui se renouvelle quotidiennement. Il n'est pas mal vu ici de s'attarder à table. La salle est tout aussi agréable que la terrasse ensoleillée.

Café Beaubourg
43, rue Saint Merri, 75004 **Tél.** *01 48 87 63 96*

€€

Plan 13 B2

Élégant décor contemporain face à l'animation du parvis du Centre Beaubourg. Restaurant simple et digne de confiance – quoiqu'un peu cher – où la qualité de la cuisine est garantie. Grand choix de tartares, de viandes grillées et de poissons. La carte propose aussi une salade thaïe.

Deda
8-10, rue Coquillère, 75001 **Tél.** *01 53 40 82 40*

€€

Plan 12 F1

La cuisine géorgienne était presque inconnue à Paris avant que n'ouvre ce restaurant-cave-épicerie en 2008, qui possède son propre four à pain. Pour s'initier, rien de tel que le Supra, un menu fixe comportant une certain nombre de plats à partager. Les vins géorgiens méritent également d'être découverts.

Le Hangar
12, impasse Berthaud, 75003 **Tél.** *01 42 74 55 44*

€€

Plan 13 B2

Situé à quelques pas du musée de la Poupée, ce restaurant de quartier propose une cuisine irrésistible : parmi les incontournables, citons le foie gras poêlé servi avec une purée à l'huile d'olive et le fondant au chocolat. Le décor n'a rien de spécial, mais la cuisine offre une compensation suffisante.

Le Tambour
41, rue Montmartre, 75002 **Tél.** *01 42 33 06 90*

€€

Plan 13 A1

Cette institution des Halles, décorée de bric et de broc parisiens (pavages de rues, bouches d'incendie…), est idéale pour les noctambules car ses cuisines restent ouvertes jusqu'à 3 h du matin (1 h dim.). Mais les horaires tardifs n'affectent pas la qualité de la cuisine, typiquement française.

Le Tir Bouchon
22, rue Tiquetonne, 75002 **Tél.** *01 42 21 95 51*

€€

Plan 13 A1

Ici, le chef ajoute une touche gourmande à des recettes régionales, par exemple avec le feuilleté de crevettes sauce safran ou le pigeon rôti aux morilles. Le confit de canard et le magret de canard au miel rencontrent également un franc succès.

Légende des catégories de prix *voir p. 300* **Légende des symboles** *voir le rabat arrière de couverture*

Les Fines Gueules 🏃 ♿ 🍴 🍷 €€

*43, rue Croix des Petits Champs, 75001 **Tél.** 01 42 61 35 41* **Plan** 12 F1

Depuis qu'il a été repris par Arnaud Bradol en 2007, ce bistrot sert le meilleur steak tartare au couteau de Paris. Accompagné de pommes de terre nouvelles au four et d'un salade-vinaigrette à l'huile de truffe, la viande vient de chez Hugo Desnoyers. Les vins bio proviennent de petits producteurs.

Au Pied de Cochon 🏃 ♿ 🍴 €€€

*6, rue Coquillière, 75001 **Tél.** 01 40 13 77 00* **Plan** 12 F1

Cette vieille brasserie rénovée était fréquentée par la bonne société qui venait se délecter d'une soupe à l'oignon en profitant de l'animation nocturne des Halles. Bien que touristique, l'endroit n'en demeure pas moins agréable. Carte variée avec d'excellents fruits de mer. Ouverture 24h/24.

Le 404 ♿ €€€

*69, rue Gravilliers, 75003 **Tél.** 01 42 74 57 81* **Plan** 13 B1

Situé dans un hôtel particulier construit au XVIᵉ siècle pour Gabrielle d'Estrée, la maîtresse d'Henri IV, Le 404 a pour propriétaire le comédien Smaïn. La cuisine puise son inspiration du côté de son Maroc natal : couscous, tajines et légumes aux saveurs authentiques. Formules meilleur marché à midi.

Le Grizzli 🏃 🍴 €€€

*7, rue Saint Martin, 75004 **Tél.** 01 48 87 77 56* **Plan** 13 B3

Fondé en 1903, Le Grizzli fut l'un des derniers lieux parisiens à présenter des ours danseurs. Il a retrouvé un second souffle depuis son changement de propriétaire. Celui-ci fait venir des produits de son Sud-Ouest natal : jambon cru, côtes d'agneau (grillées sur l'ardoise), fromages et vins de la production familiale.

Le Pharamond 🏃 ♿ 🍴 €€€

*24, rue de la Grande Truanderie, 75001 **Tél.** 01 40 28 45 18* **Plan** 13 A1

Fondé en 1870, ce bistrot a conservé son charme 1900 avec ses céramiques, son décor de pâte de verre, ses boiseries et ses miroirs. On continue d'y servir comme autrefois les tripes à la mode de Caen et le bœuf en daube. Le cidre de la vallée d'Auge est recommandé.

Chez la Vieille 🏃 🍷 €€€€

*1, rue de Bailleul, 75001 **Tél.** 01 42 60 15 78* **Plan** 12 F2

Les portions rapetissent dans les restaurants parisiens, sauf dans ce bistrot vieille école où les clients sont encouragés à se servir eux-mêmes de pâtés, de salades et de dessert (mousse au chocolat et tartes maison). Les plats principaux sont tout aussi roboratifs : tripe et blanquette de veau.

Benoît 🏃 🍷 €€€€€

*20, rue Saint Martin, 75004 **Tél.** 01 42 72 25 76* **Plan** 13 B2

Un bijou de bistrot parisien à l'ambiance chaleureuse. Le grand chef Alain Ducasse a conservé le décor de faux marbre, de cuivres et de voilages de dentelles créé en 1912. À la carte : ris de veau, foie gras maison et cassoulet. Remarquable sélection de vins.

Georges 🅿 🏃 ♿ 🍴 €€€€€

*19, rue Beaubourg, 75004 **Tél.** 01 44 78 47 99* **Plan** 13 B2

Restaurant du dernier étage du Centre Pompidou au décor minimaliste offrant des points de vue spectaculaires. Cuisine légère et inspirée : mousse de chèvre aux tomates cerises, sole meunière, agneau au chutney et macarons. Les noix de Saint-Jacques grillées avec leur beurre de citron sont une merveille. Belle terrasse.

QUARTIER DES TUILERIES

Café Véry 🏃 🍴 €

*Jardin des Tuileries, 75001 **Tél.** 01 47 03 94 84* **Plan** 12 D1

Située au cœur du jardin des Tuileries, la terrasse ombragée du Café Véry est très convoitée aux beaux jours par les Parisiens et les visiteurs à la fois. Les plats sont légers, sains et savoureux, comme le poisson cuit à la vapeur accompagné de salade de roquette ou le bol de fraises toutes fraîches.

Salon de Thé Angélina €

*226, rue de Rivoli, 75001 **Tél.** 01 42 60 82 00* **Plan** 11 C1

Les spécialités de ce salon de thé sont le Mont-Blanc – une tendre meringue surmontée de crème chantilly et de crème de marron – et le chocolat chaud. Le cadre Belle Époque se prête bien à un déjeuner sur le pouce ou à une pâtisserie à l'heure du goûter. Cédez à la gourmandise…

La Muscade 🏃 ♿ 🍴 €€

*36, rue Montpensier, 75001 **Tél.** 01 42 97 51 36* **Plan** 12 E1

Le classicisme français dans toute sa splendeur : une salle à manger de style Régence au cœur des jardins du Palais-Royal. Cuisine d'inspiration méditerranéenne comme le tajine de veau aux oranges et tomates glacées. Salon de thé l'après-midi proposant des pâtisseries telles que la pastilla aux figues.

Le Fumoir

6, rue de l'Amiral Coligny, 75001 **Tél.** 01 42 92 00 24   €€   **Plan** 12 F2

Café le jour et bar-restaurant la nuit tombée, Le Fumoir propose une excellente cuisine dont les origines scandinaves se devinent par la présence, en doses subtiles, de groseilles et de raifort. Les cocktails sont excellents et il y a une petite bibliothèque au fond avec de grands fauteuils en cuir.

Café Marly

93, rue de Rivoli, 75001 **Tél.** 01 49 26 06 60   €€€€   **Plan** 12 E2

Superbe vue sur le Louvre et cuisine française inventive : carpaccio, canard au caramel et coco, saumon à la crème d'épinards, macaron aux framboises. Le bœuf à la crème de roquefort est très apprécié de même que le tartare de thon à l'avocat et aux épices.

Goumard

9, rue Duphot, 75001 **Tél.** 01 42 60 36 07   €€€€   **Plan** 5 C5

Inauguré en 1872, ce restaurant a conservé ses lustres en verre et ses panneaux en marqueterie d'origine. Une cuisine de la mer de qualité avec notamment la bourride façon bouillabaisse ou le loup avec sa sauce aux huîtres. Carte de champagnes avec plus de 150 références.

Le Grand Louvre

Le Louvre, 75001 **Tél.** 01 40 20 53 41   €€€€   **Plan** 12 F2

Il est rare de trouver un bon restaurant de musée. Situé sous la pyramide en verre du Louvre, celui-ci propose une cuisine aux accents du Sud-Ouest (il a été créé par André Daguin, ancien chef étoilé d'Auch) : cou d'oie farci, foie gras, bœuf en daube, glace aux pruneaux à l'armagnac.

Restaurant du Palais Royal

110, galerie de Valois, 75001 **Tél.** 01 40 20 00 27   €€€€   **Plan** 12 F1

Ce bistrot contemporain est situé dans les jardins du Palais Royal. Les tables en terrasse sont très convoitées l'été – avec ses reflets de pierres précieuses, la salle est tout aussi agréable par temps plus frais. Parmi les classiques, citons les pommes de terre Pont Neuf, les risottos de saison et le baba au rhum.

Le Grand Véfour

17, rue de Beaujolais, 75001 **Tél.** 01 42 96 56 27   €€€€€   **Plan** 12 F1

Ce restaurant datant du XVIIIᵉ siècle est souvent considéré comme le plus beau de Paris. Son chef, Guy Martin, conserve sans peine ses trois étoiles au *Michelin* avec des créations telles que les noix de Saint-Jacques au beaufort, les ravioles de chou à l'émulsion de crème truffée et les galettes d'endives.

Le Meurice

228, rue de Rivoli, 75001 **Tél.** 01 44 58 10 55   €€€€€   **Plan** 12 D1

Yannick Alleno est un des meilleurs cuisiniers de Paris – un repas au Meurice est aussi savamment orchestré qu'un ballet, élégant et subtil comme le décor : inspiré du salon de la Paix au château de Versailles, il a été remanié par Philippe Starck en 2007.

SAINT-GERMAIN-DES-PRÈS

Coco & Co

11, rue Bernard Palissy, 75006 **Tél.** 01 45 44 02 52   €   **Plan** 12 E4

Le seul restaurant entièrement consacré aux œufs de Paris ! Parfait pour un en-cas reconfortant. Au menu, des œufs et seulement des œufs : en cocotte, durs, brouillés, en omelette… Le décor minimaliste, aux tons noir, rouge et gris, joue aussi sur la tendance cocotte.

La Crèmerie

9, rue des Quatre Vents, 75006 **Tél.** 01 43 54 99 30   €   **Plan** 12 F4

Cette ancienne crèmerie datant de 1880 abrite un bar à vin depuis les années 1950. Les propriétaires actuels, un couple d'architectes, aiment particulièrement les vins bio servis avec des tartines beurrées, du jambon espagnol, du saucisson d'Ardèche et de la *burrata* des Pouilles, en Italie.

Le Petit Saint-Benoît

4, rue Saint Benoît, 75006 **Tél.** 01 42 60 27 92   €   **Plan** 12 E3

Si vous avez envie de partager votre table avec les habitués et d'entendre des serveuses au franc parler, cet endroit est tout indiqué. La déco est un peu défraîchie mais la cuisine familiale du marché est d'un bon rapport qualité/prix. Six plats du jour qui se renouvellent en fonction du marché.

Aux Charpentiers

10, rue Mabillon, 75006 **Tél.** 01 43 26 30 05   €€   **Plan** 12 E4

Le cadre de ce vieux bistrot fréquenté par les étudiants et les habitants de Saint-Germain semble immuable. La carte du jour change quotidiennement mais vous pouvez aussi choisir le veau Marengo, le bœuf mode et les pâtisseries maison, le tout pour un prix raisonnable. Formules plus chères le soir.

Légende des catégories de prix *voir p. 300* **Légende des symboles** *voir le rabat arrière de couverture*

Chez Grannie 🏃 ♿ €€

27, rue Pierre Leroux, 75007 **Tél.** *01 47 34 94 14* **Plan** *11 B5*

Naoto Kimamura a fait ses classes avec le légendaire Jean Nardet à Tours avant d'ouvrir ce bistrot au décor simple dans un quartier chic. Sans chichis, sa cuisine pleine d'imagination a parfois une touche japonaise, comme ce poulpe aux tomates et à l'avocat. Excellent rapport qualité/prix.

L'Épigramme 🏃 🖼 €€

9, rue de l'Eperon, 75006 **Tél.** *01 44 41 00 09* **Plan** *12 F4*

Avec ses tomettes, ses poutres apparentes et sa vue sur une cour arborée, L'Épigramme a un charme très rive gauche. Séparée de la salle par une baie vitrée, la cuisine produit des plats de bistrot modernes comme ce porc basque sur une choucroute de salsifis et du gibier en saison. Le service est impeccable.

Polidor 🏃 ♿ €€

41, rue Monsieur le Prince, 75006 **Tél.** *01 43 26 95 34* **Plan** *12 F5*

Rendez-vous obligé de la bohème, ce restaurant était fréquenté par Verlaine et Rimbaud. Le Polidor a conservé sa renommée en proposant une cuisine traditionnelle à des prix imbattables. Steaks grillés, daube de bœuf, blanquette de veau et tartes (chocolat, citron et pommes).

Alcazar 🏃 ♿ €€€

62, rue Mazarine, 75006 **Tél.** *01 53 10 19 99* **Plan** *12 F4*

Cet ancien club à la mode des années 1970 a été repris par Terence Conran en 1999 pour devenir une brasserie-bar. Immense salle moderne et élégante où l'on sert une cuisine simple mais soignée. Formules « déjeuner » meilleur marché.

Bouillon Racine 🅿 🏃 ♿ €€€

3, rue Racine, 75006 **Tél.** *01 44 32 15 60* **Plan** *12 F5*

Ce bâtiment classé (1906) est un chef-d'œuvre de l'Art nouveau. Les « bouillons » furent les premiers restaurants populaires servant un plat unique de viande et un bouillon aux travailleurs des Halles. À la carte : cochon de lait farci et rôti, agneau au réglisse et risotto aux crustacés.

J'Go 🏃 🖼 🍴 €€€

Rue Clément, 75006 **Tél.** *01 43 26 19 02* **Plan** *12 E4*

Très animé, ce bar à vin toulousain est aussi une rôtisserie. On y sert l'agneau du Quercy cuit à la broche, du poulet rôti et du cochon noir de Bigorre. Le menu fixe est une affaire : pâté, grande salade et de l'agneau succulent avec des haricots blancs. Vous pouvez aussi manger des tapas. Les vins sont excellents.

Joséphine Chez Dumonet 🖼 🍴 €€€

117, rue du Cherche Midi, 75006 **Tél.** *01 45 48 52 40* **Plan** *11 C5*

Les bistrots d'avant-guerre se font de plus en plus rares dans Paris, ce qui explique sans doute le succès de Joséphine. Commencez par des harengs marinés avant de passer au steak tartare ou au cassoulet. Les desserts sont gargantuesques. Longue liste de vins, relativement chers.

Rôtisserie d'en Face 🅿 🏃 €€€

2, rue Christine, 75006 **Tél.** *01 43 26 40 98* **Plan** *12 F4*

Situé en face du restaurant gastronomique du même propriétaire Jacques Cagna, cet établissement propose une cuisine traditionnelle parfaitement maîtrisée : côtes de veau sauce morilles et pommes de terre écrasées, rougets poêlés aux câpres, endives caramélisées au citron.

Tan Dinh 🈺 🏃 ♿ €€€

60, rue de Verneuil, 75007 **Tél.** *01 45 44 04 84* **Plan** *12 D3*

Les prix relativement élevés de ce restaurant franco-vietnamien que dirige la discrète famille Vivian s'expliquent par la grande qualité de la cuisine et des vins (la plus grande carte des pomerols de Paris). Ici, il n'y a pas de lampions à l'orientale mais une décoration sobre.

Le Procope €€€€

13, rue de l'Ancienne Comédie, 75006 **Tél.** *01 40 46 79 00* **Plan** *12 F4*

Le plus vieux café de Paris (1686) fut fréquenté par des personnalités littéraires et politiques comme Voltaire et Diderot. Il demeure le rendez-vous de l'intelligentsia à laquelle se mêlent les curieux venus découvrir ce lieu historique. Une spécialité : le coq au vin, mais aussi des plateaux de fruits de mer.

Jacques Cagna 🅿 🏃 ♿ 🍴 €€€€€

14, rue des Grands Augustins, 75006 **Tél.** *01 43 26 49 39* **Plan** *12 F4*

Un élégant hôtel particulier du XVIIe siècle où le chef et propriétaire Jacques Cagna exécute une excellente cuisine alliant la tradition à la modernité. Essayez la salade de rougets au foie gras, le pigeon confit aux navets et le paris-brest. La carte des vins est admirable.

Lapérouse 🅿 ♿ 🍴 €€€€€

51, quai des Grands Augustins, 75006 **Tél.** *01 43 26 68 04* **Plan** *12 F4*

Ce célèbre restaurant fut l'un des fleurons de la gastronomie à Paris et l'est encore aujourd'hui grâce à son chef et propriétaire Alain Hacquard. Les salons ont conservé leur décoration des années 1850. Les meilleures tables sont du côté de la fenêtre. Service de voiturier.

QUARTIER LATIN

Breakfast In America   €
17, rue des Écoles, 75005 **Tél.** *01 43 54 50 28*   **Plan** *13 A5*

Pour un petit déjeuner à toute heure de la journée, une seule adresse, ce petit *dîner* typiquement américain. Bacon croustillant, saucisses, œufs, hotdogs, hamburgers, steaks et pancakes au sirop d'érable valent bien l'inévitable file d'attente.

Le Grenier de Notre-Dame   €
18, rue de la Bûcherie, 75005 **Tél.** *01 43 29 98 29*   **Plan** *13 A4*

Ouvert dans les années 1970, ce restaurant a conservé son atmosphère baba cool. Des produits en majorité bio pour une nourriture substantielle : gratin de poisson, ragoût de légumes ou escalope végétale panée. Bonne sélection de vins à prix raisonnable, dont un château Chauvignac.

Christophe   €€
8, rue Descartes, 75005 **Tél.** *01 43 26 72 49*   **Plan** *13 A4*

Il ne faut pas se laisser décourager par le décor un peu terne ; l'important, chez Christophe, est dans l'assiette. Au menu vous choisirez parmi une grande variété de plats inventifs dont des langoustines croustillantes en feuilles de filo et un moelleux au chocolat fondant à souhait.

Itinéraires   €€
5, rue de Pontoise, 75005 **Tél.** *01 43 54 59 47*   **Plan** *13 B5*

Sylvain Sendra a ouvert ce bistrot moderne après avoir remporté un franc succès avec son premier restaurant, Le Temps au Temps, à la Bastille. Itinéraires est rapidement devenu un des meilleurs restaurants du quartier. Les dîneurs solitaires peuvent s'installer au bar ou à la grande table commune.

Le Pré Verre   €€
19, rue du Sommerard, 75005 **Tél.** *01 43 54 59 47*   **Plan** *13 A5*

Les frères Marc et Philippe Delacourcelle dirigent ce restaurant aux murs couleur prune et dont la cuisine est inspirée par l'Asie. Emblématique, la morue salée rôtie à l'écorce de cannelle, servie avec une purée de pommes de terres fumées. Les vins viennent de petits producteurs et l'ambiance est toujours chaleureuse.

Loubane   €€
29, rue Galande, 75005 **Tél.** *01 43 26 70 60 ou 01 43 54 21 27*   **Plan** *9 A4*

Restaurant libanais proposant parmi ses spécialités de généreux *mezze* servis sous le regard attentif du patron, dont le principal but dans la vie semble être de donner satisfaction à ses clients. Des groupes de musique libanaise jouent fréquemment au au sous-sol.

Perraudin   €€
157, rue Saint Jacques, 75005 **Tél.** *01 46 33 15 75*   **Plan** *16 F1*

Des nappes en vichy au bar en zinc en passant par le menu, tout ici évoque les bistrots de la Belle Époque. Au menu, les classiques comme le carré d'agneau frites, le carpaccio de bœuf au parmesan et un riz au lait crémeux à souhait. Réservations pour le service de 19-20 h. Ensuite, on patiente au bar.

Le Petit Pontoise   €€€
9, rue de Pontoise, 75005 **Tél.** *01 46 29 25 20*   **Plan** *13 B5*

Restaurant de quartier très couru proposant une cuisine aux herbes et aux épices inventive : caille poêlée au miel, aux noix et aux fruits secs. Le risotto à la truffe, le Parmentier de canard au foie gras poêlé et le soufflé chaud à la vanille composeront un menu parfait. Réservation recommandée.

Rôtisserie du Beaujolais   €€€
19, quai de la Tournelle, 75005 **Tél.** *01 43 54 17 47*   **Plan** *13 B5*

Situé face à la Seine, ce restaurant appartenant à feu Claude Terrail de La Tour d'argent, est équipé d'une rôtisserie. Viandes et fromages sont en général commandés chez les meilleurs fournisseurs de Lyon. Pour les accompagner, vous choisirez sans nul doute un beaujolais.

Brasserie Le Balzar   €€€€
49, rue des Écoles, 75005 **Tél.** *01 43 54 13 67*   **Plan** *13 A5*

Situé au cœur du Quartier latin, ce bistro possède une grande salle à manger. Au milieu des lambris et des grands miroirs, les Sorbonnards et les touristes s'installent sur les banquettes. Au menu, les classiques : soupe à l'oignon, steak au poivre, choucroute et tarte tatin. Service agréable.

La Tour d'Argent   €€€€€
15-17, quai de la Tournelle, 75005 **Tél.** *01 43 54 23 31*   **Plan** *13 B5*

Fondée en 1582, elle semble éternelle. André Terrail a fait appel au chef Stéphane Haissant pour rajeunir la carte. Au rez-de-chaussée, le bar abrite un musée de la gastronomie ; on accède au luxueux restaurant panoramique en ascenseur. Une des meilleures caves à vin du monde. La carte du déjeuner est moins chère que celle du dîner.

Légende des catégories de prix *voir p. 300* **Légende des symboles** *voir le rabat arrière de couverture*

QUARTIER DU JARDIN DES PLANTES

La Mosquée de Paris   🚶 ♿ 🍽   €€
39, rue Geoffroy Saint Hilaire, 75005 **Tél.** *01 43 31 18 14*   **Plan** *17 B2*

Par une belle journée ensoleillée, il y a peu d'endroits où boire un thé à la menthe est aussi agréable qu'installé
à l'ombre du figuier de la mosquée de Paris. À l'intérieur, grand choix de pâtisseries orientales et possibilité
de prendre un repas dans une des vastes salles à manger, fort accueillantes.

Marty Restaurant   🅿 🚶 ♿ 🍽   €€€
20, av. des Gobelins, 75005 **Tél.** *01 43 31 39 51*   **Plan** *17 B3*

Cadre Art déco authentique auquel la cuisine parvient à ravir la vedette. Plats copieux tels que canard rôti
ou sauté de lapin. Laissez-vous séduire par les plats de saison comme le gaspacho. Excellente crème brûlée.
La famille Marty dirige l'établissement depuis sa fondation en 1913.

Mavrommatis   🚶 ♿ 🍽   €€€€
42, rue Daubenton, 75005 **Tél.** *01 43 31 17 17*   **Plan** *17 B2*

Ce restaurant grec au décor élégant est tenu par les frères Mavrommatis : l'un est en cuisine et l'autre accueille les
clients. Au nombre des spécialités figurent la moussaka et l'agneau rôti *(sheftalia)*. Vous continuerez votre voyage
chez les Hellènes avec un yaourt et un *baklava* en dessert.

MONTPARNASSE

La Cantine du Troquet   🚶 ♿   €€
101, rue de l'Ouest, 75014 **Tél.** *01 45 40 04 98*   **Plan** *15 B4*

C'est le troisième restaurant de Christian Etchebest, déjà bien connu pour son Troquet dans le 15e arrondissement
(p. 308). Les grandes tables communes et un menu plein de classiques de bistrot créent une atmosphère de cantine,
avec la touche experte d'Etchebest en prime. Le restaurant ne prend pas de réservation.

La Cerisaie   €€
70, bd Edgar Quinet, 75014 **Tél.** *01 43 20 98 98*   **Plan** *16 D2*

Quelque peu occulté par la tour Montparnasse, ce bistrot sert une cuisine traditionnelle et généreuse : maquereaux
accompagnés d'une purée de pommes de terre bien fondante et filet de porc aux asperges. L'excellente carte des vins
fait la part belle aux petits – mais talentueux – producteurs.

La Cagouille   🚶 🍽   €€€
10-12, pl. Constantin Brancusi, 75014 **Tél.** *01 43 22 09 01*   **Plan** *15 C3*

Ce vaste restaurant bordant la place Brancusi, au cœur du nouveau Montparnasse, est l'un des meilleurs restaurants
de poissons de Paris. Les grands poissons sont préparés de façon simple sans trop de sauces. En saison, vous
goûterez peut-être les noix de Saint-Jacques sauce balsamique ou les filets de mulet. Il y a aussi une cave à cognac.

La Coupole   €€€
102, bd du Montparnasse, 75014 **Tél.** *01 43 20 14 20*   **Plan** *16 D2*

Cette célèbre brasserie fondée en 1927 était le rendez-vous des artistes, intellectuels et gens de la mode. Même
propriétaire que la Brasserie Flo et même carte : fruits de mer, saumon fumé, curry d'agneau (spécialité maison)
et savoureux desserts. Ouvert de l'heure du petit déjeuner à 2 h du matin.

L'Assiette   🚶 🍴   €€€
181, rue du Château, 75014 **Tél.** *01 43 22 64 86*   **Plan** *15 C4*

Longtemps dirigé par Lulu, grand fumeur de cigares, et fréquenté par des pontes du PS, L'Assiette a été reprise en
2008 par David Rathberg, un élève de Ducasse. Les harengs marinés avec une salade de pommes de terre chaudes
et la crème caramel « revisitée » attirent désormais des jeunes célébrités.

Le Jeu de Quilles   🚶 ♿   €€€
45, rue Boulard, 75014 **Tél.** *01 53 90 76 22*   **Plan** *16 D4*

Ce restaurant qui n'ouvre que pour le déjeuner et qui se double d'une épicerie à l'entrée illustre parfaitement la
nouvelle tendance : de superbes ingrédients, préparés simplement et servis sans prétention. La viande provient
de chez Hugo Desnoyer. Goûtez le veau aux champignons porcini frais et aux frites.

Le Parc aux Cerfs   🚶   €€€
50, rue Vavin, 75006 **Tél.** *01 43 54 87 83*   **Plan** *16 D1*

Il n'y a pas de cerfs aux alentours et le restaurant est situé dans un environnement très urbain, mais il bénéficie
néanmoins d'une cour intérieure fort agréable pour prendre un repas dehors. Le menu est d'un bon rapport
qualité/prix et les plats traditionnels français ont toujours une petite note d'originalité.

Wadja
    🧍   €€€

10, rue de la Grande Chaumière, 75006 **Tél.** *01 46 33 02 02*   **Plan** 16 D2

Son excellent menu du jour attire à la fois les familles du coin et les artistes. Gibier, viandes et poissons sont toujours à la carte et les serveurs prêts à vous recommander un vin adapté à votre plat car la carte des vins est particulièrement variée et éclectique.

INVALIDES ET QUARTIER DE LA TOUR EIFFEL

Sip Babylone
    🧍   €

46, bd Raspail, 75007 **Tél.** *01 45 48 87 17*   **Plan** 12 D4

Un snack-bar au décor raffiné à proximité du Bon Marché, idéal pour une pause gourmande si vous faites votre shopping. Thé et pâtisseries à toute heure. Au déjeuner, assiette de fromages, salade au bacon et parmesan, assiette de saumon fumé, *taramasalata* et aubergine.

La Billebaude
    🧍   €€

29, rue de l'Exposition, 75007 **Tél.** *01 45 55 20 96*   **Plan** 10 F3

Ce restaurant accueillant propose une bonne cuisine maison à base d'ingrédients frais, à des prix raisonnables. Les spécialités bourguignonnes sont à l'honneur ; foie gras maison, coquilles Saint-Jacques et lapin, sans oublier le foie de veau rôti servi avec une confiture d'oignons.

Les Cocottes de Christian Constant
    🧍♿   €€

135, rue Saint Dominique, 75007 **Tél.** *01 45 50 10 31*   **Plan** 10 F3

Si vous aimez la cuisine de bistrot et que vous n'avez pas de temps à perdre, Les Cocottes ont ce qu'il vous faut. Des plats cuits en cocotte, justement, avec une soupe et une salade, pour dîner rapidement, le tout servi au comptoir pour accélérer le roulement. Le restaurant ne prend pas de réservation.

Au Bon Accueil
    🧍🔲🍷   €€€

14, rue Monttessuy, 75007 **Tél.** *01 47 05 46 11*   **Plan** 10 E2

Vu de l'extérieur, avec sa terrasse qui donne sur la Tour Eiffel, on dirait un bistrot. À l'intérieur, le raffinement du décor et la qualité de la cuisine font plutôt penser à de la haute cuisine, en miniature. Pour dépenser moins, essayez les menus à prix fixe : le chef ne lésine pas sur la qualité ni sur la quantité des ingrédients.

L'Ami Jean
    🧍♿🔲   €€€

27, rue Malar, 75007 **Tél.** *01 47 05 86 89*   **Plan** 10 F2

Avec son décor de taverne, ce restaurant basque est un des bistrots les plus courus de Paris. Stéphane Jego a su mettre un peu de fantaisie dans la cuisine du Sud-Ouest. Ne manquez pas les ris d'agneau enveloppés dans des tranches de chorizo extra-fines. Mieux vaut réserver une dizaine de jours à l'avance.

La Villa Corse
    🧍🔲   €€€

164, bd de Grenelle, 75015 **Tél.** *01 53 86 70 81*   **Plan** 10 E5

Agréablement située, cette Villa est considérée comme l'un des meilleurs restaurants corses de Paris. Cuisines corse et méditerranéenne aux accents prononcés : ragoût de sanglier, veau aux olives, brousse et pain aux chataignes (de Bonifacio). Bonne sélection de vins corses.

Le Troquet
    🅿🧍🔲   €€€

21, rue François Bonvin, 75015 **Tél.** *01 45 66 89 00*   **Plan** 10 F5

Petit bijou dans une rue résidentielle calme, avec vue sur la tour Eiffel. Les habitués du quartier se délectent de l'atmosphère conviviale et de la nourriture fabuleuse du chef basque Christian Etchebest. Quelques plats inhabituels comme la tarte à l'anguille fumée avec purée d'avocat et pommes.

Thoumieux
    🧍   €€€€

79, rue Saint Dominique, 75007 **Tél.** *01 47 05 49 75*   **Plan** 11 A2

Bistrot traditionnel très animé d'un bon rapport qualité/prix. Ici, les produits sont frais et presque tout est préparé sur place, y compris le foie gras, les rillettes de canard, le cassoulet et la mousse au chocolat. Le service est rapide.

L'Arpège
    🧍   €€€€€

84, rue de Varenne, 75007 **Tél.** *01 45 51 47 33*   **Plan** 11 B3

Proche du musée Rodin, le restaurant d'Alain Passard (trois étoiles au *Michelin*) est l'un des plus réputés de Paris. Décor de bois clair, service jeune et dynamique. Le homard aux navets vinaigrette et le canard Louise Passard sont des classiques de la maison. La tarte aux pommes est incontournable.

Le Jules Verne
    🅿🧍🔲🍽   €€€€€

Tour Eiffel, 2e étage, 75007 **Tél.** *01 45 55 61 44*   **Plan** 10 D3

Au 2e étage de la tour Eiffel, Le Jules Verne n'est pas un piège à touristes, mais l'un des restaurants de Paris où il est le plus difficile de réserver pour le dîner. Le décor noir sied parfaitement au célèbre monument et l'excellente cuisine flatte autant les yeux que les papilles.

Légende des catégories de prix *voir p. 300* **Légende des symboles** *voir le rabat arrière de couverture*

Vin sur Vin
20, rue de Monttessuy, 75007 **Tél.** *01 47 05 14 20*
Plan *10 E2*

Le propriétaire Patrice Vidal est fier, à juste titre, des huit tables de sa salle à manger. Carte de saison originale et fabuleuse sélection de vins à des prix raisonnables. Parmi les plats figurent le pot-au-feu de foie gras, la salade folle et la côte de veau du Cantal.

CHAILLOT ET PORTE MAILLOT

6 New York
6, av. de New York, 75016 **Tél.** *01 40 70 03 30*
Plan *10 E1*

Restaurant branché à l'impressionnant décor minimaliste dans les tonalités de gris et de bois clair. Fait étonnant, cet endroit à la mode sert une cuisine résolument traditionnelle : pieds de porc, sole à la niçoise et risotto aux légumes.

Bistro le Goupil
4, rue Claude Debussy, 75017 **Tél.** *01 45 74 83 25*
Plan *3 C1*

Situé aux marges de Paris, ce bistro vintage attire une clientèle d'habitués avec son entrecôte cuite à la perfection et sa lotte aux artichauts et aux champignons sauvages. De temps en temps, on aperçoit le jeune cuisinier en train de jeter un coup d'œil sur la salle, depuis la cuisine ouverte. Bonne ambiance.

Chez Géraud
31, rue Vital, 75016 **Tél.** *01 45 20 33 00*
Plan *9 B3*

Le jovial propriétaire Géraud Rongier n'emploie que les meilleurs produits du jour pour créer des plats tels que l'épaule d'agneau à la broche, le sabodet à la vigneronne, la raie à la moutarde, le pigeon rôti sauce au porto et le gâteau au chocolat amer. Beau décor mural de céramiques.

La Grande Armée
3, av. de la Grande Armée, 75016 **Tél.** *01 45 00 24 77*
Plan *4 D4*

Situé à quelques pas de l'Arc de Triomphe, en face des Champs-Élysées, cette brasserie des frères Costes est une bonne adresse à connaître. Décorée dans un goût napoléonien légèrement décalé, La Grande Armée a un menu consensuel : de la salade César au steak argentin, il y en a pour tous les goûts.

La Plage
Port de Javel, 75015 **Tél.** *01 40 59 41 00*
Plan *9 B5*

Un emplacement spectaculaire face à la statue de la Liberté de l'île aux Cygnes. Mais la cuisine n'a rien à envier à la vue. La terrasse est l'endroit où il faut être vu au déjeuner et où on vient dîner aux chandelles par les beaux soirs d'été. Décoration dans un mélange de bois et de tons pastel.

L'Huîtrier
16, rue Saussier Leroy, 75017 **Tél.** *01 40 54 83 44*
Plan *4 E2*

Ce restaurant a pour spécialité les fruits de mer, notamment les huîtres par six ou par douze. Il propose aussi des plats de poissons chauds. Il constitue une excellente halte avant ou après un tour sur le marché de la rue Poncelet, proche de là.

Le Timgad
21, rue Brunel, 75017 **Tél.** *01 45 74 23 70*
Plan *3 C3*

Le restaurant du Maghreb le plus connu et le plus chic de Paris depuis des années, où il est donc recommandé de réserver. La carte propose un large choix de bricks, de tajines et de couscous ainsi que des spécialités comme le pigeon grillé, la pastilla ou encore le méchoui (qui doit être commandé à l'avance).

Prunier
16, av. Victor Hugo, 75116 **Tél.** *01 44 17 35 85*
Plan *4 D4*

Fondé en 1925, Prunier est l'un des plus beaux restaurants de poissons de Paris avec sa salle Art déco située à l'étage. Vous dégusterez de superbes poissons et fruits de mer, notamment du saumon fumé et différents caviars. La carte change suivant la saison. Service de voiturier.

Zebra Square
3, pl. Clément Ader, 75016 **Tél.** *01 44 14 91 91*
Plan *9 B4*

Bâtiment moderne (rattaché à l'hôtel Square) au décor minimaliste rehaussé ici et là de zébrures noires. La cuisine est aussi résolument moderne : gâteau de crabe, carpaccio d'aubergines et tartare de saumon. Brunch dominical. Le rendez-vous du monde de la mode et des médias.

L'Astrance
4, rue de Beethoven, 75016 **Tél.** *01 40 50 84 40*
Plan *9 C3*

Une cuisine inventive qui a un tel succès que les réservations se font un mois à l'avance : sauté de pigeon sauce caramélisée aux noix, minestrone pommes et céleri et glace aux épices grillées. Le menu-surprise est aussi attrayant que la fleur des montagnes qui a donné son nom au restaurant.

Le Relais du Parc   🚶 ⊞ 🍴   €€€€€
55-57, av. Raymond Poincaré, 75016 **Tél.** *01 47 27 59 59*   **Plan 9 C1**

Cette demeure historique était à l'origine tenue par Alain Ducasse et Joël Robuchon qui revisitaient les grands classiques de la cuisine française. Alexandre Nicolas, formé par Ducasse, a repris le flambeau en 2009 en imprimant sa marque au menu, plus moderne. En été, profitez de la charmante terrasse.

CHAMPS-ÉLYSÉES

Granterroirs   €
30, rue de Miromesnil, 75008 **Tél.** *01 47 42 18 18*   **Plan 5 B4**

On est presque surpris de trouver cette épicerie-restaurant avec son décor campagnard et ses longues tables communes dans le quartier des Champs-Élysées. Plus de 800 produits sur les étagères : la plupart sont disponibles en salade ou en sandwich. Vous pouvez aussi tester le plat du jour qui, lui, est servi chaud. Ouvert seulement pour le déjeuner.

Ladurée   🚶   €
75, av. des Champs-Elysées, 75008 **Tél.** *01 40 75 08 75*   **Plan 4 F5**

Considérée comme l'un des meilleurs salons de thé parisiens depuis 1862, la maison Ladurée n'a rien perdu de son lustre d'antan. L'élégant établissement décoré dans le style Renaissance continue de servir ses fameux macarons aux divers parfums (pistache, anis, caramel, noisette, citron vert et basilic).

Atelier Renault   €€
52, av. des Champs-Elysées, 75008 **Tél.** *08 11 88 28 11*   **Plan 4 F5**

Ce café aux allures futuristes, tout en verre et en aluminium, attend les amateurs de voitures Renault au-dessus de la salle d'exposition. Il est idéal pour un sandwich ou un plat de pâtes sur les Champs, et propose aussi trois menus alliant cuisine française et saveurs du monde.

Bistrot Napolitain   🚶 ♿ ⊞   €€
18, av. Franklin D. Roosevelt, 75008 **Tél.** *01 45 62 08 37*   **Plan 5 A5**

Dans un quartier où les apparences comptent souvent plus que tout, c'est un soulagement de trouver ce restaurant avec ses nappes en papier ; il sert en outre une des meilleures pizzas de Paris (essayez celle à la roquette). La salle est toujours comble et bruyante. Le service un peu brusque fait partie de l'ambiance.

Les Saveurs de Flora   🚶 ♿ 🍴   €€€
36, av. George V, 75008 **Tél.** *01 40 70 10 49*   **Plan 4 E5**

Dans ce restaurant romantique tout décoré de rose, la cuisine de Flora Mikula s'inspire de ses racines provençales et de ses voyages de par le monde. Commandez par exemple le bar aux aubergines et finissez avec l'excellent plateau de fromages ou les fabuleux desserts. Le menu fixe est une affaire.

Savy   🚶 🍴   €€€
23, rue Bayard, 75008 **Tél.** *01 47 23 46 98*   **Plan 10 F1**

Ouvert en 1923, ce restaurant Art déco aux banquettes confortables se spécialise dans la cuisine aveyronnaise. Vous pourrez ainsi essayer le steak marbré ou encore l'épaule d'agneau pour deux, servis avec des frites extra-fines. La cave recèle d'excellents vins, à commencer par le Mercurey de Bourgogne.

Flora Danica   P 🚶 ♿ ⊞   €€€€
142, av. des Champs-Elysées, 75008 **Tél.** *01 44 13 86 26*   **Plan 4 E4**

Situé au rez-de-chaussée de la maison du Danemark, ce restaurant est plus décontracté et moins cher que Le Copenhague à l'étage. Authentique cuisine scandinave avec une légère note française. Parmi les spécialités : saumon grillé et fraises au vin chaud. La jolie décoration est de style danois. Voiturier.

La Fermette Marbeuf 1900   🚶 ♿ ⊞   €€€€
5, rue Marbeuf, 75008 **Tél.** *01 53 23 08 00*   **Plan 4 F5**

Une fabuleuse décoration Belle Époque avec mosaïques, céramiques et fer forgé a été découverte sous le Formica des murs de ce bistrot. La Fermette Marbeuf sert une bonne cuisine de brasserie, notamment un honnête menu à prix fixe, et grande sélection de vins AOC.

L'Avenue   P 🚶 ♿ ⊞   €€€€
41, av. Montaigne, 75008 **Tél.** *01 40 70 14 91*   **Plan 10 F1**

Situé au cœur du quartier de la haute couture, ce restaurant attire une clientèle élégante. Le décor coloré s'inspire des années 1950. Les serveurs peuvent être un peu débordés aux heures de pointe, mais nous sommes dans une brasserie. Cuisine variée et souper jusque tard dans la nuit.

Guy Savoy   🍴   €€€€€
18, rue Troyon, 75017 **Tél.** *01 43 80 40 61*   **Plan 4 D3**

Une salle élégante et un service professionnel pour rendre hommage à la remarquable cuisine de Guy Savoy en personne. La carte (trois étoiles au *Michelin*) propose notamment un aspic d'huîtres, un poulet de Bresse glacé au vinaigre de xérès, un pigeon poché ou grillé aux lentilles et un sublime dessert.

Légende des catégories de prix *voir p. 300* **Légende des symboles** *voir le rabat arrière de couverture*

La Maison Blanche
P 🏠 ♿ 🍽️ 🔲   €€€€€

15, av. Montaigne, 75008 **Tél.** *01 47 23 55 99*   **Plan** 10 F1

En venant s'installer ici, la très courue Maison Blanche a cru bon d'ajouter « 15 avenue Montaigne » à son enseigne. Un décor moderne dans un espace qui confine à l'opulence pour une clientèle mondaine. La savoureuse cuisine bénéficie des influences de la Provence et du Sud-Ouest.

Lasserre
🔲   €€€€€

17, av. Franklin D. Roosevelt, 75008 **Tél.** *01 43 59 02 13*   **Plan** 11 A1

Conçu pour l'Exposition Universelle de 1937 dans l'esprit d'un paquebot de luxe, ce restaurant (2 étoiles au *Michelin*) au décor opulent était jadis fréquenté par Chagall et Dalí. La cuisine raffinée du chef Jean-Louis Nomicos est inspirée de recettes du XIXᵉ siècle, dont les macaronis aux truffes noires. Service impeccable.

Le Cinq
P ♿ 🍽️ 🔲 🍷   €€€€€

31, av. George V, 75008 **Tél.** *01 49 52 70 00*   **Plan** 4 E5

Si vous voulez vous faire vraiment plaisir, offrez-vous un repas dans ce somptueux restaurant de l'hôtel George V. Faisant preuve d'une maîtrise technique époustouflante, le chef a su intégrer des éléments comme le wasabi et la harissa. Vu la qualité des plats, le menu du déjeuner à 85 € est une affaire.

Pavillon Ledoyen
P 🏠 🔲   €€€€€

1, av. Dutuit, 75008 **Tél.** *01 53 05 10 02*   **Plan** 11 B1

Une cuisine raffinée proposant notamment un filet de turbot et pommes de terre écrasées au beurre de truffes et un mille-feuille de fines *krampouz* craquantes à la crème de citron. Vous aurez le choix entre la salle à manger (à l'image des rôtisseries des années 1950) ou la terrasse.

QUARTIER DE L'OPÉRA

Chartier
🏠 ♿   €

7, rue du Faubourg Montmartre, 75009 **Tél.** *01 47 70 86 29*   **Plan** 6 F4

En dépit de sa salle classée de style 1900, Chartier s'adresse à une clientèle à petit budget mais quelques vieux habitués apprécient la simplicité de sa cuisine : œufs mayonnaise, terrine maison, poulet rôti et steak au poivre. Les serveurs étant très occupés, préparez-vous à attendre.

Le Grand Colbert
€€€

2-4, rue Vivienne, 75002 **Tél.** *01 42 86 87 88*   **Plan** 6 F5

Assurément l'une des plus belles brasseries de Paris, située dans la galerie Colbert qui fait partie de la Bibliothèque nationale. Carte de brasserie traditionnelle : filets de hareng aux pommes de terre ou à la crème, escargots, soupe à l'oignon, merlan Colbert (pané) et grillades.

Le Vaudeville
🏠 🍽️   €€€

29, rue Vivienne, 75002 **Tél.** *01 40 20 04 62*   **Plan** 6 F5

L'un des sept établissements du roi de la brasserie parisienne, Jean-Paul Bucher. À la carte vous sont proposés de bons fruits de mer, le fameux saumon fumé de Bucher et divers autres poissons, ainsi que des plats de brasserie classiques (pieds de cochon et andouillettes). Service aimable et rapide, et ambiance animée.

Les Alchimistes
♿   €€€

16, rue Favart, 75002 **Tél.** *01 42 96 69 86*   **Plan** 6 F5

Situé tout près de l'Opéra-Comique, ce restaurant chaleureux propose des plats comme le veau Parmentier aux pleurotes ou la tarte chaude au chocolat avec sa glace au chocolat blanc. La décoration allie le neuf et l'ancien, avec des murs rouges et des meubles sombres.

Les Noces de Jeannette
🏠 ♿   €€€

14, rue Favart, 75002 **Tél.** *01 42 96 36 89*   **Plan** 6 F5

Ce bistrot a pris le nom de l'opéra-comique en un acte qui fut souvent joué à la salle Favart, de l'autre côté de la rue. Belle décoration et atmosphère cosy. Le menu à prix fixe propose divers plats traditionnels, notamment la vichyssoise et la terrine de crustacés à la crème d'oseille. La carte change régulièrement.

Willi's Wine Bar
🏠   €€€

13, rue des Petits-Champs, 75001 **Tél.** *01 42 61 05 09*   **Plan** 12 F1

Des affiches originales célèbrent le vin sur les murs, et dans la cave se trouvent plus de 250 grands crus. À la carte nous avons sélectionné la tarte à l'oignon, la salade parsemée de pignons, la fricassée de bœuf et endives braisées sauce au romarin et la terrine au chocolat amer.

La Fontaine Gaillon
P 🏠 🍽️   €€€€

1, rue de la Michodière, 75002 **Tél.** *01 47 42 63 22*   **Plan** 6 E5

Cette ancienne demeure du XVIIIᵉ siècle appartient en partie au comédien Gérard Depardieu. Vous pouvez essayer filets de saint-pierre poêlés, le merlan Colbert accompagné de purée d'oseille, le confit de canard ou bien encore les côtes d'agneau. Salle confortable et bonne sélection de vins.

Senderens   🔵🍴 €€€€€
9, pl. de la Madeleine, 75008 **Tél.** *01 42 65 22 90*   **Plan** 5 C5

Le grand chef Alain Senderens a choisi de renoncer aux étoiles du *Michelin* de Lucas Carton pour ouvrir ce restaurant plus informel, mais au même endroit. Parmi ses célèbres créations : le foie gras au chou, le canard Apicius aux épices et le mille-feuille mangue et vanille. Impressionnante décoration Belle Époque et clientèle glamour.

MONTMARTRE

Un Zèbre à Montmartre   🔲 €
38, rue Lepic, 75018 **Tél.** *01 42 23 97 80*   **Plan** 6 E1

Ce café typiquement lyonnais, avec son bar en zinc et sa clientèle bohème, est l'une des meilleures adresses de Montmartre. On y fait un bon repas (2 plats) pour seulement 15 € (au déjeuner) et 17 € (au dîner).
Les spécialités : saucisson lyonnais, confit de canard et délicieux gâteau au chocolat. Cocktails vivement conseillés.

Musée de la Halle Saint-Pierre   🔲🚶🔵 €
2, rue Ronsard, 75018 **Tél.** *01 42 58 72 89*   **Plan** 7 A1

Cet ancien marché couvert abrite aujourd'hui une bibliothèque, le musée d'Art brut et un café. L'endroit est très couru à l'heure du thé (pâtisseries). Au déjeuner, des plats plus substantiels tels que quiches, tourtes et tartes sont servis. Des ateliers pour le jeune public sont organisés.

Rose Bakery   🚶🔵🔲 €
46, rue des Martyrs, 75009 **Tél.** *01 42 82 12 80*   **Plan** 6 F3

Qui aurait cru que les Parisiens pourraient un jour faire la queue devant une boulangerie anglaise ?
Depuis que Rose et Jean-Charles Carrarini ont ouvert leur café au look néo-industriel en 2004, on ne parle plus que de gâteau aux carottes et de scones (sans oublier les quiches et les salades). Brunch le week-end.

La Bourse ou la Vie   🚶🍴 €€
12, rue Vivienne, 75002 **Tél.** *01 42 60 08 83*   **Plan** 6 F5

C'est dans ce restaurant au décor rouge et jaune des années 1940 situé à deux pas de la Bourse que vous trouverez sans doute le meilleur steak frites de Paris. Le secret est la qualité de la viande (la sauce au poivre n'est pas mal non plus). Les frites sont cuites dans de la graisse animale. Chanson française en musique de fond.

Le Ch'ti Catalan   🚶 €€
4, rue Navarin, 75009 **Tél.** *01 44 63 04 33*   **Plan** 6 F2

Deux amis, l'un originaire du Nord de la France et l'autre du Nord de l'Espagne, dirigent ce restaurant de Pigalle, aux murs peints en ocre. La cuisine célèbre la rencontre entre ces deux régions. Un de leurs plats emblématiques est le gratin d'endives au manchego.

Le Wepler   🅿🚶🔵🔲 €€€
14, pl. de Clichy, 75018 **Tél.** *01 45 22 53 24*   **Plan** 6 D1

Fondée en 1892, cette brasserie de style rétro est un endroit agréable pour prendre un thé dans l'après-midi, un cocktail en début de soirée ou encore pour dîner avant ou après le spectacle. Grands plateaux de fruits de mer, choucroute, andouillettes et confit de canard.

Un Jour à Peyrassol   🍴 €€€
13, rue Vivienne, 75002 **Tél.** *01 42 60 12 92*   **Plan** 6 F5

La Commanderie de Peyrassol, un des meilleurs vignobles de Provence, est propriétaire de ce restaurant dédié aux truffes, aux vins et aux autres produits de la région. L'atmosphère des deux salles à manger rustico-modernes est chaleureuse – le parfum d'omelette aux truffes n'ôte rien au charme de l'endroit.

Drouant   🍴 €€€€
16-18 pl. Gaillon, 75002 **Tél.** *01 42 65 15 16*   **Plan** 6 E5

Fondée en 1880, cette ancienne brasserie alsacienne est aujourd'hui un restaurant contemporain dirigé par Antoine Westermann, auquel on doit aussi Mon Vieil Ami *(p. 300)*. Commandez les hors-d'œuvre à la carte – vous verrez votre table se couvrir de petits plats appétissants. Salons privés pour les groupes au premier.

EN DEHORS DU CENTRE

Beyrouth   €
16, rue de la Vacquerie, 75011 **Tél.** *01 43 79 27 46*

Situé dans une rue résidentielle près du Père-Lachaise, ce merveilleux restaurant libanais est fréquenté par les gens du quartier, des gens de la télé (il y a un studio juste à côté) et des étudiants en art dramatique. Les plats sont aussi copieux et délicieux qu'ils sont bon marché, et le service est sympathique.

Légende des catégories de prix *voir p. 300* **Légende des symboles** *voir le rabat arrière de couverture*

Chez Gladines

30, rue des Cinq Diamants, 75013 **Tél.** *01 45 80 70 10* **Plan** *17 C4*

Dissimulé derrière les immeubles de la place d'Italie dans le quartier de la Butte-aux-Cailles, Chez Gladines offre une nourriture correcte et sans prétention. L'endroit est si couru qu'il est toujours bondé. Les salades géantes servies dans de larges bols et recouvertes de pommes de terre sautées sont particulièrement appréciées.

Le Baron Rouge

1, rue Théophile Roussel, 75012 **Tél.** *01 43 43 14 32* **Plan** *14 F5*

Les Parisiens y accourent le week-end pour déguster les divines huîtres du Cap-Ferret autour de gros tonneaux posés à même le trottoir. Cet endroit situé juste à droite du marché d'Aligre *(p. 338)* fait également office de bon bar à vins en semaine.

L'Occitanie

96, rue Oberkampf, 75011 **Tél.** *01 48 06 46 98* **Plan** *14 F1*

Ce restaurant propose une cuisine résolument tournée vers le Sud-Ouest natal du propriétaire, bon vivant parlant l'occitan. Le cassoulet, le confit et le potage à la rouzole (chair à saucisse et boulettes d'herbes) sont quelques-uns des plats typiques et copieux qu'il propose.

Astier

44, rue Jean-Pierre Timbaud, 75011 **Tél.** *01 43 57 16 35* **Plan** *14 E1*

Un bistrot très couru qui existe depuis plus de cinquante ans, avec l'un des meilleurs rapports qualité/prix de Paris et des salles toujours pleines. La cuisine est délicieuse : soupe de moules au safran, lapin sauce moutarde, magret de canard au miel. Fromages et vins de qualité.

Chez Prune

36, rue Beaurepaire, 75010 **Tél.** *01 42 41 30 47* **Plan** *8 D4*

C'est l'endroit idéal pour le brunch dominical avec croissants, saumon fumé et jambon, et en prime la vue sur le canal Saint-Martin. Cuisine du marché avec à midi des plats élaborés tels que poisson au safran et au citron vert ou ravioles aux trois fromages. Le soir : plateaux de charcuteries et de fromages.

Favela Chic

18, rue du Faubourg du Temple, 75011 **Tél.** *01 40 21 38 14* **Plan** *8 D5*

On se croirait presque au Brésil dans ce restaurant-bar à la musique rythmée et où l'on danse. La *caipirinha* (jus de citron vert et alcool de canne à sucre) n'a rien perdu de son effet et la *feijoada* a la même saveur qu'à Salvador de Bahia. La salle devenant bruyante à mesure que la nuit s'avance, venez tôt ou tard en fonction de vos envies.

La Marine

55, quai de Valmy, 75010 **Tél.** *01 42 39 69 81* **Plan** *8 D5*

C'est le quartier général des habitants du quartier du canal Saint-Martin depuis plusieurs années. Il est donc généralement plein et mieux vaut réserver. Bons plats essentiellement à base de poissons : feuilleté de rougets, pavé de poisson à la crème d'ortie ou ragoût de poisson.

La Maroquinerie

23, rue Boyer, 75002 **Tél.** *01 40 33 35 05*

Cet ancien atelier a été converti en un excellent restaurant qui propose une cuisine française moderne : filet mignon de porc à la vanille, aux artichauts et aux champignons et une délicieuse crème brûlée au Nutella. Il y a aussi un bar, une terrasse ombragée, un club et une salle de concert très prisée.

La Mère Lachaise

78, bd de Ménilmontant, 75020 **Tél.** *01 47 97 61 60*

Sympathique bistrot à la personnalité multiple avec une superbe terrasse et deux salles – l'une de style traditionnel, l'autre tapissée d'aluminium. Cuisine sans chichis avec asperges et salade d'agrumes, bœuf et gratin de pommes de terre, charcuterie et crumble aux fruits de saison.

Le Baratin

3, rue Jouye Rouve, 75020 **Tél.** *01 43 49 39 70*

Fréquentée par la fine fleur des cuisiniers de Paris, comme le maître pâtissier Pierre Hermé, ce bar à vin-bistrot privilégie les petits producteurs. Née en Argentine, Raquel Carena propose un tartare avec des langues d'oursins et de l'agneau basque rôti avec des pommes de terre nouvelles et des épinards.

Le Clocher Pereire

42, bd Pereire, 75017 **Tél.** *01 44 40 04 15*

Ce restaurant aux portes de Paris est dirigé par deux cuisiniers ayant travaillé dans la haute cuisine. Un peu vieillotte, la salle est toujours pleine d'habitués, attirés par le menu à 29 €. Parmi les meilleurs plats, on compte le carpaccio de coquilles Saint-Jacques, les légumes farcis avec une mousse de courgette et le soufflé au Grand Marnier froid.

Le Clos Morillons

50, rue des Morillons, 75015 **Tél.** *01 48 28 04 37*

Discret restaurant familial où la carte change constamment. Les séjours en Asie du chef Philippe Delacourcelle se retrouvent à travers ses spécialités telles que la morue au four à la cannelle, le pigeon au sésame, ou encore la lotte et le homard au gingembre. D'autres plats relèvent davantage de la tradition française.

Le Volant Basque 🖥️🏃‍♂️♿ €€
*13, rue Beatrix Dussane, 75015 **Tél.** 01 45 75 27 67*   **Plan** 10 D5

Le propriétaire du Volant est un fanatique de courses automobiles mais il prend néanmoins le temps de mitonner ses plats pour proposer une excellente cuisine traditionnelle sans fioriture : bœuf bourguignon, tartes aux fruits et une inoubliable mousse au chocolat.

L'Ourcine 🏃‍♂️♿ €€
*92, rue Broca, 75013 **Tél.** 01 47 07 13 65*   **Plan** 17 A3

Avec son décor rouge et crème, ce petit bistrot sans prétention est très accueillant. On y voit le jeune cuisinier s'affairer dans la cuisine du fond sur des joues de porc aux lentilles et au foie gras ou bien concocter une crème de citron vert servie avec une tuile aux oranges. Les vins sont un peu chers.

Ma Pomme/Colimaçon 🏃‍♂️ €€
*107, rue de Ménilmontant, 75020 **Tél.** 01 40 33 10 40*

Vous ne regretterez pas d'avoir grimpé la rue de Ménilmontant pendant dix minutes pour rejoindre ce lieu bien caché. Une nourriture excellente est servie avec le sourire dans une salle à manger jaune vif décorée de collections d'art temporaires. Autruche et kangourou figurent au menu.

Pause Café 🏃‍♂️♿🖥️ €€
*41, rue de Charonne, 75011 **Tél.** 01 48 06 80 33*   **Plan** 14 F4

Depuis le tournage de *Chacun cherche son chat* de Cédric Klapisch, c'est l'endroit où il faut être vu. Heureusement, la cuisine est restée bonne et l'ambiance sympathique. Plats simples : steak tartare, tourtes avec salade. Excellentes pâtisseries maison. L'intérieur en pierre et en verre confère au lieu un charme élégant et rustique.

Brasserie Flo 🅿️🏃‍♂️♿🖥️ €€€
*7, cour des Petites Écuries, 75010 **Tél.** 01 47 70 13 59*   **Plan** 7 B4

Cette authentique brasserie alsacienne située dans une ruelle d'un quartier populaire mérite le déplacement : son décor de boiseries et de vitraux est exceptionnel. La carte de brasserie ne ménage pas de surprise mais propose de succulentes choucroutes et de bons fruits de mer.

Brasserie Julien 🅿️🏃‍♂️ €€€
*16, rue du Faubourg Saint Denis, 75010 **Tél.** 01 47 70 12 06*   **Plan** 7 B5

Un superbe décor Art nouveau et des prix raisonnables. Le service est aussi sympathique et la carte des desserts aussi variée que chez Flo qui appartient au même propriétaire. La cuisine de brasserie est inventive : foie gras poêlé aux lentilles, cassoulet à la mode Julien, pieds de porc panés.

Le 20e Art 🖥️ €€€
*46, rue des Vignoles, 75020 **Tél.** 01 43 67 22 29*

Ne vous laissez pas décourager par les abords de cet excellent restaurant de quartier, situé sur une charmante petite place dans une zone en pleine réhabilitation. À l'intérieur, des tableaux peints par des artistes locaux décorent les murs de pierre. Les plats de viandes et de poissons sont innovants et mêlent des saveurs inattendues.

Le Bistro d'à Côté Flaubert 🏃‍♂️🖥️ €€€
*10, rue Gustave Flaubert, 75017 **Tél.** 01 42 67 05 81*   **Plan** 4 E2

C'est le premier et le plus sympathique des bistrots chic du chef étoilé Michel Rostang. De nombreux plats lyonnais figurent à la carte, notamment la salade de lentilles, le cervelas ou le sabodet, l'andouillette et le gratin de macaronis. Des cadres viennent y déjeuner tandis que la haute bourgeoisie s'y retrouve le soir.

Le Bistro des Deux Théâtres 🏃‍♂️ €€€
*18, rue Blanche, 75009 **Tél.** 01 45 26 41 43*   **Plan** 6 D3

Dans ce quartier où abondent les théâtres, ce restaurant avec ses formules « déjeuner et dîner » peut sembler idéal. Le menu fixe d'un prix raisonnable comprend : apéritif, entrée ou plat, fromage ou dessert et une demi-bouteille de vin. Bons foie gras de canard et saumon fumé avec blinis.

Le Chardenoux 🏃‍♂️♿🖥️ €€€
*1, rue Jules Vallès, 75011 **Tél.** 01 43 71 49 52*

Ce bistrot classique est l'un des plus jolis de Paris. La cuisine traditionnelle offre un large choix de plats de viande et de poisson, comme le rôti de cabillaud, le confit de canard ou la fricassée de rognons, que vous pourrez accompagner de vins provenant de toute la France. Le menu varie selon le marché.

Le Paprika 🏃‍♂️♿🖥️ €€€
*28, av. Trudaine, 75009 **Tél.** 01 44 63 02 91*   **Plan** 6 F2

Cuisine hongroise raffinée et orchestre tsigane (octobre-avril et juin). Si nos palais français connaissent le goût du *csáky bélszin* (filet de bœuf aux morilles et foie gras), le *székely gulyás* (goulache de veau transylvaine au chou) nous évoquera davantage l'Europe centrale.

Le Villaret ♿ €€€
*13, rue Ternaux, 75011 **Tél.** 01 43 57 89 76*   **Plan** 14 E2

Cet établissement du quartier d'Oberkampf est tenu par l'ancienne équipe du restaurant Astier proche de là et réputé pour sa cuisine du marché (produits de première fraîcheur). La viande est sélectionnée et préparée avec soin. Grande variété de fromages. Mieux vaut réserver le week-end.

Légende des catégories de prix *voir p. 300* **Légende des symboles** *voir le rabat arrière de couverture*

Les Zygomates €€€

7, rue Capri, 75012 **Tél.** *01 40 19 93 04*

Bien qu'elle ne soit pas au cœur de la ville, cette ancienne boucherie est devenue un restaurant très populaire. Le plafond est en étain peint et la salle à manger pleine d'originalité. Les plats sont copieux et inattendus, comme la dinde dans une croûte salée au romarin ou les raviolis aux escargots ou aux champignons.

Villa Pereire €€€

116, bd Pereire, 75017 **Tél.** *01 43 80 88 68*

Plan 4 E1

Dans un cadre au décor néobaroque, la carte de tradition française propose à la clientèle chic du quartier des plats aux accents d'ailleurs, comme les nems de gambas aux légumes et coriandre, sauce aigre douce, ou le magret de canard mariné au poivre vert, accompagné de purée de carotte. Également ouvert pour le petit déjeuner.

La Gazzetta €€€€

29, rue de Cotte, 75012 **Tél.** *01 43 47 47 05*

Plan 14 F5

Le jeune chef de ce charmant restaurant, Petter Nilsson, réinvente la cuisine méditerranéenne en créant des plats harmonieux et contemporains, par exemple la cuisse de biche rôtie, crème polenta, figues séchées et pissenlit. Le décor néo-Art déco vous séduira sans doute.

Le Chalet des Îles €€€€

14, chemin de Ceinture du Lac Inférieur du Bois de Boulogne, 75016 **Tél.** *01 42 88 04 69*

Plan 3 A4

Un endroit enchanteur sur une île au milieu d'un lac. Le décor campagnard sied au cadre bucolique et la cuisine se veut moderne : carpaccio de thon au sésame, grillade de poulet mariné au citron et quinoa au concombre, douceur aux deux chocolats avec parfum de cannelle.

Le Pavillon Montsouris €€€€

20, rue Gazan, 75014 **Tél.** *01 43 13 29 00*

Le bâtiment réhabilité en 2002 a accueilli Trotski, Mata Hari et Lénine. La salle et la terrasse constituent un cadre agréable pour un menu-carte d'un bon rapport qualité/prix. Parmi les spécialités, le tartare de poisson, le sanglier au bacon sauce au vin et la crème brûlée à la vanille Bourbon.

Le Train Bleu €€€€

Pl. Louis Armand, 75012 **Tél.** *01 43 43 09 06*

Plan 18 E1

Les buffets de gare étaient jadis de hauts lieux de la gastronomie comme l'est encore aujourd'hui Le Train bleu (du nom du luxueux rapide à destination de la Côte d'Azur). Fabuleux décor Belle Époque et grande cuisine de brasserie, avec notamment le saucisson chaud à la lyonnaise et d'excellentes pâtisseries.

L'Oulette €€€€

15, pl. Lachambeaudie, 75012 **Tél.** *01 40 02 02 12*

La nouvelle grande salle manque peut-être d'intimité mais la cuisine du chef Marcel Baudis, très représentative de son Quercy natal, est toujours excellente. Parmi les plats proposés figurent le foie gras en terrine sauce au jurançon, l'agneau des Pyrénées et le pain d'épices.

Murano Urbano Hotel Restaurant €€€€

13, bd du Temple, 75003 **Tél.** *01 42 71 20 00*

Plan 14 D1

Une cuisine légère d'inspiration méditerranéenne est au menu de ce restaurant à la mode, au décor ultra design et pop. Optez pour une table dans la salle à manger presque immaculée de blancheur ou, aux beaux jours, profitez du soleil de la cour extérieure.

Augusta €€€€€

98, rue de Tocqueville, 75017 **Tél.** *01 47 63 39 97*

Plan 5 A1

Établissement sérieux proposant d'excellents poissons et quelques plats de viande. La salade Augusta aux fruits de mer est généreuse et la bouillabaisse, spécialité de la maison, assurément l'une des meilleures de Paris. Les langoustines à l'estragon et au safran sont originales.

Au Trou Gascon €€€€€

40, rue Taine, 75012 **Tél.** *01 43 44 34 26*

Authentique bistrot 1900 appartenant au chef étoilé Alain Dutournier, du Carré des Feuillants. L'un des endroits les plus courus de Paris qui propose une savoureuse cuisine gasconne : jambon de Chalosse, foie gras, agneau des Pyrénées et volaille du terroir. Les desserts valent aussi le déplacement.

Dessirier €€€€€

9, pl. du Maréchal Juin, 75017 **Tél.** *01 42 27 82 14*

Plan 4 E1

Fondé en 1883, cet établissement dédié à la mer est l'un des restaurants de poissons les plus connus de Paris. Risotto aux huîtres, loup grillé et salade de langoustines. Dessirier propose une carte de poissons variée qui change au fil des saisons. Carte des vins abordable. Voiturier.

Le Pré Catelan €€€€€

Route de Suresnes, Bois de Boulogne, 75016 **Tél.** *01 44 14 41 14*

Cet élégant restaurant Belle Époque du bois de Boulogne est un enchantement en été (avec sa terrasse) comme en hiver (avec ses éclairages magiques). Superbe carte avec langoustines de taille gigantesque, canard Duclair aux épices, soufflé aux oursins et sublimes desserts. La carte est moins onéreuse à midi.

Cafés, salons de thé et bars

Bien manger et bien boire font à tel point partie de la vie quotidienne à Paris que vous pouvez apprécier un repas de qualité sans vous rendre nécessairement au restaurant. Que vous vouliez prendre un repas ou un verre dans un café, un bar à vins ou un salon de thé, acheter une crêpe dans la rue, une quiche ou un sandwich dans une boulangerie, ou encore préparer un pique-nique avec du pain, du fromage et du pâté, les repas informels font aussi partie de la gastronomie parisienne. Paris est également une ville merveilleuse avec ses bars à vin qui servent des crus au verre, ses pubs irlandais où l'on boit une Guinness dans une ambiance décontractée, ses bars d'hôtel chic et ses bars pour noctambules (p. 298-299).

CAFÉS

Paris est célèbre pour ses cafés, et ce à juste titre. Vous en trouverez à tous les coins de rues, du plut petit au plus grand, tantôt avec un flipper, un tabac et un PMU, tantôt avec d'élégantes décorations de style Belle Époque et des serveurs en tenue immaculée. Chaque Parisien a son café de prédilection qui est en quelque sorte le cœur de son quartier. L'atmosphère qui y règne change tout au long de la journée et c'est passionnant d'observer les habitués en train de siroter leur express du matin, d'engloutir un solide déjeuner ou de prendre l'apéritif à la fin de la journée de travail. La plupart des cafés servent des repas légers et des boissons à tout heure.

Le petit déjeuner est assurément l'un des moments de plus grande affluence, où croissants et pains au chocolat partent à une rapidité étonnante. En France, ils se mangent souvent trempés dans une grande tasse de café au lait ou de chocolat. Le petit déjeuner au café, ou du moins l'express serré vite avalé du matin, est un élément fondamental du mode de vie à la française.

À midi, les cafés proposent habituellement des plats du jour qui sont à un prix vraiment intéressant (rarement plus de 12 € pour une entrée, un plat et le vin dans les petits établissements). Les plats du jour sont souvent de substantiels repas tels que sauté d'agneau ou blanquette de veau et une tarte aux fruits en dessert. Moins élaborés, salades, omelettes et sandwichs sont servis à tout moment de la journée. L'une des meilleures adresses pour ce genre de formule est **Le Bourdonnec Pascal**, à Saint-Germain-des-Prés. **Le Rostand**, face au jardin du Luxembourg, est aussi une excellente adresse ainsi que **Le Café du marché** dans le quartier des Invalides. Si vous vous trouvez aux **Galeries Lafayette** (p. 321), montez au café tout en haut du bâtiment : la vue sur Paris est magnifique.

Vous ne serez pratiquement jamais déçus par les cafés des musées, notamment ceux du Centre Pompidou (p. 110-111) et du musée d'Orsay (p. 144-145). En allant au Louvre, ne manquez pas en sortant de vous arrêter au **Café Marly**, situé face à la pyramide, sous les arcades, pour prendre un repas ou un verre inoubliable, à défaut d'être bon marché.

Les cafés des principaux quartiers touristiques et quartiers de vie nocturne (boulevard Saint-Germain, les Halles, avenue des Champs-Élysées, boulevard Montparnasse, Opéra et Bastille) sont ouverts tard (jusqu'à 2 h du matin pour certains). Il est important de noter que les prix varient suivant l'endroit où vous prenez votre consommation. Une bière au comptoir vous coûtera en général moins cher qu'en salle, et encore moins qu'en terrasse.

SALONS DE THÉ

Ils remportent un succès grandissant ces dernières années et proposent ordinairement une variété de thés impressionnante. En plus du thé du petit déjeuner et de l'après-midi, certains servent des plats légers à l'heure du déjeuner, comme **Angélina**, avec son merveilleux intérieur Belle Époque. Dans le Marais, **Mariage Frères** est connu pour son grand choix de thés que l'on peut aussi acheter, de même que ses jolies théières. **Ladurée**, sur les Champs-Élysées, est une institution parisienne où les dames fortunées viennent prendre le thé et grignoter la spécialité de la maison : le macaron. Dans un autre genre, le **Café de la mosquée**, situé face au Jardin des plantes, propose un excellent thé à la menthe et des pâtisseries orientales dans un beau décor de céramiques.

BARS À VIN

La majorité des bars à vin de Paris sont des endroits conviviaux, de petite dimension, fréquentés par les habitants du quartier. Ouverts tôt le matin, certains servent également le café du petit déjeuner et une carte succincte mais de qualité, à l'heure du déjeuner. Mieux vaut arriver avant midi ou après 13 h 30 si l'on veut éviter la foule. La plupart de ces établissements ferment à 21 h. En général, les propriétaires sont eux-mêmes de grands amateurs de vins qu'ils achètent directement chez les producteurs. Les bordeaux jeunes peuvent surprendre par leur qualité, tout comme les vins de la vallée du Rhône, de la Loire et du Jura. Les succursales de **L'Écluse** sont spécialisées dans les bordeaux, mais partout ailleurs vous trouverez de bons vins moins réputés à un prix très raisonnable. Les vrais œnophiles auront peut-être envie d'aller dans les bars à vin des cavistes où ils pourront commander une caisse du cru qu'ils auront apprécié. **Juveniles**, **Lavinia** et **Legrand Filles et Fils**, dans le quartier de l'Opéra, figurent parmi les meilleures adresses. Juveniles est une petite boutique avec un zinc tenue par un Écossais. La sélection de vins y est excellente, notamment les vins en provenance du Nouveau Monde. Lavinia est le plus grand caviste d'Europe. Des dégustations y sont régulièrement organisées et un grand nombre de vins au verre sont servis au bar ; la cave des vins rares mérite votre visite. Legrand est un négociant à l'ancienne bien connu des amateurs de vins parisiens. Le bar à vin le plus à la mode est le **Wine and Bubbles**, dans le quartier de Beaubourg et des Halles. L'adorable **Rouge Passion**, en dessous de Montmartre, est un endroit idéal pour passer la soirée entière ; et des dégustations y sont organisées.

BARS À BIÈRE ET PUBS

Les uns comme les autres servent de la bière, mais les bars proposent également un style de cuisine particulier comme les moules-frites, les tartes aux poireaux et les tartes à l'oignon – pour ne citer que les plus classiques – et sont plus vastes. Mais on y va essentiellement pour boire de la bière. La carte est souvent longue : certains établissements sont spécialisés dans la gueuze belge (consistante, très maltée et très alcoolisée), d'autres ont des bières du monde entier. Certains bars à bières sont ouverts à partir de midi tandis que les pubs ouvrent souvent plus tard dans l'après-midi. Ces derniers sont ouverts habituellement tous les jours, et souvent jusqu'à 1 h ou 2 h du matin. Les pubs parisiens ont en général une clientèle mixte d'expatriés et de Français. Certains sont aussi des micro-brasseries où la bière est brassée sur place. Le **Frog and Princess** et le **Frog and Rosbif** en sont deux bons exemples. Le personnel y est très sympathique et se fait un plaisir de vous aider à choisir une bière à votre goût. Outre les traditionnels pubs anglais comme **The Bombardier**, dans le Quartier latin, Paris compte des dizaines de pubs irlandais et quelques pubs écossais. Les meilleurs pubs irlandais sont notamment le **Coolin** et le **Corcoran's** à Saint-Germain-des-Prés, le **Kitty O' Sheas** et le **Carrs** dans le quartier des Tuileries, le **O'Sullivans by the Mill** à Montmartre. Vous trouverez aussi des groupes de musique et de bons whiskys au **Highlander** à Saint-Germain-des-Prés et à **The Auld Alliance** dans le Marais.

BARS

Une ville élégante comme Paris se doit d'avoir quantité de bars à cocktails et de bars ouverts tard dans la nuit. Dans certaines belles brasseries comme **La Coupole, La Rotonde** et **La Closerie des Lilas**, vous trouverez un comptoir en bois ou en zinc, des barmans qui connaissent leur métier, une atmosphère glamour et les manières distinguées d'autrefois. Les bars d'hôtel font partie des endroits les plus agréables pour boire un cocktail. Le plus célèbre est le **Bar Hemingway** du Ritz *(p. 285)*, un endroit intime décoré de boiseries et baigné de nostalgie, où officie Colin Peter Filed, élu « meilleur barman du monde » en 2001. Les cocktails y sont sublimes et chaque verre destiné à une dame lui est servi avec une fleur. Parmi les autres bars d'hôtel figurent celui du Four Seasons George V *(p. 290)* où le barman vous présentera votre Martini dans un shaker en argent, celui de l'hôtel Balzac *(p. 290)* et celui très à la mode du Plaza Athénée *(p. 291)*.

Le Yono est un endroit tendance, plutôt jeune, et **La Mezzanine de l'Alcazar** l'un des bars les plus branchés de Paris. D'autres adresses à la mode sont **Le Fumoir**, situé à côté du Louvre, avec sa salle élégante et ses excellents cocktails, **Andy Wahloo**, un bar de poche dans un cadre marocain, le **De LaVille Café**, très couru avant les sorties en boîte, **Le China** qui propose une superbe carte de cocktails, et **The Lizard Lounge** à la clientèle jeune et bruyante. Le bar-restaurant **Kong** dessiné par Philippe Starck et situé au dernier étage de l'immeuble Kenzo, près du Pont-Neuf, est aujourd'hui le plus tendance des bars parisiens. Il y a des bars moins branchés, mais où l'ambiance est décontractée comme le minuscule **Stolly's**, dans le Marais, et le **Harry's Bar**, mythique bar américain qui s'attribue l'invention du Bloody Mary.

MANGER DANS LA RUE

Les crêpes sont la formule traditionnelle à Paris pour manger sur le pouce. Les bons marchands de crêpes se font peut-être plus rares aujourd'hui, mais on en trouve encore. Les sandwicheries ou les boulangeries proposent diverses sortes de sandwichs, de qualité variable. La meilleure formule est sans doute la *focaccia* (sorte de fougasse) agrémentée de fromage ou de jambon, qui sort du four et qui est fourrée avec la garniture de votre choix. Vous la trouverez chez **Cosi**, rue de Seine. Les quartiers touristiques ont aussi leurs marchands de kebabs.

Les glaciers ouvrent vers midi et ferment tard en été. Même s'il y a la queue devant la **Maison Berthillon**, le meilleur glacier de la ville, cela vaut la peine d'attendre son tour. Les gourmands traversent tout Paris pour venir ici. Les amateurs de chocolat choisiront d'emblée le parfum cacao et ceux qui préfèrent les fruits opteront pour un sorbet. Il existe plusieurs succursales Berthillon dans Paris mais nous vous recommandons la boutique de l'île Saint-Louis pour avoir le plaisir de déguster la divine glace en flânant le long de la Seine. Pour les glaces italiennes, il y a **Amorino** dont il faut absolument essayer l'*amaretto gelato* (parsemée de biscuits à l'*amaretto*).

ADRESSES

ÎLE DE LA CITÉ ET ÎLE SAINT-LOUIS

SALONS DE THÉ

Le Flore en l'Isle
42, quai d'Orléans 75004.
Plan 13 B4.

GLACIERS

Amorino
47, rue Saint Louis en l'Île 75004.
Plan 13 C4.

Maison Berthillon
31, rue Saint Louis en l'Île 75004.
Plan 13 C4.

QUARTIER DES TUILERIES

CAFÉS

Café Marly
93, rue de Rivoli Cour Napoléon du Louvre 75001.
Plan 12 F1.

BARS À VIN

La Cloche des Halles
28, rue Coquillière 75001.
Plan 12 E2.

Le Rubis
10, rue du Marché Saint Honoré 75001.
Plan 12 D1.

Juvéniles
47, rue de Richelieu 75001. **Plan** 12 E1.

SALONS DE THÉ

Angélina
226 , rue de Rivoli 75001.
Plan 12 D1.

Ladurée
16, rue Royale 75008.
Plan 5 C5.

PUBS

Carr's
1, rue Mont Thabor 75001. **Plan** 12 D1.

Kitty O'Sheas
10, rue des Capucines 75002. **Plan** 6 D5.

BARS

Bars du Ritz
15, pl. Vendôme 75001.
Plan 6 D5.

Harry's Bar
5, rue Daunou 75002.
Plan 6 E5.

LE MARAIS

CAFÉS

Au Petit Fer à Cheval
30, rue Vieille du Temple 75004. **Plan** 13 C3

L'Étoile Manquante
34, rue Vieille du Temple 75004. **Plan** 13 C3.

Ma Bourgogne
19, pl. des Vosges 75004.
Plan 14 D3.

Le Trésor
5, rue du Trésor 75004.
Plan 13 C3.

SALON DE THÉ

Le Loir dans la Théière
3, rue des Rosiers 75004. **Plan** 13 C3.

Mariage Frères
30-32, rue du Bourg Tibourg 75004.
Plan 13 C3.

BARS À BIÈRE

Café des Musées
49, rue de Turenne 75003. **Plan** 14 D3.

BARS À VIN

La Belle Hortense
31, rue Vieille du Temple 75004. **Plan** 13 C3.

Le Coude Fou
12, rue du Bourg Tibourg 75004.
Plan 13 C3.

Le Temps des Cerises
31, rue de la Cerisaie 75004. **Plan** 14 D4.

PUBS

The Auld Alliance
80, rue François Miron 75004. **Plan** 13 C3.

Stolly's
16, rue Cloche Perce 75004. **Plan** 13 C3.

BARS

L'Apparement Café
18, rue des Coutures Saint Gervais 75003.
Plan 14 D2.

Les Philosophes
28 , rue Vieille du Temple 75004. **Plan** 13 C3.

The Lizard Lounge
18, rue du Bourg Tibourg 75004. **Plan** 13 C3.

Yono
37, rue Vieille du Temple 75004.
Plan 13 C3.

BEAUBOURG ET LES HALLES

CAFÉS

Bistrot d'Eustache
(p. 109).

Café Beaubourg
100, rue Saint Martin 75004. **Plan** 13 B2.
(p. 108).

BARS À VINS

La Garde Rose
41, rue de l'Arbre Sec 75001. **Plan** 12 E2.

Wine and Bubbles
3, rue Français 75001.
Plan 13 A1.

PUBS

Frog and Rosbif
116, rue Saint Denis 75002. **Plan** 13 B1.

Quigley's Point
5, rue du Jour 75001.
Plan 13 A2.

BARS

Andy Wahloo
69, rue des Gravilliers 75003. **Plan** 13 B1.

Kong
1, rue du Pont Neuf 75001. **Plan** 13 A2.

Le Comptoir
37, rue Berger 75001.
Plan 12 F2.

Le Fumoir
6, rue de l'Amiral de Coligny 75001.
Plan 12 F2.

SAINT-GERMAIN-DES-PRÉS

CAFÉS

Le Bourdonnec Pascal
75, rue de Seine 75006.
Plan 12 E4.

Café de Flore
(p. 139).

Café de la Mairie
8, place Saint Sulpice 75006.
Plan 12 E4.

Les Deux Magots
(p. 138).

La Palette
43, rue de Seine 75006.
Plan 12 E4.

SANDWICHERIES

Cosi
54, rue de Seine 75006.
Plan 12 E4.

BARS À VINS

Au Sauvignon
80, rue des Saints Pères 75007. **Plan** 12 D4.

Bistro des Augustins
39, quai des Grands Augustins 75006.
Plan 12 F4.

PUBS

Coolin
15, rue Clément 75006.
Plan 12 E4.

Corcoran's
28, rue Saint André des Arts 75006.
Plan 12 E4.

Frog and Princess
9, rue Princesse 75006.
Plan 12 E4.

Highlander
8, rue de Nevers 75006.
Plan 12 F3.

The Moosehead
16, rue des Quatre Vents 75006. **Plan** 12 F4.

BARS

Le Dix Bar
10, rue de l'Odéon 75006.
Plan 12 F4.

Birdland
8, rue Guisarde 75006. **Plan** 12 E4.

Café Mabillion
164, bd Saint Germain 75006.
Plan 12 E4.

Don Carlos
66, rue Mazarine 75006.
Plan 12 F4.

ADRESSES

Fubar
5, rue Saint Sulpice
75006. **Plan** 12 F4.

**La Mezzanine
de l'Alcazar**
62, rue Mazarine 75006.
Plan 12 F4.

Zéro de Conduite
14, rue Jacob 75006.
Plan 12 E3.

QUARTIER LATIN

CAFÉS

Panis
21, quai Montebello
75005. **Plan** 13 A4.

BARS À VINS

Les Pipos
2, rue de l'École Polytechnique 75005. **Plan** 13 A5.

Le Vin qui Danse
4, rue des Fossés
Saint Jacques 75005.
Plan 17 A1.

BARS À BIÈRES

La Gueuze
19, rue Soufflot 75005.
Plan 12 F5.

PUBS

The Bombardier
2, place du Panthéon
75005. **Plan** 17 A1.

BARS

**Le Caveau
des Oubliettes**
52, rue Galande 75005.
Plan 13 A4.

JARDIN
DES PLANTES

CAFÉS

**Café Littéraire
de l'Institut
du Monde Arabe**
1, rue des Fossés Saint
Bernard 75005.
Plan 13 C5.

SALONS DE THÉ

Café de la Mosquée
39, rue Geoffroy Saint
Hilaire 75005. **Plan** 17 C2.

PUBS

Bière Academy
7, rue des Écoles 75005.
Plan 13 B5.

VENDEURS
DE GLACES

Häagen-Dazs
3, pl. de la Contrescarpe
75005. **Plan** 17 A1.

QUARTIER
DU LUXEMBOURG

CAFÉS

Au Petit Suisse
16, rue de Vaugirard
75006. **Plan** 21 F5.

Le Rostand
6, place Edmond
Rostand 75006.
Plan 12 F5.

BARS À BIÈRES

**L'Académie
de la Bière**
88, bd de Port Royal
75005.
Plan 17 B3.

MONTPARNASSE

CAFÉS

Café de la Place
23, rue d'Odessa
75014.
Plan 15 C2.

La Rotonde
7, pl. 25 Août 1944
75014. **Plan** 16 D2.

**Le Sélect
Montparnasse**
99, bd du Montparnasse
75006.
Plan 16 D2.

BARS À VINS

Le Rallye Peret
6, rue Daguerre
75014.
Plan 16 D4.

SALONS DE THÉ

Justine
19, rue du Commandant
Mouchotte 75014.
Plan 15 C2.

BARS

La Closerie des Lilas
171, bd du Montparnasse
75006. **Plan** 16 D2.

**La Coupole
(Café Bar)**
102, bd du Montparnasse
75014. **Plan** 16 D2.
(p. 178).

Cubana Café
45, rue Vavin 75006.
Plan 12 F5.

Le Café Tournesol
9, rue de la Gaîté 75014.
Plan 2 E2.

INVALIDES
ET QUARTIER
DE LA TOUR EIFFEL

CAFÉS

Café Constant
139, rue Saint Dominique
75007.
Plan 11 B2.

PUBS

O'Brien's
77, rue Saint Dominique
75007.
Plan 10 F3.

BARS

Café Thoumieux
4, rue de la Comète
75007.
Plan 11 A3.

CHAMPS-ÉLYSÉES

BARS À VINS

L'Écluse
64, rue François Ier
75008.
Plan 4 F5.

Ma Bourgogne
133, bd Haussmann
75008.
Plan 5 B4.

SALONS DE THÉ

Ladurée
75, av. des Champs
Élysées 75008.
Plan 4 F5.

BARS

**Le Bar du Plaza
au Plaza Athénée**
(p. 291).

**Le V au Four
Seasons George V**
(p. 290).

QUARTIER
DE L'OPÉRA

CAFÉS

Café de la Paix
12, bd des Capucines
75009. **Plan** 6 E5.
(p. 213).

BARS À VINS

**Bistro
du Sommelier**
97, bd Haussmann
75008. **Plan** 5 C4.

Lavinia
3-5, bd de la Madeleine
75001. **Plan** 6 D5.

**Legrand Filles
et Fils**
1, rue de la Banque
75002. **Plan** 12 F1.
Tel 01 42 60 07 12.

MONTMARTRE

CAFÉS

Le Saint Jean
16, place des Abbesses
75018. **Plan** 6 F1.

Le Sancerre
35, rue des Abbesses
75018. **Plan** 6 E1.

BARS À VINS

Rouge Passion
14, rue Jean-Baptiste
Pigalle 75009.
Plan 6 E3.

PUBS

**O'Sullivans
by the Mill**
92, bd de Clichy 75018.
Plan 6 E21.

EN DEHORS
DU CENTRE

BARS À VINS

Le Verre Volé
67, rue de Lancry 75010.
Plan 8 D4.

BARS

L'Autre Café
62, rue Jean-Pierre
Timbaud 75011.
Plan 8 F5.

Café Charbon
109, rue Oberkampf
75011. **Plan** 14 E1.

Chez Prune
36, rue Beaurepaire
75010. **Plan** 8 D4.

Le China
50, rue de Charenton
75012. **Plan** 14 F5.

Pause Café
41, rue de Charonne
75011. **Plan** 14 F4.

BOUTIQUES ET MARCHÉS

Paris semble incarner la définition même du luxe et de l'art de vivre. Des hommes et des femmes discrètement élégants prennent un verre aux terrasses des bistrots qui bordent les quais, sur une splendide toile de fond architecturale, ou font leurs emplettes dans de nombreuses petites boutiques spécialisées. Le chic parisien se décline des accessoires et bijoux fantaisie les moins onéreux aux créations de la haute couture, et le style se décèle jusque dans le raffinement de la gastronomie et l'apprêt des tables. Les magasins et les marchés sont pour le Parisien l'occasion de s'adonner à l'un de ses passe-temps favoris : faire ses courses en flânant. Pour vivre « à la parisienne », avenue Montaigne, ou chez les bouquinistes le long des quais, découvrez, présentées dans les pages suivantes, quelques-unes des meilleures adresses de la capitale.

HORAIRES D'OUVERTURE

Les magasins ouvrent généralement de 10 h à 19 h, du lundi au samedi, mais les horaires peuvent varier. Quelques boutiques ferment une heure ou deux durant le déjeuner, et les marchés et magasins de quartier sont généralement fermés le lundi. En été, surtout au mois d'août, de nombreux commerces sont fermés pour congé.

COMMENT PAYER

Depuis le 1er janvier 2002, l'euro est devenu la monnaie européenne. Les distributeurs de billets sont très nombreux à Paris. Les espèces mises à part, les chèques de voyage sont relativement bien acceptés par les commerçants. Les cartes de crédit les plus facilement acceptées sont la Visa et la MasterCard.

EXEMPTION DE LA TVA

Dans l'ensemble de l'Union européenne, une TVA de 5 % à 19,6 % est appliquée sur les biens et les services. En France, les non-ressortissants communautaires peuvent obtenir un remboursement de la TVA pour tout achat supérieur à 175 € effectué chez le même commerçant, à la condition que leur séjour en France ne dépasse pas six mois. Si vous voyagez en groupe, vous pourrez regrouper vos achats pour atteindre la somme minimale requise. Les grands magasins vous fourniront un « bordereau de détaxe » ou un « bordereau de vente » qu'ils vous aideront à remplir. En quittant la France, ou l'UE, présentez ce formulaire à la douane qui donnera suite à votre demande de détaxe auprès du lieu de l'achat, avant que le magasin ne vous retourne le remboursement de la TVA en euros. Si vous connaissez

Shopping avenue Montaigne

quelqu'un à Paris, il sera peut-être plus rapide de lui demander d'effectuer pour vous les démarches auprès du magasin. À Orly et à Roissy, certains guichets de banque sont habilités à procéder au remboursement sur place.

La TVA sur les produits alimentaires, le vin et le tabac n'est pas remboursée.

SOLDES

Les soldes ont principalement lieu en janvier et en juillet. Depuis peu, certains magasins proposent également des rabais avant Noël. Il peut s'agir d'articles en stock ou dégriffés (vêtements de styliste dont on aura enlevé la marque, et datant souvent de la saison précédente), ou de fripes (vêtements d'occasion). Les soldes sont souvent mises en valeur dans le magasin en début des démarques, puis reléguées au fond de la boutique.

Le Printemps, l'un des plus célèbres grands magasins parisiens

GRANDS MAGASINS

Le véritable plaisir du shopping à Paris, ce sont les petites boutiques spécialisées. Mais si le temps vous manque, et si vous souhaitez regrouper vos achats, faites un tour dans les grands magasins.

La plupart des grands magasins ont un système de caisse centralisée : après paiement de la facture, revenez voir la vendeuse auprès de laquelle vous avez effectué votre achat. Elle vous le remettra au vu du ticket de caisse attestant du règlement. Cela peut prendre du temps, d'autant plus que le Parisien n'a cure des files d'attente : faites vos achats tôt le matin, et évitez le samedi.

Les grands magasins proposent des marchandises équivalentes, mais chacun a sa marque distinctive. Le **Printemps**, réputé pour ses équipements ménagers, possède trois magasins spécialisés respectivement dans la mode masculine, la maison, et la mode féminine et enfantine. Son rayon parfumerie est l'un des mieux pourvus au monde, et son restaurant sous la coupole est l'un des meilleurs du genre.

La boutique Kenzo, place des Victoires *(p. 316-317)*

Les pains d'Apolonia Poilâne portent tous un « P » *(p. 333-335)*

Plateau d'escargots de Bourgogne

Le **BHV** est le paradis du bricoleur, mais il vend aussi toutes sortes d'accessoires pour la maison ; il possède un restaurant avec vue sur la Seine.

Le **Bon Marché**, rive gauche, a été dessiné par Gustave Eiffel. C'est le plus ancien des grands magasins parisiens, et le plus chic. Son rayon alimentation vaut le détour. On trouvera aux **Galeries Lafayette** tous les vêtements dans toutes les gammes de prix. Des défilés de mode gratuits sont organisés régulièrement. Ayant racheté l'ancien Marks & Spencer, les Galeries Lafayette possèdent maintenant un merveilleux rayon alimentaire, Lafayette Gourmet, qui vous mettra l'eau à la bouche. On trouvera au **Virgin Megastore**, ouvert tard le soir, tous les disques ainsi qu'une bonne librairie. La **FNAC** (Halles, Montparnasse, Ternes, Champs-Élysées) vend des disques, des livres et du matériel électronique. La branche des Champs-Élysées est spécialisée dans la musique, les vidéos et les DVD ; la Fnac Ternes est spécialisée dans les livres, et toutes vendent des billets pour des spectacles. La **FNAC Digitale** se consacre à l'informatique et au numérique.

ADRESSES

Printemps
64, bd Haussmann 75009.
Plan 6 D4. **Tél.** *01 42 82 50 00.*

BHV
52-64, rue de Rivoli 75004.
Plan 13 B3. **Tél.** *01 42 74 90 00.*

Le Bon Marché
24, rue de Sèvres 75007.
Plan 11 C5. **Tél.** *01 44 39 80 00.*

Aux puces de Vanves *(p. 339)*

FNAC
Forum des Halles, 1, rue Pierre-Lescot 75001. **Plan** 13 A2. **Tél.** *0825 020 020.* 74, av. des Champs-Élysées 75008. **Plan** 4 F5. **Tél.** *0825 020 020. Six autres magasins.*

FNAC Digitale
77-81, bd Saint-Germain 75006.
Plan 12 F4. **Tél.** *0825 020 020.*

Galeries Lafayette
40, bd Haussmann 75009.
Plan 6 E4. **Tél.** *01 42 82 34 56.*

Virgin Megastore
52-60, av. des Champs-Élysées 75008. **Plan** 4 F5. **Tél.** *01 42 56 15 96. Cinq autres magasins.*

Meilleurs magasins et marchés de Paris

La capitale possède une myriade de magasins, des vénérables maisons à l'ancienne aux enseignes récentes, contemporaines et avant-gardistes. L'animation des quartiers du centre n'a d'égale que celle des marchés : vous y trouverez tout, des fruits et légumes exotiques aux plus belles antiquités. Que vous recherchiez des chaussures cousues main, des vêtements à la coupe parfaite, des fromages fermiers traditionnels, ou que vous souhaitiez simplement vous imprégner de l'atmosphère, vous ne serez jamais déçu.

Place de la Madeleine
Les épiceries de luxe sont regroupées derrière l'église de la Madeleine (p. 214).

LE QUARTIER DE LA HAUTE COUTURE

Yves Saint Laurent
Guy Laroche
Nina Ricci
Hermès
AVE GEORGE V
RUE FRANÇOIS I
AVE DES
ROND POINT
CHAMPS ELYSEES
RUE DU FAUBOURG
ST HONORE
COURS ALBERT I   COURS LA REINE
PLACE DE LA CONCORDE
Chanel
Givenchy   Christian Dior

Voir agrandissement

Champs-Elysées

Invalides et quartier de la tour Eiffel

Chanel
Coco Chanel (1883-1971) régna sur la haute couture au 31, rue Cambon. Le magasin principal est situé avenue Montaigne (p. 325).

Rue de Rivoli
On trouvera des souvenirs bon marché, comme celui-ci, dans les boutiques de la rue de Rivoli (p. 130).

Marché de la porte de Vanves
est spécialisé dans les livres anciens, le linge de maison, les cartes postales, la porcelaine et les instruments de musique *(p. 339).*

Kenzo
Le styliste japonais crée une mode masculine, féminine et enfantine haute en couleur (p. 325).

Cartier
Les premiers bijoux Cartier, aux pierres magnifiques, sont toujours très recherchés. Le magasin de la rue de la Paix vend l'ensemble des collections (p. 329).

Rue de Paradis
Vous trouverez porcelaines et cristalleries à prix réduit dans les salles d'exposition de la rue (notamment du Baccarat et du Bernardaud chez Lumicristal) (p. 330-332).

Passage des Panoramas
Ce passage jadis très prospère abrite encore un graveur (p. 218).

Quartier de l'Opéra

0   1 km

artier des Tuileries

Beaubourg et Les Halles

I N E

Le Marais

Saint-Germain-des-Prés

Île de la Cité

Quartier Latin

Île Saint-Louis

Quartier du Luxembourg

Quartier du Jardin des Plantes

Rue des Francs-Bourgeois
De nombreuses boutiques de mode très branchées comme Muji (p. 324-325) se succèdent le long de cette rue du Marais.

Montparnasse

Rue Mouffetard
Le marché vend d'excellents produits frais (p. 339).

Forum des Halles
Ses arcades de verre abritent de nombreuses boutiques (p. 109).

Vêtements et accessoires

Pour beaucoup de gens, Paris est synonyme de « mode », et le style parisien le summum du chic. Ici plus que nulle part ailleurs, les femmes semblent au diapason de la mode et, à chaque nouvelle saison, ce sont elles qui donnent le ton. Moins à l'affût, les hommes sont néanmoins au courant des tendances et se plaisent à mélanger les styles et les couleurs. Connaître les bonnes adresses, c'est savoir dénicher les bons articles au juste prix. Pour chaque magasin de luxe de l'avenue Montaigne, il y a dix boutiques de jeunes stylistes qui attendent de devenir le nouveau Jean-Paul Gaultier, et des centaines qui vendent des copies.

HAUTE COUTURE

Paris est la ville de la haute couture. Les modèles originaux, à l'opposé des imitations et des adaptations, sont des pièces uniques créées par l'une des neuf maisons affiliées à la Fédération française de la couture. Les critères d'appellation sont stricts et beaucoup de grands stylistes n'en font pas partie. En raison de ses prix astronomiques, la haute couture est à la portée de quelques personnes seulement, mais elle reste le moteur de l'industrie de la mode en fournissant l'inspiration nécessaire pour le marché de masse.

Les saisons de la mode démarrent avec les présentations de collections qui se tiennent au carrousel du Louvre (*p. 123*), en janvier et en juillet. Si vous souhaitez y assister, vous aurez plus de chances d'obtenir une place à une présentation privée en téléphonant à la maison de couture, ou en allant au magasin pour demander la date de la prochaine présentation – et n'oubliez pas de vous mettre sur votre trente et un. Les grands défilés sont organisés pour les acheteurs et la presse, mais vous pouvez contacter les bureaux de presse des maisons un mois à l'avance. Toutefois, vous n'aurez pas la certitude d'avoir une place que le jour où vous recevrez l'invitation.

La plupart des maisons font aussi du prêt-à-porter, qui reflète leur créativité mais pour un moindre coût.

MODE FÉMININE

Les grands couturiers sont installés en majorité rive droite, et plus précisément dans le quartier du faubourg Saint-Honoré et avenue Montaigne : **Christian Dior**, **Pierre Cardin**, **Chanel**, **Christian Lacroix**, **Gianni Versace**, **Givenchy**, **Louis Féraud**, **Nina Ricci** et **Yves Saint Laurent**. Chez eux, vous ne côtoierez que des gens riches ou célèbres. **Hermès** fait du classique campagnard chic. L'élégance italienne de **Max Mara** est très appréciée en France, ainsi que les irrésistibles costumes **Giorgio Armani**. Karl Lagerfeld a ouvert une boutique, Lagerfeld Gallery, où il expose les dernières créations de sa ligne. Le théâtral **Paco Rabanne** et le chic **Prada** se sont aussi installés rive droite, mais de nombreuses autres belles boutiques préfèrent la rive gauche. Essayez **Sonia Rykiel** pour la maille, **Junko Shimada** pour les vêtements sport décontractés et **Barbara Bui** pour les vêtements très féminins aux matières douces. En plus de leurs bastions de la rive droite, beaucoup de couturiers ont une succursale de prêt-à-porter rive gauche. **Georges Rech** est réputé pour la qualité de ses vêtements, mais il ne faut pas oublier Yves Saint Laurent ou **Jil Sander** pour leurs coupes sublimes. Il y a également le temple de la mode d'**Armani** à Saint-Germain, ou **Miu Miu**, rue Saint-Honoré. **Joseph** a ses adeptes pour ses modèles bien coupés et **Irié** est un endroit abordable où vous trouverez des vêtements

tendance qui résisteront à l'épreuve du temps. Toujours à Saint-Germain, le **Comptoir des cotonniers** propose d'excellents modèles basiques, **Maje** a un grand choix dans le style bobo chic ou très branché et **Vanessa Bruno** des créations très féminines. Les vêtements basiques embellis de détails originaux de **Zadig et Voltaire** remportent un succès grandissant auprès des aficionados de la mode.

Vous trouverez des magasins de prêt-à-porter un peu partout dans Paris. La belle place des Victoires est ainsi devenue le prolongement de la rue du Faubourg-Saint-Honoré. La boutique **Victoire** réunit l'une des plus belles sélections de marques de créateurs, parmi lesquels Michael Klein, Helmut Lang et Thierry Mugler. **Kenzo** est aussi présent (malgré l'ouverture d'un autre magasin phare près du Pont-Neuf) ainsi que ses compatriotes **Comme des garçons** (modèles excentriques et d'avant-garde pour les deux sexes) et **Y-3**, non loin de Ventilo. La rue Jean-Jacques-Rousseau est devenue à son tour une grande rue de la mode.

Plus à l'est, dans la rue du Jour, **Agnès B** et **Claudie Pierlot** créent des modèles à l'élégance intemporelle. **Martin Margiela** offre des modèles avant-gardistes d'excellente qualité.

Refuge des créateurs qui montent, le Marais est un endroit très couru. La rue des Rosiers regroupe **Pleats Please** d'Issey Miyake, **L'Éclaireur** et une succursale de **Tehen**. **Nina Jacob** se trouve rue des Francs-Bourgeois et **Azzedine Alaïa** dans une rue juste à côté. **Abou D'Abi Bazar** propose plusieurs créateurs et **Muji** vend des objets et des accessoires.

Le quartier de la Bastille compte aussi de nombreuses boutiques tendance ainsi que des enseignes plus connues. Dans sa boutique de la rue du Faubourg-Saint-Antoine, **Jean-Paul Gaultier** présente des collections « senior » et « junior ».

ADRESSES

MODE FÉMININE

Abou d'Abi Bazar
124 rue Vieille du Temple 75003. **Plan** 13 C3.
Tél. 01 42 71 13 26.

Agnès B
2-19 rue du Jour 75001.
Plan 13 A1.
Tél. 01 45 08 56 56.
Plusieurs succursales.
www.agnesb.com

Azzedine Alaïa
7 rue de Moussy 75004.
Plan 13 C3.
Tél. 01 42 72 19 19.

Barbara Bui
23 rue Étienne-Marcel
75001. **Plan** 13 A1.
Tél. 01 40 26 43 65.
www.barbarabui.com
Plusieurs succursales.

Chanel
42 av. Montaigne
75008.
Plan 5 A5.
Tél. 01 47 23 47 12.
www.chanel.com
Plusieurs succursales.

Christian Dior
30 av. Montaigne 75008.
Plan 10 F1.
Tél. 01 40 73 73 73.
www.dior.com

Christian Lacroix
73 rue du Faubourg-
Saint-Honoré 75008.
Plan 5 B5.
Tél. 01 42 68 79 00.
www.christian-
lacroix.com

Claudie Pierlot
1 rue Montmartre 75001.
Plan 13 A1.
Tél. 01 42 21 38 38.
www.claudie-pierlot.com
Plusieurs succursales.

Colette
213 rue Saint-Honoré
75001.
Plan 12 D1.
Tél. 01 55 35 33 90.
www.colette.fr

**Comme des
Garçons**
54 rue du Faubourg
Saint-Honoré 75008.
Plan 4 E3.
Tél. 01 53 30 27 27.

**Comptoir des
Cotonniers**
59 rue Bonaparte 75006.
Plan 12 E3.
Tél. 01 43 26 07 56.

L'Éclaireur
3 ter rue des Rosiers
75004. **Plan** 13 C3.
Tél. 01 48 87 10 22.

Eres
2 rue Tronchet 75008.
Plan 5 C5.
Tél. 01 47 42 28 82.
Plusieurs succursales.

Gaëlle Barré
17 rue Keller 75011.
Plan 14 F4.
Tél. 01 43 14 63 02.

Georges Rech
54 rue Bonaparte 75006.
Plan 12 E3.
Tél. 01 43 26 84 11.
www.georges-rech.fr
Plusieurs succursales.

Giorgio Armani
18 av. Montaigne 75008.
Plan 10 F1.
Tél. 01 42 61 55 09
www.giorgioarmani.com

Givenchy
3 av. Georges V 75008.
Plan 4 E5.
Tél. 01 44 31 50 00.
www.givenchy.com

H&M
15 rue du Commerce
75015. **Plan** 10 E5.
Tél. 01 40 57 24 60.
Plusieurs succursales.

Hermès
24 rue du Faubourg-
Saint-Honoré 75008.
Plan 5 C5.
Tél. 01 40 17 46 00.
www.hermes.com
Plusieurs succursales.

Irié
8 rue du Pré-aux-Clercs
75007. **Plan** 12 D3.
Tél. 01 42 61 18 28.

Isabel Marant
16 rue de Charonne
75011.
Plan 14 F4.
Tél. 01 49 29 71 55.

Jay Ahr
2 rue du 29 Juillet 75001.
Plan 12 D1.
Tél. 01 42 96 52 23.

Jean-Paul Gaultier
6 rue Vivienne 75002.
Plan 12 F1.
Tél. 01 42 86 05 05.
Plusieurs succursales.

Jil Sander
56 av. Montaigne 75008.
Plan 10 F1.
Tél. 01 44 95 06 70.

Joseph
147 bd Saint-Germain
75006. **Plan** 12 E4.
Tél. 01 55 42 77 55.

Junko Shimada
13 rue Saint-Florentin
75008. **Plan** 11 C1.
Tél. 01 42 60 94 12.
Plusieurs succursales.

Kenzo
3 pl. des Victoires 75001.
Plan 12 F1.
Tél. 01 40 39 72 03.
Plusieurs succursales.

Kookaï
82 rue Réaumur 75002.
Plan 13 B1.
Tél. 01 45 08 93 69.
Plusieurs succursales.

La City
141 rue de Rennes
75006. **Plan** 16 D1.
Tél. 01 45 44 71 18.
Plusieurs succursales.

Les Petites
10 rue du Four 75006.
Plan 13 A1.
Tél. 01 55 42 98 78.

Louis Féraud
90 rue du Faubourg-
Saint-Honoré 75008. **Plan**
4 E3. *Tél. 01 44 71 03 86.*

Mac Douglas
9 rue de Sèvres 75006.
Plan 12 D4.
Tél. 01 45 48 14 09.
Plusieurs succursales.

Maje
42 rue du Four 75006.
Plan 12 E4.
Tél. 01 42 22 43 69.

Mango
6 bd des Capucines
75009. **Plan** 6 E5.
Tél. 01 53 30 82 70.
Plusieurs succursales.

Martin Margiela
25 rue de Montpensier
75001. **Plan** 12 E1.
Tél. 01 40 15 07 55.

MaxMara
31 av. Montaigne 75008.
Plan 5 A5.
Tél. 01 47 20 61 13.
Plusieurs succursales.

Miu Miu
219 rue Saint Honoré
75001. **Plan** 5 C5.
Tél. 01 53 63 20 30.
www.miumiu.com

Muji
47 rue des Francs-
Bourgeois 75004.
Plan 14 D3.
Tél. 01 49 96 41 41.

Nina Jacob
23 rue des Francs-
Bourgeois 75004.
Plan 14 D3.
Tél. 01 42 77 41 20.

Nina Ricci
39 av. Montaigne 75008.
Plan 10 F1.
Tél. 01 40 88 67 60.
www.ninaricci.fr

Pierre Cardin
27 av. de Marigny 75008.
Plan 5 B5.
Tél. 01 42 66 68 98.
www.pierrecardin.com

Prada
10 av. Montaigne 75008.
Plan 3C5.
Tél. 01 53 23 99 40.

Promod
60 rue Caumartin 75009.
Plan 6 D4.
Tél. 01 45 26 01 11.
Plusieurs succursales.

Ragtime
23 rue de l'Échaudé
75006. **Plan** 12 E4.
Tél. 01 56 24 00 36.

Sinéquanone
16 rue du Four 75006.
Plan 12 E4.
Tél. 01 56 24 27 74.
Plusieurs succursales.

Sonia Rykiel
175 bd Saint-Germain
75006. **Plan** 12 D4.
Tél. 01 49 54 60 60.
www.soniarykiel.com
Plusieurs succursales.

Stella Cadente
93 quai de Valmy 75010.
Plan 13 C4.
Tél. 01 42 09 66 60.
www.stella-cadente.com
Plusieurs succursales.

Si **Isabel Marant** est déjà connue pour son originalité, **Gaëlle Barré**, elle, est une styliste qui monte. Pour les maillots de bain, il y a **Erès** et pour le cuir **Mac Douglas**. **Colette**, **Stella Cadente** et **Jay Ahr** (où l'on trouve de sublimes robes du soir) proposent des modèles de jeunes créateurs. **Zucca** est aujourd'hui à la tête de plusieurs boutiques. Les amateurs de la mode des années 1920 à 1950 trouveront des vêtements superbes, à défaut d'être bon marché, chez **Ragtime**. Sans s'habiller avenue Montaigne, il est possible d'être chic avec un budget beaucoup plus modeste en allant dans les magasins de grandes chaînes. Paris compte un grand nombre de ces magasins qui ont des succursales dans d'autres villes d'Europe. Les stocks varient en fonction des désirs et des habitudes d'achat de la clientèle locale – ce qui explique pourquoi on trouvera la mode française dans des magasins comme **Zara**, notamment dans les succursales de la rue de Rennes et de l'Opéra. Le Suédois **H&M** a un fabuleux *concept store* pour la mode jeune dans le 15e arrondissement et propose chaque année des créations de grands couturiers comme Karl Lagerfeld dans certains de ses magasins de plus grande superficie. Les magasins de chaînes français sont également nombreux. Les enseignes bien connues comme **Kookaï** et **Mango** proposent de jolis modèles. **Sinequanone** et **La City** sont de style plus classique. **Promod** vend des modèles plaisants bon marché.

MODE ENFANTINE

Vous trouverez un grand choix de vêtements pour enfants dans tous les styles et à tous les prix. Beaucoup de créateurs font souvent aussi une collection « enfants », notamment **Kenzo**, **Baby Dior**, **Agnès B**, **Sonia Rykiel** et **Teddy's**. Les enseignes de prêt-à-porter comme **Jacadi** et **Du pareil au**

même sont des magasins fonctionnels de grandes dimensions. Chez **Tartine et Chocolat**, les salopettes sont très prisées. **Bonpoint** propose des vêtements chic pour les tout-petits. **Petit Bateau** a maintenant autant de succès auprès des enfants que des adultes. Et comme cela devait arriver, les enfants ont aujourd'hui un *concept store* : **Bonton**. Pour les petites pointures, **Froment-Leroyer** est le meilleur chausseur classique. Chez **Six Pieds Trois Pouces**, les styles sont divers.

MODE MASCULINE

Il n'y a pas de haute couture pour hommes et ces derniers doivent se contenter du prêt-à-porter. Mais certains modèles peuvent coûter très cher, notamment ceux des stylistes femmes. La rive droite réunit **Giorgio Armani**, **Pierre Cardin**, **Kenzo**, **Lanvin** (beaux accessoires également) et **Yves Saint Laurent**. Du côté de la rive gauche, **Michel Axael** et **Jean-Charles de Castelbajac** sont réputés pour leurs cravates et **Francesco Smalto** pour ses élégantes créations qui habillent quelques stars mondiales du cinéma. **Y-3** (vêtements créés par le styliste Yohji Yamamoto) s'adresse à une clientèle aimant faire sensation tandis que **Gianni Versace** incarne le classique italien recherché. **APC**, **Paul Smith** et **Ron Orb** proposent un style plus contemporain. **Olivier Strelli**, **Polo by Ralph Lauren** et **Loft Design By** sont chic sans être franchement tendance et ont donc des chances de se démoder moins vite. Le *nec plus ultra* de l'élégance masculine est le costume avec la chemise sur mesure et la cravate en soie de chez **Charvet**. Le magasin de la place Vendôme vaut le coup d'œil à lui seul. Demandez au personnel charmant et sympathique de vous conduire à l'atelier pour voir la fabrication des modèles. **Madelios** est une galerie marchande avec des boutiques de créateurs et des magasins de chaînes.

BOUTIQUES « STYLE DE VIE »

Depuis que **Colette** a fait son entrée sur la scène parisienne il y a six ans, le succès du *lifestyle* ne faiblit pas. Les *concept stores* vendent une multitude de marques de créateurs (connues ou non) rassemblées pour vous proposer tout ce dont vous pourriez avoir besoin. Des livres à succès aux chaussures, produits de beauté, articles ménagers, des meubles à la musique, en passant par l'eau minérale griffée, les sacs, les baskets et les robes du soir, une étape indispensable pour un shopping branché. **Spree** à Montmartre vend pêle-mêle de la mode, de l'art et de la déco, tandis que **Montaigne Market** propose à la fois le meilleur de la haute couture et de nouveaux stylistes.

MODE *VINTAGE* ET DÉPÔTS-VENTES

La mode *vintage* est arrivée à Paris il y a quelque temps et la capitale compte aujourd'hui quelques boutiques étonnantes, la plus belle étant celle de **Didier Ludot**, véritable grotte d'Aladin où sont exposés des modèles chic de haute couture, depuis les robes Courrèges aux tailleurs Chanel. Autre endroit pour faire de bonnes affaires : le **dépôt-vente de Buci-Bourbon**. Un peu moins cher : les nombreux autres dépôts-ventes de la ville où les femmes élégantes revendent à la fin de chaque saison quelques-uns de leurs vêtements qui sont toujours de qualité et en parfait état. C'est le cas de **Réciproque** à Passy et d'**Alternatives** dans le Marais. **Le Mouton à cinq pattes** vend des prototypes ainsi que des vêtements de marques dégriffés de la saison précédente.

BIJOUX ET ACCESSOIRES

C'est dans les magasins de couture que vous trouverez

ADRESSES

Vanessa Bruno
25 rue Saint-Sulpice
75006. **Plan** 12 E5.
Tél. 01 43 54 41 04.
www.vanessabruno.com

Ventilo
27 bis rue du Louvre
75002. **Plan** 12 F2.
Tél. 01 44 76 83 00.
www.ventilo.fr
Plusieurs succursales.

Versace
41 rue François Premier
75008. **Plan** 10 F1.
Tél. 01 47 42 88 02.
www.versace.com

Victoire
12 pl. des Victoires
75002. **Plan** 12 F1.
Tél. 01 42 86 92 51.
www.victoire-paris.com
Plusieurs succursales.

Yohji Yamamoto
25 rue du Louvre 75001.
Plan 12 F1.
Tél. 01 42 21 42 93.

Yves Saint Laurent
38 rue du Faubourg-
Saint-Honoré 75008. **Plan**
5 C5. *Tél.* 01 42 65 74
59. **www**.ysl.com
Plusieurs succursales.

Zadig et Voltaire
3 rue des Rosiers 75004.
Plan 13 C3.
Tél. 01 44 59 39 06.
Plusieurs succursales.

Zara
45 rue de Rennes 75006.
Plan 16 D1. *Tél.* 01 44 39
03 50. **www**.zara.fr
Plusieurs succursales.

Zucca
8 rue Saint-Roch 75001.
Plan 12 E1.
Tél. 01 44 58 98 88.

MODE ENFANTINE

Agnès B
(voir p. 325).

Baby Dior
(voir p. 325 Christian Dior).

Bonpoint
320 rue Saint-Honoré
75001.
Plan 13 A2.
Tél. 01 49 27 94 82.
www.bonpoint.com

Bonton
82 rue de Grenelle
75007.
Plan 10 F3.
Tél. 01 44 39 09 20.
www.bonton.fr

Du Pareil au Même
1 rue Saint-Denis 75001.
Plan 13 A3. *Tél.* 01 42 36
07 57. **www**.dpam.fr

Froment-Leroyer
7 rue Vavin 75006.
Plan 16 E1.
Tél. 01 43 54 33 15.
www.froment-leroyer.fr
Plusieurs succursales.

Jacadi
17 rue Tronchet 75008.
Plan 5 C5.
Tél. 01 42 65 84 98.
www.jacadi.fr

Kenzo
(voir p. 325).

Petit Bateau
116 av. des Champs
Élysées 75008.
Plan 4 E4.
Tél. 01 40 74 02 03.
www.petit-bateau.com

**Six Pieds
Trois Pouces**
78 av. de Wagram 75017.
Plan 4 E2.
Tél. 01 46 22 81 64.
Plusieurs succursales.

Tartine et Chocolat
84 rue du Faubourg-
Saint-Honoré 75008.
Plan 5 B5.
Tél. 01 45 62 44 04.

Teddy's
38 rue François Premier
75008. **Plan** 10 F1.
Tél. 01 47 20 79 79.

MODE MASCULINE

APC
38 rue Madame 75006.
Plan 12 E5. *Tél.* 01 42 22
12 77. **www**.apc.fr

Celio
26 rue du Faubourg
Saint-Antoine 75012.
Plan 14 E4.
Tél. 01 43 42 31 68.

Charvet
28 pl. Vendôme 75001.
Plan 6 D5.
Tél. 01 42 60 30 70.

Francesco Smalto
44 rue François Premier
75008. **Plan** 4 F5.
Tél. 01 47 20 70 63.
www.smalto.com

Gianni Versace
41 rue François Premier
75008. **Plan** 10 F1.
Tél. 01 47 42 88 02.
www.versace.com

Giorgio Armani
(voir p. 325).

**Jean-Charles
de Castelbajac**
10 rue de Vauvilliers
75001.
Tél. 01 55 34 10 10.
www.jedecastelbajac.
com

Kenzo
(voir p. 325).

Lanvin
22 rue du Faubourg
Saint-Honoré 75008.
Plan 14 F4.
Tél. 01 44 71 31 33.
www.lanvin.com
Plusieurs succursales.

Loft Design By
175 bd Pereire 75017.
Plan 3 C3.
Tél. 01 46 22 44 20.
Plusieurs succursales.

Michel Axael
121 bd Saint-Germain
75006.
Plan 12 E4.
Tél. 01 43 26 01 96.

Olivier Strelli
7 bd Raspail 75007.
Plan 12 D4.
Tél. 01 45 44 62 21.
www.strelli.be
Plusieurs succursales.

Paul Smith
22 bd Raspail 75007.
Plan 12 D4.
Tél. 01 42 84 15 30.

Pierre Cardin
(voir p. 325).

Ron Orb
147 rue du Temple
75003.
Plan 13 B2.
Tél. 01 40 28 09 33.

Y-3
47 rue Étienne
Marcel 75001.
Tél. 01 45 08 82 45.

Yves Saint Laurent
12 pl. Saint-Sulpice
75006.
Plan 12 D4.
Tél. 01 43 26 84 40.

BOUTIQUES « STYLE DE VIE »

Colette
(voir p. 325).

Montaigne Market
57 av. Montaigne 75008.
Plan 5 A5.
Tél. 01 42 56 58 58.

Spree
16 rue de La Vieuville
75018.
Plan 6 F1.
Tél. 01 42 23 41 40.

MODE « *VINTAGE* » ET DÉPÔTS-VENTES

Alternatives
18 rue du Roi-de-Sicile
75004.
Plan 13 C3.
Tél. 01 42 78 31 50.

**Depôt-Vente
de Buci-Bourbon**
6 rue de Bourbon-
le-Château 75006.
Plan 12 E4.
Tél. 01 46 34 45 05.

Didier Ludot
19-24 galerie
Montpensier 75001.
Plan 12 E1.
Tél. 01 42 96 06 56.

**Le Mouton
à Cinq Pattes**
8 rue Saint-Placide
75006.
Plan 11 C5.
Tél. 01 45 48 86 26.
Plusieurs succursales.

Réciproque
95 rue de la Pompe
75016.
Plan 9 A1.
Tél. 01 47 04 30 28.

BIJOUX

Agatha
97 Rue de Rennes
75006.
Plan 12 D5.
Tél. 01 45 48 92 57.
www.agatha.fr
Plusieurs succursales.

probablement les plus beaux bijoux et foulards. Les bijoux **Chanel** sont classiques et ceux de **Christian Lacroix** insolites. La **Boutique Y.S.L.** vend de beaux accessoires. Parmi les grands joailliers parisiens figurent **Boucheron**, **Mauboussin** et **Poiray** qui s'adressent à une clientèle aisée. Tout comme **Harry Winston** et **Cartier**. **Dinh Van** propose des pièces originales et **H. Stern** crée des formes innovantes avec des pierres précieuses et semi-précieuses. Le spécialiste des perles est **Mikimoto**. Vous trouverez des bijoux et accessoires plus insolites à la **Boutique Daniel Swarovski** qui appartient à la famille de cristalliers du même nom.

Bijoux mode, accessoires fantaisie et répliques se dénichent dans le Marais, à la Bastille et aux Halles (dans cet ordre pour la qualité). Les noms les plus connus sont **Scooter** pour les jeunes Parisiennes chic, **Métal pointu** qui propose de merveilleux bijoux fantaisie et **Agatha** pour les bijoux basiques et les répliques de Chanel. **Verlor** vend des répliques en métaux précieux. Cette bijouterie bon marché propose des copies de joailliers en pierres véritables. Chez **Pietra Dura** vous trouverez des modèles en pierres semi-précieuses faits à la main.

CHAUSSURES, SACS ET CEINTURES

Les sportifs et adeptes de commerce équitable (coton organique et caoutchouc naturel d'amazonie) opteront pour la marque Veja (au **Bon Marché**). Pour un grand choix de couleurs, allez chez **Charles Jourdan** ou **Sidonie Larrizi** qui fabrique ses modèles avec des échantillons de peausserie. Les noms les plus cotés à l'heure actuelle sont **Michel Perry**, **Bruno Frisoni** et **Robert Clergerie**. **Christian Louboutin** est le maître en matière de talons aiguilles sexy. **Carel** propose d'élégants modèles basiques. **Cosmo Paris** vend des modèles tendance et **Jonak** est une adresse

incontournable pour les bonnes répliques de griffes. **Bowen** vend des chaussures classiques pour hommes. **Fenestrier** crée des versions chic des grands classiques. Pour beaucoup d'hommes, **J. M. Weston** et **Berluti** sont le summum de l'élégance.

Christian Lacroix crée de superbes sacs et ceintures. Vous trouverez aussi des articles de cuir de belle facture chez **Longchamp**, **Gucci** et **Hermès**. Pour les sacs à main haut de gamme, rien ne vaut **Chanel** ou **Dior** mais **Goyard** n'arrive pas loin derrière. Dans le milieu de gamme, **Furla** propose des sacs de couleur qui sont de bons compromis, comme le sont les créations de **Karine Dupont**. Les sacs en toile de **Jamin Puech**, **Vanessa Bruno** et **Hervé Chapelier** figurent dans toutes les garde-robes chic. Chez **Jet-Set** vous trouverez chaussures, bottes et sacs à des prix raisonnables. **Lollipops** vend des sacs mode pas chers et sans prétention.

CHAPEAUX

Marie Mercié est une modiste très cotée à Paris. **Anthony Peto** a repris son local rue Tiquetonne et crée aujourd'hui des chapeaux pour hommes. Pour des créations en laine, pleines d'imagination, essayez **Grevi** qui propose également des gants et des écharpes assortis.

LINGERIE

Pour la lingerie moderne allez chez **Fifi Chachnil** dont la boutique est pleine de dessous colorés. **La Boîte à bas** vend de beaux collants de fabrication française et **Princess Tam Tam** des articles de qualité à des prix raisonnables. Le magasin culte de **Sabbia Rosa** propose de sublimes dessous de créateurs. Mais le *nec plus ultra*, c'est **Cadolle** qui a inventé le Balconnet et qui fabrique des modèles sur mesure. Pour quelque chose de plus sexy, essayez **Yoba**.

TABLEAU DE CORRESPONDANCE DES TAILLES

Vêtements pour enfants

France	2–3	4–5	6–7	8–9	10–11	12	14	14 + (années)
Belgique	2–3	4–5	6–7	8–9	10–11	12	14	14 + (années)
Canada	2–3	4–5	6–6	7–8	10		12	14	16 (taille)

Chaussures pour enfants

France	24	25½	27	28	29	30	32	33	34
Belgique	24	25½	27	28	29	30	32	33	34
Canada	7½	8½	9½	10½	11½	12½	13½	1½	2½

Robes, jupes et manteaux pour femmes

France	34	36	38	40	42	44	46
Belgique	6	8	10	12	14	16	18
Canada	6	8	10	12	14	16	18

Chemisiers et pull-overs pour femmes

France	81	84	87	90	93	96	99 (cm)
Belgique	81	84	87	90	93	96	99 (cm)
Canada	6	8	10	12	14	16	18 (taille)

Chaussures pour femmes

France	36	37	38	39	40	41
Belgique	36	37	38	39	40	41
Canada	5	6	7	8	9	10

Costumes pour hommes

France	44	46	48	50	52	54	56	58
Belgique	44	46	48	50	52	54	56	58
Canada	34	36	38	40	42	44	46	48

Chemises pour hommes

France	36	38	39	41	42	43	44	45
Belgique	36	38	39	41	42	43	44	45
Canada	14	15	15½	16	16½	17	17½	18

Chaussures pour hommes

France	39	40	41	42	43	44	45	46
Belgique	39	40	41	42	43	44	45	46
Canada	7	7½	8	8½	9½	10½	11	11½

ADRESSES

Boucheron
26 pl. Vendôme 75001.
Plan 6 D5.
Tél. 01 42 61 58 16.
www.boucheron.com
Plusieurs succursales.

Boutique YSL
38 rue du Faubourg-Saint-
Honoré 75008. **Plan** 5
C5. **Tél.** 01 42 65 74 59.

Cartier
13 rue de la Paix 75002.
Plan 6 D5. **Tél.** 01 58 18
23 00. **www.**cartier.fr
Plusieurs succursales.

Chanel
(voir p. 325).

Christian Lacroix
(voir p. 325).

**Daniel Swarovski
Boutique**
7 rue Royale 75008.
Plan 5 C5. **Tél.** 01 40 17
07 40. **www.**daniel-
swarovski.com

Dinh Van
16 rue de la Paix 75002.
Plan 6 D5. **Tél.** 01 42 86
02 66. **www.**dinhvan.com
Plusieurs succursales.

H Stern
3 rue Castiglione 75001.
Plan 12 D1. **Tél.** 01 42 60
22 27. **www.**hstern.net
Plusieurs succursales.

Harry Winston
29 av. Montaigne 75008.
Plan 10 F1.
Tél. 01 47 20 03 09.
www.harrywinston.com

Mauboussin
20 pl. Vendôme 75001.
Plan 6 D5.
Tél. 01 44 55 10 00.
www.mauboussin.com

Métal Pointu's
2 rue du Marché Saint-
Honoré 75001. **Plan** 12
D1. **Tél.** 01 42 60 01 42.
www.metalpointus.com

Mikimoto
8 pl. Vendôme 75001.
Plan 6 D5.
Tél. 01 42 60 33 55.
www.mikimoto.fr

Pietra Dura
6 rue Deponthieu 75008.
Plan 5 A5.
Tél. 01 45 63 18 18.

Poiray
1 rue de la Paix 75002.
Plan 6 D5. **Tél.** 01 42 61
70 58. **www.**poiray.com

Scooter
10 rue de Turbigo 75001.
Plan 13 A1.
Tél. 01 45 08 50 54.
Plusieurs succursales.

Verlor
19 rue de la Paix 75002.
Plan 6 D5.
Tél. 01 40 07 08 86.

CHAUSSURES
ET ACCESSOIRES

Bowen
97 rue Saint-Lazare
75009. **Plan** 6 D3.
Tél. 01 53 32 32 40.

Berluti
26 rue Marbeuf 75008.
Plan 4 F5. **Tél.** 01 53 93
97 97. **www.**berluti.com

Bruno Frisoni
34 rue de Grenelle
75007. **Plan** 12 D4.
Tél. 01 42 84 12 30.

Carel
4 rue Tronchet 75008.
Plan 6 D4.
Tél. 01 45 66 21 58.
Plusieurs succursales.

Charles Jourdan
22 rue François Premier
75008.
Tél. 01 47 20 81 28.
www.charles-jourdan.
com
Plusieurs succursales.

Christian Louboutin
38-40 rue de Grenelle
75007.
Plan 10 F3.
Tél. 01 42 22 33 07.

Cosmo Paris
25 rue du Four 75006.
Plan 12 E4.
Tél. 01 56 24 15 49.

Eden Shoes
8 rue de Marignan
75008. **Plan** 4 F5.
Tél. 01 42 25 76 26.

Fenestrier
23 rue du Cherche-Midi
75006.
Plan 12 D5.
Tél. 01 42 22 66 02.
www.jfenestrier.com

Furla
8 rue de Sèvres 75006.
Plan 11 C5.
Tél. 01 40 49 06 44.
www.furla.com
Plusieurs succursales.

Goyard
233 rue Saint-Honoré
75001.
Plan 5 C5.
Tél. 01 42 60 57 04.
www.goyard.com

Gucci
23 rue Royale 75001.
Plan 5 C5.
Tél. 01 44 94 14 70.
www.gucci.com

Hermès
(voir p. 325).

Hervé Chapelier
1 bis rue du Vieux-
Colombier 75006.
Plan 12 D4.
Tél. 01 44 07 06 50.

Jamin Puech
61 rue de Hauteville
75010.
Plan 7 B4.
Tél. 01 40 22 08 32.

Jet-Set
7 rue de Sèvres 75006.
Plan 11 C5.
Tél. 01 45 48 68 01.

Jonak
70 rue de Rennes 75006.
Plan 16 D1.
Tél. 01 45 48 27 11.

Karine Dupont
16 rue du Cherche-Midi
75006.
Plan 12 D4.
Tél. 01 42 84 06 30.

Le Bon Marché
24 rue de Sèvres
75007.
Plan 11 C5.
Tél. 01 44 39 80 00.

Lollipops
60 rue Tiquetonne
75002.
Plan 13 A1.
Tél. 01 42 33 15 72.
www.lollipops.fr

Longchamp
404 rue Saint-Honoré
75001.
Plan 5 C5.
Tél. 01 43 16 00 18.
www.longchamp.com

Michel Perry
42 rue de Grenelle
75007. **Plan** 10 F3.
Tél. 01 42 84 12 45.

Robert Clergerie
5 rue du Cherche-Midi
75006. **Plan** 12 D1.
Tél. 01 42 84 03 14.

Rodolphe Ménudier
14 rue de Castiglione
75001. **Plan** 12 D1.
Tél. 01 42 60 86 27.

Vanessa Bruno
(voir p. 327).

CHAPEAUX

Anthony Peto
56 rue Tiquetonne
75002.
Plan 13 A1.
Tél. 01 40 26 60 68.

Grevi
1 pl. Alphonse-Deville
75006. **Plan** 14 D3.
Tél. 01 42 22 02 49.
www.grevi.com

Marie Mercié
23 rue Saint-Sulpice
75006. **Plan** 12 E4.
Tél. 01 43 26 45 83.

LINGERIE

La Boîte à Bas
27 rue Boissy-d'Anglas
75008. **Plan** 5 C5.
Tél. 01 42 66 26 85.

Cadolle
4 rue Cambon 75001.
Plan 6 D5.
Tél. 01 42 60 94 22.

Fifi Chachnil
68 rue Jean-Jacques
Rousseau 75001.
Plan 12 F2.
Tél. 01 42 21 19 93.

Princesse Tam Tam
52 bd Saint-Michel
75006. **Plan** 12 F5.
Tél. 01 42 34 99 31.
Plusieurs succursales.

Sabbia Rosa
73 rue des Saints-Pères
75006. **Plan** 12 D4.
Tél. 01 45 48 88 37.

Yoba
11 rue du Marché Saint-
Honoré 75001.
Plan 12 D1.
Tél. 01 40 41 04 06.

Cadeaux et souvenirs

Des accessoires et parfums de couturiers aux presse-papiers « tour Eiffel » et à l'épicerie fine, vous trouverez à Paris un grand choix d'idées de cadeaux et de souvenirs typiques. Les boutiques de la rue de Rivoli et celles proches des lieux touristiques comme Notre-Dame et le Sacré-Cœur regorgent de babioles bon marché. Pensez aussi aux magasins de souvenirs tels que **Les Drapeaux de France**. Les boutiques de musées, comme celles du **musée du Louvre**, du **musée d'Orsay** ou du **musée Carnavalet**, vendent des souvenirs, des reproductions et des objets de jeunes créateurs.

CADEAUX

Le **Printemps** vend de beaux accessoires sous son propre label, notamment des sacs à main. L'étage « luxe » est l'endroit idéal pour faire du lèche-vitrines, acheter un bijou Tiffany ou une montre Cartier. On y trouve aussi de petits objets à prix raisonnables. Pour les gastronomes, la Grande Épicerie du **Bon Marché** propose tout ce qu'il faut pour un somptueux festin ou une rapide collation. Quant aux **Galeries Lafayette**, elles ont aujourd'hui le plus grand rayon de lingerie au monde.

PARFUMS ET COSMÉTIQUES

Il existe de nombreuses parfumeries *discount*. Certaines proposent même une détaxe aux clients non ressortissants de l'UE sur simple présentation du passeport. C'est le cas d'**Eiffel Shopping**, près de la tour Eiffel, de la chaîne **Sephora** et des grands magasins (pour les parfums de couturiers). Le rayon « beauté » du **Printemps** est l'un des plus vastes d'Europe, avec le plus grand choix de parfums du monde. Il propose des marques qui sont difficiles à trouver ailleurs.

Pour celles qui voudraient remonter le temps, **Detaille 1905** recrée toutes les « préparations de beauté » que la maison avait élaborées au début du XXe siècle ; six eaux de toilette sont en vente : trois pour femmes et trois pour hommes, toutes fabriquées selon des recettes de cette époque.

La boutique **Parfums Caron** vend aussi de nombreuses fragrances créées il y a plus de cent ans qui sont introuvables ailleurs. C'est donc l'endroit où trouver des parfums exclusifs que vous aurez probablement envie de garder pour vous. Chez **Annick Goutal**, les essences naturelles sont présentées dans de jolis flacons. **Guerlain** est le *nec plus ultra* pour les cosmétiques. Les élégantes boutiques de **L'Artisan Parfumeur** proposent des fragrances qui ont toutes une histoire, présentées dans de superbes flacons, ainsi que des rééditions du passé comme les parfums portés à la cour de Versailles. **Frédéric Malle** est un autre grand nom de la parfumerie haut de gamme. Vous trouverez aussi des parfums exclusifs aux **Salons du Palais-Royal Shiseido** où Serge Lutens, parfumeur de renom, crée de sublimes senteurs exotiques vendues uniquement dans cette boutique.

Paris abrite de nombreux créateurs de « haute cosmétique ». L'un des plus réputés est Terry de Gunzberg ; il propose dans sa boutique **By Terry** de fabuleux produits. Vous pourrez même personnaliser votre cadeau en faisant inscrire quelques mots sur l'emballage en papier argent.

POUR LA MAISON

Même s'il n'est pas facile de rapporter de la vaisselle dans ses bagages, il est difficile à Paris de ne pas se laisser tenter par les vitrines chic des boutiques spécialisées dans l'art de la table qui comptent parmi les plus élégantes du monde. Si vous hésitez à vous charger avec des pièces fragiles, sachez que beaucoup de magasins proposent un service d'expédition vers l'étranger. Les articles de luxe pour la maison se trouvent rue Royale qui réunit bon nombre des meilleures enseignes. Vous y trouverez des reproductions de porcelaine ancienne et de l'argenterie moderne. Les pâtes de verre Art nouveau et Art déco de **Lalique** sont collectionnées dans le monde entier. L'argenterie **Christofle**, y compris les cadres photo et même les baguettes, est d'une qualité irréprochable.

Pour bénéficier de remises importantes sur la porcelaine et la cristallerie, allez chez **Lumicristal** qui vend du cristal Baccarat (magasin également place de la Madeleine), **Daum** et **Limoges**. Du côté des tissus d'ameublement, le décorateur d'intérieur **Pierre Frey** présente dans son showroom de superbes tissus déclinés en coussins, dessus-de-lit et nappes. **Yves Delorme** vend des draps de lit d'excellente qualité.

La Chaise longue propose un grand choix de beaux objets et d'idées de cadeaux originaux. **Bö** opte pour le contemporain tandis que **Ekobo** propose un grand choix d'objets culinaires et ménagers ainsi que des livres. **DOM** et **Muskhang** vendent toutes sortes d'accessoires ménagers pour appartements branchés. Le vaste **Lafayette Maison** vend de tout, des balais fantaisie aux canapés trois places dernier cri. **Sentou** est une galerie d'objets design pour la maison, avec de la vaisselle, des accessoires et du mobilier haut de gamme. **E. Dehillerin** est imbattable pour le matériel de cuisine : vous y trouverez tout, même les objets les moins répandus aujourd'hui, comme les casseroles en cuivre. Les bougies parfumées de **Diptyque** sont un objet incontournable dans nombre d'appartements parisiens (le figuier est le parfum le plus largement plébiscité).

Le sous-sol du **BHV** *(p. 321)* est rempli d'une multitude d'outils et d'accessoires pour la maison et le jardin.

LIBRAIRIES ET PRESSE SPÉCIALISÉE

Les hebdomadaires *Pariscope* et *L'Officiel des spectacles* sont les plus complets pour les programmes des événements et spectacles à Paris. Parmi les grandes librairies parisiennes figurent **La Hune**, spécialisée dans les arts plastiques, le design, l'architecture, la photographie, la mode et le cinéma, **Gibert Jeune**, pour la littérature générale et les ouvrages scolaires, et **Le Divan**, qui propose un large choix d'ouvrages de sciences sociales, de psychologie, de littérature et de poésie. La librairie **Tschann** est réputée pour ses rayons de littérature et de poésie. Si vous cherchez des livres pour enfants, **Chantelivre** est l'adresse où se rendre (ils ont aussi une très bonne sélection pour adultes). Si vous savez ce que vous cherchez, vous pouvez aller au rayon « librairie » d'une FNAC : le choix est très large et varié. Les amateurs de cuisine pourront aller faire un tour à **La librairie Gourmande** qui vend des livres d'histoire de la cuisine et de recettes en diverses langues et quelques ustensiles. De très bonnes librairies d'occasion se trouvent autour du Luxembourg et de la rue des Écoles : à vous de fouiner !

FLEURISTES

Certains fleuristes parisiens sont très connus, par exemple **Pascal Mutel**, qui a pris la relève de Christian Constant et donne également des cours de design floral. **Art Nature Harmonie** et **Monceau Fleurs** proposent un beau choix de fleurs à des prix raisonnables. Dans le Marais, ne ratez pas la boutique **Mille Feuilles** *(voir aussi «* Boutiques spécialisées *» p. 332).* La boutique chic **Hervé Gambs** vend une multitude de superbes fleurs artificielles en soie.

BOUTIQUES SPÉCIALISÉES

Pour les cigares, **À la Civette** est peut-être le meilleur et le plus beau magasin de la capitale ; les vitrines ont des humidificateurs pour conserver les cigares dans les meilleures conditions.

Dans les nombreuses boutiques parisiennes **À l'olivier**, vous trouverez une belle sélection d'huiles et de vinaigres exotiques ainsi que des produits à base d'huile d'olive. Les amateurs de miel iront à **La Maison du miel** où sont vendus tous genres de miels, notamment de lavande et d'acacia, ainsi que des savons à la cire d'abeille et des bougies. La maison **Mariage Frères** est réputée pour ses 350 variétés de thés et vend aussi des biscuits, des confitures et des théières. Les tissus couture se trouvent chez **Wolff et Descourtis**. Pour un cadeau insolite, pensez aux traditionnels jeux de cartes ou de tarot de la boutique **Descartes** qui vend également des figurines et des jeux de société en tout genre.

Au Nain Bleu est l'un des magasins de jouets les plus connus dans le monde et c'est le plus ancien de Paris ; on peut y commander un ours sur mesure. **Cassegrain** est synonyme de papier à lettre et de papeterie de grande qualité. **Calligrane** vend du papier et des articles de bureau originaux et extrêmement raffinés.

Chez **Pep's**, qui est dissimulé dans un petit passage, on peut faire réparer tous les parapluies et parasols cassés (c'est l'unique endroit en France).

Le summum de l'originalité, vous le trouverez chez **Deyrolle**, le taxidermiste le plus célèbre de Paris, chez qui vous trouverez le cadeau parfait pour quelqu'un qui a déjà tout ou presque…

ADRESSES

SOUVENIRS ET BOUTIQUES DE MUSÉES

Les Arts Décoratifs
107 rue de Rivoli 75001.
Plan 12 D1.
Tél. *01 44 55 57 50.*

Les Drapeaux de France
1 pl. Colette 75001.
Plan 12 E2.
Tél. *01 40 20 00 11.*

Musée Carnavalet
(voir p. 97).

Le Musée du Louvre
(voir p. 123).

Musée d'Orsay
(voir p. 145).

CADEAUX

Printemps
64 bd Haussman 75009.
Plan 6 D4.
Tél. *01 42 82 50 00.*

Le Bon Marché
24 rue de Sèvres 75007.
Plan 11 C5.
Tél. *01 44 39 80 00.*

Galeries Lafayette
40 bd Haussmann 75009.
Plan 6 E4.
Tél. *01 42 82 34 56.*
Plusieurs succursales.

PARFUMS ET COSMÉTIQUES

Annick Goutal
16 rue de Bellechasse 75007.
Plan 11 C3.
Tél. *01 45 51 36 13.*
Plusieurs succursales.

L'Artisan Parfumeur
24 bd Raspail 75007.
Plan 16 D1.
Tél. *01 42 22 23 32.*
Plusieurs succursales.

By Terry
36 passage Vérot-Dodat 75001.
Plan 12 F2.
Tél. *01 44 76 00 76.*

Detaille 1905
10 rue Saint-Lazare 75009.
Plan 6 D.
Tél. *01 48 78 68 50.*

ADRESSES

Eiffel Shopping
9 av. de Suffren 75007.
Plan 10 D3.
Tél. 01 45 66 55 30.

Frédéric Malle
21 rue du Mont Thabor
75001. **Plan** 12 D1.
Tél. 01 42 22 74 10.

Guerlain
68 av. des Champs-
Élysées 75008. **Plan** 4 F5.
Tél. 01 45 62 52 57.
Plusieurs succursales.
www.guerlain.com

Parfums Caron
34 av. Montaigne 75008.
Plan 10 F1.
Tél. 01 47 23 40 82.

Sephora
70 av. des Champs-
Élysées 75008.
Plan 11 B1. *Tél.* 01 53 93
22 50. **www**.sephora.fr
Plusieurs succursales.

**Salons du Palais
Royal**
142 galerie de Valois
75001. **Plan** 12 F1.
Tél. 01 49 27 09 09.

POUR LA MAISON

Baccarat
11 pl. de la Madeleine
75008. **Plan** 5 C5.
Tél. 01 42 65 36 26.
www.baccarat.com
(voir aussi p. 201)

La Chaise Longue
30 rue Croix-des-Petits-
Champs 75001. **Plan** 12
F1. *Tél.* 01 42 96 32 14.
Plusieurs succursales.

Christofle
24 rue de la Paix 75002.
Plan 6 D5.
Tél. 01 42 65 62 43.
www.christofle.com
Plusieurs succursales.

Diptyque
34 bd Saint Germain
75006.
Plan 13 B5.
Tél. 01 43 26 45 27.
www.diptyqueparis.com

DOM
21 rue Sainte-Croix de la
Bretonnerie 75004.
Plan 13 B3.
Tél. 01 42 71 08 00.

E. Dehillerin
18 rue Coquillière 75001.
Plan 12 F1.
Tél. 01 42 36 53 13.
www.e-dehillerin.com

Ekobo
4 rue Hérold, 75001.
Plan 12 F1.
Tél. 01 45 08 47 43.

Lalique
11 rue Royale 75008.
Plan 5 C5.
Tél. 01 53 05 12 12.
www.cristallalique.fr

Lumicristal
29 rue de Paradis 75010.
Plan 7 B4.
Tél. 01 45 23 23 73.

Muskhane
3 rue Pastourelle 75003.
Plan 13 C2.
Tél. 01 42 77 07 00.

Pierre Frey
47 rue des Petits Champs
75001. **Plan** 5 C5.
Tél. 01 44 77 36 00.
www.pierrefrey.com

Bö
8 rue Saint-Merri 75004.
Plan 13 B3.
Tél. 01 42 74 55 10.

Point à la Ligne
67 av. Victor Hugo
75016. **Plan** 3 B5.
Tél. 01 45 00 87 01.

Sentou Gallery
24 rue Pont Louis-Philippe
75004. **Plan** 13 C3.
Tél. 01 42 71 00 01.

Yves Delorme
8 rue Vavin 75006.
Plan 16 D1.
Tél. 01 44 07 23 14.

LIBRAIRIES

Brentano's
37 av. de l'Opéra 75002.
Plan 6 E5. *Tél.* 01 42 61
52 50. **www**.brentanos.fr

Chantelivre
13 rue de Sèvres
75006. **Plan** 11 D4.
Tél. 01 45 48 87 90.

**Le Comptoir
des mots**
239 rue des Pyrénées
75020.
Hors plan
Tél. 01 47 97 65 40.

Le Divan
203 rue de la Convention
75015.
Plan 12 E3.
Tél. 01 53 68 90 68.

Galignani
224 rue de Rivoli
75001.
Plan 13 A2.
Tél. 01 42 60 76 07.

Gibert Joseph
26 bd Saint-Michel
75006. **Plan** 12 F5.
Tél. 01 44 41 88 88.

La Hune
170 bd Saint-Germain
75006. **Plan** 12 D4.
Tél. 01 45 48 35 85.

L'Île lettrée
89 bd de Magenta
75010.
Plan 7 B3.
Tél. 01 45 23 49 78.

**Librairie
Gourmande**
90 rue Montmartre
75002. **Plan** 6 F5.
Tél. 01 43 54 37 27.

Librairie de Paris
7 pl. de Clichy 75017.
Plan 6 D1-2. *Tél.* 01 45
22 47 81.

Shakespeare & Co
37 rue de la Bûcherie
75005. **Plan** 13 A4.
Tél. 01 43 25 40 93.

Tschann
125 bd du Montparnasse
75006. **Plan** 16 D2.
Tél. 01 43 35 42 05.

FLEURISTES

**Art Nature
Harmonie**
1 rue Abbé de l'Épée
75005. **Plan** 16 F1.
Tél. 01 44 07 15 00.

Hervé Gambs
9 bis rue des Blancs
Manteaux 75004.
Plan 13 C3.
Tél. 01 44 59 88 88.

Monceau Fleurs
84 bd de Raspail 75006.
Plan 12 D4. *Tél.* 01 45 48
70 10. **www**.monceau
fleurs.com

Pascal Mutel
6 carrefour de l'Odéon

75006. **Plan** 12 F4.
Tél. 01 43 26 02 56.
www.pascalmutel.com

BOUTIQUES
SPÉCIALISÉES

À La Civette
157 rue Saint-Honoré
75001. **Plan** 12 F2.
Tél. 01 42 96 04 99.

À L'Olivier
23 rue de Rivoli 75004.
Plan 13 C3. *Tél.* 01 48 04
86 59. **www**.alolivier.com

Au Nain Bleu
5 bd Malesherbes 75008.
Plan 5 B3.
Tél. 01 42 63 20 00.
www.aunainbleu.com
Plusieurs succursales.

Calligrane
6 rue du Pont-Louis-
Philippe 75004. **Plan** 13
B4. *Tél.* 01 48 04 31 89.

Cassegrain
422 rue Saint-Honoré
75008. **Plan** 5 C5.
Tél. 01 42 60 20 08.
www.cassegrain.fr

Deyrolle
46 rue du Bac 75007.
Plan 12 D3.
Tél. 01 42 22 30 07.

Jeux Descartes
52 rue des Écoles 75005.
Plan 13 A5.
Tél. 01 43 26 79 83.
Plusieurs succursales.

La Maison du Miel
24 rue Vignon 75009.
Plan 6 D5.
Tél. 01 47 42 26 70.
www.maisondumiel.com

Mariage Frères
30 rue du Bourg-Tibourg
75004. **Plan** 13 C3.
Tél. 01 42 72 28 11.
www.mariagefreres.com
Plusieurs succursales.
(voir p. 286).

Pep's
Passage de l'Ancre (30 rue
Turbigo) 75003. **Plan** 13
B1. *Tél.* 01 42 78 11 67.
www.peps-paris.com.fr

Wolff et Descourtis
18 galerie Vivienne
75002. **Plan** 12 F1.
Tél. 01 42 61 80 84.

Boire et manger

Paris est aussi réputé pour la gastronomie que pour la mode. Foie gras, charcuteries, fromages et vins sont les plus appréciés. Des rues comme la rue Montorgueil (*p. 339*) abritent un si grand nombre de magasins d'alimentation qu'il ne vous faudra pas longtemps pour improviser un pique-nique géant pour 20 personnes. La rue Rambuteau, près du Centre Pompidou, est bordée de poissonniers, de fromagers et de traiteurs (*voir aussi* Que manger à Paris *p. 296-299* et Repas légers et snacks *p. 316-319*).

VIENNOISERIES

On trouve un grand choix de pains à Paris : la baguette bien sûr ; le bâtard est plus épais qu'une baguette ; la ficelle est quant à elle plus fine qu'une baguette ; la fougasse est un pain plat et croustillant confectionné avec de la pâte à baguette, des morceaux d'oignon ou de fromage, des herbes ou des épices. La pâte à pain ne contenant généralement pas de graisse, une baguette a tendance à rassir rapidement et se doit d'être consommée le jour même. Les Français refusant de manger du pain de la veille, ils sont prêts à se lever tôt le matin pour aller chez leur boulanger avant le petit déjeuner.

Les boulangeries vendent aussi les traditionnels croissants (ordinaires ou au beurre), pains au chocolat, pains aux raisins et chaussons aux pommes. La boulangerie **Poilâne** est la seule à faire un pain portant le nom de son créateur (Lionel Poilâne, aujourd'hui décédé, et frère de Max). Ses grosses miches à la farine complète remportent un succès considérable et sont exportées dans le monde entier pour satisfaire les désirs de quelques stars de cinéma. On fait la queue devant la boulangerie chaque jour de la semaine à 16 h pour la nouvelle fournée et pendant le week-end.

D'aucuns vous diront que le meilleur pain de Paris, c'est celui de chez **Ganachaud**. Trente sortes de pains, dont les pains aux noix et aux raisins, sortent de ses fours à l'ancienne. Bien qu'appartenant à une grande chaîne, la boulangerie

Les Panetons est l'une des meilleures dans sa catégorie. On y fait toutes sortes de pains, notamment le pain aux cinq céréales, les petits pains au sésame ainsi que le mouchoir aux pommes, variante du chausson aux pommes. Chaque Parisien ayant sa boulangerie attitrée, les visiteurs n'ont qu'à repérer la boulangerie où la queue est la plus longue pour savoir laquelle est la meilleure.

Beaucoup de traiteurs juifs font d'excellents pains de seigle et les seuls *pumpernickels* (au seigle noir) de la capitale. Le plus connu est **Sacha Finkelsztajn**. Au **Moulin de la Vierge**, pains et quatre-quarts à la farine biologique cuisent dans un four à bois. La **Boulangerie de l'Ouest** est la deuxième grande boulangerie de Montparnasse après **Max Poilâne**. Ses baguettes, fougasses, gâteaux et pâtisseries sont très prisés. **J.-L. Poujauran** est réputé pour son pain aux olives noires et ses pains complets aux noix et aux raisins. **Pierre Hermé** est aux gâteaux ce que Chanel est à la mode et les macarons de chez **Ladurée** sont devenus légendaires.

CHOCOLAT

Il fait aussi partie de la gastronomie française. Les créations pour beurre de cacao à faible teneur en sucre de **Christian Constant** sont appréciées des connaisseurs. **Dalloyau** confectionne toutes sortes de chocolats qui ne sont pas trop chers (c'est aussi un pâtissier et un traiteur renommé). **Fauchon** est mondialement connu pour ses produits de luxe. Ses chocolats sont excellents de même que

ses pâtisseries. **Lenôtre** fait des truffes et des pralines traditionnelles. À **La Maison du chocolat**, Robert Linxe invente en permanence des chocolats au goût frais et puissant, auxquels il ajoute des saveurs exotiques. **Richart** propose des chocolats enrobés de chocolat noir ou fourrés à la liqueur et présentés dans un bel emballage, qui sont fort chers. **Debauve et Gallais** sont surtout connus pour leurs marrons glacés.

CHARCUTERIE ET FOIE GRAS

En plus de la charcuterie et du foie gras, les traiteurs vendent souvent escargots, saumon fumé, caviar, fromages et vins. **Fauchon** a un beau rayon d'épicerie fine, tout comme le **Bon Marché** et **Hédiard**. La **Maison de la Truffe** vend évidemment des truffes ainsi que du foie gras et des terrines. Chez **Petrossian**, vous trouverez du caviar béluga, du thé de Géorgie et de la vodka russe. Les régions du Lyonnais et d'Auvergne sont les plus réputées de France pour la charcuterie. Vous trouverez celle-ci à la **Charcuterie lyonnaise chrétienne**. L'enseigne **Aux vrais produits d'Auvergne** possède plusieurs succursales vendant saucisses sèches, saucisses fraîches et cantal. La maison **Pou** doit sa renommée à ses pâtés en croûte, boudins, saucisses de Lyon, jambons et foies gras confectionnés dans son laboratoire ultramoderne. Non loin des Champs-Élysées, **Vignon** propose un magnifique foie gras, des saucisses de Lyon et des plats préparés. Le foie gras est avec la truffe et le caviar ce qu'il y a de mieux dans la cuisine « gourmet ». Sa qualité (et son prix) dépend de la quantité de foie gras utilisée. La plupart des épiceries fines en vendent mais vous serez sûrs de la qualité d'un produit en l'achetant à la **Comtesse du Barry** (six succursales à Paris). **Divay** est relativement bon marché et se charge des expéditions vers l'étranger. Chez **Labeyrie**, les foies gras sont superbement présentés – une bonne idée de cadeau.

FROMAGES

Si le favori est incontestablement le camembert, il ne faut pas oublier les autres fromages : il en existe de très nombreuses autres variétés.

Un bon fromager vous aidera à faire votre choix. **Marie-Anne Cantin**, qui est l'une des premières à défendre les méthodes de fabrication traditionnelles, vend ses bons fromages dans la boutique qu'elle a héritée de son père. D'aucuns affirment qu'**Alléosse** est le meilleur fromager de Paris ; tous ses fromages sont affinés selon la méthode traditionnelle dans ses propres caves. La **Crèmerie Quatrehomme** vend des produits fermiers dont certains sont menacés de disparition, notamment un délicieux brie truffé (en saison). **Le Jardin Fromager** est l'une des meilleures adresses pour le chèvre ; dehors se trouvent les offres du jour à des prix vraiment intéressants. **Barthélemy**, rue de Grenelle, vend un roquefort tout à fait exceptionnel. **Androuet** est une institution parisienne qui possède plusieurs succursales intra-muros. Vous devez goûter son munster à l'odeur affirmée ou son brie coulant. Située dans la rue Montorgueil, **La Fermette** propose un choix remarquable de produits que le personnel se fera un plaisir de mettre dans un emballage « spécial voyage » – absolument nécessaire pour ceux qui ont une douane à passer. Devant **La Fromagerie d'Auteuil**, c'est une clientèle huppée qui fait la queue pour acheter les savoureux chèvres et livarots de la maison.

VINS

La chaîne de magasins **Nicolas** détient pratiquement le monopole du marché des vins de consommation courante. Chaque quartier a son magasin avec des bouteilles à tous les prix. Les vendeurs sont en général compétents et de bon conseil. Le caviste **Legrand Filles et Fils** *(p. 319)* propose des vins soigneusement sélectionnés. Rue du Faubourg-Saint-Honoré, les **Caves Taillevent** méritent votre visite : l'immense cave compte quelques-uns des vins les plus chers du monde. Installé rue Daguerre, **Bernard Péret** propose aussi une large sélection de vins et vous donnera des conseils avisés. La belle cave **Ryst-Dupeyron**, à Saint-Germain-des-Prés, propose des vins, des whiskys, des portos et l'armagnac de M. Ryst qui, pour l'occasion, pourra vous vendre une bouteille avec une étiquette personnalisée. **La Maison des millésimes** est une superbe cave proposant des vins de Bordeaux. Parmi les autres bons cavistes, il y a notamment **Lavinia** *(p. 319)*, qui est le plus grand d'Europe, et **Renaud Michel**, place de la Nation, dont la petite boutique bien située, a un choix important. Le personnel des **Caves Augé** est aussi très compétent et sympathique.

CHAMPAGNES

Le fabuleux breuvage est vendu par la plupart des cavistes, mais certains d'entre eux s'y connaissent mieux que d'autres en matière de bulles. **Nicolas**, cité précédemment, fait souvent des promotions intéressantes sur des marques connues. **La Cave des martyrs**, rue des Martyrs, est une cave sympathique bien approvisionnée, où le personnel avenant vous aidera à faire votre choix. Le **Repaire de Bacchus**, rue d'Auteuil, est recommandé pour les vins difficiles à trouver ; ici, le sommelier qui est un fin connaisseur pourra vous apporter une bonne solution de remplacement en cas de rupture de stock de votre marque préférée. Installé rue de la Banque, **Legrand Filles et Fils** est l'un des rares cavistes de Paris à vendre le champagne « Salon », un grand cru d'exception ;

vous y trouverez aussi la marque Jacques Selosse, peu connue mais très appréciée des connaisseurs. Les **Caves du Panthéon**, rue Saint-Jacques, proposent dans leur jolie petite boutique une sélection de champagnes remarquables. Chez **Ex Cellar France**, situé à un angle de rue proche de là, le personnel est serviable et les promotions sur le champagne fréquentes. L'espace « cave » du magasin **Hédiard** de la place de la Madeleine propose des vins aussi rares que prestigieux. Le caviste à la mode, **Caprices de l'instant**, vend de bons champagnes de producteurs souvent peu connus.

HUÎTRES

Sublime aphrodisiaque pour les uns, gluante créature marine pour les autres, le mollusque bivalve jadis humble peut aujourd'hui susciter des débats passionnés. À Paris, les discussions portent avant tout sur les endroits où trouver les meilleures huîtres, chaque amateur de fruits de mer y allant de son adresse favorite. Pour certains, le facteur déterminant est la bonne grâce avec laquelle l'écailler accepte de vous les ouvrir. En le lui demandant poliment, vous avez normalement une chance d'obtenir satisfaction, mais il se peut que vous deviez attendre un moment avant de voir arriver le majestueux plateau destiné à votre pique-nique à la maison. La poissonnerie **La Sablaise**, rue Cler, est réputée pour ses huîtres, de même que la **Poissonnerie du dôme** dans le 14e arrondissement. Dans le quartier Oberkampf, la **Poissonnerie Lacroix** propose d'excellentes huîtres. Si vous préférez les déguster sur place, allez à l'**Écume Saint-Honoré**, à côté de la rue éponyme. Vous pourrez vous installer à l'une des quelques tables qui se trouvent dans un coin du magasin et vous régaler avec des huîtres mais également avec d'autres excellents fruits de mer.

ADRESSES

PAINS ET VIENNOISERIES

Boulangerie de l'Ouest
4 pl. Constantin Brancusi 75014. **Plan** 15 C3.
Tél. 01 43 21 76 18.

Ganachaud
226 rue des Pyrénées 75020. **Hors plan**
Tél. 01 43 58 42 62.

J.-L. Poujauran
20 rue Jean-Nicot 75007.
Plan 10 F2.
Tél. 01 43 17 35 20.

Max Poilâne
87 rue Brancion 75015.
Tél. 01 48 28 45 90.

Le Moulin de la Vierge
105 rue Vercingétorix 75014. **Plan** 15 A4.
Tél. 01 45 43 09 84.
Plusieurs succursales.

Les Panetons
113 rue Mouffetard 75005. **Plan** 17 B2.
Tél. 01 47 07 12 08.

Pierre Hermé
72 rue Bonaparte 75006.
Plan 12 E4.
Tél. 01 43 54 47 77.

Poilâne
8 rue du Cherche-Midi 75006.
Plan 12 D4.
Tél. 01 45 48 42 59.

Sacha Finkelsztajn
27 rue des Rosiers 75004.
Plan 13 C3.
Tél. 01 42 72 78 91.
www.laboutiquejaune.fr

CHOCOLATS

Christian Constant
37 rue d'Assas 75006.
Plan 16 E1.
Tél. 01 53 63 15 15.

Dalloyau
101 rue du Faubourg-Saint-Honoré 75008.
Plan 5 B5.
Tél. 01 42 99 90 00.

Debauve & Gallais
30 rue des Saints-Pères 75007.
Plan 12 D4.
Tél. 01 45 48 54 67.
Plusieurs succursales.

Fauchon
26 pl. de la Madeleine 75008. **Plan** 5 C5.
Tél. 01 70 39 38 00.
www.fauchon.com

Lenôtre
36 av. de la Motte Picquet 75007. **Plan** 10 F4.
Tél. 01 45 55 71 25.
Plusieurs succursales.

La Maison du Chocolat
225 rue du Faubourg-Saint-Honoré 75008. **Plan** 4 E3. *Tél.* 01 42 27 39 44.

Richart
258 bd Saint-Germain 75007. **Plan** 11 C2.
Tél. 01 45 55 66 00.

CHARCUTERIE ET FOIE GRAS

Chrétienne Jean-Jacques
58 rue des Martyrs 75009. **Plan** 6 F2.
Tél. 01 48 78 96 45.

Comtesse du Barry
1 rue de Sèvres 75006.
Plan 12 D4. *Tél.* 01 45 48 32 04. **www**.comtesse dubarry.com
Plusieurs succursales.

Divay
4 rue Bayen 75017. **Plan** 4 D2. *Tél.* 01 43 80 16 97.

Fauchon
26 pl. de la Madeleine 75008. **Plan** 5 C5.
Tél. 01 70 39 38 00.

Hédiard
21 pl. de la Madeleine 75008. **Plan** 5 C5.
Tél. 01 43 12 88 88.

Labeyrie
11 rue d'Auteuil 75016.
Tél. 01 42 24 17 62.

Maison de la Truffe
19 pl. de la Madeleine 75008. **Plan** 5 C5.
Tél. 01 42 65 53 22.

Petrossian
18 bd La Tour-Maubourg 75007. **Plan** 11 A2.
Tél. 01 44 11 32 22.

Pou
16 av. des Ternes 75017.
Plan 4 D3.
Tél. 01 43 80 19 24.

Vignon
14 rue Marbeuf 75008.
Plan 4 F5.
Tél. 01 47 20 24 26.

FROMAGES

Alléosse
13 rue Poncelet 75017.
Plan 4 E3.
Tél. 01 46 22 50 45.

Androuët
134 rue Mouffetard 75005. **Plan** 17 B1.
Tél. 01 45 87 85 05.
www.androuet.com

Barthelemy
51 rue de Grenelle 75007. **Plan** 12 D4.
Tél. 01 45 48 56 75.

Crèmerie Quatrehomme
62 rue de Sèvres 75007.
Plan 11 C5.
Tél. 01 47 34 33 45.

La Fermette
86 rue Montorgueil 75002. **Plan** 13 A1.
Tél. 01 42 36 70 96.

La Fromagerie d'Auteuil
58 rue d'Auteuil 75016.
Tél. 01 45 25 07 10.

Le Jardin Fromager
53 rue Oberkampf 75011.
Plan 14 E1.
Tél. 01 48 05 19 96.

Marie-Anne Cantin
12 rue du Champ-de-Mars 75007. **Plan** 10 F3.
Tél. 01 45 50 43 94.

VINS

Les Caves Augé
116 bd Haussman 75008.
Plan 5 C4.
Tél. 01 45 22 16 97.

Cave Péret
6 rue Daguerre 75014.
Plan 16 D4.
Tél. 01 43 22 08 64.

Caves Taillevent
199 rue du Faubourg-Saint-Honoré 75008. **Plan** 4 F3. *Tél.* 01 45 61 14 09.

Nicolas
35 bd Malesherbes 75008. **Plan** 5 C5.
Tél. 01 42 65 00 85.
www.nicolas.com

Renaud Michel
12 pl. de la Nation 75012.
Plan 9 A3.
Tél. 01 43 07 98 93.

Ryst-Dupeyron
79 rue du Bac 75007.
Plan 12 D3.
Tél. 01 45 48 80 93.

CHAMPAGNES

Caprices de l'Instant
12 rue Jacques Cœur 75004. **Plan** 14 E4.
Tél. 01 40 27 89 00.

La Cave des Martyrs
39 rue des Martyrs 75009. **Plan** 6 F3.
Tél. 01 40 16 80 27.

Les Caves du Panthéon
174 rue Saint-Jacques 75005. **Plan** 13 A5.
Tél. 01 46 33 90 35.

Ex Cellar France
25 rue des Écoles 75005.
Plan 13 A5.
Tél. 01 43 26 99 43.

Hédiard
21 pl. de la Madeleine 75008. **Plan** 5 C5.
Tél. 01 43 12 88 88.

La Maison de Millésimes
137 bd Saint-Germain 75006. **Plan** 12 F4.
Tél. 01 40 46 80 01.

Repaire de Bacchus
58 rue d'Auteuil 75016.
Tél. 01 45 25 09 75.

HUÎTRES

L'Écume Saint-Honoré
6 rue du Marché Saint-Honoré 75001. **Plan** 12 D1. *Tél.* 01 42 61 93 87.

Poissonnerie du Dôme
4 rue Delambre 75014.
Plan 16 D2.
Tél. 01 43 35 23 95.

Poissonnerie Lacroix
44 rue Oberkampf 75011.
Plan 14 E1.
Tél. 01 47 00 93 13.

La Sablaise
28 rue Cler 75007. **Plan** 10 F3. *Tél.* 01 45 51 61 78.

Objets d'art et antiquités

À Paris, objets d'art et antiquités s'achètent soit chez les galeristes et les antiquaires à la réputation bien établie, soit dans les galeries avant-gardistes et aux puces. Bon nombre de galeries et magasins prestigieux du quartier du faubourg Saint-Honoré méritent une visite, même si les prix ne sont pas à la portée de votre bourse. Le Carré rive gauche regroupe 30 antiquaires. Pour les objets d'art de plus de cinquante ans d'âge et d'une valeur supérieure à un montant donné (variant selon les catégories), un certificat d'exportation pour un bien culturel (délivré par le vendeur) est demandé à tous les étrangers, ainsi qu'une licence d'exportation pour les non-ressortissants de l'UE. Demandez conseil auprès d'un grand antiquaire.

EXPORTER

La dénomination « objet d'art » est donnée par le ministère de la Culture. Les licences d'exportation sont délivrées par le Comité national des conseillers du commerce extérieur de la France. Le *Bulletin officiel des douanes (BOD)* peut être consulté au Centre des renseignements des douanes.

OBJETS ET MOBILIER CONTEMPORAINS

L'une des meilleures adresses pour les objets d'art et les meubles de créateurs qui montent est **Sentou**. Vous y trouverez des objets, des textiles et des meubles de créateurs contemporains. Le showroom du designer italien **Giulio Cappellini** est également intéressant. Le **Viaduc des Arts** *(p. 270-271)* abrite, sous les arches de l'ancien viaduc de chemin de fer, des boutiques et des ateliers où sont exposées des créations contemporaines telles que meubles en fer forgé, tapisseries, sculptures, céramiques et autres.

ANTIQUITÉS ET OBJETS D'ART

Pour acheter des antiquités, rendez-vous au Carré rive gauche, à hauteur du quai Voltaire, où sont installés **L'Arc en Seine** et **Anne-Sophie Duval**, deux spécialistes de l'Art nouveau et de l'Art déco. La rue Jacob reste l'un des meilleurs endroits pour les beaux objets anciens ou contemporains. Face au Louvre, le **Louvre des antiquaires** *(p. 120)* vend des meubles beaux et chers. Dans la rue du Faubourg-Saint-Honoré, **Didier Aaron** est un grand expert en mobilier des XVIIe et XVIIIe siècles. Situé entre le quai des Célestins, la rue Saint-Paul et la rue Charlemagne, le **Village Saint-Paul** est un quartier d'antiquaires très agréable où les magasins sont ouverts le dimanche.

La **Calinière** présente de superbes objets d'art et luminaires anciens. **Verreglass** est un spécialiste des objets en verre du XIXe siècle aux années 1960. Le **Village suisse**, dans le 15e arrondissement, regroupe de nombreux marchands d'antiquités et d'objets d'art.

REPRODUCTIONS, AFFICHES ET ESTAMPES

La belle galerie d'art contemporain **Artcurial**, installée au rond-point des Champs-Élysées, propose l'une des plus belles sélections de revues d'art internationales, d'ouvrages d'art et d'estampes. La librairie **La Hune** *(p. 331)* est très connue pour ses publications d'art. Les librairies des musées, notamment celles des musées d'Art moderne *(p. 203)*, du Louvre *(p. 123)*, d'Orsay *(p. 145)* et du Centre Pompidou *(p. 111)*, sont intéressantes pour les livres d'art récents et les affiches. La galerie **Documents**, rue de Seine, vend des affiches anciennes originales. Vous pouvez aussi feuilleter les livres d'occasion des bouquinistes des quais de la Seine.

GALERIES D'ART

Les galeries d'art ayant pignon sur rue se trouvent du côté de l'avenue Montaigne. Fondée par D.H. Kahnweiler, le célèbre marchand qui a découvert Braque et Picasso, la galerie **Louise Leiris** continue à exposer des chefs-d'œuvre du cubisme. **Artcurial** organise de nombreuses expositions. La galerie possède une collection permanente impressionnante, dont Joan Miró, Pablo Picasso, Alberto Giacometti et Max Ernst. La **Galerie Lelong** est dédiée à l'art contemporain. Chez **Adrien Maeght**, rive gauche, vous trouverez un immense choix de peintures à pratiquement tous les prix ; la galerie édite aussi des ouvrages d'art. La **Galerie 1900-2000** est spécialisée dans les œuvres surréalistes et dadaïstes. La **Galerie Jeanne Bucher** est dédiée à l'abstractionnisme d'après-guerre représenté par des artistes comme Nicolas de Staël et Vieira da Silva. La fondation **Dina Vierny** est un bastion du modernisme. Sa fondatrice n'est autre que l'ancien modèle d'Aristide Maillol. La rue **Louise-Weiss** est devenue le quartier de la création d'avant-garde et de l'innovation, connu sous le nom de « Scène est ». L'**Air de Paris** est un autre lieu très couru. Dans le Marais se trouvent **Yvon Lambert**, la galerie **Templon** (spécialisée dans l'art américain), la **Galerie Sit Down** et la **Galerie du jour Agnès B**. À la Bastille, **Levignes-Bastille** et **L. et M. Durand-Dessert** sont également des endroits à la mode où l'on peut acheter des catalogues d'artistes, à défaut de leurs œuvres.

SALLES DES VENTES

L'hôtel des ventes de **Drouot-Richelieu** *(p. 218)* a été fondé en 1858. Ce sont en général des marchands qui font les enchères – ce qui peut être intimidant pour les particuliers. Sachez aussi que le marteau du commissaire-priseur est extrêmement rapide. *La Gazette de l'hôtel Drouot* publie le calendrier de ses ventes. Seuls les espèces et les chèques de banques françaises sont acceptés, mais il y a un bureau de change. Une commission de 10 à 15% est retenue, à ajouter aux prix annoncés. Les objets mis en vente peuvent être vus la veille entre 11 h et 18 h, et le jour même entre 11 h et 12 h. Les objets jugés de qualité insuffisante pour la maison sont vendus à **Drouot-Nord** où ils ne peuvent être vus que cinq minutes avant le début de la vente qui a lieu de 9 h à 12 h. Les ventes les plus prestigieuses ont lieu à **Drouot-Montaigne**.

Le **Crédit municipal** organise environ douze ventes par mois. La majorité des biens proposés sont des fourrures et des petits objets dont les riches Parisiens veulent se débarrasser. Le règlement est le même qu'à Drouot. *La Gazette de l'hôtel Drouot* donne aussi des informations sur ces ventes. Le **Service des Domaines** vend toutes sortes de petites choses et l'on peut encore y faire des affaires. La plupart des objets proviennent d'études d'huissiers de justice et de confiscations des Douanes et Impôts indirects *(p. 374)*. Ils peuvent être vus le jour de la vente entre 10 h et 11 h 30.

ADRESSES

EXPORTER

Comité National Conseillers du Commerce Extérieur de la France
22 av. Franklin Roosevelt 75008. **Plan** 5 A4.
Tél. 01 53 83 92 92.
www.cnccef.org

Centre des Renseignements des Douanes
Tél. 08 11 20 44 44.
www.douane.gouv.fr

OBJETS ET MOBILIER CONTEMPORAINS

Cappellini
4 rue des Rosiers 75004.
Plan 13 C3.
Tél. 01 42 78 39 39.
www.cappellini.it

Sentou
24 rue du Pont-Louis-Philippe 75004. **Plan** 13 C3. *Tél.* 01 42 71 00 01.

Le Viaduc des Arts
Av. Daumesnil 750012.
Plan 14 F5.
Tél. 01 43 40 75 75.
Nombreuses boutiques le long de l'avenue.

ANTIQUITÉS ET OBJETS D'ART

Anne-Sophie Duval
5 quai Malaquais 75006.
Plan 12 E3. *Tél.* 01 43 54 51 16. www.annesophie duval.com

L'Arc en Seine
31 rue de Seine 75006.
Plan 12 E3.
Tél. 01 43 29 11 02.

La Calinière
68 rue Vieille du Temple 75003. **Plan** 13 C3.
Tél. 01 42 77 40 46.

Didier Aaron
118 rue du Faubourg-Saint-Honoré 75008.
Plan 5 C5. *Tél.* 01 47 42 47 34. www.didieraaron-cie.com

Louvre des Antiquaires
2 pl. du Palais Royal 75001. **Plan** 12 E2.
Tél. 01 42 97 27 27.

Verreglass
32 rue de Charonne 75011. **Plan** 14 F4
Tél. 01 48 05 78 43.

Village Saint-Paul
Entre le quai des Célestins, la rue Saint-Paul et la rue Charlemagne 75004. **Plan** 13 C4.

Le Village Suisse
78 av. de Suffren 75015.
Plan 10 E4. www.le villagesuissparis.com

REPRODUCTIONS, AFFICHES ET ESTAMPES

Artcurial
7 rond-point des Champs-Élysées 75008.
Plan 5 A5.
Tél. 01 42 99 16 16.

Galerie Documents
53 rue de Seine 75006.
Plan 12 E4.
Tél. 01 43 54 50 68.

La Hune
170 bd Saint-Germain 75006.
Plan 12 D4.
Tél. 01 45 48 35 85.

GALERIES D'ART

Adrian Maeght
42 rue du Bac 75007.
Plan 12 D3.
Tél. 01 45 48 45 15.

Air de Paris
32 rue Louise-Weiss 75013. **Plan** 18 E4.
Tél. 01 44 23 02 77.

Dina Vierny
36 rue Jacob 75006.
Plan 12 E3.
Tél. 01 42 60 23 18.
www.galeriedinavierny.com

Galerie 1900–2000
8 rue Bonaparte 75006.
Plan 12 E3.
Tél. 01 43 25 84 20.

Galerie Jeanne Bucher
53 rue de Seine 75006.
Plan 12 E4.
Tél. 01 44 41 69 65.

Galerie du Jour Agnès B
44 rue Quincampoix 75004.
Plan 13 B2.
Tél. 01 44 54 55 90.

Galerie Lelong
13 rue de Téhéran 75008.
Plan 5 A3.
Tél. 01 45 63 13 19.

Galerie Sit Down
4 rue Sainte-Anastase 75003.
Plan 14 D2.
Tél. 01 42 78 08 07.

Gallerie Templon
30 rue Beaubourg 75003.
Plan 13 B1.
Tél. 01 42 72 14 10.
Sur r.-v. seulement.

L. et M. Durand-Dessert

28 rue de Lappe 75011.
Plan 14 F4.
Tél. 01 48 06 92 23.

Lavignes-Bastille
27 rue de Charonne 75011. **Plan** 14 F4.
Tél. 01 47 00 88 18.

Louise Leiris
47 rue de Monceau 75008. **Plan** 5 A3.
Tél. 01 45 63 28 85.

Rue Louise Weiss
75013. *Tél.* 01 45 63 20 56.

Yvon Lambert
108 rue Vieille-du-Temple 75003. **Plan** 14 D2.
Tél. 01 42 71 09 33.

SALLES DES VENTES

Crédit Municipal
55 rue des Francs-Bourgeois 75004.
Plan 13 C3.
Tél. 01 44 61 64 00.
www.creditmunicipal.fr

Drouot-Montaigne
15 av. Montaigne 75008.
Plan 10 F1.
Tél. 01 48 00 20 80.
www.drouot.fr

Drouot-Nord
64 rue Doudeauville 75018.
Tél. 01 48 00 20 20.

Drouot-Richelieu
9 rue Drouot 75009.
Plan 6 F4.
Tél. 01 48 00 20 20.

Service des Domaines
Tél. 01 45 11 62 62

Marchés

Avec leurs étals d'alimentation attrayants et leur ambiance animée, les marchés parisiens n'ont pas leur pareil. Marchés alimentaires découverts, marchés couverts, marchés spécialisés en fleurs, oiseaux ou vêtements, marchés aux puces, chacun a sa personnalité qui est le reflet du quartier. Vous trouverez ci-dessous une liste des marchés parisiens les plus connus, avec leurs heures et jours d'ouverture. Pour la liste complète, adressez-vous à l'Office du tourisme de Paris *(p. 280)*. En flânant le long des étals, n'oubliez pas de garder un œil sur votre porte-monnaie et n'hésitez pas à marchander.

MARCHÉS DE FRUITS ET LÉGUMES

Les Parisiens, comme la plupart des Français, ont une vénération quasi religieuse pour la nourriture et continuent à faire leurs courses tous les jours (cette remarque ne valant pas pour les habitants de la capitale les plus pressés ou occupés, qui préfèrent manger dans un restaurant de quartier), afin d'acheter des produits aussi frais que possible – ce qui explique l'animation des marchés d'alimentation. La plupart des marchés des quatre-saisons sont ouverts de 8 h à 13 h et de 16 h à 19 h, du mardi au samedi, et de 9 h à 13 h le dimanche.

Soyez attentifs quand vous choisissez des fruits et légumes en barquette car ceux du dessus peuvent en cacher d'autres qui sont abîmés. Achetez-les donc plutôt en vrac. Dans leur majorité, les marchands préfèrent vous servir mais vous pouvez leur montrer un à un les fruits ou légumes que vous voulez et leur préciser si vous les voulez pas trop mûrs ou si vous souhaitez les manger le soir même. Si vous venez au même marché tous les jours, ils finiront par vous connaître et vous feront sans doute de meilleurs prix. Vous finirez d'ailleurs par savoir où il faut acheter et ce qu'il faut acheter. Les produits de saison sont à l'évidence les plus frais et moins chers qu'à une autre période de l'année. Venez tôt le matin car c'est là que vous trouverez les produits les plus frais et aussi le moins de files d'attente.

MARCHÉS AUX PUCES

On dit souvent qu'on ne fait plus de bonnes affaires aux puces de Paris. C'est peut-être vrai, mais cela vaut tout de même la peine d'y aller pour le seul plaisir de chiner. Et sachez que le prix annoncé n'est pas celui que vous devez payer – chaque vendeur présumant que son client va marchander.

Les marchés aux puces sont installés pour la plupart aux portes de Paris. La bonne occasion qui va peut-être se présenter à vous tient autant à la chance qu'à votre discernement. Bien souvent les vendeurs eux-mêmes n'ont qu'une vague idée, voire aucune idée, de la valeur réelle de leur marchandise – ce qui peut être à votre avantage comme à votre désavantage. Le plus grand marché et le plus connu est celui de Saint-Ouen.

MARCHÉS SPÉCIALISÉS

Pour les fleurs, il y a le marché aux fleurs Madeleine, place de la Madeleine, le marché aux fleurs Ternes, place des Ternes, et celui de l'île de la Cité *(p. 81)* qui est remplacé le dimanche par le marché aux oiseaux. Les philatélistes iront au marché aux timbres (permanent) où ils pourront aussi acheter des cartes postales anciennes. À Montmartre, le marché Saint-Pierre où se fournissent les professionnels est réputé pour ses tissus bon marché.

Marché d'Aligre

(Voir p. 235.)
Ce marché qui rappelle les marchés orientaux est certainement le moins cher et le plus animé de Paris. Ici, les vendeurs crient leurs marchandises : olives, arachides ou piments d'Afrique du Nord. L'animation est à son comble le week-end quand, sur la place d'Aligre, les cris des marchands se mêlent à ceux des militants politiques parmi les étals de fripes et de brocante. Dans ce quartier très populaire, les touristes sont plus rares.

Rue Cler

(Voir p. 190.)
Ce marché sélect situé dans une rue piétonne est fréquenté par beaucoup d'hommes politiques et de capitaines d'industrie qui habitent et travaillent dans le quartier. Les produits y sont de qualité – notamment les spécialités bretonnes et les fromages.

Marché des Enfants Rouges

39, rue de Bretagne 75003. **Plan** 14 D2. **M** *Temple, Filles-du-Calvaire.* ◯ *mar.-sam. 8h30-13h, 16h-19h30 (20h ven., sam.) ; dim. 8h30-14h.*
Ce marché de la rue de Bretagne date de 1620 (avec une partie couverte et l'autre à l'extérieur). Il est réputé pour la fraîcheur de ses fruits et légumes. Le dimanche matin, chanteurs des rues et accordéonistes ajoutent parfois à l'animation du lieu.

Marché aux fleurs Madeleine

Pl. de la Madeleine 75008. **Plan** 5 C5. **M** *Madeleine.* ◯ *lun.-sam. 8h-19h30.*

Marché aux fleurs Ternes

Pl. des Ternes 75017. **Plan** 4 E3. **M** *Ternes.* ◯ *mar.-dim. 8h-19h30.*

Marché Saint-Pierre

Pl. Saint-Pierre 75018. **Plan** 6 F1. **M** *Anvers.* ◯ *lun.14h-19h, mar.-sam. 10h-18h30.*

Marché aux timbres

Cour Marigny 75008. **Plan** 5 B5. **M** *Champs-Élysées.* ◯ *jeu., sam., dim. et j.f. 8h-19h.*

Marché Joinville

Angle des rues Jomard et de Joinville 75019. M *Crimée.* ☐ *jeu. et dim. 7h-13h30.*

Ce marché sympathique est connu pour ses fruits et légumes peu onéreux. Il donne sur le canal de l'Ourcq, près du parc de la Villette, et il est toujours très fréquenté.

Marché Saint-Germain

4-8, rue Lobineau 75006. 75005. **Plan** 12 E4. M *Mabillon.* ☐ *mar.-ven. 8h-13h, 16h-20h ; sam. 8h-13h30, 15h30-20h ; dim. 8h-13h30.*

C'est l'un des rares marchés couverts existant encore à Paris. Il a été agrandi lors des dernières rénovations. Vous pouvez y acheter des produits bio, italiens, mexicains, grecs, asiatiques et autres.

Rue de Lévis

Bd des Batignolles 75017. **Plan** 5 B2. M *Villiers.* ☐ *mar.-sam. 8h-13h, 16h-19h ; dim. 9h-14h.*

Ce marché populaire et animé, proche du parc Monceau abrite de bonnes pâtisseries, une excellente fromagerie et une charcuterie réputée pour ses tourtes. La partie de la rue menant à la rue Legendre abrite des merceries et des magasins de tissus.

Rue Montorgueil

75001 et 75002. **Plan** 13 A1. M *Les Halles.* ☐ *habituellement mar.-dim. 9h-19h.*

Vestige de l'ancien marché des Halles, la rue Montorgueil a été repavée et a retrouvé sa gloire passée. Vous pouvez y acheter des produits exotiques aux étals de fruits et légumes. Il y a aussi la célèbre pâtisserie Stohrer.

Rue Mouffetard

(Voir p. 166.)
Bien que devenue touristique et un peu chère, la rue Mouffetard a gardé son charme et compte plusieurs bons commerçants. Au n° 113, Les Panetons *(p. 333-335)* vendent du pain tout juste sorti du four. Il y a aussi un marché africain animé dans la rue Daubenton.

Rue Poncelet

75017. **Plan** 4 E3. M *Ternes.* ☐ *mar.-sam. 8h-midi, 16h-19h30 ; dim. 8h-12h30.*

Situé en dehors des quartiers touristiques de la capitale, ce marché mérite une visite pour son atmosphère parisienne authentique. Vous y trouverez boulangeries, pâtisseries, charcuteries et un magasin de spécialités auvergnates.

Marché de la porte de Vanves

Av. Georges-Lafenestre et av. Marc-Sangnier 75014. M *Porte-de-Vanves.* ☐ *sam. et dim. 7h-19h30.*

Un petit marché aux puces où vous trouverez de la belle brocante et quelques meubles d'occasion. Des peintres exposent leurs toiles sur la place des Artistes à proximité.

Marché Président-Wilson

Sur l'av. du Président-Wilson, entre la pl. d'Iéna et la rue Debrousse 75016. **Plan** 10 D1. M *Alma-Marceau.* ☐ *mer. 7h-14h30, sam. 7h-15h.*

Ce marché très chic est situé à proximité du musée d'Art moderne. Il a pris beaucoup d'importance en raison de l'absence de commerces dans le quartier. Il est surtout réputé pour sa viande.

Marché aux puces de Montreuil

Porte de Montreuil, 75020. M *Porte-de-Montreuil.* ☐ *sam., dim. et lun. 8h-19h30.*

Allez-y tôt le matin, vous aurez ainsi plus de chances de dénicher quelque chose d'intéressant. Une partie du marché est occupée par les fripes qui attirent beaucoup de jeunes. On y trouve des tas d'autres choses telles que vieux vélos, petite brocante et épices exotiques.

Marché aux puces de Saint-Ouen

(Voir p. 233.)
C'est le plus connu, le plus cher et le plus couru des marchés aux puces parisiens. Situé à la limite nord de la ville, à 10-15 min à pied du métro Porte-de-Clignancourt – le marché Malik, plutôt miteux, qu'il faut traverser ne doit pas vous faire rebrousser

chemin – il englobe différents marchés, depuis les étals improvisés et vendeurs dont la marchandise est stockée dans un coffre de voiture jusqu'aux grandes bâtisses abritant une multitude de stands, les uns très chic, les autres remplis de camelote. Un *Guide des puces* est disponible au kiosque d'informations du marché Biron, rue des Rosiers. Les marchés sélects acceptent les cartes de crédit. Les nouveautés arrivent le vendredi, jour où viennent acheter des professionnels du monde entier.

Le marché Jules-Vallès vend des objets d'art du début du XIXe siècle ; le marché Paul-Bert des meubles, livres et gravures de qualité. Tous deux sont des marchés de brocante plutôt que d'antiquités. Dans une autre catégorie, le marché Biron vend des meubles anciens cher, mais de très grande qualité. Le plus ancien et le plus grand marché, le marché Vernaison, est intéressant pour les pièces de collection telles que bijoux, lampes et vêtements. Le petit marché Cambo propose des meubles anciens. Le marché Serpette est connu des professionnels : tout ce qui est à vendre est en parfait état.

Marché Raspail

Bd Raspail, entre la rue du Cherche-Midi et la rue de Rennes 75006. **Plan** 12 D5. M *Rennes, Sèvres-Babylone.* ☐ *mar. et ven. 7h-14h30 pour les fruits et légumes ; dim. 9h-15h pour le marché biologique.*

Les mardi et vendredi, ce marché propose des produits français et portugais. Le dimanche, jour de grande affluence, les Parisiens soucieux de leur santé viennent y acheter des produits bio.

Rue de Seine et rue de Buci

75006. **Plan** 12 E4. M *Odéon.* ☐ *mar.-sam. 8h-13h, 16h-19h ; dim. 9h-13h.*

Les fruits et légumes y sont bons, mais chers et il y a souvent foule. Vous trouverez aussi un fleuriste et deux excellentes pâtisseries.

SE DISTRAIRE À PARIS

Que vous aimiez le théâtre ou le music-hall, les danseuses classiques ou les *girls* des revues, l'opéra ou le jazz, les sorties au cinéma ou en boîte de nuit, vous aurez tout cela à Paris, sans oublier les spectacles gratuits des bateleurs et musiciens de rue devant le Centre Pompidou ou dans le métro. Les Parisiens eux-mêmes se plaisent à flâner sur les boulevards ou à prendre un verre aux terrasses des cafés. Bien sûr, les célèbres cabarets vous attendent avec leurs danseuses aux longues jambes pour une soirée inoubliable, ainsi que les boîtes de nuit où viennent poser les top models. Pour les amateurs de sport, il y a les tournois de tennis, le Tour de France cycliste, les courses hippiques, les matchs de football et de rugby. Les plus actifs préféreront les salles de remise en forme. Et pour les inconditionnels, n'oubliez pas la pétanque.

RENSEIGNEMENTS PRATIQUES

Les visiteurs à Paris ne manqueront jamais d'informations sur les sorties parisiennes. L'**Office du tourisme** situé entre les Tuileries et l'Opéra met à leur disposition des brochures et un calendrier des événements culturels et sportifs. Il propose un service de renseignements téléphoniques (sur répondeur) donnant le programme des concerts gratuits et des expositions, ainsi que les moyens d'accès. Son site Internet est très utile. La réception de votre hôtel devrait aussi être en mesure de vous renseigner. Vous y trouverez normalement des dépliants et l'on se fera en général un plaisir de faire une réservation à votre nom.

RÉSERVATIONS

Pour certains spectacles, vous pourrez acheter les billets sur place, mais pour les grands concerts, il est impératif de réserver longtemps à l'avance. Les **FNAC** et **Virgin Mégastore** vendent des billets pour la plupart des grands événements, y compris la musique classique et les expositions de musées. Pour les spectacles à succès, prenez soin de réserver à l'avance car les places peuvent partir très vite.
Pour le théâtre, l'opéra ou la danse, il est souvent possible d'acheter des billets pas chers à la dernière minute. S'ils portent la mention « sans visibilité » et si la salle n'est pas pleine, les ouvreuses pourront vous

Danseuse du ballet de l'Opéra

Sortie en boîte de nuit

proposer une meilleure place, mais dans ce cas n'oubliez pas le pourboire.
   Les guichets de location des théâtres sont ouverts tous les jours de 11 h à 19 h environ et acceptent généralement les cartes de crédit. Si vous réservez par téléphone, il vous faudra sans doute arriver tôt pour retirer vos billets car ils risquent d'être revendus à la dernière minute. Ceux qui

Concert à l'Opéra-Garnier *(p. 348)*

QUOI DE NEUF À L'AFFICHE ?

Plusieurs guides hebdomadaires comme *Pariscope* et *L'Officiel des spectacles* sont en vente chaque mercredi chez les marchands de journaux. *Le Figaro* offre avec son édition du mercredi un supplément culture et loisirs, le *Figaroscope*. L'hebdomadaire *Télérama* propose, avec les programmes de télévision, l'essentiel de l'activité culturelle *(p. 332).*

Guichet de location d'un café-théâtre

n'ont pas de billet peuvent toujours se présenter au guichet au cas où celui-ci aurait des places non réclamées ou retournées à leur proposer.

REVENTE DE BILLETS

Si vous tenez absolument à voir un spectacle déjà complet, faites comme les autres : postez-vous à l'entrée avec un écriteau indiquant que vous cherchez une place (ou plus). Beaucoup de gens ont des billets à revendre parce qu'une personne de leur groupe s'est désistée et ils vous céderont ce billet au prix normal. Cela peut être une bonne solution, mais méfiez-vous des contrefaçons et des prix majorés.

Joueurs de pétanque

BILLETS À PRIX RÉDUIT

Le **Kiosque Théâtre** met en vente des places « demi-tarif » pour le soir même, moyennant une petite commission. Les cartes de crédit ne sont pas acceptées. Il existe deux guichets : l'un place de la Madeleine *(p. 216)*, ouvert du mardi au samedi de 12h30 à 20h et le dimanche de 12h30 à 16h, et l'autre sur le parvis de la gare Montparnasse, ouvert du mardi au samedi de 12h30 à 18h. C'est une bonne solution qui vous évite d'acheter des places à l'avance. Le kiosque est une institution parisienne qui propose aussi un passe pour les grands spectacles de la saison.

AMÉNAGEMENTS POUR PERSONNES HANDICAPÉES

Quand ils existent, ils sont soit excellents, soit déplorables. De nombreuses salles de spectacle disposent d'un espace réservé aux fauteuils roulants, mais téléphonez avant pour vous en assurer. En ce qui concerne les transports publics, le métro, avec ses escaliers, est totalement inaccessible. Les bus de certaines lignes sont équipés d'un accès spécial pour les fauteuils roulants ; renseignez-vous auprès de la RATP.

ADRESSES

G7 TAXIS
Tél. 01 47 39 47 39.

Cinéma le Grand Rex *(p. 354)*

FNAC

Forum des Halles,
1, rue Pierre-Lescot 75001.
Plan 13 A2. *Tél. 0825 020 020.*

26, av. des Ternes 75017.
Plan 4 D3. *Tél. 0825 020 020.*

Office du tourisme

25, rue des Pyramides 75001.
Plan 12 E1. *Tél. 0892 683 000.*
www.parisinfo.com

Taxis bleus

Tél. 0891 70 10 10.

Virgin Megastore

52-60, av. des Champs-Élysées
75008. **Plan** 4 F5.
Tél. 01 49 53 50 00.

Théâtre

Que vous soyez amateurs des pièces classiques du répertoire de la Comédie-Française, du théâtre d'avant-garde ou du théâtre de boulevard, Paris et sa banlieue – où furent formés les meilleurs acteurs et metteurs en scène – offrent un très vaste choix. Les salles sont réparties dans toute la ville et la saison théâtrale court de septembre à juillet. Les théâtres nationaux font relâche au mois d'août mais beaucoup de théâtres privés restent ouverts. Vous trouverez la liste complète des spectacles dans *Pariscope*, *L'Officiel des spectacles* ou le *Figaroscope* (p. 340).

THÉÂTRES NATIONAUX

Fondée en 1680 par un décret royal, la **Comédie-Française** *(p. 120)* est, avec ses conventions strictes en matière de jeu des acteurs, le bastion du théâtre français. Son ambition est de perpétuer le répertoire classique et de monter les meilleures pièces contemporaines.

La « maison de Molière », comme on l'appelle également, est le plus ancien théâtre du monde et l'une des rares institutions de l'Ancien Régime à avoir survécu à la Révolution française. Elle occupe son emplacement actuel depuis le jour où les acteurs occupèrent le Palais-Royal pendant la Révolution. La vaste salle tendue du traditionnel velours rouge est aujourd'hui équipée avec les dernières technologies. Le répertoire est essentiellement classique, avec en premier lieu Corneille, Racine et Molière, suivis de Marivaux, Alfred de Musset et Victor Hugo. La troupe joue aussi des pièces d'auteurs modernes français et étrangers.

L'**Odéon/Théâtre de l'Europe**, connu aussi sous le nom de Théâtre national de l'Odéon *(p. 140)*, était autrefois la seconde salle de la Comédie-Française. Il a aujourd'hui deux sites – dans les 6e et 17e arrondissements – et s'est spécialisé dans les pièces étrangères jouées dans leur langue d'origine.

Le **Théâtre national de Chaillot** abrite un immense auditorium aménagé dans l'édifice Art déco du palais de Chaillot *(p. 200)* où sont présentés du théâtre expérimental (et parfois du théâtre pour enfants), de la danse contemporaine (avec des artistes comme Philippe Découflé, José Montalvo, Angelin Prejlocaj ou Trisha Brown) et occasionnellement des spectacles musicaux.

Le **Théâtre national de la Colline**, qui comprend deux salles, est spécialisé dans les pièces de la fin du XIXe ou du XXe siècle et dans les pièces contemporaines (Ibsen, Tchekhov, Koltès, Duras, Vinaver, Jon Fosse, Edward Bond, etc.).

SALLES EXCENTRÉES

Dans le bois de Vincennes, **La Cartoucherie** est un complexe de cinq salles qui accueillent des compagnies d'avant-garde, comme celle du **Théâtre du Soleil** de renommée internationale.

Le **Théâtre des Amandiers**, à Nanterre, programme des pièces contemporaines ainsi que des classiques ; les mises en scène sont bien souvent excellentes.

THÉÂTRES INDÉPENDANTS

Parmi les plus grands figurent la **Comédie des Champs-Élysées**, le **théâtre Hébertot** et le **théâtre de l'Atelier**, ainsi que les théâtres **Marigny**, connu pour son répertoire moderne français, **Montparnasse** et **Antoine**, qui fut le premier à monter des pièces réalistes. Le **théâtre de la Madeleine** propose toujours des œuvres de qualité et le **théâtre de la Huchette** se consacre à l'œuvre de Ionesco. Aux **Bouffes-du-Nord**, le metteur en scène/producteur d'avant-garde Peter Brook travaille avec une troupe de fidèles acteurs.

Depuis plus d'un siècle, le **Palais-Royal** est le temple de la farce osée. Les auteurs de pièces à la Feydeau devenant plus rares, les adaptations de comédies érotiques anglo-saxonnes ont pris le relais. Il y a d'autres lieux importants comme les **Bouffes-Parisiens** et les théâtres **La Bruyère**, **Michel** et **Saint-Georges**. Le **théâtre du Gymnase** présente des one-man-shows.

CAFÉS-THÉÂTRES ET CHANSONNIERS

Si la tradition de spectacles dans les cafés est très ancienne, les cafés-théâtres n'ont plus rien de commun avec les cafés-concerts du début du XIXe siècle. Cette forme nouvelle de théâtre est née à un moment où les jeunes comédiens et dramaturges ne trouvaient pas de travail. Ne soyez pas surpris d'y voir les spectateurs prendre part à l'action ou bien les acteurs s'approcher du public. Aujourd'hui, le succès est tel que vous pouvez voir des affiches publicitaires vous invitant à suivre des cours de café-théâtre ou à rejoindre une petite troupe. Les cafés-théâtres connurent une grande vogue dans les années 1960 et 1970, lorsque des inconnus comme Coluche, Gérard Depardieu et Miou-Miou firent leurs débuts au **Café de la gare**, avant de connaître le succès au cinéma. Qui sait quelle future célébrité vous allez voir en allant dans des cafés-théâtres comme le **Café d'Edgar** ou **Le Point Virgule** ? Avec sa salle vieillotte, le **Cabaret Michou** est très couru pour les pastiches. Parmi les cabarets de chansonniers traditionnels qui mêlent humour et satire, figure **Le Lapin agile** *(p. 225)* situé au cœur de Montmartre. Le **Caveau de la République** et le **théâtre des Deux Ânes**, également à Montmartre, pratiquent la satire politique. Autre forme de spectacle de café qui prend souvent des allures théâtrales, le café philosophique propose des débats sur des sujets tels que la justice, l'amour et la guerre, au cours desquels de talentueux orateurs prennent la parole sur un ton déclamatoire. L'assistance est invitée à participer. Ces soirées sont organisées dans beaucoup d'endroits, le plus connu étant **Le Café des Phares**.

THÉÂTRE POUR ENFANTS

Certains théâtres comme celui de **la Porte-Saint-Martin**, **le Gymnase**, l'**Aktéon Théâtre** le **Théâtre d'Edgar** proposent des spectacles pour enfants en matinée le mercredi et le week-end. Les théâtres de marionnettes de certains parcs font la joie des enfants comme des parents (*voir* « Théâtres indépendants », *p. 344*). Le **Lido** propose aussi un spectacle pour enfants.

THÉÂTRE EN PLEIN AIR

En été et quand le temps le permet, des pièces de Shakespeare et du répertoire classique français sont données dans le théâtre de verdure du jardin Shakespeare, au bois de Boulogne. Des représentations ont lieu également dans le cadre du Festival d'été de Paris aux Tuileries et à Montmartre. Le programme se trouve dans les guides des spectacles.

THÉÂTRE DE RUE

Il est florissant en été. Jongleurs, mimes, cracheurs de feu et musiciens se produisent dans les endroits touristiques de la capitale tels Les Halles, le Centre Pompidou et Saint-Germain-des-Prés.

CABARET

Généralement associés aux années 1900, les spectacles de cabaret évoquent la bohème, la débauche et le champagne qui coule à flots. Aujourd'hui, les *girls* sont souvent américaines et les spectateurs des hommes d'affaires et des groupes de touristes étrangers.

Pour choisir un cabaret, la règle est simple : les plus connus sont les meilleurs, les moins connus ne proposant rien de plus que des spectacles de strip-tease de second ordre. Toutes les salles indiquées ici sont la garantie de voir des danseuses topless et, suivant les points de vue, un spectacle hautement divertissant ou un exercice de gymnastique d'un kitsch absolu.

Le **Lido**, cabaret se rapprochant le plus de ceux de Las Vegas, a pour vedette la troupe des légendaires Bluebell Girls. Les **Folies-Bergère**, le plus ancien cabaret de Paris et probablement le plus célèbre du monde, sont réputées pour leurs spectacles bien enlevés.

Au **Crazy Horse**, les costumes et les tableaux sont plus osés et les danseuses portent des noms comme Betty Buttocks, Fila Volcana et Nouka Bazooka. L'ancien bar de style Far-West est devenu un petit bijou de théâtre dont chaque siège est équipé d'un seau à champagne. Ici, les numéros de strip-tease vulgaires ont été revisités au service de beautés internationales. Installé dans un théâtre de la rive gauche en partie dessiné par Gustave Eiffel, le **Paradis latin** est le plus français des cabarets parisiens. Il présente divers numéros avec une mise en scène et des effets spéciaux remarquables. Le **Bobin'O** propose un spectacle divertissant inspiré par les divers cabarets parisiens. C'est au **Moulin-Rouge** *(p. 228)*, ancien repaire de Toulouse-Lautrec,

que le french cancan a vu le jour. Aujourd'hui, c'est un cabaret moins somptueux que celui décrit dans le célèbre film américain du même nom, mais les amateurs ont l'assurance d'y passer une agréable soirée, avec glamour et paillettes. **Chez Madame Arthur** met en scène des travestis pour parodier les revues de cabaret.

RÉSERVATIONS

Les places s'achètent aux guichets de location des théâtres sur place ou par téléphone avec une carte de crédit, ou auprès des agences de spectacles. La location est ouverte tous les jours de 11 h à 19 h.

La plupart des billets peuvent également être achetés en ligne sur le site du théâtre ou par le biais d'un site comme fnac.com ou ticketac.com.

PRIX DES BILLETS

Ils vont de 7 à 30 € pour les théâtres nationaux et de 8 à 43 € pour les théâtres indépendants. Certains théâtres délivrent des billets à prix réduit et au tarif « étudiant » 15 min avant le lever du rideau. Pour les cabarets, prévoyez entre 23 et 60 € et entre 68 et 105 € pour les dîners-spectacles.

Le **Kiosque Théâtre** (deux guichets : place de la Madeleine et parvis de la gare Montparnasse) vend des places à moitié prix pour le jour même, moyennant une petite commission. Les cartes de crédit ne sont pas acceptées.

TENUE VESTIMENTAIRE

Aujourd'hui, les tenues de soirée ne se portent plus qu'aux soirées de gala de l'Opéra-Garnier et de la Comédie-Française, et éventuellement aux premières des grandes pièces de théâtre.

ADRESSES

THÉÂTRES NATIONAUX

Comédie Française
Salle Richelieu, 1 pl. Colette 75001. **Plan** 12 E1. **Tél.** 08 25 10 16 80. **www.**comedie-francaise.fr

Odéon Théâtre de l'Europe
Ateliers Berthier, 8 bd Berthier 75017. **Plan** 12 F5. **Tél.** 01 44 85 40 40. Théâtre de l'Odéon, pl. de l'Odéon 75006. **Plan** 12 F4. **www.**theatre-odeon.fr

Théâtre national de Chaillot
pl. du Trocadéro 75016. **Plan** 9 C2. **Tél.** 01 53 65 31 00. **www.**theatre-chaillot.fr

Théâtre national de la Colline
15 rue Malte-Brun 75020. **Tél.** 01 44 62 52 52. **www.**colline.fr

SALLES EXCENTRÉES

Cartoucherie
Route du Champ-de-Manoeuvre 75012. **www.**theatre-du-soleil.fr

Théâtre de l'Aquarium
Tél. 01 43 74 99 61.

Théâtre de l'Épée de Bois
Bois de Vincennes **Tél.** 01 48 08 39 74.

Théâtre de la Tempête
Tél. 01 43 28 36 36.

Théâtre du Soleil
Tél. 01 43 74 24 08.

Théâtre des Amandiers
7 pl. Pablo Picasso 92200 Nanterre. **Tél.** 01 46 14 70 70. **www.**nanterre-amandiers.com

THÉÂTRES INDÉPENDANTS

Bouffes-du-Nord
37 bis bd de la Chapelle 75010.

Plan 7 C1. **Tél.** 01 46 07 34 50. **www.**bouffesdunord.com

Bouffes-Parisiens
4 rue Monsigny 75002. **Plan** 6 E5. **Tél.** 01 42 96 92 42. **www.**bouffes parisiens.com

La Bruyère
5 rue La Bruyère 75009. **Plan** 6 E3. **Tél.** 01 48 74 76 99.

Comédie des Champs-Élysées
15 av. Montaigne 75008. **Plan** 10 F1. **Tél.** 01 53 23 99 19. **www.**comediedes champselysees.com

Gaîté Montparnasse
26 rue de la Gaîté 75014. **Plan** 15 C2. **Tél.** 01 43 20 60 56.

Hébertot
78 bis bd des Batignolles 75017. **Plan** 5 B2. **Tél.** 01 43 87 23 23.

La Bruyère
5 rue La Bruyère 75009. **Plan** 6 E3. **Tél.** 01 48 74 76 99.

Madeleine
19 rue de Surène 75008. **Plan** 5 C5. **Tél.** 01 42 65 07 09.

Marigny
7 av. de Marigny 75008. **Plan** 5 A5. **Tél.** 08 92 22 23 33.

Montparnasse
31 rue de la Gaîté 75014. **Plan** 15 C2. **Tél.** 01 43 22 77 74.

Palais Royal
38 rue Montpensier 75001. **Plan** 12 E1. **Tél.** 01 42 97 40 00.

Porte Saint-Martin
16 bd Saint-Martin 75010. **Plan** 7 C5. **Tél.** 01 42 08 00 32.

Saint-Georges
51 rue Saint-Georges 75009. **Plan** 6 E3. **Tél.** 01 48 78 63 47.

Théâtre Antoine
14 bd de Strasbourg 75010. **Plan** 7 B5. **Tél.** 01 42 08 77 71 et 01 42 08 76 58.

Théâtre de l'Atelier
Pl. Charles Dullin 75018. **Plan** 6 F2. **Tél.** 01 46 06 49 24. **www.**theatre-atelier.com

Théâtre du Gymnase
38 bd Bonne-Nouvelle 75010. **Plan** 7 A5. **Tél.** 01 42 46 79 79. **www.**theatredu gymnase.com

Théâtre de la Huchette
23 rue de la Huchette 75005. **Plan** 13 A4. **Tél.** 01 43 26 38 99.

Théâtre Sudden
14 bis rue Sainte-Isaure 75018. **Plan** 2 F4. **Tél.** 01 42 62 35 00. **www.**suddentheatre.fr

CAFÉS-THÉÂTRES ET CHANSONNIERS

Au Lapin Agile
22 rue des Saules 75018. **Plan** 2 F5. **Tél.** 01 46 06 85 87.

Cabaret Michou
80 rue des Martyrs 75018. **Plan** 6 F3. **Tél.** 01 46 06 16 04.

Café de la Gare
41 rue du Temple 75004. **Plan** 13 B2. **Tél.** 01 42 78 52 51.

Café des Phares
7 pl. de la Bastille 75011. **Plan** 13 E4. **Tél.** 01 42 72 04 70. **www.**cafe-philo-des-phares.info

Caveau de la République
23 pl. de la République 75003. **Plan** 8 D5. **Tél.** 01 42 78 44 45.

Deux Ânes
100 bd de Clichy 75018. **Plan** 6 D1. **Tél.** 01 46 06 10 26.

La Java
105 rue du Faubourg du Temple 75010. **Plan** 8 E5. **Tél.** 01 53 19 98 88. **www.**anything matters.com

Le Point Virgule
7 rue Sainte-Croix-de-la-Bretonnerie 75004. **Plan** 13 C3. **Tél.** 01 42 78 67 03.

Les Éditeurs
Carrefour de l'Odéon 75006. **Plan** 12 F4. **Tél.** 01 43 26 67 76.

Théâtre d'Edgar
58 bd Edgar-Quinet 75014. **Plan** 16 D2. **Tél.** 01 42 79 97 97.

CABARETS

Bobin'O
14-20 rue de la Gaîté 75014. **Plan** 15 C3. **Tél.** 08 20 00 90 00. **www.**bobino.fr

Chez Madame Arthur
75 bis rue des Martyrs 75018. **Plan** 6 F2. **Tél.** 01 42 54 15 92. **www.**madame arthur.com

Crazy Horse
12 av. George V 75008. **Plan** 10 E1. **Tél.** 01 47 23 32 32. **www.**lecrazyhorse paris.com

Folies-Bergères
32 rue Richer 75009. **Plan** 7 A4. **Tél.** 08 92 68 16 50. **www.**foliesbergere.com

Lido
116 bis av. des Champs-Élysées 75008. **Plan** 4 E4. **Tél.** 01 40 76 56 10 **www.**lido.fr

Moulin Rouge
82 bd de Clichy 75018. **Plan** 6 E1. **Tél.** 01 53 09 82 82. **www.**moulinrouge.fr

Paradis Latin
28 rue du Cardinal Lemoine 75005. **Plan** 13 B5. **Tél.** 01 43 25 28 28

Musique classique

La scène musicale parisienne n'a jamais été aussi vivante. Grâce aux subventions gouvernementales, un répertoire de grande qualité, d'opéra, d'œuvres classiques ou contemporaines s'est constitué dans des salles exceptionnelles. De nombreux concerts sont également donnés dans les églises et dans le cadre de différents festivals. Pour toute information concernant les concerts, consultez *Pariscope* et *L'Officiel des spectacles*. Vous trouverez dans la plupart des salles une brochure donnant la liste des concerts du mois. L'Office du tourisme et des congrès de Paris *(p. 340-341)* tient également la liste des concerts gratuits et en plein air.

OPÉRA

Les amateurs d'opéra n'ont que l'embarras du choix : de nombreuses productions sont montées à l'**Opéra-Bastille**, à l'**Opéra-Garnier**, ainsi qu'à l'Opéra Comique. L'opéra tient une place importante dans la programmation du théâtre du Châtelet. Diverses organisations produisent également des opéras et il arrive que des opéras à très grande échelle soient produits au Palais Omnisports de Paris Bercy ou POPB *(p. 359)*.

L'**Opéra-Bastille**, ultramoderne, *(p. 98)* a été inauguré en 1989 ; les productions utilisent aujourd'hui pleinement les systèmes de dispositifs scéniques et de déplacement des décors aussi complexes que perfectionnés. La salle offre 2 700 places, ayant toutes une bonne visibilité. La programmation comprend des œuvres du répertoire ou modernes, dotées d'une mise en scène souvent avant-gardiste : celle de *La Flûte enchantée* s'inspirait du théâtre nô japonais, et le décor de *Saint-François d'Assise*, de Messiaen, était constitué d'écrans vidéo et de néons. Les jeudis à l'heure du déjeuner, le programme *Casse-croûte à l'Opéra* permet d'écouter des concerts, de participer à des conférences ou de voir des films gratuitement. On y donne également des spectacles de danse, lorsque l'Opéra-Bastille accueille le ballet du palais Garnier *(p. 217)*. L'Opéra-Bastille possède en outre deux salles plus petites, l'**Auditorium** (500 places) et le **Studio** (200 places), destinées aux concerts plus intimes de musique de chambre ou aux récitals. L'**Opéra Comique**, ou salle Favart, aujourd'hui dirigé par l'acteur, metteur en scène et dramaturge Jérôme Deschamps, produit des opéras-bouffe, lyriques ou comiques, notamment avec des musiques baroque ou contemporaine, mais il programme aussi des drames lyriques.

CONCERTS

Paris héberge trois orchestres symphoniques ainsi qu'une bonne demi-douzaine d'autres orchestres ; c'est aussi une étape obligée pour les orchestres européens et américains en tournée. La musique de chambre est également à l'honneur soit dans la programmation des plus grandes salles, soit dans les églises. La **salle Pleyel** est la principale salle de concerts de Paris. Après d'énormes travaux, elle fait maintenant partie de la Cité de la Musique. Elle est le siège de l'Orchestre de Paris dirigé par Christophe Eschenbach et de l'orchestre philharmonique de Radio France, dirigé par Myung-Whun Chung. Des orchestres invités ainsi que des ensembles de jazz et de world music viennent compléter la saison qui dure généralement de septembre à juillet. Dans les prochaines années, le propriétaire de la salle Pleyel investira 23 millions d'euros supplémentaires dans la rénovation et, en 2056, cette salle légendaire deviendra la propriété de l'État français.

Devenu depuis quelques années l'une des principales salles de Paris, le **théâtre du Châtelet** accueille concerts, opéras et ballets. Son programme de très grande qualité propose des œuvres du répertoire classique, comme *Cosí fan tutte* de Mozart ou *La Traviata* de Verdi, ou moderne, comme *Contes d'Hiver* de Boessman, ainsi que des concerts lyriques où se produisent des superstars du monde entier, sans oublier un cycle annuel de musique du XXe siècle.

Le superbe **théâtre des Champs-Élysées** Art déco, haut lieu de la musique classique, propose également des opéras et des ballets. Radio-France est copropriétaire du théâtre : l'Orchestre philharmonique de Radio France s'y produit à de nombreuses reprises durant l'année, de même que maints orchestres et solistes en tournée. L'orchestre des Champs-Élysées, dirigé par Philippe Herreweghe, y est installé et propose des concerts sur instruments d'époque.

Radio-France, le plus important organisateur de concerts de Paris, possède deux orchestres symphoniques majeurs, l'Orchestre national de France et l'Orchestre philharmonique. Ceux-ci jouent dans les différentes salles parisiennes, mais également à la **Maison de Radio France** qui abrite une grande salle ainsi que plusieurs auditoriums plus petits, destinés aux concerts radiodiffusés ouverts au public *(musée de Radio France, p. 202)*.

La **Cité de la Musique** est un imposant centre culturel entièrement dédié à la musique, de tous les genres et de toutes les époques. Le classique y occupe une place importante, avec de la musique de chambre, des récitals et des orchestres. L'**auditorium du Louvre** a été construit dans le cadre du réaménagement du Louvre *(p. 122-129)*, on y donne essentiellement des récitals de musique de chambre.

L'**auditorium du musée d'Orsay** est une salle de taille moyenne aménagée dans le musée d'Orsay *(p. 144-147)*. Les concerts ont généralement lieu une ou deux fois par semaine et les prix sont variables.

D'autres musées organisent fréquemment des concerts dans le cadre de leurs expositions, comme celle des troubadours au musée de Cluny *(p. 154-157)*. L'association La Musique en Sorbonne organise une série de concerts au **grand amphithéâtre de la Sorbonne** ainsi qu'à l'**amphithéâtre Richelieu** : on a pu y entendre des œuvres de compositeurs d'Europe de l'Est dans le cadre du festival de musique slave.

Des concerts sont parfois donnés au **conservatoire d'art dramatique**, où le public parisien découvrit Ludwig van Beethoven en 1828 et où Berlioz présenta pour la première fois *La Symphonie fantastique*. Sinon, le lieu est fermé au public.

MUSIQUE CONTEMPORAINE

La création contemporaine à Paris tient le haut du pavé ; elle est innovante et intéressante. Bien qu'il ne soit plus à la tête d'aucun orchestre, le compositeur et chef d'orchestre Pierre Boulez reste une figure influente sur la scène de la musique contemporaine à Paris. Jonathan Nott est actuellement à la tête de l'ensemble Intercontemporain, généreusement aidé par l'État français, au sein de la Cité de la Musique *(p. 234-235)*. Fondé par Pierre Boulez, l'**IRCAM** est l'institut de recherche musicale du centre Georges-Pompidou, spécialisé dans la création expérimentale. Très envié architecturalement, il commence à se montrer à la hauteur des espérances que l'on avait pour lui. Les talentueux compositeurs

que l'on peut y écouter sont notamment Pascal Dusapin, Philippe Fénelon, George Benjamin et Philippe Manoury ; Georges Aperghis, quant à lui, s'est spécialisé dans le théâtre musical.

Véritable réussite architecturale, la **Cité de la musique** comprend une salle de concerts spectaculaire ainsi que le **conservatoire national de musique**, avec sa grande salle d'opéra et deux petites salles de concerts. L'orchestre de musique de chambre européen y est en résidence. Les deux salles servent pour la programmation régulière ainsi que pour des concerts de jazz, de musique ethnique, de musique contemporaine, et de musique baroque. Pour plus de renseignements, appelez directement la salle ou consultez les magazines spécialisés. Pour les amateurs de musique contemporaine, l'Ircam publie quatre fois par an le magazine *Résonance*.

FESTIVALS

Le **festival d'Automne à Paris** est un peu à l'origine de tous les festivals parisiens. Il joue un rôle d'organisateur en coulisse, passant commande d'œuvres nouvelles, en subventionnant d'autres et, de façon générale, animant la scène musicale, théâtrale et chorégraphique de Paris de septembre à décembre.

Le **festival de Saint-Denis**, a lieu en juin et juillet et il met l'accent sur les œuvres chantées. La plupart des concerts sont donnés en la basilique Saint-Denis.

Le **festival de Musique baroque de Versailles** a lieu de mi-mars à mi-juin ; c'est une ramification du centre de Musique baroque fondé à Versailles en 1988. Opéras, concerts, récitals, musique de chambre, ballets et pièces de théâtre ont pour cadre le fabuleux décor du château de Versailles *(p. 248-253)*. Parmi les autres festivals dignes d'intérêt : le festival Chopin, qui se tient dans l'orangerie du Bois de Boulogne de mi-juin à mi-juillet, et le festival Paris quartier d'été qui

propose des concerts classiques en plein air.

Généralement, les places sont vendues au guichet de location de la salle concernée, mais certains festivals ont un système de préréservation par courrier.

ÉGLISES

On pourra écouter de la musique dans toutes les églises de Paris, concerts classiques, récitals d'orgue ou simplement durant la messe. Les églises les plus splendides où des concerts ont régulièrement lieu sont **La Madeleine** *(p. 214)*, **Saint-Germain-des-Prés** *(p. 138)*, **Saint-Julien-le-Pauvre** *(p. 152)* et **Saint-Roch** *(p. 121)*, mais aussi l'**église des Billettes**, **Saint-Sulpice** *(p. 172)*, **Saint-Gervais-Saint-Protais** *(p. 99)*, **Notre-Dame** *(p. 82-85)*, **Saint-Louis-en-l'Île** *(p. 87)* et la **Sainte-Chapelle** *(p. 88-89)*.

La plupart de ces concerts sont gratuits. Si vous ne parvenez pas à joindre l'église concernée, renseignez-vous auprès de l'Office du tourisme de Paris *(p. 340-341)*.

MUSIQUE BAROQUE

Un certain nombre d'ensembles de musique ancienne sont établis à Paris. La Chapelle royale donne des concerts au **théâtre des Champs-Élysées** avec des programmes de musique vocale, de la Renaissance à Mozart. Ses concerts de musique sacrée (guettez les cantates de Bach) ont lieu à **Notre-Dame-des-Blancs-Manteaux** *(p. 102)*.

L'opéra baroque est davantage le domaine des Arts Florissants, groupe fondé et dirigé par l'Américain William Christie qui donne des opéras français et italiens de Rossi à Rameau et des Musiciens du Louvre, dirigés par Marc Minkovski. Tous les deux se produisent au Châtelet et à l'Opéra-Garnier.

Le **théâtre de la Ville** et l'**église Saint-Germain l'Auxerrois** sont également de hauts lieux de la musique de chambre.

RÉSERVATIONS

Pour l'achat des billets, vous obtiendrez presque toujours les meilleurs tarifs en vous adressant directement au bureau de location de la salle concernée. Les salles principales proposent une réservation par courrier jusqu'à 2 mois à l'avance, et par téléphone de 15 jours à 1 mois à l'avance. Si vous voulez une bonne place, faites votre réservation le plus tôt possible.

Vous pourrez également obtenir des billets de dernière minute au bureau de location, certaines salles comme l'Opéra-Bastille gardent jusqu'au dernier moment un certain nombre de places parmi les moins chères. Les agences de location, plus particulièrement celle de la **Fnac** *(p. 341)*, voire le concierge d'un bon hôtel, seront susceptibles de vous aider. Ces agences acceptent les cartes de crédit, à la différence des bureaux de location de certaines salles.

Le jour même de la représentation, vous pourrez vous procurer des billets demi-tarif auprès du **Kiosque Théâtre** *(p. 341)*, place de la Madeleine ou sur le parvis de la gare Montparnasse. En revanche, ce kiosque ne propose d'ordinaire de places que pour les théâtres privés. Maints théâtres et salles de concert font relâche en août : renseignez-vous au préalable pour éviter toute déconvenue.

PRIX DES PLACES

À l'Opéra-Bastille et dans les principales salles de concert, le prix des places varie de 8 € à 85 €, et de 5 € à 25 € dans les salles de moindre importance ou les églises comme la Sainte-Chapelle.

ADRESSES

MUSIQUE CLASSIQUE

Amphithéâtre Richelieu de la Sorbonne
17 rue de la Sorbonne 75005. **Plan** 12 F5.
Tél. 01 42 62 71 71.

Auditorium
Voir Opéra national de Paris Bastille.

Auditorium du Louvre
Musée du Louvre, rue de Rivoli 75001.
Plan 12 E2.
Tél. 01 40 20 55 00.

Auditorium du musée d'Orsay
102 rue de Lille 75007.
Plan 12 D2.
Tél. 01 40 49 49 66.

Centre Pompidou
19 rue Beaubourg 75004.
Plan 13 B2.
Tél. 01 44 78 12 33.

Centre de Musique baroque de Versailles
22 av. de Paris, Versailles.
Tél. 01 39 20 78 10.

Cité de la Musique
Parc de La Villette, 221 av. Jean-Jaurès 75019.
Tél. 01 44 84 44 84.
*www.*cite-musique.fr

Conservatoire d'art dramatique
2 bis rue du Conservatoire 75009. **Plan** 7 A4.
Tél. 01 42 46 12 91.

Église des Billettes
24 rue des Archives 75004. **Plan** 13 C2.
Tél. 01 42 72 38 79.

Église Saint-Germain l'Auxerrois
2 pl. du Louvre 75001.
Plan 12 F2
Tél. 01 42 60 13 96.

Festival d'Automne
156 rue de Rivoli 75001.
Plan 12 F2 5
Tél. 01 53 45 17 00.

Festival Chopin
Orangerie de Bagatelle
Bois de Boulogne 75016.
Plan 3 A4.
Tél. 01 45 00 22 19.

Grand amphithéâtre de la Sorbonne
45 rue des Écoles 75005.
Plan 13 A5.
Tél. 01 42 62 71 71.

IRCAM
1 pl. Igor Stravinsky 75004.
Plan 13 B2.
Tél. 01 44 78 48 43.

La Madeleine
pl. de la Madeleine 75008.
Plan 5 C5.
Tél. 01 42 50 96 18.

Maison de Radio-France
116 av. du Président-Kennedy 75016.
Plan 9 B4.
Tél. 01 42 20 42 20.

Notre-Dame
Pl. du Parvis-Notre-Dame 75004.
Plan 13 A4.
Tél. 01 42 34 56 10.

Notre-Dame-des-Blancs-Manteaux
12 rue des Blancs-Manteaux 75004.
Plan 13 C3.
Tél. 01 42 72 09 37.

Opéra Comique
(Salle Favart) 5 rue Favart 75002. **Plan** 6 F5.
Tél. 08 25 00 00 58.

Opéra national de Paris Bastille
120 rue de Lyon 75012.
Plan 14 E4.
Tél. 08 92 89 90 90.
*www.*operadeparis.fr

Opéra national de Paris Garnier
Place de l'Opéra 75009.
Plan 6 E4.
Tél. 08 92 89 90 90.
*www.*operadeparis.fr

Festival Paris quartier d'été
Diverses manifestations.
Tél. 01 44 94 98 00.

Sainte-Chapelle
4 bd du Palais. **Plan** 13 A3. *Tél.* 01 53 40 60 97.

Saint-Germain-des-Prés
Pl. Saint-Germain-des-Prés 75006. **Plan** 12 E4.
Tél. 01 55 42 81 33.

Saint-Gervais–Saint-Protais
Pl. Saint-Gervais 75004.
Plan 13 B3. *Tél.* 01 48 87 32 02.

Saint-Julien-le-Pauvre
1 rue Saint-Julien-le-Pauvre 75005. **Plan** 13 A4. *Tél.* 01 42 26 00 00.

Saint-Louis-en-l'Île
19 bis rue Saint-Louis-en-l'Île 75004.
Plan 13 C5.
Tél. 01 46 34 11 60.

Saint-Roch
296 rue Saint-Honoré 75001. **Plan** 12 D1.
Tél. 01 42 44 13 20.

Saint-Sulpice
Pl. Saint-Sulpice 75006.
Plan 12 E4.
Tél. 01 46 33 21 78.

Salle Pleyel
252 rue du Faubourg Saint-Honoré 75008.
Plan 4 E3. *Tél.* 01 42 56 13 13. *www.*sallepleyel.fr

Studio
Voir Opéra national de Paris Bastille.

Théâtre de la Ville
2 pl. du Châtelet 75004.
Plan 13 A3.
Tél. 01 42 74 22 77.

Théâtre des Champs-Élysées
15 av. Montaigne 75008.
Plan 10 F1.
Tél. 01 49 52 50 50.

Théâtre du Châtelet
1 pl. du Châtelet 75001.
Plan 13 A3.
Tél. 01 40 28 28 40.

Danse

En ce qui concerne le ballet, Paris est davantage un carrefour qu'un centre culturel. En raison de la politique gouvernementale de décentralisation, de nombreux corps de ballet prestigieux sont établis en province, mais séjournent fréquemment dans la capitale. La capitale accueille aussi de nombreuses compagnies étrangères venant du monde entier et a acquis une excellente réputation en ce qui concerne la danse moderne et expérimentale, développant nombre d'écoles et d'ateliers.

BALLET CLASSIQUE

Le magnifique **Palais Garnier** (*p. 217*) est le siège du ballet de l'Opéra de Paris, l'un des meilleurs corps de ballet classique au monde.

Depuis l'inauguration de l'Opéra-Bastille en 1989, l'Opéra-Garnier se consacre presque exclusivement aux spectacles de danse. C'est l'une des plus grandes salles d'Europe, avec une capacité de 2 200 places et une scène pouvant accueillir 450 danseurs.

De nombreuses compagnies de danse moderne s'y produisent également, notamment la Martha Graham Company, Paul Taylor, Merce Cunningham, Alvin Ailey, Jerome Robbins et le célèbre ballet de Marseille.

L'Opéra-Bastille (*p. 98*) propose aussi des ballets classiques et contemporains, même si sa spécialité demeure l'opéra.

DANSE MODERNE

Le **théâtre de la Ville** (jadis dirigé par Sarah Bernhardt) est devenu la première salle parisienne du ballet contemporain, grâce aux subventions gouvernementales qui lui permettent de pratiquer un tarif public relativement bon marché. C'est ici que maints chorégraphes contemporains se sont fait une réputation internationale : Jean-Claude Gallotta, Régine Chopinot, Daniel Larrieu ou Anne-Theresa de Keersmaeker, entre autres. Vous pourrez également y applaudir le Wuppertal Tanz Theater fondé par Pina Bausch

(décédée en 2009).

Des concerts ont également lieu durant la saison : musique de chambre, de récitals, de world music ou de jazz.

Située à Créteil, en banlieue sud, et subventionnée par les institutions locales, la **maison des Arts de Créteil** présente quelques-uns des ballets les plus intéressants de notre époque et des compagnies étrangères novatrices, comme le Sydney Ballet ou le Kirov de Saint-Pétersbourg, plus classique.

En banlieue nord, se trouve un autre lieu essentiel de la création chorégraphique en France : le Centre national de la danse de Pantin abrite trois salles de spectacle une médiathèque et des studios dédiés à la formation des danseurs – en tout 7 000 m² consacrés à la danse.

Au cœur du quartier de la haute couture et des ambassades, l'élégante salle de 1 900 places du **théâtre des Champs-Élysées** est fréquentée par un public choisi venu assister aux meilleurs ballets internationaux. C'est ici que Nijinski dansa pour la première fois *Le Sacre du printemps* de Stravinski, salué par un scandale mémorable.

La salle, plus célèbre pour ses concerts de musique classique, a néanmoins accueilli la Harlem Dance Company et le London Royal Ballet ; Mikhaïl Barychnikov et le chorégraphe américain Mark Morris s'y produisent régulièrement. Le théâtre des Champs-Élysées parraine également *Les Géants de la danse*, une soirée très populaire où sont présentés

divers ballets internationaux.

Le charmant **théâtre du Châtelet**, réputé pour ses opéras et ses concerts de musique classique, accueille également le ballet de Tokyo et le ballet royal de Birmingham. C'est au **théâtre de la Bastille** que se font connaître de jeunes compagnies de ballet expérimentales, ainsi que des troupes de théâtre d'avant-garde.

De nouvelles compagnies encore dépourvues de salle permanente, comme La P'tite Cie et L'Esquisse, font parler d'elles.

PROGRAMMES

Pariscope et *L'Officiel des spectacles* principalement vous informeront sur l'ensemble des spectacles de ballet ayant lieu à Paris durant votre séjour. Ceux-ci font aussi l'objet d'une campagne d'affichage dans le métro et dans la rue, en particulier sur les colonnes Morris.

PRIX DES PLACES

À l'Opéra-Garnier, le prix des places varie de 10 à 100 € (5 à 60 € pour un ballet), de 5 à 75 € au théâtre des Champs-Élysées, et entre 9 et 30 € ailleurs.

SALLES DE BALLET

Centre national de la danse
1 rue Victor Hugo 93500 Pantin. **Tél.** 01 41 83 98 98. www.cnd.fr

Maison des Arts et de la Culture de Créteil
Pl. Salvador-Allende 94000 Créteil. **Tél.** 01 45 13 19 19. www.maccreteil.com

Opéra-Garnier et Opéra-Bastille
Voir p. 216-217 et p. 98.

Théâtre de la Bastille
76, rue de la Roquette 75011. **Plan** 14 F3. **Tél.** 01 43 57 42 14. www.theatre-bastille.com

Théâtres de la Ville, des Champs-Élysées et du Châtelet
Voir p. 334.

Rock, jazz et world music

À Paris, des amateurs de jazz aux *ravers* en passant par les incorruptibles du rock, chacun trouve ses résonances harmoniques. Des stars du jazz américaines ont élu domicile de ce côté-ci de l'Atlantique et font les belles nuits des clubs parisiens, les plus nombreux au monde après ceux de New York. Les *loosers* magnifiques du rock se refont une santé sur les scènes parisiennes alors que la French Touch exporte ses ritournelles synthétiques dans le monde entier. Et comme si cela ne suffisait pas, la world music enflamme salles de concerts, bars, clubs et discothèques jusqu'au bout de la nuit. Pas un soir sans une soirée afro, salsa ou cubaine. Enfin, de savants alchimistes français réinventent la quadrature du cercle en réconciliant variété française et pop anglo-saxonne. *Pariscope, L'Officiel des spectacles* et aussi *Nova Mag* ou le *Figaroscope* offrent chaque semaine la liste des concerts.

SALLES PRINCIPALES

Les grandes messes célébrées par les stars internationales ont leurs cathédrales : quand le **Palais omnisports de Paris-Bercy** ou le **Zénith** ne suffisent pas à accueillir les fidèles, le **Stade de France** de Saint-Denis leur offre ses strapontins. Plus mythique, l'**Olympia** reste le passage obligé des musiciens qui veulent asseoir leur réputation. Tout comme au **Grand Rex**, l'intimité du lieu et son exceptionnelle acoustique s'adaptent à toutes les musiques, du rock au jazz en passant par la chanson ou la world music.

ROCK ET POP

Difficile de cloisonner les genres alors que les discours et les pratiques tendent à faire sauter les frontières traditionnelles. Le rock français des années 1980 s'est dilué dans la vague rap, techno et pop. Certains ont disparu - la Mano Negra, les Négresses vertes -, d'autres sont devenus des références pour les gardiens du temple - Noir Désir -, alors que d'autres se font discrets. Depuis, le rap d'Alliance ethnique, de NTM et de M.C. Solaar a passé le périphérique en troquant les lumières blafardes des banlieues contre les spots dorés des plateaux de télévision. Le rap est devenu un sujet de dissertation pour débats de société. Mais, déjà, une nouvelle vague a commencé à prendre le pouvoir et truste les couvertures des magazines spécialisés. Après avoir acquis ses lettres de noblesse à l'étranger, la French Touch est enfin reconnue par son pays natal. Après les succès internationaux de Daft Punk et d'Air, la vague technoïde acidulée *made in France* accroche ses gentilles ritournelles dans les places d'honneur du Top 50. Plus discrète, une scène française creuse son sillon en dehors de ces chemins (sur)exposés. Privilégiant la mélodie et les textes au groove, une nouvelle école a assimilé l'héritage de la chanson française en le confrontant à la pop britannique.

La Cigale avec au sous-sol la **Boule noire**, le **Divan du monde** et l'**Élysée-Montmartre** accueillent près de Pigalle la fine fleur des groupes étrangers et français. Le **Bataclan**, où Jane Birkin a fait ses débuts, et le **Rex Club** sont les meilleurs endroits pour entendre du rythm and blues. L'**Olympia** continue d'être la salle la plus célèbre pour écouter du rock. De nombreuses boîtes de nuit parisiennes organisent des concerts et accueillent des DJ pour des soirées spéciales.

JAZZ

À Paris, le jazz attire toujours des foules d'amateurs. Les nombreux clubs accueillent les plus grands talents. Certains d'entre eux, séduits par l'accueil et la chaleur du public parisien, ont quitté les États-Unis et se sont installés définitivement dans la capitale. Du dixieland au free en passant par le bop et le jazz-rock, tous les styles sont représentés. Le **New Morning** reste le club le plus populaire. Les stars internationales s'y produisent et entretiennent sa réputation déjà bien établie. Dans la rue des Lombards, 50 petits mètres séparent trois clubs de jazz animés : le **Duc des Lombards**, le **Sunset** et le **Baiser salé**. Le **Petit Journal Montparnasse** (jazz moderne), le **Petit Journal Saint-Michel** (dixieland), le **Petit Opportun** et le **Caveau de la Huchette** sont les meilleures adresses du Quartier latin. Un public branché fréquente **Autour de Midi... et Minuit** à Montmartre et les brunchs jazz de la Bellevilloise. Dans le Marais, le **Caveau des oubliettes** est réputé pour le jazz ultracontemporain. Certains bars offrent la possibilité d'écouter d'excellents musiciens : le **Bistrot d'Eustache**, **La Flèche d'Or**, le **Jazz-Club Lionel Hampton** de l'hôtel Méridien ou le **Trabendo**. Mais Paris n'oublie pas ses fans de blues : le **Quai du blues** accueille des musiciens dont la réputation n'est plus à faire.

La capitale reçoit deux festivals de jazz en été : le Paris Jazz Festival *(p. 63)* et le Jazz à la Villette en juillet.

WORLD MUSIC

Le world a trouvé à Paris un terreau propice à son épanouissement. Nombreux sont les habitants venus d'Afrique occidentale, du Maghreb, des Antilles et d'Amérique latine.

L'excellente **Chapelle des Lombards** donne des couleurs à la rue de Lappe. Depuis plus de vingt ans, les meilleurs groupes de salsa, de musique latine, africaine mais aussi de jazz viennent s'y produire. **Aux Trois Maillets** est une cave médiévale dans laquelle on peut entendre aussi bien du blues que du tango ou du rock and roll. Pour des sonorités maghrébines, allez au **Kibélé**. De nombreux clubs de jazz ajoutent à leur programmation de la musique ethnique. Parmi ces clubs on peut citer le **New Morning**, qui fait aussi découvrir des artistes venus, entre autres, d'Amérique du Sud, et **Baiser Salé**, qui présente notamment Kassav, Makossa, Malavoi et Manu Dibango. La world music tient aussi une grande place à l'**Institut du monde arabe** *(p. 164)* ; dans ses merveilleux locaux se produisent des artistes venus de tout le milieu musical du monde arabe.

PRIX DES BILLETS

Le prix d'entrée des clubs de jazz parisiens peut souvent dépasser les 15 € (la première consommation est souvent incluse dans ce prix). Si l'entrée n'est pas payante, les consommations risquent d'être onéreuses, et il faudra au moins en commander une. On peut acheter ses billets pour les principaux concerts à la FNAC, chez Virgin Megastore *(p. 341)* ou auprès de la salle ou du club.

ADRESSES

SALLES PRINCIPALES

Grand Rex
1 bd Poissonnière 75002.
Plan 7 A5.
Tél. 01 42 36 56 91.

Olympia
28 bd des
Capucines 75009.
Plan 6 D5.
Tél. 08 92 68 33 68.
www.olympiahall.com

**Palais Omnisports
de Paris-Bercy**
8 bd de Bercy 75012.
Plan 18 F2.
Tél. 08 92 39 04 90.
www.bercy.fr

Zénith
211 av. Jean-Jaurès
75019.
Tél. 08 90 71 02 07.
www.le-zenith.com/paris

ROCK ET POP

Bataclan
50 bd Voltaire
75011.
Plan 14 E1.
Tél. 01 43 14 00 30.

**La Cigale/
La Boule Noire**
120 bd Rochechouart
75018.
Plan 6 F2.
Tél. 01 49 25 81 75.

Divan du Monde
75 rue des Martyrs
75018. **Plan** 6 F2.
Tél. 01 42 52 02 46.

Élysée-Montmartre
72 bd Rochechouart
75018. **Plan** 6 F2.
Tél. 01 44 92 45 36.

Rex Club
5 bd Poissonnière 75002.
Plan 7 A5.
Tél. 01 42 36 83 93.

JAZZ

**Autour De Midi...
et Minuit**
11 rue Lepic 75018.
Plan 6 E1.
Tél. 01 55 79 16 48.

Baiser Salé
58 rue des Lombards
75001.
Plan 13 A2.
Tél. 01 42 33 37 71.

Bellevilloise
19 rue Boyer 75020.
Tél. 01 46 36 07 07.
www.labellevilloise.com

Bistrot d'Eustache
37 rue Berger, Carré
des Halles 75001.
Plan 13 A2.
Tél. 01 40 26 23 20.

**Caveau
de la Huchette**
5 rue de la Huchette
75005.
Plan 13 A4.
Tél. 01 43 26 65 05.

**Caveau des
Oubliettes**
52 rue Galande
75005.
Plan 13 A4.
Tél. 01 46 34 23 09.

**Le Duc des
Lombards**
42 rue des Lombards
75001.
Plan 13 A2.
Tél. 01 42 33 22 88.

La Flèche d'Or
102 bis rue de Bagnolet
75020.
Tél. 01 44 64 01 02.

**La Grande Halle
de la Villette**
211 av. Jean-Jaurès
75019.
Plan 8 F1.
Tél. 01 40 03 75 75.

**Jazz-Club Lionel
Hampton**
Hôtel Méridien,
81 bd Gouvion-Saint-Cyr
75017.
Plan 3 C3.
Tél. 01 40 68 30 42.
www.jazzclub-paris.com

New Morning
7-9 rue des
Petites-Écuries
75010.
Plan 7 B4.
Tél. 01 45 23 51 41.
www.newmorning.com

**Paris Jazz
Festival**
Parc Floral, dans le bois
de Vincennes
75012.

**Le Petit Journal
Montparnasse**
13 rue du Commandant-
Mouchotte
75014.
Plan 15 C2.
Tél. 01 43 21 56 70.

**Le Petit Journal
Saint-Michel**
71 bd Saint-Michel
75005.
Plan 16 F1.
Tél. 01 43 26 28 59.

Sunset
60 rue des Lombards
75001.
Plan 13 A2.
Tél. 01 40 26 46 60.

Trabendo
211 av. Jean-Jaurès
75019.
Plan 8 F1.
Tél. 01 42 01 12 12.

WORLD MUSIC

Aux Trois Maillets
56 rue Galande
75005.
Plan 13 A4.
Tél. 01 43 54 42 94.

Baiser Salé
Voir Jazz.

**Chapelle des
Lombards**
19 rue de Lappe
75011. **Plan** 14 F4.
Tél. 01 43 57 24 26.

**Institut du
Monde Arabe**
Voir p. 164.

Kibélé
12 rue de l'Échiquier
75010. **Plan** 7 B5.
Tél. 01 48 24 57 74.

New Morning
7 rue des Petites-Écuries
75010.
Plan 7 B4
Tél. 01 45 23 51 41

Quai du Blues
17 bd Vital-Bouhot
92200.
Neuilly sur Seine.
Tél. 01 46 24 22 00.
www.quaidublues.com

Discothèques

Les lieux de la nuit parisienne sont un peu sur la sellette aujourd'hui avec la législation sur les niveaux de bruit. Le conseil municipal de Paris fait la guerre à la pollution sonore et cela n'arrangera pas ceux qui aiment danser jusqu'à l'aube.

Ils peuvent toujours le faire cependant, avec certes quelques décibels en moins, et les boîtes continuent à produire de la musique en tout genre et pour tous les goûts (et souvent novatrice). De nombreux suppléments de magazines comme *Télérama* donnent des informations constamment mises à jour, avec les heures d'ouverture et une brève description des lieux. Vous pouvez également consulter les affiches de la station de métro Bastille ou écouter Radio Nova (101.5 FM) qui donne des informations détaillées sur les meilleures *raves* nocturnes. Les bons tuyaux peuvent aussi se trouver aux comptoirs des cafés, des bars ou des magasins. Pour les personnes d'âge plus mûr, il y a les bals-musettes et les pianos-bars. Si vous ne savez pas comment vous habiller, les tenues élégantes et décontractées sont généralement la solution la plus sûre. Mais pour les boîtes un peu chic, vous mettrez vos plus belles fringues griffées. Si dans les endroits plus décontractés le style mode urbaine est accepté, jeans et tenues de sport sont en revanche catégoriquement proscrits.

BOÎTES CLASSIQUES

Au **Bataclan**, la conviviale salle de concerts accueille les groupes qui font l'actualité musicale ; après le concert du samedi soir, elle devient l'une des meilleures discothèques de la capitale avec une bonne programmation de funk, soul et new jack swing.

Barrio Latino occupe trois étages d'un immeuble conçu par Gustave Eiffel. Ici sont réunis musique latine, excellents cocktails et tapas servis depuis un chariot par le staff itinérant. Les danseurs peuvent se perfectionner lors des cours de salsa le dimanche. **Le Baron** attire une foule très sélecte et accueille des fêtes privées. Dépendant de l'**Alcazar** (le bar et restaurant appartenant à Terence Conran, très fréquenté en début de soirée), le **WAGG**, installé dans une cave en pierre, est un endroit qui joue de la disco et de la soul et qui pratique une sérieuse discrimination à l'entrée.

Les Bains-Douches, installé dans d'anciens bains turcs, ont perdu de leur glamour, mais c'est toujours un lieu à la mode. Le restaurant du 1er étage, qui sert aujourd'hui de la cuisine thaïe, est très couru pour les soirées privées. Mieux vaut prendre la précaution de réserver une table pour être sûrs d'avoir une place. La piste de danse est minuscule et la musique essentiellement house, avec du disco des années 1970 et 1980 le lundi et du rythm and blues le mercredi ; les soirées *Café con Leche* du dimanche étant des soirées gay. Les légendaires David et Cathy Guetta sont partis il y a quelque temps, mais l'atmosphère est toujours aussi électrique et l'on peut voir des stars de cinéma. Un public mélangé fréquente le **Rex Club** où la programmation va des musiques house et glam rock aux « exotiques » funk, reggae et world music suivant les jours. L'élégant **Zed Club** est principalement orienté rock et ne pratique aucune discrimination d'âge. **La Loco** s'efforce

de satisfaire les goûts dominants en programmant rock, house, groove et dance sur différents niveaux.

Le **Club Med World** est une boîte sans aucune prétention pour venir écouter les tubes des années 1980 et danser sans frimer.

CLUBS PRIVÉS

Il ne suffit pas d'être riche, beau et célèbre pour pouvoir entrer chez **Castel**, mais cela peut aider. Les membres privilégiés de ce club strictement privé ont le choix entre les deux très bons restaurants avant de descendre à la discothèque.

Le **Regine's** a une clientèle de cadres supérieurs et de riches étrangers qui viennent pour dîner et danser sur de la musique *easy listening,* mais il connaît une sorte de renaissance avec les soirées de filles où des physionomistes professionnels ne laissent entrer que les plus jolies candidates avant le spectacle de strip-tease hommes. Quand arrivent enfin les clients hommes, le club devient l'un de ces hauts lieux de la nuit parisienne où l'on peut voir et être vu.

Lambrissé et intime, le **Ritz Club** est ouvert exclusivement à ses membres et aux clients de l'hôtel, bien que les gens chic et élégants soient aussi les bienvenus. L'ambiance est raffinée et la musique de style *easy listening.* Depuis peu, une clientèle glamour plus jeune a investi l'endroit, séduite indubitablement par son chic à l'ancienne.

Le **World Place** est l'un des clubs les plus branchés de la capitale – et l'endroit où il faut voir et être vu. Ce lieu élégant accueille les déhanchements des jet-setters, des mannequins et des stars de cinéma qui aiment à venir ici. Réserver une table au restaurant Lobster Café, certes cher, est un moyen de s'assurer l'accès au club. Très sélect, le **VIP** est fréquenté par des snobs sans doute appâtés par le nom. Les soirées privées y étant fréquentes, il est bon de téléphoner avant. Pour avoir une chance d'entrer à **L'Étoile**, près de l'Arc de Triomphe, mieux vaut se mettre sur son trente et un, et avoir l'air le plus solvable possible.

Le plus couru des clubs privés, et le plus sympa une fois la porte franchie, est le **Cab** (anciennement « Cabaret ») dont l'intérieur relooké par Ora Ito réserve un coin « détente » avec de somptueux matelas pour écouter la musique.

LIEUX BRANCHÉS

Le club **MadaM** est connu pour ses fins de soirée (avant l'after…) et ses aficionados fortunés. On y passe beaucoup d'électro et de disco dans une atmosphère très cosy avec ses bougies et son décor aux tons rouges.

I Love Opera, qui se veut à la fois restaurant, bar lounge et boîte de nuit, attire aujourd'hui une foule jeune ultrabranchée, en particulier entre 18 h et 20 h pour la *happy hour*. Pour danser, essayez « Le Bal » avec son big band organisé tous les quinze jours le samedi à l'**Élysée-Montmartre**, ou encore les nuits « Goa Trance » arrivées tout droit du Fridge de Londres.

Le Gibus est un club branché qui existe depuis un certain temps, où les styles de danses varient au fil de la semaine.

Ancré le long des quais de la Seine, le **Batofar**, avec ses lumières rouges, est l'un des hauts lieux de la scène musicale parisienne. Ici, les styles vont de la techno underground au reggae selon les jours, mais la foule est toujours sympathique et l'ambiance décontractée. Ne ratez pas les sessions de l'après-midi sur le quai en été.

Avec sa programmation allant du dub aux concours d'*air guitar*, le **Nouveau**

Casino installé à l'arrière du Café Charbon *(p. 319)*, à Oberkampf, attire une foule éclectique.

Le **Social Club**, anciennement le Triptyque, est fort apprécié pour sa programmation hétéroclite, qui inclut beaucoup d'électro-house, et son calendrier de music *live*.

La **Flèche d'or**, qui existe depuis déjà longtemps, propose toutes sortes de concerts, soirées DJ et soirées à thème. Si vous cherchez simplement une grande piste de danse, le **Mix Club** devrait suffire.

WORLD MUSIC

Le **Cabaret Sauvage** divertit une foule bobo chic sous un grand chapiteau avec un programme éclectique incluant jazz, musique africaine et drum and bass. Les Parisiens adorent le velours rouge et les banquettes, les miroirs biseautés et le parquet de bal qui font tout le charme de cette salle à la fois intime et conviviale.

La Casbah est un club privé orienté jazz et l'un des meilleurs de Paris. Son cadre oriental a toujours attiré les top models et les gens branchés qui, entre deux danses, vont faire leur shopping nocturne à la boutique du sous-sol. La Casbah renoue aujourd'hui avec sa réputation de « club le plus chic des clubs chic ».

Si votre système nerveux réagit favorablement aux rythmes latins, vous devez aller à **La Java**, ancien bal musette de Belleville dont le charme ajoute à celui de la musique.

Pour de la salsa avec une âme, direction le **Barrio Latino**, à Bastille. **Mood**, dans un genre très différent, est un lieu au décor japonisant et très sélect sur les Champs-Élysées. Le **Statellit Café** et **La Maroquinerie** organisent des nuits rock et world en présence d'artistes connus. Ce dernier a l'avantage d'être aussi un restaurant et un café littéraire.

Les **Trottoirs de Buenos Aires,** la **Chapelle des Lombards** et les **Trois Maillets** (*Voir Rock, jazz et world music p. 349-350*) programment aussi des soirées world music.

CLUBS GAYS ET LESBIENS

Les clubs gays sont florissants à Paris. Au **Queen**, il y a une très bonne équipe de DJ avec des soirées disco le lundi, garage et soul les vendredi et samedi, drum and bass et house les autres jours ; quelques-unes des soirées les plus torrides sont réservées aux hommes ; les filles doivent venir avec de beaux garçons. Certains soirs **La Loco** attire une foule gay. Les Scream sont les soirées gays de l'**Élysée-Montmartre**. On dit que **Le Dépôt** avec ses spectacles de travestis ou à thématique brésilienne est l'un des clubs gays les plus amusants de Paris ; son Gay Tea Dance du dimanche est légendaire.

L'un des clubs lesbiens les plus respectables, **La Champmeslé**, continue à évoluer, attirant une nouvelle clientèle. **Tango**, dans un ancien dancing, organise des bals musettes certains soirs et des thés dansants le dimanche après-midi sur fond de Madonna et d'accordéon. Le bar lesbien branché **Le Troisième Lieu** est très couru en début de nuit, avant de sortir en boîtes, tandis que le **Day Off** est plutôt fréquenté en début de soirée.

PRIX DES ENTRÉES

Certains clubs sont strictement privés, d'autres pratiquent une politique plus libérale. Les prix vont de 12 à 15 ou 30 €, voire davantage, et peuvent être majorés après minuit ou le week-end, mais les filles ont souvent droit à une réduction.

La première consommation est généralement incluse, les suivantes pouvant toutefois être très chères.

ADRESSES

DISCOTHÈQUES ET CLUBS

Alcazar
62 rue Mazarine
75006.
Plan 12 F4.
Tél. 01 53 10 19 99.
www.alcazar.fr

Les Bains-Douches
7 rue du Bourg-
L'Abbé 75003.
Plan 13 B1.
Tél. 01 48 87 01 80.
www.lesbains
douches.net

Le Baron
6 av. Marceau 75008.
Plan 10 E1.
Tél. 01 47 20 03 01.
www.clublebaron.com

Barrio Latino
46-48 rue du Faubourg
Saint Antoine 75012.
Plan 14 F4.
Tél. 01 55 78 84 75.

Le Bataclan
50 bd Voltaire
75011.
Plan 13 E1.
Tél. 01 43 14 60 30.
www.le-bataclan.com

Batofar
Amarré face au n° 11
quai Francois Mauriac
75013.
Tél. 01 53 60 17 30.
www.batofar.org

Le Cab
2 pl. de Palais Royal
75001.
Plan 12 E1.
Tél. 01 58 62 56 25.
www.cabaret.fr

Castel
15 rue Princesse
75006.
Plan 12 E4.
Tél. 01 40 51 52 80.

Le Club 79
79 av. des Champs-
Élysées 75006.
Plan 4 F5.
Tél. 01 40 51 52 80.
www.leclub79paris.fr

Club Med World
39 cour Saint-Emilion
75012.
Tél. 08 10 81 04 10.
www.clubmedworld.fr

Le Duplex
2 bis av. Foch
75016.
Plan 4 D4.
Tél. 01 45 00 45 00.
www.leduplex.fr

Élysée-Montmartre
72 bd Rochechouart
75018.
Plan 6 F2.
Tél. 01 44 92 45 36.
www.elysee
montmartre.com

L'Étoile
12 rue de Presbourg
75016.
Plan 4 D4.
Tél. 01 45 00 78 70.
www.letoileparis.com

La Flèche d'Or
102 bis rue de Bagnolet
75002.
Tél. 01 44 64 01 02.
www.flechedor.fr

Le Gibus
18 rue du Faubourg-
du-Temple
75011.
Plan 8 E15.
Tél. 01 47 00 78 88.
www.gibus.fr

Hammam Club
94 rue d'Amsterdam
75009.
Plan 6 D2.
Tél. 01 55 07 80 00.
www.hammanclub.com

I Love Opera
29-31 av. de l'Opéra
75001.
Plan 12 E1.
Tél. 01 75 43 50 50.
www.iloveopera.fr

La Loco
90 bd de Clichy
75018.
Plan 4 E4.
Tél. 01 53 41 88 88.
www.laloco.com

MadaM
128 rue de la Boétie
75008.
Plan 4 F5.
Tél. 01 58 76 02 11.
www.madam.fr

Mix Club
24 rue de l'Arrivée
75015.
Plan 15 C1.
Tél. 01 56 80 37 37.

Nouveau Casino
109 rue Oberkampf
75011.
Plan 14 E1.
Tél. 01 43 57 57 40.

Les Planches
40 rue Colisée 75008.
Plan 5 A4.
Tél. 01 42 25 11 68.

Red Light
34 rue du Départ 75015.
Plan 15 C2.
Tél. 01 42 79 94 53.
www.enfer.fr

Regine's
49-51 rue Ponthieu
75008.
Plan 5 A5.
Tél. 01 43 59 21 13.

Rex Club
5 bd Poissonnière
75002.
Plan 7 A5.
Tél. 01 42 36 10 96.

Ritz Club
Hôtel Ritz, 15 pl.
Vendôme 75001.
Plan 6 D5.
Tél. 01 43 16 30 30.
www.ritzparis.com

Showcase
Port des Champs-Élysées
75008.
Plan 11 A1.
Tél. 01 45 61 25 43.

Le Social Club
142 rue Montmartre
75002.
Plan 13 A1.
Tél. 01 40 28 05 55.

Le Tango
13 rue Au Maire 75003.
Plan 13 C1.
Tél. 01 42 72 17 78.

VIP
76 av. des Champs-
Élysées 75008.
Plan 4 E4.
Tél. 01 56 69 16 66.

WAGG
62 rue Mazarine
75006. Plan 12 F4.
Tél. 01 55 42 22 00.

Le World Place
32-34 rue Marbeuf
75008. Plan 4 F5.
Tél. 01 56 88 36 36.
www.worldplace-
paris.com

Zed Club
2 rue des Anglais
75005.
Plan 13 A5.
Tél. 01 43 54 93 78.

WORLD MUSIC

Cabaret Sauvage
59 bd Macdonald
75019.
Tél. 01 42 09 03 09.

Le Casbah
18-20 rue de la Forge-
Royale 75011.
Tél. 01 43 71 04 39.

La Java
105 rue du Faubourg-
du-Temple 75010.
Plan 8 E5.
Tél. 01 42 02 20 52.

La Maroquinerie
23 rue Boyer 75020.
Plan 15 B4.
Tél. 01 40 33 35 05.

Mood
114 av. des Champs-
Élysées 75008.
Plan 4 E4.
Tél. 01 42 89 98 89.

Satellit Café
44 rue Folie Méricourt
75011. Plan 14 E1.
Tél. 01 47 00 48 87.

CLUBS GAYS ET LESBIENS

La Champmeslé
4 rue Chabanais 75002.
Plan 12 E1.
Tél. 01 42 96 85 20.

Le Day Off
10 rue de l'Islay 75008.
Plan 5 C4.
Tél. 01 45 22 87 90.

Le Dépôt
10 rue aux Ours 75003.
Plan 13 B2.
Tél. 01 44 54 96 96.

Le Queen
102 av. des Champs-
Élysées 75008.
Plan 4 E4.
Tél. 08 92 70 73 30.

Le Troisième Lieu
62 rue Quincampoix
75004.
Plan 13 B2.
Tél. 01 48 04 85 64.

Cinéma

Paris est la capitale mondiale du septième art. Plus de 370 écrans répartis entre une centaine de salles et multiplexes projettent une multitude de films nouveaux et classiques. Même si le cinéma américain domine le marché, pratiquement toutes les maisons de production du monde ont trouvé un distributeur à Paris.

Le programme des salles change le mercredi. Les guides des spectacles les moins chers sont *Pariscope* et *L'Officiel des spectacles (p. 340)*, dans lesquels vous trouverez la liste complète et les horaires de quelque 300 films. Beaucoup de quotidiens ont une rubrique sur l'actualité cinématographique. Les films sont projetés soit en version originale sous-titrée en français (VO), soit en version française doublée (VF). La Fête du cinéma, qui a lieu pendant sept jours en juin-juillet, permet avec un seul billet « plein tarif » de voir dans la même journée d'autres films pour 3 € par séance. Les mordus de cinéma n'auront ainsi aucun scrupule à voir six films en un jour !

GRANDS COURANTS

Paris a été le berceau du cinématographe inventé par les frères Lumière il y a plus d'un siècle. La projection de leur film *L'Arrivée d'un train en gare de La Ciotat* à Paris en 1895 marque pour beaucoup la naissance du cinéma. Les Français doivent leur passion pour le cinéma à l'un des premiers critiques de film, Ricciotto Canuda, qui vivait alors en France et qui en 1912 proposa dans son *Manifeste des sept arts* l'expression « septième art » pour désigner le cinéma. Paris fut aussi l'incubateur de la Nouvelle Vague, mouvement d'avant-garde très parisien rassemblant des cinéastes comme Chabrol, Truffaut, Godard et Rohmer qui, entre les années 1950 et 1960, révolutionnèrent la façon de faire et de voir les films. L'exploration des thèmes existentiels, l'utilisation du travelling et les tournages en extérieur (et non plus en studio) sont quelques-unes des caractéristiques de ce mouvement. En 2001, le succès du *Fabuleux Destin d'Amélie Poulain* donna un nouveau souffle à la scène cinématographique parisienne. Il est facile en flânant dans la ville de repérer les endroits où furent tournées certaines scènes.

Il en va de même pour le *Da Vinci Code*, également avec Audrey Tautou.

QUARTIERS DES CINÉMAS

La plupart des salles de cinéma se concentrent dans plusieurs secteurs où se trouvent aussi des restaurants et des commerces.

Les Champs-Élysées ont la plus grande concentration de salles de la capitale ; vous pourrez y voir aussi bien les dernières superproductions hollywoodiennes que les meilleurs films d'auteur français, ainsi que des reprises de certains classiques en VO. Les cinémas des Grands Boulevards, près de l'Opéra-Garnier, passent des films en VO ou en VF. La place de Clichy est le dernier bastion en date de la Pathé, avec pas moins de 13 écrans. Le Forum des Halles est aussi un haut lieu du cinéma de la rive droite.

Historiquement associée à la vie intellectuelle parisienne, la rive gauche demeure le centre du cinéma d'art et d'essai, mais on y passe également des films du box-office. Depuis les années 1980, beaucoup de salles du Quartier latin ont fermé leurs portes et les cinémas sont aujourd'hui concentrés dans le secteur Odéon/Saint-Germain-des-Prés. La rue Champollion,

qui a connu un renouveau grâce aux films d'art et d'essai, fait exception. Plus au sud, Montparnasse reste un quartier animé où sont projetés des films en exclusivité en VO ou en VF.

ÉCRANS GÉANTS ET PALACES CINÉMATOGRAPHIQUES

Témoins du passé, les deux salles des Grands Boulevards sont le **Grand Rex** au décor baroque et le **Max Linder Panorama** qui a été rénové dans les années 1980 par une équipe passionnée de cinéma qui programme aujourd'hui des films d'auteur grand public ou plus intimistes.

Le **MK2 Bibliothèque** qui compte 14 salles (avec en plus un bar, des boutiques et un espace « exposition ») a redonné vie au 13e arrondissement. Sur l'autre rive de la Seine, l'**UGC Ciné Cité Bercy**, un complexe de 18 salles, mérite le coup d'œil.

À la Cité des sciences et de l'industrie de la Villette, **La Géode** *(p. 237)* propose des films scientifiques grand public. La salle est équipée d'un écran hémisphérique et d'un système de projection Omnimax pour films en 70 mm permettant d'obtenir des images neuf fois plus grandes que celles en 35 mm. Le long du canal Saint-Martin, les cinémas jumeaux MK2 – **Quai de Loire** et **Quai de Seine** – sont reliés par un bateau.

RÉTROSPECTIVES ET CINÉMA D'ART ET ESSAI

Chaque semaine, plus de 150 films comptant parmi les meilleurs du cinéma mondial sont projetés. Pour les vieux films d'Hollywood, le **Grand Action** n'a pas son pareil. Le **Reflet Médicis** a aussi une bonne programmation art et essai, et des classiques sur copies neuves. Installée dans un bâtiment de style oriental, **La Pagode** diffuse aussi une excellente programmation. Le **Studio 28**, à Montmartre, est un endroit merveilleux avec des luminaires signés Jean Cocteau, un adorable bar-jardin et des photos kitsch des stars d'autrefois. Inauguré en 1928, il dit avoir été la première salle de cinéma d'avant-garde et a accueilli de grands cinéastes comme Luis Buñuel et Abel Gance. Sa programmation est très éclectique, des dernières nouveautés aux festivals Fellini, en passant par les documentaires. Au moins dix films passent ici chaque semaine, y compris des classiques et des films en avant-première. Des débats avec des réalisateurs et des acteurs connus sont organisés. Autre institution parisienne, le **Studio Galande** projette tous les vendredis et samedis soir depuis plus de vingt ans le fameux *Rocky Horror Picture Show* où les spectateurs viennent déguisés.

CINÉMATHÈQUE FRANÇAISE

Archives du film et cinéma d'art et d'essai, la Cinémathèque française *(p. 198)* fut créée par Henri Langlois en 1936. C'est là que la génération de la Nouvelle Vague fit ses classes. Si elle a perdu le monopole des grands classiques, elle reste la référence pour les cinéphiles en quête de tel ou tel film rare qui n'est plus à l'affiche depuis longtemps ou qui a été restauré ou sauvé. La nouvelle Cinémathèque est maintenant installée dans un bâtiment de l'architecte Franck Gehry, situé au 51 rue de Bercy. Le surnom du bâtiment – « danseuse révélant son tutu » – lui vient de sa façade s'apparentant à une voile de bateau. Située au même endroit, la Bibliothèque du film possède plus de 18 000 films numérisés et il y a suffisamment d'expositions, de projections, de conférences et d'ateliers pour satisfaire les fous de cinéma les plus insatiables.

SALLES INSTITUTIONNELLES

Le musée d'Orsay *(p. 144-145)* et le Centre Pompidou *(p. 110-111)* programment également des films et des festivals. Le premier organise régulièrement des projections (habituellement de films muets) en rapport avec les expositions qu'il présente. Le Centre Pompidou propose dans ses deux salles des rétrospectives d'un mois consacrées aux cinémas nationaux et parfois aux géants de l'industrie du film.

Le **Forum des images** *(p. 109)*, au cœur des Halles, est une bibliothèque high-tech de films et de vidéos consacrés essentiellement au Paris de la fin du XIXe siècle à nos jours. Dans ses archives figurent des communiqués de presse et des publicités sur le thème de Paris ainsi que des longs métrages et des documentaires. Le Forum comprend cinq salles où sont projetés des longs métrages tous les jours. Le billet d'entrée donne aussi accès à la bibliothèque vidéo où vous pouvez consulter la base de données de plus de 6 000 films. Vous pouvez ensuite visionner le film choisi sur un écran individuel ou à plusieurs. Les projections étant souvent regroupées par thèmes ou par réalisateurs, vous avez ainsi la possibilité de voir une mini-rétrospective en quelques heures.

PRIX DES PLACES

Prévoyez environ 9 € pour les films en première exclusivité, et même plus pour les films longs ou très médiatisés. Les exploitants de salles proposent toutefois divers tarifs réduits, notamment pour les étudiants, les chômeurs, les titulaires de la carte Vermeil, les familles nombreuses et les militaires. Le tarif réduit (pouvant descendre jusqu'à 4 €) s'applique pour tout le monde le mercredi dans certaines salles.

Les cinémas Gaumont, UGC et MK2 proposent aussi des cartes de réduction et acceptent les réservations avec la carte de crédit pour les grandes salles. Les cinémas d'art et d'essai proposent des cartes de fidélité.

FILMS AYANT PARIS POUR CADRE

Le Paris historique
(films tournés en studio)

Un chapeau de paille d'Italie
(René Clair, 1927)

Sous les toits de Paris
(René Clair, 1930)

Les Misérables
(Raymond Bernard, 1934)

Hôtel du Nord
(Marcel Carné, 1937)

Les Enfants du paradis
(Marcel Carné, 1945)

Casque d'or
(Jacques Becker, 1952)

La Traversée de Paris
(Claude Autant-Lara, 1956)

Playtime
(Jacques Tati, 1967)

Le Paris de la Nouvelle Vague (films tournés en extérieur)

À bout de souffle
(Jean-Luc Godard, 1959)

Les 400 Coups
(François Truffaut, 1959)

Films documentaires sur Paris

Paris 1900
(Nicole Vedrès, 1948)

La Seine a rencontré Paris
(Joris Ivans, 1957)

Paris vu par Hollywood

L'Heure suprême
(Frank Borzage, 1927)

Le Roman de Marguerite Gautier
(George Cukor, 1936)

Un Américain à Paris
(Vincente Minnelli, 1951)

Gigi
(Vincente Minnelli, 1958)

Irma la Douce
(Billy Wilder, 1963)

Deux Têtes folles
(Richard Quine, 1964)

Frantic
(Roman Polanski, 1988)

French Kiss
(Lawrence Kasdan, 1995)

La Neuvième Porte
(Roman Polanski, 1999)

Moulin-Rouge
(Baz Luhrmann, 2001)

La Mémoire dans la peau
(Doug Liman, 2002)

Le Divorce
(James Ivory, 2003)

Before Sunset
(Richard Linklater, 2004)

Festivals de cinéma

Ils tiennent une grande place dans la vie des fans de cinéma parisiens. Chaque année ont lieu plusieurs grands festivals et une myriade de petits festivals thématiques organisés à diverses périodes un peu partout dans la capitale. Si le Festival du film de Paris qui se tient fin mars est sans doute éclipsé par son grand frère de Cannes plus fastueux, il a l'avantage d'être accessible au public et les occasions ne manquent pas non plus d'y voir des célébrités.

FESTIVALS EN PLEIN AIR

En été se déroulent plusieurs festivals en plein air, notamment le festival Silhouette de court-métrage aux Buttes-Chaumont *(p. 234)*, le festival Cinéma au clair de lune où sont projetés des films dans des endroits où ces derniers ont été tournés et le festival Cinéma en plein air, sur la pelouse du parc de la Villette *(p. 236-237)* où sont projetés des classiques d'hier et d'aujourd'hui sur un écran géant gonflable. C'est l'un des événements qui a le plus de succès en été. Il est donc bien de venir tôt avec un pique-nique et une couverture.

FESTIVALS EN SALLES

Le Festival du film de Paris présente chaque année plus de 100 films au Gaumont Marignan, à la fin du mois de mars. Le Festival du film gay et lesbien a généralement lieu en novembre au Forum des images. Le festival Paris tout court (janvier), qui se tient au cinéma Arlequin, organise des projections de films courts, des conférences et des rencontres avec des réalisateurs et des comédiens de renom. À l'occasion du festival Paris Cinéma (fin juin-début juillet), vous découvrirez notamment des avant-premières, des reprises en copies neuves, des longs métrages.

ADRESSES

CINÉMAS

**Action Christine
Odéon**
4 rue Christine 75006.
Plan 12 F4.
Tél. *08 92 68 05 98.*

Action Écoles
23 rue des Écoles
75005.
Plan 13 A5.
Tél. *0892 680 591.*

Arlequin
76 rue de Rennes
75006.
Plan 12 E4.
Tél. *01 45 44 28 80.*

Le Balzac
1 rue Balzac 75008.
Plan 4 E4.
Tél. *08 92 68 31 23.*

**Centre Georges
Pompidou**
19 rue Beaubourg
75004.
Plan 13 B2.

Le Champo
51 rue des Écoles
75005.
Plan 13 A5.
Tél. *01 43 29 79 89.*

**Cinémathèque
française**
51 rue de Bercy
75013.
Tél. *01 71 19 33 33.*
www.cinemateque.fr

**Cinéma Studio
Galande**
42 rue Galande 75005.
Plan 13 A4.
Tél. *08 92 68 06 24.*

Ciné Sorbonne
9 rue Champollion
75005.
Plan 13 A5.
Tél. *01 43 26 84 65.*

Forum des Images
Porte Saint-Eustache,
Forum des Halles 75001.
Plan 13 A2.
Tél. *01 44 76 63 00.*
www.forumdesimages.fr

**Gaumont
Marignan**
27 av. des Champs-
Élysées 75008.
Plan 5 A5.
Tél. *08 92 69 66 96.*

La Géode
26 av. Corentin-Cariou
75019.
Tél. *08 92 68 45 40.*
www.lageode.fr

Grand Action
Action Rive Gauche,
5 rue des Écoles 75005.
Plan 13 B5.
Tél. *01 43 54 47 62.*

Le Grand Rex
1 bd Poissonnière
75002.
Plan 7 A5.
Tél. *08 92 68 05 96.*

Images d'Ailleurs
21 rue de la Clef 75005.
Plan 13 B2.
Tél. *01 45 87 18 09.*

Latina
20 rue du Temple 75004.
Plan 7 C2.
Tél. *01 42 78 47 86.*

Lucernaire
53 rue Notre-Dame-des-
Champs 75006.
Plan 16 E2.
Tél. *01 45 44 57 34.*

**Max Linder
Panorama**
24 bd Poissonnière
75009. **Plan** 7 A5.
Tél. *08 92 68 00 31.*

Majestic Bastille
4 bd Richard Lenoir
75011.
Plan 14 E4.
Tél. *01 47 00 02 48.*

MK2 Beaubourg
50 rue Rambuteau
75003.
Plan 7 B2.
Tél. *08 92 69 84 84.*

MK2 Bibliothèque
128-162 av. de France
75013. **Plan** 18 F4.
Tél. *08 92 69 84 84.*

**MK2 Quai de Seine/
Quai de Loire**
14 quai de Seine
et 7 quai de Loire

75019. **Plan** 8 F1.
Tél. *08 92 69 84 84.*

La Pagode
57 bis rue de Babylone
75007. **Plan** 11 C4.
Tél. *01 45 55 48 48.*

Racine Odéon
6 rue de l'École
de Médecine 75006.
Plan 12 F4.
Tél. *01 46 33 43 71.*

Reflets Médicis
3-7 rue Champollion
75005.
Plan 12 F5.
Tél. *01 46 33 25 97.*

**Saint-André
des Arts**
30 rue Saint-André des
Arts 75006.
Plan 12 F4.
Tél. *01 43 26 48 18.*

Studio 28
10 rue Tholozé 75018.
Plan 6 E1.
Tél. *01 46 06 36 07.*

UGC Ciné Cité Bercy
2 cour Saint-Emilion
75012.
Tél. *0892 700 000.*

**UGC Cine-Cité
les Halles**
7 pl. de la Rotonde
75001.
Plan 7 A2.
Tél. *08 92 70 00 00.*

Sport et remise en forme

La région parisienne offre un grand choix d'activités sportives. Certains événements comme les Internationaux de France de tennis de Roland-Garros ou le Tour de France cycliste sont des institutions nationales. Le seul inconvénient, c'est que bon nombre des installations sportives se trouvent en banlieue. Pour des informations détaillées sur les manifestations sportives se déroulant à Paris et dans ses environs, contactez le service gratuit de l'**Office de tourisme de Paris**, ou bien consultez les hebdomadaires *Pariscope, L'Officiel des spectacles* ou le *Figaroscope (p. 340)*. Les visiteurs souhaitant lire l'actualité sportive pourront se procurer le quotidien *L'Équipe*. Voir également *Paris avec des enfants p. 360*.

SPORTS DE PLEIN AIR

Chaque année au mois de juillet, et ce depuis plus de vingt ans, Paris est l'ultime étape du Tour de France cycliste, à l'issue de laquelle le président de la République remet le fameux maillot Jaune au vainqueur. La course se termine sur les Champs-Élysées où se pressent sportifs et non-sportifs pour encourager les coureurs. Toute la circulation est interrompue alentour et il est très difficile de se frayer un chemin à travers la foule pour assister au sprint final. Ceux qui se sentent assez courageux pour circuler à vélo dans Paris peuvent s'adresser à des loueurs comme **Vélo Paris**, à Montmartre, ou circuler à **Vélib'**, vélo que l'on retire à une borne en libre-service (plus de 1 500 bornes dans Paris). Vous pouvez acheter une carte pour 1 jour ou pour 7 jours qui coûte 1 € par jour. Vous pouvez faire ainsi le nombre de trajets de moins de 30 min que vous voudrez (voir le détail des tarifs *p. 382*). La **Fédération française de cyclotourisme**, rue Louis-Bertrand, vous renseignera sur les clubs cyclistes (plus de 300) de la région parisienne. Pour ceux qui privilégient ce moyen de locomotion pendant toute l'année, la situation s'améliore peu à peu. La mairie de Paris a entrepris un programme d'extension des voies cyclables, mais il faut savoir que les automobilistes parisiens ne sont pas particulièrement bien disposés à l'égard des conducteurs de deux-roues. Ceux qui ne veulent pas attendre jusqu'au dimanche pour circuler sur les voies sur berges à vélo (jour de fermeture aux voitures) se rendront aux bois de Vincennes ou de Boulogne. Les plus ambitieux pourront se procurer dans un office de tourisme le plan gratuit « Paris à vélo » qui indique toutes les pistes cyclables. Si vous préférez les visites guidées, il existe plusieurs agences comme **Paris à vélo c'est sympa** ou **Escapade Nature** qui organisent des balades guidées dans Paris et en Île-de-France.

Les amateurs de rollers se retrouvent pour des parades dans Paris le vendredi soir. De nombreux boulevards sont fermés pour laisser la voie libre à des milliers de patineurs. Le départ a lieu à 22 h devant la gare Montparnasse, mais vous pouvez rejoindre le groupe à n'importe quel point du parcours. Pour connaître l'itinéraire du jour, consultez : www.pari-roller.com. Un cours gratuit est proposé aux débutants au point de départ à 20 h. Il existe de nombreux loueurs de rollers dont vous trouverez la liste – avec les adresses recommandées et les liens utiles – sur le site Internet de la « rando du vendredi ». La randonnée est annulée en cas de pluie ou si la chaussée est mouillée. Les Parisiens aiment canoter le dimanche après-midi au bois de Vincennes *(p. 235)*, au bois de Boulogne *(p. 254)* et au parc des Buttes-Chaumont *(p. 234)*. Il suffit de faire la queue pour louer un canot. Les terrains de golf sont tous situés en grande banlieue. Beaucoup sont des clubs privés mais certains acceptent les personnes qui ne sont pas membres. Pour de plus amples informations, contactez la **Fédération française du golf**, rue Anatole-France. Pour les golfs de **Chevry**, de **Villeray**, de **Saint-Quentin-en-Yvelines** ou de **Villennes**, prévoyez 25 € à chaque fois que vous voudrez jouer.

Il y a des centres hippiques au bois de Boulogne et au bois de Vincennes. Renseignez-vous auprès du **Comité départemental d'équitation de Paris**, rue Laugier.

Les amateurs de tennis pourront jouer sur des courts municipaux tels que le **Tennis Luxembourg**, au jardin du Luxembourg (ouvert tous les jours – le premier arrivé est le premier servi), et le **Tennis La Faluère**, au bois de Vincennes, l'un des meilleurs de Paris où il faut réserver au moins 24 h à l'avance.

SPORTS EN SALLE

Paris compte de nombreuses salles de gym proposant un forfait à la journée. Prévoyez 20 € ou plus suivant les équipements.

Le **Club Med Gym** est une chaîne de plus de 20 salles à Paris et en banlieue, toutes très bien équipées et très fréquentées, notamment celles de la rue de Berri et de la rue de Rennes. Le **Club Jean-de-Beauvais** est doté d'installations ultramodernes et propose des programmes de remise en forme personnalisés. Le **Ken Club**, avenue du Président-Kennedy, est un endroit sélect du 16e arrondissement avec piscine et sauna. Proche de la Maison de la radio, il accueille beaucoup de gens des médias pendant la pause de midi. Doté de la plus belle piscine couverte de Paris, le **Ritz Gym** est théoriquement réservé à ses membres et aux clients de l'hôtel, mais s'il n'y a pas trop de monde à l'hôtel, vous pouvez y acheter un forfait à la journée.

Le patin à glace est un sport peu coûteux qui peut se pratiquer toute l'année à la **patinoire d'Asnières-sur-Seine**. Pour le squash, il y a le **Squash Club Quartier latin** qui est aussi équipé d'une salle de gym, d'un sauna et de billards, le **Squash Montmartre**, le **Squash Rennes-Raspail** et le club **Jeu de Paume et de Squash**.

POUR VOIR DU SPORT

Les courses hippiques sont l'occasion de voir les gens fortunés dans leurs plus beaux atours. Le prix de l'Arc de Triomphe, célèbre dans le monde entier, a lieu à l'**hippodrome de Longchamp**, le premier dimanche du mois d'octobre. Les autres hippodromes spécialisés en courses de plat sont ceux de **Saint-Cloud** et de **Maisons-Laffitte**, tous deux situés à l'ouest de Paris. L'**hippodrome d'Auteuil** accueille les courses de steeple-chase et l'**hippodrome de Vincennes** les courses de trot. Pour de plus amples informations, consultez **France Galop** par téléphone ou sur leur site Internet.

La course automobile des 24 Heures du Mans (à 185 km au sud-ouest de Paris) est l'une des plus réputées au monde. Elle a lieu chaque année à la mi-juin. Pour tout renseignement, adressez-vous à l'**Automobile Club de l'ouest**.

Le **Palais omnisports de Paris-Bercy** (POPB) accueille de nombreux événements sportifs, dont l'Open de tennis de Paris, les Six Jours cyclistes, des concours hippiques, des démonstrations d'arts martiaux de niveau international, des tournois en tout genre – du patinage sur glace au handball – et des concerts de rock.

Le **Parc des princes** (50 000 places), qui est le stade de l'équipe de football du Paris/Saint-Germain, accueille également les Internationaux de rugby. Le **stade de France** accueille le trophée des Six Nations, des matchs de football ainsi que des concerts. Une visite guidée permet d'en découvrir la face cachée.

Le **stade de Roland-Garros** est devenu célèbre avec les Internationaux de tennis qui s'y déroulent de la fin mai à la mi-juin, deux semaines pendant lesquelles tout le monde ne vit plus que pour le tennis et où les affaires ne se font plus dans la salle de conférences mais sur les courts. Les places se réservent plusieurs mois à l'avance. Ne manquez pas de faire un tour au musée du Tennis où sont exposés des objets de toutes sortes, des prototypes de raquettes au bandeau de Bjorn Borg. N'oubliez pas non plus de réserver une table à l'un des restaurants sélects qui, à l'occasion du tournoi, deviennent des lieux pour voir et être vu. Les fans de tennis doivent également voir le Tennis Masters Series de Paris au Palais omnisports de Paris-Bercy en novembre et le tournoi féminin de l'Open Gaz de France qui a lieu en mars au **stade Pierre-de-Coubertin**.

NATATION

Situé dans le sud-ouest de Paris, **Aquaboulevard** *(p. 362)* est un immense parc aquatique qui, en plus de sa plage exotique, de ses piscines, de ses toboggans à eau et rapides, possède des courts de tennis et de squash ainsi qu'un golf, un bowling, des tables de ping-pong, des billards, une salle de gym, des bars et des boutiques. Parmi les nombreuses piscines municipales, la **piscine des Halles** est l'une des mieux équipées, avec un bassin olympique situé au sous-sol du centre commercial du Forum des Halles. Dotée d'un décor de mosaïques 1930, la **piscine Pontoise-Quartier latin** possède deux niveaux de cabines de déshabillage individuelles, des jacuzzis géants, une machine à vagues et un sauna. Le complexe abrite aussi une petite salle de gym donnant sur le bassin où les adeptes de la remise en forme peuvent s'échauffer avant d'aller faire un plongeon. La **piscine Henry-de-Montherlant** fait partie d'un complexe sportif municipal équipé également d'une salle de gym et de courts de tennis.

La belle **piscine de la Butte-aux-Cailles** de style Art nouveau *(p. 272-273)* s'adresse aux nageurs sérieux et aux candidats au bronzage. Si le bassin couvert est parfait pour faire quelques longueurs, les deux piscines en plein air sont encore plus agréables pour se détendre sur les bords des bassins. L'atmosphère de village du quartier ne fera que renforcer cette impression d'être en vacances loin de la capitale.

La **piscine Joséphine Baker** flotte le long des quais de la Seine, en contrebas de la Bibliothèque F. Mitterrand. Son toit ouvrant en fait un lieu de baignade idéal en été. Quelques beaux hôtels et clubs de gym possèdent aussi leur piscine. Le **Club Med Gym** du **Sofitel Paris**, équipé d'un bassin de 15 m, propose un forfait à la journée. L'hôtel **Novotel Tour Eiffel** accepte les non-résidents à son club de remise en forme, et sa piscine est dotée d'un toit rétractable pour les beaux jours. Il est important de noter que le bonnet de bain et le slip de bain pour les hommes (et non le short ample) sont obligatoires dans toutes les piscines municipales et dans certaines piscines privées.

DIVERS

Parmi les autres activités que vous pourrez pratiquer lors de votre séjour à Paris figurent notamment le base-ball, l'escrime, le volley-ball, le bowling ainsi que le jogging dans les parcs et la planche à voile à la Villette *(p. 236-239)*. La pêche sur les quais de la Seine a de plus en plus de succès auprès des Parisiens. Depuis les opérations d'assainissement de la Seine, on y trouve en effet diverses variétés de poissons.

ADRESSES

SPORTS DE PLEIN AIR

Comité Départemental d'Équitation de Paris
69 Rue Laugier 75017.
Tél. 01 42 12 03 43.

Escapade Nature
http://escapadenature.free.fr

Fédération française de cyclotourisme
12 rue Louis Bertrand 94200, Ivry-sur-Seine.
Tél. 01 56 20 88 88.
www.ffct.org

Fédération française du golf
68 rue Anatole France, 92300 Levallois Perret.
Tél. 01 41 49 77 00.
www.ffgolf.org

France Galop
Tél. 01 49 10 20 30.
www.france-galop.com

Golf de Chevry
91190 Gif-sur-Yvette.
Tél. 01 60 12 40 33.

Golf de Saint-Quentin en Yvelines
78190 Trappes.
Tél. 01 30 50 86 40.

Golf de Villennes
Route d'Orgeval, 78670 Villennes-sur-Seine.
Tél. 01 39 08 18 18.

Golf de Villeray
91380 Saint-Pierre du Perray.
Tél. 01 60 75 17 47.
www.bluegreen.com

Office de tourisme de Paris
Tél. 08 92 68 30 00.

Paris à Vélo c'est sympa
37 bd Bourdon 75004.
Plan 14 E4.
Tél. 01 48 87 60 01.

Tennis de la Faluère Route de la Pyramide
Bois de Vincennes 75012.
Tél. 01 43 74 40 93.

Tennis Luxembourg
Jardins du Luxembourg
Bd Saint-Michel 75006.
Plan 12 E5.
Tél. 01 43 25 79 18.

Vélib'
www.velib.paris.fr

Vélo Paris
44 rue d'Orsel 75018.
Plan 6 F2.
Tél. 01 42 64 97 39.
www.veloparis.com

SPORTS EN SALLE

Club Jean de Beauvais
5 rue Jean de Beauvais 75005.
Plan 13 A5.
Tél. 01 46 33 16 80.

Club Med Gym
26 rue de Berri 75008.
Plan 4 F4.
Tél. 01 43 59 04 58.
149 rue de Rennes 75006.
Plan 15 C1.
Tél. 01 45 44 24 35.
www.clubmedgym.com

Jeu de Paume et de Squash
7 ter rue Lauriston 75016.
Plan 4 D4.
Tél. 01 47 27 46 86.

Ken Club
100 av. du Président Kennedy 75016.
Tél. 01 46 47 41 41.

Patinoire d'Asnières-sur-Seine
Bd Pierre de Coubertin, 92600 Asnières.
Tél. 01 47 99 96 06.

Ritz Gym
Ritz Hotel, pl. Vendôme 75001. **Plan** 6 D5.
Tél. 01 43 16 30 30.

Squash Club Quartier Latin
19 rue de Pontoise 75005. **Plan** 13 B5.
Tél. 01 55 42 7788.

Squash Montmartre
14 rue Achille-Martinet 75018. **Plan** 2 E4.
Tél. 01 42 55 38 30.

POUR VOIR DU SPORT

Automobile Club de l'ouest
Tél. 02 43 40 24 24.
www.lemans.org

Hippodrome d'Auteuil
Bois de Boulogne 75016.
Tél. 01 42 88 85 30.

Hippodrome de Longchamp
Bois de Boulogne 75016.
Tél. 01 44 30 75 00.

Hippodrome Maisons-Lafitte
1 av. de la Pelouze, 78600 Maisons Lafitte.
Tél. 01 39 62 06 77.

Hippodrome de Saint-Cloud
1 rue de Camp Canadien, 92210 Saint-Cloud.
Tél. 01 47 71 69 26.

Hippodrome de Vincennes
2 route de la Ferme, 75012 Vincennes.
Tél. 01 49 77 17 17.

Palais Omnisports de Paris-Bercy
8 bd Bercy 75012.
Plan 18 F2.
Tél. 08 92 39 04 90.

Parc des Princes
24 rue du Commandant-Guilbaud 75016.
Tél. 08 25 07 50 77.

Stade de France
93210 La Plaine Saint-Denis.
Tél. 08 92 70 09 00.
www.stadedefrance.com

Stade Pierre de Coubertin
82 av. Georges Lafont 75016.
Tél. 01 45 27 79 12.

Stade Roland Garros
2 av. Gordon-Bennett 75016.
Tél. 01 47 43 48 00.
www.fft.fr

NATATION

Aquaboulevard
4 rue Louis-Armand 75015.
Tél. 01 40 60 10 00.

Piscine Butte-aux-Cailles
5 pl. Paul-Verlaine 75013.
Plan 17 A5.
Tél. 01 45 89 60 05.

Piscine des Amiraux
6 rue Hermann-Lachapelle 75018.
Tél. 01 46 06 46 47.

Piscine des Halles
10 pl. de la Rotonde, niveau 3, Entrée porte Saint Eustache, Les Halles 75001.
Plan 13 A2.
Tél. 01 42 36 98 44.

Piscine Henry de Montherlant
32 bd de Lannes 75016.
Tél. 01 40 72 28 30.

Piscine Joséphine Baker
Quai François Mauriac 75013.
Tél. 01 56 61 96 50.

Piscine Pontoise-Quartier latin
19 rue de Pontoise 75005.
Plan 13 B5.
Tél. 01 55 42 77 88.

Piscine Saint-Germain
12 Rue Lobineau 75006.
Plan 12 E4.
Tél. 01 56 81 25 40.

Piscine Saint-Merri
16 rue du Renard 75004.
Plan 13 B3.
Tél. 01 42 72 29 45.

Sofitel Paris Club Med Gym
8 rue Louis Armand 75015.
Tél. 01 45 54 79 00.

Novotel Tour Eiffel
61 quai de Grenelle 75015. **Plan** 9 B5.
Tél. 01 40 58 20 00.

PARIS AVEC DES ENFANTS

Bien souvent les parents hésitent à visiter Paris avec leurs enfants. Et pourtant, à tous âges, la capitale réserve surprises et découvertes. Cirques, zoos, parcs animaliers, parcs de loisirs, spectacles, parcs et jardins fourmillent de richesses devant lesquelles les jeunes visiteurs ne sauraient résister. Musées et monuments se sont même adaptés à eux en leur concoctant visites et activités sur mesure. Une journée à Disneyland Resort Paris (p. 242-245) ou sur la Seine (p. 72-73), la vertigineuse tour Eiffel (p. 194-195) ou les tours de Notre-Dame (p. 82-85) sont appréciées des grands comme des petits qui seront émerveillés ! Et si, pour certaines activités, vos enfants ne peuvent pas vous accompagner lors de vos périples, de nombreuses structures parisiennes se chargeront de les garder.

La cité des Enfants à la Villette

CONSEILS PRATIQUES

Rares, voire inexistants les hôteliers ou les restaurateurs qui refusent les enfants. En revanche, si vous souhaitez sortir, les hôtels sont généralement en contact avec des sociétés spécialisées dans le baby-sitting.

De nombreux sites, monuments, salles de spectacle… proposent des réductions pour les enfants (gratuit pour les moins de 3 ou 4 ans). Les musées nationaux sont gratuits toute la semaine pour les enfants et les adolescents âgés de moins de 18 ans. D'autres sont accessibles librement le dimanche. L'office de tourisme (p. 280) et les hebdomadaires parisiens comme *Pariscope, L'Officiel des spectacles* et *Paris Mômes* vous donneront renseignements, tarifs et calendriers.

Comme le mercredi est la journée de congé des enfants, cet après-midi-là et tous les soirs après l'école, de nombreuses institutions dont les musées organisent des activités qui leur sont dédiées. **Babychou** et **Au Paradis des Petits** sont spécialisées dans le baby-sitting mais offrent également d'autres prestations.

MUSÉES

De nombreux musées prennent en charge les enfants en organisant des activités spécifiques. Le musée du Louvre (p. 122-129) propose des cycles de visite dont le but est de faire connaître les différents aspects de l'art aux enfants, tandis que les ateliers de la Galerie des Enfants du Centre Pompidou (p. 110-113) tournent autour de l'art moderne.

Le musée d'Art moderne de la ville de Paris (p. 203) met en place en période de vacances scolaires des visites-ateliers dans les expositions du musée.

Le musée d'Orsay (p. 144-145) a réservé un espace pour le accueil préalablement à la visite et leur suggère un parcours interactif.

La Cité des sciences et de l'industrie (p. 236-239) a particulièrement étudié l'accueil des plus jeunes avec 4 000 m² d'activités et d'espaces d'expositions.

Le Palais de la Découverte est également entièrement dévolu aux sciences par un système interactif.

Le musée de la Marine (p. 201) et le musée de la Poupée (p. 114) sont tout aussi appréciés des enfants. Le premier aborde l'histoire de la marine française et présente des modèles réduits des plus beaux vaisseaux français. Le second abrite une collection de poupées, faites à

ADRESSES

Au Paradis des Petits
Tél. 01 43 65 58 58.
www.auparadisdespetits.com

Babychou Services
Tél. 01 43 13 33 23.
www.babychou.com

Le théâtre du Café d'Edgar

Les marionnettes du Guignol

la main, datant de la première moitié du XIXe siècle à nos jours et propose des ateliers de confection de poupées.

PARCS, ZOOS ET JARDINS

Le jardin d'Acclimatation, situé dans le bois de Boulogne, *(p. 254-255)* propose, sur 20 ha une multitude d'attractions. Le Musée en herbe *(p. 254)* laisse les enfants manipuler, jouer et

Promenade à poney au jardin d'Acclimatation

fabriquer des objets au cours d'ateliers organisés autour des expositions temporaires. **France Miniature**, dans les Yvelines, a recréé sur cinq hectares la France et ses monuments principaux.

Au cœur de Paris, le jardin d'enfants des Halles plonge les aventuriers de 7 à 11 ans dans six mondes extraordinaires. Le jardin du Luxembourg offre des espaces à thème pour les enfants, une piste pour vélos, un poney club, des ateliers… Au bois de Vincennes *(p. 235)*, ils pourront s'entraîner aux agrès ou bien simplement jouer dans le très joli Parc floral de Paris. La ménagerie du Jardin des Plantes impressionnera les plus blasés par ses reptiles et fauves. En dehors de Paris, le **parc zoologique de Thoiry** permet de traverser en voiture une savane africaine où les superbes animaux sauvages évoluent en toute liberté.

Paris Miniature

SPECTACLES

Mime, danse et musique font le bonheur des enfants au cours des spectacles qui leur sont réservés dans plusieurs cafés-théâtres comme le Café d'Edgar *(p. 343)*. Dans le cadre enchanteur du Théâtre Astral, au Parc floral de Paris, les enfants de 3 à 8 ans s'enthousiasmeront assurément. Le théâtre des Amandiers à Nanterre propose le dimanche la prise en charge de vos enfants.

Le **cinéma Saint-Lambert** est spécialisé dans les films pour enfants. Dans les principaux parcs parisiens, on trouve des spectacles de marionnettes. Le cirque Gruss investit l'allée de la Reine-Marguerite du bois de Boulogne d'octobre à mars. En revanche, le cirque d'Hiver-Bouglione est ouvert toute l'année et organise spectacles de cirques et expositions. Le **cirque de Paris** de Villeneuve-la-Garenne est ouvert de début octobre à fin juin et offre la possibilité aux enfants et aux adultes de découvrir l'univers du cirque côté coulisse.

ADRESSES

Une Journée au Cirque
115, bd Charles-de-Gaulle, 92390 Villeneuve-la-Garenne. *Tél. 01 47 99 40 40.* **www**.journeeaucirque.com

France Miniature
25, route du Mesnil, 78990 Élancourt. *Tél. 08 26 30 20 40.* **www**.franceminiature.com

Le Saint Lambert
6, rue Péclet 75015. *Tél. 08 92 68 96 99.*

Répétition d'acrobates au cirque de Paris

Feux d'artifice au-dessus du château de la Belle au bois dormant, à Disneyland

PARCS DE LOISIRS

À Disneyland Resort Paris *(p. 242-245)*, une journée suffit à peine à faire le tour de ses animations. Sept hôtels, restaurants et campings permettent de passer plusieurs jours sur place. Golfs et boutiques complètent les installations du parc.

Le **Parc Astérix** a implanté son village à 38 km au nord-est de Paris. Gladiateurs, ventes d'esclaves, menhirs et autres spécialités gauloises attendent petits et grands. Par Toutatis, les huttes à toits de chaume semblent tout droit sorties de la BD d'Uderzo et Goscinny ! Attractions et spectacles de qualité font la force du site et font office de potion magique.

SPORTS ET DISTRACTIONS

Le gigantesque complexe **Aquaboulevard** comprend une piscine surdimensionnée et des espaces de détente en plein air. Cours de tennis, de squash, et de nombreuses activités sportives sont prévues pour ne pas bronzer idiot. La grande piscine couverte du **Forum de Halles** est aussi un bon endroit (n'oubliez pas votre bonnet de bain !). L'hebdomadaire *Pariscope* recense toutes les piscines de Paris et des alentours.

À Disneyland Resort Paris *(p. 242-245)*, de nombreux aménagements sportifs, dont des patinoires, ont été mis en place.

Mais à ceux qui préfèrent naviguer sans se mouiller s'offrent plusieurs solutions.

Donald Duck

Des bateaux télécommandés et des maquettes de voiliers font le tour du monde dans le bassin du jardin du Luxembourg *(p. 172)*. Plus romantique, la balade au bord de l'eau aux Bois de Boulogne *(p. 254-255)* et de Vincennes *(p. 235)* peut se prolonger par une virée bucolique en canot. On peut aussi pratiquer l'équitation dans ces parcs *(p. 357)*.

Enfin, les enfants apprécient particulièrement de visiter Paris sur les bateaux-mouches en voguant sur la Seine *(p 72-73)*. À partir de la Villette ou de la Bastille, un bateau emprunte les canaux de Paris.

Rollers, skaters et autres fêlés de glisse urbaine trouveront un terrain de jeu à leur mesure devant le palais de Chaillot *(p. 200)* et sur la piste aménagée du parc Monceau *(p. 258-259)*. Le dimanche, les voies sur berge entre Châtelet et Bercy sont interdites aux voitures : amateurs de vélos et de rollers en profitent !

Pour la glisse sur glace, les Buttes-Chaumont *(p. 268-269)* et Disneyland Resort Paris *(p. 242-245)* disposent de patinoires.

Pour découvrir des manèges anciens, le **musée des Arts forains** installé à Bercy permet de pénétrer un univers magique. Certains manèges anciens fonctionnent encore à Paris : au Sacré-Cœur *(p. 226-227)*, au Forum des Halles *(p. 109)* ou encore à la tour Eiffel *(p. 194-195)*.

SHOPPING ENFANT

À Paris, la mode enfantine a gagné ses lettres de noblesse : la rue du Jour, proche du Forum des Halles, est ponctuée de plusieurs magasins pour enfants. Paris fourmille également de magasins de jouets. **Apache** *(voir* Adresses *p. 363)* ou Au Nain Bleu *(P. 331)*, entre autres, sont des valeurs sûres *(voir aussi la mode enfantine p. 326-327)*.

Figurines inspirées de Tintin, boutique Au Nain Bleu

« Skate » sur le Trocadéro

Manège près du Sacré-Cœur

ANIMATION DE RUES ET MARCHÉS

Devant le Centre Pompidou *(p. 110-111)*, des artistes de rue ont élu domicile. Cracheurs de feu, jongleurs, musiciens et autres prestigitateurs animent le parvis. Des peintres se proposeront d'immortaliser les boucles de vos enfants, comme à Montmartre où les

Bateaux à louer au jardin du Luxembourg

peintres de rue sont installés place du Tertre *(p. 222)*.

Les jeunes visiteurs apprécient souvent de se rendre sur certains marchés, comme le marché au fleurs et aux oiseaux *(p. 81)*.

VUES PANORAMIQUES

Les enfants ne comprendraient pas que vous quittiez Paris sans être monté au sommet de la tour Eiffel *(p.194-195)*. De ce promontoir privilégié, ils découvriront la ville et ses principaux monuments. La nuit, la ville illuminée est féérique. Les ascenseurs fonctionnent jusqu'à 23 h et l'affluence est moins grande le soir.

Rivalisant avec la tour Eiffel, la coupole du Sacré-Cœur *(p. 224-225)* et Notre-Dame *(p.82-83)* offrent la même opportunité. Immortalisée par les dessins animés, Notre-Dame regorge d'histoires fantastiques. Le souvenir de Quasimodo, d'Esmeralda et de Frollo flotte encore entre les tours et les gargouilles.

Autres points de vue imprenables sur la capitale, la terrasse du centre Pompidou laisse le regard embrasser les toits de Paris tout comme celle de la tour Montparnasse *(p. 178)* qui compte 58 étages. Enfin, la plate-forme du sommet de la Grande Arche de La Défense *(p. 255)* permet de découvrir une perspective unique allant jusqu'à l'Arc de triomphe, la Concorde et le jardin des Tuileries.

SITES INSOLITES

Visiter Paris sous terre émerveillera les enfants. Que ce soit les égouts de Paris *(p. 190)* ou les catacombes *(p.179)*, les sous-sols parisiens les laisseront sans voix. Ils apprendront le cheminement des eaux usées dans les égouts alors que dans les anciennes galeries de carrières creusées à l'époque Romaine, les amas de squelettes et de crânes les impressionneront.

Les personnages en cire de Grévin *(p. 217)* exposés boulevard Montmartre retracent l'histoire de France sur le mode ludique avec des effets sonores ingénieux. La Conciergerie *(p. 81)*, dans l'île de la Cité, est l'ancienne prison où

Une jeune visiteuse à Paris

nombres d'aristocrates vécurent leurs dernières heures durant la Révolution. Un moyen d'associer histoire de France et grands frissons pour les enfants !

Escaliers mécaniques du centre Georges-Pompidou

SOINS D'URGENCE

En cas d'accident, l'**hôpital Necker,** dans le 15e arrondissement, est l'un des plus grands hôpitaux de Paris pour les enfants.

ADRESSES

Aquaboulevard
4, rue Louis-Armand 75015. **Tél.** 01 40 60 10 00. ⬤ lun.-ven. 9h-21h, sam.-dim. 8h-21h.

Piscine des Halles
Forum des Halles, 10, pl. de la Rotonde, Les Halles 75001. **Plan** 12 F2. **Tél.** 01 42 36 98 44. ⬤ lun., mar., jeu., ven. 11h30-22h, mer. 7h-8h15 et 10h-23h, sam-dim. 9h-19h.

Parc Astérix
Tél. 08 26 30 10 40, 08 26 68 30 10. ⬤ avr.-mi-oct. : lun.-ven. 10h-18h, sam., dim. et vac. scol. 9h30-19h. www. parcasterix.fr

Hôpital Necker
149, rue de Sèvres 75015. **Plan** 15 B1. **Tél.** 01 44 49 40 00. www.aphp.fr

Apache
56, rue du Commerce 75015. **Plan** 10 E5. **Tél.** 01 40 43 10 04.

RENSEIGNEMENTS PRATIQUES

INFORMATIONS GÉNÉRALES

Comme dans la plupart des grandes villes, vous risquez de perdre un temps précieux dans les transports et les files d'attente : un minimum d'organisation est donc nécessaire. Téléphonez au préalable afin de vous assurer que le lieu que vous souhaitez visiter est bien ouvert. L'achat d'une télécarte *(p. 372)* sera un investissement utile. Achetez vos tickets de métro par carnet de 10, ou bien une carte hebdomadaire *(p. 384-387)*. La *Paris Museum Pass* qui donne l'entrée gratuite dans les musées et monuments, fait également office de coupe-file. De 13 h à 14 h 30 environ, la plupart des services publics sont fermés, ainsi que quelques musées et de nombreuses banques. Une visite guidée en autocar vous permettra de découvrir l'essentiel des sites touristiques et de vous orienter dans la capitale. Des tarifs réduits sont parfois pratiqués à certaines heures de la journée, ou le dimanche. Les étudiants pourront également bénéficier de réductions *(p. 374)*.

MUSÉES ET MONUMENTS

Plus de 170 musées et monuments sont ouverts au public dans Paris, la plupart du lundi (ou mardi) au dimanche, et de 10 h à 17 h 40, certains en soirée. Les guichets ferment en général 30 à 40 min avant l'heure de fermeture officielle du musée. Pour échapper aux longues files d'attente et aux salles d'expositions bondées, profitez des nocturnes ou prévoyez votre visite tôt le matin, en semaine. Les musées nationaux sont fermés le mardi, à l'exception du château de Versailles et du musée d'Orsay (fermés le lundi). Les musées municipaux, gérés par la ville de Paris, sont fermés le lundi.

L'entrée est généralement payante. Dans certains musées, l'entrée est gratuite le premier dimanche de chaque mois. Les moins de 18 ans bénéficient généralement de l'entrée gratuite et les 18-26 ans et plus de 60 ans paient souvent demi-tarif. Excepté pour les catacombes, la crypte archéologique du parvis de Notre-Dame, le Pavillon des Arts et le musée Galliera, l'accès aux collections permanentes des musées municipaux est gratuit.

L'achat du *Paris Museum Pass*, valable 2, 4 ou 6 jours, donne droit à l'entrée gratuite et illimitée dans plus de 60 musées et monuments, et évite de faire la queue. Il n'est pas valable pour les expositions temporaires et n'est rentable que si l'on prévoit de visiter plusieurs sites en peu de temps. Le pass est en vente dans tous les musées parisiens, dans les stations de métro principales, aux arrêts de Batobus, aux comptoirs de la Fnac, à **l'Office du tourisme et des congrès de Paris.**

HORAIRES D'OUVERTURE

La plupart des commerces sont ouverts de 9 h-10 h à 19 h-20 h du lundi au samedi, parfois plus avant dans la soirée en été (plus tard le samedi, plus tôt le dimanche). Beaucoup ferment plusieurs semaines en été. Les magasins d'alimentation ouvrent vers 7 h et ferment vers midi pour le déjeuner, puis rouvrent de 16 h-17 h à 20 h. Certains restaurants sont fermés au moins un jour par semaine. Les banques ouvrent de 9 h à 16 h 30-17 h 15 environ, du lundi au vendredi, et parfois de 9 h à midi le samedi. Certaines ferment entre 12 h et 14 h et à midi la veille des jours fériés.

Enseigne du bureau d'information des gares

INFORMATION TOURISTIQUE

Le bureau central de l'**Office du tourisme et des congrès de Paris** est situé près du jardin des Tuileries. Vous y trouverez cartes récentes, informations et brochures. Ils sont au courant de tous les événements ayant lieu dans la capitale et la visite en vaut la peine. Des bureaux d'accueil annexes se trouvent au Carrousel du Louvre, sur la place du Tertre à Montmartre, gare du Nord, gare de Lyon, en face de la station de métro Anvers, à Paris Expo porte de Versailles et sur les Champs-Élysées (avr.-oct.).

PARIS Convention and Visitors Bureau

Logo de l'office de tourisme

SPECTACLES

Disponibles chez tous les marchands de journaux, chaque mercredi, *Pariscope* et *L'Officiel des spectacles (p. 340)* sont les principaux hebdomadaires publiant la liste des spectacles, films, expositions, restaurants et autres divertissements de la capitale. Les agences de location FNAC ou Virgin, réparties dans tout Paris *(p. 341)*, vendent les billets

◁ Le pont Neuf et l'île de la Cité vus de la Seine

Visite guidée en autocar

des divers spectacles, ainsi que ceux des expositions temporaires des musées.

Le Kiosque Théâtre vend des billets à 50 % pour le jour même de la représentation : vous en trouverez un place de la Madeleine, et un autre sur le parvis de la gare Montparnasse *(p. 341)*.

VISITES GUIDÉES

Des autocars à deux étages des compagnies **France Tourisme, Cityrama** et **Paris Vision** proposent des visites guidées de Paris, avec un commentaire en français, anglais, italien, japonais ou allemand. La visite (2h environ) débute en centre-ville et passe devant les principaux sites, mais ne s'y arrête pas toujours. Les horaires de départ

sont variables.

Les Cars Rouges organisent des visites guidées en autobus anglais qui s'arrêtent devant les principaux sites ; vous pouvez quitter le bus à l'arrêt souhaité, puis monter dans le suivant plus tard. Le billet est valable deux jours. **Paris Balades** (**www.**parisbalades. com) propose des visites guidées à pied.

Le Kiosque Théâtre

ACCÈS POUR LES HANDICAPÉS

Les aménagements pour handicapés sont assez limités : la plupart des trottoirs ont été surbaissés pour faciliter le passage des fauteuils roulants, mais de nombreux restaurants, hôtels, et même quelques musées demeurent mal équipés, même s'ils

prétendent le contraire. Cependant, on installe les équipements nécessaires dans les bâtiments neufs ou rénovés ; les Français sont par ailleurs toujours prêts à aider les personnes en difficulté. Le **Groupement pour l'insertion des personnes handicapées physiques (GIHP)** vous donnera des informations à jour concernant les aménagements publics pour handicapés.

INFORMATION HANDICAPÉS

Les Compagnons du Voyage
163, bis av. de Clichy 75017. **Tél.** *01 58 67 08 33.* ◯ *lun.-ven. 7h-20h, sam. 9h30-17h30, dim. 13h-21h (9h30-17h30 en juil. et août).* Service d'accompagnement sur tous les modes de transports. Prix variables. **www.**compagnons.com

Association des Paralysés de France
9, bd Auguste-Blanqui 75013. **Plan** 17 B5. **Tél.** *01 53 62 84 00.* **Fax** *01 45 89 08 54.* 13, place Rungis 75013. **Tél.** *01 53 80 92 97.* **www.**apf.asso.fr

GIHP
10, rue Georges de Porto-Riche 75014. **Tél.** *01 43 95 66 36.* **Fax** *01 45 40 40 26.* **www.**gihpnational.org

ADRESSES

OFFICES DE TOURISME DU CENTRE-VILLE

Office du Tourisme et des Congrès de Paris
25, rue des Pyramides 75001.**Plan** 12 E1. **Tél.** *08 92 68 30 00 (34 centimes par min).* ◯ *t.l.j. 10h-19h (à partir de 11h le dim. ; à partir de 9h juin-oct.).* **www.**parisinfo.com

Anvers
72, bd Rochechouart 75018. **Plan** 7 A2. ◯ *t.l.j. 10h-18h.*

Carrousel du Louvre
99, rue de Rivoli 75001.

Plan 13 A2. ◯ *t.l.j. 10h-18h.*

Gare de Lyon
20, bd Diderot 75012. **Plan** 18 F1. ◯ *lun.-sam. 8h-18h.*

Gare du Nord
18, rue de Dunkerque 75010. **Plan** 7 B2. ◯ *t.l.j. 8h-18h.*

Montmartre
21, place du Tertre 75018. **Plan** 6 F1. ◯ *t.l.j. 10h-19h.*

Paris Expo
1, place Porte de Versailles 75015. ◯ *t.l.j. pendant les expositions 11h-19h.*

MAISONS DE LA FRANCE À L'ÉTRANGER

Belgique
21, av. de la Toison-d'Or, 1050 Bruxelles. **Tél.** *(2) 502 70 43.* **http:**//be.franceguide. com

Canada
1800 av. McGill College, Suite 1010, Montréal QUE H3A 3J6. **Tél.** *514 288 2026.* **http:**//ca.franceguide.com

Suisse
Rennweg 42 – case postale 3376, 8071 Zurich **Tél.** *044 217 46 00.* **http:**//ch.franceguide.com

VISITES GUIDÉES

Cityrama
13, rue Auber 75009. **Plan** 6 D4. **Tél.** *01 44 55 61 00.* **www.**pariscityrama.com

France Tourisme
33, quai des Grands Augustins 75006. **Plan** 12 F4. **Tél.** *01 45 02 88 50.* **www.**francetourisme.fr

Les Cars Rouges
17, quai de Grenelle 75015. **Plan** 9 C4. **Tél.** *01 53 95 39 53.* **www.** carsrouges.com

Paris Vision
214, rue de Rivoli 75001. **Plan** 12 D1. **Tél.** *01 42 60 30 01.* **www.**parisvision.com

Santé et sécurité

Selon les points de vue, Paris est une ville sûre ou dangereuse. Quoi qu'il en soit, le simple bon sens vous permettra d'éviter tout problème. En cas de petit problème de santé durant votre séjour, vous pouvez toujours demander conseil à un pharmacien. Si vous tombez malade, téléphonez aux services d'urgence indiqués ci-dessous.

De nombreux autres services spécialisés sont également à votre disposition ; en cas de problème, n'hésitez pas à les appeler, ils sauront vous porter assistance.

Enseigne de pharmacie

Téléphone d'urgence dans les stations de métro

EN CAS D'URGENCE

SAMU (ambulance)
Tél. 15.

Police
Tél. 17.

Pompiers
Tél. 18.

SOS Médecin
Tél. 3624

SOS Dentaire
Tél. 01 43 37 51 00.

Grands Brûlés
Hôpital Cochin 75014.
Tél. 01 58 41 41 41.

SOS Psychiatrie
Tél. 01 47 07 24 24.

SOS Dépression
Tél. 0892 70 12 38.

Centre des maladies sexuellement transmissibles
Tél. 01 40 78 26 00.

Centre du planning familial
Tél. 01 42 60 93 20 ou 0800 803 803.

Centre Anti-poisons
Tél. 01 40 05 48 48.

SÉCURITÉ DES PERSONNES

Pour une ville de plus de deux millions d'habitants (sans compter la banlieue), Paris est une ville étonnamment sûre. Les crimes de sang y sont relativement rares, et les agressions et rixes bien moins nombreuses que dans les autres grandes capitales. Évitez cependant les lieux isolés ou peu éclairés, et faites attention aux pickpockets, notamment dans le métro aux heures de pointe. Gardez toujours un œil sur vos effets personnels, sacs et bagages.

Si vous devez prendre le métro ou le RER la nuit, évitez autant que possible les longues correspondances des stations Montparnasse et Châtelet-Les-Halles. Les stations RER sont souvent fréquentées par des groupes de jeunes banlieusards parfois un peu turbulents. Évitez de prendre le dernier RER desservant la banlieue. En cas d'urgence dans le métro, appelez le chef de station par l'intermédiaire du téléphone jaune installé sur tous les quais de métro et de RER, ou rejoignez le guichet de la station. La plupart des stations de métro et toutes les rames sont également équipées d'un arrêt d'urgence. En cas de problème en dehors du métro, ou aux arrêts de bus, téléphonez à la police en composant le 17.

BIENS PERSONNELS

Surveillez vos effets personnels et assurez-les avant de partir si vous êtes d'un naturel anxieux. Lors de vos déplacements, inutile d'emporter avec vous vos bijoux de famille, et ne conservez sur vous que le minimum d'argent nécessaire ; la plupart des endroits acceptent les cartes de paiement. Les chèques de voyage constituent le moyen le

Sapeur pompier

Agents de police : femme et homme

Véhicule de police

Véhicule de premiers secours des sapeurs pompiers

Ambulance parisienne

plus sûr de transporter d'importantes sommes d'argent. Ne laissez jamais vos bagages sans surveillance dans les gares ou les stations de métro ; ils pourraient disparaître ou provoquer une alerte à la bombe. En cas de vol, d'agression ou de disparition, appelez la police ou rendez-vous au commissariat de police le plus proche. Si vous êtes étranger, en cas de perte ou de vol de passeport, prévenez votre consulat *(p. 375)*.

SOINS MÉDICAUX

Les ressortissants de l'UE peuvent bénéficier de la sécurité sociale française. Les soins sont cependant payants, et les tarifs hospitaliers varient du tout au tout. Le remboursement des frais médicaux implique une longue procédure administrative. Le touriste étranger aura intérêt à

souscrire une assurance voyage et à se procurer une carte européenne d'assurance maladie (gratuite) auprès des services de santé de son pays. Les non-ressortissants de l'UE devront se munir d'une assurance médicale personnelle. En cas d'urgence médicale, appelez le **SAMU** *(voir encadré p. 352)* ou les **sapeurs-pompiers** dont les ambulances sont souvent les plus rapides. Toutes les casernes de pompiers disposent d'un service de premiers secours et de soins médicaux d'urgence.

Paris compte de nombreux hôpitaux. Les hôpitaux dotés d'un service d'urgence sont indiqués sur le plan de l'index des rues *(p. 390)*.

Outre la liste de quelques pharmacies ouvertes la nuit indiquée ci-contre, chaque officine affiche l'adresse de la pharmacie de garde la plus proche.

ADRESSES

BUREAU DES OBJETS TROUVÉS

Service des objets trouvés, 36, rue des Morillons 75015.
⊙ *lun.-jeu 8h30-17h, ven. 8h30-16h30.*
Tél. 0821 00 25 25.

CENTRES HOSPITALIERS

Hôpital Cochin
27, rue du Fbg Saint Jacques 75014. **Plan** 16 F3.
Tél. 01 58 41 41 41.

Hôpital Fernand-Widal
200, rue du Fbg Saint Denis 75010 **Plan** 7 C2.
Tél. 01 40 05 45 45.

Hôtel-Dieu
1, place du parvis de Notre-Dame 75004. **Plan** 13 A4.
Tél. 01 42 34 82 34 (standard) et 01 42 34 82 32 (urgences).

Necker-Enfants malades
149, rue de Sèvres 75015.
Plan 15 B1.
Tél. 01 44 49 40 00 (standard) et 01 44 49 42 90 (urgences).

Pitié-Salpêtrière
47, bd de l'Hôpital 75013.
Plan 18 D3.
Tél. 01 42 16 00 00.

PHARMACIES

Pharmacie Bader
12, bd Saint Michel 75006.
Plan 12 F5.
Tél. 01 43 26 92 66.
⊙ *lun.-sam. 9h-21h, dim. 11h-21h.*

Pharmacie du drugstore des Champs-Élysées
133, av. des Champs Élysées 75008. **Plan** 4 E4. *Tél. 01 47 20 39 25.*
⊙ *toute l'année ; 9h-2h du matin.*

Pharmacie des Halles
10, bd Sébastopol 75004.
Plan 13 A3.
Tél. 01 42 72 03 23.
⊙ *toute l'année ; lun.-sam. 9h-minuit, dim. 9h-22h.*

Pharmacie Les Champs
84, av. des Champs Élysées 75008. **Plan** 4 F5.
Tél. 01 45 62 02 41.
⊙ *t.l.j. toute l'année 24h/24.*

Banques et monnaie

Les agences bancaires proposent généralement le meilleur taux de change. Les bureaux de change indépendants pratiquent des taux variables : avant d'effectuer toute transaction, prenez la peine de lire les clauses en petits caractères relatives aux commissions et frais de change.

Lecteur de cartes de paiement

CHÈQUES DE VOYAGE ET CARTES DE PAIEMENT

Les chèques de voyage sont délivrés par **American Express, Travelex** ou par votre banque habituelle.

Ceux d'American Express sont très largement honorés en France. American Express ne prélève pas de commission sur les chèques échangés dans ses bureaux. En cas de vol, ils sont immédiatement remplacés. Les agences à l'étranger du Crédit Lyonnais délivrent des chèques de voyage libellés en euros, et offrent généralement le meilleur taux de change à l'étranger.

En raison des commissions élevées, certains commerçants n'acceptent pas la carte de crédit American Express. En revanche la Carte Bleue/Visa est largement utilisée, ainsi que l'Eurocard/Mastercard.

Les cartes de crédit françaises ont à la fois une bande magnétique au dos et une puce magnétique ; de nombreux magasins sont équipés pour lire les deux types de cartes.

De nombreuses agences bancaires sont équipées de distributeurs automatiques de billets et acceptent les cartes étrangères avec code d'identification secret. Un panneau indique les cartes acceptées par le distributeur. Le taux de change est favorable, mais les sociétés

de cartes de paiement ponctionnent une commission sur les retraits d'espèces.

Si votre carte de paiement est retenue par le distributeur, adressez-vous à la succursale de la banque ou auprès de la banque émettrice de la carte.

CHANGE

Les sommes (espèces ou chèques) d'un montant égal ou supérieur à 10 000 euros doivent être déclarées à l'administration des douanes. Vous trouverez des bureaux de change dans les aéroports et les gares, ainsi que dans certains hôtels et magasins. Les cartes bleues étrangères étant acceptées presque partout, l'usage de chèques de voyage devient moins nécessaire. Ils sont préférables pour les sommes importantes.

De nombreuses banques possèdent leurs propres bureaux de change qui offrent en général les taux les plus intéressants, mais prélèvent une commission.

Maints bureaux de change indépendants n'exigent pas de commission, mais pratiquent des taux élevés. Ouverts d'ordinaire de 9 h à 18 h du lundi au samedi, ils sont regroupés autour des Champs-Élysées, de l'Opéra et de la Madeleine et dans les gares (ouv. t.l.j. de 9 h à 21 h, ferm. le dimanche dans les gares Saint-Lazare et Austerlitz). Les agences des aéroports sont ouvertes tous les jours de 7 h à 23 h.

Distributeur automatique de billets

ADRESSES

BUREAUX DE CHANGE OUVERTS LE SOIR

Le comptoir des Tuileries
27, rue de l'Arbre Sec 75001.
Plan 12 F2. **Tél.** 01 42 60 17 16.
lun.-ven.10h-19h, sam. 13h-19h.

Global Change
134, bd Saint Germain 75006.
Plan 12 F4.
Tél. 01 40 46 87 75.
t.l.j. 9h-22h30.
49, av. de l'Opéra 75002.
Plan 6 E5.**Tél.** 01 58 18 34 80.
lun.-sam. 9h-21h30, dim. 10h-18h30.

Travelex
Gare du Nord, 18, rue de Dunkerque. **Plan** 7 B2.
Tél. 01 42 80 11 50.
lun.-sam. 6h30-22h30 (ferm. à 23h30 le ven.).

BANQUES

BNP Paribas Agence Opéra
2, pl. de l'Opéra 75002.
Plan 6 E5. **Tél.** 0820 820 001.

Crédit Lyonnais Agence centrale
31, bd des Italiens 75002.
Plan 6 E5. **Tél.** 08 20 82 35 61.

HSBC
103, av. des Champs Élysées 75008. **Plan** 4 E4.
Tél. 01 40 70 30 70.

Crédit Agricole (agence centrale)
26, quai de la Rapée 75012.
Plan 18 E1.
Tél. 01 44 73 22 22.

Société Générale (agence centrale)
29, bd Haussmann 75009.
Plan 6 E4.
Tél. 01 53 43 57 00.

CARTES ET CHÈQUES VOLÉS

American Express
Tél. 01 47 77 72 00 **Cartes.**
Tél. 0 800 90 86 00 **Chèques.**

Eurocard-Mastercard
Tél. 0 800 90 1387 **Cartes.**

Visa/Carte Bleue
Tél. 0892 705 705 **Cartes.**

EURO

L'euro, la monnaie unique européenne, est aujourd'hui en circulation dans 16 pays sur les 27 États membres de l'Union européenne. L'Allemagne, l'Autriche, la Belgique, Chypre, l'Espagne, la Finlande, la France, la Grèce, l'Irlande, l'Italie, le Luxembourg, Malte les Pays-Bas, le Portugal, la Slovaquie et la Slovénie ont changé leur monnaie. La Grande-Bretagne, le Danemark et la Suède ont préféré la conserver, avec la possibilité de revenir sur leur décision.

Les billets, identiques dans les 12 pays, arborent des dessins architecturaux de monuments imaginaires. Les pièces ont une face identique et une autre propre à chaque pays. Billets et pièces sont valables et interchangeables dans les 16 pays de la zone euro.

Billets de banque

Les billets existent en sept coupures. Le billet de 5 € (gris) est le plus petit, suivi de 10 € (rouge), 20 € (bleu), 50 € (orange), 100 € (vert), 200 € (brun-jaune) et 500 € (violet). Tous les billets arborent les 12 étoiles de l'Union européenne.

5 euros

10 euros

20 euros

50 euros

100 euros

200 euros

500 euros

2 euros   1 euro   50 cents   20 cents   10 cents

Pièces

Il existe 8 pièces en euros : 1 € et 2 € ; 50 cents, 20 cents, 10 cents, 5 cents, 2 cents et 1 cent. Les pièces de 1 et 2 euros sont de couleur argent et or. Celles de 50, 20 et 10 cents sont dorées. Celles de 5, 2 et 1 cents sont de couleur bronze.

5 cents   2 cents   1 cent

Communications

France Telecom et La Poste sont en charge des services des télécommunications et des services postaux. La Poste a mené ces dernières années une campagne de modernisation et la majorité des bureaux offre un service complet de bureautique : photocopieuses, fax, Internet... On trouve dans tous les quartiers de Paris des bureaux de poste, signalés par leur logo bleu et jaune *(p. 373)*. Les cabines téléphoniques localisées dans la plupart des lieux publics s'utilisent avec des cartes téléphoniques : procurez-vous-en une dès votre arrivée à Paris (à la Poste ou dans un bureau de tabac).

Cabines téléphoniques
Les cabines fonctionnant à pièces ont disparu, sauf dans les cafés. La plupart des cabines marchent avec une télécarte ou une carte de crédit.

Cabines téléphoniques

MODE D'EMPLOI D'UN TÉLÉPHONE À CARTE (TÉLÉCARTE)

1 Décrochez le combiné et attendez la tonalité.

2 Insérez la télécarte dans la fente, flèche au-dessus, dans le sens de la flèche.

3 Attendez l'indication dans le voyant du nombre d'unités.

4 Composez le numéro et attendez la prise de ligne.

5 Si vous souhaitez effectuer un autre appel, ne raccrochez pas, mais appuyez sur le bouton en bas à gauche.

6 La communication terminée, raccrochez le combiné. Reprenez votre carte.

FRANCE TELECOM
600 AGENCES
PARTOUT
EN FRANCE
[TELECARTE 50]

Télécarte

TÉLÉPHONE

Pour utiliser une cabine téléphonique à Paris, il vous faut une télécarte, mais certaines cabines prennent les cartes de crédit. Les télécartes s'achètent dans les débits de tabac, les bureaux de poste et chez quelques marchands de journaux ; elles existent avec 50 ou 120 unités. N'oubliez pas d'en acheter une nouvelle avant que le crédit de la vôtre soit épuisé. Les cabines à pièces n'existent plus dans la capitale. On appelle les communications téléphoniques payées par le destinataire le PCV. Toutes les cabines publiques peuvent être appelées (le numéro de téléphone est affiché dans la cabine). Les hôtels tendent à majorer fortement le coût des communications, en particulier à destination de l'étranger.

Les numéros de téléphone français ont dix chiffres ; les deux premiers indiquent la région – 01 pour Paris et Île-de-France, 02 pour le Nord-Ouest, 03 pour le Nord-Est, 04 pour le Sud-Est et 05 pour le Sud-Ouest. Si vous appelez de l'étranger, ne composez pas le 0 initial.

Si vous appelez depuis un portable ou si vous vous faites appeler, les communications sont très chères.

ACCÈS INTERNET

On a très facilement accès à Internet à Paris, grâce à de nombreuses bornes WiFi. Attention, les prises canadiennes ne sont pas compatibles avec les prises françaises, munissez-vous des adaptateurs nécessaires. Les cybercafés se reconnaissent à l'idéogramme @, affiché à l'entrée.

APPELER LE BON NUMÉRO

- **Joindre les pays étrangers en PCV**
  Belgique : 00, tonalité, 33 32 ;
  Suisse : 00, tonalité, 33 41 ;
  Canada : 00, tonalité, 33 1.
- **Joindre les pays étrangers en automatique**
  Pour la **Belgique :** 00, tonalité, 32
  et votre numéro.
  Pour le **Canada :** 00, tonalité, 1
  et votre numéro.
  Pour la **Suisse :** 00, tonalité, 41
  et votre numéro.
- **Renseignements,** composez le 118 712.
- **Renseignements internationaux,**
  composez le 118 700.

- **En cas d'urgence,** composez le 17.
- **Tarifs réduits**
  Lun.-ven 19h-8h du matin, dim.
  et jours fériés.
- **Signification des numéros**
  Les numéros ont 10 chiffres.
  Ils commencent par 01 pour l'Île-de-France,
  02 pour le Nord-Ouest, 03 pour le Nord-
  Est, 04 pour le Sud-Est, 05 pour le Sud-
  Ouest et 06 pour les téléphones mobiles.
- **Télécommunications en France**
  Trois opérateurs proposent aujourd'hui
  des services de télécommunications
  au grand public : France Telecom/
  Orange, SFR et Bouygues Telecom.

Courrier et poste

Enseigne de La Poste

Outre les services classiques
– affranchissements, télégrammes, envois
en recommandé ou en express, envois de colis et
de livres –, la poste vend également des timbres de
collection, et gère comptes-chèques postaux, mandats
et virements postaux. Les principaux bureaux de poste
offrent un service de télécopie et de télex, ainsi que
des cabines téléphoniques à carte et à pièces.

*lun.-ven. 9h-19h30,
sam. 10h-18h30.*

Paris-République

56, rue René Boulanger
75010. **Plan** 8 D5. **Tél.** 3631.
lun.-ven. 8h-19h, sam. 9h-13h.

AFFRANCHISSEMENT

Pour les cartes postales et
les lettres de moins de 20 g
à destination de l'Union
européenne, les timbres sont
vendus à l'unité ou par
carnets de 10, dans les postes
ou les débits de tabac.

Les bureaux de poste sont
ouverts de 8h à 19h du lundi
au vendredi, et de 8h à 12h
le samedi ; vous pourrez y
consulter l'annuaire, acheter
des télécartes, envoyer ou
recevoir des mandats,
téléphoner dans le monde
entier et affranchir votre
courrier. Les boîtes aux lettres
sont jaunes. Les envois en
poste restante doivent porter
le nom du destinataire en
capitales d'imprimerie ainsi
que la mention « poste
restante », suivie de l'adresse
de la poste du Louvre.

PRINCIPAUX BUREAUX DE POSTE

Paris-Louvre

52, rue du Louvre
75001. **Plan** 12 F1.
Tél. 3631. *24h/24.*

Paris-Forum des Halles

1, rue Pierre Lescot
75001. **Plan** 13 A2. **Tél.** 3631.
*lun.-ven. 8h-18h30, sam.
8h-12h.*

Paris-Champs-Élysées

71, av. des Champs-Élysées
75008. **Plan** 4 F5. **Tél.** 3631.

Boîte aux lettres parisienne

Arrondissements de Paris

*Paris est administrativement
divisé en 20 arrondissements
numérotés de 1 à 20 (p. 390).
Les deux premiers chiffres
du code postal – 75 –
correspondent à Paris,
et les deux derniers à
l'arrondissement.*

DOUANE ET IMMIGRATION

Les ressortissants de l'Union européenne ne sont pas soumis à l'obligation de visa ni de passeport. Les touristes en provenance du Canada devront se renseigner avant leur départ auprès du consulat de France de leur ville. Les autres devront se procurer un visa.

EXONÉRATION DE TVA

Les touristes non ressortissants de l'Union européenne peuvent demander le remboursement de la TVA *(p. 320)* pour tout achat supérieur à 175 € destiné à l'exportation.

Les formulaires de détaxe sont à demander au moment de l'achat, et le remboursement de la TVA s'effectue quand vous êtes sur le point de quitter le pays, dans un délai de 3 mois après l'achat. Certains biens ne peuvent faire l'objet d'une détaxe : produits alimentaires et boissons, médicaments, tabac, automobiles et motos (à la différence des bicyclettes !).

Flacon de parfum

DÉDOUANEMENT

Depuis le 1er janvier 1993, il n'y a plus de restriction concernant les produits transportés d'un pays à l'autre de l'UE, s'ils ne sont pas destinés à la revente. Cependant, vous devrez parfois prouver que vous destinez à votre usage personnel les quantités dépassant les limites conseillées par l'UE : 10 l de spiritueux, 90 l de vin (dont 60 l pétillant), 110 l de bière et cinq packs de cigarettes.

FRANCHISE DE DOUANE

Les limites concernant les achats exemptés de douane ou les biens importés en France par les ressortissants de l'UE, sont les suivantes : 5 l de vin et 2,5 l de spiritueux titrant plus de 22°, ou 3 l titrant moins de 22°, 75 g de parfum, 1 kg de café, 200 g de thé et 300 cigarettes. Les non-ressortissants de l'Union européenne, peuvent importer 2 l de vin, et 1 l de spiritueux, ou 2 l titrant moins de 22°, 50 g de parfum, 500 g de café, 100 g de thé et 200 cigarettes.

Les mineurs de moins de 17 ans ne sont pas autorisés à importer du tabac ou de l'alcool en franchise de douane.

IMPORTATION DES AUTRES BIENS

Les biens à usage manifestement personnel et non destinés à la vente (automobile ou bicyclette par exemple) peuvent être importés en France en franchise de douane. Pour toute information, consultez la brochure *Voyagez en toute liberté,* disponible au Centre des renseignements des douanes.

RENSEIGNEMENTS DOUANIERS

Infos Douane Service
Tél. 08 11 20 44 44.
◻ lun.-ven. 8h30-18h.
www.douane.gouv.fr

ADAPTATEURS ÉLECTRIQUES

En France, le courant électrique est le 220 V alternatif. Les prises de courant à deux broches ont un diamètre plus ou moins important en fonction de l'ampérage. Les bons hôtels ont des adaptateurs intégrés pour les rasoirs électriques, ou ils vous en prêteront un.

Fiche électrique française

ÉTUDIANTS

Les étudiants titulaires d'une carte d'étudiant en cours de validité peuvent bénéficier de réductions de 25 % à 50 % dans les théâtres, musées, cinémas et principaux monuments. La carte Jeunes offre d'autres avantages : elle est en vente notamment au **CIDJ** (Centre d'information et de documentation jeunesse). Le CIDJ les informera sur la vie estudiantine à Paris et tient une liste d'adresses de logements bon marché.

Pour trouver d'autres points de chute, renseignez-vous auprès du **Crous**, de la Fédération Unie des Auberges de Jeunesse (**FUAJ**) ou auprès du **BVJ**, le Bureau Voyage Jeunesse *(p. 279-280).*

TOILETTES PUBLIQUES

Les antiques et pittoresques vespasiennes de Paris ont disparu. Elles ont été remplacées par des toilettes payantes, installées le plus souvent sur les trottoirs. Équipées d'un système de nettoyage automatique, elles ne doivent pas être utilisées par des enfants de moins de dix ans non accompagnés.

1 Le voyant indique toilette libre ou occupée.

2 Appuyez sur le bouton pour ouvrir la porte

TÉLÉVISION, RADIO ET PRESSE ÉCRITE

Paris est la capitale des médias français. Les studios d'enregistrement des plus grandes radios, des grandes chaînes de télévision, les rédactions des plus grands journaux (quotidiens et magazines) y sont concentrés de sorte que la France entière reçoit des informations qui passent à travers le prisme parisien. TF1, France 2, France 3, M6, Arte, La Cinq et Canal Plus sont les principales chaînes de télévision françaises. La plupart des quartiers de Paris sont câblés, ce qui leur permet de recevoir une quinzaine de chaînes

Presse étrangère en kiosque

supplémentaires dont TV5 (la chaîne de la francophonie), ZDF, la RAI, TVE, CNN et la BBC. Paris Première diffuse toutes sortes de reportages sur l'actualité parisienne : théâtre, cinéma, concerts, cafés, restaurants, évolution des quartiers, chantiers en cours, etc.

Toutes les radios à audience nationale sont présentes à Paris : France Inter (87.8), RFI (89.0), France Info (105.5), RMC (103.1), Europe 1 (104.7), RTL (104.3), France Musique (91.7 et 92.1), France Culture (93.5 et 93.9), NRJ (100.3), RFM (103.9), Europe 2 (103.5), RTL 2 (105.9).

Les radios « libres » sont aussi très nombreuses, et proposent des programmes pour tous les goûts, témoignant par là de la vitalité de la culture à Paris : chanson française et accordéon sur Radio Montmartre (102.7) et Radio Bleue (107.1), sketches et tubes sur Rire et Chansons (97.4), musiques du monde et jingles étonnants sur Radio Nova (101.5), rock et guitares sur Oui FM (102.3), jazz légendaire sur FIP (105.1), musiques baroque, classique, romantique et moderne sur

Radio Classique (101.1), émissions religieuses sur Radio Notre-Dame ou Fréquence protestante (100.7). Quatre radios judaïques se partagent la fréquence 94.8.

Dans les multiples kiosques de la capitale, vous trouverez une presse abondante, nationale, régionale et internationale, européenne ou américaine dont *Le Soir*, *La Libre Belgique*, *Le Journal de Genève* ou le *Herald Tribune*. *Pariscope* et *L'Officiel des spectacles* vous donnent chaque semaine les programmes des activités de la capitale (théâtre, cinéma, concert, expositions) ainsi qu'une liste des restaurants. *Le Parisien* propose l'information concernant l'Île-de-France et l'actualité locale. *Paris-Match* donne reportages à sensation et chroniques de la vie des stars. Les programmes de télévision et l'actualité culturelle sont dans *Télérama*.

HEURE PARISIENNE

Paris est en avance d'une heure sur l'heure G.M.T. L'heure d'hiver et l'heure d'été sont appliquées en France, comme en Suisse et en Belgique.

ADRESSES

INFORMATIONS ÉTUDIANTS

BVJ

20, rue J.-J. Rousseau 75001. **Plan** 12 F2.
Tél. 01 53 00 90 90.

44, rue des Bernardins 75005. **Plan** 13 B5.
Tél. 01 43 29 34 80.

CIDJ

101, quai Branly 75015.
Plan 10 E2.
Tél. 01 44 49 12 00.
◯ *lun.-ven. 10h-18h (jeu. 13h-18h), sam. 9h30-13h.*

Crous (œuvres universitaires et scolaires)

39, av. Georges Bernanos 75005. **Plan** 16 F2.
Tél. 01 43 25 04 53.

FUAJ

27, rue Pajol 75018.
Plan 7 C1.
Tél. 01 44 89 87 27.

AMBASSADES

Belgique

9, rue de Tilsitt 75017.
Plan 4 D4.
Tél. 01 44 09 39 39.

Canada

35-37, av. Montaigne 75008. **Plan** 10 F1.
Tél. 01 44 43 29 00.

Luxembourg

33, av. Rapp 75007. **Plan** 10 E2.
Tél. 01 45 55 13 37.

Suisse

142, rue de Grenelle 75007. **Plan** 10 F3.
Tél. 01 49 55 67 00.

CULTES

CATHOLIQUE

Basilique du Sacré-Cœur

35, rue du Chevalier-de-la-Barre 75018.
Plan 6 F1.
Tél. 01 53 41 89 00.

Cathédrale de Notre-Dame de Paris

6, parvis Notre-Dame 75004.
Plan 13 A4.
Tél. 01 42 34 56 10.

Chapelle Notre-Dame-de-la-Médaille-miraculeuse

140, rue du Bac 75007
Plan 11 C5.
Tél. 01 49 54 78 88.

PROTESTANT

Église réformée de l'oratoire du Louvre

145, rue Saint Honoré 75001. **Plan** 12 F2.
Tél. 01 42 60 21 64.

Église réformée de Paris-Luxembourg

58, rue Madame 75006.
Plan 12 E5.
Tél. 01 45 48 13 50.

JUIF

Synagogue Nazareth

15, rue Notre Dame de Nazareth 75003. **Plan** 7 C5.
Tél. 01 42 78 00 30.

MUSULMAN

Grande Mosquée de Paris

2, pl. du Puits de l'Ermite 75005. **Plan** 17 B2.
Tél. 01 45 35 97 33.

ALLER À PARIS

Paris est au centre d'un immense réseau de lignes ferroviaires et aériennes. Toutes les capitales et les grandes villes européennes entre-tiennent des liaisons directes avec Paris, par avion ou par train, et il y a de nombreux vols directs en provenance de toutes les parties du monde : Amérique, Asie, Afrique…

Les vols plus longs, en provenance d'Océanie ou d'Australie, demandent souvent une ou plu-sieurs escales. Paris est aussi un important nœud routier desservi par plusieurs autoroutes d'importance européenne : la ville est donc facilement accessible par les touris-tes voyageant en automobile ou en car.

Boeing 737

ARRIVER EN AVION

Paris est desservi par des vols quotidiens en provenance de Genève par **Swiss**, de Bruxelles par **SN Brussels Airlines** et de Montréal par **Air Canada**. **Air France** offre également des liaisons régulières avec ces destinations ainsi que des vols réguliers depuis les principales grandes villes de province : Lyon, Marseille, Nice, Rennes, Strasbourg, Bordeaux, etc.

Les prix pratiqués par les compagnies aériennes sont les plus élevés en haute saison, de juillet à septembre, mais cette période peut varier. Renseignez-vous auprès du transporteur ou de votre agence de voyages pour bénéficier des tarifs les plus intéressants.

En raison de la concurrence féroce à laquelle se livrent les compagnies aériennes, celles-ci proposent parfois des remises importantes, comme les vols APEX, à la condition que vous achetiez votre billet de une à deux semaines, voire un mois, à l'avance. La modification de la date de départ ou de retour, ainsi que l'annulation sont cependant soumises à des surtaxes significatives.

Si vous recherchez les prix les plus intéressants, n'hésitez pas à faire le tour des agences affrétant des vols charters ou low-costs.

Vous trouverez page 379 les adresses d'agences de voyages parisiennes bien établies proposant des vols à des prix très compétitifs. Celles-ci sont souvent représentées à l'étranger. **Voyages-sncf.com** propose ses meilleurs prix sur les billets d'avion, hôtels, location de voitures, séjours clé en main ou Alacarte®. Vous avez également accès à des services exclusifs : l'envoi gratuit des billets à domicile, Alerte Résa qui signale l'ouverture des réservations, le calendrier des meilleurs prix, les offres de dernière minute et promotion. www.voyages-sncf.com

AÉROPORT CHARLES-DE-GAULLE

CDG 1 est utilisé par les vols internationaux, à l'exception d'Air France (voir CDG 2).

Les terminaux CDG1, CDG2 et T3 sont reliés entre eux par des navettes. Le niveau inférieur est réservé à l'embarquement, le niveau supérieur aux arrivées.

CDG 2 est utilisé par Air France et par quelques compagnies desservant l'Europe.

T3
CDG1
CDG2
Plan d'ensemble de l'aéroport

Taxis (porte 20)
Agences de location de voitures (portes 10, 18 et 20)
Roissybus et navette Disneyland Resort Paris (porte 30)
Navettes Air France (porte 34)
Navette RER (niveau boutiques)

Navettes Air France et RER (portes 2 et 6)
CDG2B
Bus Disneyland Resort Paris (porte 11)
Navette Disneyland Resort Paris (portes 5 et 8)
CDG2A
Taxis (porte 6)
Roissybus (porte 9)
CDG2C
Navettes Air France vers Montparnasse, Orly et navettes RER (portes 2, 5 et 8)
Roissybus (porte 11)
Taxis (porte 7)
CDG2D
Stations RER et TGV
CDG2F
CDG2E
Navettes Air France vers Étoile et navettes RER (porte 6)

AÉROPORT D'ORLY

Des navettes desservent ses deux terminaux, Orly Sud et Orly Ouest, peu distants l'un de l'autre.

Orly Ouest

Orly Sud

Plan d'ensemble de l'aéroport

Orlyval (hall 2 porte W)

Navettes Air France (porte D, r.-d.-c.)

Taxis (portes H et I)

Orlyrail (porte G)

Jetbus (porte C)

Navettes Air France (porte K, quai 6)

Orlybus (porte H, quai 4)
Jetbus (porte H, quai 2)

Taxis (portes L et M)

Orlybus (porte J, r.-d.-c.)

Orly Ouest est principalement réservé aux vols intérieurs.

Orlyval (porte K)

Orly Sud est utilisé par les vols réguliers ou charters de nombreuses compagnies internationales.

Orlyrail (porte G, quai 1)

AÉROPORT CHARLES-DE-GAULLE

Le principal aéroport de Paris est situé à Roissy-en-France (environ 30 km au nord de la capitale). Il possède deux terminaux, CDG 1 et CDG 2, réservés aux vols réguliers, et un terminal, T3, pour les vols charters. CDG 2 est composé de deux bâtiments subdivisés en six aérogares : CDG 2A, 2B, 2C, 2D, 2E et 2F.
Liaisons Roissy-Paris : Pour aller de Roissy à Paris, vous avez le choix entre le taxi, le bus et le RER. Air France assure deux services depuis CDG 1 et CDG 2 : le premier vers la porte Maillot et Charles-de-Gaulle-Étoile (départs toutes les 12 min ; durée : 40 min), l'autre vers la gare de Lyon et la gare TGV-Montparnasse (départs toutes les 30 min ; durée : 50 min). Vous pourrez aussi rejoindre la capitale depuis la gare RER qui se trouve au terminal T3. Les Roissybus partent des trois terminaux et déposent les voyageurs à l'Opéra (départs toutes les 20 min de 6 h à 23 h ; durée : 50 min). Les autobus VEA de Disneyland Resort Paris fonctionnent tous les jours de 8 h 30 à 19 h 45 (jusqu'à 22 h le ven. et 21 h 30 le dim.). Les départs ont lieu toutes les 30-45 min de CDG 1

et CDG 2. La gare TGV est située dans CDG 2, et il y a des stations de RER (ligne B) à CDG 1 et CDG 2 (reliés par une navette). Les trains RER partent toutes les 5 à 15 min (durée : env. 35 min) jusqu'à gare du Nord, Châtelet, St-Michel, Luxembourg et Port-Royal. Airport Shuttle (tél. : 0825 09 20 92) est un minibus qui vous mènera vers l'un des deux aéroports (1 pers. : 38 €, entre 20 et 25 € par pers. supp.). Il faut réserver au moins 48 h à l'avance et confirmer son trajet à l'atterrissage. Le taxi est idéal si vous arrivez en fin de soirée, mais l'attente est parfois longue. Il vous en coûtera de 40 € dans la journée à 50 € le soir et la nuit.

AÉROPORT D'ORLY

Le second aéroport de Paris, à 15 km au sud de la capitale, possède deux terminaux, Orly Sud et Orly Ouest.
Liaisons Orly-Paris : Outre les transports desservant le sud de Paris, il existe un bus spécial (navette VEA) pour Disneyland Resort Paris, qui part toutes les 45 min de 8 h 30 à 19 h 30. Pour rejoindre le centre de Paris, vous avez le choix entre le taxi, le bus et le RER. Air France et Orlybus assurent un service de bus :

les bus Air France desservent en 30 min environ les Invalides et Montparnasse ; la navette Orlybus part toutes les 15 min et dessert en 25 min environ la place Denfert-Rochereau. Le récent service Jet Bus dessert toutes les 15 à 20 min la station de métro Villejuif-Louis-Aragon, terminus de la ligne 7. Le bus Orlyrail fait la navette entre l'aéroport et la ligne C du RER au Pont-de-Rungis. Les trains partent en direction d'Austerlitz toutes les 15 min, 30 min après 21 h (25 min de trajet). Un train automatique, l'Orlyval, dessert Antony, sur la ligne B du RER (départ toutes les 4 à 8 min pour Châtelet ; durée : 35 min). En taxi, comptez 25-45 min pour rejoindre le centre-ville. Il vous en coûtera entre 25 € et 30 €.

Le métro Orlyval

ARRIVER PAR LA ROUTE ET L'AUTOROUTE

Cinq autoroutes principales arrivent à Paris : l'A1 (autoroute du Nord) qui vient de Bruxelles, Calais ou Lille, l'A4 (autoroute de l'Est) qui vient de Strasbourg, Metz, Nancy, l'A6 (autoroute du Soleil) qui vient du Sud et du Sud-Est, l'A10 (Aquitaine) et l'A11 (Océane) qui viennent du Sud-Ouest et de la Bretagne. L'A13 enfin est l'autoroute de Normandie. L'A86 fera le tour de Paris mais elle n'est pas encore terminée. Elle permet néanmoins d'éviter la capitale, par exemple pour aller à Disneyland par l'autoroute de l'Est lorsque l'on arrive du Nord. Attention, contrairement aux autres pays d'Europe, les panneaux bleus indiquent les autoroutes et les panneaux verts, les routes nationales importantes. Pendant les vacances, particulièrement en été et pendant les grands week-ends de fêtes, la circulation est très dense. Les centres Bison futé informent très largement des embouteillages prévisibles et proposent des itinéraires *bis* qui passent par les routes nationales et départementales. Pendant le reste de l'année, des panneaux à messages variables et des radios dont les fréquences sont indiquées sur les autoroutes donnent également des informations sur les encombrements, la

météo, etc. En cas de panne, on trouve tous les 2 km sur les autoroutes et tous les 4 km sur les nationales, des bornes d'appel d'urgence reliées à la police ou à la gendarmerie.

Les abords de Paris sont souvent impraticables, notamment en semaine, aux heures de pointe du matin et du soir (de 7 h à 10 h et de 17 h à 20 h) ainsi que le dimanche soir (de 16 h à 23 h), quand de nombreux habitants de la capitale rentrent de week-end.

ARRIVER EN AUTOCAR

La gare routière internationale de Paris se trouve à Bagnolet. Elle est desservie par le métro Galliéni (terminus de la ligne 3) et plusieurs lignes de bus. La principale compagnie de bus est **Eurolines**. Ses autocars relient Paris aux principaux pays européens (Belgique, Hollande, Irlande, Allemagne, Royaume-Uni, Italie, Espagne et Portugal). Il y a deux services quotidiens pour Bruxelles ou Anvers.

ARRIVER EN AUTOMOBILE

La capitale, de forme ovale, est ceinturée par le boulevard périphérique, voie rapide qui

Un autocar d'Eurolines

sépare le Paris intra-muros de la banlieue. Toutes les autoroutes menant à Paris débouchent sur le périphérique où les anciennes portes de la ville constituent aujourd'hui autant d'entrées (ou de sorties). En arrivant sur le périphérique, consultez votre plan de Paris pour savoir laquelle des portes est la plus proche de votre destination.

ARRIVER EN TRAIN

Au cœur du réseau ferroviaire français et européen, Paris possède six gares internationales, gérées par la SNCF, la compagnie nationale de chemin de fer *(p. 388)*.

La gare de Lyon, la principale gare de Paris, dessert le sud de la France, les Alpes, l'Italie et la Grèce. La gare d'Austerlitz, rive gauche, assure les liaisons avec le Sud-Ouest, l'Espagne et le Portugal. La gare del'Est dessert l'est de la France, l'Allemagne, la Suisse, et l'Autriche.

La gare Saint-Lazare dessert la Normandie. La gare du Nord accueille l'Eurostar et le Shuttle (pour les voitures),

Le TGV : un fleuron de la technologie « made in France »

TGV

Le train à grande vitesse circule à plus de 300 km/h, soit plus du double de la vitesse des autres trains français. Le TGV Méditerranée dessert Dijon, Lyon, Marseille, Nice, Lausanne et Genève à partir de la gare de Lyon. Le TGV Atlantique dessert Bordeaux et la Bretagne au départ de la gare Montparnasse. Le TGV Nord relie Paris et Lille à partir de la gare du Nord. Eurostar et Thalys desservent Londres, la Belgique et la Hollande depuis cette dernière gare.

qui relient Paris à Londres, et le Thalys qui va à Lille, Bruxelles, Liège, Mons, Anvers et Amsterdam. Le TGV dessert les principales destinations françaises depuis les gares Montparnasse, de Lyon et du Nord.

Trois gares en banlieue font le lien entre les différents réseaux du TGV : Massy-Palaiseau au sud, Marne-la-Vallée à l'est (près de Disneyland), et Aéroport Charles-de-Gaulle au nord-est. Ces gares sont accessibles par le RER *(p. 380-381)*.

Un bureau de l'office de tourisme à la gare de Lyon assure l'information des voyageurs *(p. 367)* et offre un service de réservations

hôtelières, ce qui est très pratique si vous arrivez la nuit.

Toutes les gares parisiennes sont desservies par les bus RATP et le métro, voire par le RER : la signalétique vous permettra de vous orienter et de rejoindre les correspondances de bus et de métro.

TÉLÉPHONES ET ADRESSES UTILES

COMPAGNIES D'AUTOBUS
Eurolines
Gare routière internationale
Paris-Galliéni,
28, av. du Général-de-Gaulle
93541 Bagnolet
Tél. 0892 89 90 91.

Centre national d'information routière
Tél. 0800 100 200.

ALLÔ MÉTÉO FRANCE
Tél. 32 50.

SERVICES INTERNET
www.viamichelin.com
www.mappy.fr
www.meteofrance.com

FRÉQUENCES RADIO SUR AUTOROUTE
Orléans : 107.7.
Lyon : 107.7.
Lille : 107.7.

RENAULT ASSISTANCE
(dépannage 24 h/24,
toutes marques)
Tél. 0 810 051 515.

ADRESSES

TRAINS, BUS ET MÉTRO

SNCF et TGV
Informations
et réservations
grandes lignes
Tél. 3635.
www.sncf.com

RATP
Tél. 3246.
www.ratp.fr

Bus (Air France)
www.cars-airfrance.com

RER
Tél. 3246.

Airport Shuttle
Tél. 01 53 39 18 18.
www.parishuttle.fr

PRINCIPALES COMPAGNIES AÉRIENNES

Air Canada
Aéroport Charles
de Gaulle. Terminal 2A
Porte 5.
Tél. 0 825 880 881.

Air France
Informations
et réservations.
Tél. 3654.
www.airfrance.fr

Agence Champs-Élysées
119, av. des

Champs-Élysées 75008.
Plan 4 E4.

Agence Luxembourg
4, place Edmond Rostand
75006.
Plan 12 F5.

Agence Invalides
Esplanade des Invalides,
2, rue Esnault Pelterie
75007.
Plan 11 B2.

Agence Bastille
9, bd Beaumarchais
75004.
Plan 14 E4.

SN Brussels Airlines
12, Rond-Point
des Champs-Élysées
75008. **Plan 5 A5.**
Tél. 0 826 10 18 18.

Swiss International Airlines
Aéroport Charles de
Gaulle. Terminal 1 hall 3-4.
Tél. 0 892 23 25 01.

AGENCES DE VOYAGES POUR VOLS CHARTERS

Directours
90, av. des Champs-Élysées
75008. **Plan 4 E4.**
Tél. 01 45 62 62 62.
www.directours.com

Jet Tours
29, av. de la Motte
Picquet 75015.
Plan 10 F4.
Tél. 01 47 05 01 95.
www.jettours.com

Nouvelles Frontières
13, av. de l'Opéra 75001.
Tél. 0825 000 825.
www.nouvelles-
frontieres.fr

Odysia
85, bd Saint Michel
75006. **Plan 16 F1.**
Tél. 0825 08 25 25.
www.odysia.fr

AÉROPORTS

Tél. 3950.
www.adp.fr

Voyageurs à mobilité réduite
Informations
auprès de SAPHIR
(service assistance
personnes handicapées
informations
réservations) :
Tél. 0820 01 24 24.

HÔTELS À ORLY

Ibis
Tél. 01 56 70 50 60.

@H1413@accor.com
www.ibishotel.com

Hôtel Hilton
Tél. 01 45 12 45 12.
@cb.orly@hilton.com
www.hilton.com

Novotel
Tél. 01 45 12 44 12.
@H1628@accor-
hotels.com.
www.novotel.com

Mercure
Tél. 01 49 75 15 50.
@H1246@accor.com
www.mercure.com

HÔTELS À ROISSY-CHARLES DE-GAULLE

Holiday Inn
Tél. 0800 911 617.
@ hiroissy@alliance-
hospitality.com
www.holidayinn.fr

Ibis
Tél. 01 49 19 19 20.
@H1404@accor.com
www.ibishotel.com

Novotel
Tél. 01 49 19 27 27.
@H1014@accor.com
www.novotel.com

Arriver à Paris

Ce plan illustre les liaisons routières et ferroviaires desservant la capitale et ses deux aéroports principaux, ainsi que les autres destinations vers la France et l'Europe. Il illustre également les principales gares ferroviaires et routières, les navettes d'aéroport, ainsi que les lignes de bus et de RER desservant les aéroports. Vous y trouverez indiquées la fréquence des départs et la durée du trajet à partir des aéroports, de même que la durée approximative des liaisons ferroviaires avec d'autres villes.
Les correspondances métro et RER sont précisées aux différents terminus.

⚓ CALAIS
Ferry et Eurotunnel pour Douvres et Folkestone.
Shuttle pour Folkestone.
Eurostar pour la gare du Nord (2h-15). Par la route vers Paris (2h).

⚓ LE HAVRE
Ferry pour Portsmouth.
Train pour la gare Saint-Lazare (2h).

⚓ DIEPPE
Ferry pour Newhaven.
Train pour la gare Saint-Lazare (1h45).

⚓ CAEN
Ferry pour Portsmouth.
Train pour la gare Saint-Lazare (1h50).

⚓ CHERBOURG
Ferry pour Portsmouth et Poole.
Train pour la gare Saint-Lazare (3h).

GARE ST-LAZARE
Rouen (1h30).

GARE MONTPARNASSE
Rennes (2h20)
Brest (4h30)
Nantes (2h15)
Bordeaux (3h)
Madrid (16h)
Lisbonne (21h)

Porte Maillot
Ⓜ ①
RER Ⓐ Ⓒ

Charles de Gaulle-Étoile
Ⓜ ① ② ⑥
RER Ⓐ

Champs-Élysées

Quartier de Chaillot

Gare St-Lazar
Ⓜ ③ ⑫ ①

Invalides
Ⓜ ⑧ ⑬
RER Ⓒ

Invalides et quartier de la tour Eiffel

Montparnasse

Gare Montparnasse
Ⓜ ④ ⑥ ⑫ ⑬ ⑭

Porte d'Orléans
Ⓜ ④

LÉGENDE

▬▬	SNCF (p. 378-379)
▬▬	Autocars (p. 378)
▬▬	Roissybus (p. 377)
▬▬	Bus Air France (p. 377)
▬▬	RER B (p. 377)
┈┈	Orlyrail (p. 377)
▬▬	Orlyval (p. 377)
▬▬	Orlybus (p. 377)
▬▬	Jet Bus (p. 377)
Ⓜ	Station de métro
RER	Station de RER

0 — 1 km

GARE TGV DE MASSY-PALAISEAU
Rouen (1h30)
Rennes (2h10)
Nantes (2h30)
Bordeaux (3h30)
Lyon (2h)
Lille (1h40)

Antony
RER Ⓑ

GARE DU NORD

Lille (1h)
Bruxelles (Thalys) (1h25)
Amsterdam (4h30)
Cologne (3h50)
Bonn (4h30-5h)
Londres (Eurostar) (2h35)

✈ CHARLES-DE-GAULLE

Bus et trains desservent la capitale
toutes les 15 min.
🚌 *Air France* vers *Porte Maillot/Étoile*
(40 min) ;
Gare de Lyon/
Montparnasse (50 min) ;
Orly (50 min-1h15).
🚌 *Roissybus* vers
Opéra (50 min).
RER *RER ligne B vers la*
gare du Nord (35 min).

GARE TGV AÉROPORT CHARLES-DE-GAULLE

Rennes (3h30)
Nantes (3h15)
Bordeaux (4h10)
Lyon (2h)
Marseille (3h30-4h30)
Lille (50 min)
Bruxelles (1h15-2h)
Disneyland Resort Paris
(10-15 min)

M ⑫

Porte de la Chapelle

Montmartre

Gare du Nord
RER M ② ④ ⑤
Ⓑ Ⓓ

Opéra
Quartier
de l'Opéra

Quartier
des
Tuileries

Beaubourg
et Les Halles

Le Marais

Gare de l'Est
M ④ ⑤ ⑦

GARE DE L'EST

Nancy (2h40)
Luxembourg (3h30)
Strasbourg (5h)
Bâle (6h-6h30)
Zürich (6h40)

Galliéni O M ③

GARE INTERNATIONALE DE PARIS-GALLIÉNI

Tous les bus internationaux
partent et arrivent à cette gare.

-Germain-
des-Prés

Île de
la Cité

Île St-Louis

Quartier Latin

Gare de Lyon
M RER Ⓐ
① ⑭

Jardin des
Plantes

uartier du
xembourg

GARE DE LYON

Lyon (2 h)	*Milan*
Genève (3h30)	(6h40-8h)
Lausanne	*Rome*
(3h40-4h50)	(12h30-14h)
Zürich (6h)	*Barcelone* (9h)
Marseille (3h)	

Denfert-
Rochereau
M ④ ⑥
RER

Gare d'Austerlitz
M ⑤ ⑩
RER Ⓒ

Villejuif-
Louis Aragon
O M ⑦

GARE TGV DE MARNE-LA-VALLÉE (DISNEYLAND RESORT PARIS)

Rennes (2h50)
Nantes (3h)
Bordeaux (4h)
Lyon (1h50)
Marseille (3h50)
Lille (1h)
Bruxelles (1h30)
Londres (2h30-3h)

✈ ORLY

Bus et trains desservent la capitale
toutes les 12-15 min.
🚌 *Air France* vers les *Invalides*
(30 min), *Montparnasse* (30 min),
Charles-de-Gaulle (50 min-1h15).
🚌 *Orlybus* vers *Denfert-Rochereau*
(25 min).
RER *Orlyrail* vers *Pont de Rungis* et RER
Line C vers *Gare d'Austerlitz* (35 min).
RER *Orlyval* vers *Antony* et RER
Line B vers *Châtelet* (35 min).
🚌 *Jet Bus* vers *Villejuif* (15 min).

GARE D'AUSTERLITZ

Barcelone (12h)
Limoges (3h)
Madrid (13h30-16h)
Toulouse (6h30)

CIRCULER À PARIS

Paris est une ville dense et la marche demeure le meilleur moyen de la découvrir. Le piéton peu habitué à l'agressivité de l'automobiliste parisien devra cependant demeurer sur ses gardes. Pour échapper aux encombrements de la circulation et à l'impatience des conducteurs, le cycliste dispose de quelques pistes cyclables. En voiture, seul un conducteur aux nerfs d'acier s'aventurera en centre-ville : de nombreux sens interdits compliquent la circulation déjà très chargée, et le stationnement est difficile et cher. Les bus, métros et RER constituent le moyen le plus pratique et le moins coûteux de se déplacer en ville ; l'agglomération est divisée en 8 zones : les zones 1 et 2 correspondent à Paris *intra-muros,* les zones 3 à 8 à la banlieue et aux aéroports. La capitale est divisée en 20 arrondissements, ce qui facilite la localisation des adresses *(p. 373).*

Le passage clouté : pas si protégé qu'on le croit

Respectez les feux tricolores !

PIÉTON À PARIS

Ouvrez l'œil avant de traverser la rue ! De nombreux passages protégés sont divisés par un îlot central : avant de vous engager sur la chaussée, faites attention aux bus et taxis venant à contresens, et respectez l'injonction « piétons traversez en deux temps ».

CYCLISTE À PARIS

Le vélo à Paris demande de la prudence. Il y a peu de fortes côtes, mais la circulation est très intense, et les automobilistes ne prêtent pas la moindre attention aux cyclistes. La mairie de paris à mis en place un système de location de vélos, **Vélib'**, à partir de sations disponibles 7 jours sur 7 et 24h/24. Il y en a tous les 300 m environ.

Pour prende un vélo, il suffit d'insérer sa carte de crédit et de suivre les instructions. Un dépôt de 150 € de garantie est demandé. La 1re demi-heure est gratuite, la 2e est à 1€, la 3e et plus à 3 €. Il existe des forfaits 1 jour (1 €) et 7 jours (5 €). Pour rendre le vélo, il faut le déposer à la borne de votre choix. Un plan gratuit, *Paris à vélo,* disponible dans les stations de métro, est fort utile.

À vélo à Paris, l'aventure commence...

TITRES DE TRANSPORT

Les tickets et abonnements à Paris peuvent convenir à tous. Ces tickets sont en vente dans le métro, le RER, les aéroports et de nombreux offices de tourisme. On peut acheter des tickets à l'unité ou par carnet de 10 avec une réduction. La carte Paris Visite est valable pour 1, 2, 3 ou 5 jours et elle donne accès à des tarifs réduits dans certains musées ; si vous êtes un visiteur très actif, c'est une bonne option. Pour avoir un Passe Navigo Découverte, vous devrez vous munir d'une photo d'identité. Le Passe Navigo est réservé aux Franciliens. Les passes hebdomadaires sont délivrés aux guichets des gares SNCF et des stations de métro. Ils sont rechargeables. La carte Mobilis permet un nombre illimité de voyages durant une journée.

Coupon de la carte Paris Visite, valable 1, 2, 3 ou 5 jours

Ticket de métro, bus ou RER

Carte Mobilis

Passe Navigo

Passe Navigo Découverte, une carte à piste magnétique

AUTOMOBILISTE À PARIS

S'il est plutôt déconseillé de rouler en voiture dans Paris, un véhicule sera utile pour visiter les environs. Les agences de location vous demanderont de présenter vos permis de conduire et passeport (et souvent une carte de crédit), ainsi qu'une seconde pièce (billets d'avion ou carte de crédit, par exemple) en cas de paiement par chèque ou espèces. Les automobilistes originaires de l'Union européenne et du Canada ne sont pas tenus de posséder un permis de conduire international.

La priorité à droite est de règle, sauf sur les voies prioritaires. Les véhicules engagés sur un carrefour à sens giratoire ont priorité sur ceux qui s'y engagent, sauf indication contraire.

STATIONNEMENT

À Paris, le stationnement est un vrai casse-tête. Les aires de stationnement sont indiquées par le panneau « P » ou « Parking payant » sur le trottoir, ou par une inscription à même la chaussée. Utilisez les horodateurs pour payer votre place de stationnement. Dans certains quartiers résidentiels, le stationnement est autorisé sur les aires dépourvues de signalisations.

Sens interdit

AXE ROUGE

ARRÊT GÊNANT
ARTICLE R 417 DU CODE DE LA ROUTE

Stationnement interdit

INTERDIT
SUR TOUTE LA LONGUEUR DE LA VOIE

Arrêt interdit

30

Vitesse limitée

N'enfreignez jamais les interdictions de stationner. Si votre véhicule est immobilisé par un sabot, ou a été enlevé en fourrière, téléphonez au commissariat de police. En cas d'enlèvement en fourrière, outre l'amende, vous devrez payer des frais proportionnels au nombre de jours de garde de votre véhicule. Les voitures saisies sont gardées pendant 48 h dans l'une des sept préfourrières de Paris, avant d'être acheminées vers la fourrière proprement dite. La SAEMES possède de nombreux parcs de stationnement dans Paris et propose des locations à l'heure, à la semaine ou au mois.

COMMENT UTILISER UN HORODATEUR

Les horodateurs fonctionnent de 9 h à 19 h du lundi au vendredi. Sauf mention contraire, le stationnement est gratuit les samedis, dimanches, les jours fériés et en août.

Horodateur à carte

1 Si vous payez avec des pièces, suivez le tarif indiqué.

Horodateur

2 Si vous payez avec une carte, insérez-la et appuyez sur le bouton bleu pour obtenir la durée désirée (une pression pour un quart d'heure).

3 Appuyez sur le bouton vert pour obtenir un ticket.

4 Prenez le ticket et placez-le dans votre voiture, derrière le pare-brise.

ADRESSES

LOCATION ET RÉPARATION DE VÉLOS

Maison Roue Libre
1, passage Mondétour, 75001.
Plan 13 B2.
Tél. 0810 44 15 34.
Location et réparation.

Paris à vélo c'est sympa !
22, rue Alphonse Baudin, 75011.
Tél. 01 48 87 60 01.
www.parisvelosympa.com
Location, réparation et visites guidées.

Paris Bike Tour
38, rue de Saintonge
75003. **Plan** 14 D1.
Tél. 01 42 74 22 14.
Location et visites guidées.
www.parisbiketour.net

RATP Information
Tél. 32 46. **www**.ratp.fr

SNCF Information
Tél. 36 35.
www.sncf.fr

Vélib'
www.velib.paris.fr

AGENCE DE LOCATION DE VOITURES

Les agences de location de voitures sont nombreuses à Paris. Les sociétés suivantes possèdent des bureaux à Charles-de-Gaulle et Orly, dans les gares principales ainsi qu'en centre-ville. Réservations et informations par téléphone :

ADA
Tél. 0825 169 169.

Avis
Tél. 0820 05 05 05.

Budget
Tél. 0825 00 35 64.

Europcar
Tél. 0825 358 358.

Hertz
Tél. 01 55 31 93 21.

National Citer
Tél. 01 53 20 06 52.

Sixt-Eurorent
Tél. 01 48 62 57 66.

Se déplacer en métro

La RATP gère 14 lignes de métro, identifiées par leur numéro et leurs directions (terminus de chaque ligne), desservant Paris et la proche banlieue. Avec ses dizaines de stations (identifiables par leur logo, un M inscrit dans un cercle, et parfois par leurs entrées Art nouveau) réparties dans toute la capitale, le métro est le moyen de transport le plus rapide et le moins cher. Chaque station affiche près de la sortie un plan du quartier. Le métro et le RER fonctionnent de la même manière, le dernier desservant également la lointaine banlieue. Les premiers trains quittent leur terminus à 5 h 30, et les derniers y reviennent à 1 h 15 (2 h 15 les vendredis, samedis et veilles de jours fériés).

Logo de la RATP

Enseigne de métro du début du xixe siècle

Enseigne de métro moderne

Lire le plan du métro

Les lignes de métro et RER sont identifiées par leur code couleur, ainsi que par leur numéro indiqué aux deux terminus (directions) de la ligne. Certaines stations ne sont desservies que par une seule ligne, d'autres par plusieurs lignes de métro ou de RER, et certaines communiquent entre elles par des couloirs de liaison.

Stations de métro et de RER avec couloirs de correspondance

Stations de métro et de RER desservies par la même ligne

Ligne de métro

Station de métro desservie par deux lignes

Station de métro desservie par une ligne unique

Ligne de RER

Numéro d'identification de la ligne

SE DÉPLACER EN RER

Le RER est un réseau de lignes desservant la grande banlieue et convergeant vers le centre de la capitale ; les quatre lignes du RER (A, B, C, D) se subdivisent en bifurcations (la ligne C, par exemple, possède 6 branches de la ligne C1 à la ligne C6). Chaque train du RER est identifié par un nom de code (par exemple ALEX ou VERA) facilitant la consultation des horaires. Sur les quais, l'affichage électronique indique la direction (terminus) du train, ainsi que les stations desservies. En zone 1 et 2, les tickets de métro et les diverses cartes d'abonnement RATP sont valables.

Le logo RER inscrit dans un cercle indique les stations du RER dont les principales dans Paris sont : Charles-de-Gaulle-Étoile, Auber-Hausmann Saint-Lazare, Châtelet-les-Halles, Gare de Lyon, Nation, Saint-Michel-Notre-Dame et Gare du Nord-Magenta.

Dans Paris, le RER communique avec le réseau du métro, souvent par de longs couloirs de correspondance, ce qui peut faire perdre du temps ; le plus rapide est donc de prendre le RER à une station desservie également par le métro, comme par exemple à la station La Défense.

Les aéroports parisiens, de nombreuses villes de banlieue et certains sites touristiques sont desservis par le RER : l'aéroport Charles-de-Gaulle (ligne B3), Orly (ligne B4 et C2), Disneyland Resort Paris (ligne A4) et Versailles (ligne C5).

Logo du RER

ACHETER SON TICKET

Les titres de transports sont en vente au guichet dans toutes les stations de métro et de RER. Certaines stations sont équipées de distributeurs automatiques vendant des tickets à l'unité ou par carnets de 10. La carte **Paris Visite** vous permet de voyager en bus, métro, RER *(p. 382)* et se trouve également dans les agences de voyage.
Le Passe Navigo Découverte existe aussi.

Le ticket de métro est valable pour un trajet unique (avec correspondance) dans les zones 1 et 2 du métro et du RER. Pour vous rendre en banlieue (zones 3 à 8), vous devrez vous munir d'un ticket correspondant à votre destination. Consultez le tarif affiché au guichet des stations RER. Conservez toujours votre ticket jusqu'à destination : celui-ci pourra être contrôlé durant le voyage. Tout contrevenant devra sur-le-champ s'acquitter d'une amende.

MODE D'EMPLOI DU MÉTRO

1 Pour connaître quelle ligne de métro emprunter, cherchez d'abord votre destination sur un plan de métro, ainsi que sur les pages de garde à la fin de ce guide. Sur le plan, suivez du doigt la ligne jusqu'à son terminus dans le sens de votre trajet, ce qui vous donnera le nom de sa direction ainsi que son numéro, et vous permettra de vous orienter dans les stations.

Introduisez le ticket dans la première fente

Reprenez le ticket éjecté de la deuxième fente

2 Les tickets de métro sont en vente au guichet de toutes les stations. Certaines sont équipées de distributeurs automatiques. Tous les tickets de métro sont de 2e classe. Le ticket est valable pour un trajet unique avec correspondances nécessaires.

3 Pour accéder au quai, glissez le ticket dans la première fente du portillon. Reprenez le ticket éjecté de la seconde fente et poussez le portillon. Ou alors, passez votre Passe Navigo sur le lecteur de puces.

4 À l'entrée du quai, ou dans les couloirs, un panneau indique les stations desservies pour la direction correspondante (terminus). Le nom de la direction est également indiqué au milieu du quai.

DIRECTION
(M) (1)
CHÂTEAU DE VINCENNES

5 Si vous devez changer de ligne, descendez à la station de correspondance et suivez les panneaux indiquant la direction appropriée.

6 Les portières des anciens wagons s'ouvrent en soulevant le loquet, celles des wagons modernes en appuyant sur le bouton vert. Un signal sonore indique la fermeture automatique des portières.

7 Le plan des stations desservies par la ligne, avec leurs éventuelles correspondances, est affiché dans chaque wagon.

← SORTIE

8 À destination, suivez les panneaux « sortie ». Un plan du quartier est affiché dans chaque station.

Se déplacer en autobus

Le bus est un excellent moyen de découvrir les sites parisiens. La RATP gère à la fois le métro et le bus : les mêmes tickets sont valables dans ces deux types de transport. Les quelque 200 lignes sillonnant la région parisienne sont empruntées quotidiennement par plus de 3 500 bus. Ceux-ci constituent souvent le moyen de transport le plus rapide sur les courts trajets, mais ils subissent les encombrements de la circulation, et sont souvent bondés aux heures de pointe. Les horaires des premiers et derniers bus varient d'une ligne à l'autre : la plupart fonctionnent du lundi au samedi, de 6h à 20h30.

Composteur

Arrêts de bus

Le panneau indique le numéro de la ligne, sur fond blanc pour les lignes quotidiennes, sur fond noir pour celles ne fonctionnant ni le dimanche ni les jours fériés.

Panneau de terminus

Panneau de bus de nuit

Arrêt de bus

TITRES DE TRANSPORT

Un trajet en bus coûte un ticket de métro, avec lequel vous pouvez effectuer une ou plusieurs correspondances pendant 1 h 30. Les carnets de 10 tickets sont en vente dans les stations de métro et dans les débits de tabac. Le ticket, délivré par le conducteur du bus, uniquement à l'unité et plein tarif, ne permet pas les correspondances. Les enfants de moins de 4 ans voyagent gratuitement et les enfants de 4 à 10 ans paient demi-tarif.

Les arrêts desservis par la ligne ainsi que les différentes sections sont affichés dans les voitures et aux arrêts.

Pour être valables, les tickets doivent être compostés dans le bus. Conservez votre ticket jusqu'à destination : le défaut de titre de transport ou l'absence de compostage peuvent vous valoir une forte amende. Les cartes Mobilis ou Passes

Composter un ticket de bus
Insérer le ticket dans la machine en direction de la flèche, puis le retirer.

Navigo vous permettent d'effectuer un nombre illimité de trajets *(p. 382)* : il ne faut pas les composter, mais les passer sur le lecteur de puces.

Les bus de banlieue sont reconnaissables par leurs numéros à trois chiffres (les bus parisiens n'ont que deux chiffres). Ils se prennent au niveau des boulevards extérieurs, aux portes de Paris. Les tickets sont les mêmes que dans les bus parisiens ou le métro, mais sur certaines lignes (comme le 299, 350 et 351) il vous faudra en composter plusieurs selon la longueur du trajet.

Bouton d'arrêt

Les bus parisiens

Le numéro de ligne et la destination du bus sont affichés au-dessus du pare-brise. Certains bus, de plus en plus rares, possèdent une plate-forme à l'arrière.

Numéro de ligne

Destination

Numéro de ligne affiché à l'arrière

Montée des passagers à l'avant

Avant de bus

Plate-forme arrière

Le plan indique le numéro de la ligne, les
sections, les arrêts, ainsi que les stations
de métro et RER les plus proches.

Arrêt

Station
de métro

MODE D'EMPLOI DU BUS

Les arrêts et les abribus
portent le numéro des lignes
les desservant. Ils affichent
également le plan de la ligne,
les correspondances, les
horaires ainsi que l'heure des
premier et dernier passages.
La plupart des arrêts affichent
en outre le plan du quartier.
Faites signe au conducteur
pour qu'il s'arrête. Certains
nouveaux modèles de bus
sont composés de deux
voitures articulées :
l'ouverture de leurs portes est
commandée à l'extérieur
comme à l'intérieur par un
bouton rouge. Les bus sont
tous équipés d'un signal
d'arrêt sur demande. Certains
ne desservent pas leur

terminus : le nom de leur
destination affiché à l'avant,
est barré d'un trait.

Un bus sans numéro est
le PC : il fait le tour de Paris,
dans les deux sens, par les
boulevards extérieurs. Le
Balabus (La Défense-Gare
de Lyon) et le Montmartrobus
sont des bus de promenade.

Certains bus offrent un accès
facilité pour les personnes à
mobilité réduite et certaines
places leur sont réservées,
ainsi qu'aux personnes
âgées. Ces places doivent
être cédées à la demande.

BUS DE NUIT ET D'ÉTÉ

Les Noctiliens, avec 35 lignes
de bus fonctionnant la nuit
(t.l.j. 1h à 5h30 du matin), ont

presque tous pour terminus
Châtelet, soit sur l'avenue
Victoria, soit sur la rue Saint-
Martin. Leurs arrêts sont
signalés par un logo figurant
un N blanc sur un fond bleu.
Faites signe au conducteur.
Les cartes Mobilis ou Passes
Navigo sont valables, ainsi que
les tickets de métro. Le
conducteur vend aussi des
billets dans le bus, dont le prix
varie selon la destination.

En été, la RATP fait
fonctionner des bus au bois
de Vincennes et au bois
de Boulogne.

RATP Information

54, quai de la Rapée 75012.
Plan 18 E2. **Tél.** 32 46
www.ratp.fr
www.noctilien.fr

LIGNES UTILES

Ce plan indique quelques lignes
desservant certains grands sites
touristiques du centre de la capitale,
avec les arrêts principaux, les stations
de métro les plus proches et les
monuments célèbres.

Gare St-Lazare Ⓜ

Opéra-Garnier

Opéra Ⓜ

Bourse Ⓜ

Tour Eiffel

Église
des Invalides

Invalides Ⓜ

Musée
du Louvre

Rambuteau Ⓜ

Champs de Mars Ⓜ

Pont du
Carrousel

Centre Pompidou

LÉGENDE

Hôtel de Ville Ⓜ

Turenne
Francs-
Bourgeois

——— Ligne 29

Ⓜ St-Germain-
des-Prés

——— Ligne 69

St-Paul Ⓜ

——— Ligne 96

Cluny Ⓜ

Bastille Ⓜ

Ⓜ Station de métro

Tour
Montparnasse

Musée
de Cluny

Gare Montparnasse Ⓜ

Opéra-Bastille

Voyager en train

La Société nationale des chemins de fer (SNCF) gère à Paris deux types de services : les lignes de banlieue et les grandes lignes. Les premières, qui fonctionnent toutes à l'intérieur des huit zones du système de transport en commun de la région parisienne *(p. 382)*, vous permettent d'aller découvrir dans la journée des sites touristiques de la région parisienne. Les grandes lignes desservent la France métropolitaine et l'étranger. Le TGV *(p. 378-379)* a considérablement réduit le temps du trajet entre Paris et plusieurs grandes agglomérations régionales.

La gare de l'Est en 1920

GARES

Au cœur du réseau ferroviaire français et européen, Paris possède six grandes gares internationales : les gares Saint-Lazare, du Nord, de l'Est, de Lyon, d'Austerlitz et Montparnasse, toutes desservant également la banlieue. La gare de Massy-Palaiseau, au sud de Paris, assure la connexion entre les réseaux sud-est et sud-ouest du TGV. Il existe aussi une gare TGV près de Disneyland Resort Paris (Marne-la-Vallée) et une à l'aéroport Roissy-Charles-de-Gaulle 2.

Certaines villes de l'agglomération parisienne, comme Versailles et Chantilly, sont desservies à la fois par les grandes lignes et les lignes de banlieue.

Dans les gares, les panneaux d'affichage des départs et des arrivées indiquent les horaires des trains, leurs numéros, leurs quais, ainsi que les gares desserviessur la ligne. Des caddies à bagages sont à la disposition du public

(munissez-vous d'une pièce de 1 € ; celle-ci est restituée après utilisation).

BILLETS

Les billets pour la banlieue sont souvent délivrés par des distributeurs automatiques prenant la monnaie, les billets et les cartes de crédit. Pour tout renseignement, adressez-vous au bureau de la gare. Avant de monter dans le train, vous devez composter votre billet.

Les prix varient en fonction du type de train. Pour tous ceux qui peuvent être réservés en ligne, il y a deux ou trois tarifs par classe. Sur certaines lignes, les périodes bleues (hors affluence) sont moins chères. Les périodes d'affluence (dites blanches) vont de 5 h à 10 h le lundi, et de 15 h à 20 h le vendredi et le dimanche. La SNCF propose de nombreuses réductions (enfants, personnes âgées, couples mariés, familles, allers-retours de 1 000 km ou plus). Sur Internet, un certain nombre de billets appelés **Prem's** sont mis en vente à un tarif inférieur, à condition de

Les composteurs

Les composteurs sont installés dans les halls de gare à l'entrée des quais. Les billets et les réservations doivent être obligatoirement compostés.

Un billet composté

réserver très longtemps à l'avance. Le paiement se fait en ligne et vous imprimez votre réservation depuis votre ordinateur. Ils ne sont ni échangeables ni remboursables. On peut aussi acheter en ligne des billets à la dernière minute. Rendez-vous sur le site www.sncf.com.

La SNCF vend plusieurs cartes de réduction (jusqu'à 50%). Exemples : la carte 12-25 pour les jeunes, la carte Senior pour les plus de 60 ans, la carte Escapade pour les voyageurs réguliers et la carte Enfant + pour les parents ayant des enfants de moins de 12 ans.

TRAINS DE BANLIEUE

La banlieue est desservie par les cinq lignes de RER et par

Train de banlieue à deux niveaux

les trains de banlieue, qui partent des gares parisiennes. De nombreuses villes situées sur les lignes de banlieue abritent des sites touristiques réputés comme Chantilly, Chartres, Fontainebleau, Giverny et Versailles *(p. 248-253)*. Les titres de transports du métro ne sont pas valables sur ces lignes. Téléphonez à la SNCF pour toute information *(tél. 3635)*.

Se déplacer en taxi

Le taxi est plus cher que le bus ou le métro, mais c'est le seul moyen de transport disponible après 1 h du matin. De nombreuses stations de taxis sont réparties un peu partout dans Paris : vous en trouverez ci-dessous une liste succincte.

Panneau de station de taxis

APPELER UN TAXI

Plus de 10 000 taxis sont en circulation dans Paris, et pourtant ceux-ci ne semblent pas suffire à la demande, surtout aux heures de pointe, ainsi que les vendredis et samedis soir.

Le taxi se hèle dans la rue, mais pas à moins de 50 m d'une station : les taxis qui y attendent ont priorité sur les autres. Vous trouverez une station à côté de la plupart des grands carrefours, des principales stations de métro et de RER, devant les hôpitaux, les gares et les aéroports. Si la lanterne blanche sur le toit est masquée par un cache, la voiture n'est pas en service. Le voyant orange indique que le taxi est déjà occupé. Les taxis peuvent refuser la course s'ils sont en fin de service.

Au départ du taxi, le compteur affiche un prix forfaitaire de prise en charge. Celui-ci varie dans les radio-taxis en fonction de la course déjà effectuée pour arriver jusqu'à vous. Les cartes de crédit et les chèques sont rarement acceptés.

Le tarif de la course varie en fonction de la distance et de l'heure. Le tarif A s'applique au kilométrage d'une course de jour dans Paris *intra muros*. Le tarif B, plus cher, s'applique aux courses dans Paris les dimanches et jours fériés, ainsi que la nuit (19 h-7 h), ou aux courses de jour en banlieue et vers les aéroports. Le tarif C, le plus onéreux des trois, s'applique aux courses de nuit en banlieue et vers les aéroports. Un supplément est exigé pour chaque bagage.

Prix de la course   **Tarif**

À côté du chauffeur, le taximètre affiche le prix de la course

Lanterne de taxi   **Les voyants indiquent le tarif et le statut – libre ou occupé – du taxi**

Un taxi parisien

ADRESSES

ATLAS DES RUES

Les reports aux plans qui accompagnent les sites touristiques, les établissements ou les boutiques cités dans le guide renvoient aux cartes de ce chapitre (*voir ci-contre* Comment lire les plans). Vous trouverez en pages 392 à 405 l'index complet des rues et des lieux intéressants.

Le plan d'ensemble ci-dessous illustre les quartiers de Paris couverts par l'atlas, avec l'indication des arrondissements. En couleur, figurent les quartiers auxquels un chapitre complet est consacré dans ce guide. Ont également été pris en compte les quartiers du centre offrant un large choix de logements, de restaurants et de loisirs.

La liste des symboles utilisés dans les cartes de l'atlas des rues est reproduite sur la page de droite.

0   1 km

Paris est divisé en 20 arrondissements délimités en orange sur ce plan.

BD VICTOR HUGO

PÉRIPHÉRIQUE

AV. DE CLICHY

AV. DE ST-OUEN

18

17

Montmartre

BD MALESHERBES

RUE LA FAYETTE

AV. CHARLES DE GAULLE

8

RUE DU FAUBOURG ST-HONORÉ

9

10

AV. FOCH

AV. DE CHAMPS ELYSÉES

Champs-Elysées

Quartier de l'Opéra

2

Quartier de Chaillot

16

AV. DU PT KENNEDY

QUAI D'ORSAY

Quartier des Tuileries

1

Beaubourg et Les Halles

Le Marais

3

4

Les Invalides et le quartier de la tour Eiffel

7

St-Germain Des-Prés

BD ST GERMAIN

Île de la Cité

Île St-Louis

SEINE

6

Quartier latin

Quartier de Luxembourg

5

Quartier du Jardin des Plantes

RUE DE VAUGIRARD

15

Montparnasse

14

AV. DU GÉNÉRAL LECLERC

13

LÉGENDE

PÉRIPHÉRIQUE

- - - Limite d'arrondissement

COMMENT
LIRE LES PLANS

Le premier chiffre
indique le numéro
du plan.

Hôtel de Ville ❶⑨

4, pl. de l'Hôtel-de-Ville 75004.
Plan 13 B3 . **Tél.** *01 42 76 50 49.*
Ⓜ *Hôtel-de-Ville.* ⃝ *pour les
groupes , sur r.-v.* ● *j. f., lors de
réceptions officielles.* ♿ ✦

La lettre et le chiffre
permettent de se repérer sur le
plan. Les lettres sont en haut et
en bas, les chiffres sur les côtés.

Plan suivant :
plan 17 de l'atlas
des rues.

LÉGENDE DE L'ATLAS DES RUES

▮	Site exceptionnel
▮	Autre site
▢	Gare
Ⓜ	Station de métro
RER	Station de RER
▭	Principaux arrêts de bus
▬	Embarquement navette fluviale
P	Parc de stationnement
i	Information touristique
✚	Hôpital
⌂	Commissariat de police
✝	Église
✡	Synagogue
⊠	Bureau de poste
=	Voie ferrée
☰	Autoroute
	Rue piétonne
«130	Numérotation des immeubles

ÉCHELLE DES PLANS

0   200 m

1 : 11 000

Répertoire des noms de rues

Q

R

Chaque nom est suivi par son arrondissement et son report sur le plan

Index général

Remerciements

L'Éditeur remercie les organismes, les institutions et les particuliers suivants dont la contribution a permis la préparation de cet ouvrage.

Auteur
Alan Tillier a habité Paris pendant une vingtaine d'années au cours desquelles il a été le correspondant de plusieurs journaux anglo-saxons comme *Newsweek*, le *Times*, l'*Evening Standard* et l'*Internationl Herald Tribune*. Ces dernières années, il a écrit pour le *Herald Tribune* des guides destinés aux hommes d'affaires se rendant en Europe de l'Est ou de l'Ouest.

Collaborateurs
Lenny Borger, Karen Burshtein, Thomas Quinn Curtiss, David Downie, Fiona Dunlop, Heidi Ellison, Alexandre Lazareff, Robert Noah, Jean-Luc Petitrenaud, Andrew Sanger, Martha Rose Shulman, David Stevens, Ian Williams et Jude Welton.

L'Éditeur exprime également sa reconnaissance aux documentalistes et chercheurs de Websters International Publishers : Siobhan Bremner, Sandy Carr Valeria Fabbri, Gemma Hancock, Sara Harper, Annie Hubert et Celia Woolfrey.

Photographies d'appoint
Anna Brooke, Andy Crawford, Michael Crockett, Lucy Davies, Mike Dunning, Philip Gatward, Steve Gorton, Alison Harris, Andrew Holligan, Chas Howson, Britta Jaschinski, Dave King, Ronald MacKechnie, Oliver Knight, Michael Lin, Eric Meacher, Neil Mersh, Ian O'Leary, Stephen Oliver, Poppy, Susannah Price, Tim Ridley, Philippe Sebert, Sheillee Shah, Steve Shott, Peter Wilson et Steven Wooster.

Illustrations d'appoint
John Fox, Nick Gibbard, David Harris, Kevin Jones Associates et John Woodcock.

Cartographie
Andrew Heritage, James Mills-Hicks, Suresh Kumar, Alok Pathak, John Plumer, Chez Picthall (DK Cartography). Advanced Illustration (Cheshire), Contour Publishing (Derby), Euromap Limited (Berkshire). Plans de l'atlas des rues : ERA Maptec Ltd (Dublin) adaptés à partir des cartes originales Shobunsha (Japon), avec leur autorisation.

Recherche cartographique
Roger Bullen, Tony Chambers, Paul Dempsey, Ruth Duxbury, Ailsa Heritage, Margeret Hynes, Jayne Parsons, Donna Rispoli et Andrew Thompson.

Collaboration artistique et éditoriale
Direction éditoriale : Douglas Amrine
Direction artistique : Geoff Manders
Responsable de collection : Georgina Matthews
Maquette : Peter Luff et Andy Wilkinson
Édition : David Lamb
Responsable artistique : Anne-Marie Bulat
Fabrication : Hilary Stephens
Recherche iconographique : Naomi Peck
Correction : Steward Wild
Autres collaborateurs : Janet Abbott, Emma Ainsworth, Vandana Bhagra, Sobal Bhatt, Hilary Bird, Anna Brooke, Vanessa Courtier, Maggie Crowley, Lisa Davidson, Simon Davis, Guy Dimond, Nicola Erdpresser, Elizabeth Eyre, Simon Farbrother, Fay Franklin, Anna Freiberger, Rhiannon Furber, Eric Gibory, Paul Hines, Fiona Holman, Gail Jones, Laura Jones, Nancy Jones, Stephen Knowlden, Chris Lascelles, Delphine Lawrance, Carly Madden, Sam Merrel, Rebecca Milner, Fiona Morgan, Lyn Parry, Shirin Patel, Pure Content, Pamposh Raina, Philippa Richmond, Philippe Rouin, Sands Publishing Solutions, Meredith Smith, Andrew Szudek, Alka Thakur, Dora Whitaker.

Avec le concours spécial de
Miranda Dewer de la Bridgeman Art Library, Les Éditions Gallimard, Lindsay Hunt, Emma Hutton de Cooling Brown, Janet Todd de DACS.

Références photographiques
Musée Carnavalet, Thomas d'Hoste

Autorisation de photographier
L'Éditeur remercie les responsables d'institutions qui ont autorisé la prise de vues dans leur établissement :
Aéroports de Paris, Basilique du Sacré-Cœur de Montmartre, Benoit, Bibliothèque historique de la Ville de Paris, Bibliothèque polonaise, Bofinger, Brasserie Lipp, Café Costes, Café de Flore, Caisse nationale des Monuments historiques et des Sites, les Catacombes, Centre Pompidou, Chartier, Chiberta, La Cité des sciences et de l'industrie et L'EPPV, La Coupole, Les Deux Magots, Fondation Cousteau, Le Grand Colbert, hôtel Atala, hôtel Liberal Bruand, hôtel Meurice, hôtel Relais Christine, Kenzo, Lucas-Carton, La Madeleine, Mariage Frères, Mémorial de la Shoah, Thierry Mugler, Musée arménien de France, musée de l'Art juif, musée Bourdelle, musée du Cabinet des Médailles, musée Carnavalet, musée Cernuschi : Ville de Paris, musée du Cinéma Henri Langlois, musée Cognacq-Jay, musée de Cristal de Baccarat, musée d'Ennery, musée Grévin, musée Jacquemart-André, musée de la Musique mécanique, musée national des Châteaux de Malmaison et Bois-Préau, Collections du musée national de la Légion d'Honneur, musée national du Moyen Âge-Thermes de Cluny, musée de Notre-Dame de Paris, musée de l'Opéra, musée de l'Ordre de la Libération, musée d'Orsay, musée de

la Préfecture de la Police, musée de Radio France, musée Rodin, musée des Transports urbains, musée du Vin, musée Zadkine, Notre-Dame du Travail, À l'Olivier, palais de la Découverte, palais du Luxembourg, Pharamond, Le Pied de Cochon, Lionel Poilâne, Saint-Germain-des-Prés, Saint-Louis-en-l'Île, Saint-Médard, Saint-Merri, Saint-Paul-Saint-Louis, Saint-Roch, Saint-Sulpice, La Société nouvelle d'exploitation de la tour Eiffel, la tour Montparnasse, l'Unesco, ainsi que les innombrables sites touristiques, galeries, musées ou églises, hôtels et restaurants, boutiques, marchés et magasins qu'il est impossible de citer individuellement.

Crédits photographiques

h = en haut ; hg = en haut à gauche ; hc = en haut au centre ; hd = en haut à droite ; chg = centre haut à gauche ; ch = centre haut ; chd = centre haut à droite ; cg = centre gauche ; c = centre ; cd = centre droit ; cbg = centre bas à droite ; bg = bas à gauche ; b = bas ; bc = bas au centre ; bd = bas à droite.

Les œuvres d'art ont été reproduites avec l'aimable autorisation des organismes suivants : © ADAGP/SPADEM, Paris et DACS, Londres 2006 : 44cg ; © ADAGP, Paris et DACS, Londres 2006 : 61bd, 61hd, 105hc, 107ch, 109b, 111hc, 111bc, 112dg, 112h, 112bd, 113bg, 113bd, 119c, 120b, 179hg, 180bc, 181cd, 211hc ; © DACS 2006 : 38hg, 45cd, 50bd, 55cd, 57hg, 100h, 100bd, 100cbg, 100cg, 100hc, 101h, 101hc, 101cd, 101bg, 104, 107chd, 113c, 137hg, 178cg, 178hc, 208bd.

Christo-le Pont-Neuf emballé, Paris, 1975-1985 : 40chg ; © Christo 1985, avec l'aimable autorisation de l'artiste. Photos prises avec le concours de l'EPPV et du CSI p. 234-239 ; avec l'aimable autorisation de Erben Otto Dix : 110bg ; Photos de Disneyland Resort Paris ® Paris : 242hd, 243bg, 243cd, 362h. Personnages et attractions sont la propriété de The Walt Disney Company, tous droits de reproduction réservés pour tous pays ; Fondation Le Corbusier : 59h, 254b ; The Estate of Joan Mitchell : 113h ; © Henry Moore Foundation 1993 : 191b, avec l'aimable autorisation de la Henry Moore Foundation ; Beth Lipkin : 241h ; Maison Victor Hugo, Ville de Paris : 95cg ; Musée d'Art naïf Max Fourny Paris : 223b, 225b ; Musée Carnavalet : 214b ; Musée de l'histoire contemporaine (BDIC), Paris : 210hd ; Musée de L'Orangerie : 130hd ; Musée du Louvre : 125bd, 128c ; Musée national des châteaux de la Malmaison et de Bois-Préau : 255cd ; Musée Marmottan : 58c, 58cb, 59c, 60hg, 131hd ; Musée de la Mode et du Costume Palais Galliera : 57bd ; Musée de Montmartre, Paris : 223h ; Musée des Monuments français : 199hc, 200cd ; Musée national de la Légion d'Honneur : 32bc, 143bg ; Musée de la Ville de Paris : Musée du Petit Palais : 54cg, 207cb ; © Sundancer : 362bg.

L'Éditeur remercie les particuliers, les organismes ou les agences de photos qui l'ont autorisé à reproduire leurs clichés :

ADP : 377b ; Agence Républic : 382, 382bd ; Alamy : Bertrand Collet 269cg ; Glenn Harper 212hg ; Image State 270bd ; A la Poste : 373cd ; Jack Sullivan 369chd ; Justin Kase Zfivez 369hd ; Allsport UK : Sean Botterill 41bd ; Allvey & Towers : 378bg ; The Ancient Art and Architecture Collection : 22cbg ; James Austin : 88h.

Banque de France : 133h ; Nelly Bariand : 165c ; Gérard Boullay : 84hg, 84hd, 84bg, 84bd, 85h, 85chd, 85cbd, 85bd, 85bg ; Bridgeman Art Library, London : (détail) 21bd, 22cd, 23cg, 30cd-31cg, (détail) 35bd ; British Library, London (détail) 18bd, (détail) 23bg, (détail) 24hg, (détail) 31hg ; B N, Paris 19bg, (détail) 23hc, (détail) 23cd ; Château de Versailles, France 19hd, 19bc, (détail) 19bd, (détail) 30bd, (détail) 155b ; Christie's, London 8-9, (détail) 24cb, 34chg, 36hg, 44c ; Delomosne, Londres 32cbg ; Giraudon 16, (détail) 26bg, (détail) 26cbg, (détail) 27bd, (détail) 30bg, (détail) 30chg, (détail) 31bg, 33cb, 58bd, (détail) 60bg, 60ch, 60c ; Lauros-Giraudon 23hd ; Louvre, Paris 56h, 60bd, 61bg, 61hg; Roy Miles Gallery 27hd ; Musée de L'Armée, Paris (détail) 83bd ; Musée Condé, Chantilly (détail) 4hd, 18bg, 19hcg, (détail) 19tcd, (détail) 19c, (détail) 22hg, (détail) 26bc ; Musée Crozatier, Le Puy-en-Velay, France (détail) 25bg ; Musée Gustave Moreau, Paris 56b, 233hd ; Musée national d'Art moderne, Centre Pompidou, Paris 111c ; National Gallery (détail) 29hg, (détail) 44b ; Musée de la Ville de Paris, Musée Carnavalet (détail) 30bc, (détail) 31hd, 31cbd, 97h ; Cinéaqua 200bl ; Collection Painton Cowen 40chg ; Palais de Tokyo, Paris 59b ; Temples Newsham House, Leeds 25cd ; Uffizi Gallery, Florence (détail) 24bd ; © The British Museum : 31hc.

Camping international Maisons-Laffitte : 281bd ; Cité de la musique : Éric Mahondieu 237bd ; Cité des sciences et de l'industrie : Michel Lamoureux 238c, 238cb, 238b, 239hg, 239hd ; Pascal Prieur 238hd ; Natacha Soury 238hg ; Michel Virad 238cbg, 239hg ; Cliché Photothèque des Musées de la Ville de Paris -© DACS 2006 : 21ch, 21cbd, 28cd-29cg, 96hd ; avec l'aimable autorisation de Poilâne 321bg ; Collections du Mobilier national-Cliché du Mobilier national : 167cd ; Corbis : Burnstein Collection 229b ; Ray Juno 10cg ; Richard List 11cg ; Sylvain Saustier 268b ; Tom Craig : 273h, 273bd.

R. Doisneau : Rapho 143h.
Espace Montmartre : 222bg ; European Commission 371 ; Mary Evans Picture Library : 38bg, 81bd, 89hg, 94b, 130b, 141cg, 191c, 194cd, 195cbd, 211b, 226bg, 247bd, 251h, 253b, 388h. France Miniature : Stefan Meyer 361hd.

Getty Images : AFP/Pierre Verdy 106cg ; Fred Dufour 192cg ; Giraudon : (détail) 22bg, (détail) 23cbd ; Lauros-Giraudon (détail) 33bg ; Musée de la Ville de Paris : Musée Carnavalet (détail) 213h ; Le Grand Véfour : 293h ; Philippe Guignard : 193bd.

Roland Halbe : 192hd ; La Halle St-Pierre : 225bc ; Robert Harding Picture Library : 22bd, 26hg, 29ch, 29d, 36chg, 38hg, 41hg, 45cd, 65bd, 240cb, 381cd ; B M 27ch ; B N 191hd, 210bc ; Biblioteco Reale, Turin 127h ; Bulloz 210cb ; P Craven 380b ; R Francis 82cbg ; I Griffiths 376h ; H Josse 210bd ; Musée National des châteaux de la Malmaison et de Bois-Préau 33hc ; Musée de Versailles 26cg ; R Poinot 361b ; P Tetrel 251cbd ; Explorer 12bg ; F. Chazot 341b ; Girard 65c ; P Gleizes 62bg ; F Jalain 378b ; J Moatti 340bg, 340cg ; Walter Rawlings 43bc ; A Wolf 123bd, 123hg ; Alison Harris : Musée de Montparnasse 179cg ; Pavillon des Arts 108bd ; Le Village Royal 132hg ; Hemispheres Images : Bertrand Gardel 92cg ; John Heseltine Photography : 174; Hulton Getty : 45cg, 101bd, 181hc, 233bg, 234c ; Charles Hewitt 40cbg ; Lancaster 181hc.

© IGN Paris 1990 Authorisation N° 90-2067 : 13b ; Institut du Monde arabe : Georges Fessey 165hd ; InterContinental Hotels Group 215bc.

The Kobal Collection : 44h, 140b ; Columbia Pictures 181bd ; Société Générale de Films 38hc ; Les Films du Carrosse 109h ; Kong : Patricia Bailer 10b.

The Lebrecht Collection: 229bd ; François Lequeux 194cg ; Leonardo Media Ltd : 279c.

Magnum: Bruno Barbey 64b; Philippe Halsmann 45b ; Le Meurice : Peter Heibesen 277 hd ; Ministère de L'Économie et des Finances : 371c ; Ministère de L'Intérieur SGAP de Paris : 368bc, 368bd, 369h ; © photo Musée de L'Armée, Paris : 189cd ; Musée des Arts décoratifs, Paris : L Sully Jaulmes 54h ; Cabinet (1922-1923) Jacques-Émile Ruhlmann 57hd ; Musée Bouilhet-Christofle : 132h ; Musée cantonal des Beaux-Arts, Lausanne : 115b ; Musée Carnavalet : Dac Karin Maucotel 97l ; Musée d'Art et d'Histoire du Judaïsme/ Christophe Fouin 103bd ; Musée national d'Histoire naturelle : D Serrette 167cg ; © Musée de L'Homme, Paris : D Ponsard 198cb, 201c ; © Photo Musée de la Marine, Paris: 32bg, 196cg ; Musée national d'Art moderne-Centre Pompidou, Paris : 61hd, 110bd, 110bg, 111h, 111cb, 112h, 112bg, 112bd, 113h, 113c, 113bg, 113bd ; Musée des Plans-Reliefs, Paris: 186cbd ; Musée de la Poste, Paris : 179hg ; Musée du Quai Branly : Patrick Gries/Bruno Descoings 54bc, 192bd. Palais de Tokyo : Michael Lin 203cd ; © Paris

Tourist Office: Catherine Balet 270cg ; David Lefranc 268c, 269h, 269bd, 270hd, 271h, 271bd, 272cg, 272bg, 272bd ; Philippe Perdereau : 132b, 133b ; Photolibrary : F1 Online/Widmann Widmann 370 cg ;Photononstop/Jean-Marc Romain 369cd ; Popperfoto : 229h ; La Poste 373cd ; Le Pré Verre 292 cd.

Paul Raferty 246b ; RATP.SG/G.I.E. Totheme 54, 386 ; Redferns : W Gottlieb 38cbg ; © Photo Réunion des Musées nationaux : Grand Trianon 26cbd ; Musée Guimet 202hd ; Musée du Louvre : 27cb, (détail) 32cd-33cg, 55hg, 123bg, 124h, 124c, 124b, 125h, 125c, 126c, 126bg, 126bd, 127b, 128h, 128b, 129h, 129c ; Musée national d'Art moderne 111cbd ; Musée Picasso 55cd, 100h, 100c, 100cg, 100cbg, 100bd, 101bg, 101cd, 101ch, 101h ; Roger-Viollet : (détail) 24cbg, (détail) 39bg, (détail) 194bc, (détail) 211h ; Ann Ronan Picture Library : 173cd; Philippe Ruault : Fondation Cartier 179bg.

La Samaritaine, Paris: 115c ; Photo Scala, Florence : Musée du quai Branly/Patrick Gries/ Valérie Torre 193cd, Patrick Gries/Bruno Descoings 193c ; Sealink Plc : 378cg ; Senderens : Roberto Frankenberg 294bg ; Sipapress : 224c ; SNCF-Service Presse Voyages France Europe : 388bg ; Frank Spooner Pictures : F. Reglain 64ch ; P. Renault 64c ; Sygma : 35cbd, 240cg ; F. Poincet 40hg ; Keystone 40bc, 241chd ; J. Langevin 41bd ; Keler 41cbd ; J. Van Hasselt 41hd ; P. Habans 62c ; A. Gyori 63cd ; P. Vauthey 65bg ; Y. Forestier 188h ; Sunset Boulevard 241bd ; Water Carone 340h.

Tallandier : 25cb, 25hg, 28cg, 28cbg, 28bg, 29bg, 30hg, 31cd, 31ch, 32hg, 32cb, 32bd, 38chg, 39ch, 39bd, 40cb, 52chg ; B N 28bd, 32cbd, 38bc ; Brigaud 39cbd ; Brimeur 34bg ; Charmet 36cb ; Dubout 17b, 20bd, 24ch, 25bd, 26bd, 30c, 33cd, 33hd, 34bd, 35bg, 36cbg, 36bg, 36bd, 37bg, 37bd, 37cbg, 37hg, 38cbd ; Josse 20chg, 20hc, 20c, 20cbg, 21hg, 36bc ; Josse-B N 20bg ; Joubert 38c ; Tildier 37ch ; Vigne 34cbg ; Le Train Bleu : 295h.

Vedettes de Paris : 72cg, 72cbg ; Vidéothèque de Paris : Hoi Pham Dinh 106gb ; Agence Vu : Didier Lefèvre 340cd.

Page de garde avant : John Heseltine Photographie bd. © DACS 1993 : chd. Page de garde arrière : RATP CML Agence Cartographique.

COUVERTURE
Première de couverture et dos : Arnaud Chicurel/ Hemis-Corbis ; René Mattes/hemis.fr, Le Baiser, Auguste RODIN, musée Rodin, Paris (détourage). Quatrième de couverture : John Harper/Corbis (hg) ; Bertrand Gardel/hemis.fr (cg et bg).